Körper und Ritual

D1729142

Robert Gugutzer • Michael Staack (Hrsg.)

Körper und Ritual

Sozial- und kulturwissenschaftliche
Zugänge und Analysen

Springer VS

Herausgeber
Robert Gugutzer
Goethe-Universität Frankfurt am Main
Frankfurt am Main, Deutschland

Michael Staack
Goethe-Universität Frankfurt am Main
Frankfurt am Main, Deutschland

ISBN 978-3-658-01083-6   ISBN 978-3-658-01084-3 (eBook)
DOI 10.1007/978-3-658-01084-3

Die Deutsche Nationalbibliothek verzeichnet diese Publikation in der Deutschen Nationalbi-
bliografie; detaillierte bibliografische Daten sind im Internet über http://dnb.d-nb.de abrufbar.

Springer VS

Gedruckt auf säurefreiem und chlorfrei gebleichtem Papier

Springer Fachmedien Wiesbaden ist Teil der Fachverlagsgruppe Springer Science+Business Media
(www.springer.com)

Inhalt

Zur Einführung 9

Teil 1
Körperlich-leibliche Konstruktionen ritualisierter Vergemeinschaftung

Rituale als performative Handlungen und die mimetische Erzeugung
des Sozialen 23
Christoph Wulf

Gemeinschaft als Körperwissen. Rituelle Verkörperungen von
Gemeinschaft und das Spielerische 41
Yvonne Niekrenz

Spielen, Jubeln und Feiern im Stadion. Über den Zusammenhang
von Architektur und rituellen Verkörperungen im Fußball 55
Silke Steets

Public Viewing als sportiv gerahmtes kollektivleibliches Situationsritual 71
Robert Gugutzer

Teamsubjekte: Rituelle Körpertechniken und Formen der
Vergemeinschaftung im Spitzensport 97
Christian Meyer und Ulrich v. Wedelstaedt

Rituals as they happen. Zur körperlichen Dimension von
Vergemeinschaftung in einer Flamenco-Tanzstunde 125
Larissa Schindler

Ritualisierte Berührungen als Medium für Vergemeinschaftung 145
Matthias Riedel

Teil 2
Rhythmus als Abstimmungsmodus in Interaktionsritualen –
Zur IRC-Theorie von Randall Collins

Klassengespräche. Gruppendiskussionen über Filme aus der
Perspektive der Theorie der Interaktionsrituale 171
Jörg Rössel

Körperliche Rhythmisierung und rituelle Interaktion. Zu einer
Soziologie des Rhythmus im Anschluss an Randall Collins' Theorie
der „Interaction Ritual Chains" 191
Michael Staack

Die Absetzung König Richards II. als mitreißende Massenveranstaltung. Oder: Der heilige Körper des Königs und der Versuch,
ihn zu überwinden. Ritualtheoretische Überlegungen 219
Ole Münch

Bodily Interactions in Interaction Ritual Theory and Violence 245
Randall Collins interviewed by Michael Staack

Teil 3
Rituelle Hervorbringung und Bewältigung spezifischer Körper

Inklusionsrituale und inklusive Communitas. Paradoxien der
Behinderung in der modernen Gesellschaft 263
Jörg Michael Kastl

Rituelle Dimensionen kommerzieller Sexualität 289
Sabine Grenz

Fabrikation körperlicher Zugehörigkeit: Das Ritual des Balletttrainings ... 311
Sophie Merit Müller

Todesrituale. Zur sozialen Dramaturgie am Ende des Lebens 335
Thorsten Benkel

Verletzte Körper und gestörte Rituale in schwankhaften Erzählungen
des späten Mittelalters 361
Mareike von Müller

Die Selbstquantifizierung als Ritual virtualisierter Körperlichkeit 389
Andréa Belliger und David Krieger

Autorinnen- und Autorenverzeichnis 405

Zur Einführung

Das vorliegende Buch beschäftigt sich mit den körperlichen Grundlagen und Dimensionen von Ritualen. Es richtet seinen Blick damit auf einen Sachverhalt, der so selbstverständlich ist, dass er gerne übersehen wird. Den Ritualakteuren mag man das nachsehen. Für sie ist es in aller Regel nicht wichtig zu reflektieren, welche Rolle ihr Körper (und der Körper anderer) bei der Ausführung ihres Rituals spielt – sie tun eben, was man so tut, wenn man jeden Morgen nach dem Aufstehen 50 Liegestütze macht oder abends vor dem Zubettgehen ein Gebet spricht, anlässlich des Abiturs oder der neuen Wohnung mit Freunden eine Party feiert, sich mit der Clique auf die immer gleiche, sehr spezielle Weise begrüßt und verabschiedet oder sich vor dem Wettkampf zuerst das Shirt und dann die Hose, anschließend den linken Schuh und danach den rechten anzieht, keinesfalls aber umgekehrt. Je förmlicher der Anlass und je expliziter dessen Inszenierungscharakter, desto wahrscheinlicher ist es zwar, dass die Beteiligten auch ihr körperliches Tun bedenken. Doch beim Großteil der mehr oder weniger alltäglichen Rituale dürfte die reflexive Thematisierung der körperlichen Performance eher die Ausnahme sein – die insbesondere dann eintritt, wenn einem der Akteure ein „Ritualfehler" (Hüsken 2013) unterläuft.

Etwas überraschender mutet es hingegen an, dass in jenen Wissenschaftsfeldern, in denen die Analyse der Körperlichkeit von Ritualen gang und gäbe sein sollte, der *Körpersoziologie* und der *Ritualforschung*, kein sonderliches Interesse an diesem Thema festzustellen ist. Verwundern muss das deshalb, da Rituale ohne handelnde und interagierende Körper schlicht nicht existierten. „Rituale sind in erster Linie Handlungen" (Brosius/Michaelis/Schrode 2013: 13), und da menschliche Handlungen immer auch körperlich-leiblich sind (vgl. Gugutzer 2012), sind Rituale in einem fundamentalen Sinne „verkörpert" (Polit 2013). Rituale sind körperlich ausgeführte Handlungen, körperlich hergestellte Situationen, leiblich wahrgenommene Ereignisse, inkorporierte Handlungsmuster, sicht- und spürbare Praktiken;

Rituale werden von Menschen aus Fleisch und Blut gemacht, vollzogen und erlebt; in und mit Ritualen wird soziale Ordnung körperlich gestaltet, auf Dauer gestellt und zum Ausdruck gebracht. Auch wenn Rituale vieles andere mehr sind, so sind sie doch grundlegend „an Verkörperungen gebunden: an unseren Leib, den primären Schauplatz unserer Darstellungsleistungen für andere" (Soeffner 2010: 49). Die *Ritualforschung* weiß natürlich um die Bedeutung des Körpers für die Ausübung von Ritualen. Ihr Interesse scheint jedoch lange Zeit lediglich dem Körper als Objekt von Ritualen gegolten zu haben, das sich kaum vom Status anderer Ritualobjekte unterscheidet. Erst mit dem *performative turn* (vgl. Wirth 2002) und dem von Thomas Csordas in den 1990er Jahren in die Kulturwissenschaften eingeführten Konzept *embodiment* (Csordas 1990, 1994; siehe dazu auch Bell 2006) rückte der Körper verstärkt als Subjekt von Ritualen in den Fokus der Ritualforschung. Im Zuge der epistemologischen und methodologischen Wende zum Performativen und zum Körper als konstitutive Bedingung von Kultur und Gesellschaft begann die Ritualforschung, den menschlichen Körper als „handlungsmächtig auch im Zusammenhang mit rituellen Handlungen zu untersuchen. Der Körper wird nun ein zentraler Punkt, an dem Konzepte der Person, Zugehörigkeit und Identitäten verankert, produziert und verhandelt werden" (Polit 2013: 217). Dieser aus dem *performative turn* und dem *body turn* (Gugutzer 2006a, 2006b) resultierende Blick auf den Körper als *Subjekt* rituellen Handelns und Interagierens soll mit den Beiträgen dieses Bandes weiter geschärft werden. Im Mittelpunkt stehen hier die konstitutiven und konstruktiven Bedingungen und Bedeutungen individueller und kollektiver Körper und Leiber für Rituale, kurz: das *doing ritual* im Medium von Leib und Körper.

Die *Körpersoziologie* wiederum weiß selbstredend um die Bedeutung des Körpers für die praktische bzw. performative Konstruktion sozialer Wirklichkeit, doch übergeht sie zumeist die dabei ausgeübten Rituale und springt sozusagen direkt von den körperlichen Praktiken zur sozialen Ordnung oder umgekehrt von dieser zu jenen. Sieht man von Studien ab, die eher aus der Ethnologie und Sozialanthropologie denn der Körpersoziologie stammen, von dieser jedoch ‚vereinnahmt' werden (vgl. Gugutzer 2015), etwa Marcel Mauss' „Techniken des Körpers" (Mauss 1975) oder Mary Douglas' „Natürliche Symbole" (Douglas 1974), so sind es vor allem die Arbeiten Erving Goffmans, in denen sich am ehesten eine körpersoziologisch fundierte Ritualtheorie findet. Goffmans Analysen alltäglicher „Interaktionsrituale" (Goffman 1971) haben die wichtige Rolle des Körpers in rituell organisierten Interaktionssystemen gezeigt, wozu vor allem das Bemühen der körperlich ko-präsenten Akteure zählt, durch das eigene Verhalten und Benehmen die situationsspezifischen Normen, Regeln und moralischen Standards einzuhalten und so die jeweilige „Interaktionsordnung" (Goffman 1994) aufrechtzuerhalten. Ähnlich wie Goffman, wenngleich insgesamt weniger explizit als dieser, hat Jean-Claude Kaufmann (1999) auf die körperlich-emotionalen Grundlagen und Folgen von Ritualen hinsichtlich der Herstellung sozialer Ordnung hingewiesen. Als Beispiel dafür nennt er die „Eröffnungsrituale", mit denen Menschen das Bügeln ihrer Wäsche einleiten, um dieser wenig geliebten Tätigkeit einen angenehmen oder gar „schönen" Rahmen zu geben (Kaufmann 1999: 190ff.). Pierre Bourdieu schließlich kann als einer jener Autoren angesehen werden, die besonders die Bedeutung der Inkorporierung von Wissen, Deutungsmustern, Weltbildern und Handlungsschemata für habitualisiertes und ritualisiertes Handeln herausgearbeitet haben (vgl. Bourdieu 1987; siehe dazu auch Gebauer/Wulf 1998, Wulf 2005). Gerade an den zweifelsfrei herausragenden Arbeiten von Kaufmann und Bourdieu zeigt sich aber auch der Nachholbedarf in Sachen körpersoziologischer Ritualanalyse: Sofern die Körpersoziologie überhaupt Rituale thematisiert, dann üblicherweise en passant und ohne exakte begriffliche Differenzierungen etwa zwischen gewohnheitsmäßigem und rituellem Handeln. Vor diesem Hintergrund versucht das vorliegende Buch, ein Gegengewicht zur Marginalisierung von Ritualen in der Körpersoziologie herzustellen, indem es exemplarische Analysen präsentiert, die verdeutlichen, wie Leib, Körper und Bewegung an der rituellen Herstellung sozialer Wirklichkeit beteiligt sind.

Losgelöst von disziplinspezifischen Zugängen, Schwerpunktsetzungen und Versäumnissen lässt sich das hier interessierende Verhältnis von Körper und Ritual grundsätzlich aus zwei analytisch getrennten – realiter verschränkten – Perspektiven betrachten: Zum einen bezüglich der Frage, *wie Körper und Leiber an der Konstitution und Konstruktion von Ritualen beteiligt sind*, zum anderen mit Blick auf die entgegengesetzte Frage, *wie Rituale Körper und Leiber rahmen und formen*. Diese zwei übergreifenden Leitfragen betonen jeweils eine der beiden Seiten der Relation von Körper und Ritual, ohne die andere zu ignorieren. Für den Zweck dieses Buches haben wir sie in drei Hinsichten spezifiziert: Erstens, die körperlich-leibliche Konstitution und Konstruktion von Ritualen interessiert hier vor allem unter dem Gesichtspunkt der *performativen Hervorbringung sozialer Gemeinschaften*. Zweitens wird dabei gesondert der Fokus auf den *Rhythmus* als ein körperlich-leibliches Phänomen gerichtet, das zwischen den Ritualakteuren vermittelt und für die Ritualdynamik sorgt. Drittens stehen im Mittelpunkt der rituellen Rahmung und Formung von Körpern und Leibern spezifische, nämlich gesellschaftlich mehr oder weniger explizit *als deviant markierte Körper*. Hierzu einige Erläuterungen.

1   Körperlich-leibliche Konstruktionen ritualisierter Vergemeinschaftung

Seit Émile Durkheims Arbeit zu den „Elementaren Formen des religiösen Lebens"
(Durkheim 2007 [Orig. 1912]) ist es ein soziologischer Gemeinplatz, dass Rituale
eine bedeutende Funktion für den Zusammenhalt gesellschaftlicher Gruppen
und Gemeinschaften erfüllen. Zwar ging es Durkheim vor allem um die Bedeutung von Ritualen für religiöse Gemeinschaften, doch sind Rituale bekanntlich
keineswegs allein in religiösen Kontexten sozial funktional. Im Gegenteil scheint
die *gemeinschaftsstiftende Kraft ritueller Praktiken* gerade in den säkularisierten
Lebenswelten spätmoderner Gesellschaften von besonderer Relevanz zu sein. Die
Ambivalenzen und Kontingenzen, Instabilitäten und Unsicherheiten spätmoderner
Lebensführung bringen es mit sich, dass Individuen und Gruppen sich an sozialen
Praktiken festhalten, die Sicherheit, Halt und Orientierung versprechen. Dazu zählen
Rituale, helfen sie doch, soziale Komplexität zu reduzieren und Ordnung in das je
individuelle und gemeinschaftliche Leben zu bringen. Rituale strukturieren sowohl
besondere Lebenssituationen wie Geburt, Hochzeit, Beförderung oder Tod als auch
Alltagssituationen wie den Ablauf der wöchentlichen Arbeitsbesprechung oder die
Organisation einer wissenschaftlichen Tagung. Die besondere soziale Bedeutung von
Ritualen, kollektive Bindung herzustellen und den am Ritual beteiligten Akteuren
über das Zugehörigkeitsgefühl Sicherheit zu vermitteln, basiert vor allem darauf,
dass Rituale symbolisch eine Grenze ziehen zwischen ‚Innen' und ‚Außen', ‚Wir'
und ‚die Anderen'. Die rituelle Grenzziehung zwischen *in-* und *outgroup* konstituiert kollektive Identität, deren subjektive Relevanz umso größer ist, je mehr sie
empfunden statt bloß gewusst wird (vgl. dazu allgemein Gugutzer 2002: 130f.).

Mit Blick auf das Anliegen dieses Buchs ist dabei entscheidend, dass die iden-
titätssichernde Grenzziehung mittels rituellen Handelns keineswegs nur oder
primär symbolisch erfolgt, sondern zuvorderst im Medium des Körpers und
körperlicher Handlungen. Körper machen Rituale, und Körper gestalten rituell
kollektive Ordnungen. Rituale sind *körperliche Praktiken*, durch die *performativ
soziale Wirklichkeit hergestellt* wird. Rituale schaffen kollektive Bindungen, weil
und insofern sie im Medium körperlicher Gesten, Handlungen und Interaktionen
ausgeführt werden sowie über sinnliche Wahrnehmungen und Empfindungen den
Gruppenmitgliedern ‚in Fleisch und Blut' übergehen. Ob alltägliche Interaktionsrituale, zeitlich, räumlich oder sozial konventionalisierte Übergangsrituale, kleine
oder große Feiern oder außergewöhnliche Zeremonien, in jedem Fall sind es die
körperlichen Praktiken der Beteiligten und die dadurch ausgelösten Empfindungen,
die soziale Bindungen erzeugen. Gemeinschaften entstehen, entwickeln und sta-

bilisieren sich durch rituelle Verkörperungen, wie sie sich auch durch verkörperte Rituale wandeln können, etwa Demonstrationen oder Streiks.

Rituale sind mithin körperliche Performanzen, das heißt körperliche Handlungen, die im konkreten gemeinschaftlichen Tun sozialen Zusammenhalt konstituieren. Rituale strukturieren und verdichten soziale Wirklichkeit aber nicht nur in actu, sondern transzendieren diese zugleich, indem sie vergangene Rituale aufgreifen und damit Traditionen am Leben erhalten; zugleich projizieren sie einen Entwurf sozialer Wirklichkeit, der die Kontingenz der Zukunft zumindest ein Stück weit zu bannen verspricht. Was nach der Hochzeit folgt, weiß keiner, aber der Magie des Hochzeitsrituals wohnt die Hoffnung auf etwas Positives inne, was auch immer das für das einzelne Paar heißen mag. Rituale erweisen sich so als identitätssichernd in individueller wie auch in kollektiver Hinsicht: Rituale haben eine selbstvergewissernde und selbstsichernde Funktion für Menschen, Gruppen, Gemeinschaften und Gesellschaften, weil diese ihre Identität im Medium körperlich-sinnlicher Praktiken und Empfindungen erzeugen. Dass das je Eigene dabei durch mehr oder weniger bewusste, mehr oder weniger explizite körperpraktische Differenzsetzungen zum Anderen Kontur gewinnt, ist offenkundig.

Grundlegende Voraussetzung dafür, dass Körper performativ zur Konstruktion ritueller Ordnung beitragen können, ist zum einen, dass die Körper bzw. die Handlungen der Körper für andere sinnlich wahrnehmbar, also sichtbar, hörbar, spürbar etc. sind, oder dass sie zumindest sinnlich wahrnehmbare Effekte auf das rituelle Setting generieren. Zum anderen ist eine Abstimmung der Körper in Zeit und Raum erforderlich, die damit beginnt, dass die Körper zur selben Zeit am selben Ort sind, und die im Weiteren für den Ritualverlauf essenziell ist (vgl. Clothe 1983). Die Körper der Ritualteilnehmerinnen müssen räumlich arrangiert und im Ritualverlauf koordiniert werden, was wiederum voraussetzt, dass eine wechselseitige Wahrnehmung und Abstimmung der Körper erfolgt. Bei Ritualen, an denen mindestens zwei Akteure beteiligt sind, sind mit anderen Worten binnenrituelle Koordinationsprozesse notwendig, um das Ritual zu prozessieren. Wie aber gehen diese binnenrituellen Koordinationsprozesse vonstatten?

2 Rhythmus als Abstimmungsmodus in Interaktionsritualen

Zur Abstimmung der am Ritual beteiligten Körper stehen verschiedene Möglichkeiten zur Verfügung, die sich idealiter trennen lassen, realiter jedoch stets miteinander verschränkt sind. (a) *Rituelle Skripte* legen den Ablauf eines Rituals fest, so dass die Akteure sowohl den gesamten Ablauf als auch ihre eigene Rolle darin in der Ritualvorbereitung memorieren können. So postieren sich Männer auf traditionell-heterosexuellen Hochzeiten nicht zum Brautstraußfangen, und als Teilnehmerin eines Silvestercountdowns stellt man sich nicht mit dem Rücken zu den anderen Gästen in die Ecke eines Zimmers. (b) *Ritualhierarchien* bringen *Zeremonienmeister* hervor, die das jeweilige Ritual anleiten und es strukturieren. Eine wichtige, beim Verfolgen von Ritualskripten so zunächst nicht gegebene Möglichkeit der Ritualgestaltung, die die funktionale Differenzierung von Zeremonienmeister und den anderen Teilnehmern eröffnet, besteht darin, dass der Zeremonienmeister durch die improvisierte Abweichung vom erwarteten Ritualskript kreativ eine ludisch-performative Note (siehe dazu Gebauer/Wulf 1998) – und damit eine rituelle Singularität – in das Ritual einbringen kann, ohne dass es dadurch zu Abstimmungsproblemen unter den Ritualteilnehmerinnen kommt. Ein Tischgebet etwa kann von der Sprecherin des Gebets ad hoc verändert werden und mittels dieser Abweichung vom üblichen Ritus dem Umstand Rechnung tragen, dass ein anwesender Gast in die Tischritual-Gemeinschaft integriert werden soll. (c) Anstelle des Zeremonienmeisters können auch alle Ritualteilnehmer zusammen durch *In-Situ-Aushandlungen* die körperlichen Abstimmungsprozesse und den Ritualablauf ad hoc kreieren. Gelegentlich stellen solche spontanen Um- oder Neugestaltungen des rituellen Geschehens gar eine situative Notwendigkeit dar, um die Ritualität des Rituals aufrechtzuerhalten. So ist der Beginn der Körperchoreographie auf einer Party, die sich typischerweise beim Silvestercountdown einstellt, für die Partyteilnehmer soweit verbindlich festgelegt, dass bei Versagen des Fernsehers oder Radios spontan entschieden werden muss, wem bzw. wessen Uhr die Autorität verliehen wird, das Jahresende auszuzählen.

Aus einer dezidiert körper- und leibsoziologischen Perspektive ist es neben den genannten rituellen Abstimmungsmodi allen voran der *Rhythmus*, der die Koordination der Ritualkörper und -leiber ‚steuert‘. Rhythmus als ritueller Modus raumzeitlicher Abstimmung von Körpern und Leibern – verwiesen sei hier auf das verwandte Konzept der „Bewegungssuggestion" von Schmitz (2011: 33ff.) – liegt gewissermaßen quer zu den drei zuvor genannten Abstimmungsmodi und ist mit diesen aufs Engste verflochten. (ad a) Rhythmen sind rituellen Skripten inhärent und konstituieren dadurch oftmals auf entscheidende Weise erst deren Ritualität. Das Vaterunser zum Beispiel erhält seine religiöse Aura nicht zuletzt dadurch, dass es jedes Mal wieder im gleichen und mit gleicher Bedeutsamkeit vorgetragenen Rhythmus gesprochen wird. (ad b) Zeremonienmeister wiederum initiieren einerseits die Rhythmen, die das Ritual strukturieren, und leiten sie an, andererseits ermöglichen diese Rhythmen es den Zeremonienmeistern selbst, sich ganz und gar ihrer Performance als charismatische Dirigenten des Rituals hinzugeben, indem sie sich von den Rhythmen körperlich-leiblich ergreifen und dirigieren lassen. (ad c) Schließlich reduzieren rituelle Rhythmen bis zu einem gewissen Grad Aushandlungsprozesse raumzeitlicher Abstimmung von Körpern, insbesondere wenn es sich bei ihnen um im Ritualskript festgelegte Rhythmen handelt, die an vorgeschriebene Bewegungen gekoppelt sind. Mitunter generiert jedoch erst eine gewisse Vorstrukturierung des rituellen Handelns durch geskriptete Rhythmen Situationen ritueller Inklusion, die dann als Freiräume für In-Situ-Aushandlungen fungieren können. So kann ein Tangoabend mitsamt seiner spontanen Tanzpaarbildungsprozesse vor allem auch deshalb gelingen, weil die Anwesenden mit gutem Grund davon ausgehen können, dass es ausreichend ist, Tango tanzen zu können, um problemfrei in die Tangotanzgemeinschaft inkludiert zu werden; zugleich können die Tänzerinnen und Tänzer durch ihre je individuellen Tänze die Milonga kreativ am Laufen halten.

Ebenso wie die anderen Abstimmungsmodi können die körperlich-leiblichen Rhythmisierungen der Ritualteilnehmerinnen spezifische Leistungen für das Gelingen des Rituals übernehmen. Dazu zählt vor allem, dass sie der Labilität und Fragilität ritueller Ordnungen Kontingenz reduzierend begegnen. Rhythmen haben die Eigenschaft, dass sie in *besonderer* Weise die wechselseitige leibliche Wahrnehmung der verkörperten Ritualteilnehmer gewährleisten. Da der Rhythmus einen direkten Zugang auf Körperleiber besitzt (vgl. Bockrath et al. 2008; Horn 2001), da er „unter die Haut geht" (Schmitz 2011: 34), strukturiert er auf unmittelbare Weise, wie Personen leiblich sich selbst und ihre materielle und soziale Umwelt wahrnehmen (Fischinger 2008; McNeill 1995). Wenn Ritualteilnehmerinnen kollektiv vom Rhythmus affiziert oder richtiggehend mitgerissen werden, fördert das in aller Regel den störungsfreien Ritualablauf. Der Rhythmus als Gestaltverlauf im Sinne „solidarischer Einleibung" (Schmitz 2011: 48) ermöglicht es den Ritualteilnehmern, am Ritualgeschehen zu partizipieren, ohne den Aufmerksamkeitsfokus bewusst auf die Koordination ihrer Körper richten zu müssen und sich stattdessen dem (vermeintlich) Eigentlichen des Rituals zuwenden zu können, etwa der geselligen Konversation oder dem Anfeuern der eigenen Mannschaft. Über diese Dimension der unmittelbaren leiblich-körperlichen Abstimmung hinaus weist der Rhythmus eine weitere distinktive Qualität auf, die zusätzlich bewirkt, dass rituelle Rhythmisierungen für das Gelingen von Ritualen förderlich sind: Rhythmen können Steigerungen erfahren in Tempo, Intensität, Betonung und Lautstärke. Wenn rituelle Interaktion rhythmisch organisiert ist, kann sie daher an solch einer Steigerungsdynamik des Rhythmus partizipieren bzw. von dieser angesteckt oder angeleitet werden, so dass das Entstehen ritueller kollektiver Efferveszenz[1] entscheidend auf das Vorhandensein ritueller Rhythmen zurückzuführen ist. Der Rhythmus lässt sich folglich als ein Zentrum ritueller Prozesse betrachten, indem er die (emotionale) Intensität dieser rituellen Prozesse mitsteuert (vgl. Collins 2004: 48). Er ist gleichwohl in der Ritualforschung bis dato kaum thematisiert worden. Die „Interaction Ritual Chains"-Theorie von Randall Collins bietet hierfür einen Ansatz, der in dem vorliegenden Band daher einer genaueren Betrachtung unterzogen werden soll.

3   Rituelle Hervorbringung und Bewältigung spezifischer Körper

Rituale werden körperlich gemacht und leiblich wahrgenommen, umgekehrt bringen Rituale aber auch spezifische Körper erst hervor bzw. tragen dazu bei, mit spezifischen Körpern verbundene Anforderungen, Probleme oder Krisen zu meistern. Als *spezifisch* bezeichnen wir Körper, die in *eine* ganz bestimmte ‚Körperrolle schlüpfen' bzw. in eine solche Rolle von anderen gesteckt werden. Zuvorderst sind das nicht-alltägliche, stigmatisierte, ausgegrenzte, als anormal oder deviant wahrgenommene bzw. bezeichnete Körper, wobei diese Zuschreibung entweder Teil des gesellschaftlich herrschenden Körperdiskurses (behinderte, transsexuelle Körper) sein oder situativ (der sexuelle Körper des Freiers, dessen Körper außerhalb des Bordells in den unterschiedlichsten Facetten ‚auftritt') erfolgen kann. Rituale lassen sich in diesem Zusammenhang als gesellschaftlich institutionalisierte Handlungsrahmen verstehen, in die Körper hineingeraten und denen darin eine entsprechend rituell geformte Behandlung zuteilwird, wodurch sie in spezifische Körper ‚transformiert' werden. Der halbjährige Zahnarztbesuch ‚nur zur Kontrolle' etwa findet in einem institutionalisierten rituellen Rahmen statt, der (spätestens) mit Betreten der Zahnarztpraxis aus einem unbestimmten einen bestimmten Körper macht, nämlich den (potenziell) kranken Körper, der von der Ärztin wie auch der Patientin auf die für dieses Ritual typische Weise behandelt wird. Manche Rituale sind also dadurch gekennzeichnet, dass sie bestimmte Körper performativ *hervorbringen*. Gerade, aber keineswegs ausschließlich in solchen Situationen, in denen spezifische Körper in den Aufmerksamkeitsfokus eines Rituals geraten und dadurch erst geschaffen werden, dienen Rituale dazu, Handlungsskripte für die

---

1   Der Ausdruck geht auf Durkheim zurück (vgl. Durkheim 2007: 313), wobei in der deutschen Ausgabe von „Gärung" die Rede ist.

in den rituellen Rahmen eintretenden Akteure bereitzuhalten und damit Handlungssicherheit zu ermöglichen.

Handlungssicherheit gewährleisten Rituale insofern, als sie übersubjektive, regelhafte Handlungsmuster mit übersituativem und überzeitlichem Charakter darstellen (vgl. Michaels 1999: 44). Die übersubjektive und übersituative Existenz und Geltung des Rituals entlastet die Handelnden *in* der Situation *von* der Situation, eben weil sie sich an einem vorgegebenen rituellen Skript orientieren können, das allgemein anerkannte Legitimität besitzt. Seine selbstverständliche, unhinterfragte Autorität verdankt das Ritualskript typischerweise dem ‚Charisma' der Zeremonienmeisterin (Zahnärztin) oder der Institution (Gericht), was vor allem dann der Fall ist, wenn im Ritual auf transzendente Entitäten rekurriert wird. Indem das Ritual Situativität überschreitet, besitzt es qua Traditions- und Transzendenzverweis soziale Autorität, die die Handelnden sich üblicherweise auch nicht in Frage zu stellen berechtigt sehen (vgl. Durkheim 2007). Mehr noch: Die Akteure unterwerfen sich der Autorität des Rituals freiwillig, weil sie als Gegenleistung dafür Handlungssicherheit erhalten. Daher beugen sie sich ihr häufig selbst dann noch, wenn sie das Ritual kritisch betrachten.

Die Funktion von Ritualen, Handlungsunsicherheiten zu bewältigen, wird im Zusammenhang mit spezifischen Körpern ganz besonders deutlich. Die Konfrontation mit als deviant markierten Körpern stellt sowohl für die damit Konfrontierten als auch für die körperlich Diskriminierten häufig eine praktische Herausforderung dar, für deren Meisterung das Zuhandensein eines rituellen Skripts von Vorteil, oftmals eine Notwendigkeit ist. In der Interaktion zwischen Menschen ohne und mit körperlichen Behinderungen oder sonstigen körperlichen „Stigmata" (Goffman 1967) ermöglichen Rituale die Vermeidung von Handlungsunsicherheit, indem allgemein gültige und unhinterfragte Regeln der Höflichkeit oder des Anstands befolgt werden (Goffman 1986: 35). Selbst in Kontexten, in denen gemeinhin als ‚normal' bewertete Körper aufeinander treffen, es gleichwohl soziale Differenzierungen aufgrund körperlicher Differenzen gibt, etwa in einem Tanztraining, an dem Könner *und* Anfänger teilnehmen, besitzen Rituale das Potenzial, schwierige Situationen (hier: primär für die Anfänger) zu bestehen oder zumindest zu überstehen. Nicht zuletzt fungieren Rituale als soziales Lösungsmittel für den Umgang mit gesellschaftlich als ‚problematisch' oder ambivalent bezeichneten Körpern, etwa toten Körpern. Aufgrund seiner Ambivalenz, gleichzeitig zwei sozialen Bereichen anzugehören (der Welt der Toten und der Lebenden), stellt der tote, noch nicht begrabene Körper sowohl für die soziale Ordnung als auch die individuellen Ordnungsmuster der an der Trauerfeier Teilnehmenden eine zumindest potenzielle Bedrohung dar (vgl. Turner 1989: 107). Rituale können diese Bedrohung mindern oder ganz abwenden: Indem sie als „Übergangsrituale" (Van Gennep 1986) den

Übergang als eine außeralltägliche Grenzüberschreitung kennzeichnen, können sie die Grenze festigen und damit die soziale Ordnung stabilisieren. Entscheidend ist dabei, dass mit Hilfe des Rituals (Trauerfeier) die soziale Einordnung des Körpers verändert wird: Der Körper eines Toten ist nach einer Trauerfeier für diejenigen Personen ein entscheidend anderer, die Teil des Rituals waren.

Über die körper- und ritualsoziologische Forschung hinaus bietet der Fokus auf die rituelle Handhabung als deviant markierter Körper den heuristischen Vorteil, davon ausgehend Erkenntnisse über die Verfasstheit der Mehrheitsgesellschaft generieren zu können, beispielsweise bezüglich der wechselseitigen Konstitution gesellschaftlicher Inklusions- und Exklusionsprozesse (vgl. Waldschmidt 2003). Auf der Grundlage von Untersuchungen zur rituellen Bearbeitung als deviant klassifizierter Körper könnte beispielsweise herausgearbeitet werden, welche Körper und körperlichen Interaktionen es überhaupt sind, die in der Mehrheitsgesellschaft als krisenhaft, problematisch, ambivalent, schwierig u. Ä. bezeichnet werden, und wie diese Körperbilder situativ her- und auf Dauer gestellt werden. Weiterhin ließe sich untersuchen, welches kulturelle Wissen Handelnde im rituellen Umgang mit Körpern anwenden, wie also im rituellen Fremd- und Selbstbezug Praktiken der (Selbst-)Disziplinierung, (Selbst-)Diskursivierung und (Selbst-)Inszenierung hervorgebracht werden. Dabei wäre insbesondere auch aus einer Gegenperspektive interessant, in welchen Situationen auf welche Art die Hervorbringung 'devianter' Körper bzw. 'devianter' körperlicher Handlungen positiv wahrgenommen oder gar gefordert wird (beispielhaft Reichertz 1998). Dadurch ließen sich schließlich Erkenntnisse darüber entwickeln, wie kulturelle Ordnung symbolisch artikuliert und also soziale Wirklichkeit erschaffen wird.

4   Zum Aufbau des Buchs

Die Beiträge dieses Buchs sind entlang der drei vorgestellten Perspektiven auf das Verhältnis von Körper und Ritual angeordnet: *Körperlich-leibliche Konstruktion ritualisierter Vergemeinschaftung* (Teil I), *Rhythmus als Abstimmungsmodus in Interaktionsritualen* (Teil II)) und *Rituelle Hervorbringung und Bewältigung spezifischer Körper* (Teil III). Es sei noch einmal betont, dass es sich dabei um eine analytische Trennung handelt, die den Zweck hat, die Art der de facto vorliegenden Verflechtung von Körper und (bzw. in) Ritual(en) deutlicher als in der Körpersoziologie und Ritualforschung bislang üblich in den Blick zu bekommen. Die einzelnen Texte thematisieren zwar mehrheitlich beide Seiten der Relation von Körper und Ritual, also sowohl die Frage, wie Körper und Leiber an der Konstitution und

Konstruktion von Ritualen beteiligt sind als auch jene, wie Rituale Körper und Leiber rahmen und formen. Da sie zugleich aber einen Schwerpunkt auf die eine oder andere Seite bzw. auf deren Vermittlung legen, haben wir sie in die vorliegende Struktur eingefügt. Wichtiger als diese ist jedoch ohnehin, dass die Texte aufgrund ihrer thematischen und disziplinären Heterogenität die fundamentale und zugleich vielfältige Bedeutung von Körper und Leib für die rituelle Herstellung sozialer Wirklichkeit erkennen lassen – und damit idealerweise den Anstoß geben für weitere Arbeiten in diesem weiten Forschungsfeld.

Literatur

Bell, Catherine (2006): Embodiment. In: Jens Kreinath/Joannes A. M. Snoek/Michael Stausberg (Hrsg.), *Theorizing Rituals. Issues, Topics, Approaches, Concepts.* Leiden: Brill, 533-544.

Bockrath, Franz/Boschert, Bernhard/Franke, Elk (Hrsg.) (2008): *Körperliche Erkenntnis. Formen reflexiver Erfahrung.* Bielefeld: transcript.

Brosius, Christiane/Michaelis, Axel/Schrode, Paula (2013): Ritualforschung heute – ein Überblick In: dies. (Hrsg.), *Ritual und Ritualdynamik. Schlüsselbegriffe, Theorien, Diskussionen.* Göttingen: Vandenhoeck & Ruprecht (UTB), 9-24.

Bourdieu, Pierre (1987): *Sozialer Sinn. Kritik der gesellschaftlichen Urteilskraft.* Frankfurt a. M.: Suhrkamp.

Clothe, Fred W. (1983): *Rhythm and Intent. Ritual Studies from South India.* Madras et al.: Blackie & Son Publishers.

Collins, Randall (2004): *Interaction Ritual Chains.* Princeton/New Jersey: Princeton University Press.

Csordas, Thomas (1990): Embodiment as a paradigma for Anthropology. In: *Ethos,* 18. Jg., 5-47.

Csordas, Thomas (1994): Introduction: the body as representation and being-in-the-world. In: ders., *Embodiment and Experience. The Existential Ground of Culture and Self.* Cambridge, 1-24.

Douglas, Mary (1974): *Ritual, Tabu und Körpersymbolik. Sozialanthropologische Studien in Industriegesellschaft und Stammeskultur.* Frankfurt a. M.

Durkheim, Émile (2007): *Die elementaren Formen des religiösen Lebens.* Frankfurt a. M./ Leipzig: Verlag der Weltreligionen.

Fischinger, Timo (2008): *Zur Psychologie des Rhythmus. Präzision und Synchronisation bei Schlagzeugern.* Kassel: Kassel University Press.

Gebauer, Gunter/Wulf, Christoph (1998): *Spiel, Ritual, Geste. Mimetisches Handeln in der sozialen Welt.* Reinbek bei Hamburg: Rowohlt.

Goffman, Erving (1967). *Stigma. Über Techniken der Bewältigung beschädigter Identität.* Frankfurt/Main: Suhrkamp.

Goffman, Erving (1971): *Interaktionsrituale. Über Verhalten in direkter Kommunikation.* Frankfurt a. M.: Suhrkamp.

Goffman, Erving (1994): Die Interaktionsordnung. In: ders., *Interaktion und Geschlecht.* Frankfurt a. M./New York, 50-104.

Gugutzer, Robert (2002): *Leib, Körper und Identität. Eine phänomenologisch-soziologische Untersuchung zur personalen Identität.* Wiesbaden: Westdeutscher Verlag.

Gugutzer, Robert (2006a): *body turn. Perspektiven der Soziologie des Körpers und des Sports.* Bielefeld: transcript.

Gugutzer, Robert (2006b): Der *body turn* in der Soziologie. Eine programmatische Einführung, in: ders. (Hrsg.), *body turn. Perspektiven der Soziologie des Körpers und des Sports.* Bielefeld: transcript, 9-53.

Gugutzer, Robert (2012): *Verkörperungen des Sozialen. Neophänomenologische Grundlagen und soziologische Analysen.* Bielefeld: transcript.

Gugutzer, Robert (2015): *Soziologie des Körpers* (5., vollst. überarb. Aufl.). Bielefeld: transcript.

Horn, András (2001): Das Anziehende am Rhythmus. In: *Colloquium Helveticum* 32, 31-46.

Hüsken, Ute (2013): Ritualfehler. In: Christiane Brosius/Axel Michaelis/Paula Schrode (Hrsg.), *Ritual und Ritualdynamik. Schlüsselbegriffe, Theorien, Diskussionen.* Göttingen: Vandenhoeck & Ruprecht (UTB), 129-134.

Kaufmann, Jean-Claude (1999): *Mit Leib und Seele. Theorie der Haushaltstätigkeit.* Konstanz: UVK.

Mauss, Marcel (1975): Die Techniken des Körpers. In: ders., *Soziologie und Anthropologie* (Band 2). München: Hanser, 199-220.

McNeill, William H. (1995): *Keeping together in time. Dance and Drill in Human History.* Cambridge, Massachusetts: Harvard University Press.

Michaels, Axel (1999). „Le rituel pour le rituel" oder wie sinnlos sind Rituale? In Caduff, Corinna/Pfaff-Czarnecka, Joanna (Hrsg), *Rituale heute. Theorien, Kontroversen, Entwürfe.* Berlin: Reimer, 23-48.

Polit, Karin (2013): Verkörperung. In: Christiane Brosius/Axel Michaelis/Paula Schrode (Hrsg.): *Ritual und Ritualdynamik. Schlüsselbegriffe, Theorien, Diskussionen.* Göttingen: Vandenhoeck & Ruprecht (UTB), 215-221.

Reichertz, Jo (1998): Vom lieben Wort zur großen Fernsehinszenierung. Theatralisierungstendenzen bei der (Re)Präsentation von ‚Liebe'. In Herbert Willems/Martin Jurga (Hrsg), *Inszenierungsgesellschaft. Ein einführendes Handbuch.* Opladen: Westdeutscher Verlag, 385-402.

Schmitz, Herrmann (2011): *Der Leib.* Berlin: de Gruyter.

Soeffner, Hans-Georg (2010): *Symbolische Formung. Eine Soziologie des Symbols und des Rituals.* Weilerswist: Velbrück.

Turner, Victor W. (1989): *Das Ritual. Struktur und Anti-Struktur.* Frankfurt a. M./New York: Campus.

Van Gennep, Arnold (1986): *Übergangsriten.* Frankfurt a. M./New York: Campus.

Waldschmidt, Anne (2003): „Behinderung" neu denken: Kulturwissenschaftliche Perspektiven der Disability Studies. In: Dies. (Hrsg), *Kulturwissenschaftliche Perspektiven der Disability Studies* (Tagungsdokumentation). Kassel: bifos Schriftenreihe, 11-22.

Wirth Uwe (Hrsg.) (2002): *Performanz. Zwischen Sprachphilosophie und Kulturwissenschaft.* Frankfurt a. M.: Suhrkamp.

Wulf, Christoph (2005): *Zur Genese des Sozialen. Mimesis, Performativität, Ritual.* Bielefeld: transcript.

Teil 1
Körperlich-leibliche Konstruktionen ritualisierter Vergemeinschaftung

Rituale als performative Handlungen und die mimetische Erzeugung des Sozialen

Christoph Wulf

Zusammenfassung

Wie die sich über 12 Jahre erstreckende ethnographische Berliner Ritual- und Gestenstudie gezeigt hat, spielen Rituale und Gesten in den vier wichtigsten Sozialisationsfeldern Familie, Schule, Peerkultur und Medien eine zentrale Rolle. Sie schaffen Gefühle der Zugehörigkeit und erzeugen Gemeinschaft; sie gestalten soziale Übergänge und vermitteln praktisches Wissen. Ihr performativer mit ihrer Inszenierung und Aufführung verbundener Charakter verstärkt ihre soziale Wirkung. In mimetischen, d. h. in Prozessen kreativer Nachahmung wird praktisches körperbasiertes rituelles Wissen erworben. Dieses ermöglicht es den Menschen, in Institutionen angemessen zu handeln.

1 Die Berliner Ritual- und Gestenstudie

Rituale spielen in den modernen Gesellschaften eine größere Rolle, als lange angenommen wurde. Von entscheidender Bedeutung sind sie jedoch in der Erziehung und Sozialisation. Dies verdeutlicht eine umfangreiche empirische Untersuchung zur Bedeutung von Ritualen und Ritualisierungen in den großen Erziehungs- und Sozialisationsfeldern Familie, Schule, Kinder- und Jugendkultur und Medien. In dieser Studie wird auf die Bedeutung von Ritualen, Ritualisierungen und Gesten (Wulf et al. 2011) für die Entwicklung sozialer Kompetenz in Gemeinschaften (Wulf et al. 2001), für Erziehung und Bildung (Wulf et al. 2004) und für das Lernen von Kindern und Jugendlichen (Wulf et al. 2007) fokussiert. Diese Untersuchung konzentriert sich auf Kinder und Jugendliche aus einer Grundschule in einem Berliner Innenstadtbezirk. Hier begegnet man mit dreihundert Kindern, die fünfundzwanzig verschiedene ethnische Hintergründe haben, den heutigen Bedingungen innerstädtischer Schulen. Bei dieser Schule handelt es sich um eine reformpädagogisch orientierte UNESCO-Modell-Schule mit einer hervorragenden Schulleiterin und einem sehr engagierten Kollegium.

In dieser Schule wurden auch die Familien zur Mitarbeit gewonnen, deren Rituale erforscht werden. Zu diesen gehören die kleinen Rituale des Familienfrühstücks, mit deren Hilfe sich die Familienmitglieder an jedem Morgen ihrer Zugehörigkeit zueinander vergewissern. Dazu gehören jedoch auch die Kindergeburtstage. In ihnen stehen die Kinder, die die Familie im Unterschied zur Paarbeziehung ausmachen, im Mittelpunkt und werden gefeiert. Zugleich ist der Kindergeburtstag ein wichtiges Fest der Gleichaltrigen und ihrer bei den Kindergeburtstagen inszenierten Gemeinschaft. Das wichtigste Ritual der sich zyklisch wiederholenden Familienrituale ist in den christlichen Familien das Weihnachtsfest, bei dem sich die Familien in Bezug auf die Geburt Christi und auf die Einheit der „heiligen Familie" inszenieren und aufführen. Auch der sich jährlich wiederholende Familienurlaub, in dem der Alltag verlassen wird, und in dem man gemeinsam neue, an den Traum vom Paradies erinnernde Erfahrungen macht, gehört zu diesen die Familie erhaltenden und das Zusammengehörigkeitsgefühl immer wieder erneuernden Ritualen.

Dass Schule eine rituelle Veranstaltung ist, in der sich grundlegende Erkenntnisse über den Zusammenhang von Institution und Ritual sowie über Hierarchie- und Machtstrukturen gewinnen lassen, ist offensichtlich. Schon bei den Einschulungs- und Ausschulungsfeiern, in denen Übergänge rituell inszeniert und aufgeführt werden, wird dies deutlich. In der Einschulungsfeier inszeniert sich die untersuchte reformpädagogische Schule als „schulische Familie" mit dem Ziel, den Schulanfängern den Übergang von der Welt der Familie und des Kindergartens in die Welt der Schule zu erleichtern. Vielfältig sind die Rituale, mit denen sowohl die Gemeinschaft der Klasse, die den größten Teil der alltäglichen schulischen Lebenswelt der Kinder ausmacht, als auch die Gemeinschaft der Schule erzeugt wird. So sind rituelle Sommer-, Advents- und Faschingsfeiern Teil des Schulalltags, in dem Gespräch, Arbeit, Spiel und Feier zu den Prinzipien der Gestaltung von Unterricht und Schulleben gehören. Neben den genannten Ritualen lassen sich im Unterrichtsalltag viele Mikrorituale finden, in denen die Interaktionen zwischen den Kindern und zwischen Lehrerinnen und Kindern inszeniert und aufgeführt werden. An jedem Montagmorgen beginnt z. B. in den Klassen der Unterricht mit dem Ritual des „Morgenkreises", in dem die Kinder einige Minuten lang einander berichten, was sie am Wochenende erlebt haben. Mit der Durchführung dieses Rituals wird für die Kinder der Übergang von der familiären Lebenswelt der Kinder am Wochenende zu den Leistungs- und sozialen Anforderungen der Schule realisiert. Ein anderes, von vielen Lehrern durch einen Gong eröffnetes Ritual besteht darin, fünf Minuten lang meditatives Schweigen zu üben, eine Aufgabe, die vielen Kindern gefällt, obwohl sie sie nicht einfach finden. Lehrer und Schüler inszenieren unterrichtliche und schulische Lern- und Bildungsprozesse in Ritualen und Ritualisierungen und bearbeiten in ihnen die Differenzen zwischen den Intentionen der Schüler und denen der Institution Schule.

Auch das Soziale in der Kinder- und Jugendkultur entwickelt sich mit Hilfe von und in Ritualen. Dies zeigt sich in den Pausen beim Spielen der Kinder auf dem Schulhof, in denen sich durch Exklusion und Inklusion verschiedene Spielgruppen bilden. Wichtige Kriterien sind dabei: die Art des Spiels, die gender- und die ethnische Zugehörigkeit. In den Inszenierungen der Pausenspiele werden soziale Gruppen geschaffen, die über längere Zeiträume bestehen und die unterschiedlich offen gegenüber neu zu ihnen kommenden Kindern sind. Bei den Jugendlichen erfreuen sich Breakdance-Gruppen und ihre Rituale an den Orten offener Jugendarbeit besonderer Beliebtheit. Auch LAN-Partys, in denen viele Jugendliche in großen Hallen zusammenkommen, um gegeneinander ein Computerspiel zu spielen, verfügen über eine feste rituelle Spiel- und Gruppenstruktur.

Bei den auf die Medien bezogenen Ritualen wurden zunächst rituelle Medieninszenierungen untersucht, d. h., es wurde herauszuarbeiten versucht, welchen Einfluss ritualisierte Mediendarstellungen wie Werbung, Nachrichtensendungen, Talkshows und Kriminalfilme auf die Vorstellungswelt, auf das Imaginäre der Kinder haben. Um herauszufinden, welchen Einfluss solche ritualisierten Fernsehsequenzen auf das Verhalten und Handeln der Kinder und Jugendlichen haben, haben wir diese eingeladen, in freiwillig gebildeten Arbeitsgemeinschaften mit einer Kamera Filme zu drehen, in denen einige von ihnen Schauspieler und andere Regisseure und Kamera-Leute waren. In diesen „Dreharbeiten" beobachteten wir, wie sehr die rituellen Strukturen des deutschen Fernsehens über die Grenzen der Ethnien hinweg die kollektive Vorstellungswelt, das kollektive Imaginäre der Kinder und Jugendlichen prägen. Sodann wurde untersucht, welche Lernprozesse durch den unterrichtlichen Einsatz von Computern im offiziellen und im heimlichen Lehrplan der Schule stattfinden, und welche Rituale Jugendliche in Online-Communities entwickeln.

Zur Methode: In dem so konstruierten Untersuchungsfeld wurde mit qualitativen Methoden gearbeitet, mit deren Hilfe das empirische Material rekonstruiert und ausgewertet und die Fragen der Untersuchung gegenstandsnah bearbeitet wurden. Angeregt wurde die Untersuchung von der Grounded Theory und ihren Überlegungen, Theorie als Prozess zu begreifen, sowie durch die sich daraus ergebenden Empfehlungen zum Sammeln, Kodieren und Analysieren von Informationen (Glaser/ Strauss 1969; Strauss/Corbin 1994). Da im Mittelpunkt unserer Aufmerksamkeit der performative Charakter von Lern- und Bildungsprozessen in Ritualen und

Ritualisierungen stand, wurden Untersuchungsmethoden ausgewählt, mit denen einerseits etwas über die Inszenierung und den Aufführungscharakter ritueller Handlungen erfahren werden konnte, andererseits aber auch Informationen darüber gewonnen werden konnten, welche Bedeutungen den Ritualen von ihren Teilnehmern zugeschrieben wurden, und wie diese die Lern- und Bildungsprozesse begriffen und interpretierten, die sich in diesen Ritualen vollzogen. Um das erste Ziel zu realisieren, wurden sowohl teilnehmende Beobachtungen als auch videogestützte teilnehmende Beobachtungen durchgeführt. Um der zweiten Zielsetzung gerecht zu werden, wurden außerdem Gruppendiskussionen und Interviews realisiert. Je nach Methode wurden unterschiedliche Informationen gewonnen, die verschieden kodiert und interpretiert wurden. Angesichts der prinzipiellen Begrenztheit jeder Forschungsmethode und der bekannten Vor- und Nachteile jeder Methode wurde in vielen Fällen versucht, die gleichen rituellen Handlungen mit Hilfe sich überschneidender Methoden zu erforschen (Flick 2004; Bohnsack 2003; Krüger/Wulf 2000). In den verschiedenen Teilen unserer Untersuchung wurden die genannten Verfahren mit unterschiedlichem Gewicht eingesetzt. Die Gründe dafür lagen in den jeweiligen Fragestellungen und in der Struktur des Untersuchungsfeldes.

2   Rituale als performative Handlungen

Die Forschungen der Berliner Ritualstudie im Bereich von Erziehung und Sozialisation, Bildung und Lernen haben ergeben, dass die Nachhaltigkeit der Wirkungen von Ritualen an ihren performativen Charakter, d.h. an die Körperlichkeit der szenischen Inszenierungen und Aufführungen gebunden ist (Wulf 2005). In der körperlichen Darstellung von Ritualen und Ritualisierungen zeigen Menschen, wer sie sind, und wie sie ihr Verhältnis zu anderen Menschen und zur Welt begreifen. Rituelle Prozesse lassen sich als szenische Aufführungen performativen Handelns verstehen, in deren Rahmen den Mitgliedern der Institutionen unterschiedliche Aufgaben zufallen. Manche rituellen Inszenierungen sind spontan; bei ihnen ist häufig nur schwer erkennbar, warum sie gerade in diesem Augenblick emergieren. Andere rituelle Aufführungen lassen sich aus dem Kontext und der identifizierbaren Vorgeschichte verstehen. Bei rituellen Arrangements spielen die Kontingenzen zwischen den Szenen von Ritualen eine wichtige Rolle. Szenische Aufführungen bestehen zwar aus spezifischen aufeinander bezogenen Elementen; doch bedeutet dies nicht, dass nicht jedes einzelne szenische Element durch ein anderes ähnliches oder ein neues Element ersetzt werden kann. Wegen des ludischen Charakters ritueller Aufführungen stehen die szenischen Elemente in einer kontingenten

Beziehung zueinander, die die Dynamik der Rituale ausmacht (Wulf/Goehlich/
Zirfas 2001; Wulf/Zirfas 2005, 2007).

Rituale gehören zu den wichtigsten Formen performativen Handelns. Sie wirken
in erster Linie über die Inszenierung und Aufführung der Körper der beteiligten
Menschen. Selbst, wenn die Deutung eines Rituals bei diesen verschieden ist, gehen
von der Tatsache, dass das Ritual vollzogen wird, gemeinschaftsbildende Wirkungen
aus. Ein Blick auf das Ritual des Weihnachtsfestes verdeutlicht dies. Unabhängig
von den Unterschieden in der Wahrnehmung von Weihnachten zwischen kleinen
Kindern, die noch das Christkind oder den Weihnachtsmann erwarten, deren
Eltern, die sich an dem Glück ihrer Kinder erfreuen, dem halbwüchsigen Sohn, der
das weihnachtliche Geschehen als abgestanden und leer erlebt, der Großmutter,
die sich an die Feste ihrer Jugend erinnert, hat die Inszenierung und Aufführung
des Weihnachtsrituals eine alle Beteiligten verbindende Wirkung. Diese Wirkung
besteht vor allem darin, dass im Vollzug des Rituals die Differenzen zwischen
den am Ritual beteiligten Personen bearbeitet werden. Trotz unterschiedlicher
Befindlichkeiten und differenter Deutungen erzeugt die rituelle Handlung eine
(Fest-)Gemeinschaft. Dies wird dann besonders deutlich, wenn das Ritual misslingt, die zwischen den Personen bestehenden Spannungen und Aggressionen die
Oberhand gewinnen, und damit die Gemeinschaft intensivierende Wirkung des
Weihnachtsfestes destruiert wird.

Zur Inszenierung und Aufführung von Ritualen gehört eine angemessene
Rahmung (Goffman 1993), die erkennen lässt, in welchem Zusammenhang das
Ritual mit vorausgehenden Handlungen steht, und die Hinweise darauf gibt, wie
das Ritual zu verstehen ist. Die Rahmung erzeugt den Unterschied zu anderen
Alltagshandlungen, schafft den herausgehobenen Charakter des Rituals und sichert
den magischen Charakter vieler ritueller Arrangements. Dieser resultiert aus dem
Glauben aller Beteiligten an das Ritual, sei es, dass es wie beim Weihnachtsfest eine
Gemeinschaft schafft, sei es, dass es wie bei Einsetzungsriten eine Grenze zieht,
an deren Bestehen und Legitimität die Betroffenen glauben, und dies unabhängig
davon, ob sie zu den Begünstigten oder zu den Ausgeschlossenen gehören. Doch
auch bei Gemeinschaft stiftenden Ritualen wird eine Grenze zwischen den an dem
rituellen Arrangement Beteiligten und den davon Ausgeschlossenen gezogen. Diese
Grenzziehung kann spontan erfolgen; sie kann Durchlässigkeit erlauben oder auch
dauerhaft ausschließen.

Zur Inszenierung und Durchführung vieler Rituale bedarf es dazugehöriger
performativer Äußerungen und Requisiten: im Fall des Weihnachtfestes bestimmter
Sätze und Lieder aus der Liturgie sowie des Weihnachtsbaumes, der Geschenke
und des festlichen Essens. In Ritualen erzeugen performative Handlungen Szenen
und Szenenfolgen. Zu deren Gestaltung gehört nicht nur die Inszenierung der

menschlichen Körper, sondern auch das Arrangement der zum Ritual gehörenden Umwelten. Auch sie müssen in einer den Ritualen angemessenen Weise gestaltet sein, damit das erforderliche Ensemble entsteht. In diesem „Gesamtkunstwerk" emergiert die rituelle Ordnung.

Rituelle Aufführungen erfordern Bewegungen des Körpers, mit deren Hilfe Nähe und Distanz sowie Annäherung und Entfernung zwischen den Teilnehmern des Rituals in Szene gesetzt werden. In diesen Körperbewegungen kommen soziale Haltungen und soziale Beziehungen zum Ausdruck. So erfordern hierarchische, von Machtunterschieden bestimmte Beziehungen andere Bewegungen des Körpers als freundschaftliche oder gar intime Beziehungen. Durch die Beherrschung sozialer Situationen mit Hilfe von Körperbewegungen wird auch der Körper durch sie beherrscht; er wird zivilisiert und kultiviert. Mit den Bewegungen des Körpers werden soziale Situationen geschaffen. Wegen ihres figurativen Charakters sind solche Situationen besonders gut erinnerbar und bieten sich daher auch für Wiederaufführungen an. In rituellen Inszenierungen wirkt ein ostentatives Element mit; die am Ritual Beteiligten möchten, dass ihre Handlungen gesehen und angemessen gewürdigt werden. In den Bewegungen der Körper soll das Anliegen der Handelnden zur Darstellung und zum Ausdruck kommen.

Wenn vom Performativen, von Performanz und Performativität die Rede ist, so liegt der Akzent auf der die Welt konstituierenden Seite des Körpers. Diese zeigt sich in der Sprache und im sozialen Handeln. Wenn vom performativen Charakter des Körpers die Rede ist, wird damit Sprache als Handlung und soziales Handeln als Inszenierung und Aufführung bezeichnet. Wird menschliches Handeln als aufführendes kulturelles Handeln begriffen, so ergeben sich daraus Veränderungen für das Verständnis sozialer Prozesse. In diesem Fall finden die Körperlichkeit der Handelnden sowie der Ereignis- und inszenatorische Charakter ihrer Handlungen größere Aufmerksamkeit. Dann wird deutlich: Soziales Handeln ist mehr als die Verwirklichung von Intentionen. Dieser Bedeutungsüberschuss besteht u. a. in der Art und Weise, in der Handelnde ihre Ziele verfolgen und zu realisieren versuchen. In diesen Prozess gehen unbewusste Wünsche, frühe Erfahrungen und Empfindungen ein. Trotz der intentional gleichen Ausrichtung einer Handlung zeigen sich in der Inszenierung ihrer körperlichen Aufführung und in dem Wie ihrer Durchführung erhebliche Unterschiede.

Der Charakter und die Qualität sozialer Beziehungen hängen wesentlich davon ab, wie Menschen beim rituellen Handeln ihren Körper einsetzen, welche körperlichen Abstände sie einhalten, welche Körperhaltungen sie zeigen, welche Gesten sie entwickeln. Über diese Merkmale vermitteln Menschen anderen Menschen vieles über sich selbst. Sie teilen ihnen etwas von ihrem Lebensgefühl mit, von ihrer Art und Weise, die Welt zu sehen, zu spüren und zu erleben. Trotz ihrer zentralen Bedeutung für die Wirkungen sozialen Handelns fehlen diese Aspekte körperlicher Performativität in vielen Handlungstheorien, in denen die Handelnden unter Absehung der sinnlichen und kontextuellen Bedingungen ihres Handelns noch immer auf ihr Bewusstsein reduziert werden. Will man diese Reduktion vermeiden, muss man untersuchen, wie rituelles Handeln emergiert, wie es mit Sprache und Imagination verbunden ist, wie es durch gesellschaftliche und kulturelle Muster ermöglicht wird, und wie sich sein Ereignischarakter zu seinen repetitiven Aspekten verhält. Nachgehen muss man der Frage, wie weit sich Sprechen und Kommunikation als Handeln begreifen lassen, und welche Rolle Ansprache und Wiederholung für die Herausbildung geschlechtlicher, sozialer und ethnischer Identität spielen. In einer solchen Perspektive wird Handeln als körperlich-sinnliche Nachahmung, Teilnahme und Gestaltung kultureller Praktiken begriffen. In dieser Perspektive werden künstlerisches und soziales Handeln als *performance*, Sprechen als performatives Handeln und Performativität als ein abgeleiteter, diese Zusammenhänge übergreifend thematisierender Begriff verstanden. Wenigstens drei Dimensionen der Performativität von Ritualen lassen sich unterscheiden.

Einmal lassen sich Rituale als kommunikative kulturelle Aufführungen begreifen. Als solche sind sie das Ergebnis von Inszenierungen und Prozessen körperlicher Darstellung, in deren Verlauf es um das Arrangement ritueller Szenen geht, in denen die Ritualteilnehmer unterschiedliche Aufgaben erfüllen. Indem sie sich im Sprechen und Handeln aufeinander beziehen, erzeugen sie gemeinsam rituelle Szenen. Wie Werke der Kunst und der Literatur lassen sich diese Rituale als Ergebnisse kulturellen Handelns ansehen, in dessen Verlauf die heterogenen gesellschaftlichen Kräfte in eine akzeptierte Ordnung gebracht werden.

Zum anderen kommt dem performativen Charakter der Sprache bei rituellen Handlungen erhebliche Bedeutung zu. Deutlich wird dieser z. B. bei den Ritualen der Taufe und der Kommunion, des Übergangs und der Amtseinführung, in denen die beim Vollzug des Rituals gesprochenen Worte wesentlich dazu beitragen, eine neue soziale Wirklichkeit zu schaffen (Austin 1985). Entsprechendes gilt auch für die Rituale, in denen das Verhältnis der Geschlechter zueinander organisiert wird, und in denen die wiederholte Ansprache eines Kindes als „Junge" oder „Mädchen" dazu beiträgt, Geschlechtsidentität herauszubilden (Butler 1995).

Schließlich umfasst das Performative auch eine ästhetische Dimension, die für künstlerische *performances* konstitutiv ist. Diese Perspektive verweist auf die Grenzen einer funktionalistischen Betrachtungsweise der Performativität ritueller Handlungen. Wie die ästhetische Betrachtung künstlerischer *performances* dazu führt, dass diese nicht auf intentionsgeleitetes Handeln reduziert werden, so erinnert sie auch daran, dass sich die Bedeutung von Ritualen nicht in der Verwirklichung von Intentionen erschöpft. Nicht weniger wichtig ist die Art und Weise, in der die Handelnden ihre Ziele realisieren.

Trotz gleicher Intentionalität zeigen sich bei der Inszenierung der körperlichen Aufführung von Ritualen häufig erhebliche Unterschiede. Zu den Gründen dafür gehören allgemeine historische, kulturelle und soziale sowie besondere, mit der Einmaligkeit der Handelnden verbundene Bedingungen. Das Zusammenwirken beider Faktorengruppen erzeugt den performativen Charakter sprachlichen, sozialen und ästhetischen Handelns in rituellen Inszenierungen und Aufführungen. In dem Ereignis- und Prozesscharakter von Ritualen werden die Grenzen ihrer Planbarkeit und die Voraussehbarkeit deutlich. Bei der Berücsichtigung der ästhetischen Dimension wird die Bedeutung des Stils ritueller Aufführungen sichtbar. Die zwischen der bewussten Intentionalität und den vielen Bedeutungsdimensionen der szenischen Arrangements von Körpern erkennbar werdende Differenz ist offensichtlich. Der performative Charakter rituellen Handelns bietet Anlass zu unterschiedlichen Deutungen und Interpretationen, ohne dass dadurch jedoch die rituellen Arrangements ihre Wirkungen verlieren. Vielmehr besteht gerade ein Teil ihrer Effekte darin, dass die gleichen rituellen Handlungen unterschiedlich gedeutet werden können, ohne dass dadurch die soziale Magie der Rituale zerstört würde.

Soziale Kommunikation hängt wesentlich davon ab, wie Menschen beim rituellen Handeln ihren Körper einsetzen. Darüber vermitteln sie anderen Menschen viel von sich. Sie teilen ihnen etwas mit von ihrem Lebensgefühl, ihrer Art und Weise, die Welt zu sehen, zu spüren und zu erleben. Trotz ihrer zentralen Bedeutung für die Wirkung sozialen Handelns fehlen diese Aspekte körperlicher Performativität in vielen traditionellen Ritualtheorien, in denen die Handelnden unter Absehung der sinnlichen und kontextuellen Bedingungen ihrer Handlungen noch immer auf ihre kognitiven Seiten reduziert werden. Um diese Reduktion zu vermeiden, muss man erforschen, wie rituelles Handeln emergiert, wie es mit Sprache und Imagination verbunden ist (Hüppauf/Wulf 2006), wie seine Einmaligkeit durch gesellschaftliche und kulturelle Muster ermöglicht wird, und wie sich sein Ereignischarakter zu seinen repetitiven Aspekten verhält.

3   Mimetisches Lernen praktischen Wissens in Ritualen

Der performative Charakter von Ritualen ist eine Voraussetzung dafür, dass das für ihre Inszenierung und Aufführung erforderliche praktische Wissen in mimetischen Prozessen erworben werden kann. Das praktische rituelle Wissen ist die Voraussetzung dafür, dass Kinder und Jugendliche lernen, was sie in Ritualen zu tun haben, welche Handlungen von ihnen erwartet werden, und welche Möglichkeiten sie haben, ihr Handeln individuell zu gestalten, ohne dass dadurch die Rituale insgesamt gefährdet werden. In den gegenwärtigen Bemühungen zur Verbesserung des Lernens in der Schule wird die Bedeutung praktischen Wissens für die Erziehung und Bildung stark unterschätzt. Lediglich der UNESCO-Bericht „Learning. The Treasure within" hat seine zentrale Bedeutung hervorgehoben. Neben dem Wissen-Lernen werden hier Zusammenleben-Lernen, Handeln-Lernen und Sein-Lernen als wichtige Formen des Lernens identifiziert (Delors 1996). Für den Erwerb dieser Wissensformen spielen Rituale und das in ihnen vermittelte praktische Wissen eine wichtige Rolle (Wulf 2005, 2006a).

Bei dem in rituellem Handeln gelernten praktischen Wissen handelt es sich nicht um ein theoretisches oder reflexives Wissen, dessen Elemente in der sozialen Praxis einfach angewendet werden können. Praktisches Wissen wird in mimetischen Prozessen erworben (Wulf 2006b). Mimetisches Lernen vollzieht sich, wenn Kinder und Jugendliche an den szenischen Aufführungen sozialer Handlungen teilnehmen und wahrnehmen, wie andere Menschen in rituellen Szenen handeln. Da die Art und Weise der sozialen Handlungen sinnlich erfasst wird, kommt dem Wie bei der mimetischen Rezeption und Verarbeitung erhebliche Bedeutung zu. Nur mit Hilfe der Aisthesis können die szenischen, die sozialen Handlungen konstituierenden und konkretisierenden Arrangements wahrgenommen und verarbeitet werden (Mollenhauer/Wulf 1996). Die sich dabei vollziehende mimetische Verkörperung ritueller Handlungen ist ein aktiver und produktiver Prozess, in dessen Verlauf eine individuelle Bearbeitung und Umarbeitung der wahrgenommenen Rituale und Ritualisierungen erfolgt. In der Bezugnahme des mimetischen Prozesses auf andere Menschen, auf eine szenische Aufführung ritueller Handlungen oder auf eine imaginäre Welt entsteht aufgrund der unterschiedlichen Voraussetzungen des sich mimetisch Verhaltenden jedes Mal etwas Unterschiedliches. In mimetischen Prozessen kommt es zu einer Anähnlichung, die auf die Art und Weise zielt, wie sich Menschen körperlich und sozial inszenieren, wie sie sich zur Welt, zu anderen Menschen und zu sich selbst verhalten. Der mimetische Prozess richtet sich auf die Einmaligkeit anderer Menschen und führt dazu, dass „Abbilder" von ihnen und ihren sozialen Handlungen in die mentale Bilder- und Vorstellungswelt aufgenommen werden. Mimetische Prozesse verwandeln Außenwelt in Innenwelt und führen zu einer Erweiterung der Innenwelt (Wulf 2005, 2009; 2010; 2013).

Der Erwerb von praktischem Wissen in mimetischen Prozessen muss nicht auf Ähnlichkeit beruhen. Wenn beispielsweise in einer Bezugnahme auf eine vorgängige Welt ritueller Handlungen bzw. performativer Aufführungen mimetisches Wissen erworben wird, dann lässt sich erst in einem Vergleich der beiden Welten bestimmen, welches der Gesichtspunkt der mimetischen Bezugnahme ist.

Ähnlichkeit ist nur ein, allerdings häufiger, Anlass für den mimetischen Impuls. Doch auch die Herstellung eines magischen Kontakts kann zum Ausgangspunkt der mimetischen Handlung werden (Frazer 1998). Selbst für die Abgrenzung von vorhandenen Ritualen und performativen Aufführungen ist eine mimetische Bezugnahme erforderlich. Sie erst erzeugt die Möglichkeit von Akzeptanz, Differenz oder Ablehnung vorgängiger Rituale und anderer sozialer Handlungen.

Die residuale Instinktausstattung, der Hiatus zwischen Reiz und Reaktion sowie die „Exzentrizität" sind Voraussetzungen für die außerordentliche Plastizität des menschlichen Körpers und die damit verbundenen Möglichkeiten, in mimetischen Prozessen ein praktisches Wissen zu erwerben, mit dessen Hilfe rituelles und anderes performatives Handeln inszeniert und aufgeführt wird. Zu diesem praktischen Wissen gehören auch die Körperbewegungen, mit deren Hilfe Szenen sozialen Handelns arrangiert werden. Mittels der Disziplinierung und Kontrolle der Körperbewegungen entsteht ein diszipliniertes und kontrolliertes praktisches Wissen, das – im Körpergedächtnis aufbewahrt – die Inszenierung entsprechender Formen symbolisch-szenischen Handelns ermöglicht. Dieses praktische Wissen ist auf die im Zivilisationsprozess herausgebildeten sozialen Handlungs- und Aufführungsformen bezogen und daher ein zwar ausgeprägtes, in seinen historisch-kulturellen Möglichkeiten jedoch auch begrenztes performatives Wissen.

In mimetischen Prozessen vollzieht sich eine nachahmende Veränderung und Gestaltung vorausgehender Welten. Hierin liegen das innovative und kreative Moment mimetischer Akte und ihre Bedeutung für die Inszenierung und Aufführung performativer Handlungen. Mimetisch sind performative Handlungen, wenn sie auf andere körperliche Handlungen Bezug nehmen und selbst als soziale Aufführungen begriffen werden können, die sowohl eigenständige Handlungen darstellen, als auch einen Bezug zu anderen Handlungen haben. Performative Handlungen werden durch die Entstehung praktischen Wissens im Verlauf mimetischer Prozesse möglich. Das für performative Handlungen relevante praktische Wissen ist körperlich, ludisch, rituell und zugleich historisch und kulturell; es bildet sich in face-to-face-Situationen und ist semantisch nicht eindeutig; es hat imaginäre Komponenten, lässt sich nicht auf Intentionalität reduzieren, enthält einen Bedeutungsüberschuss und zeigt sich in den Inszenierungen und Aufführungen des alltäglichen Lebens, der Literatur und der Kunst (Gebauer/Wulf 1992, 1998, 2003).

4 Zentrale Funktionen von Ritualen

Rituale haben viele unterschiedliche Funktionen, in denen sie nie ganz aufgehen. Ihre Bedeutung für Erziehung und Sozialisation, Bildung und Lernen lässt sich in zehn Punkten zusammenfassen, die Grundelemente einer Theorie des Rituals bilden (Wulf/Zirfas 2004a; Wulf/Suzuki/Zirfas 2011):

a. Das Soziale als Ritual. Gemeinschaften sind ohne Rituale undenkbar; denn sie bilden und verändern sich in und durch rituelle Prozesse und Praktiken. Über den symbolischen Gehalt der Interaktions- und Kommunikationsformen und vor allem über die performativen Prozesse der Interaktion und Bedeutungsgenerierung gewährleisten und stabilisieren Rituale die Gemeinschaft selbst. Die Gemeinschaft ist Ursache, Prozess und Wirkung rituellen Handelns. Rituale rahmen spezifische Praktiken im alltäglichen Leben, sodass durch ihre Restriktivität unbestimmtes in bestimmtes Verhalten transformiert wird. In diesem Zusammenhang bilden Rituale einen relativ sicheren, homogenisierten Ablauf. Die damit verbundenen Techniken und Praktiken dienen der Wiederholbarkeit der notwendigen Vollzüge, ihrer Steuerbarkeit und Kontrollierbarkeit, der Überschaubarkeit der für die Prozeduren notwendigen Mittel und Ressourcen sowie der Erkennbarkeit von Wirkungen und Störungen.

Soziale, institutionalisierte und informelle Gemeinschaften zeichnen sich nicht nur durch den gemeinsamen Raum eines kollektiv geteilten symbolischen Wissens aus, sondern vor allem durch ritualisierte Interaktions- und Kommunikationsformen, in denen und mit denen sie dieses Wissen inszenieren. Diese Inszenierungen können als Versuch verstanden werden, eine Selbstdarstellung und Reproduktion der sozialen Ordnung und Integrität zu gewährleisten, kommunikativ symbolisches Wissen herzustellen und vor allem Interaktionsräume und dramatische Handlungsfelder zu erzeugen. Rituale erzeugen Gemeinschaften emotional, symbolisch und performativ; sie sind inszenatorische und expressive Handlungsfelder, in denen die Beteiligten ihre Wahrnehmungs- und Vorstellungswelten mittels mimetischer Prozesse wechselseitig aufeinander abstimmen, ohne dass sich eine vollständige Übereinkunft über die Mehrdeutigkeit der rituellen Symbolik erzielen ließe. Indem Rituale die Integration eines interaktiven Handlungszusammenhangs gewährleisten, zielen sie auf die Bildung von Kommunität.

b. Das Ritual als Ordnungsmacht. Als kommunikative Handlungsmuster bilden Rituale eine spezifische Regelhaftigkeit, Konventionalität und Richtigkeit heraus, die für Gemeinschaften einen praktischen Wissens- und Wahrnehmungshorizont implizieren. Dabei ist es nicht entscheidbar, ob das Ritual aus der sozialen

Ordnung heraus entsteht oder diese erst durch Rituale generiert wird. Rituale sind körperliche Praktiken, die Erfahrungs-, Denk- und Erinnerungsformen und -inhalte determinieren, reduzieren und erweitern, kanalisieren und verformen. Daher schaffen Rituale eine besondere Form von Realität. In Ritualen geht es nicht um Wahrheit, sondern um die richtige Handlung. Die Richtigkeit gemeinsamen Handelns bedeutet, dass die Ritualteilnehmer das Symbolische der Situation gemäß bestimmter, durch Rituale geschaffener Regeln decodieren können. Rituale zielen auf Richtigkeit und damit auf die Ordnung eines gemeinsamen Handelns, das für alle Teilnehmer verbindlich ist. Liegt der Gemeinsamkeit rituellen Handelns eine strukturelle Asymmetrie zugrunde, so können Rituale auch zur Anpassung, Manipulation und Unterdrückung verwendet werden. Sie verkommen dann zu bloßen stereotypen und ritualistischen Verhaltens- und Inszenierungsmodi.

c. Identifikationserzeugung durch Rituale. Betonen Rituale einen Übergang in räumlicher, zeitlicher oder sozialer Hinsicht, so ist die Rede von einem Übergangsritual (van Gennep 2005). Dieses verweist vor allem auf die Funktion von Ritualen, Identifikation zu erzeugen und Transformation zu ermöglichen. Ihr Transformations- und Innovationspotential liegt in dem symbolischen und performativen Charakter, in ihrer kreativen wirklichkeitserzeugenden Seite. Mit ihrer Hilfe werden auch Einsetzungen vorgenommen, an denen sich wie am Beispiel der Beschneidung oder Einschulung zeigen lässt, dass es in diesen Ritualen vor allem auf die Aufhebung und Bearbeitung von Differenz ankommt. In Identifizierungs- und Einsetzungsriten wird der Versuch gemacht, Menschen zu denen zu machen, die sie schon sind. Deshalb haben Übergangsrituale eine paradoxe Struktur. In ihnen wird eine neue Ordnung, die Festschreibung eines neuen Zustands, die Emergenz einer neuen sozialen Wirklichkeit erzeugt, die so aussieht, als sei sie natürlich, und die es daher schwer macht, sich von ihr zu distanzieren und sich gegen sie zu wehren. In vielen dieser Rituale geht es um die „Anrufung" bzw. um die Zuschreibung einer Kompetenz, eines Könnens. Identifikatorische Rituale sind performative Handlungen, die erzeugen, was sie bezeichnen, indem sie Menschen zu einem Können auffordern, über das sie noch nicht verfügen, und sie dabei zugleich als diejenigen anzuerkennen, die sie noch werden sollen. In diesem Prozess entsteht das soziale Sein über Zuschreibungen, Bezeichnungen und Kategorisierungen.

d. Das Ritual als Erinnerung und Projektion. Rituale dienen dazu, sich der Gegenwart einer Gemeinschaft immer wieder zu versichern, deren zeitlose und unveränderlich gültige Ordnung und deren Transformationspotentiale durch Wiederholung zu bestätigen und ihnen Dauer zu verleihen. Sie zielen ebenso auf die Inszenierung von Kontinuität, Zeitlosigkeit und Unveränderlichkeit wie auf den Prozesscharakter und die Entwurf- und Zukunftsorientierung von Gemeinschaften. Rituale bilden die Synthese von sozialem Gedächtnis und gemeinschaftlichem Zukunftsentwurf. Im ritualisierten Umgang mit der Zeit entstehen Zeitkompetenz und soziale Kompetenz. Zeitliche Ritualisierungen sind ein Medium sozialen Zusammenlebens, strukturiert doch die rituelle Ordnung der Zeit in den Industriegesellschaften das gesamte Leben. Die Zeit des Rituals ist die gemeinsame Anwesenheit der Angehörigen in einer Gemeinschaft, deren Zeit durch das Ritual selbst noch einmal in zeitliche Sequenzen untergliedert wird. So fördern rituelle Handlungen bestimmte Erinnerungen und geben andere dem Vergessen anheim. Durch ihre repetitive Struktur signalisieren sie Dauerhaftigkeit und Unveränderbarkeit, und ihre Inszenierungen erzeugen und kontrollieren das soziale Gedächtnis. Rituelle Aufführungen bringen vergangene Ereignisse in die Gegenwart und lassen sie als Gegenwart erfahrbar werden. Mit Hilfe ritueller Erinnerungsarbeit lässt sich eine Verbindung herstellen zwischen der vom Vergessen bedrohten Gegenwart und jener Vergangenheit, die als Tradition und Geschichte für Gemeinschaften bedeutsam sind. Rituale entwickeln sich deshalb weiter, weil sie nie gleich aufgeführt werden können, sondern immer mimetisch sind und weil in diesen mimetischen Prozessen die kreativen Potentiale durch die Wiederholung schon eingebaut sind.

e. Das Ritual als Bewältigung von Krisen. Wenn Gemeinschaften Differenzerfahrungen machen und Krisensituationen durchleben, sind Rituale erforderlich. Denn sie bilden einen relativ sicheren, homogenen Prozess, in dessen Verlauf Gemeinschaften z. B. die mit dem Übergang in einen anderen Status verbundenen Integrations- bzw. Segregationserfahrungen verhandeln können. Rituale können dazu dienen, eine kommunikative Verständigung über eine neue, den alltäglichen Rahmen sprengende, als Bedrohung empfundene Situation zu erzielen. Dabei bilden sie keine instrumentellen Handlungsarrangements und können nicht als technische Mittel zur Bewältigung konkreter Probleme eingesetzt werden. Die im gemeinsamen rituellen Handeln erzeugte Kraft reicht über die Möglichkeiten der einzelnen Menschen hinaus und führt zur Schaffung von Gemeinschaft und Solidarität. Krisenrituale wie die Identifizierung und Opferung von Sündenböcken bieten die Möglichkeit, soziale Gewalt zu kanalisieren und von der Gemeinschaft abzuwenden (Dieckmann/Wulf/Wimmer 1997).

f. Das Ritual als magische Handlung. In Ritualen werden Situationen mit Hilfe gemeinsam ausgeübter Praktiken eingeübt und geprobt, die in „realen" Lebenszusammenhängen nicht vollkommen beherrschbar und kontrollierbar sind. Daher können Rituale als Arrangements der Komplexitätsreduktion gelten, mit deren Hilfe man sich in Beziehung zu seinem „Außen" setzt, indem man Trennlinien zieht,

Distanzen überbrückt und daran glaubt, dass die im Ritual entfalteten mimetischen und performativen Kräfte nicht nur nach innen sondern auch nach außen auf die „Wirklichkeit" einwirken. So wird man in Ritualen zu einem „Anderen" bzw. verhält sich als solcher zum „ganz Anderen". Diese Alterierung wird einerseits durch die Symbolik unterstützt, die die Transformation von Erfahrungen auf eine z. B. soziale oder religiöse Bedeutungsebene ermöglicht, und andererseits durch das gemeinsame performative Handeln hervorgerufen, das neue Wirklichkeiten erzeugen kann. So gewährleistet das Heilige in rituellen Interaktionen eine organisierende Solidarität und stiftet als Distinktionsprinzip Grenzziehungen und Tabus, die Zeiten, Räume, Gegenstände und Handlungen als außerordentlich bedeutsam erfahrbar machen. Das Heilige kann als die Vorstellung einer spezifischen Form von transzendenter Wirksamkeit und Mächtigkeit verstanden werden, die sich auf Gegenstände, Handlungen, Schrift, Menschen und Gemeinschaften etc. bezieht, und die mit Empfindungen der Ehrfurcht und Scheu sowie mit einem Kodex von Regeln, Normen und Tabus umgeben ist. Die Gemeinschaft scheint auf das Heilige angewiesen zu sein, wobei der rituelle Bezug zum Heiligen die Funktion übernimmt, die Integration, die Abgrenzung und den Austausch der Gemeinschaft zu gestalten. Insofern liegt dem Ritual der spezifische Glaube an das Transzendente, das Heilige einer Gemeinschaft zugrunde, das ihr eine gewisse Sicherheit und Vertrautheit vermittelt und damit Erwartungen immunisiert. Daher rührt die Bedeutung der heiligen Feste für Gemeinschaften.

g. Das Ritual als Medium der Differenzbearbeitung. Rituale sind Handlungssysteme der Differenzbearbeitung. Indem sie die Integration eines interaktiven Handlungszusammenhangs gewährleisten, zielen sie auf Integration und auf die Bildung von Gemeinschaft. Der Begriff der performativen Gemeinschaft verweist nicht auf eine vorgängige, organische oder natürliche Einheit, eine emotionale Zusammengehörigkeit, auf ein symbolisches Sinnsystem oder auf einen kollektiven Wertekonsens, sondern auf die rituellen Muster der Interaktion. Mit der Frage, wie sich Gemeinschaften erzeugen, bestätigen und verändern, rücken rituelle Inszenierungsformen, körperliche und sprachliche Praktiken, räumliche und zeitliche Rahmungen sowie mimetische Zirkulationsformen in den Mittelpunkt. Gemeinschaft erscheint damit weniger als homogener, integrativer und authentischer Nahraum, als vielmehr als prekäres Erfahrungsfeld von Spannungen, Grenzziehungen und Aushandlungsprozessen. Unter einer performativen Gemeinschaft wird ein ritualisierter Handlungs- und Erfahrungsraum verstanden, der sich durch inszenatorische, mimetische, ludische und Machtelemente auszeichnet (Wulf u. a. 2001, 2004, 2007).

h. Das Ritual als Initiator mimetischer Prozesse. Wie bereits dargelegt, erzeugt rituelles Handeln keine bloße Kopie früher vollzogener Rituale. Jeder Aufführung eines Rituals liegt eine neue Inszenierung zugrunde, die zur Modifikation früherer ritueller Handlungen führt. Zwischen früheren, gegenwärtigen und zukünftigen rituellen Handlungen besteht ein mimetisches Verhältnis, in dem unter Bezug auf vorausgegangene neue Handlungen erzeugt werden. In mimetischen Prozessen wird eine Beziehung zu einer rituellen Welt hergestellt. Häufig beruht diese auf einer Ähnlichkeitsbeziehung, die in der Ähnlichkeit der Anlässe, der handelnden Personen und der sozialen Funktionen der Rituale besteht. Entscheidend ist jedoch nicht die Ähnlichkeit, sondern die Herstellung der Beziehung zu der anderen Welt. Wird eine rituelle Handlung auf eine frühere bezogen und in Ähnlichkeit zu dieser durchgeführt, dann besteht der Wunsch, etwas wie die rituell Handelnden zu machen, auf die sich die Beziehung richtet, und sich ihnen anzuähnlen. Diesem Wunsch liegt das Begehren zugrunde, wie die anderen zu werden, sich jedoch gleichzeitig auch von ihnen zu unterscheiden. Trotz des Begehrens, ähnlich zu werden, besteht ein Verlangen nach Unterscheidung und Eigenständigkeit. Die Dynamik von Ritualen drängt gleichzeitig auf Wiederholung und Differenz und erzeugt damit Energien, die die Inszenierungen und Aufführungen ritueller Handlungen vorantreiben. Bei der Wiederholung geht es darum, in einem mimetischen Prozess gleichsam einen „Abdruck" früherer ritueller Handlungen zu nehmen und diesen auf neue Situationen zu beziehen. Die Wiederholung rituellen Handelns führt nie zur genauen Reproduktion der früheren Situation, sondern stets zur Erzeugung einer neuen rituellen Situation, in der die Differenz zur früheren ein konstruktives Element ist. In dieser Dynamik liegt der Grund für die Produktivität ritueller Handlungen. Unter Wahrung der Kontinuität bietet rituelles Handeln Raum für Diskontinuität. Rituelle Arrangements machen es möglich, das Verhältnis von Kontinuität und Diskontinuität auszuhandeln. Dabei spielen die jeweiligen Bedingungen der Individuen und Gruppen, Organisationen und Institutionen für die unterschiedlichen Handhabungen ritueller Muster und Schemata eine wichtige Rolle.

i. Das Ritual als Generator praktischen Wissens. Um in sozialer Hinsicht kompetent handeln zu können, bedarf es weniger eines theoretischen als vielmehr eines praktischen Wissens. Dieses befähigt Menschen, in verschiedenen gesellschaftlichen Feldern, Institutionen und Organisationen den Erfordernissen entsprechend zu handeln. Große Teile dieses praktischen Wissens werden in rituellen mimetischen Prozessen erworben. In diesen nehmen die Handelnden Bilder, Rhythmen, Schemata, Bewegungen ritueller Arrangements in ihre Vorstellungswelt auf. Mit deren Hilfe wird das in neuen Zusammenhängen erforderliche rituelle Handeln inszeniert und aufgeführt. Die mimetische Aneignung führt bei den Handelnden zu einem praktischen Wissen, das auf andere Situationen übertragbar ist. Der rituelle Charakter dieser Aneignung bewirkt, dass das mimetisch erworbene praktische Wissen in der Wiederholung geübt, entwickelt und verändert wird. Das so inkorporierte praktische Wissen hat einen historischen und kulturellen Charakter und ist als solches für Veränderungen offen (Wulf 2009 2006b; Boetsch/Wulf 2005).

j. Das Ritual als Produzent von Subjektivität. Lange hat man Ritualität und Individualität bzw. Subjektivität für Gegensätze gehalten. Erst seit geraumer Zeit sieht man, dass dies in den modernen Gesellschaften nicht der Fall ist. Das Handeln von Individuen ist das Ergebnis praktischen sozialen Wissens, dessen Entwicklung ritueller Arrangements bedarf. Das heißt natürlich nicht, dass es zwischen Gemeinschaft und Individuum keine Spannungen und Konflikte gibt; zu ausgeprägt ist die nicht aufhebbare Differenz zwischen beiden. Doch bedingen sich beide wechselseitig. Erfülltes individuelles Leben ist nur möglich, wenn Individuen in der Lage sind, in Gemeinschaften kompetent zu handeln und zu kommunizieren. Desgleichen bedarf eine Gemeinschaft differenzierter Individuen. Der performative Charakter von Ritualen macht mimetisches Lernen und damit den Erwerb praktischen Wissens möglich.

5   Ausblick

Wie die Berliner Ritual- und Gestenstudie gezeigt hat, haben Rituale und Ritualisierungen viele komplexe Funktionen. Sie bearbeiten Differenzen und ermöglichen Übergänge zwischen verschiedenen Phasen des Lebens und unterschiedlichen Institutionen. Sie erzeugen das Soziale und bilden Gemeinschaften durch Inklusion und Exklusion. Rituale sind wesentliche Bestandteile von Familie, Schule, Kinder- und Jugendkultur sowie der Medien und des Umgangs mit ihnen. In vielen Ritualen spielen ludische Elemente eine wichtige Rolle. Da Rituale dazu beitragen, Aufgaben, Ziele und Werte von Institutionen und Organisationen weiterzuvermitteln, sind sie auch für die Fortschreibung und Veränderung von Institutionen und Organisationen von zentraler Bedeutung. In den vier in der Berliner Studie untersuchten Sozialisationsfeldern wurde deutlich: Rituale haben eine bewahrende, aber auch innovative Aufgabe. Für ihre Wirkungen sind ihre Körperlichkeit und die in dieser liegende Materialität von zentraler Bedeutung (Wulf/Zirfas 2004b). Ihr performativer Charakter und ihre damit verbundene ästhetische Seite spielen dabei eine zentrale Rolle.

Literatur

Austin, John L. (1985). *Theorie der Sprechakte*. Stuttgart: Reclam.

Bausch, Constanze (2006). *Verkörperte Medien. Die soziale Macht televisueller Inszenierungen*. Bielefeld: transcript.

Boetsch, Gilles & Wulf, Christoph (2005). *Hermès:«Rituels»*, n° 42. Paris: CNRS Éditions.

Bohnsack, Ralf (2003). *Rekonstruktive Sozialforschung. Einführung in qualitative Methoden*. Opladen: Leske und Budrich.

Butler, Judith (1995). *Körper von Gewicht. Zur diskursiven Konstruktion von Geschlecht*. Berlin: Berliner Verlag.

Delors, Jacques (Hg.) (1996). *Learning. The Treasure within*. Paris: UNESCO.

Dieckmann, Bernhard, Wulf, Christoph & Wimmer, Michael (Hg.) (1997). *Violence. Nationalism, Racism, Xenophobia*. Münster: Waxmann.

Flick, Uwe (2004). *Triangulation. Eine Einführung*. Wiesbaden: VS Verlag für Sozialwissenschaften.

Frazer, James George (1998). *Der goldene Zweig. Das Geheimnis. Von Glauben und Sitten der Völker*. Reinbek: Rowohlt.

Gebauer, Gunter & Wulf, Christoph (1992). *Mimesis. Kunst, Kultur, Gesellschaft*. Reinbek: Rowohlt (2. Aufl. 1998).

Gebauer, Gunter & Wulf, Christoph (1998). *Spiel, Ritual, Geste. Mimetisches Handeln in der sozialen Welt*. Reinbek: Rowohlt.

Gebauer, Gunter & Wulf, Christoph (2003). *Mimetische Weltzugänge*. Stuttgart: Kohlhammer.

Geertz, Clifford (1973). *The Interpretation of Cultures*. New York: Basic Books.

Girard, René (1998). *Der Sündenbock*. Zürich; Düsseldorf: Benzinger.

Girard, René (2011). *Das Heilige und die Gewalt*, 2. Aufl. Ostfildern: Patmos.

Glaser, Barney & Strauss, Anselm (1969). *The Discovery of Grounded Theory*. Chicago: Chicago University Press.

Goffman, Erving (1993). *Rahmen-Analyse*. Frankfurt a. M.: Suhrkamp.

Göhlich, Michael, Wulf, Christoph & Zirfas, Jörg (Hg.) (2007). *Pädagogische Theorien des Lernens*. Weinheim/Basel: Beltz.

Hüppauf, Bernd & Wulf, Christoph (Hg.) (2006). *Bild und Einbildungskraft*. München: Wilhelm Fink.

Krüger, Heinz-Hermann & Wulf, Christoph (Hg.) (2000). Standards qualitativer Forschung. *Zeitschrift für Erziehungswissenschaft*, 3.

Mollenhauer, Klaus & Wulf, Christoph (Hg.) (1996). *Aisthesis/Ästhetik. Zwischen Wahrnehmung und Bewußtsein*. Weinheim: Deutscher Studienverlag.

Strauss, Anselm & Corbin, Juliet: Grounded Theory. An Overview. In: Denzin/Lincoln (Hg.) (1994). *Handbook of Qualitative Research*. Thousand Oaks, 273-285.

Wulf, Christoph (2001). *Einführung in die Anthropologie der Erziehung*. Weinheim/Basel: Beltz.

Wulf, Christoph (2005). *Zur Genese des Sozialen: Mimesis, Performativität, Ritual*. Bielefeld: transcript.

Wulf, Christoph (2006a). *Anthropologie kultureller Vielfalt. Interkulturelle Bildung in Zeiten der Globalisierung*. Bielefeld: transcript.

Wulf, Christoph (2006b). *Praxis*. In: Kreinath et. al. (2006), 395-411.

Wulf, Christoph (2009). *Anthropologie. Geschichte, Kultur, Philosophie*. 2., erweiterte Aufl. Köln: Anaconda (Erstauflage 2004, Reinbek: Rowohlt).

Wulf, Christoph (Hg.) (2010). *Der Mensch und seine Kultur: Hundert Beiträge zur Geschichte, Gegenwart und Zukunft des menschlichen Lebens.* Köln: Anaconda.

Wulf, Christoph (2013). *Anthropology – a Continental Perspective.* Chicago: The University of Chicago Press.

Wulf, Christoph, Althans, Birgit, Audehm, Kathrin, Bausch, Constanze, Göhlich, Michael, Sting, Stephan, Tervooren, Anja, Wagner-Willi, Monika & Zirfas Jörg (2001). *Das Soziale als Ritual. Zur performativen Bildung von Gemeinschaften.* Opladen: Leske und Budrich.

Wulf, Christoph, Althans, Birgit, Audehm, Kathrin, Bausch, Constanze, Jörissen, Benjamin, Göhlich, Michael, Mattig, Ruprecht, Tervooren, Anja, Wagner-Willi Monika & Zirfas, Jörg (2004). *Bildung im Ritual. Schule, Familie, Jugend, Medien.* Wiesbaden: VS Verlag für Sozialwissenschaften.

Wulf, Christoph, Althans, Birgit, Audehm, Kathrin, Blaschke, Gerald, Ferrin Nino, Göhlich, Michael, Jörissen, Benjamin, Mattig, Ruprecht, Nentwig-Gesemann, Iris, Schinkel, Sebastian & Zirfas, Jörg (2007). *Lernkulturen im Umbruch.* Wiesbaden: VS Verlag für Sozialwissenschaften.

Wulf, Christoph, Althans, Birgit, Audehm, Kathrin, Bausch, Constanze, Göhlich, Michael, Sting. Stephan, Tervooren, Anja, Wagner-Willi. Monika & Zirfas, Jörg (2010). *Ritual and Identity. The Staging and Performing of Rituals in the Lives of Young People.* London: Tufnell Press.

Wulf, Christoph, Althans, Birgit, Audehm, Kathrin, Blaschke, Gerald, Ferrin, Nino, Kellermann, Ingrid, Mattig, Ruprecht & Schinkel, Sebastian (2011). *Die Geste in Erziehung, Bildung und Sozialisation. Ethnografische Fallstudien.* Wiesbaden: VS Verlag für Sozialwissenschaften.

Wulf, Christoph, Göhlich, Michael & Zirfas, Jörg (Hg.) (2001). *Grundlagen des Performativen. Eine Einführung in die Zusammenhänge von Sprache, Macht und Handeln.* Weinheim/ München: Juventa.

Wulf, Christoph, Suzuki, Shoko, Zirfas, Jörg, Kellermann, Ingrid, Inoue, Yoshitaka, Ono, Fumio & Takenaka, Nanae (2011). *Das Glück der Familie. Ethnografische Studien in Deutschland und Japan.* Wiesbaden: Verlag Sozialwissenschaften.

Wulf, Christoph & Zirfas, Jörg (Hg.) (2003*). Paragrana. Internationale Zeitschrift für Historische Anthropologie.* Band 12, H. 1 u. 2: Rituelle Welten.

Wulf, Christoph & Zirfas, Jörg (Hg.) (2004a). *Die Kultur des Rituals.* München: Wilhelm Fink.

Wulf, Christoph & Zirfas, Jörg (Hg.) (2004b). Innovation und Ritual. Jugend, Geschlecht und Schule. *Zeitschrift für Erziehungswissenschaft* (2. Beiheft).

Wulf, Christoph & Zirfas, Jörg (Hg.) (2005). *Ikonologie des Performativen.* München: Wilhelm Fink.

Wulf, Christoph & Zirfas, Jörg (Hg.) (2007). *Pädagogik des Performativen.* Weinheim/ Basel: Beltz.

Gemeinschaft als Körperwissen
Rituelle Verkörperungen von Gemeinschaft und das Spielerische

Yvonne Niekrenz

Zusammenfassung

Der Beitrag beschäftigt sich mit rituellen Praktiken, die insbesondere während öffentlicher Veranstaltungen wie Straßenumzügen, -festen, Musik- oder Sportfanereignissen vorkommen. In diesen rituellen Praktiken kann performatives Wissen und Wissen über Gemeinschaft erlangt werden. Durch Nachahmung (Mimesis) ritueller Praktiken werden Körper gestaltet oder bewegt und (Wir-)Gefühle erzeugt. So entstehen flüchtige Vergemeinschaftungen, die aber auf die Grundhaltung des Spielerischen angewiesen sind. Frei von Nützlichkeitserwägungen, in einer Welt des Irrationalen und Unernsten wird symbolische Distanz zur Alltagswelt erzeugt (z. B. durch Maskerade). Weil Spielwelt und Alltagsrealität aber nicht getrennt voneinander sind, sondern sich aufeinander beziehen, sind die im Außeralltäglichen entstehenden Vergemeinschaftungen auch wirksam für den sozialen Zusammenhalt von Gesellschaften.

Gemeinsames Klatschen, Singen oder das Aufführen einer La-Ola-Welle in Fußballstadien und Konzerthallen sollen die kollektiv Anwesenden in einen Gleichtakt bringen, ihre Bewegungen synchronisieren und eine kollektive Stimmung erzeugen. Aus den vielen Einzelnen werden während dieser Aktionen Menschen, die einander signalisieren, sie hätten Gemeinsamkeiten, es gäbe ein verbindendes Element. Sie begeistern sich für ein Ereignis, dessen konstitutiver Teil sie unter Körpereinsatz und in Hingabe werden. Ein Wir-Gefühl stellt sich ein, und für einen kurzen Moment entstehen Vergemeinschaftungen, die sich als posttraditional markieren lassen (vgl. Hitzler 1998; Hitzler/Honer/Pfadenhauer 2008). Diese situativen Kollektive sind auf körperliche Kopräsenz angewiesen: die Beteiligten müssen einander vor Ort, in denselben Zeiträumen und in konkret erfahrbaren Körperinteraktionen

begegnen. Fähnchen schwingend und einander untergehakt, schunkelnd, gemeinsam klatschend und singend entstehen außeralltägliche Vergemeinschaftungen
und Vorstellungen davon, was Gemeinschaft sein könnte (vgl. Durkheim 1994:
316). Das „Wir" wird körperlich und rituell sichtbar, Zugehörigkeit wird über
den Körper symbolisiert. Wie aber kommt es zu dieser rituellen Verkörperung
von Gemeinschaft? Diese Frage verfolgt der Beitrag in drei Schritten. Zunächst
wird unter Rückgriff auf das Mimesis-Konzept sowie auf Ritualtheorien deutlich
gemacht, wie in rituellen Praktiken sowohl performatives Wissen als auch Wissen
über Gemeinschaft erlangt wird. Der zweite Abschnitt geht auf das Spielerische als
notwendigen Interaktionsmodus ritueller Handlungen ein. In den Blick genommen
werden vor allem Rituale, die im Kontext von beispielsweise Straßenumzügen, -fes-
ten, großen Fanveranstaltungen oder auch öffentlichen Silvester- und Karnevals-
veranstaltungen aufgeführt werden.[1] Hier wird argumentiert, dass das Erzeugen
einer vom Alltag abgetrennten Welt des Außergewöhnlichen und des Spiels erst
kollektive Erregungszustände und Vergemeinschaftungserfahrungen ermöglicht.
Darauf folgend wird geklärt, in welcher Weise Bezüge zwischen diesen beiden
Welten bestehen und notwendig sind, damit das rituelle und körperliche Wissen
von Gemeinschaft auch in der Alltagswelt relevant bleibt.

1   Das Wissen von der Gemeinschaft – rituelle Praktiken und performatives Wissen

Feste und Events gehen häufig mit Kostümierungen und karnevalesken Elementen, mit gemeinsamen Bewegungen und Choreographien, mit Gesängen oder
Sprechchören einher. Die dem Alltag enthobene Gestaltung des Körpers, die
außeralltäglichen Bewegungen und Sprechweisen lenken die Aufmerksamkeit
auf den eigenen Körper und auch auf den der anderen Anwesenden. Der Körper
drängt sich auf, wird wahrgenommen und sichtbar. Ähnliche oder sogar gleiche
Gestaltungs- und Darstellungsweisen des Körpers verstärken in diesen Situationen
kollektiver Ausgelassenheit den Eindruck einer Einheitlichkeit, einer Gleichheit
oder vielleicht sogar Einheit. Durch diese auf Synchronität gerichteten Praktiken
werden positiv empfundene Wir-Erlebnisse und Gruppengefühle hervorgerufen
oder verstärkt. Bereits Émile Durkheim hielt fest, dass Gruppenerlebnissen Kollek-
tivideen und übergeordnete Symbole entstammen können, die wiederum bindende
Kraft besitzen (vgl. Durkheim 1994: 311). Fan-Trikots oder Festival-T-Shirts können

---

1   Solche Ereignisse beschreibt Ehrenreich (2006) als „collective joy".

so zu Symbolen werden und auch noch nach dem unmittelbaren Gruppenerlebnis Wir-Gefühle wachrufen. Sie stehen für eine Gemeinschaft Gleichgesinnter und repräsentieren nicht nur die zeit-räumlich gebundene kollektive Euphorie, sondern erzeugen auch Vorstellungen davon, was Gemeinschaft überhaupt bedeuten könnte. Hier können Menschen eine Vorstellung von diesem eher unanschaulichen und abstrakten Konzept erlangen.

Woher aber wissen die Individuen, wie sich kollektive Euphorie, Wir-Gefühle und Gruppenerlebnisse herstellen lassen? Rituelle Praktiken sind für die Entstehung dieser Gefühle und schließlich auch für die Entstehung von Imaginationen des Sozialen und Symbolisierungen von Gemeinschaft eine wichtige Voraussetzung (vgl. u. a. Cohen 1985: 97ff.). Rituale betonen die Performativität sozialen Handelns und sind an konkret körperliches Tun gebunden. Die Situation ausgelassenen Feierns in freudig-erregter Heiterkeit kann nur gelingen, weil die Beteiligten wissen, was zu tun ist und wie sie sich aufzuführen und aufeinander zu beziehen haben (vgl. Wulf 2001: 256). „Die Performativität ihres Handelns entsteht aus dem praktischen Wissen darüber, wie sie wann welche Situationen aufführen und wie sie mit ihren Inszenierungen den Erwartungen anderer Menschen entsprechen oder auch widersprechen können" (Wulf 2001). Gunter Gebauer und Christoph Wulf sprechen hier vom „performativen Wissen", das aus „mimetischen Prozessen" resultiert (vgl. Gebauer/Wulf 2003: 111ff.). Mimesis als anthropologischer Begriff rekurriert auf die stark ausgeprägte Fähigkeit des Menschen zur Nachahmung. Unter Bezugnahme auf andere Menschen und zugleich auf sich selbst erzeugt der Mensch in mimetischen Prozessen etwas Neues. In diesen Prozessen können die Außenwelt, die Subjekte darin und auch die eigene Person erfahren werden.

Mimetische Prozesse haben ihren Wert und ihr Ziel in sich selbst, sind experimentell und offen im Ausgang (vgl. Gebauer/Wulf 2003: 120). Auf diese Weise lernen Individuen durch die Orientierung an Vorbildern beispielsweise zu laufen, einen Ball zu werfen, eine Gabel zum Essen zu benutzen oder eine Zigarette zu rauchen. Ebenso gehören zu den Techniken des Körpers (vgl. Mauss 2010: 299ff.) auch rituelle Praktiken und symbolische Interaktionen, wie etwa das Beklatschen und Bejubeln gelungener Spielzüge beim Fußball oder das Wiegen der Arme im Takt eines Popsongs beim Live-Konzert. Welche Aufführungen bestimmte Situationen erfordern, haben die Beteiligten bei anderen Gelegenheiten gelernt oder auch bei Fernsehaufnahmen gesehen (wie z. B. die La Ola-Welle, die 1984 bei einem Fußballspiel während der Olympischen Spiele in den USA erstmals einem internationalen Publikum gezeigt wurde; vgl. Spiegel Online 2010). In den mimetischen Prozessen während dieser Situationen kollektiver Bewegung und innerer Regung entstehen bei den Beteiligten innere Bilder, Gefühle, performative Sequenzen, die auch später noch als Material dienen, die Performativität des Feierns in ähnlichen

Situationen zu gestalten (vgl. Wulf 2001: 256). Hier wird performatives Wissen
erworben und inkorporiert.

Die kognitiven Funktionen des Rituals hebt auch der Theologe Theodore Jennings (1982) hervor. Er beschreibt rituelles Handeln (1) als ein Mittel, um Wissen
zu gewinnen, und betont hier den Modus des Erkundens und Entdeckens, in dem
rituelles Handeln stattfindet. Zugleich habe rituelles Handeln (2) die Funktion,
Wissen zu vermitteln. Dieser pädagogische Modus rituellen Handelns sei wichtig,
um über das Tun und die körperliche Bewegung einen Weg des Seins und Handelns
in der Welt ausformen zu können. Rituelles Handeln erfüllt dabei sozialisatorische
Funktionen und vermittelt das „Wissen", das durch das rituelle Handeln selbst erst
entstanden ist. Rituale sind also mehr als Illustrationen oder Dramatisierungen
sozialer Situationen. Das performative Handeln ist Jennings zufolge (3) zudem eine
Zurschaustellung des Rituals und der Beteiligten gegenüber einem Zuschauer, der
das Ritual bezeugt. Dieser Zuschauer wird eingeladen, die rituelle Handlung zu
betrachten, zu verstehen und anzuerkennen (vgl. Jennings 1982: 112f.; Jennings 2008:
158), wobei als Zuschauer auch die beteiligten Akteure selbst in Frage kommen,
denn die performative Dimension von Ritualen lässt eine scharfe Trennung von
Zuschauern und Publikum kaum zu.

Rituale sind ein Weg für die Individuen, Wirklichkeit zu konstruieren und
zugleich zu verändern. Über körperliches Tun in rituellen Praktiken wird rituelles
Wissen gewonnen – auch Wissen über synchrones, kooperatives Handeln und
Gemeinschaftlichkeit (vgl. Wiltermuth/Heath 2009). Und dieses rituelle Wissen
wird vom und durch den Körper gewonnen, indem er durch sich selbst an einer
rituellen Handlung teilnimmt (vgl. Jennings 1982: 115). Die Teilnahme geschieht
nämlich nicht durch ein Nachdenken über die geeignete Bewegung, sondern die
Beine ‚entdecken' vielmehr die passende Bewegung zu einer Musik und die Arme
die passende Haltung, die dann der Kopf als richtig oder geeignet ‚erkennen' kann.
Rituelles Wissen ist Jennings zufolge damit primär körperlich statt geistig und
primär aktiv statt kontemplativ. Es wird nicht durch Kontemplation oder Reflexion
gewonnen, sondern in der und durch die Aktion selbst (vgl. Jennings 1982: 116).
Daneben ist rituelles Wissen transformativ, da es mit einer Änderung dessen, was
wir wissen, erlangt wird. Das „entdeckende Tun" nämlich ändert den rituellen
Komplex: „I do not discover what to do with the chalice by observing it but by
‚handling' it" (Jennings 1982: 116). Erst indem ich den Abendmahlskelch anfasse
und mit ihm hantiere, lerne ich, mit ihm umzugehen – er lehrt gewissermaßen
mich durch meinen Körper. Die gemeinsame Praxis und das Begreifen ihrer Bedeutung sind untrennbar miteinander verbunden (vgl. Barnes 2001: 25). Rituelles
Wissen ist also immer auf Engagement angewiesen, das die Dinge nicht so belässt,
wie sie sind, sondern sie auch transformiert (vgl. Jennings 2008: 161). Auf diesen

kreativen Aspekt mimetischer Prozesse weist auch Christoph Wulf hin (vgl. Wulf 2005: 8ff.). Das Erfassen unserer Wirklichkeit durch rituelle Praktiken geht mit der Veränderung dieser Wirklichkeit einher: Die Welt wird dadurch verstanden, dass sie verändert wird. Oder (sozial-)konstruktivistisch gesprochen: Das Ritual repräsentiert nicht die Welt, sondern kreiert sie erst in der gemeinsamen Handlung. Durch geteilte Praktiken wird aber nicht nur die Umwelt kreiert, sondern auch das Individuum als sozialer Akteur mit einem ‚sozialen Körper'[2]. Individuen sind über ihre Praktiken miteinander verbunden, „human beings are interdependent social agents, linked by a profound mutual susceptibility, who constantly modify their habituated individual responses as they interact with others, in order to sustain a shared practice" (Barnes 2001: 24). In praxistheoretischen Entwürfen wird die Angewiesenheit jeder Praktik auf den Körper hervorgehoben (vgl. Reckwitz 2003; Schmidt 2012). Körper und Praxis stehen in einem Wechselverhältnis, denn der Körper wird in das soziale Handeln mit Anderen eingebracht, und das Individuum erlangt nicht nur Wissen über die soziale Praxis, sondern ein implizites (Körper-) Wissen über sich selbst in einem sozialen Kontext (vgl. Schatzki 1996: 73f.). Der konkret agierende Körper repräsentiert als einzelner etwas Allgemeines und steht mit diesem Allgemeinen in einem Wechselverhältnis. Die allgemeine Praxis wird über Rituale vermittelt und in konkreten Körperpraktiken individuell zur Aufführung gebracht. Im Individuellen zeigt sich das Allgemeine, und im Allgemeinen wird das Individuelle geformt.

2   Rituelles Handeln und die Grundhaltung des Spielerischen

Rituale als Formen des Sozialen sind auf rituelles Engagement angewiesen. Es muss eine spezifische Einstellung der Beteiligten gegeben sein, damit kollektive rituelle Praxis möglich wird. Rituelles Handeln ist nicht-intentional[3] und folgt von außen vorgeschriebenen Regeln (vgl. Humphrey/Laidlaw 2008: 135). Der Handlungsablauf einer Person folgt nicht den Prozessen intentionalen Verstehens, sondern konsti-

---

2   So werden in kollektiven, sozialen Praktiken beispielsweise Vorstellungen über Männer und Frauen als Gender-Körper entwickelt und entsprechende Körperpraktiken gelernt (vgl. Schatzki 1996: 58ff.). Geteilte Körperpraktiken geben Körperwissen weiter und institutionalisieren auch geschlechtsspezifische Praktiken und kreieren ‚soziale Körper'.

3   Die Kennzeichnung als „nicht-intentional" leugnet nicht, dass die Akteure bei ihren rituellen Handlungen auch Intentionen haben können. Aber, so Humphrey und Laidlaw, die „Identität" ritualisierter Handlungen hänge nicht von der Intention ab (2008: 135).

tutiven Vorgaben (vgl. Humphrey/Laidlaw 2008: 135). Die Handlung werde – so Humphrey und Laidlaw – um ihrer selbst willen ausgeführt und beziehe sich auf bereits Vorhandenes. Im Folgenden werde ich solche Vergemeinschaftungsprozesse und die sie begleitenden bzw. hervorrufenden Rituale in den Blick nehmen, die sich bei bunten Straßenumzügen und -festen, bei Fanpartys und Gelegenheiten des außeralltäglich-ausgelassenen Feierns beobachten lassen. Für diese Vergemein-schaftungsprozesse ist eine spezifische Haltung notwendig, die ich als Haltung des Spielerischen bezeichne. Die Grundhaltung des Spielerischen kann hier zu Verkörpe-rungen von Gemeinschaft und zum Erwerb von Wissen über Gemeinschaft führen. Menschen in diesen Situationen begegnen einander in einem Interaktionsmodus, der frei von Nützlichkeitserwägungen, Zweckbestimmtheit und Alltagszwängen ist und stattdessen dem Irrationalen, Unernsten und Ungewöhnlichen Raum gibt.

Auf die Zweckfreiheit des Spiels hat bereits Johan Huizinga (2004) hingewiesen und das Spiel zugleich als zentrale menschliche Errungenschaft bezeichnet. Das Spiel ist eine freie Betätigung, an der man ohne Zwang teilnimmt. Sie vollzieht sich in abgetrennten Zeiträumen und an festgelegten Orten (vgl. Huizinga 2004; Caillois 1964 [1958]: 16). Es ist darüber hinaus eine ungewisse Tätigkeit, weil ihr Ende offen ist. Das Spiel ist unproduktiv und erschafft keine Güter; es folgt Regeln, die nur für den Augenblick des Spiels gelten (vgl. Caillois 1964 [1958]: 16). Schließlich ist es eine Betätigung, „die von einem spezifischen Bewußtsein einer zweiten Wirklichkeit oder einer in bezug auf das gewöhnliche Leben freien Unwirklichkeit begleitet wird" (Caillois 1964 [1958]: 16). Es berührt also eine Spielwelt mit eigenen Wirklichkeits-repräsentationen, die scheinbar von der gewöhnlichen Welt des Alltags getrennt sind. „Die in dieser Welt handelnden Spieler sind in einer Illusion befangen – wie in einer höheren Wirklichkeit, der sie sich unterordnen" (Gebauer/Wulf 1998: 191). Es entsteht ein „So-tun-als-ob"-Handlungsrahmen, eine Rahmen-Modulation,

> „eine Handlung, die für die Beteiligten eine offene Nachahmung oder Ausführung einer weniger transformierten Handlung ist, wobei man weiß, daß es zu keinerlei praktischen Folgen kommt. Der ‚Grund' für solche Phantasien ist angeblich die unmittelbar daraus fließende Befriedigung. Es handelt sich um einen ‚Zeitvertreib' oder eine ‚Unterhaltung'" (Goffman 1980: 60).

In dieser Form von Unterhaltung verdoppelt sich der natürliche Körper des Men-schen (vgl. Gebauer/Wulf 1998: 191). Wie ein Schauspieler nimmt der Mensch an den mimetischen Ritualen teil, klatscht im Takt in die Hände, reißt die Arme hoch oder schunkelt untergehakt hin und her – Handlungsweisen, die vielleicht im Straßenkarneval oder bei Festivals typisch sind, aber in der Alltagswelt kaum Entsprechungen haben. Es wird zwischen zwei Wirklichkeitsebenen unterschieden, die einerseits den rationalen Alltagshandelnden und andererseits den spielerisch Schöpfenden erfordern.

Damit sich in diesen Situationen und Begegnungen Euphorie entwickeln kann, müssen die Regeln der Spielwelt leicht zugänglich sein: Je leichter die Regeln sind, desto leichter ist es, das Spiel aufzunehmen und den sozialen Rahmen des Spiels zu erzeugen. Es muss zudem ausreichend „symbolische Distanz" (Goffman 1973 [1961]: 82) sichergestellt sein. Die Gruppe erzeugt diese Distanz und kontrolliert, dass die Gefühle innerhalb des Spiels von den Gefühlen außerhalb des Spiels getrennt sind. Hilfreich und häufig eingesetzt sind Maskeraden und Kostüme, die eine Situation als außergewöhnlich markieren und symbolische Distanz zur Alltagswelt herstellen. Nicht nur im Straßenkarneval, sondern auch im Fußballstadion oder zur Silvesterparty können Kostümierungen beobachtet werden. Das Spiel mit Verkleidungen und Masken wurde von Roger Caillois als *mimicry* kategorisiert (vgl. Caillois 1964 [1958]: 21ff.). Es ist eine Aufführung, die ihre Umwelt stets mit einbezieht und ohne eine alltägliche, nicht-verkleidete Welt mit ihren Rollenanforderungen nicht denkbar wäre, denn die Verkehrung des Alltags braucht den Alltag, um Abweichung herstellen zu können. Die Kostümierung sucht stets das Gegenüber, denn sie soll für den Anderen Varianten des Selbst aufführen. Karnevalskostüme oder überdimensionale Hüte, Brillen oder Perücken im Stadion, auf Straßenumzügen und auf Fanmeilen sind als Teil der Geselligkeit zu sehen, die Intimität und nicht zuletzt Gleichheit mit denen erzeugt, mit denen man „spielt". Das impliziert die Statuseinebnung, also „ein Nivellieren aller Anwesenden nach unten und oben hin" (Goffman 1973 [1961]: 87).

Die Maske symbolisiert das Spielerische und erinnert zugleich an die Lebensphase Kindheit. In Masken- und Rollenspielen bewältigen Kinder zentrale Entwicklungsaufgaben (vgl. Mead 1973 [1934]: 189ff.). Geben Erwachsene sich dem Maskenspiel hin, so lässt sich für eine kurze Zeit die Sehnsucht nach der Kindheit stillen. Man kann sich in allerlei infantiles Spiel werfen, klatscht entrückt in die Hände, beteiligt sich an Tanzspielen, bei denen die Arme wie Flügel gewedelt, der Po wie der einer Ente gewackelt und die Hände zum Himmel gereckt werden. Der Rückfall in infantile Verhaltensweisen betrifft das Kollektiv, in das sich der Einzelne zurückziehen, ja dem er sich unterordnen kann und will. Die aufgeführten Rituale sind anspruchslos und schlicht und stillen vielleicht auch die Sehnsucht nach einer einfachen Weltordnung. Mit diesem „Urlaub vom Erwachsensein" (Oelsner 2004: 85) hat die kollektive Regression auch eine Ventil-Funktion (vgl. Freud 1974 [1930]: 208). Das Abwenden von der Alltagsrolle eröffnet Möglichkeitsräume und zeigt mitunter Unbekanntes im eigenen Selbst und erlaubt einen anderen Zugang zum eigenen Körper. Die Maske inszeniert nicht nur den „dramaturgischen Körper" (Gugutzer 2004: 92) als Medium der Selbstdarstellung, sondern sie befremdet auch den eigenen Körper. Die Maskerade ermöglicht es, sich selbst fremd zu werden, um sich auf eine spielerische und performative Weise den (veränderten) Körper anzueignen und (neu) zu erleben. Das Spiel bietet Gelegenheit für körperliche Erregung und intensive Emotionen, die im affektkontrollierten Alltag kaum möglich sind (vgl. Gebauer/Wulf 1998: 203). Das Individuum kann aus sich herausgehen und über sich hinausgehen. Mit den Mitspielern kann es beispielsweise in gemeinsamen, synchronen Bewegungen zu einem sinnbildlichen Verschmelzen kommen. In einer wechselseitigen Bezogenheit der Körper aufeinander werden Sozialität und Interaktionsordnungen durch Bewegung hergestellt (vgl. Meuser 2006). „Die Gleichgerichtetheit der Bewegungen und der mit ihnen verknüpften Gedanken und Gefühle schafft dann eine vorübergehende Vereinheitlichung der individuellen Perspektiven: eine soziale Einheit in Zeit und Raum" (Alkemeyer 2006: 280). Es bildet sich eine leiblich-dialogische Einheit, die ohne Reaktionszeit koagiert (vgl. Schmitz 1985: 86).

Diese Vergemeinschaftungserlebnisse befriedigen den Wunsch nach außergewöhnlicher körperlicher Erfahrung: „Die Beteiligten wollen auch die Masse am Leib[4] spüren" (Gebhardt 2000: 47). Es geht also um zweierlei: zum einen um das Spüren der eigenen körperlichen Verfasstheit und zum anderen um das Spüren der Menge, die die berauschende Körpererfahrung erst ermöglicht. Die „gezielte Selbsterfahrung der Gemeinschaft" (Gebhardt 2000: 48) ist wesentlicher Teil von „rauschhaften Vergemeinschaftungen" (Niekrenz 2011). Mit Hermann Schmitz' Leibphänomenologie lässt sich dieses Phänomen als „Einleibung" beschreiben (Schmitz 1985: 84ff.). In der Einleibung überschreitet das leibliche Befinden den eigenen Leib. Es bilden sich übergreifende Ad-hoc-Leiber, die in ausgelassenen, geselligen, gemeinsamen Atmosphären typischerweise und wechselseitig vorkommen. Die Anderen sind am eigenen Leib spürbar und hinterlassen Eindrücke von mehr oder weniger starker Intensität und Dauer.

Gemeinschaft wird hier körperlich, sinnlich und aktiv erlebt. Aus diesen Erfahrungen können praktische Interpretationen der Welt und Weltdeutungen entstehen (vgl. Gebauer/Wulf 1998: 207f.). Mit dem Handeln des Körpers gegenüber seiner Umwelt werden eine soziale Welt und ein Modell sozialer Ordnung erzeugt. Gemeinschaft wird in der Aufführung, im Spiel gemeinsam gemacht, ausgestaltet und gelernt. Inwieweit existieren aber Bezüge zwischen dieser Spielwelt mit den hier erlangten Erfahrungen und der geregelten und rationalen Alltagsrealität?

---

4   Eine Soziologie des Körpers ist umso ergiebiger, je systematischer sie die analytische Trennung der Begriffe Leib und Körper verfolgt. Der vorliegende Beitrag kann diesem Aspekt dennoch nicht ausführlich nachgehen, sondern verweist auf die Diskussion in Gugutzer (2004: 152ff.) und Gugutzer (2012: 42ff.).

3   Gemeinschaft und Körperwissen –
Bezüge zwischen Spielwelt und Alltagsrealität

Die analytische Unterscheidung zwischen Spielwelt und Alltagsrealität bezieht sich auf Gegensatzpaare wie zweckfrei – zweckgebunden, unproduktiv – produktiv, außergewöhnlich – gewöhnlich, Freiheit – Zwang usw. Dass in Bezug auf das Spiel Oppositionen herangezogen werden, hat eine bis ins 18. Jahrhundert zurückreichende Tradition. Damit möchte man entweder die Sichtweise stärken, das Spiel biete Raum für die Entfaltung der menschlichen Fähigkeiten, oder man will seine spezifische Struktur in den Blick bekommen (vgl. Gebauer/Wulf 1998: 190). Beide Perspektiven wurden nicht nur in die oben geführte Argumentation einbezogen, sondern ebenso zeigen beide Sichtweisen, dass diese Welten wechselseitig aufeinander Bezug nehmen – und das nicht nur durch die Herstellung von Oppositionen.

Das Konzept der Mimesis weist ja bereits auf Ähnlichkeiten hin, denn Ähnlichkeit ist immer eine Folge von mimetischer Bezugnahme (vgl. Gebauer/Wulf 2003: 38), z. B. durch Nachahmung oder (mitunter überzogene) Einübung von beobachteten Alltagspraktiken. „Im Spiel machen wir die vorgefundene Welt, in die wir allmählich hineinwachsen, zu unserer eigenen – wir führen uns und unsere Welt im Spiel auf" (Gebauer/Wulf 1998: 204). Mimetische Prozesse führen dazu, Ähnlichkeiten wahrzunehmen und zugleich Bezüge zur übrigen sozialen Welt herzustellen (vgl. Wulf 2001: 260). Der menschliche Körper ist hier in besonderem Maße geeignet, Korrespondenzen zu erzeugen und zu entdecken, z. B. bei der Nachahmung im Tanz oder im spielerischen Einüben „erwachsenen Verhaltens" bei Kindern. Er wird in diesem Moment auf andere Welten bezogen, erzeugt zugleich eine eigene und erfährt auf diese Weise Sinn. In der körperlichen Aufführung von Gemeinschaft mittels kollektiver Körperpraktiken wird gemeinschaftliches Handeln körperlich spürbar – man spürt den eigenen, aber auch den fremden Körper in unmittelbarer Nähe. Es kommt zu einer „solidarischen Einleibung" (Schmitz 2011: 47), die in hohem Maße sozialintegrativ wirkt. Aufgehoben im Kollektiv, getragen vom Gefühl, es gäbe dort Gemeinsamkeiten, Wärme, ja sogar Solidarität, entstehen innere Bilder und Gefühle von Gemeinschaft als einem Modell sozialer Ordnung. Gemeinschaft wird einverleibt und als im Leibgedächtnis abgelagerte Erfahrung auch in anderen Situationen, in anderen Welten verfügbar. Das Wissen um die Gemeinschaft wird inkorporiert (vgl. Bourdieu 1983: 184). Je häufiger solche kollektiven Erregungszustände stattfinden, umso mehr wird das Subjekt in der Lage sein, sein Wissen zu festigen und zu erweitern. Maurice Halbwachs formuliert diesen Aspekt in seinem Versuch, die „materiellen Formen des sozialen Lebens" am Beispiel der Morphologie der Großstadt zu beschreiben:

„Selbst wenn sie in ihr eigenes Leben zurückkehren, nach Hause, in ihre Geschäfte, in
die Fabriken, oder wenn sie noch in den leeren Straßen verweilen sollten, teilen diese
Menschen mit allen, die in der Stadt leben, aus denselben Gründen, in der selben Art
und Weise das Gefühl, eine Gesamtheit zu bilden, eine im Raum ausgedehnte oder
verstreute Einheit" (Halbwachs 2002 [1938]: 84).

Für heutige Vorstellungen sind Halbwachs' Verallgemeinerungen und die Übertragung des Einheitsgefühls auf die gesamte Stadt schwer nachzuvollziehen. Aber
sieht man von der Generalisierung ab, so zeigt sich auch in seinem Entwurf, dass
in Vergemeinschaftungserlebnissen Vorstellungen vom und für den Zusammenhalt
gemacht werden. Eingeleitet, geordnet und strukturiert durch Rituale, hat die Welt
des Spiels und des Unernsten eine entscheidende Bedeutung für Vergesellschaftungsprozesse. In der Ritualtheorie Victor Turners wird gerade das Wechselspiel
zwischen strukturierter Alltagswelt und der freien, ludischen und experimentellen
Welt der „Communitas" als Motor für das Fortbestehen und die Entwicklung
von Gesellschaft hervorgehoben. Rituale als gemeinschaftsstiftende Handlungen
erzeugen eine unbestimmte und ungeordnete Gegenwelt („Anti-Struktur"), in der
sich gegebene soziale Strukturen auflösen, und das Potenzial zur Entwicklung für
Individuum und Gesellschaft freigesetzt wird. Diese Phase emotionaler Verschmelzung der Akteure vernachlässigt die Gegensätze von Oben und Unten, das Ludische
und Experimentelle werden vordergründig (vgl. Turner 1995 [1982]: 55). Diese
„Schwellenphasen" (Turner 2005 [1969]: 96) sind nicht nur als „sozialer Klebstoff"
zu begreifen, sondern besitzen auch konfliktlösendes und kreatives Potenzial (vgl.
Bräunlein 2006: 93ff.). Dabei verweist Turner auch auf die wechselseitige Beein-
flussung zwischen der Welt der Symbole und Rituale und einer „pragmatischen
Wirklichkeit" (Turner 1995 [1982]: 33). Als Teil eines „sozialen Dramas" besitzen
Aufführungspraktiken im Fußballstadion ebenso wie bei Krönungszeremonien oder
die dem immer gleichen Ritual folgenden Quizshows im Fernsehen das Potenzial,
etwas über das Leben zu lernen – die Akteure *spielen* ihr Leben und werden Protagonisten ihres eigenen „Lebensdramas". Sie folgen den Regeln des Rituals und
führen etwas auf, fügen etwas hinzu, verändern es an manchen Stellen, machen ihre
eigenen Erfahrungen. Sie bewältigen im sozialen Drama eine rituell erzeugte Krise
– standen sich zu Beginn zwei Kontrahenten gegenüber, steht am Ende der Sieger
eines Fußballspiels fest; wird zu Beginn der Karnevalssaison der Rathausschlüssel
dem Karnevalsprinzen überlassen, so ist nach dem kalendarisch festgelegten Ende
der närrischen Regentschaft die gewohnte Ordnung wiederhergestellt. Nach dem
Spiel beginnt gewissermaßen wieder der Ernst des Lebens – dem ritualisierten
Ausbruch folgt die ritualisierte Herstellung von Alltagsrealität. Spiel und Ernst als
Gegensatzpaar benötigen einander, um die Vorzüge und Nachteile beider Welten

vor Augen zu führen, wobei deutlich geworden sein dürfte, dass Spiele durchaus eine „ernste" Angelegenheit sind.

4   Fazit

Mit rituellen Praktiken wird Wissen über die Welt erworben, denn in diesen sozialen Inszenierungen spiegeln sich auch kulturelle Werte und soziale Ordnungen wider. Zugleich eröffnen rituelle Handlungen eine andere Perspektive auf den eigenen Körper und wirken an der Verkörperung dieser sozialen Ordnungen mit. In gemeinsam aufgeführten, performativen Praktiken werden Wir-Erlebnisse erzeugt und Gemeinschaft als eigentlich abstraktes Konzept konkret spürbar. Gemeinschaft wird zu Körperwissen, das in einer Situation des von Alltagszwängen befreiten Spiels erlangt wird. Die in emotional aufgeladenen Atmosphären entstandenen situativen, posttraditionalen Gemeinschaften aber haben auch außerhalb der Welt des Spiels eine Bedeutung und wirken als sozialer Klebstoff für den gesellschaftlichen Zusammenhalt. Ohne die Welt des Spiels und des Außergewöhnlichen wäre eine gewöhnliche Alltagswirklichkeit nicht denkbar. Der *homo ludens* (Huizinga 2004) benötigt die Auszeit vom Alltag, um eine soziale Welt mit ihren Konzepten von Gemeinschaft, Kooperation und Solidarität denken und leben zu können. Und diese Konzepte sind untrennbar mit Körpererfahrungen verbunden. Erst über das körperlich-sinnliche Erlebnis wird greifbar und begreifbar, dass es etwas gibt, was Menschen zusammenhält. In den Inszenierungspraktiken von Fußballfans, jubelnden Publika bei royalen Hochzeiten oder Rockfestivalbesuchern ist die Erinnerung an Gemeinschaftserlebnisse aufgehoben. Mit ihren Maskeraden präsentieren sie nicht nur eine andere Seite ihres Selbst und eine vom Alltag zeit-räumlich abgetrennte Welt, ihre kollektiven Bewegungen und Gesten erzeugen nicht nur gemeinschaftliche Gefühle, sondern sie verweisen als rituelle Praktiken auch auf einen „sozialen Klebstoff" von Gesellschaft. Die albern erscheinenden Hüte, schrillen Sonnenbrillen, einfachen Melodien und ungelenken Choreographien können in komplexen und individualisierten Gesellschaften ein sozialintegratives Potenzial entfalten. Ihre Abwertung im Alltag als trivial oder peinlich verstärkt diese Wirkung nur, wird doch damit die „symbolische Distanz" (Goffman 1973: 82) vergrößert und fällt der Ausbruch aus dem Alltag in die Welt des Außergewöhnlichen umso leichter.

Literatur

Alkemeyer, Thomas (2006). Rhythmen, Resonanzen und Missklänge. Über die Körperlichkeit der Produktion des Sozialen im Spiel. In: Gugutzer, Robert (Hg.), *body turn. Perspektiven der Soziologie des Körpers und des Sports*. Bielefeld: transcript Verlag, 265-295.

Barnes, Barry (2001). Practice as collective action. In: Schatzki, Theodore R., Knorr Cetina, Karin & von Savigny, Eike (Hg.), *The Practice Turn in Contemporary Theory*. London/ New York: Routledge, 17-28.

Bourdieu, Pierre (1983). Ökonomisches Kapital, kulturelles Kapital, soziales Kapital. In: Kreckel, Reinhard (Hg.), *Soziale Ungleicheiten* (Soziale Welt Sonderband 2). Göttingen: Schwarz, 183-193.

Bräunlein, Peter J. (2006). Victor W. Turner: Rituelle Prozesse und kulturelle Transforantionen. In: Moebius, Stephan & Quadflieg, Dirk (Hg.), *Kultur. Theorien der Gegenwart.* Wiesbaden: VS Verlag, 91-100.

Caillois, Roger (1964 [1958]). *Die Spiele und die Menschen. Maske und Rausch.* München, Wien: Langen-Müller.

Cohen, Anthony P. (1985). *The Symbolic Construction of Community.* London: Routledge.

Durkheim, Émile (1994). *Die elementaren Formen des religiösen Lebens.* Frankfurt am Main: Suhrkamp taschenbuch wissenschaft. Zuerst 1968.

Ehrenreich, Barbara (2006). *Dancing in the Streets. A History of Collective Joy.* New York: Metropolitan Books.

Freud, Sigmund (1974 [1930]). Das Unbehagen in der Kultur. In: Ders. (Hg.), *Studienausgabe, Band IX. Fragen der Gesellschaft. Ursprünge der Religion.* Frankfurt am Main: S. Fischer Verlag, 191-270.

Gebauer, Gunter/Wulf, Christoph (1998). *Spiel – Ritual – Geste. Mimetisches Handeln in der sozialen Welt.* Reinbek bei Hamburg: Rowohlts enzyklopädie.

Gebauer, Gunter & Wulf, Christoph (2003). *Mimetische Weltzugänge. Soziales Handeln – Rituale und Spiele – ästhetische Produktionen.* Stuttgart: Kohlhammer.

Gebhardt, Winfried (2000). Feste, Feiern und Events. Zur Soziologie des Außergewöhnlichen. In: Gebhardt, Winfried, Hitzler, Ronald & Pfadenhauer, Michaela (Hg.), *Events. Soziologie des Außergewöhnlichen.* Opladen: Leske + Budrich, 17-31.

Goffman, Erving (1973 [1961]). *Interaktion: Spaß am Spiel, Rollendistanz.* München: R. Piper.

Goffman, Erving (1980). *Rahmen-Analyse. Ein Versuch über die Organisation von Alltagserfahrungen.* Frankfurt am Main: Suhrkamp.

Gugutzer, Robert (2004). *Soziologie des Körpers.* Bielefeld: transcript.

Gugutzer, Robert (2012). *Verkörperungen des Sozialen. Neophänomenoöogische Grundlagen und soziologische Analysen.* Bielefeld: transcript.

Halbwachs, Maurice (2002 [1938]). Über die materiellen Formen des sozialen Lebens. In: Ders.: *Soziale Morphologie. Ausgewählte Schriften.* 69-91. Konstanz: UVK,

Hitzler, Ronald (1998). Posttraditionale Vergemeinschaftung. Über neue Formen der Sozialbindung. In: *Berliner Debatte INITIAL.* 9. 1. 81-89.

Hitzler, Ronald, Honer, Anne & Pfadenhauer, Michaela (Hg.) (2008). *Posttraditionale Gemeinschaften. Theoretische und ethnografische Erkundungen.* Wiesbaden: VS Verlag.

Huizinga, Johan (2004). *Homo Ludens. Vom Ursprung der Kultur im Spiel.* Reinbek bei Hamburg: Rowohlt.

Humphrey, Caroline & Laidlaw, James (2008). Die rituelle Einstellung. In: Belliger, Andréa & Krieger, David J. (Hg.), *Ritualtheorien. Ein einführendes Handbuch*. 4. Auflage. Wiesbaden: VS, 135-155.

Jennings, Theodore W. (1982). On Ritual Knowledge. In: *The Journal of Religion*. 62. 2. 111-127.

Jennings, Theodore W. (2008). Rituelles Wissen. In: Belliger, Andréa & Krieger, David J. (Hg.), *Ritualtheorien. Ein einführendes Handbuch*. 4. Auflage. Wiesbaden: VS, 157-172.

Mauss, Marcel (2010). Soziologie und Anthropologie. Band 2: *Gabentausch – Todesvorstellung – Körpertechniken*. Wiesbaden: VS.

Mead, George Herbert (1973 [1934]). *Geist, Identität und Gesellschaft. Aus der Sicht des Sozialbehaviorismus*. Frankfurt am Main: Suhrkamp.

Meuser, Michael (2006). Körper-Handeln. Überlegungen zu einer praxeologischen Soziologie des Körpers. In: Gugutzer, Robert (Hg.), *body turn. Perspektiven der Soziologie des Körpers und des Sports*. Bielefeld: transcript Verlag, 95-116.

Niekrenz, Yvonne (2011). *Rauschhafte Vergemeinschaftungen. Eine Studie zum rheinischen Straßenkarneval*. Wiesbaden: VS Verlag.

Oelsner, Wolfgang (2004). *Fest der Sehnsüchte. Warum Menschen Karneval brauchen. Psychologie, Kultur und Unkultur des Narrenfestes*. Köln: Marzellen Verlag.

Reckwitz, Andreas (2003). Grundelemente einer Theorie sozialer Praktiken. Eine sozialtheoretische Perspektive. In: *Zeitschrift für Soziologie*. 32. 4. 282-301

Schatzki, Theodore R. (1996). Practiced Bodies: Subjects, Genders, and Minds. In: Schatzki, Theodore R. & Natter, Wolfgang (Hg.), *The Social and Political Body*. New York: Guilford Press, 49-77.

Schmidt, Robert (2012). *Soziologie der Praktiken. Konzeptionelle Studien und empirische Analysen*. Berlin: Suhrkamp.

Schmitz, Hermann (1985). Phänomenologie der Leiblichkeit. In: Petzold, Hilarion (Hg.), *Leiblichkeit. Philosophische, gesellschaftliche und therapeutische Perspektiven*. Paderborn: Junfermann-Verlag, 71-106.

Schmitz, Hermann (2011). *Der Leib*. Berlin/Boston: Walter de Gruyter.

Spiegel Online (2010). „La Ola": Die Zwangswelle. http://www.spiegel.de/sport/fussball/la-ola-die-zwangswelle-a-698233.html Zugegriffen am: 03.06.2013.

Turner, Victor (1995 [1982]). *Vom Ritual zum Theater. Der Ernst des menschlichen Spiels*. Frankfurt am Main: Fischer Taschenbuch Verlag.

Turner, Victor (2005 [1969]). *Das Ritual. Struktur und Anti-Struktur*. Frankfurt/New York: Campus Verlag.

Wiltermuth, Scott S. & Heath, Chip (2009). Synchrony and Cooperation. In: *Psychological Science*. 20. 1. 1-7.

Wulf, Christoph (2001). Mimesis und Performatives Handeln. Gunter Gebauers und Christoph Wulfs Konzeption mimetischen Handelns in der sozialen Welt. In: Wulf, Christoph, Göhlich, Michael & Zirfas, Jörg (Hg.), *Grundlagen des Performativen. Eine Einführung in die Zusammenhänge von Sprache, Macht und Handeln*. Weinheim, München: Juventa, 253-272.

Wulf, Christoph (2005). *Zur Genese des Sozialen. Mimesis, Performativität, Ritual*. Bielefeld: transcript.

Spielen, Jubeln und Feiern im Stadion
Über den Zusammenhang von Architektur und rituellen Verkörperungen im Fußball

Silke Steets

Zusammenfassung

Der Text geht der Frage nach, wie die baulich-räumliche Ordnung des Fußballstadions die rituellen Verkörperungen im Fußball beeinflusst, verändert, verstärkt, evoziert oder behindert. In Anlehnung an sozialphänomenologische, interaktionstheoretische und körpersoziologische Ansätze werden zunächst diejenigen rituellen Interaktionsformen herausgearbeitet, die das Ereignis „Fußballspiel" als gemeinschaftsstiftende „zentrierte Versammlung" hervorbringen und aufrechterhalten. Ein historischer Überblick zeigt anschließend den Wandel des Stadions von der Antike bis zur Gegenwart. In der Zusammenführung zeigt sich, dass heutige Fußballarenen von rituellen Verkörperungen des Individuellen geprägt sind, die – paradox genug – vergemeinschaftend wirken.

Im Dezember 2012 richtete sich die Münchner *tz* in ihrer Online-Ausgabe unter der Headline „Diese Jubel müsst Ihr beherrschen!" an alle Profi- wie Hobbyfußballer.[1] In einer Fotostrecke listete die Zeitung die gängigsten Torjubler der Gegenwart auf – vom Muskelspiel à la Mario Balotelli über den Kuss des Vereinswappens auf dem Trikot bis zum kollektiven Samba-Tanz an der Eckfahne. Die Bilder und die Kommentierung derselben durch die *tz*-Redaktion machen deutlich, dass es erstens unterschiedliche Kategorien von Torjubel gibt und dass sich zweitens nicht jedes Jubelritual zur Bewältigung jeder Erfolgssituation eignet.

Am einfachsten lässt sich dies im Falle körperlich anspruchsvoller, spektakulärer Jubeltechniken nachvollziehen. So macht zwar ein Flickflack oder Salto jedes noch

---

1 Vgl. http://www.tz-online.de/sport/fussball/fussballer-diese-jubel-muesst-beherrschen-2660167.html (Stand: 04.09.2013).

so billige Abstaubertor zum Highlight, setzt beim Torschützen aber mehr als nur turnerische Grundkenntnisse voraus. Ähnlich verhält es sich beim Muskelspiel mit Trikotausziehen, was lediglich dann als Ausdruck von Stärke verstanden wird, wenn unterm Trikot ein Waschbrettbauch steckt. Solche Jubelrituale kommen meist dann zum Einsatz, wenn für den Torschützen oder die ganze Elf viel auf dem Spiel steht. Weniger spektakulär, aber auch weniger anspruchsvoll in der Aufführung ist da eine ganze Reihe standardisierter Jubelgesten, die man vorwiegend dann sieht, wenn zu erwartende Tore im Ligaalltag fallen. In solchen Fällen werden gerne mit den Händen Herzen formiert (als Gruß an die Frau/Freundin), Zeigefinger und Blick gen Himmel gerichtet (als Dank an eine transzendente Macht), am Daumen gelutscht oder ein Babybauch imitiert (als Reminiszenz an den Nachwuchs), die Hände hinter die Ohren gehalten („Fans, schreit lauter, ich hör' euch nicht!") oder per Handzeichen die Aufmerksamkeit auf den eigenen, auf der Trikotrückseite abgedruckten Namen gelenkt („Seht her, ich war's!"). Zusammengenommen bilden diese hier sicherlich nicht erschöpfend erfassten Standardjubelgesten eine Art Repertoire an Ausdrucksformen, die zum Teil zeitgebunden sind, was man allein daran sieht, dass man sich einen Gerd Müller, der nach einem seiner vielen Tore mit den Händen ein Herz formt oder am Daumen lutscht, nur schwer vorstellen kann. Immer sind diese Jubelgesten aber als körperliche Formen der Kommunikation – mit den eigenen und den gegnerischen Fans, den anderen Spielern auf dem Platz, dem Trainer, den Fernsehkameras und auch mit sich selbst (im Sinne einer Vergewisserung) – zu verstehen.

Warum ist das interessant? Das Jubeln nach einem gefallenen Tor im Fußball ist ein ganz besonderer Moment in diesem Spiel. Die Ordnung der Spieler auf dem Feld löst sich kurzzeitig auf; unter der erfolgreichen Mannschaft und ihren Fans macht sich Freude breit, die als kollektiver Spannungsabfall gefühlt und mittels körperlicher Rituale bewältigt wird. Die Spieler auf dem Platz führen Jubelrituale auf, denen die Fans feiernd auf den Rängen „antworten". Dieses Feiern spielt sich auf den Stehplätzen der Fankurven anders ab als in den Bereichen des Stadions, die von Plastiksitzen oder Lounges geprägt sind; es war in den modernen Wettkampfstadien des 20. Jahrhunderts anders als in den gegenwärtigen Eventarenen. Im Mittelpunkt der nun folgenden Betrachtung soll daher die *Wechselwirkung zwischen dem Spielen, Jubeln und Feiern im Fußballstadion* und der *baulich-räumlichen Ordnung* desselben stehen. Ich möchte der Frage nachgehen, inwieweit diese Ordnung rituelle Verkörperungen im Fußball beeinflusst, verändert, verstärkt, evoziert oder behindert. In Anlehnung an sozialphänomenologische, interaktionstheoretische und körpersoziologische Ansätze werde ich zunächst die rituellen Interaktionsformen herausarbeiten, die das Ereignis „Fußballspiel" als gemeinschaftsstiftende „zentrierte Versammlung" (Goffman) hervorbringen und aufrecht erhalten (1.), um anschließend in einem historischen Überblick den baulich-räumlichen Wandel des Stadions und die Wechselwirkungen mit den in ihm interagierenden Menschen zu beschreiben (2.). Am Ende soll in gesellschaftsdiagnostischer Absicht auf die Dialektik von Individualisierung und Kollektivierung in heutigen Fußballarenen eingegangen werden (3.).

1 Spiel und Ernst im Fußball

Betrachtet man die Situation, die während eines Fußballspiels in einem Stadion entsteht, durch die soziologische Brille, dann fällt ins Auge, dass bestimmte Regeln, die das Zusammenleben außerhalb des Stadions prägen, innerhalb desselben außer Kraft gesetzt sind: Auf den Rängen liegen sich fremde Menschen feiernd oder trauernd in den Armen und vergessen dabei, dass sie im Alltag in der Regel einen sicheren räumlichen Abstand zu anderen Körpern einhalten. Auch müssen Gefühle im Stadion in deutlich geringerem Maße unterdrückt werden als außerhalb (vgl. Elias/Dunning 1986); die soziale Herkunft spielt – anders als in vielen anderen sozialen Situationen – beim Mitfiebern auf den Rängen eine untergeordnete Rolle (vgl. Müller 2009), und die vorwiegend von männlichen Attributen wie Kameradschaft und Kampfgeist geprägten Fankurven erlauben es Männern interessanterweise auch dann noch, als „Männer" zu gelten, wenn sie sich „weiblich" verhalten – und beispielsweise weinen (vgl. Sülzle 2011). Wie kommt das?

Jedes Fußballspiel erzeugt eine von der Alltagswelt sich abhebende Wirklichkeit. Mit Erving Goffman kann man dies als Effekt einer Hinwendung zum Spiel beschreiben. Spiele, so schreibt er, sind „weltschaffende Tätigkeiten" (Goffman 1973: 30). Sie erzeugen einen eigenen „kognitiven Stil" (Goffman 1980: 13), eine eigene Perspektive auf die Welt. Sich in ein Spiel zu versenken, heißt, Teile der Welt außerhalb des Spiels als irrelevant zu betrachten, und die Elemente des Spiels im Kontext desselben zu deuten. Geschieht dies, wie im Beispiel eines Fußballspiels im Stadion, gemeinsam mit (vielen) anderen, dann entsteht eine *objektive* Welt mit eigenen Spielregeln. Diese Welt ist *wirklich*, solange das Spiel gespielt wird. Und sie ist umso wirklicher – so meine These –, je stärker die Spielhandlungen an ein körperliches Tun und an ein leibliches Spüren gebunden sind.

Um dies zu verstehen, lohnt zunächst ein Blick auf den sozialphänomenologischen Ansatz von Alfred Schütz, auf den sich Goffman ausführlich bezieht (vgl. Goffman 1980: 11ff.). Schütz hat gezeigt, dass die Wirklichkeit der Alltagswelt, also die Welt, die mir im Zustand des Hellwachseins als normal und selbstverständlich erscheint, in der ich als spürender Leib lebe und als Körper platziert bin, und in die ich handelnd eingreife, durch unterschiedliche Relevanzstrukturen gegliedert ist (vgl. Schütz/Luckmann 2003: 252ff.). Das heißt, dass nicht alle Facetten meiner Begegnungen mit anderen Menschen in dieser Welt immer gleich wichtig für mich sind: Fahre ich beispielsweise mit dem Fernbus durch Deutschland, interessiert mich in der Regel nicht, ob meine Mitfahrenden Fußballfans sind oder nicht (weil das für das Reisen von A nach B keine signifikante Rolle spielt); mich interessiert aber sehr wohl, ob sie die grundlegenden Regeln der Höflichkeit beherrschen und auf der gemeinsamen Busreise befolgen. Im Fußballstadion hingegen gehört Höflichkeit zu den nachrangigen Tugenden. Hier wird geschrien, geflucht und geschimpft. Viel wichtiger für meine Begegnungen mit anderen Anwesenden in diesem Raum ist, ob sie mit derselben Leidenschaft wie ich Fußballfans sind, und ob sie dasselbe Team wie ich unterstützen. In diesem Sinne lässt sich ein Fußballspiel als eine spezifische soziale Situation begreifen, an der Spieler, Betreuer, Fans, Journalisten usw. beteiligt sind, und die durch spezifische Relevanzstrukturen geprägt ist. Das erklärt jedoch noch nicht, warum ein Fußballspiel eine dem Alltag enthobene Welt zu sein scheint.

Über die Relevanzstrukturen hinausgehend, hat Schütz gezeigt, dass die Lebenswelt eines Menschen neben der „ausgezeichneten Wirklichkeit" des Alltags aus weiteren Wirklichkeiten besteht, die er als abgrenzbare „Sinnprovinzen" versteht (vgl. Schütz 2003). Als Beispiele für letztere nennt er Traum, Phantasie, Theater, Religion, Wissenschaft – und das Spiel. Jede dieser Sinnprovinzen zeichnet sich durch einen eigenen „Seins- und Erkenntnisstil" (Schütz 2003: 206), eine eigene Zeitlichkeit und Räumlichkeit und eine spezifische (Im)Materialität aus: Während ich an der Wirklichkeit der Alltagswelt ein pragmatisches Interesse habe, und sich die Inhalte meines Bewusstseins letztlich an der tätigen Bewältigung des Lebens orientieren, kann ich in Traum, Phantasie, Theater, Religion, Wissenschaft und Spiel temporär Urlaub von diesem anstrengenden Geschäft nehmen. Jede dieser Sinnprovinzen setzt die Regeln der Alltagswelt auf eine andere Weise außer Kraft: Im Traum kann ich durch Wände gehen (weil ich mich in dieser Welt seltsam körperlos erfahre), im Theater erscheint die Zeit gedehnt oder geschrumpft (womit dramaturgische Effekte erzeugt werden), in der Wissenschaft wird systematisch in Zweifel gezogen, was im Alltag als selbstverständlich gilt (das ist Aufgabe der Wissenschaft) und so weiter. Das Spezifische der Sinnprovinz des Spiels ist es, dass es die *Ernsthaftigkeit* der Alltagswelt temporär außer Kraft setzt, ohne allerdings – und das ist wichtig – den Anspruch aufzugeben, *selbst ernst genommen zu werden*. Einfacher formuliert: Spiele machen Spaß, aber nur solange, wie man sich ihnen mit Hingabe, also ernsthaft, widmet (vgl. Goffman 1973: 74). Goffman erklärt dies wie folgt: Indem Spiele die Aufmerksamkeit der Beteiligten aktiv auf sich lenken, lassen sie Spannung entstehen. Die wirklichkeitserzeugende Kraft des Spiels wird dann zerstört, wenn ihm die Spannung abhandenkommt. Das kann durch vielfältige

Faktoren geschehen, etwa durch ungleiche Gegner oder durch Betrug: „Während die Ungleichheit von Mannschaften verhindert, daß sich eine Spielwelt entwickelt, durchlöchert die Entdeckung, daß jemand betrügt, natürlich eine Welt, die bereits entwickelt ist und läßt sie platzen" (Goffman 1973: 76). Doping oder Spielmanipulationen und der damit verknüpfte Aufschrei in der Wirklichkeit der Alltagswelt sind eindrucksvolle Belege für diese Beobachtung.

Die beschriebene Ambivalenz von Spiel und Ernst verweist auf die Beziehung, in der die Sinnprovinz des Spiels zur Wirklichkeit der Alltagswelt steht. Spiele werden als Welt umso wirklicher, je mehr Spannung sie erzeugen, was wiederum damit zusammenhängt, wie ernst sie letztlich genommen werden, das heißt, welche Wichtigkeit ihnen aus der Perspektive der Wirklichkeit der Alltagswelt zugeschrieben wird. Die jüngere Fußballgeschichte bietet dafür ein gutes Beispiel. Im Finale der Champions League standen sich im Mai 2013 im Londoner Wembley Stadion zwei deutsche Vereine – der FC Bayern München und Borussia Dortmund – gegenüber. Der Zufall wollte es, dass genau diese Begegnung kurz nach Bekanntwerden der Finalpartie auch auf dem Spielplan der Bundesliga stand. So trafen also zweimal binnen kürzester Zeit die beiden vermeintlich besten Club-Mannschaften Europas aufeinander, einmal in einer völlig unbedeutenden Bundesligapartie (die Meisterschaft war längst entschieden) und einmal in einem der weltweit wichtigsten Clubfinals. Dementsprechend unterschiedlich war der Charakter der beiden Spielbegegnungen, und die Partie in der Bundesliga war im Grunde überhaupt nur im Hinblick auf das Champions League Finale (im Sinne eines Vorspiels) interessant. Sie endete mit einem dramaturgisch geschickten Unentschieden, wenngleich sie –rein fußballerisch betrachtet – vielleicht sogar das interessantere Spiel war. Goffman unterscheidet die Spielwelt noch einmal in das „Spiel" an sich (gaming), das heißt, in eine Interaktion mit „offen eingestandenen Zweck" (hier: der Ball muss ins Tor!), und in die „Spielbegegnung" (gaming encounter), die als „zentrierte Versammlung" (Goffman 1973: 40) zu verstehen ist, das heißt, als Begegnung von Menschen in körperlicher Kopräsenz, in der ein Spiel den gemeinsamen „visuellen und kognitiven Brennpunkt der Aufmerksamkeit" (Goffman 1973: 20) bildet. Am Spiel an sich sind im Beispiel des Fußballs nur die 22 Spieler und der/die Schiedsrichter beteiligt, an der Spielbegegnung alle, die dem Spiel von Angesicht zu Angesicht beiwohnen und ihm seine volle Aufmerksamkeit schenken. Diese Unterscheidung ist insofern wichtig, als dass sie es ermöglicht, das Verhältnis von Spielfeld und Zuschauerrängen analytisch in den Fokus zu nehmen. Verständlich wird dadurch beispielsweise, dass das eigentliche Spiel, also das, was auf dem Platz stattfindet, seine intrinsische Unernsthaftigkeit und Leichtigkeit auch verlieren kann, und zwar dann, wenn die Spielbegegnung *zu ernst* genommen wird, und sich dies auf die Spieler überträgt (was man dem FC Bayern vor dem Hintergrund des auf dramatische Weise verloren gegangenen Vorjahresfinales „dahoam" in der ersten halben Stunde von Wembley deutlich anmerkte).

Mit Schütz lässt sich außerdem festhalten, dass der Übergang von einer Wirklichkeit (wie der Alltagswirklichkeit) in eine andere (wie der des Spiels/der Spielbegegnung) immer ein zumindest symbolisches Überschreiten einer Schwelle bedeutet.[2] In der Regel sind damit Rituale verbunden und nicht selten auch das tatsächliche körperliche Überwinden einer physischen Schwelle, wie etwa beim Eintritt in ein Stadion oder beim Betreten eines Fußballplatzes. Die physische Schwelle symbolisiert hier die Grenzen zwischen alltäglicher und spielerischer Sinnordnung; sie körperlich zu überwinden, lässt den Wechsel der Welten wirklicher werden, und die jenseits der Schwelle liegende baulich-räumliche Ordnung führt demjenigen, der die Schwelle übertritt, die neue Welt sinnlich wahrnehmbar vor Augen. Nick Hornby hat das emotionale Aha-Erlebnis, das viele Fußballfans mit ihrem ersten Stadionbesuch verknüpfen, in seinem autobiographisch inspirierten Roman *Fever Pitch* literarisch verarbeitet: Er schildert darin, wie sich der elfjährige vorpubertäre Junge, um den sich die Geschichte dreht, zunächst lustlos und genervt von Menschenmassen durch dunkle Tribünengänge schieben lässt, und wie sich ihm dann – mit Betreten der Ränge – die riesige Stadionschüssel, die mit zehntausenden Menschen gefüllt ist, öffnet, und er sich „in den Fußball [verliebt], wie [er sich] später in Frauen verlieben sollte: plötzlich, unerklärlich, unkritisch und ohne einen Gedanken an den Schmerz und die Zerrissenheit zu verschwenden, die damit verbunden sein würden" (vgl. Hornby 1997: 19). Für den Elfjährigen ist das erstmalige Überschreiten der Schwelle zum Stadioninneren ein Initiationsritus, der sich ihm über ein leibliches Spüren vermittelt. Für ihn entsteht eine neue Welt – eine Welt, die ihm im Laufe des Romans viel Spaß machen, die für ihn aber gleichzeitig auch äußerst ernst werden wird.

Wir halten fest: Ein Fußballspiel lässt sich im Schütz'schen Sinne als dem Alltag enthobene, abgeschlossene Sinnprovinz verstehen. Sie wird durch Spannung erzeugt und existiert als Sinnprovinz (Schütz) oder Spielbegegnung (Goffman) nur so lange, wie die Spannung und die kognitive und visuelle Fokussierung der Beteiligten auf das Spiel aufrechterhalten wird. Das eigentliche Spiel löst sich von der Ernsthaftigkeit der Alltagswelt, es macht Spaß, allerdings nur dann, wenn man es ernst, aber nicht zu ernst nimmt. Ein Spiel ernst zu nehmen, heißt, sich in das Spiel zu versenken, und es den Regeln gemäß spielen zu wollen. Um sich

---

2   Schütz spricht im Kierkegaard'schen Sinne von einem „Sprung" von der einen in die andere Welt, der subjektiv als „Schock" erlebt werde. Beispiele dafür sind das Aufwachen, die Hinwendung zum Spiel, das Fallen des Vorhangs im Theater, das Licht, das nach dem Kinofilm angeht usw. (vgl. Schütz 2003: 207f.).

in ein Spiel (oder eine Spielbegegnung) versenken zu können, müssen Schwellen überschritten werden. Geschieht dies nicht nur symbolisch/metaphorisch, sondern auch körperpraktisch, wird die Welt des Spiels umso wirklicher.

Im Folgenden soll ein kurzer Blick auf die Funktion von Ritualen geworfen werden, die – so meine These – dazu beitragen, das Spiel als kollektive Wirklichkeit zu erzeugen und aufrecht zu erhalten. Unter Ritualen verstehe ich körperlich vermittelte soziale Handlungen, die *im Tun* etwas kommunizieren, was über die Handlung als solche hinausweist. Beim Torjubel etwa springt der Schütze sicherlich intuitiv aus schierer Freude in die Höhe, gleichzeitig aber zeigt er *im Jubeln* auch, wie sehr er sich freut, und dass *er* es war, der den Treffer erzielt hat und deshalb im Mittelpunkt der Aufmerksamkeit und der kollektiven Emotionen steht. Mit Robert Gugutzer lassen sich Modi des Torjubels auch als „Verkörperungen" denken, als Arten und Weisen, in denen spürender (hier: sich freuender) Leib und dinghafter Körper handelnd integriert werden (vgl. Gugutzer 2012). Auf die rituellen Aspekte körperlichen Handelns hat zuerst Émile Durkheim (2007, orig. 1912) hingewiesen. Durkheim zufolge bewirken Rituale moralische Integration: „Die wirkliche Daseinsberechtigung der Kulte", so schreibt er, „darf nicht in den Gesten gesucht werden, die sie vorschreiben, sondern in der inneren und moralischen Erneuerung, die diese Gesten herbeizuführen beitragen" (Durkheim 2007, orig. 1912: 508f.). Das Aufführen von Ritualen bewirkt also das Entstehen einer bestimmten Geisteshaltung, was laut Durkheim wiederum zur Integration sozialer Gruppen führt. Da eine gemeinsam geteilte Geisteshaltung/Kollektivvorstellung „nur in dem Maße wirklich [ist], als sie einen Platz im menschlichen Bewußtsein einnimmt" (Durkheim 2007, orig. 1912: 510), bedarf sie der regelmäßigen Selbstvergewisserung, und zwar durch Kulte in körperlicher Kopräsenz:

> „Wenn die Australier, in kleinen Gruppen verstreut, jagen oder fischen, dann vergessen sie, was ihren Clan oder ihren Stamm betrifft; sie denken nur daran, möglichst viel zu erjagen. An Feiertagen hingegen schwinden diese Beschäftigungen notwendigerweise. ( ) Zu diesen Anlässen denkt man nur an den gemeinsamen Glauben, die gemeinsame Überlieferung; man erinnert sich an die großen Ahnen, an das kollektive Ideal, deren Inkarnation sie sind. Mit einem Wort, an soziale Dinge" (Durkheim 2007, orig. 1912: 511ff.).

Mit Schütz ließe sich diese Beschreibung als Wechsel zwischen profanen und „heiligen" Relevanzstrukturen beschreiben, Durkheim aber geht es darum, zu zeigen, dass die Gesellschaft in „heiligen Perioden" wesentlich „lebendiger, tätiger und folglich *wirklicher* ist als in profanen Zeiten" (Durkheim 2007, orig. 1912: 512, Hervorhebung durch mich). Dass die Art der Relevanzstruktur, in der sich Individuen bewegen, für die soziale Kohäsion nicht unwichtig ist, wird deutlich, wenn man die emotionale Seite von Gruppenbildungsprozessen mit einbezieht. Durkheim zufolge wird „das Soziale" zusätzlich durch die Anbetung „heiliger Wesen" verstärkt. Diese existierten zwar bloß in der Vorstellung der Anbetenden als solche, bewirkten dort aber eine Zentrierung der Gefühle, die sich in Begegnungen körperlicher Kopräsenz besonders deutlich zeigten (Durkheim 2007, orig. 1912: 506). „Sie [die heiligen Wesen, Anm. Steets] erreichen ihr Maximum an Intensität in dem Augenblick, wenn die Individuen versammelt sind und in unmittelbarer Beziehung zueinander stehen; wenn sie alle in ein und derselben Idee, in ein und demselben Gefühl vereint sind" (Durkheim 2007, orig. 1912: 507).

Gunter Gebauer (2010) hat Durkheims Überlegungen auf die Analyse von Situationen in heutigen Fußballstadien übertragen. Als Orte quasi-religiöser Praktiken fallen Stadien für Gebauer systematisch aus der Wirklichkeit der Alltagswelt heraus, was durch die für sie typische bauliche Abgrenzung zwischen Innen und Außen (Schwellen) zusätzlich verstärkt werde. Stattdessen spielten sich in ihnen rituell vermittelte „Dramen" in körperlicher Kopräsenz ab, die Spieler zu „Helden", „Heiligen" oder „Versagern" machten. Ein wichtiger Faktor dabei sei die baulich-räumliche Ordnung des Stadions.

> "The fascination in the football arena causes the spectators to see the world differently, or to see a different world: it is a world of vision and adulation, at whose center stands the players; they act as heroes in a drama. In contrast to the theater, this arena's heroes call their own reality into existence. Here, also in contrast to theater, they are venerated for their deeds. Through the spectators' adulation, great players become idols. An idol is an image; it outlives the real person and is larger than life" (Gebauer 2010: 248).

Welche Rolle aber spielt das Stadion nun genau in diesen Prozessen? Um diese Frage zu beantworten, möchte ich die baulich-räumliche Entwicklung von Stadien seit der Antike in groben Linien nachzeichnen.

2   Der gebaute Raum des Stadions[3]

Schon in der gesamten griechischen und römischen Antike waren Stadien Bauwerke von zentraler gesellschaftlicher Bedeutung (vgl. Kratzmüller 2010). Für das alte Rom beschreibt sie Michel Foucault gar als Sinnbilder einer „Zivilisation des

---

3   Dieser und die folgenden Abschnitte beziehen sich im Wesentlichen auf Erkenntnisse, die ich durch die gemeinsame Arbeit zum Thema Stadien mit Sybille Frank gewonnen habe (vgl. dazu Frank/Steets 2010a; 2010b; 2012).

Schauspiels" (vgl. Foucault 1994: 278). Laut Foucault war die Bauform der antiken römischen Arenen so gestaltet, dass der Blick einer zuschauenden Menge automatisch auf ein Zentrum, auf die Bühne als den Ort des Schauspiels, fiel. Der Menge ermöglichten die römischen Arenen somit „den Anblick und die Überschauung Weniger" (Foucault 1994: 278). Zugleich waren sie so gebaut, dass die Menschen auf den Rängen einander visuell und akustisch intensiv wahrnehmen konnten: Auf den steil aufragenden Tribünen waren die Sitzbänke so dicht hintereinander angeordnet, dass das Publikum im Prozess des Schauens und Sich-Anschauens zu einem „einzigen großen Körper" (Foucault 1994: 278) verschmolz. Die soziale Funktion der antiken römischen Arenen bestand laut Foucault darin, die Intensität öffentlicher Feste zu steigern, und sinnliche Nähe herzustellen. In der Fokussierung auf die oft von Blut triefenden Gladiatorenkämpfe in den Arenen gewann die damalige Gesellschaft an Zusammenhalt, an sozialer Kohäsion. Die Macht der dort entstandenen Bilder illustriert eindrücklich ein Bericht des Kirchenlehrers Augustinus über einen Christen, der einst ins römische Kolosseum ging, um seinen Glauben unter Beweis zu stellen. Richard Sennett beschreibt die Szene in seinem Werk *Fleisch und Stein* wie folgt:

> „Der christliche Freund hielt seinen Kopf zunächst abgewandt von dem grausamen Treiben, das unten in der Arena stattfand, und betete um innere Stärke; langsam, als drehte ein Schraubstock seinen Kopf, begann er zu schauen und verfiel dem Spektakel, dessen blutige Bilder ihn in ihren Bann schlugen, bis er schrie und jauchzte wie die Menschenmasse um ihn herum. In dem von der heidnischen Welt errichteten visuellen Gefängnis wurde der christliche Wille schwächer und kapitulierte schließlich vor den Bildern" (Sennett 1997: 130).

Auf die Entfaltung dieses „Exzeß des Bildlichen" (Sennett 1997: 130), dieser Macht der Bilder, auf die sich die Blicke zentrierten, und der Masse, die sich lautstark an dem Geschehen ergötzte und den Einzelnen wie in einem Strudel mitriss, war die Architektur der antiken römischen Arenen ausgelegt. Einem Kessel gleichend, brachte sie das Publikum in Wallung, denn das Geschehen im Zentrum zog alles in seinen Bann. Die Arenen waren also so gebaut, dass in ihnen eine eigene Welt, eine Welt des Schauspiels, entstand, getragen von einer räumlichen Abgrenzung nach außen sowie einer Fokussierung der Aufmerksamkeit und der Blicke im Inneren.

Nachdem im Mittelalter Kathedralen und Kirchen die Stadien als Versammlungsarchitekturen abgelöst hatten, kehrten diese im Zuge der beginnenden Säkularisierung nach Europa zurück. Stilbildend wurden die modernen Wettkampfstadien des 19. Jahrhunderts, deren wesentliches Prinzip das der Standardisierung räumlicher Umweltbedingungen war. Der britische Kulturgeograf John Bale (2004) illustriert dies am Beispiel der Geschichte des Laufsports: Erst mit dem Aufkommen von Lauf*wettbewerben* sei der Bedarf nach normierten Sporträumen entstanden. Bale führt dies auf zwei den modernen Wettkampfsport kennzeichnende Normen zurück: erstens auf die Jagd nach Rekorden und zweitens auf die Idee des *fair play* (vgl. Bale 2004: 38). Die Jagd nach Rekorden setzt die Mess- und Vergleichbarkeit von Höhen, Weiten und Zeiten voraus, und die Idee des *fair play* – geboren Mitte des 19. Jahrhunderts in den britischen *public schools* (vgl. Bale 2004: 40) und heute integraler Bestandteil des modernen Weltsports – besagt, dass keiner der am Wettkampf Beteiligten sich einen Vorteil jenseits der Regeln seiner Sportart verschaffen darf. Der ideale Wettkampfraum ist deshalb, so argumentiert Bale, ein homogener Raum, ein ortloser Ort, an dem jegliche Topografie eingeebnet und alle denkbaren Umwelteinflüsse auf ein Minimum reduziert sind. Die Laufbahn erfuhr Bale zufolge deshalb in ihrer Entwicklungsgeschichte drei wesentliche Normierungen: Sie wurde erstens *künstlich* (statt auf Gras läuft man heute auf synthetischen Untergründen), zweitens *standardisiert* (das heißt: sie ist absolut eben mit einer Länge von 400 Metern in einem abgeflachten Oval, auf dem gegen den Uhrzeigersinn gelaufen wird) und drittens *segmentiert* (für jeden Läufer gibt es genau eine Bahn). Als fortschreitende Kontrolle von Umweltbedingungen liest Bale auch die zunehmende Segmentierung von Räumen in den modernen Stadien insgesamt (vgl. Bale 2005). Berühmt wurde die Geschichte von Edward Colbeck, der 1868 während eines Viertelmeilen-Rennens mit einem Schaf kollidierte und trotz Beinbruchs das Rennen als Sieger beendete, womit das Argument für die Trennung von Athleten und Zuschauern (bzw. Schafen) häufig illustriert wird (vgl. Bale 2004: 48). Die fortschreitende Segmentierung des Stadionraums setzt sich auf den Zuschauerrängen fort: Fans unterschiedlicher Mannschaften werden voneinander getrennt, die billigen Ränge von den kostspieligen Lounges und so weiter. Was als simpler Ausschluss von Störfaktoren beginnt, ist für Bale zugleich Ausdruck einer wachsenden Kontrolle von Räumen in der Moderne überhaupt. Sie findet ihre Vollendung in der Architektur der zeitgenössischen Eventarenen, auf die ich unten noch detaillierter eingehen werde.

Für das Verhältnis von Athleten und Zuschauern aber gilt auch im modernen Wettkampfstadion: Wie schon für die antike Arena ist die Ausrichtung des Blicks der Massen auf das Geschehen in der Mitte konstitutiv. Der idealtypische Zuschauer aber ist nicht mehr der am Spektakel interessierte Schaulustige, sondern der „neutrale Beobachter", der die Leistungen der Athleten vergleicht, wertschätzt und anerkennt – der aber *auch* und zunehmend *in Massen* dem Wettkampf beiwohnt. Spätestens hier zeigt sich eine fatale Schwachstelle moderner Wettkampfstadien. Der niederländische Kunsthistoriker Camiel van Winkel bezeichnet sie als „an ominous undercurrent of mutual provocation between crowd and architecture" (van Winkel 2000: 13), also als krisenhaftes Aufeinandertreffen von Masse und Architektur.

Auf den sehr flach gebauten Stehplatztribünen der modernen Wettkampfstadien konnten sich die Zuschauer sehr viel freier bewegen als in den durch Sitzbänke gegliederten antiken Arenen, so dass die extreme Verdichtung von zum Zentrum des Geschehens hindrängenden Menschen auf engstem Raum zum Problem wurde. Während die Zuschauer vom Ort des Geschehens zwar weiter entfernt waren, die visuelle und akustische Intensität also geringer war als in den antiken römischen Arenen, waren die *körperliche* Erfahrung der Masse und die damit verbundenen Gefahren sehr viel stärker. Zahlreiche, im tatsächlichen Wortsinne raumsprengende Katastrophen in Stadien – wie die Massenpanik in Lima 1964 (mit 328 Toten) oder die hierzulande bekannteren Beispiele aus dem Brüsseler Heysel-Stadion 1985 (mit 39 Toten) oder dem Hillsborough Stadion in Sheffield 1989 (mit 96 Toten) – machen dies deutlich. Entsprechend wurde das moderne Stadion zu einem Ort von Diskursen über die Notwendigkeit der Disziplinierung einer emotionalisierten Masse durch baulich-räumliche Maßnahmen.

Die bekannteste Untersuchung über Architekturen zur Überwachung und Disziplinierung von Menschen in der Moderne hat Michel Foucault (1994) vorgelegt. Laut Foucault stehen in der modernen Gesellschaft, im Gegensatz zur antiken Gesellschaft, nicht mehr das öffentliche Leben und die Gemeinschaft im Mittelpunkt, sondern der Staat und das Individuum. Foucault zufolge sei der moderne Staat darauf angewiesen, die Leistung der Individuen zu kontrollieren, um das reibungslose Ineinandergreifen von Funktionen – und somit sein eigenes Überleben – zu garantieren. Damit habe die moderne „Gesellschaft der Überwachung" (Foucault 1994: 278) nicht mehr, wie einst die antike „Zivilisation des Schauspiels" (Foucault 1994: 278), die Aufgabe zu bewältigen, Vielen die Übersicht über Wenige zu verschaffen, sondern diejenige, „Wenigen oder einem Einzelnen die Übersicht Vieler zu gewähren" (N.H. Julius 1831, zit. in Foucault 1994: 278). Für Foucault war der Inbegriff einer modernen Architektur für das Kontrollieren großer Menschenmengen das von Jeremy Bentham im ausgehenden 18. Jahrhundert erdachte *Panoptikon.*

Wie die antike Arena ist auch das Panoptikon ein nach außen hin abgeschlossenes Gebäude, in dessen Zentrum sich ein riesiger Turm erhebt. Das den Turm umschließende Rund ist ein Ring aus einzelnen Zellen, in denen je ein Gefangener sitzt. Die Zellen sind in Blickrichtung des Turmes jeweils beidseitig verglast, so dass jeder Gefangene in seiner Zelle im Gegenlicht steht. Im höchsten Stockwerk des Turmes befindet sich ein Aufseher. Auf dieser Höhe ist der Turm ebenfalls verglast, doch entsteht hier dank entsprechend gezogener Innenwände gerade kein Gegenlicht, so dass die Häftlinge den Aufseher *nicht* sehen können. Die Machtverhältnisse zwischen Gefangenen und Aufseher stellen sich in diesem baulichen Arrangement über die Unterscheidung von Sehen und Gesehenwerden her: „[I]m Außenring wird man vollständig gesehen, ohne jemals zu sehen; im Zentralturm sieht man alles, ohne je gesehen zu werden" (Foucault 1994: 259). Die ständige Sichtbarkeit des Turmes mache die Überwachung der Gefangenen letztendlich sogar überflüssig, denn indem dieser die Allgegenwart und Allmacht des Aufsehers verkörpere, kontrollierten die Gefangenen ihr Verhalten schließlich dauerhaft selbst.

Bale (2005) deutet die Umstrukturierung der Stadien seit den 1990er Jahren im Zuge der Stadionkatastrophen des 20. Jahrhunderts als einen Prozess des schrittweisen Einzugs des panoptischen Prinzips in die heutigen Fußballarenen. Anders als in der antiken Arena oder auch im modernen Wettkampfstadion, wo ein dichtes Zusammenrücken des Publikums gewollt war, findet sich auf den Rängen der heutigen Fußballarenen immer öfter der Plastiksitz. Er platziert die Menschen in festgelegten Abständen zueinander und verwandelt das Publikum in eine abzählbare und kontrollierbare Vielzahl Einzelner, ähnlich wie das Panoptikon die Gefangenen in ihren Zellen vereinzelt (Foucault 1994: 259; vgl. auch King 2010: 22f.). Hinzu kommt, dass zeitgenössische Fußballarenen hochgradig überwachte Räume sind. Hiervon zeugen unzählige Überwachungskameras, die das Publikum aus allen Winkeln des Stadions beobachten. In der Kombination aus Vereinzelung und Überwachung vollende sich, so Bale, im Stadion der Gegenwart das panoptische Prinzip.

3   Individualisierung und Kollektivierung in heutigen Fußballarenen

Wenn es also stimmt, was Bale über die Entwicklung zeitgenössischer Stadien schreibt, dann müssten wir es mit einem Raum zu tun haben, in dem jegliche Emotionen kontrolliert und diszipliniert werden. Das aber leuchtet mit Blick auf die Wirklichkeit, die während eines Fußballspiels in einem Stadion entsteht, nicht unmittelbar ein. Das Stadion gilt gerade als ein Ort, in dem Emotionen weniger stark kontrolliert werden müssen als in den meisten anderen Bereichen des Lebens (vgl. Elias/Dunning 1986). In Anlehnung und Weiterentwicklung der Bale'schen Diagnose möchte ich deshalb die These vertreten, dass sich in den Fußballarenen der Gegenwart zwei baulich-räumliche Prinzipien verbinden, die einen scheinbar paradoxen Raum hervorbringen. Kombiniert wird hier die räumliche Organisation des modernen Panoptikons mit der der antiken Arena (vgl. Frank/Steets 2010a). Auf diese Weise mischt sich Kontrolle mit höchster Emotionalität. Anders formuliert: Es entsteht ein Raum, in dem man sich diszipliniert verhält, wenn man – auf eine kontrollierte Art und Weise – ausgelassen feiert. Es ist mithin ein Raum, in dem man seine *Gruppen*zugehörigkeit demonstriert, wenn man sich als *Individuum* in Szene setzt. Wie geht das?

Zunächst gilt es festzuhalten, dass die zeitgenössischen Fußballarenen neben der Vereinzelung (überwiegend Plastiksitze) und der visuellen Kontrolle (Videoüberwachung) wesentliche baulich-räumliche Aspekte der antiken römischen Arena übernehmen. So bleibt die Ausrichtung der Blicke der Zuschauer auf die Gebäudemitte ein zentrales Charakteristikum. Dort findet ein Wettkampf statt, der zum Schauspiel überhöht wird, und an dem sich die Masse begeistert: Das Fußballspiel gebiert – wie einst die Gladiatorenkämpfe – immer wieder neue Helden und setzt beim Publikum auf den Rängen nach wie vor starke Emotionen frei (vgl. Gebauer 2010). Die Ränge der heutigen Fußballarenen werden zudem wieder steiler gebaut und grenzen seit dem Verzicht auf die für moderne Wettkampfstadien charakteristischen Aschenbahnen, wie schon in der Antike, direkt an das Spielfeld an. Damit sind nicht nur Aktive und Zuschauer einander wieder möglichst nahe, sondern die Menschen auf den Rängen werden der anderen Zuschauer visuell und akustisch wieder intensiver gewahr. Zudem sind heutige Stadien in der Regel überdacht, was den Kesseleffekt, für den beispielsweise das antike Kolosseum berühmt war, wieder herstellt. Hinzu kommt eine wesentliche Neuerung, die in der Literatur bislang weitgehend unbeachtet blieb: der Videowürfel (eine Ausnahme bildet Schnell 2010).

Der Videowürfel verkörpert die Allgegenwart der *Fernseh*kameras. Die Fähigkeit der Fernsehkameras, sowohl Vogelperspektiv-Aufnahmen des Gesamtgeschehens als auch Nahaufnahmen von Spielern und Zuschauern gleichermaßen darzubieten, suggeriert Überblick und Nähe zugleich und potenziert damit die Allmacht des panoptischen Blicks. Zugleich wird über den Videowürfel eine eigentümliche Transparenz der panoptischen Situation hergestellt: Die auf den Würfel überspielten Bilder lassen das Publikum an den Bildern der Fernsehkameras teilhaben. Das heißt, die Zuschauer können (zumindest im Falle dieser Kameras) kontrollieren, wann sie tatsächlich angeschaut werden, und wann nicht. Erstaunlich ist: Von der Fernsehkamera eingefangen zu werden, wird von den Zuschauenden nicht als Bedrohung empfunden, sondern – ganz im Gegenteil – mit Begeisterung quittiert. Die Selbstdisziplinierung der Individuen in den heutigen medialisierten Eventarenen stellt sich also einerseits über die ständige Sichtbarkeit des Videowürfels und andererseits über den Willen der Zuschauer her, den Fernsehkameras zu gefallen. Dieses Machtgefüge lässt sich mit kommerziellen Internetportalen wie dem persönliche Profilseiten anbietenden sozialen Netzwerk *Facebook* vergleichen: Auch *Facebook* funktioniert über ein halb freiwilliges, halb durch den Druck des sozialen Umfelds erzeugtes Sich-Exponieren von Individuen. Diese blenden aus bzw. nehmen in Kauf, dass nicht nur Freunde und Freundinnen, sondern auch Überwacher wie etwa zukünftige Chefs, Geheimdienste oder kommerzielle Unternehmen die persönlichen Seiten aufrufen und Informationen über Vorlieben, soziale Vernetzungen oder Erlebnisse abrufen können. Das diesem Prinzip entsprechende Kontrollregime im Stadion stellt sich über personalisierte Ticketverkäufe, einen fest zugewiesenen Platz – den Plastiksitz –, die Videoüberwachung, die jede einzelne Person im Stadion identifizierbar macht, und über die (zumindest potentiell mögliche) Verknüpfung von Verkaufs- und Polizeidatenbanken her. Wie *Facebook* verkörpern die heutigen Arenen also das Versprechen, Teil einer Gemeinschaft zu werden, die sich darüber konstituiert, *als Individuum* von anderen gesehen zu werden, und die sich scheinbar freiwillig selbst feiert, de facto aber hochgradig kontrollier- und manipulierbar ist. Entsprechend lassen sich auch gegenwärtige Formen ritueller Verkörperungen im Fußballstadion deuten: Das Spielen, Jubeln und Feiern im Stadion ist wesentlich dadurch geprägt, das jeder Einzelne – egal ob Spieler oder Fan – der Kamera gefallen und die Aufmerksamkeit auf sich ziehen möchte. Die Spielbegegnung erfährt dadurch eine Verschiebung, denn mit dem Videowürfel entsteht ein zweiter visueller und kognitiver Fokus. Der Spaß am Spiel wird nicht mehr allein durch die Spannung auf dem Spielfeld erzeugt, sondern auch durch die Frage, wer sich wie in Szene setzt und von den Fernsehkameras eingefangen wird.

4 Schlussfolgerungen

Noch immer ist das Stadion ein Raum, in dem während eines Spiels eine andere Welt entsteht. Das wird wesentlich dadurch unterstützt, dass sich über seine komplette Geschichte die baulich-räumlichen Grundprinzipien des Stadions kaum verändert haben: Das Stadion ist ein Gebäude, in dem ein Innen von einem Außen abgegrenzt und die Aufmerksamkeit und die Blicke der im Innern in einem Rund angeordneten Zuschauer auf einen gemeinsamen Fokus gelenkt werden. Im Mittelpunkt dieses räumlichen Settings steht nach wie vor das eigentliche Spiel, also das, was auf dem Platz passiert. Das Spiel bildet den Rahmen für die Spielbegegnung, auch wenn es mal als Schauspiel (Antike), mal als Wettkampf (Moderne), mal als eine Mischung aus beiden (Gegenwart) betrachtet wird. Zwei wichtige Veränderungen prägen allerdings die Stadien der neuesten Generation:

Erstens lässt sich konstatieren, dass die Architektur heutiger Stadien durch den umfassenden Einzug des Fernsehens die Gemeinschaft *und* das Individuum gleichermaßen feiert. Zwar bietet der Stadionbesuch gegenüber dem Betrachten des Spiels am privaten Fernsehschirm noch immer ein Kollektiverlebnis. Da sich in den medialisierten Eventarenen jedoch die Bühne vom Spielfeld bis hinauf auf die Ränge erweitert hat, verspricht er dem oder der Einzelnen *auch* ein potentielles Herausstechen aus der Masse der Zuschauer und – via Videowürfel – die Möglichkeit, mit dem anwesenden Stadionpublikum, mit den nicht anwesenden Menschen vor den heimischen Fernsehern und nicht zuletzt mit den Spielern auf dem Platz zu kommunizieren.

Zweitens führt die Allgegenwart der Fernsehkameras mit ihren Nahaufnahmen dazu, dass Athleten wie Zuschauer immer offensiver ihre Körper in Szene setzen, um ihre Einzigartigkeit zur Schau zu stellen. Extravagante Frisuren, hautenge Trikots, Tätowierungen und die eingangs erwähnten Jubelgesten auf Seiten der Fußballspieler sind dafür ebenso beispielhaft wie phantasievolle Verkleidungen und Gesichtsbemalungen auf Seiten der Fans. Auf diese Weise unterstützt die baulich-räumliche Ordnung der heutigen Eventarenen eine Gemeinschaft der Sich-Exponierenden. Und das wichtigste Medium dieser Schaustellerei ist der Körper.

Aufgabe von Fans und Zuschauern ist es daher heute, rituelle Verkörperungen zu erfinden, die es ihnen erlauben, die während eines Fußballspiels empfundenen Gefühle in fernsehbildtaugliche individuelle Gesten zu übersetzen. Das gilt für Spieler und ihre Torjubler genauso wie für Fans und ihre Verkleidung. Und diese Aufgabe wiederum wirkt – so paradox es klingen mag – vergemeinschaftend.

Literatur

Bale, John (2004). *Running Cultures: Racing in Time and Space*. London/New York.

Bale, John (2005). Stadien als Grenzen und Überwachungsräume. In: Matthias Marschik, Rudolf Müllner, Georg Spitaler u. a. (Hg.), *Das Stadion. Geschichte, Architektur, Politik, Ökonomie*. Wien, 31–48.

Durkheim, Émile (2007). *Die elementaren Formen des religiösen Lebens*. Berlin.

Elias, Norbert & Dunning, Eric (1986). *Quest for Excitement: Sport and leisure in the civilizing process*. Oxford/New York.

Foucault, Michel (1994). *Überwachen und Strafen: Die Geburt des Gefängnisses*. Frankfurt a. M.

Frank, Sybille & Steets, Silke (2010a). Conclusion: The Stadium – Lens and Refuge. In: Dies. (Hg.), *Stadium Worlds: Football, space and the built environment*. London/New York, 278–294.

Frank, Sybille & Steets, Silke (Hg.) (2010b). *Stadium Worlds: Football, space and the built environment*. London/New York.

Frank, Sybille & Steets, Silke (2012). Sportstadien als leistungssteigernde Architekturen. In: Franz Bockrath (Hg.), *Anthropotechniken im Sport: Lebenssteigerung durch Leistungsoptimierung?* Bielefed, 199–223.

Gebauer, Gunter (2010). Heroes, Myths and Magic Moments: Religious elements on the sacred ground. In: Sybille Frank & Silke Steets (Hg.), *Stadium Worlds: Football, space and the built environment*. London/New York, 245–260.

Goffman, Erving (1973). *Interaktion: Spaß am Spiel – Rollendistanz*. München.

Goffman, Erving (1980). *Rahmen-Analyse: Ein Versuch über die Organisation von Alltagserfahrungen*. Frankfurt a. M.

Gugutzer, Robert (2012). *Verkörperungen des Sozialen: Neophänomenologische Grundlagen und soziologische Analysen*. Bielefeld.

Hornby, Nick (1997). *Fever Pitch. Ballfieber – die Geschichte eines Fans*. Köln.

King, Anthony (2010). The New European Stadium. In: Sybille Frank & Silke Steets (Hg.), *Stadium Worlds: Football, Space and the Built Environment*. London/New York, 19–35.

Kratzmüller, Bettina (2010). 'Show Yourself to the People!': Ancient stadia, politics and society. In: Sybille Frank & Silke Steets (Hg.), *Stadium Worlds: Football, space and the built environment*. London/New York, 36–55.

Müller, Marion (2009). *Fußball als Paradoxon der Moderne: Zur Bedeutung ethnischer, nationaler und geschlechtlicher Differenzen im Profifußball*. Wiesbaden.

Schnell, Angelika (2010). The Mirror Stage in the Stadium: Medial spaces of television and architecture. In: Sybille Frank & Silke Steets (Hg.), *Stadium Worlds: Football, Space and the Built Environment*. London/New York, 98–113.

Schütz, Alfred (2003). Über die mannigfaltigen Wirklichkeiten. In: Martin Endreß & Ilja Srubar (Hg.), *Theorie der Lebenswelt 1: Die pragmatische Schichtung der Lebenswelt*. Alfred Schütz Werkausgabe, Band V.1, Konstanz, 181–239.

Schütz, Alfred & Luckmann, Thomas (2003). *Strukturen der Lebenswelt*, Konstanz.

Sennett, Richard (1997). *Fleisch und Stein: Der Körper und die Stadt in der westlichen Zivilisation*. Frankfurt am Main.

Sülzle, Almut (2011). *Fußball, Frauen, Männlichkeiten: Eine ethnographische Studie im Fanblock*. Frankfurt a. M./New York.

Van Winkel, Camiel (2000). Dance, Discipline, Density and Death: The crowd in the stadium. In: Michelle Provoost & Nederlands Architectuurinstituut. (Hg.), *The Stadium: The architecture of mass sport*, Rotterdam, 12–36.

Public Viewing als sportiv gerahmtes kollektivleibliches Situationsritual

Robert Gugutzer

Zusammenfassung

Seit der Fußball-Weltmeisterschaft 2006 ist Public Viewing ein ritueller Bestandteil großer Fußballereignisse in Deutschland. Seine Popularität bezieht das Public Viewing vor allem aus der Hoffnung bzw. Erwartung der Menschen, zusammen mit vielen Anderen ein hoch emotionales Ereignis zu erleben. Wie aber entsteht die kollektive Stimmung oder gar Euphorie beim gemeinsamen Fußballschauen im öffentlichen Raum? Der Beitrag versucht, diese Frage aus einer neophänomenologisch-soziologischen Perspektive zu beantworten. Die These lautet: Der Erfolg des Public Viewing basiert primär auf seiner kollektivleiblichen Faszination, für die vier phänomenale Merkmale entscheidend sind: 1) ortsräumliche Aufwertung und gefühlsräumliche Aufladung, 2) außeralltäglicher Zeitrahmen und erlebte Auszeit, 3) szenisches Arrangement und Praktiken der Körperinszenierung sowie 4) leibliche Kommunikation unter Menschen wie auch zwischen Menschen und (Halb-)Dingen.

Seit der Fußball-Weltmeisterschaft 2006 in Deutschland ist das so genannte Public Viewing ein ritueller Bestandteil großer Fußballereignisse[1]. Initialzündung dafür war die vier Jahre zuvor ausgetragene Fußball-Weltmeisterschaft in Japan und Südkorea. Über vier Wochen hinweg zeigten damals die Fernsehbilder aus den südkoreanischen WM-Städten tausende zumeist junger Frauen und Männer auf öffentlichen Plätzen, die in ihren Nationalfarben vor allem, aber nicht nur, bei

---

1   Das erste sportbezogene Public Viewing fand vermutlich während den Olympischen Sommerspielen von 1936 in Berlin statt, wo sich Menschen in „28 ‚Fernsehstuben'" (Eichberg 1999: 409) zum gemeinsamen öffentlichen Sportschauen versammelten.

den Spielen der eigenen Mannschaft eine ungemein fröhliche, ausgelassene und friedliche Party feierten[2]. Die Begeisterung der südkoreanischen Fans und das Spektakel, das sie vor einem Millionenpublikum an den Fernsehgeräten zelebrierten, führten dazu, dass der Veranstalter der Fußball-Weltmeisterschaft, die Fédération Internationale de Football Association (FIFA), bei der folgenden Weltmeisterschaft in Deutschland selbst die Vermarktung von Public Viewing-Events übernahm. So organisierte die FIFA in jedem der zwölf Austragungsorte der WM-Spiele ein „Fan-Fest"[3], von denen das bekannteste die „Fan-Meile" in Berlin zwischen Brandenburger Tor und Siegessäule war, wo bei den Spielen der deutschen Mannschaft angeblich bis zu einer halben Million Menschen zusammen kam. Das ausgezeichnete und obendrein erfolgreiche Spiel der deutschen Mannschaft sowie das herrliche Sommerwetter trugen dazu bei, dass die FIFA-Fan-Feste wie auch die zahlreichen inoffiziellen Public Viewings auf innerstädtischen Plätzen, vor Restaurants und Kneipen, in Parkanlagen und Biergärten, in Kinos, Hörsälen und Schulen großen Anklang bei der deutschen Bevölkerung und ihren ausländischen Gästen fanden[4]. Seitdem werden in Deutschland zu jedem größeren Fußballereignis – inzwischen auch im Vereinsfußball – Public Viewing-Events organisiert. Die Hoffnung bzw. Erwartung der Teilnehmerinnen und Teilnehmer ist dabei vermutlich die immer gleiche: Es möge ein hoch emotionales Gemeinschaftserlebnis werden, am besten so spannend, euphorisch, glückseligmachend wie das „Sommermärchen" (Sönke Wortmann) 2006.

Vor dem Hintergrund ist es wenig überraschend, dass die – sehr überschaubare – sozialwissenschaftliche Literatur zum Thema Public Viewing den Aspekt des nicht-alltäglichen emotionalen Gemeinschaftserlebnisses in ihren Untersuchungsfokus rückt (vgl. Cybulska 2007; Junge 2008; Schulke 2006, 2007; Ufer 2010). Im Sinne von Émile Durkheims Konzept der „kollektiven Efferveszenz" wird der gesellschaftliche Erfolg des Public Viewings typischerweise damit erklärt, dass es sich dabei um eine „Ansammlung" von Menschen handele, „die eine gemein-

---

2   Während in Japan die Regierung Public Viewing-Veranstaltungen untersagte, warben in Südkorea „Regierung und Aufsichtsräte rege für das ‚Gemeinschaftsgucken' vor Großleinwänden. Es wurden insgesamt 2.021 so genannte Big-Screens an 1.868 Plätzen im ganzen Land aufgestellt (...). Hinzu kamen private, meist für Werbezwecke genutzte Leinwände, die auf Trucks befestigt für eine noch größere Anzahl an zusätzlichen Public Viewing-Möglichkeiten sorgten" (Ufer 2010: 34).

3   Die Rechte für andere, kommerzielle wie nicht-kommerzielle Public Viewing-Veranstaltungen wurden vom Sportrechtevermarkter „Infront" vermarktet (Ufer 2010: 36).

4   Auch dass die Weltmeisterschaft 2006 als eine der fröhlichsten aller Zeiten gilt und das ‚Image' Deutschlands sich in nur vier Wochen enorm zum Positiven gewandelt hat, ist zu einem Großteil auf das Verhalten der Menschen beim Public Viewing zurückzuführen.

same Leidenschaft erregt" (Durkheim 1994: 289). Beim Public Viewing erhalte der profane Alltag eine Auszeit und werde durch ein sakrales Kollektivereignis ersetzt. Das sei zumindest dann der Fall, wenn das gemeinsame, öffentliche Fußballschauen in ekstatischen Gefühlen kulminiere, was gar nicht so selten der Fall zu sein scheint.[5] Public Viewing ermöglicht demnach Gefühle, die, gerade weil es mit vielen anderen Menschen geteilte Gefühle sind, um ein Vielfaches intensiver sind als jene, die man als Zuschauer allein oder in der Kleingruppe zu Hause vor dem Fernseher empfinden kann.

Diese Einschätzung ist sicherlich nicht verkehrt, gleichwohl lässt sie eine soziologisch wichtige Frage offen: Wie entsteht die kollektive Erregung beim Public Viewing? Denn dass es dazu kommt, ist keineswegs selbstverständlich, vielmehr hoch voraussetzungsvoll. Die bloße Ansammlung vieler Menschen auf engem Raum anlässlich eines Fußballspiels garantiert keineswegs per se, dass Stimmung herrscht, geschweige denn kollektive Euphorie oder gar Ekstase. Im Gegenteil, kann man sich beim Public Viewing auch ungemein langweilen oder ärgern. Welcher Art sind dann aber die sozialen Bedingungen kollektiver Erregung? Oder anders gefragt: Wie entsteht Stimmung beim Public Viewing? Darum soll es im Folgenden gehen.

1   „Wo was los ist – wo es *action* gibt" – Public Viewing als Interaktionsritual

Ein Autor, dessen Arbeiten Antwort auf diese Fragen zu geben versprechen, ist Erving Goffman. Das gilt im Besonderen für seinen 1967 publizierten Aufsatz *Wo was los ist – wo es* action *gibt* (Goffman 1986: 164-292; Herv. im Orig.).[6] Dass Goffman sich mit dem Phänomen *action* beschäftigt hat, hatte seinen Grund darin, dass dieser Begriff seit den 1950er Jahren „von beinahe jedermann benutzt und gnadenlos in allen Fernseh- und Zeitungsannoncen strapaziert" wurde (Goffman 1986: 164), ohne dass geklärt gewesen wäre, was damit genau gemeint ist.[7] Daher

---

5   Beispielsweise bei der Weltmeisterschaft 2006 nach dem 1:0 Siegtreffer von Oliver Neuville in der 91. Minute im Vorrundenspiel gegen Polen, oder (zumindest in München) beim Champions League-Finale 2013 zwischen Bayern München und Borussia Dortmund nach dem Siegtor von Arjen Robben in der 88. Minute.

6   Der Ausdruck *action* mag zwar im Zusammenhang mit dem spätmodernen Phänomen Public Viewing altmodisch anmuten, dennoch dürfte unstrittig sein, dass beim Public Viewing irgendeine Art von *action* gegeben ist bzw. von den Anwesenden erhofft wird.

7   Goffman zufolge ist das Bedürfnis nach *action* ein typisches Phänomen der (amerikanischen) Gegenwartskultur in der Mitte des 20. Jahrhunderts. Ähnlich lautende

hat Goffman einige der zu der damaligen Zeit in den USA typischen sozialen Situationen analysiert, von denen es hieß, dort gäbe es *action*. „Das Glücksspiel ist der Prototyp von *action*" (Goffman 1986: 205). Daneben erwähnt Goffman Stierkämpfe, Autorennen, den kommerziellen Leistungssport, riskante Amateursportarten und Wettkämpfe jeglicher Art, aber auch „Bowling-Bahnen, Schwimmhallen, Vergnügungsparks und Arkadengänge" böten Gelegenheiten für *action* (Goffman 1986: 214). Unter *action* versteht Goffman dabei „Handlungen, die folgenreich und ungewiss sind und um ihrer selbst willen unternommen werden" (Goffman 1986: 203). Das zentrale Merkmal von *action* sei „Schicksalshaftigkeit" (Goffman 1986 und öfter) bzw. „Risiko". *Action* sei immer und überall „dort zu finden (..), wo jemand bewusst folgenreich Risiken eingeht, die als vermeidbar verstanden werden" (Goffman 1986: 213).

Ein solches Verständnis von *action* mag angesichts der von Goffman genannten Beispiele überraschen, liegen doch die folgenreichen Risiken beim Bowlen oder in einer Schwimmhalle nicht unmittelbar auf der Hand[8]. Dasselbe kann vom Public Viewing gesagt werden. Die Überraschung dürfte sich jedoch legen, wenn man sich weniger an der Begriffsdefinition orientiert als vielmehr an Goffmans Beschreibungen *action*reicher Situationen sowie vor allem an dem als Synonym eingeführten – wenngleich nur einmal verwendeten – Ausdruck „ereignisreich" (Goffman 1986: 180). Dass der Aufenthalt in einer Bowlinganlage, einer Schwimmhalle oder beim Public Viewing ereignisreich ist bzw. sein kann, ist jedenfalls leicht vorstellbar. Mit der *action* beim Public Viewing hat sich Goffman allerdings nicht befasst, vermutlich aus dem schlichten Grund, dass es dieses Phänomen zu seiner Zeit nicht gab, und falls doch, keine erwähnenswerte soziale Relevanz besaß. Heute ist das anders, und heute lässt sich mit Goffman sagen, dass ein Public Viewing ein soziales Geschehen ist, das durch „interpersonales *action*" (Goffman 1986: 226) charakterisiert ist. Oder mit einem anderen Ausdruck Goffmans: Public Viewing ist ein „Interaktionsritual", dessen (intendierter) emotionaler Kern bzw. Effekt *action* ist.

Ein *Interaktionsritual* ist Public Viewing insofern, als es ein soziales Ereignis darstellt, das innerhalb eines bestimmten räumlich-dinglichen Arrangements mit Hilfe symbolischer Handlungen durch die Akteure selbst organisiert und reguliert wird. Im Sinne Goffmans ist Public Viewing ein rituell organisiertes

---

Zeitdiagnosen haben Norbert Elias (2003) und Gerhard Schulze (1992) angestellt: Nach Elias ist für die moderne Zivilisation die „Suche nach Erregung in der Freizeit" charakteristisch, während Schulze das „erlebnisrationale" Handeln als grundlegendes Merkmal der „Erlebnisgesellschaft" bezeichnet.

8   Goffman erläutert bedauerlicherweise nicht, was er unter „Risiko" und „Schicksalshaftigkeit" versteht.

Interaktionssystem, in dem die Interaktionsteilnehmer darauf bedacht sind, die situationsspezifischen Normen, Regeln und moralischen Standards einzuhalten, weshalb sie entsprechende „Anpassungsstrategien" (Goffman 1986: 50) entwickeln und wechselseitige soziale Kontrolle ausüben. Die Akteure befolgen und inszenieren die situativ gültigen „Identitätsnormen" (vgl. Goffman 1975), tragen performativ zur Aufrechterhaltung der „Interaktionsordnung" (Goffman 2001) bei und orientieren sich an der grundsätzlichen „Frage, was denn angemessenes öffentliches Verhalten" (Goffman 1971: 21) sei. „Besonders wenn der Einzelne mit anderen zusammen ist, sieht er sich genötigt, mit Hilfe interpersonaler Rituale eine zeremonielle Ordnung aufrechtzuerhalten. Er ist verpflichtet, dafür zu sorgen, dass die expressiven Implikationen aller örtlichen Ereignisse mit seinem Status und mit dem der anderen vereinbar ist" (Goffman 1971: 185 f.). Mit Goffman lässt sich also fragen, welche ritualisierten „Verhaltensregeln" die Akteure beim Public Viewing beachten bzw. einhalten müssen, damit aus der bloßen sozialen Zusammenkunft vieler Menschen dieses durch *action* gekennzeichnete soziale Event wird.

So wichtig dieser Fokus auf die normativen Bedingungen und Anforderungen sowie die symbolischen Handlungen ist, erscheint er doch zu eng, als dass damit ausreichend beschrieben und erklärt werden könnte, wie genau ein Public Viewing zu einem hoch emotionalen Gemeinschaftserlebnis wird. Dies auch deshalb, weil gerade in der schlichten Befolgung ritualisierter Verhaltensregeln das Risiko des Scheiterns eines Interaktionsrituals wie dem Public Viewing angelegt ist. Ohne emotionale Anteilnahme bzw. Gefangennahme verflacht ein Ritual zur bloßen Routine (vgl. Kap. 4).

2 Situation und Atmosphäre: Von Goffman zu Schmitz und Böhme

Damit ist noch immer die Frage offen, wie es vor sich geht, dass aus einer Ansammlung körperlich anwesender Menschen im öffentlichen Raum anlässlich eines auf einer Großbildleinwand übertragenen Fußballspiels ein besonderes emotionales Gemeinschaftserlebnis wird. Hier versprechen die Neue Phänomenologie (Schmitz 2003) und die daran anschließende neophänomenologische Soziologie (Gugutzer 2012; Uzarewicz 2011) Abhilfe. Konkret sind es die neophänomenologischen Konzepte „Situation" und „Atmosphäre", die als analytische Instrumente nützlich sind.

Hierbei kann zunächst an Goffmans programmatische Aussage angeknüpft werden, wonach es seiner Soziologie „nicht um Menschen und ihre Situationen, sondern eher um Situationen und ihre Menschen" ging (Goffman 1986: 9). Situationen sollten nach Goffman die eigentliche soziologische Analyseebene sein, da sie dem subjektiv sinnhaften Handeln einzelner Menschen vorgängig sind, soziales Handeln mithin Folge des situativen Kontextes ist. Situationen repräsentieren im Sinne Goffmans einen präexistenten, überindividuellen normativen Rahmen, innerhalb dessen Menschen handeln. Dieses Situationsverständnis deckt sich mit jenem von Schmitz, insofern dieses ebenfalls von konkreten Individuen und deren Motiven, Intentionen, Gefühlen etc. abstrahiert. Situationen sind auch bei Schmitz primär, alles andere (nicht nur menschliches Denken und Handeln) ist sekundär. Was aber versteht Schmitz unter „Situation"?

Eine *Situation* ist nach Schmitz charakterisiert „durch Ganzheit (d. h. Zusammenhalt in sich und Abgehobenheit nach außen), ferner eine integrierende Bedeutsamkeit aus Sachverhalten, Programmen und Problemen und eine Binnendiffusion dieser Bedeutsamkeit in der Weise, dass die in ihr enthaltenen Bedeutungen (d. h. Sachverhalte, Programme, Probleme) nicht sämtlich – im präpersonalen Erleben überhaupt nicht – einzeln sind" (Schmitz 2005: 22). So ist eine Public Viewing-Veranstaltung eine „ganzheitliche" – zeitlich, räumlich, thematisch und sozial „abgehobene" – Situation, die organisiert und zusammengehalten wird („Bedeutsamkeit") durch das, um was es geht („Sachverhalt": gemeinsam im öffentlichen Raum vor einer Großbildleinwand Fußballschauen), was sein sollte („Programme": Normen und Regeln, Wünsche, Motive oder Hoffnungen wie ‚man soll mitsingen und Fahnen schwingen', ‚es soll tolle Stimmung herrschen') und was eventuell Schwierigkeiten bereiten könnte („Probleme": schlechtes Wetter, überlegener Gegner). Eine „binnendiffuse" bzw. „chaotisch mannigfaltige" (vgl. Schmitz 2003: 90 f.) Situation ist Public Viewing in der Hinsicht, dass seine einzelnen Elemente typischerweise eben nicht als Einzelheiten, sondern ganzheitlich wahrgenommen werden. Menschen sind zwar zur Explikation der situativen Einzelheiten in der Lage, etwa wenn nach dem Public Viewing konstatiert wird, dass aufgrund des 0:5 Rückstands nach 29 Spielminuten[9] oder des Dauerregens und der Eiseskälte schlicht keine Stimmung aufkommen konnte. Doch die meisten Situationen des alltäglichen Lebens erlebt und gestaltet man ohne solche Explikationen.[10]

---

9   So der nicht für möglich gehaltene Spielstand im WM-Halbfinalspiel 2014 zwischen Brasilien und Deutschland.

10   Schmitz verbindet mit seinem Situationsbegriff eine Gesellschaftskritik, die sich gegen das Denken des „Konstellationismus'‚ richtet, dem es darum geht, „Einzelheiten aus Situationen herauszufiltern und so (vermeintlich) Eindeutigkeiten zu konstruieren" (Gugutzer 2012: 19). Die „Ideologie der totalen Vernetzung" besteht Schmitz zufolge – „gestützt durch das mit dem Computer siegreiche technische Leitbild der Digitalisierung" – darin, die „Herrschaft in drei Bereichen" zu erlangen: „im naturwissenschaftlich geleiteten Zugriff auf die Gegebenheit der sogenannten Natur; im sozialen Leben der sich

Wie allein diese definitorische Beschreibung verdeutlicht, ist der Situationsbegriff von Schmitz deutlich komplexer bzw. differenzierter als jener von Goffman. Goffman reserviert den Terminus Situation für „diejenige räumliche Umgebung, und zwar in ihrem ganzen Umfang, welche jede in sie eintretende Person zum Mitglied der Versammlung macht, die gerade anwesend ist (oder dadurch konstituiert wird). Situationen entstehen, wenn gegenseitig beobachtet wird, sie vergehen, wenn die zweitletzte Person den Schauplatz verlässt" (Goffman 1971: 29). Goffmans Situationen sind räumlich-zeitlich begrenzte Varianten „nicht-zentrierter" oder „zentrierter" Interaktion im öffentlichen Raum (Goffman 1971: Teil II und III). Ein solches Verständnis von Situationen findet sich bei Schmitz auch, zugleich geht es weit über jenes von Goffman hinaus. Auf der Grundlage des oben genannten, gewissermaßen reinen Situationsbegriffs entwickelt Schmitz eine differenzierte *Situationstypologie*, die im Kern aus vier bipolaren Situationstypen besteht (Schmitz 1999: 21-28; zusammenfassend Uzarewicz 2011: 253 f.)

Schmitz unterscheidet erstens „nach der Art der augenblicklichen Gegebenheit (...) *impressive* und *segmentierte* Situationen, [zweitens; R.G.] nach der Art des zeitlichen Verlaufs *aktuelle* und *zuständliche* Situationen" (Schmitz 1999: 22; Herv. im Orig.). *Impressive* Situationen sind dadurch gekennzeichnet, dass ihre binnendiffuse Bedeutsamkeit „auf einen Schlag, in einem Augenblick zum Vorschein" kommt (Schmitz 1999: 21), wie beim vielsagenden ersten Eindruck, den man beim Kennenlernen eines neuen Menschen von diesem hat; eine *segmentierte* Situation wie die Sprache kommt hingegen nie „auf einen Schlag" zum Vorschein. Impressive Situationen sind meistens auch *aktuelle* Situationen, die sich darin auszeichnen, dass sich ihr „Verlauf in beliebig dicht gesetzten Querschnitten auf Veränderungen prüfen lässt" (Schmitz 2003: 92), zum Beispiel die Verlaufsphasen eines Gesprächs. Im Gegensatz dazu ist die Entwicklung *zuständlicher* Situationen, die häufig auch segmentierte Situationen sind, nur über einen langen Zeitraum hinweg möglich, wie das bei Institutionen, dauerhaften Gruppierungen, Freundschafts- oder Feindschaftsverhältnissen der Fall ist. Drittens unterscheidet Schmitz „*gemeinsame*" Situationen, an denen mehrere miteinander in Kontakt stehende Menschen (zum Teil auch Tiere, Dinge und „Halbdinge"[11]) teilhaben, von der „*persönlichen*" Situation, die der Persönlichkeit und Biographie einer Person entspricht und daher

mit Anspruch auf Freiheit und Gleichheit in wechselnden Konstellationen zusammenfindenden Individuen; im Verständnis des einzelnen Menschen von sich als biologische Maschine, angeleitet vom Anspruch der Gehirnforschung" (Schmitz 2005: 10).

11 Mit „Halbdinge" bezeichnet Schmitz Phänomene, die gewissermaßen „zwischen Sinnesdaten (Qualitäten, Empfindungen) und Dingen (z. B. Körpern)" liegen: „Im Gegensatz zu Sinnesdaten haben Halbdinge einen im Wechsel ihrer Gesichter beharrenden Charakter wie die Dinge; von den Dingen (‚Volldingen') unterscheiden sie sich durch

immer auch eine zuständliche Situation ist (vgl. Schmitz 2005: 24 f.). Darüber hinaus ist die persönliche Situation ebenso Teil eines vierten Situationstypus' mit den Ausprägungen *implantierend"* und *„includierend"* (Schmitz 2005: 25). Implantierende Situationen sind solche, in die man – zum Beispiel in der primären Sozialisation – hineinwächst (Muttersprache, soziales Milieu, Klassenhabitus), inkludierende Situationen solche, in die man freiwillig ein- und austreten kann und in denen man sekundären Sozialisationsprozessen unterliegt (Sportverein, Berufsverband, religiöse Sekte).[12]

Vor dem Hintergrund dieser Situationstypologie lässt sich als Zwischenfazit festhalten: Public Viewing als singuläres Ereignis[13] ist eine *aktuelle, gemeinsame, inkludierende und (wiederholt) impressive Situation.* Public Viewing ist eine soziale Situation, die im Hier-Jetzt stattfindet, Verlaufsphasen aufweist, an der zahlreiche Menschen freiwillig mitwirken, außerdem Dinge und Halbdinge, und die vor allem voller Augenblickseindrücke ist. Zu betonen ist dabei, dass der impressive Charakter eines Public Viewings ein *leiblicher,* das heißt, spürbar nahe gehender Charakter ist, der aus der *Atmosphäre* dieser speziellen Situation – die man mit Uzarewicz (2011: 259) als „Soziierung" bezeichnen könnte[14] – resultiert. Wie jede gemeinsam-aktuelle Situation ist ein Public Viewing eine Atmosphäre, die mit den leiblich Anwesenden etwas macht,[15] kann man doch mit Gernot Böhme sagen: „Atmosphären werden

---

ihre inkonstante Dauer und zweigliedrige Kausalität" (Schmitz 2003: 14). Beispiele für Halbdinge sind der Wind, die Stimme, Blicke, Hitze, Kälte oder Atmosphären.

12 Goffmans Situationsbegriff entspricht in der Terminologie von Schmitz am ehesten einer aktuellen, gemeinsamen und impressiven Situation, sofern man „impressiv" mit Goffmans Verständnis von „Techniken der Eindrucksmanipulation" übersetzt, womit zum Beispiel die Technik gemeint ist, den Eindruck des „besten Selbst" herzustellen (vgl. Goffman 1983).

13 Im Sinne eines ritualisierten Bestandteils von großen Sportereignissen, das heißt als eine Institution des Sports, ist Public Viewing zudem eine segmentierte und zuständliche Situation.

14 Eine „Soziierung" ist eine Vergesellschaftungsform, die sich durch flüchtige, kurzfristige, thematisch fokussierte Beziehungen von Menschen (und nicht-menschlichen Entitäten) auszeichnet, die sich von Angesicht zu Angesicht begegnen und eine informelle Gemeinschaft bilden. Von der Soziierung als Vergesellschaftungsform unterscheidet Uzarewicz „Gemeinschaften", „Sozietäten" und „Gesellschaft" (Uzarewicz 2011: 259 f.).

15 Das gilt selbst dann, wenn man z. B. zufällig in ein Public Viewing gerät, das einen, da man sich weder für Fußball noch für Menschenansammlungen interessiert, ‚kalt' lässt oder nervt. Dass eine Atmosphäre, in die man hineingerät, mit einem etwas ‚macht', heißt nicht, dass man die dominante Atmosphäre (z. B. Ausgelassenheit) eins zu eins übernimmt. Aber ohne wahrgenommene Konfrontation mit dieser spezifischen Atmosphäre wäre das eigene Empfinden eben auch nicht jenes, das sich in dieser Situation einstellt.

gespürt, indem man affektiv von ihnen betroffen ist" (Böhme 2001: 46). Ein Public Viewing entspricht damit einem „Gefühlsraum" (Schmitz 1969; vgl. dazu Gugutzer 2013), in den die Akteure eintreten, den sie wahrnehmen, den sie zugleich aber auch mitgestalten. Die Atmosphäre eines Public Viewings ist kein äußerlich vorgegebener „gestimmter Raum" (Böhme 2001: 47), der lediglich passiv wahrgenommen würde. Vielmehr ist diese Atmosphäre eine performative Leistung aller Anwesenden, eine „ästhetische Praxis" (Böhme 2001: 173 ff.), bei der Publikum und Schauspieler in eins fallen. Geht es bei „ästhetischer Arbeit" allgemein um „die Hervorbringung von Erscheinungen, die auf ein Publikum bestimmte Wirkungen haben sollen" (Böhme 2001: 178; siehe auch Böhme 1995: 24 f. und 34 ff. sowie Schmitz' Kommentar in Schmitz 2003: 243-261), so ist die ästhetische Arbeit beim Public Viewing dadurch gekennzeichnet, dass die Situationsteilnehmer wechselseitig mit- und füreinander an jenen Phänomenen arbeiten, derentwegen sie sich zusammen gefunden haben: ausgelassene Stimmung, Gemeinschaftsgefühle, kollektive Euphorie.

Die Atmosphäre eines Public Viewings ist also nicht einfach da, sondern wird gemacht, und zwar auf eine immer gleiche und in dem Sinne ritualisierte Weise.[16] Ob aus der ritualisierten ästhetischen Arbeit beim Public Viewing der intendierte, sich an sich selbst berauschende *Kollektivleib*[17] – ein spontan entstehender, mehrere Leiber „umfassender größerer Leib" (Schmitz 1992: 209), der aus dem Zusammenwirken der Anwesenden entsteht (vgl. Kap. 3.4) – resultiert, ist jedoch keineswegs garantiert. Gleichwohl lassen sich einige phänomenale Strukturmerkmale benen-

---

16 Mein Ritualverständnis orientiert sich an jenem von Christoph Wulf, allerdings mit einer stärkeren Betonung der performativen, das heißt, körperlich-leiblichen Aspekte und weniger der symbolischen Ritualdimensionen: Kennzeichnend für ein Ritual ist nach Wulf der „herausgehobene Charakter der Handlung, die Zeitlichkeit, die Örtlichkeit, die Kollektivität und die Öffentlichkeit. Rituale sind komplex; sie sind regelhaft. Ihre Regelhaftigkeit ist an ein praktisches Wissen gebunden, das seinerseits Regelmäßigkeit erzeugt. Rituale sind soziale Dramen, in denen Differenz bearbeitet wird. Sie sind Inszenierungen und Aufführungen des Sozialen, in denen Gemeinschaften performativ gebildet werden. Ihre Wirkungen entfalten sie durch die Verbindung von performativen und symbolischen Elementen" (Wulf 2005: 15).

17 Die gängige Rede vom Kollektivkörper ist sachlich falsch, da der menschliche Körper an der Hautoberfläche (inkl. Haaren) endet und nicht mit anderen Körpern zu einem gemeinsamen Körper verschmelzen kann. So etwas gibt es nur in Science Fiction-Filmen. Abgesehen davon kann von einem Kollektivkörper nur in einem metaphorischen Sinne gesprochen werden. Hingegen ist ein Kollektivleib keine bloße Metapher, sondern ein real erfahrbares Phänomen, da sich der Leib (im Sinne leiblicher Wahrnehmung) sehr wohl über die Körpergrenzen hinaus erstrecken kann. Zwei Menschen, die sich verliebt anblicken, verschmelzen spürbar ineinander (ihre Blicke ‚machen' etwas mit ihnen), auch ohne sich körperlich (z. B. mit ihren Händen) zu berühren. Im Schmitzschen Sinne handelt es sich hier um „leibliche Kommunikation" (Schmitz 2011: Kap. 4).

nen, die als Möglichkeitsbedingung eines gelungenen, das heißt hoch emotionalen Public Viewings gelten können.

3   Phänomenale Strukturmerkmale des Situationsrituals *Public Viewing*

Als Modell für die folgende Beschreibung der phänomenalen Strukturmerkmale eines Public Viewings dienen mir Übertragungen von Fußballspielen auf Groß-bildleinwänden im öffentlichen urbanen Raum, etwa auf Marktplätzen oder den so genannten Fanmeilen; Abb. 1 zeigt exemplarisch ein solches Public Viewing auf dem Roßmarkt in Frankfurt am Main während der Fußball-Europameisterschaft 2008. Im Kern sind es vier phänomenale Merkmale, die diese ritualisiert aus- und aufgeführte gemeinsam-aktuell-inkludierend-impressive Situation als außeralltägliches Ereignis konstituieren.

Abb. 1
Public Viewing auf dem Roßmarkt in Frankfurt am Main 2008

3.1   Ortsräumliche Aufwertung und gefühlsräumliche Aufladung

Das augenfälligste Merkmal des Phänomens Public Viewing ist sicherlich dessen räumliche Erscheinung: Inmitten des öffentlichen Raums versammeln sich viele Menschen vor einer Großbildleinwand, um eine gemeinsame Situation mit dem Sachverhalt ,Fußballschauen' hervorzubringen. Der Ort, an dem die zahlreichen Menschen zusammenkommen, ist – wie für Rituale charakteristisch – ein ausge-zeichneter Ort, dessen Besonderheit in der performativen Transformation eines

üblicherweise profanen in einen temporär sakralen Ort besteht. Neophänomenologisch gesprochen geschieht diese Transformation durch eine „ortsräumliche"
Aufwertung, aus der das situationsspezifische Programm einer „gefühlsräumlichen"
Aufladung resultiert[18]: Weil das Public Viewing an einem ausgewählten öffentlichen
Ort und nicht zu Hause im Wohnzimmer stattfindet, erwarten die Menschen, dass
die Atmosphäre anders (intensiver, toller, aufregender) ist, als sie es zu Hause wäre.
    Das charakteristische Merkmal des *Ortsraumes*, ein aus „wechselhaft besetzba-
ren, relativen, d. h. nur durch ihr gegenseitiges Verhältnis nach Lage und Abstand
bestimmten Orten" (Schmitz 2007: 47) bestehender Raum zu sein, eröffnet eine doppelte Perspektive auf das Raumphänomen Public Viewing. Zum einen ist ein Public
Viewing eine im räumlichen[19] Sinne ganzheitlich abgehobene Situation, insofern
sie aus Orten aufgebaut ist, die in einem bestimmten Lage- und Abstandsverhältnis
zueinander stehen und damit eine Bindung nach innen sowie eine Abgrenzung
nach außen hervorbringen. Das Public Viewing auf dem Frankfurter Roßmarkt
etwa (s. Abb. 1) hatte durch aufgestellte mobile Absperrgitter die ungefähre Form
eines geschlossenen Kreises mit einer klaren Grenze zwischen Innen und Außen.
Im Innern des Kreises befand sich an einer Stelle am Kreisrand die erhöhte Großbildleinwand, entlang des Kreisrandes waren Verkaufsstände aufgebaut, und auf
der Kreisfläche verteilten sich die Menschen nach Belieben. Durch den Einsatz
verschiedenster Artefakte wurde hier an einem bestimmten Ort der Frankfurter
Innenstadt eine künstliche Insel geschaffen, die diese ansonsten überwiegend leere
und wenig attraktive Fläche als öffentlichen *Gefühlsraum*[20] auflud und dadurch
symbolisch aufwertete.
    Diese Aufladung und Aufwertung kamen zum Zweiten durch die ortsräumliche
Anordnung der Menschen innerhalb des Kreises zustande: aufrecht stehende und

---

18   Schmitz kritisiert in seiner Raumtheorie das (auf Demokrit und Platon zurückgehende)
     vorherrschende naturwissenschaftlich-mathematische Raumverständnis als redukti-
     onistisch, weil es unter Raum eine Anordnung von durch Flächen begrenzten Körpern
     an Orten versteht (vgl. Schmitz 2003: 54-62, 2007: 47-74). Schmitz nennt diesen Raum
     „Ortsraum", den er als die dritte Schicht menschlicher Raumerfahrung bezeichnet.
     Darunter liegen der „Weiteraum" und der „Richtungsraum" (vgl. Schmitz 1990: 279-284),
     die zusammen den „leiblichen Raum" konstituieren, der wiederum eng mit dem „Ge-
     fühlsaum" verbunden ist (vgl. Schmitz 2003: 292-310). Schmitz' anti-reduktionistisches
     Raumverständnis hat den Vorteil, räumliche Phänomene begrifflich-analytisch fassen
     zu können, die der naturwissenschaftlich geprägte Raumbegriff nicht erschließen kann,
     z. B. die Räumlichkeit des Wetters, des Schalls, der Stille, der Ekstase, von Atmosphären
     oder des „Rückfeldes" (Schmitz 2003: 281), der Raum hinter dem eigenen Rücken.

19   Ein Public Viewing ist ebenso in zeitlicher Hinsicht eine ganzheitliche Situation; siehe
     dazu Abschnitt 3.2.

20   Zum städtischen Raum als Gefühlsraum siehe auch Hasse (2002).

dicht aneinander gedrängte Körper, die „ad hoc so etwas wie ein(en) übergreifende(n) Leib" (Schmitz 1980: 24) hervorbrachten. Eine Ansammlung sitzender oder liegender Körper würde beim Public Viewing ebenso wenig eine stimmungsvolle Atmosphäre zustande bringen wie weit voneinander entfernt stehende Körper. Es bedarf einer bestimmten Menge aufrecht- und dicht beieinander stehender Körper, damit Stimmung aufkommen kann, wenngleich diese damit noch nicht garantiert ist. Im Idealfall aber resultiert aus der körperlichen Dichte eine kollektiv wahrgenommene leibliche „Enge"[21], die dem von den Anwesenden vermutlich erhofften Gefühl des Aufgehens in etwas Größerem, hier: einem Kollektivleib, entspricht. Die Faszination eines Public Viewings zeigt sich für die Teilnehmenden, die genau genommen als Teilgebende bezeichnet werden müssten, in einem besonderen leiblichen Empfinden, wofür die anderen sicht-, tast- und hörbaren Körper Mittel zum Zweck sind. Alle anwesenden Körper zusammen erschaffen gemeinsam einen Gefühlsraum als situative Atmosphäre, von der sie leiblich ergriffen werden wollen. Public Viewing als performativ hervorgebrachter Gefühlsraum entspricht so gesehen in leiblicher Hinsicht der aristotelischen Formel, wonach das Ganze mehr ist als die Summe seiner Teile: Das Ganze, der leiblich ergreifende Gefühlsraum, ist mehr als die Summe der ortsräumlich verteilten Individualkörper, wobei dieses „mehr" aus der Wahrnehmung eines kollektiven Leibes resultiert.

3.2   Außeralltäglicher Zeitrahmen und erlebte Auszeit

Ein Public Viewing wird typischerweise zu besonderen Fußballanlässen inszeniert: Zum DFB-Pokalendspiel, dem Champions-League-Finale, während einer Fußball-Weltmeisterschaft. Es hebt sich damit von einem normalen, ‚alltäglichen' Bundesliga-, EM- oder WM-Qualifikationsspiel ab, indem es in einen exklusiven, *außeralltäglichen Zeitrahmen* gesetzt wird. Tag und Uhrzeit, an dem das Public Viewing stattfindet, stehen lang im Vorhinein fest, vergleichbar einem kirchlichen Feiertag oder einem persönlichen Festtag (Geburtstag, Hochzeit). Dieses zeitliche Herausgehobensein aus dem alltäglichen Zeitstrom lädt das Public Viewing mit einer sozialen Bedeutung auf, die ihren subjektiven Niederschlag in einer spezifischen leiblichen Bereitschaftshaltung findet: Wer sich die Zeit nimmt, an einem

---

21 „Enge" ist der eine Pol des grundlegenden leiblichen Kategorienpaars in der Leibphänomenologie von Schmitz, der zweite ist „Weite". So heißt es bei Schmitz: „Leiblichsein bedeutet in erster Linie: zwischen Enge und Weite in der Mitte zu stehen und weder von dieser noch von jener ganz loszukommen, wenigstens so lange, wie da bewußte [sic; R.G.] Erleben währt" (Schmitz 1990: 122 f.; vgl. dazu auch Gugutzer 2002: 93 ff.).

bestimmten Tag zu einer bestimmten Uhrzeit an einen bestimmten Ort zu gehen, an dem es voraussichtlich *action* gibt, tut dies sehr wahrscheinlich mit der leiblichen Offenheit, sich von der Atmosphäre affizieren zu lassen. Der gewussten außerweltlichen Zeitlichkeit korrespondiert somit eine leibliche Empfängnisbereitschaft für die Augenblickseindrücke der gemeinsamen Situation: Hier und heute möchte ich etwas – und damit: mich[22] – spürbar erleben, sonst ginge ich erst gar nicht dorthin!

Für den zeitlichen Erlebnischarakter eines Public Viewing ist es dabei strukturell von Vorteil, wenn die Übertragung des Spiels abends stattfindet, also bei Dunkelheit. Dass wichtige Spiele abends ausgetragen werden, ist kein Zufall, sondern unter anderem der Erfahrung geschuldet, dass die Stimmung – für Spieler wie Zuschauer – bei Dunkelheit besser, nämlich intensiver ist als bei Helligkeit.[23] Das hat seinen Grund allen voran darin, dass die Nacht – im Schmitz'schen Sinne ein „Halbding" (Schmitz 2011: 31) – dem Sehsinn weniger Anhaltspunkte gibt als das Tageslicht, weshalb die Nahsinne wie der Geruchs- oder Tastsinn stärker in den Vordergrund rücken und Nahsinne spürbar ‚näher', aufdringlicher[24] sind als die Fernsinne. Ein Public Viewing bei Nacht umhüllt die Menschen leiblich-atmosphärisch enger als bei Tag, weil der Blick nicht so sehr in die Weite der räumlichen Umgebung schweifen kann (abgesehen vom Himmel), der Wahrnehmungsfokus daher stärker auf die räumliche Enge der unmittelbaren Umgebung und des unmittelbaren Geschehens gerichtet ist. Die Dunkelheit liegt wie eine Glocke über der Menschenmenge, unter der der Kollektivleib zusammengehalten, manchmal regelrecht zusammengeschnürt wird. Verglichen damit ist die situative Atmosphäre bei Helligkeit weniger dicht und engend, weil der „gestimmte Raum" (Böhme) an seinen Rändern offener ist.

Eine Auszeit ist die Teilhabe an einem Public Viewing also einmal in der formalen Hinsicht, dass der besondere Tag und die besondere Uhrzeit dieses Ereignis

---

22 Als bloßes Wahrnehmungsphänomen ist eine Atmosphäre nicht in einen subjektiven („*Ich* nehme die Stimmung wahr") und objektiven („Ich nehme die *Stimmung* wahr") Teil getrennt. Eine Atmosphäre „liegt vor jeder Subjekt-Objekt-Spaltung. Ein Wahrnehmungssubjekt und ein Wahrnehmungsobjekt werden erst auf dem Wege der Ausdifferenzierung und Distanzierung gewonnen" (Böhme 2001: 45), etwa dann, wenn man sich fragt, warum hier keine Stimmung herrscht. Entsprechend ist es ungenau zu sagen, man möchte die tolle Atmosphäre beim Public Viewing spüren, denn was man da spüren möchte, ist sich selbst.

23 Das Helle und Dunkle sind in der Terminologie von Schmitz „synästhetische Charaktere", die als „Brücken leiblicher Kommunikation" fungieren (Schmitz 2005: 176ff.).

24 Die Aufdringlichkeit der Nacht basiert auf dem für Halbdinge charakteristischen Merkmal „unmittelbarer Kausalität". So heißt es bei Schmitz (2011: 31): „Durch ihre unmittelbare Kausalität sind die Halbdinge zudringlich; dieser Zudringlichkeit entspricht beim Betroffenen die Unfähigkeit, sich zu entziehen, so dass er durch einen seinen Leib umfassenden vitalen Antrieb in der Weise antagonistischer Einleibung an das Halbding gebunden wird."

aus dem durchschnittlichen Alltagsleben herausheben. Darüber hinaus ermöglicht ein Public Viewing eine Auszeit aber auch in inhaltlicher Hinsicht. Gemeint ist damit die subjektiv *erlebte Zeit*, durch die ein Public Viewing erst zum eigentlichen Ereignis wird. Eine Auszeit ist die erlebte Zeit ganz besonders dann, wenn sie als maximale Erfahrung von Gegenwart in Erscheinung tritt. In den Worten von Schmitz handelt es sich dabei um die Erfahrung „primitiver Gegenwart", die sich von der „entfalteten Gegenwart" dadurch unterscheidet, dass ihre fünf Elemente Hier, Jetzt, Dasein, Dieses und Ich ineinander verschränkt sind (vgl. Schmitz 1964: 207-232; vgl. dazu auch Gugutzer 2002: 99 f.).[25] Wenn der gegnerische Stürmer beim Spielstand von 1:1 kurz vor Schluss allein auf das Tor der eigenen Mannschaft zuläuft (wie vielleicht in Abb. 2), verdichtet sich die erlebte Zeit in die Erfahrung primitiver Gegenwart: Der interessierte Beobachter dieses Geschehens ist in dieser Sekunde (Jetzt) und an diesem Ort (Hier) leiblich so sehr gefangen von dem, um was es geht (Dieses), dass die Evidenz der Situation unleugbar ist (Dasein), weil er diese Evidenz unzweifelhaft an sich spürt (Ich).

Abb. 2

Kollektive Erfahrung
primitiver Gegenwart
beim Public Viewing

Nun sind solche Momente kollektiver „personaler Regression" (Schmitz 1990: 156ff.) keineswegs ein Dauerzustand beim Fußballschauen. Sie sind vielmehr die Highlights (auch in negativer Hinsicht), auf die man hofft (bzw. die man fürchtet), weil sie aus der „gleitenden Dauer des Dahinlebens" (Schmitz 2011: 132) herausreißen

---

25 In einer jüngeren und stärker die leibliche Dimension der Gegenwart betonenden Publikation beschreibt Schmitz die primitive Gegenwart als jene Gegenwart, „in der absoluter Ort (Enge des Leibes), absoluter Augenblick (das Plötzliche), absolute Identität (dieses selbst zu sein, verschieden von dem, was vorbei ist) und Subjektivität (selbst betroffen, in Anspruch genommen zu sein) zusammenfallen; ich füge das in der Wucht des Betroffenseins hervortretende Sein (die Wirklichkeit) hinzu" (Schmitz 2011: 74).

und daher eine hohe leibliche Intensität besitzen. Wie jede aktuelle Situation hat ein Public Viewing Verlaufsphasen, die einen unterschiedlichen Grad des Zeiterlebens aufweisen. Die Zeit kann lang werden, wenn nichts passiert oder eine Mannschaft total überlegen ist; sie kann kurzweilig sein, wenn sich ein Spannungsmoment an den nächsten reiht. Wie intensiv das Zeiterleben beim Public Viewing ist, hängt also vom Verlauf der „dicht gesetzten Querschnitte(.)" (Schmitz 2003: 92) ab. Dabei ist wohl weniger die Anzahl der leiblich als dicht empfundenen Zeiteinheiten entscheidend – man denke an den 5:0 Zwischenstand nach 29 Minuten im WM-Halbfinalspiel 2014 zwischen Deutschland und Brasilien, denen ja noch weitere lange 61 Spielminuten folgten –, als vielmehr die Art der Reihung, also die Dramaturgie[26] (siehe auch Abschnitt 3.4).

3.3   Szenisches Arrangement und Körperinszenierung

Zur Dramaturgie eines Public Viewing trägt wesentlich auch dessen Inszenierung bei. Es ist Teil der Programmstruktur dieser aktuellen impressiven Situation, dass Dinge und menschliche Körper auf eine Art in Szene gesetzt werden, die aus ihr diese je besondere, atmosphärisch aufgeladene Situation machen sollen, aufgrund derer Menschen das Public Viewing dem Private Viewing vorziehen. Mit Böhme gesprochen leisten die Veranstalter und noch viel mehr die Teilnehmenden eines Public Viewings eine beachtliche „ästhetische Arbeit", um die erhoffte mitreißende Atmosphäre herzustellen (vgl. Böhme 1995: 25). Zielt die ästhetische Arbeit der Organisatoren eines Public Viewings vor allem auf das szenische Arrangement, so jene der Fans auf die Inszenierung des eigenen Körpers.

Wie weiter oben gesagt wurde, ist ein Public Viewing in räumlicher Hinsicht eine ganzheitliche, eindeutig lokalisier- und abgrenzbare Situation. Diese Beschreibung verweist auf die objektive, ortsräumliche Dimension des Public Viewings. Das phänomenale Korrelat dazu, also die subjektiv wahrnehmbare Dimension des Public Viewings, kommt zum Vorschein, wenn man sich der *Inszenierung dieser Situation* zuwendet. Inszenierung stammt von dem griechischen Wort „Szene" ab, das laut Böhme ursprünglich „Hütte, Tempel, Bühne" bedeutete beziehungsweise einen „Raum" bezeichnete, „der gegenüber der Welt abgetrennt ist, der Menschen vor dem realen Geschehen schützt" (Böhme 2001: 119). Kennzeichnend für eine

---

26 Daher ermöglichte der Spielverlauf und das erlösende 1:0 von Oliver Neuville in der Nachspielzeit des Spiels Deutschland gegen Polen bei der Fußball-WM 2006 vermutlich bei den meisten Zusehern ein intensiveres Zeiterlebnis als das 7:1 der deutschen Mannschaft gegen Brasilien bei der WM 2014.

Szene sei aber vor allem, dass sie ein „Ort der Erscheinung" ist (Böhme 2001; Herv. weg gel.), wobei der spezifische Charakter der Szene-als-Erscheinung darin bestehe, „Stimmung" zu erzeugen (Böhme 2001: 125). Die Stimmung oder Atmosphäre komme dabei „durch bestimmte dingliche Arrangements" zustande, weshalb man Szenen ganz allgemein als „dingliche Arrangements" bezeichnen könne (Böhme 2001). Die für ein Public Viewing verantwortlichen ästhetischen Praktiker widmen sich genau dieser Aufgabe: Sie suchen einen Ort im öffentlichen Raum, den sie dinglich so arrangieren, dass er als Szene erscheint, die eine spezifische, leiblich affizierende Atmosphäre hervorbringt.[27] Es ist ja kein Zufall, dass die beliebtesten Public Viewings in Berlin vor dem Brandenburger Tor, in München im Olympiapark oder in Frankfurt auf dem Roßmarkt oder am Mainufer (vgl. Abb. 3) und nicht an einem entlegenen Ort am Stadtrand oder auf einer grünen Wiese auf dem Land stattfinden. Am Mainufer zwischen Untermainbrücke und Holbeinsteg sitzend auf eine der drei Leinwände, die inmitten des gemächlich dahin fließenden Mains aufgebaut sind, zu schauen, im Hintergrund Ruderboote und kleinere Schiffe vorbeifahren und die Skyline Frankfurts zu sehen, das ist eindrucksvoll in einem ganz wörtlichen, nämlich leiblichen Sinne: Dieses *szenische Arrangement* ist voller spürbarer Eindrücke – weshalb Schmitz (2003: 256) diese Art ästhetischer Arbeit auch als „Eindruckstechnik" bezeichnet – und damit eine gute Voraussetzung für das Herstellen von Atmosphäre.

Abb. 3
Großbildleinwand auf
dem Main in Frankfurt
zur Frauenfußball-WM
2011

---

27 Zur vergleichbaren „planmäßigen Herstellung" von Atmosphären auf Friedhöfen und
    in Verkaufsräumen mit dem Ziel, eine „Ordnung der Gefühle anzubahnen", siehe Hasse
    (2005: 311-372, hier S. 311).

Die ästhetische Arbeit der Teilnehmenden wiederum besteht hauptsächlich in der *Inszenierung ihres körperlichen Erscheinungsbildes*.[28] Der durchschnittliche Public-Viewing-Besucher trägt mindestens das Trikot ‚seiner‘ Nationalmannschaft, häufig ergänzt durch weitere Inszenierungsartefakte wie – im Falle eines Deutschlandfans – schwarz-rot-goldenes „Blütenarmband fürs Handgelenk" und gleichfarbige „Hawaiikette", „Deutschlandbrille mit Gläsern in Deutschlandfarben", „Deutschlandhosenträger" (mit oder ohne „Adler"), „Deutschland-Irokesen- oder Lockenperücke", „Deutschlandschal", „Deutschland-Cowboy-, Sommer- oder Trilbyhut", „Deutschland-Winkehand, -Vuvuzela und -Fahne" sowie „Schminkstift Deutschlandfarben" fürs Gesicht (vgl. Abb. 4).

Abb. 4   Inszenierungsartefakte für einen Public Viewing-Besuch[29]

Die Auflistung dieser Fanartikel verdeutlicht den rasanten Kommerzialisierungsprozess, den der Zuschauersport Public Viewing in nur wenigen Jahren durchlaufen hat. Darüber hinaus symbolisieren die Fanartikel ebenso den seit gut zwei Jahrzehnten vonstattengehenden gesamtgesellschaftlichen Ästhetisierungsprozess. Die „Ästhetisierung der Lebenswelt" (Welsch 1993) beziehungsweise die „Ästhetisierung des Alltags" (Schulze 1992) ist im Kern als Versinnlichung des Sozialen und damit als „Aisthetisierung des Lebens" (Gugutzer 2012: 140) zu verstehen, also als bewusste Inszenierung des körperlichen, insbesondere des sinnlichen,

---

28 Von Selbstinszenierung zu sprechen, wäre ungenau, denn um die Inszenierung des Selbst im Sinne der eigenen Persönlichkeit oder Identität geht es beim Public Viewing gerade nicht. „Es geht wie auf der Bühne nicht um Charakter, sondern um Charakter in der Erscheinung" (Böhme 2001: 123), und das Mittel *und* Objekt der Herstellung des Scheins beim Public Viewing („Ich bin Deutschland-Fan") ist der Körper.

29 Die im Text genannten Fanartikel finden sich auf der im Literaturverzeichnis zu Abb. 4 angegebenen Internetseite.

erotischen Erscheinungsbildes. Diese Art ästhetischer Arbeit wird (nicht nur) beim Public Viewing ganz besonders von Mädchen und Frauen geleistet. Mädchen und Frauen treten beim Public Viewing als diejenigen Akteure in Erscheinung, die Fußballschauen zu einem sinnenfrohen Ereignis machen.[30] Sie schminken sich in den Nationalfarben, kleiden sich in eng anliegenden Tops und Shorts, die den Nationaltrikots nachgeahmt sind, und tragen diverse Fan-Accessoires, mit denen sie eher ihre Weiblichkeit „zitieren" (Böhme 2000: 122) als ihre sportliche Verbundenheit gegenüber der eigenen Mannschaft inszenieren. Der kollektiven Stimmung tut diese Feminisierung des Fußballfantums keinen Abbruch, ganz im Gegenteil.[31] Die Anwesenheit zahlreicher Mädchen und Frauen – deutlich mehr als im Stadion bei einem normalen Fußballspiel – und die von ihnen vorgenommene ästhetische Arbeit sind wichtige Faktoren dafür, dass Public Viewings einen hohen und von vielen, auch Männern, wertgeschätzten Spaß- und Geselligkeitsfaktor haben, wenngleich (oder gerade weil) dieser eher an Karneval oder Oktoberfest erinnert als an ein Fußballspiel.

3.4   Antagonistische und solidarische Einleibung

Das szenische Arrangement und die Praktiken der Körperinszenierung sind ebenso wie die spezifische ortsräumliche Platzierung und zeitliche Rahmung notwendige, aber keineswegs hinreichende Bedingungen dafür, dass ein Public Viewing zu einem hoch emotionalen Ereignis wird. Die von Veranstaltern und Teilnehmern geleistete Atmosphärenarbeit kann noch so gründlich oder kreativ vorbereitet sein, Stimmung garantiert das nicht. Allein das *Wetter* ist ein machtvoller Akteur, der mühelos als ‚Stimmungskiller' auftreten kann. Bei strömendem Regen und fünf Grad plus ist es zumindest schwierig, eine ausgelassene Atmosphäre zu erzeugen.

Aber nicht nur schlechtes Wetter ist ein problematischer Bestandteil der Situation Public Viewing, der den Zusammenhalt dieser Situation gefährden oder ihr

---

30 Vermutlich wird deshalb Public Viewing auch als perfekte Flirt-Börse bezeichnet, die manche Dating-Agenturen inzwischen kommerziell nutzen, indem sie zum Beispiel so genannte „Public-Datings" organisieren: „Public Viewing, bei dem auch angebandelt werden soll. Das Rezept für den perfekten Flirt lautet demnach: 15 Single-Männer, 15 Single-Frauen, eine Leinwand" (Kolosowa 2014).

31 So ist es auch kein Zufall, dass die Bilder und Berichte von Public Viewings in den Massenmedien bevorzugt Mädchen und Frauen zeigen (s. Abb. 2) und die Werbung für Fanartikel (s. Abb. 4) überwiegend weibliche Protagonisten in den Vordergrund rückt.

Erscheinen gar komplett verhindern[32] kann. Ein weiteres und noch gewichtigeres potenzielles Problem ist der *Spielverlauf*: Ist die eigene Mannschaft chancenlos und liegt sie womöglich auch noch (frühzeitig) hoffnungslos zurück, ist kollektive Euphorie unwahrscheinlich. Ex negativo deutet das situationsspezifische Problem des ungünstigen Spielverlaufs zugleich an, worin seine Lösung besteht: Es bedarf eines günstigen Spielverlaufs, damit Stimmung aufkommt. Wodurch aber zeichnet sich ein günstiger, stimmungsförderlicher Spielverlauf aus? Alltagssprachlich formuliert wohl dadurch, dass man vom Spiel gefesselt oder fasziniert ist, von ihm mitgerissen wird und deshalb wie gebannt auf die Leinwand starrt (vgl. Abb. 2). In neophänomenologischer Terminologie handelt es sich dabei um eine spezifische Variante der leiblichen Kommunikation zwischen Leinwand und Zuschauern, der von Schmitz so genannten *„einseitigen antagonistischen Einleibung"* (Schmitz 2011: 38ff.):

> *„Antagonistische Einleibung* beruht auf der Verteilung der beiden im vitalen Antrieb konkurrierenden Tendenzen, der Spannung und der Schwellung, auf dadurch in ein dialogisches Verhältnis versetzte Partner. ( ) Einseitig ist sie bei starrer Rollenverteilung, wenn ein Partner die Rolle überwiegender Engung, konzentrierender Spannung nicht abgibt, so dass der andere (eingebunden durch die aus der Enge in die Weite hervorgehenden Richtungen des gemeinsamen Quasi-Leibes der Einleibung) gleichsam an ihm hängt. Diese dominante Rolle in einseitiger Einleibung hat z. B. ( ) alles Fesselnde und Faszinierende wie der Fußball, an dem der Blick des gebannten Zuschauers eines Fußballspiels (in der Natur oder auf dem Fernsehschirm) hängt" (Schmitz 2003: 39; Herv. im Orig.).

Stimmung kommt auf, wenn das auf dem Bildschirm gezeigte Fußballspiel fasziniert, wobei die Faszination phänomenal darin besteht, dass das Geschehen auf der Leinwand so machtvoll in die Leiber der Zuschauenden eingreift, dass diese wie von der Leinwand eingesogen am Bildschirm hängen. Die Leinwand bzw. das dort ablaufende Spiel übt in dieser einseitigen leiblichen Kommunikation eindeutig eine dominante Rolle gegenüber den Zuschauern aus, da diese sich bei genügend Interesse am Spiel der fesselnden Wirkung des Spielgeschehens nicht entziehen können. In einer solchen Augenblicksfaszination regredieren Menschen auf das Niveau primitiver Gegenwart (s. Abschnitt 3.2), und sie tun das augenscheinlich gern, weil solche Momente leiblich-affektiven Gefangenseins von besonderer, nichtalltäglicher Intensität sind. So unmöglich und auch kaum wünschenswert es allerdings für eine Person generell ist, auf dem Niveau primitiver Gegenwart zu verharren, so unmöglich und unerwünscht ist eine über 90 oder 120 Spielminuten

---

32 So geschehen z. B. beim Endspiel um die Fußballweltmeisterschaft am 13. Juli 2014, wo in Deutschland im Laufe des Tages zahlreichreiche Public Viewings abgesagt wurden, nachdem der Wetterbericht für den Abend heftiges Unwetter angekündigt hatte.

hinweg andauernde Faszination. Es ist nicht möglich, weil es empirisch nahezu ausgeschlossen ist, dass ein Fußballspiel von der ersten bis zur letzten Sekunde fesselt; es ist nicht erwünscht, weil die suggestive Kraft der Faszination sich irgendwann erschöpft und sie daher Pausen braucht, um wieder kraftvoll den leiblichen Kommunikationspartner in ihren Bann ziehen zu können. Wie dieser Rhythmus von leiblich fesselnder Gefangennahme (Engung/Anspannung) und Freilassung aus dieser Gefangenschaft (Weitung/Entspannung) beschaffen sein muss, damit daraus für die Besucher eines Public Viewings ein hoch emotionales Kollektivereignis wird, kann nicht pauschal beantwortet werden. Aber dass es einen Rhythmus aus leiblicher Gefangennahme und Befreiung geben muss, ist unabdingbar. Eine zu lang andauernde oder zu starke Fesselung erschöpft[33], eine zu kurze oder zu leichte Fesselung verpufft in ihrer Wirkung.

Neben der leiblichen Kommunikation zwischen dem Spielgeschehen auf der Leinwand und den Zuschauern ist die *leibliche Kommunikation unter den anwesenden menschlichen Akteuren* eine entscheidende Bedingung für den atmosphärischen Erfolg eines Public Viewings. Der einfache Sachverhalt der Kopräsenz einer großen Anzahl von Menschen auf einem relativ engen Ortsraum garantiert ja keineswegs, dass Stimmung oder gar kollektive Euphorie entsteht. Aus der „objektiven Tatsache"[34] (Schmitz 1990: 5) der Anwesenheit vieler Körper resultiert eben nicht per se die kollektiv-subjektive Tatsache eines großartigen Erlebnisses. Deutlich werden hier die Grenzen eines hermeneutischen Verständnisses von Ritualen (exemplarisch: Soeffner 2000, 2010): Dass die anwesenden Menschen wechselseitig die Vielzahl der Zeichen und Symbole dieser Situation (vgl. Abschnitt 3.3) verstehen, weil sie wissen, welches Ritual hier gerade ausgeführt wird, führt nicht automatisch dazu, dass dieses Ritual als ein besonderes *erlebt* wird. Wissen und Verstehen sind keine ausreichenden Bedingungen kollektiver Euphorie. Diese basiert vielmehr auf dem,

---

33 So jedenfalls meine Beobachtung nicht nur an mir während des WM-Halbfinalspiels 2006 zwischen Deutschland und Italien, dessen engende Spannung spätestens in der Verlängerung so unerträglich wurde, dass das 0:1 durch Fabio Grosso in der 119. Spielminute fast wie eine weitende Erlösung wirkte, obgleich das Tor auf der falschen Seite fiel. (Das 0:2 durch Alessandro del Piero eine Minute später haben bezeichnenderweise viele Zuschauer gar nicht mehr wahrgenommen.)

34 Schmitz unterscheidet zwischen „objektiven" und „subjektiven Tatsachen". Kennzeichnend für subjektive Tatsachen ist, dass sie „höchstens einer im eigenen Namen aussagen kann, egal, wie viel die Anderen (und seien sie allwissend) wissen und wie gut sie sprechen können, während objektive oder neutrale Tatsachen solche sind, die jeder aussagen kann, sofern er genug weiß und gut genug sprechen kann" (Schmitz 2003: 15). Das entscheidende Kriterium für eine subjektive Tatsache ist das leiblich-affektive Betroffensein (vgl. Schmitz 1990: 75 ff.; Gugutzer 2012: 37 f.).

was Schmitz „wechselseitige antagonistische" (Schmitz 2011: 40 ff.) und „solidarische Einleibung" (Schmitz 2011: 47 ff.) nennt.

Wechselseitige antagonistische Einleibung liegt vor, wenn die dominante Rolle der leiblichen Enge zwischen den Kommunikationspartnern hin und her wechselt, diese sich also „in kleinen Intervallen die Dominanz wie einen Ball zu(spielen)" (Schmitz 2011: 40).[35] In Fußballstadien taucht dieses Phänomen etwa in Gestalt der so genannten La-Ola-Welle auf, beim Public Viewing beispielsweise dann, wenn sich die Stimmung hochschaukelt. Hochschaukeln impliziert, dass die Stimmung nicht einfach da ist und konstant da bleibt, sondern sich durch ein Hin-und-Her-Wogen aufbaut. Was da hin und her wogt, sind selbstredend nicht die dinglichen Ingredienzien eines Public Viewings – die Leinwand bleibt an ihrem relativen Ort, und auch die Fähnchen und Fahnen werden nur in einem sehr kleinen Radius geschwenkt – und ebenso nur in Maßen die menschlichen Körper (Hüpfen, Klatschen, Arme in die Höhe recken, auf die Schultern des Vordermanns klettern o. Ä.). Was da hin und her schaukelt, und zwar mit der Zeit immer höher, was leiblich heißt: immer intensiver spürbar, ist vielmehr der leibliche Dialog der körperlich Agierenden. Vergleichbar einem lebhaften Gespräch, in dem ein Wort das andere gibt, bis sich die Gesprächspartner in Rage geredet haben, sind es beim Public Viewing die Leiber, die sich gegenseitig anregen und peu à peu in Rage versetzen. Wie im verbalen Gespräch wechselt auch im leiblichen Dialog die dominante Rolle in vielen kleinen Intervallen von der einen zur anderen Seite, von der einen zur anderen Gruppe. Wer dabei wem den ersten „Ball" (Schmitz) zugeworfen hat, ist unerheblich, wenngleich es offenkundig ist, dass die gegenseitige leibliche Ansteckung in aller Regel von der Spieldramaturgie motiviert wird. Ein erzieltes Tor der eigenen oder ein verhindertes Tor der gegnerischen Mannschaft ist nicht selten der Startschuss für den zwischenleiblichen Dialog der Anwesenden.[36] Mit Blick auf eine ausgelassene oder euphorische Atmosphäre gilt es dann ‚nur' noch, den einmal ins Spiel der Leiber geworfenen „Ball" hoch und höher zu halten.

---

35 Der Blickwechsel ist ein alltägliches Beispiel dafür, wie zwei Menschen einen leiblichen Machtkampf miteinander austragen (können), etwa dann, wenn Ego versucht, Alter mit seinem Blick in die (spürbare) Enge zu treiben, Alter dem aber standhält, scharf/böse/belustigt oder wie auch immer zurückblickt, wodurch sich sein Befinden spürbar weitet, während Ego, vom Blick Alters getroffen, sich nun seinerseits in einer leiblichen Enge befindet; usw. usf.

36 Anders gesagt: Erst wenn die Dramaturgie des Spielverlaufs eine faszinierende Wirkung auf die Anwesenden auszuüben vermag, ist echte Stimmung möglich. Oder in neophänomenologischer Terminologie: Erst wenn kollektiv einseitige antagonistische Einleibung gegeben ist, kann wechselseitige antagonistische und solidarische Einleibung entstehen, also im Goffmanschen Sinne *action*.

Diese wechselseitige antagonistische Einleibung geht über in *solidarische Einleibung*, wenn die Anwesenden sich durch ihr Hüpfen, Klatschen, Schreien und Singen in einen gemeinsamen Rhythmus hineinfinden. Rhythmus ist eine mächtige „leibnahe Bewegungssuggestion" (Schmitz 2011: 48), die Menschen spürbar dazu bringt, sich unwillentlich auf eine bestimmte Art zu bewegen und/oder zu empfinden.[37] Allen voran der akustische, über Schall vermittelte Rhythmus „geht unter die Haut" (Schmitz 2011: 48) und schafft es auf diese Weise, nicht nur einzelne Menschen zu affizieren, sondern sie miteinander zu verbinden. „Auf dem Rhythmus beruht die sozial integrierende, solidarisch einleibende Kraft des Rufens, Klatschens, Trommelns" (Schmitz 2011: 48). Beim Public Viewing sind dies die Momente, die ‚hängen' bleiben, also über die aktuelle Situation hinaus erinnert werden, weil sie leiblich besonders ergreifend waren.[38] Zusammen mit tausenden anderen Menschen in einen gemeinsamen Rhythmus zu geraten und in solidarischer Einleibung ad hoc einen übergreifenden Kollektivleib hervorzubringen, ist eine eminent impressive Situation, die sich nachhaltig in die „persönliche Situation" (Schmitz 1990: 75-78, 166-170) einzuschreiben vermag. Ihre Besonderheit rührt dabei gerade aus ihrem – jedes Halbding kennzeichnenden – performativen Charakter: Das Aufgehen in solidarischer Einleibung beim Public Viewing ist zeitlich eng begrenzt – der Kollektivleib kommt und geht und kommt vielleicht wieder, wo er in der Zwischenzeit war, ist irrelevant (vgl. Fn. 11) – und aus diesem Grund bedeutungsvoll.

4   Vom Ritual zur Routine:
Wo nichts los ist, wo es *kein* action gibt

Public Viewing wurde hier als ein soziales Phänomen vorgestellt, das typische Ritualmerkmale wie herausgehobene Örtlichkeit, Zeitlichkeit, Öffentlichkeit und Kollektivität, spezifische Symbole und Inszenierungsformen sowie gleichbleibende Handlungs- und kommunikative Abläufe aufweist. Die beachtliche Erfolgsgeschichte des Public Viewing, das innerhalb von nur wenigen Jahren zu einem festen, eben rituellen Bestandteil von Sport- und im Besonderen von Fußballereignissen wurde, basiert dabei wesentlich auf seiner kollektivleiblichen Faszination. Als aktuelle, gemeinsame, inkludierende und impressive Situation ermöglicht ein Public Viewing

---

37 Zur Bedeutung des Rhythmus' für Interaktionsrituale sensu Randall Collins siehe Staack in diesem Band.

38 Generell gilt: „Je stärker man von einem Ereignis leiblich-affektiv betroffen gewesen ist, desto lebhafter ist die Erinnerung daran" (Gugutzer 2002: 104 f.).

ein nichtalltägliches Atmosphärenerlebnis, das viele Menschen begeistert, weil es sie leiblich ergreift. Im Kontext einer durchrationalisierten, sicherheitsorientierten, spannungsarmen Organisationsgesellschaft, die auf Affektkontrolle und Selbstdisziplin viel wert legt, spricht manches dafür, dass sich Public Viewing als außerweltliches Situationsritual dauerhaft etabliert. Public Viewing scheint eine ähnliche soziale Funktion wie andere profane Gemeinschaftsrituale, zum Beispiel Karneval oder Oktoberfest, zu erfüllen, nämlich den Menschen eine dezidiert körperlich-sinnliche, mitunter rauschhafte (vgl. Niekrenz 2011 und in diesem Band) Auszeit aus ihrem Alltag zu ermöglichen. Ob es allerdings auch das von den Teilnehmenden erhoffte actionreiche Spektakel wird, ist eine andere Frage.

Zwischen Public Viewing einerseits und Karneval oder Oktoberfest andererseits gibt es einen entscheidenden Unterschied, aufgrund dessen Bedenken geäußert werden können, ob Public Viewing zu einer gemeinsamen zuständlichen Situation werden kann, wie es für Rituale kennzeichnend ist. Der Unterschied besteht darin, dass Karneval und Oktoberfest *selbstreferentielle* Ereignisse sind, Public Viewing hingegen ein *fremdreferentielles* Ereignis darstellt. Zum Karneval und Oktoberfest geht man, weil Karneval oder Oktoberfest ist, zum Public Viewing geht man, weil ein Fußballspiel stattfindet. Beim Karneval und Oktoberfest herrscht Stimmung, weil die Menschen tun, was man im Karneval und auf dem Oktoberfest ebenso tut: sich verkleiden, viel Alkohol trinken, mit anderen Leuten singen und tanzen etc. Beim Public Viewing verkleiden sich zwar ebenfalls viele (wenngleich nicht alle) der Anwesenden wie auch (wenngleich nicht von allen) viel getrunken und gesungen wird. Aber Stimmung kommt dadurch noch nicht auf, anders als beim Karneval oder auf dem Oktoberfest. Stimmung beim Public Viewing bedarf, wie oben ausgeführt, eines günstigen Verlaufs des auf der Leinwand gezeigten Fußballspiels. Darüber hinaus braucht es aber vor allem Menschen, die sich für den Sachverhalt, um den es hier geht (Fußball), tatsächlich interessieren. Public Viewing hat mit anderen Worten ein *Thema*, das der Zusammenkunft der vielen Menschen *äußerlich* ist – der Fußball fungiert als Rahmen –, wohingegen Karneval und Oktoberfest Themen-für-sich sind.

Diese Differenz wird daran erkennbar, dass beim Karneval oder Oktoberfest genau genommen nur *Experten* anwesend sind (trinken, singen, grölen etc. kann jede/r), während beim Public Viewing reihenweise *Laien* anzutreffen sind. Public Viewing weist das paradoxe Merkmal auf, dass viele Menschen ohne wirklichen Sachverstand daran partizipieren. Eine große Anzahl der Zuschauenden – keineswegs nur Mädchen und Frauen – interessiert sich primär für die Partystimmung, die das Public Viewing verspricht, aber nicht für „falsche Neuner" oder den taktischen Vor- bzw. Nachteil einer „4-1-4-1"- gegenüber einer „3-5-2"-Aufstellung. In der Überhandnahme der Laien beim Public Viewing steckt die größte Gefahr, dass aus diesem kollektivleiblichen Situationsritual eine bloße Routineveranstaltung wird, zu der man hingeht, weil irgendwie alle hingehen und es daher begründungsbedürftig wäre, es nicht zu tun. *Action* beim Public Viewing aber bedarf, wie einleitend mit Bezug auf Durkheims Begriff der kollektiven Efferveszenz gesagt, einer Ansammlung von Menschen, „die eine gemeinsame Leidenschaft erregt" (Durkheim 1994: 289), hier also eine Leidenschaft für den Fußball. Ohne Fußballleidenschaft des Großteils der Teilnehmenden dürfte die Erfolgsgeschichte des Public Viewing vermutlich eine sehr kurze bleiben – oder sich auf Spiele von Vereinsmannschaften beschränken, ist hier doch, zumindest in Deutschland, die Zahl der „die-hard fans" (Wann/ Branscombe 1990) deutlich größer als bei Spielen der Nationalmannschaft, wo sich überwiegend „fair-weather fans" (Wann/Branscombe 1990) zusammen finden. Für *fair-weather-fans* – jene Zuschauer, die im wörtlichen (Sonnenschein) wie im übertragenen (Erfolg der eigenen Mannschaft) Sinne nur bei „schönem Wetter" Fußball schauen – ist ein Public Viewing lediglich ein zweijährig wiederkehrendes Routineereignis, das sie kurzzeitig zur Erzeugung künstlicher Stimmung nutzen. Sollten sie tatsächlich die Vorherrschaft beim Public Viewing erlangen, wonach es derzeit aussieht, ist die Sinnentleerung dieses Situationsrituals sehr wahrscheinlich. Erkennbar wäre dies dann eben daran, dass beim Public Viewing nicht wirklich mehr was los wäre, also *kein* action mehr herrschte.

Literatur

Böhme, Gernot (1995): Atmosphäre als Grundbegriff einer neuen Ästhetik. In: Ders., *Atmosphäre. Essays zur neuen Ästhetik*. Frankfurt a. M.: Suhrkamp, 21-48.

Böhme, Gernot (2000): Du trittst in Erscheinung. Zur Phänomenologie der Geschlechter. In: Erika Fischer-Lichte/Anne Fleig (Hrsg.), *Körper-Inszenierungen: Präsenz und kultureller Wandel*. Tübingen: Attempto, 117-129.

Böhme, Gernot (2001): *Aisthetik. Vorlesungen über Ästhetik als allgemeine Wahrnehmungslehre*. München: Fink.

Cybulska, Max Ferdinand (2007): *Public Viewing. Das mediale Ereignis im öffentlichen Raum*. Marburg: Tectum.

Durkheim, Émile (1994): *Die elementaren Formen des religiösen Lebens*. Frankfurt a. M.: Suhrkamp.

Eichberg, Christiane (1999): *„English Sports" und deutsche Bürger. Eine Gesellschaftsgeschichte 1800 – 1939*. Paderborn: Schöningh.

Elias, Norbert (2003): Die Suche nach Erregung in der Freizeit. In: Ders./Eric Dunning, *Sport und Spannung im Prozess der Zivilisation*. Frankfurt a. M.: Suhrkamp, 121-168.

Goffman, Erving (1971): *Verhalten in sozialen Situationen. Strukturen und Regeln der Interaktion im öffentlichen Raum*. Gütersloh: Bertelsmann.

Goffman, Erving (1975): *Stigma. Über Techniken der Bewältigung beschädigter Identität*. Frankfurt a. M.: Suhrkamp.

Goffman, Erving (1983): *Wir alle spielen Theater. Die Selbstdarstellung im Alltag*. München/ Zürich: Piper.

Goffman, Erving (1986): *Interaktionsrituale. Über Verhalten in direkter Kommunikation*. Frankfurt a. M.: Suhrkamp.

Goffman, Erving (2001): Die Interaktionsordnung. In: Ders., *Interaktion und Geschlecht* (2. Aufl.). Frankfurt/New York: Campus, 50-104.

Gugutzer, Robert (2002): *Leib, Körper und Identität. Eine phänomenologisch-soziologische Untersuchung zur personalen Identität*. Wiesbaden: Westdeutscher Verlag.

Gugutzer, Robert (2012): *Verkörperungen des Sozialen. Neophänomenologische Grundlagen und soziologische Analysen*. Bielefeld: transcript.

Gugutzer, Robert (2013): Hermann Schmitz: Der Gefühlsraum. In: Konstanze Senge/Rainer Schützeichel (Hrsg.), *Hauptwerke der Emotionssoziologie*. Wiesbaden: VS, 304-310.

Hasse, Jürgen (2002): Zum Verhältnis von Stadt und Atmosphäre. Wo sind die Räume der Urbanität? In: Ders. (Hrsg.), *Subjektivität in der Stadtforschung*. Frankfurt a. M.: Goethe-Universität Frankfurt, 19-40.

Hasse, Jürgen (2005): *Fundsachen der Sinne. Eine phänomenologische Revision alltäglichen Erlebens*. Freiburg/München: Karl Alber.

Junge, Matthias (2008): Die kollektive Erregung des public viewing – oder: die Tragödie der Identifikation und der Sozialität. In: Ronald Hitzler/Anne Honer/Michaela Pfadenhauer (Hrsg.), *Posttraditionale Gemeinschaften. Theoretische und ethnografische Erkundungen*. Wiesbaden: VS Verlag für Sozialwissenschaften, 189-201

Kolosowa, Wlada (03.07.2014): Single-Börse Public Viewing: Schalala für die Liebe. In: *http:// www.spiegel.de/panorama/gesellschaft/flirten-bei-der-wm-public-viewing-als-single-boerse-a-979012.html* (Zugriff am 10.07.14)

Niekrenz, Yvonne (2011): *Rauschhafte Vergemeinschaftungen. Eine Studie zum rheinischen Straßenkarneval*. Wiesbaden: VS Verlag.

Schmitz, Hermann (1964): *System der Philosophie, Band 1: Die Gegenwart*. Bonn: Bouvier.

Schmitz, Hermann (1969): *System der Philosophie, Band 3, Teil 2: Der Gefühlsraum*. Bonn: Bouvier.

Schmitz, Hermann (1980): *System der Philosophie, Band 5: Die Aufhebung der Gegenwart*. Bonn: Bouvier.

Schmitz, Hermann (1990): *Der unerschöpfliche Gegenstand. Grundzüge der Philosophie*. Bonn: Bouvier.

Schmitz, Hermann (1992): *Leib und Gefühl. Materialien zu einer philosophischen Therapeutik*. Paderborn: Junfermann.

Schmitz, Hermann (1999): *Adolf Hitler in der Geschichte*. Bonn: Bouvier.

Schmitz, Hermann (2003): *Was ist Neue Phänomenologie?* Rostock: Koch.

Schmitz, Hermann (2005): *Situationen und Konstellationen. Wider die Ideologie der totalen Vernetzung*. Freiburg/München: Karl Alber.

Schulke, Hans-Jürgen (2006): Ein Weltereignis als Gemeinschaftserlebnis. In: *Olympisches Feuer*, Heft 3, 18-21.

Schulke, Hans-Jürgen (2007): Fan und Flaneur: Public Viewing bei der FIFA-Weltmeisterschaft 2006 – Organisatorische Erfahrungen, soziologische Begründungen und politische Steuerung bei einem neuen Kulturgut. In: Dieter H. Jütting (Hrsg.), *Die Welt ist wieder heimgekehrt. Studien zur Evaluation der FIFA-WM 2006*. Münster et al.: Waxmann, 25-72.

Schulze, Gerhard (1992): *Die Erlebnisgesellschaft. Kultursoziologie der Gegenwart*. Frankfurt/ New York: Campus.

Soeffner, Hans-Georg (2000): Zur Soziologie des Symbols und des Rituals. In: Ders., *Gesellschaft ohne Baldachin. Über die Labilität von Ordnungskonstruktionen*. Weilerswist: Velbrück, 180-208.

Soeffner, Hans-Georg (2010): *Symbolische Formung. Eine Soziologie des Symbols und des Rituals*. Weilerswist: Velbrück.

Ufer, Britta (2010): *Emotionen und Erlebnisse beim Public Viewing. Explorative interdisziplinäre Analyse eines gesellschaftlichen Phänomens*. Göttingen: Dissertation an der Sozialwissenschaftlichen Fakultät der Universität Göttingen.

Uzarewicz, Michael (2011): *Der Leib und die Grenzen der Gesellschaft. Eine neophänomenologische Soziologie des Transhumanen*. Stuttgart: Lucius & Lucius.

Wann, Daniel L., & Branscombe, Nyla R. (1990): Die-Hard and Fair-Weather Fans: Effects of Identification on BIRGing and CORFing Tendencies. In: *Journal of Sport and Social Issues*, 14, 103-117.

Welsch, Wolfgang (1993): *Ästhetisches Denken* (3. Aufl.). Stuttgart: Reclam.

Wulf, Christoph (2005): *Zur Genese des Sozialen. Mimesis, Performativität, Ritual*. Bielefeld: transcript.

Internetquellen der Abbildungen

Abb. 1: http://www.google.de/imgres?imgurl=http%3A%2F%2Fpress.kia.com%2F-de%2F-%2Fmedia%2Fimages%2Fupload%2Fde%252520press%2Funternehmen%2F2010%2F10_06_01_kia%252520city%252520arena%252520frankfurt%2Fkia%252520city%252520arena%252520ffm%2525202008_01.jpg&imgrefurl=http%3A%2F%2Fpress.kia.com%2Fde%2FArchive%2FPress%2F2010%-2FUnternehmen%2F10_06_01_Public%2520Viewing%2F&h=2592&w=3872&tbnid=z-cuD9odr3GkUPM%3A&zoom=1&docid=HwWaAubRCRtrzM&ei=FobHU8rEL6iCzAP-d2oCgDg&tbm=isch&iact=rc&uact=3&dur=639&page=1&start=0&ndsp=19&ved=0C-CkQrQMwAw (Zugriff am 10.07.14).

Abb. 2: http://www.google.de/imgres?imgurl=http%3A%2F%2Fimages04.qiez.de%2FPublic%252BViewing-Kulturbrauerei.jpg%2F465x349%2F0%2F166.448.990%2F166.448.984&imgrefurl=http%3A%2F%2Fwww.qiez.de%2Fcharlottenburg%2Cwilmersdorf%2Ftop-listen%2Fpublic-viewing-wm-gucken-in-charlottenburg-wilmersdorf%2F166442208&h=349&w=465&tbnid=rQ2zw0h9x AKTsM%3A&zoom=1&docid=ovftIUqifkl6PM&ei=K8bIU8m9AaTE4gSB8oAg&tbm=i-sch&iact=rc&uact=3&dur=281&page=1&start=0&ndsp=18&ved=0CCsQrQMwAw (Zugriff am 10.07.14).

Abb. 3: http://blog-de.hostelbookers.com/reisetipps/public-viewing-frauenfussball/ (Zugriff am 10.07.14).

Abb. 4: http://www.restposten-textil.de/restposten/em-2012-artikel/index.html (Zugriff am 10.07.14).

Teamsubjekte: Rituelle Körpertechniken und Formen der Vergemeinschaftung im Spitzensport[1]

Christian Meyer und Ulrich v. Wedelstaedt

Zusammenfassung

Dieser Beitrag untersucht das Ritual als konstitutive Technik der Vergemeinschaftung im Spitzensport. Am Beispiel von Boxen und Handball analysiert er die Körpertechniken, die zur Erzeugung unterschiedlicher Typen von Vergemeinschaftung eingesetzt werden. Drei Typen der Vergemeinschaftung werden mithilfe von detailliert transkribierten Videoaufzeichnungen identifiziert: die komplementäre, die antagonistische und die hierarchische Vergemeinschaftung. In jedem dieser Typen kommt es zur Herausbildung von spezifischen Teamsubjekten, da die komplexen Anforderungen im Sport von solitär agierenden Individuen nicht bewältigt werden können. Augenfällig ist dies im Handball, wo erst die komplementäre Vergemeinschaftung ein Zusammenspiel des Teams ermöglicht. Aber auch in der Individualsportart Boxen kommt es zur Vergemeinschaftung, damit der Kampf erfolgreich bestritten werden kann.

1   Einleitung: Das Thema Ritual

Émile Durkheim hat bereits 1912 darauf hingewiesen, dass im Ritual eine „kollektive Efferveszenz" (Durkheim 1981 [1912]: 289) der ausführenden Akteure stattfinde – sie würden vom unwiderstehlichen Ablauf der außeralltäglichen kollektiven Handlung mitgerissen und empfänden das glückliche Gefühl der Auflösung im

---

1   Wir danken den Herausgebern für überaus wertvolle theoretische, aber auch auf eigenen Boxerfahrungen basierende empirische Hinweise zu einer früheren Version dieses Textes.

Kollektiv.[2] Damit hat Durkheim betont, dass sich im Ritual die Gesellschaft der sie konstituierenden Individuen bemächtigt, indem sie ihnen über die rituelle Liturgie klar vorstrukturierte Handlungsanweisungen auferlegt, (potentiell grenzüberschreitende) Praktiken mit ihren Körpern ausführt und so bei ihnen spezifische geteilte Emotionen und Einstellungen erzeugt.[3] In der soziologischen Debatte zum Ritual steht häufig erstgenannter Aspekt des Rituals als vorstrukturierte, prinzipiell unhinterfragbare und alternativlose Praxis im Vordergrund – in dieser Lesart entstand etwa Luhmanns Formulierung, wonach es sich beim Ritual um „Kommunikationsvermeidungskommunikation" (Luhmann 1997: 235) handele. Der Alternativlosigkeit und scheinbaren Natürlichkeit des rituellen Handlungsschemas wird in der Regel eine Entlastungsfunktion zugeschrieben (vgl. zu einem solchen Ansatz insbes. Soeffner 2010).

Andere Kulturwissenschaften haben sich hingegen in den letzten Jahren verstärkt für den zweiten Aspekt, also für die Erzeugung von Emotionen und insbesondere auch die Produktion eines *geteilten*, d. h. kollektiven Befindens, sowie für die gemeinsame Hervorbringung von Handlungen, die nicht auf die sie konstituierenden individuellen Handlungen reduzierbar sind, interessiert. Die jüngere ethnologische Ritualtheorie etwa hat neben Erkenntnissen über rituelles Scheitern, mit denen die These der Unhinterfragbarkeit und Alternativlosigkeit des Rituals kritisch problematisiert wird (z. B. Geertz 1957), auch die Frage nach der Handlungsurheberschaft im Ritual gestellt und dabei die Hypothese von der ge- und verteilten[4], aber auch wechselnden und sich verschiebenden rituellen Handlungskraft aufgestellt (Sax 2006; Meyer 2013). Rituale zeichnen sich im besonderen Maße dadurch aus, dass in ihnen die sie ausführenden Akteure ihre Handlungsmacht an eine vereinbarte und

---

2   So sagt Durkheim (1981 [1912]: 289): „Innerhalb einer Ansammlung, die eine gemeinsame Leidenschaft erregt, haben wir Gefühle und sind zu Akten fähig, deren wir unfähig sind, wenn wir auf unsere Kräfte allein angewiesen sind. Löst sich die Ansammlung auf und stehen wir allein da, dann sinken wir auf unsere gewöhnliche Ebene zurück und können dann die Höhe ermessen, über die wir uns über uns hinaus erhoben haben." An anderer Stelle betont er: „Sind die Individuen einmal versammelt, so entlädt sich auf Grund dieses Tatbestands eine Art Elektrizität, die sie rasch in einen Zustand außerordentlicher Erregung versetzt. [...] Die Erregung wird manchmal derart stark, dass sie zu unerhörten Akten führt." (Durkheim 1981 [1912]: 296).

3   Durkheim hatte dabei freilich auch an sein Konzept des Kollektivbewusstseins gedacht, das er als unhintergehbare Grundlage gesellschaftlicher Integration ansah.

4   Der Begriff der „distributed agency", der im Anschluss an Hutchins' Begriff der „distributed cognition" (Hutchins 1995) geprägt wurde, weist darauf hin, dass in vielen Handlungsvollzügen und Praktiken wie z. B. dem Manöver eines Flugzeugträgers sich viele verschiedene und disparat verteilte Wissensbestände vereinen müssen, damit sie erfolgreich ausgeführt werden können (Durkheim 1981 [1912], v. a.: 263 ff.).

anerkannte höhere, meist als heilig angesehene Instanz (Gottheiten, Geistwesen) und deren tradierte liturgische Anweisungen abgeben.[5] Andererseits erhalten in ihnen Individuen immer wieder Handlungsspielräume, die jedoch klar von außen gerahmt werden. Falls die anerkannte Form der Handlungsdistribution gestört wird, scheitert meist auch das Ritual (vgl. Schlesier & Zellmann 2009). Insofern bietet das Ritual nicht durchgängig Entlastung; vielmehr kann es zu einer ernsten und für einzelne Akteure durchaus bedrohlichen Herausforderung werden, etwa wenn die Gefahr des Scheiterns groß oder dessen Folgen gravierend sind. Es findet damit eine klar auf das Ritual begrenzte Erzeugung der temporären Distribution von Handlungsmacht auf verschiedene an der Ausführung beteiligte Instanzen (rituelle Experten, Liturgien, ausführende Individuen, Bewegungsrhythmen, etc.) statt.

Im Weiteren soll daher nicht einem funktionalen, sondern einem formalen Ritualbegriff gefolgt werden, der das Ritual als „eine formalisierte und wiederholbare Sequenz von Handlungen oder Verhaltensweisen symbolischen Charakters" (Meyer 2007: 246) bestimmt. In Bezug auf das letzte Element, den symbolischen Charakter des Rituals und einen bisweilen „nicht-empirischen Referenten" (Firth 1951: 222), auf den sich die Ritualsymbolik bezieht, herrscht allerdings Dissens: Während einige Soziologen (z. B. Soeffner 2010) einen direkten Bezug des Rituals zu gesellschaftlich generalisierten Bedeutungsgehalten („Weltdeutungen") für definitorisch halten, sprechen manche Kulturwissenschaftler dem Ritual jeglichen semantischen Bezug ab und vertreten eine rein formale, syntaktische Theorie, die das Ritual als „bedeutungslosen Selbstzweck" begreift (Staal 1979; Humphrey/Laidlaw 1994). Eine Zwischenposition leitet sich aus Lévi-Strauss' (1971: 601 f.) Begriff des „morcellement" (Stückelung) ab: Durch die verfremdende, vom Kontext abgespaltete Betonung von Teilaspekten alltäglich bekannter Praktiken erscheinen Rituale den Akteuren bedeutsam. Allerdings bleibt dieser Sinn des Rituals dabei oftmals vage und implizit-praktisch, während seine Performanz machtvoll auf die Beteiligten wirkt (vgl. Strecker 1988). Hier spielen auch die zahlreichen im Ritual ablaufenden mimetischen Prozesse für die Erzeugung und Verbreitung von Emotionen eine zentrale Rolle, und zwar sowohl in ihrer handlungsanleitenden Entlastungsfunktion (vgl. Henn 2003; Wulf 2011) als auch als Stimulans für Rivalität und Ausdruck von Gewalt (vgl. Girard 1977). Als symbolischer Referent eines Rituals kommt daher nicht nur ein kollektiver (bei Durkheim noch: sakraler) Bedeutungsgehalt, sondern ebenso die sakralisierte Person (,Image') in Interaktionen der Moderne (Goffman

---

5   So z. B. im Tanzritual der Andamanen-Insulaner: „In the dance the individual submits to the action upon him of the community; he is constrained by the immediate effect of rhythm, as well as by custom, to join in, and he is required to conform in his own actions and movements to the needs of the common activity" (Radcliffe-Brown 1922: 251-2).

1967: 10ff.) oder die über mimetische Prozeduren und das Leibgedächtnis konstituierte (und eben hierdurch quasi-sakrale) Gemeinschaft in Frage.

2 Plurale Teamsubjekte und Formen der Vergemeinschaftung

Einige Philosophen wie Merleau-Ponty (2007) und Gilbert (1990) sowie neuere Studien in der Kognitions- und Hirnforschung betonen demgegenüber die nach Tomasello (2008) primordiale menschliche Fähigkeit zur Konstitution von Wir-Subjekten. Der Fokus liegt dabei nicht mehr auf dem Phänomen, dass Wissensbestände und Handlungen auf Individuen verteilt sind, sondern dass Individuen ihr Wissen und ihre Handlungen und Praktiken temporär vereinen und ein einziges Wir-Subjekt bilden können. Gilbert hat ihre Theorie des Pluralsubjekts mit der sozialen Praxis des Spazierengehens illustriert: Beim gemeinsamen Spazierengehen (d. h. wenn ein Wir spazieren geht), genügt es nicht, dass einfach zwei oder mehrere Personen zur gleichen Zeit den gleichen Weg mit dem gleichen Ziel entlanggehen, sondern das jeweilige Gehen der einzelnen an der Aktivität Beteiligten muss als Teil der Gesamthandlung „zusammen Spazierengehen" ausgeführt werden.[6]

Wenn Handlungen oder Praktiken von Einzelakteuren in ihrer Eigenschaft als Konstituenten der Handlungen und Praktiken des Pluralsubjekts ausgeführt werden, dann setzt das nach Gilbert (1990: 7ff.) eine gemeinsame Bereitschaft, vereinte Hingabe und implizite Vereinbarung seitens der Beteiligten voraus, die sie „joint commitment" nennt. Als Teile von Pluralsubjekten bemühen sich Individuen, ihr Tun situativ so aufeinander abzustimmen und ineinander greifen zu lassen, dass ihnen ihr gemeinsames Vorhaben gelingt.

Die Frage, wie stark, detailliert und explizit die gemeinsame Intentionalität sein muss, damit sich Pluralsubjekte konstituieren können, soll hier ausgeklammert bleiben (vgl. Gibbs 2001 für den Ansatz der „emergent intentions", der in dieser Frage Gilbert diametral gegenübersteht). Ein für den vorliegenden Text wichtigerer Aspekt des Pluralsubjekts ist, dass es immer verkörpert, gar „zwischenleiblich" (*in-*

---

6   So kann z. B. eine der beiden Personen mit Recht die andere dazu anhalten, langsamer zu gehen. Es kann sich entwickeln, dass eine der beiden Personen für die Entscheidung zuständig ist, welcher Weg gewählt wird. Ein Wir entsteht auch durch das gemeinsame Wissen voneinander, z. B. wenn die beiden Spaziergänger sich über das angenehme Wetter unterhalten haben und daraufhin eine bekannte Person treffen und auf deren Bemerkung, es sei viel zu heiß, einer der beiden mit der Antwort reagiert: „Findest Du? Wir finden es sehr angenehm."

tercorporeal, vgl. Merleau-Ponty 2007) ist, da es sich durch die Verschränkung oder gar „Verschmelzung" von mehreren Körperpraktiken und evtl. auch Artefakten konstituiert. Pluralsubjekte sind dabei weder eine automatische Folge von regelfolgendem Gemeinschaftshandeln noch eine metaphorische Bezeichnung für die Kooperation von Individuen oder die unsichtbare Hand von Nutzenmaximierern, sondern das Ergebnis der aktiven Konstitution eines Wir durch mehrere Beteiligte, das nur unter besonderen Bedingungen gelingt.

Diese Begriffe können unseres Erachtens gut auf das empirische Feld des Sports angewendet werden. Im Zentrum der sozialen Aktivitäten im Sport steht häufig das Problem, wie ein Team sich erfolgreich als Pluralsubjekt konstituieren und seinen Zerfall verhindern kann. Teams besitzen daher eine genuine Notwendigkeit der Identitätsbildung und Vergemeinschaftung nach innen und der Abgrenzung nach außen, um weiter bestehen zu können. Dabei ist wesentlich, dass das Wir des Teamsubjekts permanent und kontinuierlich über körperliche Techniken und Prozesse aufrechterhalten wird. Diese Techniken und Prozesse werden im Training eingeübt und routinisiert und im Wettkampf umgesetzt.

Über ritualisierte Formen der Interaktion können allerdings je nach der Form der sozialen Beziehung sehr verschiedene Formen der Vergemeinschaftung erzeugt werden. Hier schließen wir an Simmel (1908 [1992]) an, der sowohl Geselligkeit als auch Über- und Unterordnung und sogar Streit und Kampf als Formen der Vergemeinschaftung angesehen hat, da sie Modi der Wechselwirkung zwischen Individuen darstellen, die er als grundlegenden Mechanismus von Gesellschaft ansah. In seiner Beschäftigung mit den flüchtigen „mikroskopisch-molekularen Vorgängen", die sich noch nicht zu „festen, überindividuellen Gebilden" verfestigt haben, und in denen sich die Gesellschaft *in statu nascendi* zeigt (1908 [1992]: 33), hat Simmel auch zwischen dem „Miteinander-", „Füreinander-" und „Gegeneinander-Handeln" (1908 [1992]: 18) unterschieden, ihm aber jeweils eine Funktion für die basale Vergemeinschaftung zugesprochen.

Entsprechend verhält es sich mit Pluralsubjekten: Sie werden nicht nur zwischen Mitspielern eines Teams erzeugt, sondern auch mit Gegnern oder weiteren Beteiligten wie den Schiedsrichtern. Diese Formen von Vergemeinschaftung[7] sollen im Folgenden beschrieben werden. Dazu zählen: (1) Die komplementäre Vergemeinschaftung zwischen Sportlern in einer Teamsportart sowie zwischen Sportler und Trainer in einer Individualsportart; (2) die hierarchische Vergemeinschaftung zwischen Sportlern und Unparteiischen und (3) die antagonistische

---

7   Wir werden im Folgenden abweichend von Simmel allerdings von Vergemeinschaftung sprechen, da uns dieser Begriff für die flüchtige Konstitution von Wir-Subjekten angemessener erscheint.

Vergemeinschaftung zwischen gegnerischen Sportlern. Aus Platzgründen muss auf die Darstellung der hierarchischen Vergemeinschaftung verzichtet werden. Zusammenfassend sei gesagt, dass im Rahmen von Handlungen eines solchen Typs die seitens der Regularien eingeforderte normative Gleichheit der Boxer in eine vom Ringrichter orchestrierte Gleichheit der Bewegungen der Boxer übersetzt wird. Ein entsprechender empirischer Fall ist an anderer Stelle beschrieben worden (vgl. Meyer/v. Wedelstaedt 2013: 74 f.).

Die Unterschiede zwischen den verschiedenen Formen von Vergemeinschaftung sind mitunter fließend; zudem können mehrere Formen simultan koexistieren. Die empirischen Beispiele, die im Folgenden analysiert und diskutiert werden, sind so gewählt, dass sie einzelne Aspekte der jeweiligen Vergemeinschaftungsform besonders gut illustrieren. Wie wir zeigen werden, sind Teamakteure nicht nur in Mannschaftssportarten, sondern auch in Individualsportarten vorhanden. Die ersten Beispiele kommen aber zunächst aus einer Teamsportart, dem Handball; es handelt sich um Auszeiten.[8]

3   Komplementäre Vergemeinschaftung im Handball

Im Handball hat jeder Trainer innerhalb jeder Halbzeit einmal die Möglichkeit, das Spiel für eine Minute zu unterbrechen, z. B. um Fehlentwicklungen zu durchbrechen und eine Neuausrichtung einzuleiten. Dazu gibt er die Time-Out-Karte an das Kampfgericht, und das Spiel wird umgehend unterbrochen. Anschließend dürfen der Trainer, sein Assistent sowie weitere Betreuer (Physiotherapeuten, Ärz-

---

8   Die folgenden Beispiele stammen aus Datenerhebungen im Rahmen des Forschungsprojektes „Kommunikation unter Druck – Praktiken der Verständigung von Trainern und Athleten im Spitzensport", das an der Universität Bielefeld läuft (Projektleitung: Jörg Bergmann & Christian Meyer an der Fakultät für Soziologie; Klaus Cachay & Carmen Borggrefe an der Fakultät für Psychologie und Sportwissenschaften, Abteilung Sportwissenschaften).
Die aufgeführten empirischen Beispiele stammen jeweils aus dem professionellen Leistungssport. Im Fall der Handballmannschaft handelt es sich um ein Team aus der deutschen Bundesliga. Die in der Fallstudie Boxen begleiteten Sportler sind zu einem Großteil Sportsoldaten, -polizisten oder in vergleichbaren Fördermaßnahmen. Obwohl es sich bei der Sportart also um *Amateur*boxen handelt, sind die allermeisten der hier Beteiligten professionelle Vollzeitathleten bzw. -Trainer. Die im Folgenden dargestellten Aufnahmen entstanden bei einem Meisterschaftswettkampf auf nationalem Niveau. Alle im Folgenden verwendeten Transkripte sind anonymisiert. Eine Übersicht über die verwendeten Transkriptionszeichen findet sich im Anhang.

te etc.) das Spielfeld betreten. Vor Ablauf der 60-sekündigen Zeitunterbrechung müssen alle Nichtspieler das Feld wieder verlassen haben. In der Regel finden sich die Spieler einer Mannschaft (die aktuellen Feldspieler sowie die meisten der Reservespieler) und der Trainer zu einem Kreis am Rande des Spielfelds zusammen. Für die eigentliche Auszeitbesprechung zwischen Spielern und Trainer steht somit weniger als eine Minute zur Verfügung. Die Szenerie ist zudem von einer sehr lauten Geräuschkulisse in der Spielhalle gerahmt (sobald das Spiel unterbrochen wird, setzt laute Pausenmusik ein, außerdem befinden sich, je nach Spielstätte, einige tausend Anhänger der Mannschaften in zumeist relativ kleinen Hallen). Das folgende Transkript setzt ein, nachdem sich die Mannschaft um den Trainer herum zu einem Kreis zusammengefunden hat.

Transkript 1: Handballauszeit[9]

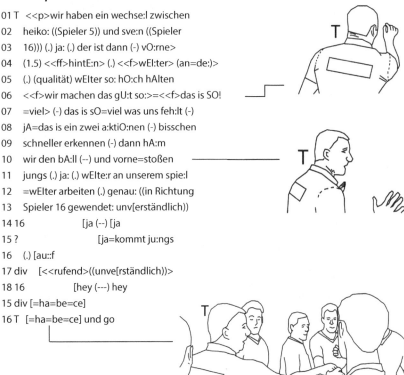

```
01 T   <<p>wir haben ein wechse:l zwischen
02     heiko: ((Spieler 5)) und sve:n ((Spieler
03     16))) (.) ja: (.) der ist dann (-) vO:rne>
04     (1.5) <<ff>hintE:n> (.) <<f>wEl:ter> (an=de:)>
05     (.) (qualität) wElter so: hO:ch hAlten
06     <<f>wir machen das gU:t so:>=<<f>das is SO!
07     =viel> (-) das is sO=viel was uns feh:lt (-)
08     jA=das is ein zwei a:ktiO:nen (-) bisschen
09     schneller erkennen (-) dann hA:m
10     wir den bA:ll (--) und vorne=stoßen
11     jungs (.) ja: (.) wElte:r an unserem spie:l
12     =wElter arbeiten (.) genau: ((in Richtung
13     Spieler 16 gewendet: unv[erständlich))
14 16          [ja (--) [ja
15 ?                    [ja=kommt ju:ngs
16    (.) [au::f
17 div   [<<rufend>((unve[rständlich))>
18 16            [hey (---) hey
15 div [=ha=be=ce]
16 T  [=ha=be=ce] und go
```

---

9   T = Trainer; 16 = Spieler 16; ? = unklarer Sprecher; div. = diverse Sprecher.

Die Sequenz lässt sich zunächst in drei Abschnitte unterteilen: Zu Beginn stehen taktische Anweisungen des Trainers mit einer Relevanz für die gesamte Mannschaft (Zeilen 01-03). Nach einer Pause (Zeile 04), beginnt der Trainer einen Teil seiner Ansprache, der vor allem durch eine gesteigerte Intensität in der Lautstärke und auffällige Betonungen gekennzeichnet ist. Dieser zweite Abschnitt lässt sich inhaltlich in einen Bereich, der die Abwehr („hinten", Zeile 04) und einen, der den Angriff („vorne", Zeile 10) betrifft, unterteilen. Anschließend sagt der Trainer noch mit leiserer Stimme etwas in Richtung eines einzelnen Spielers. Neben dem Rückgriff auf eine hohe Lautstärke trägt der Trainer dem lauten Umfeld auch über eine extrem hoch gezogene Tonhöhe Rechnung, was seine Anweisungen für die Spieler besser hörbar macht. Den dritten Teil und Abschluss der Sequenz bildet ein gemeinsames körperlich und sprachlich aufeinander abgestimmtes und stark ritualisiertes Element: Die im Kreis Stehenden strecken jeweils eine Hand in die Mitte, berühren sich, klatschen sich ab und rufen dabei die Abkürzung des Vereinsnamens aus (anonymisiert als ‚HBC': Zeile 15-16, das zugehörige Standbild zeigt den Moment, in dem die Hände in der Mitte zusammengeführt werden).

Der mittlere Teil, in dem die defensive und offensive Ausrichtung der Mannschaft zum Thema werden, ist unter dem Gesichtspunkt der Etablierung einer Vergemeinschaftung über „joint commitments" interessant. In dieser Phase greift der Trainer stark auf multimodale Ressourcen zurück und bringt körperliche, taktile und über die bereits angesprochene Bemühung der Tonhöhe hinaus weitere sprachmelodische und gestische Zeichen zur Anwendung. Der Rückgriff auf körperliche Darstellung des Trainers ist besonders beachtenswert. Zum einen begleitet er gestisch die sprachliche Darstellung zur Möglichkeit zur Wendung des Spielgeschehens mit ein wenig mehr Einsatz im Abwehrbereich (Zeile 06, Standbild). Zum anderen setzt er seinen Körper auch zur Simulation (zukünftiger) Situationen ein, mit denen die Spieler sich im weiteren Verlauf konfrontiert sehen werden. So unterstützt er seine Aufforderung zum Körpereinsatz im Angriff durch eine körperliche Aufführung des Stoßens (Zeile 10, Standbild). Hiermit ruft er – in einer Situation, in der ihm für die weitere sprachliche Aushandlung nur noch wenige Sekunden zur Verfügung stehen (ein Großteil der 60 Sekunden Zeitunterbrechung ist bereits verstrichen) – einen umfangreichen Vorrat an komplexem, von Spielern und Trainer geteiltem verkörpertem Wissen ab. Statt eines aufwändigen (vor allem: zeitaufwändigen) verbalen Exkurses zur Art und Weise des Stoßens, seiner Bedeutung im gesamten Spielaufbau und seiner individuellen Ausgestaltung zu machen, verleiht er mittels der gestischen Beschreibung der handlungspraktischen Anweisung eine unmittelbare und für die Spieler kommensurable Charakteristik.

Nur über den Einsatz dieser (para-)sprachlichen Ressourcen ist es dem Trainer möglich, innerhalb kürzester Zeit komplexe Wissensbestände der Spieler abzurufen und Wissensasymmetrien in der Wahrnehmung von Fehlern, taktischen Schwächen, eingeübten Spielzügen und routinisierten Handlungsweisen zu beheben. Hierzu nutzt er nicht nur seinen eigenen Körper, er greift vor allem auch auf das verkörperte Wissen der Spieler zurück, das er mit ihnen aufgrund seiner eigenen Erfahrung als Handballspieler, aber vor allem, weil es im jahrelangen Training mit den Spielern erarbeitet wurde, teilt. So stellen sich die Auszeiten im Handball, wie am vorliegenden Beispiel aufgezeigt, als Momente dar, in denen durch rituelle Handlungen ein „joint commitment" (das gemeinsame Projekt, Spielzüge, Motivation) erneuert, wieder hergestellt und bekräftigt wird. Dabei wird im Rahmen hochgradig routinisierter Handlungsabläufe zuvor eingeübtes und somit geteiltes verkörpertes Wissen aktualisiert, damit es im anschließenden Spiel abgerufen werden kann.

Hierzu ist auch ein im Training eingeübter, aber der stetigen Aktualisierung bedürfende *Wir-Körper* nötig. Für die Herausbildung dieses Körpers ist die ritualisierte Synchronisation und Symmetrisierung der einzelnen Körper grundlegend, die am Ende der Auszeit erfolgt. Dabei handelt es sich um einen körperlich-rituellen Vorgang, der in seiner Materialität absolut notwendig ist und nicht durch ein gedankliches Modell oder einen sprachlichen Ausdruck ersetzt werden kann. Die körperliche Involvierung und individuelle Auflösung im Kollektiv, die in dieser Praxis geschieht, dient in der Mannschaftssportart Handball auch – ganz im Durkheimschen Sinne[10] – der Erzeugung einer gemeinsamen emotionalen Basis, die für das „joint commitment" ebenso wesentlich ist, wie ein gemeinsamer Handlungsplan. Psychologische Studien haben zudem herausgearbeitet, dass über das Synchronisieren der Hirntätigkeit das Verstehen der Handlungen und Intentionen anderer in Interaktionen wesentlich erleichtert (Nummenmaa et al. 2012). Beim Zusammenspiel – etwa der situierten Antizipation von Laufwegen oder dem Ausführen von Spielzügen – ist dieses Aufeinander-Eingestimmt-Sein von grundlegender Bedeutung.

Die Bedeutung der Körperlichkeit – dabei vor allem der koordinierten und synchronisierten gemeinsamen Körperlichkeit – wird ganz besonders im ritualisierten Element des finalen Abklatschens deutlich. Interessant ist in diesem Zusammen-

---

10 Noch stärker betont hat dies (freilich im Anschluss an Durkheim) Radcliffe-Brown (1922: 233-37), der auf die fundamentale gesellschaftliche Bedeutung von geteilten „sentiments" (Gefühlen, Einstellungen Haltungen, Stimmungen) hingewiesen hat, die im Ritual erzeugt werden und so die Gesellschaft stabilisieren. Ein Ritual ist für ihn „direct action of the community upon the individual", für das wesentlich ist, dass „it exercises in the individual those sentiments by which the social harmony is maintained" (Radcliffe-Brown 1922: 252). Es ist ein „means of controlling the sentiment and directing it towards social ends" (Radcliffe-Brown 1922: 255).

hang eine ethnographische Beobachtung, die auf den oben gezeigten Standbildern nicht sichtbar wird. Da der Platz in der Mitte des Kreises, den die Spieler bilden, begrenzt ist und aufgrund der Vielzahl der anwesenden Teammitglieder nicht von allen erreicht werden kann, berühren weiter hinten stehende Spieler (aber auch Betreuer u. a.) in diesem Moment oft einfach einen vor ihnen stehenden Spieler (etwa an Schultern oder Rücken). In dieser Beobachtung zeigt sich die Bedeutung der unmittelbaren körperlichen Berührung für die Herstellung, Koordination und Synchronisierung eines Wir-Körpers.

Es wird deutlich, dass sich neben dem gestisch-mimetischen Abrufen von gemeinsam verkörpertem Wissen ein wichtiger Teil des Aushandlungsprozesses zwischen Trainer und Mannschaft als körperlicher Synchronisations- und Symmetrisierungsprozess darstellt: das gemeinsame Berühren und die Abklatschbewegung, koordiniert mit dem gemeinsamen Ausrufen des Vereinsnamens. Wie im vorliegenden Beispiel wird die pluralisierte Handlungseinheit so in die Lage versetzt, die verkörperte Expertise und optische Perspektive des Trainers mit dem verkörperten Bewegungswissen der Spieler zu verbinden. Die Beteiligten können diese komplementär-plurale Vergemeinschaftung im Rahmen der widrigen Umständen der Auszeit (Lärm, Zeitdruck, etc. – allgemein: physischer und psychischer Stress) besonders gut über multimodale körperlich-ritualisierte Praktiken erreichen.

Der symbolische Referent des Auszeitrituals scheint hierbei zum einen die gemeinsame Zugehörigkeit zum Handballverein, dessen Namenskürzel („HBC") rhythmisch angerufen wird, zu sein. Zum anderen besteht der Referent aber auch im identitätsstiftenden gemeinsamen Körperwissen, das in jahrelangem gemeinsamem Training miteinander entwickelt wurde und die kurzzeitige kollektive Efferveszenz in der Schlussphase des Auszeit-Rituals ermöglicht. Letzten Endes kann damit das Teamsubjekt selbst als symbolischer Referent und Ziel des Rituals gelten.

Ein komplementärer Vergemeinschaftungsprozess steht auch im Zentrum des folgenden Beispiels aus dem Boxsport. Dort können die Konstitution des Teamsubjekts auch kleinschrittiger nachvollzogen und Unterschiede zwischen Synchronisation und Symmetrisierung nachgezeichnet werden.

4   Komplementäre Vergemeinschaftung im Boxen

Obwohl das Boxen auf den ersten Blick eine Individualsportart ist, findet hier ebenfalls die Etablierung eines Wir-Subjekts statt. Die Form der Herstellung des „joint commitments" ist im Boxen jedoch eine andere als im Handball. Dieser Prozess der Vergemeinschaftung beginnt in einer Vorbereitungsphase und damit natürlich in den Wochen, Monaten und häufig sogar Jahren vor einem Kampf, in denen Boxer und Trainer zusammenarbeiten. Aber auch am Wettkampftag findet eine umfassende Einstimmung aufeinander statt. Deren wichtigstes Element ist die Phase der Vorbereitung in der Kabine, die bis unmittelbar vor Beginn des Kampfgeschehens andauert. Für den Trainer ist diese unmittelbare Vorbereitungsphase auch deshalb von besonderer Bedeutung, weil er sich in der Regel mit mehreren Boxern an einem Wettbewerb beteiligt und sich so jeweils auf den einzelnen einstellen kann. Das folgende Transkript zeigt vier Ausschnitte aus der Vorbereitung in der Kabine, die insgesamt circa 45 Minuten dauert. Sie ist gekennzeichnet von Aktivitäts- und Ruhephasen. Dem späteren Rhythmus des Boxkampfes entsprechend wechseln Boxer und Trainer dabei meistens zwischen drei Minuten Vorbereitung und einer Minute Regenerationsphase.

Transkript 2: Vorbereitung auf den Boxkampf in der Kabine[11]

01 T und GLEICH wieder drUck nach VORne

02   führn (1,0) ja:: (2,4) schön

03   agressiv ihn DRÜCKn

((…))

04   nich nich ins RENnen kommen

05   (   ) auffpassn auf det ding

06   =und dann gehste wElter (-) ja

07   schön über die FÜHrungshand

08   drückn=KUCKn nochmal und rechnen

09   das was kommt (.) weglassen=sofort wieder

10   übernehmen=GEGEN schlagn oder=oder ohne

11   HANDlung übernehmn=den druck IMmer

12   noch versuchn nach VORNe zu führn

13   IHN anne wAnd stelln kEvin (--)

14   ja=der muss glEIch von anfang merken

15   wat lOs is

((…))

16   nach LINKs (.) hIEr (.)

---

17   RAUs (.) ho::=da
18   das de HIER gleich rÜber
19   trittst (4,0) ja::=da
20   stehste auch GUT (.)
21   (notfalls) HA:ken (.)
22   oder die GRAde zum kOpp
23   (3,5) FÜHrungshand=
24   =FÜHrungshand=RÜBer
25   treten=sobald de sein
26   ding sIEhst (2,0)
27   geNAU::=geNAU:
28   so: kEvin (4,0)

((...))

29   un überNEHmen (-) jaWOLL= un

30   weiter nach VORNe bAm BAM (--) so is
31   SCHÖ:N (--) HOB (1,4) hOb (--)
32   hOb (-) hOb (---) FÜHrungshand (6.0)
33   jaWO:LL (---) so is RICHtig
34   =TSCHAK (---) jaWO:LL

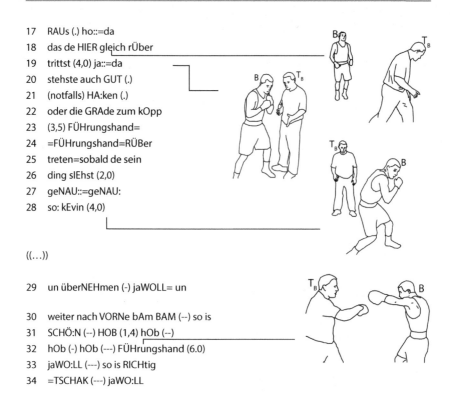

Wie sichtbar wird, spricht der Trainer zu Beginn der Vorbereitung noch in relativ langen, elaborierten Sätzen mit dem Boxer. Er formuliert Bedingungssätze oder schildert verbal erwartete Kampfsituationen (vor allem Zeilen 04-09). Im Verlauf der Vorbereitung verändert sich diese Ansprache stetig. Zwar wird der Trainer später immer noch komplexe taktische Bedingungssätze formulieren (nach dem Muster: ‚wenn der Gegner dieses Manöver durchführt, reagierst Du so‘), allerdings tritt die verbale Ausgestaltung in den Hintergrund und im gleichen Maße wird zunehmend der unmittelbar-körperliche Austausch zwischen Athlet und Trainer relevanter.

Der im Folgenden beschriebene Prozess, den wir als körperliche Symmetrisierung bezeichnen, bildet ein entscheidendes Element in der Abstimmung der beiden Körper aufeinander. Er wird in der Vorbereitungsphase des Kampfes auch in der Stellung der beiden Körper zueinander sichtbar. Zu Beginn sitzt der Trainer auf einer Bank in der Kabine, beobachtet den Boxer in seiner Vorbereitung und spricht ihn gelegentlich an (Zeile 02, Standbild). Anschließend steht er auf und positioniert sich seitlich des Boxers, so dass beide einander noch von vorne sehen können (Zeile 05, Standbild). In dieser Phase sind seine verbalen Äußerungen bereits stark verkürzt und richten sich immer stärker an den simultan vollführten Bewegungen aus bzw. treten sogar hinter diese zurück. An diesem Punkt nimmt die Vorbereitung eine Form des Call-and-Response ein: Der Trainer simuliert einen Schlagrhythmus, einen Bewegungsablauf oder ein Angriffsmuster, und der Boxer vollzieht dies – möglichst gleichförmig – nach.

In einer nächsten Stufe dieses Prozesses der Symmetrisierung ‚parallelisieren' Trainer und Boxer ihre Perspektiven: Der Trainer vollzieht ein Angriffsmuster, wobei ihm der Boxer von hinten ‚über die Schulter schaut' (Zeile 16, Standbild). Er gibt dabei auch detaillierte Anweisungen zur Positionierung im Raum (Zeilen 16, 18 & 19) und verdeutlicht diese gestisch und durch seine Blickrichtung (in diesem Fall durch Geste und den Blick auf den Boden: Zeile 18, Standbild). Anschließend führt der Boxer das gleiche Bewegungsmuster aus, wozu er durch den Trainer an exakt die Stelle des Raumes dirigiert wird, an der dieser selbst zuvor stand (Zeile 19, Standbild). Diese Position wird ebenfalls verbal bestätigt (Zeilen 18-20). Anschließend begibt sich der Trainer in die Position, die der Boxer vorher eingenommen hatte und schaut dem Boxer ‚über die Schulter' (Zeile 28, Standbild).

Die verbalen Äußerungen des Trainers haben in dieser Phase, besonders, wenn er die Bewegungsmuster kommentiert, die der Boxer vollzieht, bereits eine stark verkürzte Form oder beschränken sich auf wenige Worte, die in einer besonderen Betonung und Sprachmelodie vermittelt werden (z. B. das stark betonte „genau", Zeile 27). Es sind derartige Äußerungen, die der Trainer auch im Verlauf des Kampfes hauptsächlich zur Anleitung des Boxers verwenden wird (s. u.). Für lange elaborierte Einwürfe taugt diese Situation nicht. Zum einen aufgrund der extremen Schnelligkeit des Boxgeschehens, zum anderen aufgrund der extrem limitierten Aufnahmefähigkeit des Boxers während des Kampfes (vor allem im Angesicht der schweren Schläge, die seinen Körper treffen). Die widrigen äußeren Bedingungen (die laute Geräuschkulisse in der Halle etwa) tragen ihr Übriges dazu bei. In dieser Weise findet zwischen Trainer und Boxer also ein Synchronisationsprozess in Hinsicht auf die Zeitlichkeitsstruktur, mit der sie auch in der nachfolgenden Kampfsituation konfrontiert sein werden, statt. So werden Trainer und Athlet in die Lage versetzt, auch unter diesen extremen Bedingungen auf koordinierte Weise Anweisungen geben und empfangen zu können.

Sprachlich-kinästhetische Synchronisation und körperlich-taktile Symmetrisierung zwischen Boxer und Trainer finden in der Vorbereitungsphase ihren Höhepunkt im so genannten ‚Einschlagen' (Zeilen 29-34), bei dem sich Boxer und Trainer komplementär positionieren. Dabei schlägt der Boxer in die ‚Pratzen' (offene Handschuhe, die eine Schlagfläche bieten) des Trainers. Der Trainer simuliert hierbei zum Teil den späteren Gegner, indem er etwa bestimmte Ausweichmanöver vollführt oder auch ‚zurückschlägt' (dann aber verhältnismäßig leicht), bis die Einnahme der Boxstellung[12] provoziert ist. Zum anderen gibt der Trainer aber auch Instruktionen, die der Boxer umsetzen soll, allerdings – weil diese Phase die Temporalstruktur des späteren Kampfes, also die extreme Schnelllebigkeit, bereits vorweg nimmt – nur noch in Form kürzester Interjektionen (z. B. „hob", Zeilen 31-32).

Eine weitere Möglichkeit, die der Trainer hier anwendet, ist, den Boxer ‚ins Leere' schlagen zu lassen, wenn er einen Schlagrhythmus nicht wie gewünscht umsetzt (Zeile 32, Standbild). Hierzu zieht er die Pratze einfach ein kleines Stück zurück, sodass die Faust des Boxers sie nicht trifft. Anschließend sagt er dem Boxer, was er falsch gemacht hat (hier: dass er mit der Führungshand hätte zuschlagen sollen) (Zeile 32). Dies verbal vor dem erfolgten Schlag einzufordern, wäre zeitlich kaum möglich gewesen, dazu schlägt der Boxer viel zu schnell. Aber neben der zeitlichen Organisation der Vorbereitungstätigkeit hat das ‚ins Leere schlagen lassen' weitere wichtige Funktionen für die Abstimmung der beiden Körper auf einander: Der ‚Luftschlag' mit voller Wucht ist für den Boxer körperlich sehr anstrengend. Auf diese Weise konnte der Trainer dem Boxer dessen falsche Bewegung verkörpert (und, durch die Anstrengung beim Luftschlag des Boxers, auch verstärkt) mitteilen. Dieser Bruch der Praxis dient letztlich der erneuten Synchronisation beider Körper miteinander. Die so aufeinander abgestimmten Trainer und Boxer begeben sich anschließend in die Kampfsituation, die im Folgenden betrachtet wird.

Während des Kampfes sitzt der Trainer (neben einem weiteren Betreuer bzw. Assistenten) wenige Meter vom Geschehen entfernt am Rande des Rings. Er beobachtet permanent das Geschehen und ruft fast ohne Unterbrechung Anweisungen in Richtung des Sportlers. In der Situation des Kampfes wird der komplementäre Aspekt ihrer Vergemeinschaftungsleistung besonders deutlich sichtbar. Das folgende Transkript zeigt zwei kurze Ausschnitte aus der ersten und zweiten Runde eines Kampfes.

---

12 Dies ist die Grundstellung der Boxer, in der sie Kopf und Oberkörper mit Händen bzw.
    Oberarmen vor gegnerischen Schlägen schützen.

Transkript 3: Boxer und Trainer im Kampf[13]

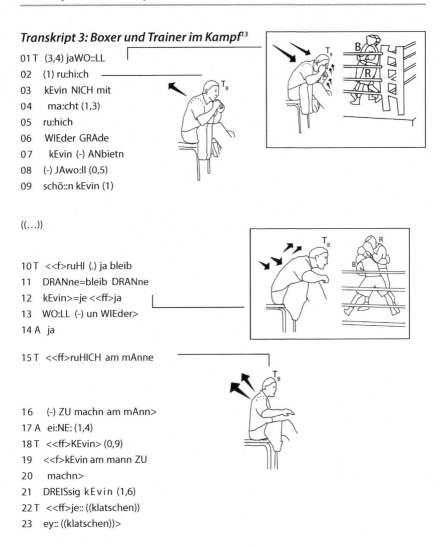

```
01 T  (3,4) jaWO::LL
02     (1) ru:hi:ch
03     kEvin NICH mit
04     ma:cht (1,3)
05     ru:hich
06     WIEder GRAde
07     kEvin (-) ANbietn
08     (-) JAwo:ll (0,5)
09     schö::n kEvin (1)
```

((…))

```
10 T  <<f>ruHI (.) ja bleib
11     DRANne=bleib DRANne
12     kEvin>=je <<ff>ja
13     WO:LL (-) un WIEder>
14 A   ja
```

```
15 T  <<ff>ruHICH am mAnne
```

```
16     (-) ZU machn am mAnn>
17 A   ei:NE: (1,4)
18 T   <<ff>KEvin> (0,9)
19     <<f>kEvin am mann ZU
20     machn>
21     DREISsig k E v i n (1,6)
22 T   <<ff>je:: ((klatschen))
23     ey:: ((klatschen))>
```

Im Transkript wird erkennbar, wie die zuvor synchronisierten und symmetrisierten Körper von Boxer und Trainer den Kampf gemeinsam, als Wir, bewältigen: Im ersten Abschnitt des Transkripts nimmt der Trainer mehrfach die Boxstellung

---

13 T = Trainer, blau (in den Abbildungen T_B); B = blauer Boxer; A = Assistent, blau (neben dem Trainer sitzend, in den Abbildungen nicht sichtbar); R = roter Boxer.

ein – also das Schützen von Kopf und Oberkörper durch Hände/Arme (Zeile 02, Standbild). Der Trainer ,taucht' an dieser Stelle zusätzlich. Das heißt, er vollzieht ein Ausweichmanöver, bei dem er den Oberkörper zunächst schnell vorbeugt und dann (seitlich versetzt) wieder in die Ausgangsposition zurück bringt. Den Boxern dient dieses Tauchen dazu, sich unter die Schläge des Gegners zu bewegen und außerhalb der Schlagreichweite wieder nach oben zu kommen (oder zu klammern). Im zweiten Transkriptabschnitt vollzieht der Trainer den gesamten Bewegungsablauf des Tauchens noch einmal besonders schnell (Zeilen 12, linkes Standbild, & 15, Standbild). Die durch den Trainer hier gezeigten Bewegungen korrespondieren genau mit dem Kampfgeschehen, das er in diesem Moment im Ring beobachtet (der Boxer befindet sich ebenfalls in einer Tauchbewegung: 12, rechtes Standbild). Der Trainer vollzieht die Bewegungen, die der Boxer in diesem Moment ebenfalls vollzieht oder die kompatibel zur Kampfsituation sind.

Im Transkript wird außerdem erkennbar, wie der Trainer seine Einwürfe meist auf einzelne Wörter beschränkt, die er in einer besonderen Betonung oder unter Einsatz einer besonderen Sprachmelodie beibringt. Die enorme verbale Verkürzung (wie sie in ähnlicher Form schon in dem oben aufgeführten Beispiel aus der Handballauszeit beobachtet werden konnte) erfährt über diese zusätzliche Ausgestaltung eine Kontingenzreduktion und gewinnt an Eindringlichkeit. Die Interjektionen des Trainers – z. B. „schön" (Zeile 09), das mehrfach wiederkehrende „jawohl" (Zeilen 01, 08 & 12-13) oder auch die (zum Teil in besonderer Lautstärke erfolgende, Zeile 18) Nennung des Namens des Athleten (Zeilen 3, 7, 9, 12, 18, 19 & 21) – erfahren ihre Transformation in Anweisungen mit handlungspraktischer Implikation über ihre spezifische prosodische Ausgestaltung (Lautstärke, Betonung, Rhythmik o. ä.). Über diese Form der Beitragsgestaltung wird überhaupt erst eine Kompatibilität zum Kampfgeschehen und der hier vorherrschenden besonderen Schnelllebigkeit der Ereignisse erreicht.

Der Trainer verfolgt den Kampf also nicht nur über seine optische Wahrnehmung der Situation oder seine verbale Begleitung der Aktionen des Boxers, er vollzieht den Kampf auch körperlich mit. Interessant ist in diesem Zusammenhang die mehrfache Verwendung des Ausspruchs „ruhig" (Zeilen 02, 05, 10 & 15) sowie vor allem deren körperliche Begleitung. An zwei Stellen ruft der Trainer „ruhig", als Athlet und mimetisch er selbst in der letzten Phase eines Ausweichmanövers sind (Zeilen 02 & 15, Standbilder). An der verbalen Begleitung der Rückkehr in die Ausgangsposition wird deutlich, dass der Trainer hier nicht nur einer weiteren Eskalation seiner eigenen körperlichen Performanz entgegen steuert (dass er an dieser Stelle nicht weiter mimetisch ,mitkämpfen' muss, um seiner genuinen Aufgabe – der verbalen Anleitung des Boxers – angemessen nachkommen zu können), sondern sich zugleich auch an den Boxer wendet. Er spricht mit dem „ruhig" auch ihn an, ist bemüht, ihn aus der unmittelbaren Nahkampfsituation herauszuwinden, die Übersicht über das Kampfgeschehen wiederherzustellen und eine neue Angriffsbewegung aus der Distanz entstehen zu lassen.

Das weitere mimetische ‚Mitkämpfen' des Trainers neben dem Boxring hätte seine Fähigkeit, den Kampf zu verfolgen und Anweisungen zu geben, in diesem Moment eingeschränkt. Gleichzeitig wird jedoch auch deutlich, dass der Trainer nur über das mimetische ‚Mitkämpfen', also den körperlichen Nach- oder Mitvollzug des Geschehens im Ring, in der Lage ist, seine verbalen Anweisungen an die Struktur des Kampfgeschehens anzupassen. Es ist generell auffällig, wie stark die körperliche Aktivität des Trainers mit der körperlichen Aktivität des Boxers im Ring korrespondiert. Besonders in Nahkampfphasen, in denen sich die Ausgangslage für taktische Manöver innerhalb von Sekundenbruchteilen ändern kann, bedient sich der Trainer einer Vielzahl von extrem kurzen Einschüben, die in besonderer Weise prosodisch und sprachmelodisch ausgestaltet sind. Eine weitere Technik hierfür ist das Klatschen (Zeilen 22 & 23), das Bezug nimmt auf zuvor eingeübte Schlagrhythmen und so handlungspraktische Wirkmächtigkeit entfaltet. In diesem Spannungsfeld aus der Notwendigkeit zum körperlichen Mitvollzug und den hieraus entstehenden Nachteilen bewegt sich der Trainer während des Kampfes.

Der Trainer vollzieht also nicht nur die Bewegungen ex post *nach*, sondern er vollzieht das Kampfgeschehen simultan *mit*. Er antizipiert Aktionen des Gegners, reagiert in seiner eigenen Körperlichkeit und liefert auf dieser Grundlage handlungspraktische Anweisungen an den Boxer. Obwohl der Trainer den Schlägen nicht ausgesetzt ist, sondern augenscheinlich nur den Boxer beobachtet, der im Ring steht, wurde durch die ritualisierte Phase der Herstellung der Boxkörper und der Ausrichtung der beiden Körper aneinander in der Vorbereitung auf den Kampf – der zeitlichen Synchronisations- und körperlichen Symmetrisierungsarbeit – eine so enge Verbindung zwischen Boxer und Trainer etabliert, dass hier von einem Teamsubjekt gesprochen werden kann. Dieses ergibt sich vor allem aus der unmittelbaren Verknüpfung der praktischen, verkörperten Wissensbestände der beiden Beteiligten und der Einrichtung der (para-)sprachlichen Muster von Äußerungen und Rezeption aufeinander. Aus diesem Grund kann hier auch von der gemeinsamen Bewältigung des Kampfes durch ein Teamsubjekt gesprochen werden und nicht nur von einem bloßen Nachvollzug der Performanz des Sportlers durch den Trainer (vgl. hierzu auch Meyer/v. Wedelstaedt 2013: 86ff.).

Anders als im Beispiel des Handballs kommt es im Boxen nicht zu einer Vergemeinschaftung von einer Vielzahl von Beteiligten, die eine Aufgabe gemeinsam verrichten, die von einer Einzelperson nicht bewältigt werden könnte. Gerade im Boxen wird im Allgemeinen der Kampfausgang der körperlichen und mentalen Leistungsfähigkeit des einzelnen Kämpfers zugeschrieben. Wie aber bereits aufgezeigt wurde, findet auch hier eine unmittelbare und sehr enge Form der Vergemeinschaftung statt, wenngleich diese anders als im Handball nicht dem erfolgreichen Ausführen gemeinsamer Handlungen im Sinne einer gemeinsamen körperlichen Aktivität dient. Stattdessen wird im Kampf das Wir durch konstante Zurufe des Trainers an den Boxer aufrechterhalten, während der Trainer selbst die Situation des Boxers mimetisch mitvollzieht, um situativ angemessene (vor allem der Zeitlichkeit des Kampfs entsprechende) Anweisungen in den Ring rufen zu können. Der Athlet zeigt sein *commitment* durch die erfolgreiche und nahezu simultane Umsetzung von taktischen *in situ*-Anleitungen des Trainers. Evident wird die Bedeutung dieser Verbindung nicht nur in den flüssigen Passagen, sondern auch in den Fällen, in denen eine Störung der Verbindung zwischen den Beteiligten auftritt.

Transkript 4:   *Abbruch der Verbindung zwischen Boxer und Trainer*[14]

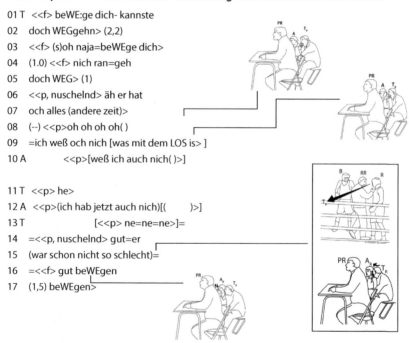

```
01 T  <<f> beWE:ge dich- kannste
02    doch WEGgehn> (2,2)
03    <<f> (s)oh naja=beWEge dich>
04    (1.0) <<f> nich ran=geh
05    doch WEG> (1)
06    <<p, nuschelnd> äh er hat
07    och alles (andere zeit)>
08    (--) <<p>oh oh oh oh( )
09    =ich weß och nich [was mit dem LOS is> ]
10 A          <<p>[weß ich auch nich( )>]

11 T  <<p> he>
12 A  <<p>(ich hab jetzt auch nich)[(      )>]
13 T             [<<p> ne=ne=ne>]=
14    =<<p, nuschelnd> gut=er
15    (war schon nicht so schlecht)=
16    =<<f> gut beWEgen
17    (1,5) beWEgen>
```

---

14   T = Trainer, rot (in den Abbildungen T_R); R = roter Boxer; A = Assistent, rot (in den Abbildungen A_R); B = blauer Boxer; RR = Ringrichter.

In dieser Sequenz geht der Trainer ein Seitengespräch mit dem Assistenten ein und unterbricht aus diesem Grund die für den Boxer normalerweise hörbare verbale Beteiligung am Kampfgeschehen (Zeile 06-15). Als es zu Verständigungsschwierigkeiten zwischen Trainer und Assistent kommt, wendet der Trainer sich auch körperlich-visuell vom Geschehen im Ring ab, indem er seinen Kopf in Richtung des Assistenten (Zeile 09, Standbild) dreht. Als der Kampf aufgrund eines Klammerns einen Moment unterbrochen wird, blickt der Boxer in Richtung des Trainers (Zeile 15, oberes Standbild), der sich immer noch im Seitengespräch befindet (Zeile 15, unteres Standbild). Der Trainer blickt in diesem Moment wieder zurück in Richtung des Rings, unterbricht das Seitengespräch abrupt und wendet sich verbal und gestisch (Zeile 16, Standbild) an den Boxer, um die Verbindung der beiden wieder zu etablieren.

Der Boxer ‚sucht' hier also geradezu die verbale Begleitung des Geschehens durch den Trainer und findet diesen stattdessen involviert in eine andere Aktivität vor. Als der Trainer wiederum sieht, dass der Boxer in seine Richtung blickt, bemüht er sich, über die Doppelung von Gestik und Verbalität seine Aufmerksamkeit darzustellen (was allerdings wenig überzeugend wirkt, da er in einer Situation der Kampfunterbrechung die Anweisung zum Bewegen gibt). Die Bedeutung der Verbindung für ein erfolgreiches Absolvieren des Kampfes wird hierin klar sichtbar.[15] Das vor allem mimetisch ausgerichtete Ritual des Einschlagens vor dem Kampf dient somit dem für den Kampf erforderlichen Erreichen einer aufeinander eingestellten und aneinander ausgerichteten Körperlichkeit nicht nur im emotional-motivationalen Sinne, sondern auch in ihrer Materialität und kinästhetischen Qualität. Gemeinsamer symbolischer Referent ist hier das mimetisch konstituierte Pluralsubjekt, in dem die Handlungsfähigkeiten beider Beteiligter sich zu einem schlagkräftigen Boxteam vereinen. Zwar findet im Boxkampf die primäre körperliche Orientierung von Boxer und Trainer am Körper des Gegners statt, doch ist die beim Einschlagen erreichte Abstimmung der Körper von Trainer und Boxer unabdingbare Voraussetzung für die Handlungsfähigkeit sowohl des Boxers im Ring, die sich an den Anweisungen des Trainers orientiert, als auch die Fähigkeit des Trainers, diese Anweisungen sinnvoll zu geben, die sich an mimetisch mitvollzogenen und mit Hilfe des Wissens über den Boxerkörper in Anweisungen übersetzten Ereignissen im Ring orientiert.

---

15 Der Kampf aus Transkript 4 endete dann auch tatsächlich mir der Niederlage des roten Boxers, wenngleich es sicherlich falsch wäre den dargestellten ‚Verbindungsabbruch' hierfür als Ursache anzunehmen.

5   Antagonistische Vergemeinschaftung zwischen gegnerischen Boxern

Die antagonistische Vergemeinschaftung zwischen den Gegnern ist die dritte Form der Vergemeinschaftung, die hier angesprochen werden soll. Die beiden gegeneinander im Kampf antretenden Boxer bilden – unter Umständen mit weiteren Beteiligten – ebenfalls ein über ein „joint commitment" etabliertes Pluralsubjekt heraus. Ein wesentlicher Unterschied dieser Form der Vergemeinschaftung zu den bisher betrachteten Typen besteht freilich darin, dass zwar einerseits ein gemeinsames Ziel verfolgt wird (gegeneinander boxen), andererseits aber das Ziel beider Individuen darin besteht, das Pluralsubjekt aufzulösen, indem eines der sie konstituierenden Teile als Sieger herausgestellt wird, indem er den zweiten überlistet, in seiner Handlungsfähigkeit einschränkt oder im extremen Falle sogar – durch den Niederschlag des Gegners – handlungsunfähig macht. Aufgrund dieser doppelten Anforderung finden sich in der situativen performativen Ausgestaltung des Kampfes durch die Boxer zwei Handlungsebenen wieder: zum einen der gemeinsame Vollzug eines Kampfes, der sich durch den regelgerechten Austausch von Schlägen auszeichnet. Zum anderen, da jeder der beiden Athleten gewinnen möchte, das Ausführen von sich zwar innerhalb des Spielraums der Boxregeln bewegenden, aber verdeckten „Subplans" (Bratman 1992: 331 ff.). Das heißt, es werden als genuiner Bestandteil des Projekts Boxkampf zugleich Maßnahmen des Antäuschens, Finten, taktische Manöver etc. ausgeführt, die zum Ziel haben, das gemeinsame Projekt für nur einen der beiden Kontrahenten erfolgreich zu beenden (vgl. ausführlich Meyer/v. Wedelstaedt 2013).

Bevor dies geschehen ist, ist zur Aufrechterhaltung des gemeinsam boxenden Wir die Einhaltung bestimmter Regeln und Konventionen nötig, die den Kontrast zwischen einem Boxkampf und einem bloßen, unkontrollierten Austausch von körperlicher Gewalt ausmacht. Über die Unterwerfung der Beteiligten unter die Konventionen des Regelwerks bzw. deren situative performative Ausgestaltung hinaus[16] betrifft das gemeinsame Projekt des Wir vor allem die Ausgestaltung der Handlungen im Ring als auch den für die Zuschauer als solchen erkennbaren ‚fairen Kampf'. Diese Performanz obliegt den Boxern und findet vor allem in der Aushandlung zwischen ihnen statt. In unterschiedlichen Phasen des Kampfes finden sich ritualisierte Elemente[17]. Ungeachtet der vermeintlichen Determination

---

16   Dieser Aspekt ist selbstredend eng mit der zuvor beschriebenen hierarchischen Vergemeinschaftung verknüpft (vgl. hierzu ausführlich Meyer/v. Wedelstadt 2013).

17   Diese immer wiederkehrenden Elemente sind beispielsweise zu Beginn des Kampfes die Kontrolle der Kampffertigkeit durch den Ringrichter, das Abschlagen der Gegner oder

durch das Ritual gibt es dabei aber immer einen Ausgestaltungsspielraum für die Beteiligten. Jenseits der Determination des Regelwerks und partiell ritualisierter Elemente gibt es Kämpfe, die von den Beteiligten als besonders fair, spektakulär oder – selbst durch Verlierer – als schlicht ‚gutes Boxen' bezeichnet werden. Dies sind häufig für beide Boxer besonders harte Kämpfe, bei denen oft nur ein Punkt (oder Hilfspunkt[18]) über Sieg oder Niederlage entscheidet. Aber auch einseitige Kämpfe mit einem klar überlegenen Boxer können in dieser Weise ausgedeutet werden, etwa wenn der schwächere Gegner eine besondere körperliche Stärke gezeigt hat und die Konfrontation trotz einer klaren Unterlegenheit nicht gemieden hat.[19]

Ein Indikator für die nachträgliche Ausdeutung eines Kampfes und für die Qualität der antagonistischen Vergemeinschaftung, wie sie von den Boxern empfunden wurde, ist das Geschehen am Ende des Kampfes und unmittelbar danach.

Transkript 6: Abschlagen des gegnerischen Trainers nach Kampfende[20]

01 T <<ff>in akTIO:N kEvin
02   in akTION>
03   ((Glocke läutet=))
04   ((=Jubel))
05 T hats je´REICHT?

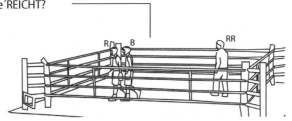

das Beglückwünschen des Siegers durch den gegnerischen Trainer. Teilweise sind diese Elemente durch das Regelwerk festgelegt. Aber auch die nicht offiziell reglementierten Verhaltensweisen ziehen sich mit erstaunlicher Regelmäßigkeit durch die Kämpfe eines Turniers, eines Verbandes oder eines Vereins. Es etabliert sich – durch ständige gegenseitige Beobachtung der Beteiligten – hierfür eine lokale Ordnung.

18 Wenn es nach drei Kampfrunden ein Unentschieden gibt, vergibt jeder der fünf Punktrichter einen Hilfspunkt. Der Boxer mit den meisten Hilfspunkten gewinnt den Kampf.
19 Solche Konstellationen sind nur mit ethnographischen Methoden zu erfassen und aufgrund ihrer Komplexität und des langen Zeitverlaufs, über den sie sich aufbauen, extrem schwer darstellbar.
20 T = Trainer, blau (in den Abbildungen T_B); B = blauer Boxer; A = Assistent, blau; R = roter Boxer; T_R = Trainer, rot; P = Publikum.

06 P ((erneutes lautes Jubeln in Teilen des Publikums))

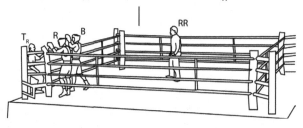

07 A MÜSste rElchen.=(dat wär sonst-)

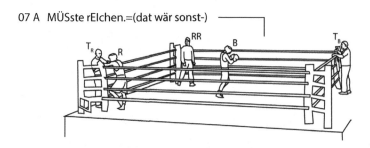

Das Transkript zeigt die letzten Sekunden der dritten Runde eines Kampfes, der sich durch solche Qualitäten ausgezeichnet hat. Unmittelbar vor dem Ende des Kampfes fordert der Trainer des blauen Boxers eine weitere Aktion (Zeilen 01-02). Nachdem durch die Ringglocke das Ende des Kampfes signalisiert wurde (Zeile 03), lassen die Boxer voneinander ab. Zu diesem Zeitpunkt ist der Ausgang des Kampfes für alle Beteiligten noch unklar. Auch Trainer und Betreuer kennen das Ergebnis noch nicht (in Zeile 05 fragt der Trainer den Assistenten nach dem Ergebnis). Trainer und Assistent bekommen die Zählung der Einzelpunkte der Punktrichter zwar auf einem Monitor angezeigt, dies geschieht aber häufig mit einigen Sekunden Verzögerung. Das Hallenpublikum erfährt die Wertung des Kampfes offiziell erst im Moment der Verkündung der Punktrichterentscheidung durch Hallensprecher und Ringrichter (Heben des Armes des Siegers gleichzeitig zur Ansage des Hallensprechers).

Die Monitore, auf denen die Trainer und Betreuer die Ergebnisse angezeigt bekommen, sind jedoch nicht gegen Blicke von anderen Personen abgeschirmt, und so bricht in unserem Beispiel wenige Sekunden nach Kampfende bei einem Teil des Hallenpublikums lautstarker Jubel aus (Zeile 06). In diesem Moment bewegen sich die beiden Kontrahenten parallel in Richtung des roten Trainers, der für den blauen Boxer der gegnerische Trainer ist (Zeile 05, Standbild). Das Abschlagen von gegnerischen Trainern und Betreuern ist, wenngleich nicht in den Regeln festgeschrieben, obligatorischer Bestandteil der Nachbereitung jedes Kampfes. In aller Regel gehen aber zunächst beide Boxer zu ihren jeweiligen Trainern, zur Verkündung der Wertung dann zum Ringrichter und abschließend zu den jeweils gegnerischen Trainern und Betreuern. Der blaue Boxer vollzieht die Reihenfolge hier anders. Auch in dem Moment, in dem sich das Ergebnis der Wertung in der Halle verbreitet, und der Jubel ausbricht (Zeilen 03-04), verbleibt er in der Parallelbewegung zum Gegner und geht weiter auf den gegnerischen Trainer zu. Auf dem Weg in die gegnerische Ecke schlägt er seinen roten Gegner noch zweimal ab. Dort angekommen schlägt er auch den roten Trainer ab. Erst als er sich wieder in Richtung seiner eigenen Ecke bewegt, verleiht er seiner Freude über den Sieg Ausdruck, indem er die Fäuste vor den Körper reckt. Dies tut er genau in dem Moment, als er die gedachte Linie zwischen den beiden neutralen, weißen Ecken übertritt – in dem Moment also, in dem er in seiner eigenen Ringhälfte ankommt (Zeile 07, Standbild).[21] In dieser starken Orientierung am Gegner, die durch eine besondere Form des Rituals des Abschlagens der Gegner evident ist, wird eine besondere Qualität der antagonistischen Vergemeinschaftung zwischen den beiden Sportlern erkennbar. Besondere Kampfverläufe, besondere Härte, besonders Engagement oder vor allem besondere Fairness der Kontrahenten bedingen eine solche besondere Form ritueller Nachbereitung. Der gemeinsame symbolische Referent des Abklatschrituals hier ist evident: Er besteht im boxerischen Ethos des harten und engagierten aber fairen Kampfes.

6   Fazit

Insgesamt lässt sich sagen, dass körperlichen Ritualen der Vergemeinschaftung und der dadurch vollzogenen Etablierung eines Wir-Subjekts in Individual- wie Mannschaftssportarten eine herausragende Rolle zukommt. Durch die körperli-

---

21   Wann genau der blaue Boxer von seinem Sieg erfährt, lässt sich nur schwer rekonstruieren. Er könnte es etwa im Moment des Jubels an einer besonders charakteristischen und lauten Stimme eines ihm bekannten Zuschauers erkennen (das Publikum setzt sich zu einem Großteil aus anderen Boxern gleicher Verbände – also quasi den Trainingspartnern – und Angehörigen zusammen). Letztlich ist dies für die rekonstruktive Aufarbeitung der gezeigten Sequenz auch nicht von Bedeutung. Entscheidend ist, dass der blaue Boxer seinen eigenen Jubel über den Sieg hinter das Abschlagen des gegnerischen Trainers und die parallele Bewegung mit seinem Gegner in dessen Ecke zurückstellt.

che Einbindung in einen formalisierten Zusammenhang werden die beteiligten Individuen im sozio-materialen Kontext verortet und von diesem geprägt und diszipliniert, oft unter Bezug zu einem symbolischen Referenten, d. h. in unserem Fall dem gemeinsamen Erfolgsstreben, dem Sportlerethos, der Vereinsidentität, dem gemeinsamen, identitätsstiftenden verkörperten Wissen, aber auch anderer Momente wie Ehrgefühl, etc., die das Wir mit einem Fundament versehen. Auf dieser Basis werden durch den Einsatz verschiedener Körpertechniken unterschiedliche Typen der Vergemeinschaftung erzeugt. Das Ritual entzieht dabei den beteiligten Individuen je nachdem, wo es in einer Polarität zwischen situativer körperlicher Mimesis und der Ausführung vorgegebener Schemata positioniert ist, mehr oder weniger stark ihre Handlungsmacht. Je nach den spezifischen Umständen der Sportart begeben sich die beteiligten Individuen dabei auch mehr oder weniger intensiv in eine kollektive Efferveszenz, die ein Wir-Subjekt zugleich etabliert und zelebriert.

Kommt die Wir-Beziehung nicht zustande, dann scheitert das Ritual. Die Gefahr des Scheiterns ist dabei umso größer, je größer die Anzahl der am Wir beteiligten handlungsrelevanten Akteure ist. Auch wenn die Anforderungen an das beteiligte Individuum mit der Anzahl der Beteiligten sinken, müssen Mannschaftssportarten wie Handball einen wesentlich größeren rituellen Aufwand betreiben, um ein synchronisiertes und symmetrisiertes, zur Antizipation wechselseitiger Bewegungen befähigtes Wir zu etablieren und aufrecht zu erhalten. Rituale unterliegen damit wie Sprechakte kontextuellen und performativen Gelingensbedingungen, wodurch es permanent Kämpfe um das Gelingen des Rituals und seines Wir gibt (vgl. Rappaport 1999; Meyer 2013). Rituale machen ihre Akteure durch Erzeugung eines nicht-reduzierbaren, emergenten „Wir" handlungsfähig und stellen nicht nur feste Schemata des Handelns für Situationen dar, in denen Handlungsunsicherheit herrscht. Es handelt sich mithin nicht nur um reaktive Handlungsmuster, sondern ebenso oft um proaktive.

Die Vergemeinschaftung unter Sportlern und Teammitgliedern geschieht in der Regel in Form der Etablierung eines gemeinsamen Wir-Subjekts, dem es möglich ist, eintrainiertes und routinisiertes körperliches Bewegungswissen in exakter Koordination zwischen den Beteiligten abzurufen und im Sinne eines vorab gegebenen oder emergenten „joint commitments" umzusetzen. Für die so erzeugte gemeinsame Körperlichkeit ist die ritualisierte körperlich-zeitliche Abstimmung der Beteiligten grundlegend. Der Historiker William McNeill (1995) spricht hier vom „muscular bonding", d. h. einer basalen Form der Vergemeinschaftung, die über das Finden und Ausführen gemeinsamer rhythmischer Bewegung entsteht. Auf die hier diskutierten Fälle übertragen, handelt es sich dabei um einen notwendig körperlich-rituellen Vorgang, der nicht durch ein gedankliches Modell oder einen sprachlichen Ausdruck ersetzt werden kann.

Zur Vergemeinschaftungspraxis zählt in der Mannschaftssportart Handball auch die Erzeugung eines gemeinsamen Fundaments an Emotionen, der das Verstehen der Intentionen und Handlungen anderer in Interaktionen wesentlich erleichtert. In der komplementären Vergemeinschaftung des Boxens ist die Situation etwas anders: Hier wird insbesondere die Wir-Beziehung zwischen Trainer und Boxer konstituiert und der Körper des Athleten vom Trainer spezifisch auf den Gegner hin eingerichtet. Es findet also ebenfalls eine Abstimmung miteinander statt, die allerdings nicht dem erfolgreichen Ausführen gemeinsamer Handlungen dient, sondern dem erfolgreichen Umsetzen taktischer *in situ*-Anleitungen des Trainers durch den Athleten. Im Kampf wird das Wir durch konstante Zurufe des Trainers an den Boxer aufrechterhalten, während der Trainer selbst die Situation des Boxers mimetisch nachempfindet, um angemessene Anweisungen in den Ring rufen zu können.

Das Wir-Subjekt, das aus der dritten, antagonistischen Vergemeinschaftunsform hervorgeht, schließlich unterscheidet sich von den anderen Vergemeinschaftungs-formen durch einen ambivalenten Charakter: einerseits muss hier erfolgreich ein boxendes (und nicht etwa sich prügelndes o. ä.) Wir erzeugt werden, andererseits gelten die Handlungen beider Individuen dem Ziel, dieses Wir zu beenden, indem einer der Kontrahenten aus dem Wir gelöst wird und als Sieger hervortritt. Rituale finden sich hier besonders zu Anfang und Ende des Kampfes, wo sich die Kontra-henten ritualisiert wechselseitig und in Bezug auf Trainer, Betreuer, Offizielle und Zuschauer der Fairness und Wertschätzung versichern und performativ evident werden lassen, dass die Anwendung physischer Gewalt sich allein auf den Ring und die Rundenzeiten, nicht aber auf etwa ein persönliches Verhältnis bezieht.

Rituale spielen im Sport eine wichtige Rolle. Die verschiedenen Körpertech-niken, die hierfür zum Einsatz kommen, dienen – wie wir gesehen haben – dabei unterschiedlichen Typen (Formen) der Vergemeinschaftung. Nicht zuletzt hat die vorliegende Untersuchung daher auch gezeigt, dass für solche Momente des sozialen Lebens wie Sport und Ritual im weiteren Sinn Handlungsmodelle, die das Individuum überstark betonen, nicht funktionieren können. Verkörperte Perfor-manzen, Rituale und Praktiken sind Momente für die Notwendigkeit des Wirkens von pluralen Wir-Subjekten. Da dies aber fragile Gebilde sind, müssen sie – kon-text- und situationsspezifisch – mit einer Reihe von Techniken der körperlichen Abstimmung aufeinander, insbesondere leichteren oder festeren Berührungen und Schlägen, gemeinsamem rhythmischen Bewegen und Rufen aber auch Erinnern und Aktualisieren von gemeinsam erarbeitetem und routinisiertem Körperwissen erzeugt und aufrecht erhalten werden.

Literatur

Bratman, Michael E. (1992). Shared Cooperative Activity. In: *The Philosophical Review 101*, 2: 327-341.

Durkheim, Émile (1981). *Die elementaren Formen des religiösen Lebens*. Frankfurt/Main: Suhrkamp (franz. Original 1912).

Firth, Raymond (1951). *Elements of Social Organization*. London: Watts.

Geertz, Clifford (1957). Ritual and Social Change: A Javanese' Example. In: *American Anthropologist 59*, 1, 32-54.

Gibbs Jr., Raymond W. (2001). Intentions as Emergent Products of Social Interactions. In: Bertram F. Malle, Louis J. Moses & Dare A. Baldwin (Hg.), *Intentions and Intentionality: Foundations of Social Cognition*. Cambridge/MA.: MIT Press, 105-22.

Gilbert, Margret (1990). Walking Together: A Paradigmatic Social Phenomenon. In: *Midwest Studies in Philosophy 15, 1*, 1-14.

Girard, René (1977). *Violence and the Sacred*. Baltimore: The John Hopkins University Press.

Goffman, Erving (1967). *Interaction ritual. Essays on Face-to-Face Behavior*. New York: Doubleday Anchor.

Henn, Alexander (2003). Zwischen Gehalt und Gestalt. Überlegungen zum Verhältnis von Ritual und Mimesis. In: *Paragrana 12*, 67-78.

Humphrey, Caroline & James Laidlaw (1994). *The Archetypal Actions of Ritual, a Theory of Ritual Illustrated by the Jain Rite of Worship*. Oxford: Clarendon Press.

Hutchins, Edwin (1995). *Cognition in the Wild*. Cambridge/MA.: MIT Press.

Lévi-Strauss, Claude (1971). *L'Homme nu*. Paris: Gallimard.

Luhmann, Niklas (1997). *Die Gesellschaft der Gesellschaft*, 2 Bände. Frankfurt/Main: Suhrkamp.

McNeill, William (1995). *Keeping together in time. Dance and Drill in Human History*. Cambridge/MA.: Harvard University Press.

Merleau-Ponty, Maurice (2007). Der Philosoph und sein Schatten. In: Ders., *Zeichen*. Hamburg: Meiner, 233-264.

Meyer, Christian (2007). Ritual. In: Gert Ueding (Hg.), *Historisches Wörterbuch der Rhetorik*. Bd. 8. Tübingen: Niemeyer, 246-260.

Meyer, Christian (2013). Wechselnde *agencies*. Virtuelle Akteure in der rituellen Medialität. In: Tristan Thielmann & Erhard Schüttpelz (Hg.), *Akteur-Medien-Theorie*. Bielefeld: transcript, 307-337.

Meyer, Christian & Ulrich v. Wedelstaedt (2013). Skopische Sozialität: *Sichtbarkeitsregime und visuelle Praktiken im Boxen*. Soziale Welt 64 (Sonderheft „Visuelle Soziologie", hg. v. Alejandro Baer & Bernt Schnettler), 69-95.

Nummenmaa, Lauri, Enrico Glerean, Mikko Viinikainen, Iiro P. Jääskeläinen, Riitta Hari & Mikko Sams (2012). Emotions promote social interaction by synchronizing brain activity across individuals. In: *PNAS 109*, 24, 9599-9604.

Radcliffe-Brown, Alfred (1922). *The Andaman Islanders – A Study in Social Anthropology*. Cambridge: Cambridge University Press.

Rappaport, Roy A. (1999). *Ritual and religion in the making of humanity*. Cambridge: Cambridge University Press.

Soeffner, Hans-Georg (2010). *Symbolische Formung. Eine Soziologie des Symbols und des Rituals*. Weilerswist: Velbrück.

Sax, William (2006). Agency. In: Jens Kreinath, Jan Snoek & Michael Stausberg (Hg.), *Theorizing Rituals*. Vol. I: Issues, Topics, Approaches, concepts. Leiden: Brill, 473-481.

Schlesier, Renate & Ulrike Zellmann (Hg.) (2009). *Ritual als provoziertes Risiko*. Würzburg: Königshausen und Neumann.

Staal, Frits (1979). *The Meaninglessness of Ritual*. In: Numen 26, 2-22.

Strecker, Ivo (1988). *The Social Practice of Symbolization. An Anthropological Analysis*. London and Atlantic Highlands: Athlone Press.

Tomasello, Michael (2008). *Origins of Human Communication*. Cambridge/MA.: MIT Press.

Wulf, Christoph (2011). Mimesis und die Zirkulation von Emotionen in Ritualen. Das Bestattungsritual Michael Jacksons. In: *Paragrana 20*, 2, 155-167.

Anhang:
Verwendete Transkriptionszeichen, Lemmata und Siglen

(.)	Mikropause
(-); (--); (---)	Pausen von ca. 0,25; 0,5; 0,75 Sek. Länge (geschätzt)
(1,5)	Pause in gemessener Länge
=	unmittelbarer Anschluss
:	Vokallängung
beTONUNG	Betonte Silben in Großschrift
((klatscht))	Paraverbale Äußerungen und Ereignisse
( )	Unverständliche Passage bzw. unsichere Transkription
(selber)	Unsichere Transkription
[überlappung]	Überlappung mit der entsprechenden Passage in der nächsten Zeile
((…))	Auslassung im Transkript

Die Pfeile in den Abbildungen geben folgendes wieder:

Pfeil am Kopf	Blickrichtung
Pfeil am Körper	Bewegungsrichtung eines Körpers
Pfeil an den Händen	Bewegungsrichtung der Hände
Doppelte Pfeile	Bewegungen in höherer Geschwindigkeit

A	Assistent (des Trainers)
A_R	Assistent, rot (bei B entsprechend Assistent, blau)
B	Blauer Boxer
P	Publikum
PR	Punktrichter
R	Roter Boxer
RR	Ringrichter
T	Trainer
T_R	Trainer, rot (bei B entsprechend Trainer, blau)
16	Spieler mit Rückennummer 16 (andere Zahlen entsprechend)

Rituals as they happen
Zur körperlichen Dimension von Vergemeinschaftung in einer Flamenco-Tanzstunde

Larissa Schindler

Zusammenfassung

Mein Beitrag greift zwei Fäden zur Körperlichkeit von Ritualen und Vergemeinschaftung auf, nämlich die seit dem ausgehenden 19. Jahrhundert entstehende „erfundene Tradition" des Flamenco und ihre alltägliche (Re-)Produktion in Flamenco-Tanzstunden. Dabei interessiert mich besonders die Dynamik dieser Phänomene: Wie werden Gemeinschaften und ihre Rituale im Laufe der Zeit hergestellt, variiert und so gleichzeitig als labiles und stabiles Phänomen geschaffen? Wie findet Vergemeinschaftung durch alltägliche ‚kleine Rituale' statt? Wie schreiben sich diese in die beteiligten Körper ein und werden gleichzeitig von ihnen getragen? Dabei zeigt sich, dass Rituale nicht nur die beteiligten Personen „schützen", sondern auch den Rahmen der Situation.

Beschäftigt man sich im Bereich des Tanzes und des Sports mit Ritualen, so denkt man zunächst wohl an öffentliche Aufführungen von Großereignissen. Fußballstadien kommen in den Sinn, Fanrituale und die öffentlichkeitswirksamen kleinen Rituale einzelner Spieler sowie die dem Phänomen Fußball eigenen Theatralisierungen (Schwier/Schauerte 2009) oder gar quasi-religiösen Inszenierungen (vgl. Duttweiler 2012: 194f.).[1] Im Bereich des Kunsttanzes fällt der Aspekt der Theatralisierung vor allem im Bereich des Bühnentanzes und all jener Rituale ins Auge, die Aufführungen ausmachen: Inszenierungen, Applaus, mit hohem Aufwand

---

1   Einen vielleicht wenig bekannten, dafür aber umso interessanteren und auf eine
    merkwürdige Weise gleichzeitig expliziten und paradoxen Aspekt von Religiosität in
    Fußballstadien bilden Stadionkapellen (dazu: Duttweiler 2012).

detailliert geplante Abläufe bis hin zur Menge der Zugaben etc. Die Alltäglichkeit ‚kleiner Rituale' jedoch tritt nicht so sehr in den Vordergrund, sie wird von der Außergewöhnlichkeit großer Ereignisse überlagert.

Es geht mir im Folgenden nicht um die schillernde Form der Rituale in ‚großen' Inszenierungen, sondern vielmehr um alltägliche Ritualisierungen im Rahmen von Tanzstunden, im Zuge derer Teilnehmer sich wenige Stunden pro Woche mit der Kunst des Flamenco-Tanzes beschäftigen. In manchen Fällen mag hier eine spätere Bühnentänzerin die ersten Schritte einer glanzvollen Karriere tun, die meisten Teilnehmer sind dafür allerdings deutlich zu stark im mitteleuropäischen Leben verwurzelt und meistens auch zu alt, um eine Profi-Karriere zu starten.[2] In diesem Rahmen entstehen normalerweise keine *flamencas*. Man kann also nicht von einer „liminalen Phase" (Turner 1995: 96) der Flamenco-Tanzstunden sprechen, wie sie vielleicht in den spanischen Flamenco-Akademien existiert. Viele Menschen nutzen den Rahmen aber, um für einige Stunden ein wenig Abstand vom alltäglichen Leben zu gewinnen und ein kleines Stück weit in eine exotische, unbekannte Kultur einzutauchen. Im Zuge der Flamenco-Stunden erlernen sie (zumindest ansatzweise) eine – für den mitteleuropäischen Alltag – ungewöhnliche Bewegungsordnung, begleitet von der einschlägigen Musik und ihren Besonderheiten. Dabei entsteht nicht im starken Sinne eine „communitas" (Turner 1995), aber doch eine geteilte Situation und ein gewisses Zusammengehörigkeitsgefühl, man könnte sagen eine „imagined community" (Anderson 2006) der *aficionados* (Flamencoliebhaber). Wie aber entstehen solche rituellen Vergemeinschaftungen in den Praktiken und Mikro-Praktiken von (relativ einfachen) Flamenco-Tanzstunden und damit abseits von Großveranstaltungen und professionellen oder zumindest semi-professionellen Inszenierungen? Welchen Beitrag leisten Rituale zum Lehren und Lernen einer Bewegungsordnung? Und welche Rolle spielen dabei Körper und Körperlichkeit(en)?

Ich gehe diesen Fragen in zwei Abschnitten nach, die lose verbundene Aspekte des Phänomens beschreiben und einem praxistheoretischen Ansatz folgen. Sozialität vollzieht sich in diesem Denken größtenteils über schweigsame, aber durchaus öffentlich beobachtbare Praktiken, die nicht primär über die Intentionen Handelnder gesteuert werden, sondern eher als „ein routinisierter Strom der Produktion typisierter Handlungen" (Reckwitz 2003: 294) zu verstehen sind, der nicht ursächlich einzelnen Teilnehmern zugeschrieben werden kann. Einmal in Gang gesetzt, handelt es sich eher um ein selbstläufiges Geschehen, an dem Personen,

---

2   Anstelle eines Splittings verwende ich im Folgenden männliche und weibliche Formen abwechselnd, wobei immer beide Geschlechter gemeint sind.

Dinge, Körper und Zeichen teilhaben.[3] Der erste Abschnitt beschäftigt sich mit der Frage, inwiefern Flamenco Gemeinschaft(en) begründet, und wie diese zu verstehen sind. Der zweite Abschnitt fokussiert auf der Basis einer ethnografischen Studie die Flamenco-Tanzstunde als eine solche Vergemeinschaftungspraxis. Wie werden hier Elemente des Lernens und Elemente des Flamenco-Tanzens in der Situation relevant gemacht? Rituale beider Praktiken tragen dazu bei, so lautet die These, die Rahmung der Situation interaktiv aufrecht zu erhalten.

1   Erfundene Traditionen unter dem Label ,flamenco'

In der Gegenwartsgesellschaft haben Rituale eine ambivalente Stellung. Einerseits gelten sie als veraltet und spießig, andererseits hinterlässt ihr Fehlen doch eine gewisse Leere. Verstärkt wird diese Ambivalenz zusätzlich dadurch, dass Rituale aus bestimmten Bereichen der modernen Welt wie Hochzeiten, Begräbnisse oder religiöse Messen nicht wegzudenken sind, und dass sie in anderen Bereichen wie der Familientherapie Konjunktur haben (z. B. Thau 1996; Vandermeersch 1998). Eine ähnliche Ambivalenz zieht sich durch die aktuellen Diskussionen der Kultur- und Sozialwissenschaften: Einerseits finden sich Rituale nur sehr begrenzt in aktuellen Beschreibungen der modernen Welt. Andererseits haben klassische Beiträge bereits sehr früh auf die anhaltende Präsenz von Ritualen im modernen Leben hingewiesen (dazu z. B. Gephart 2004) und Autoren wie Erving Goffman (z. B. 1979a, 1986, 2001) oder Hans-Georg Soeffner (z. B. 2000, 2004) den Blick auf rituelle Aspekte alltäglicher Praktiken gelenkt. So konstatieren Andréa Belliger und David J. Krieger (2003: 9ff.) eine „Doppeltendenz der heutigen Ritualforschung", in der sowohl empirische Mikrostudien als auch theoretische Weiterentwicklungen stattfinden. Gleichzeitig stellen sie fest, dass Begriffe wie „Performances" oder „Ritualisierungen" im Rahmen der aktuellen „ritual studies" fast synonym mit „Ritual" verwendet werden. Es scheint also eine gewisse Ausweitung des Begriffs stattzufinden, die die Frage aufwirft, ob Rituale im engen Wortsinn genug Stoff für einen ganzen Bereich der „ritual studies" hergeben und wie weit sie sich tatsächlich durch das alltägliche Leben der modernen Welt ziehen.

Eine Funktion von Ritualen besteht darin, altes beziehungsweise traditionelles Wissen in der gesellschaftlichen Erinnerung zu halten, mehr noch, in der materiellen

---

3   In der Regel gelten Körper und Dinge als materiale Basis von Praktiken (Reckwitz 2003: 290), Herbert Kalthoff (2011: 121ff.) zeigt dagegen, dass auch Zeichen, im Sinne semiotischer Repräsentationen, einen solchen Stellenwert haben können.

Form sozialer Praktiken weiter zu führen (z. B. Dücker 2001: 502, 2007: 18). Rituale tragen dazu bei, Tätigkeiten in Form einer „corporeal history" (Schindler 2011:47) aus ihrer Ursprungssituation heraus räumlich und zeitlich weiter zu tragen. Sie bedienen so den modernen Wunsch nach einem Ursprung (jenseits einer religiösen Ordnung), der sich auch an der Entwicklung der Geschichtsschreibung zeigt (Foucault 1995: 439ff.). Außerhalb des akademischen Lebens finden sich ähnlich gelagerte Tendenzen, etwa in der romantisierenden Suche nach exotischen Traditionen (z. B. spezifischen Tanzkulturen) oder nach den menschlichen „Wurzeln" (z. B. in Natursportarten oder auch in einigen ostasiatischen Kampf- und Bewegungskünsten). Solchen, oberflächlich betrachtet, konservierenden Praktiken wohnt gleichzeitig eine grundlegende Veränderungsdynamik inne, eine Ambivalenz, die Burkhard Dücker und Gerald Schwedler (2008: 7) folgendermaßen kommentieren: „[N]ach allgemeiner Auffassung sind Rituale änderungsresistent. Doch wird faktisch geändert, was aber gerade wegen der Langsamkeit im Fortgang der Dinge in der Regel nicht ins Bewusstsein tritt". Man kann in diesem Sinne Flamenco-Aufführungen und -Kurse als *Rituale einer Erinnerungspraxis* verstehen, in der die angedeutete Spannung zwischen Tradierung und Innovation gut beobachtbar wird.

Diese Spannung zieht sich bereits durch die Geschichte des Flamenco, die – wie der Anthropologe William Washabaugh (1995) betont – von Ambivalenzen und Ironie gekennzeichnet ist. Als Tanz wie als Musik zählt Flamenco zu den prominentesten spanischen Traditionen, obwohl seine Wurzeln umstritten sind. Grob werden häufig drei Positionen unterschieden (z. B. Bachmann 2009: 9ff.; Banzi 2007: 49f.; Washabaugh 1995: 134ff.): Eine schreibt den Flamenco den spanischen Roma (*gitanos*) zu, eine andere Position sieht seinen Ursprung in Andalusien und seiner spezifischen, multikulturellen Geschichte; in einer dritten Position verschmelzen die ersten beiden, ihr zufolge liegt der Ursprung in beiden Kulturen und ihrem gegenseitigen Einfluss aufeinander. Diese dritte Position betont, dass der Flamenco weniger einer bestimmten ethnischen Gruppe als vielmehr einer bestimmten sozialen Klasse zugeschrieben werden muss, der unter vielen anderen Andalusiern auch die Roma angehörten (z. B. Steingress 2009: 196ff). Der Flamenco wird in dieser Perspektive als „Stimme des Widerstands" (Washabaugh 1995: 138) unterdrückter Gruppen beschrieben.[4] Es ist also strittig, welcher Gruppe beziehungsweise welcher spanischen Subkultur der historische Ursprung und damit heute ein „authentischer" Flamenco zugeschrieben werden soll.

In der offiziellen Geschichtsschreibung taucht das Phänomen erst relativ spät auf. Seine erste (indirekte) Erwähnung wird mit 1781 datiert (z. B. Banzi 2007: 60),

---

4   Ähnliche Darstellungen finden sich auch zu anderen Musikrichtungen, wie etwa dem Jazz (Herrero 1991) oder dem Hiphop (Stemmler 2007).

die erste Erwähnung der Wörter „flamenco" und „cante flamenco" im offiziellen spanischen Wörterbuch findet sich in der Ausgabe von 1925 (Beardsley 1996: 337). Als kulturelles Phänomen wissenschaftlich beachtet und umstritten wurde Flamenco Mitte der 1940er Jahre (Washabaugh 1995: 133). Ungeachtet der umstrittenen Ursprungsthesen und trotz der durchaus erheblichen Neuerungen sowohl des Tanzes als auch der Musik[5] wird nach wie vor zwischen einem authentischen und einem kommerziellen Flamenco unterschieden (dazu z. B. Aoyama 2007, 2009; Malefyt 1998). Dabei ist der wirtschaftliche Aspekt so offensichtlich, dass die Sozialgeographin Yuko Aoyama (2009) von einer „Flamenco-Industrie" spricht und dem Tourismus einen erheblichen Anteil am Fortbestand und an der Verbreitung des Flamenco zuschreibt. Er findet sich heute in *tablaos* (Flamenco-Clubs), in zum Teil sehr großen Flamenco-Inszenierungen in Tanztheatern, in Flamenco-Tanzkursen, Filmen, Dokumentationen, Büchern und, nicht zuletzt, in wissenschaftlichen Abhandlungen verschiedener Disziplinen.

Für die Beschreibung der Geschichte des Flamenco liegt der Rückgriff auf Eric Hobsbawms (1992) These der „erfundenen" Traditionen nahe. Die Kulturwissenschaftlerin Kirsten Bachmann (2011) etwa hebt zwei Momente aus der Flamenco-Geschichte hervor, um zu zeigen, wie im *Franquismo* ein „authentischer" Flamenco als spanische Tradition erfunden wurde: Zum einen betont sie den Stellenwert des in den 1960er und 1970er Jahren besonders prominenten Sängers Antonio Mairena, der dezidiert einen normativen Anspruch auf die Flamencokultur erhob. Zum anderen betont sie die wichtige Rolle der TV-Dokumentation *Rito y geografía del cante flamenco* (1971-73) des etwas progressiveren zweiten Programms des staatlichen spanischen Fernsehens (*segunda candena*). Einen etwas komplexeren Bogen kann man nachzeichnen, wenn man William Washabaughs (1995) Darstellung der ambivalenten und ironischen Geschichte des Flamenco folgt. Er stellt vier Meilensteine dieser Geschichte in den Vordergrund: In den *cafés cantante* (Gesangscafés) des ausgehenden 19. Jahrhunderts wurde eine Kunst der Straße in den Rahmen bürgerlicher Öffentlichkeit geholt. Was davor bei privaten Treffen (oft auf der Straße) stattgefunden hatte, wurde nun zu einem traditionellen Wissen erklärt und damit popularisiert, homogenisiert und sukzessive musealisiert. Diese Popularisierung, Musealisierung und die Romantisierung des Lebens der *gitanos* wurde ab Anfang des 20. Jahrhunderts in der spektakuläreren „Flamenco-Oper" (*ópera flamenco*) weitergeführt und auf diese Weise in eine Art populäre Hochkultur integriert. Diese empfanden die Veranstalter des Festivals *concurso del cante jondo* (13.-14. Juni 1922 in der Alhambra in Granada, veranstaltet u. a. von Federico Garcia Lorca und

---

5   Unter dem Stichwort „Neo-Flamenco" wird dazu eine eigene Debatte geführt (z. B. Banzi 2007).

Manuel Falla) wiederum als Verkitschung, gegen die sie ein authentisches kulturelles Ereignis zu stellen beanspruchten. Der *cante jondo* (Synonym für Flamenco) sei eine Verbindung zur spanischen Vergangenheit; er sei nicht nur ein Ausdruck andalusischer, sondern spanischer Identität.[6] Die TV-Dokumentations-Serie *Rito y geografía del cante flamenco* (1971-73) schließlich schrieb den Flamenco einzelnen Gitano-Familien und einem familiär geprägten Lebensstil zu. Ironischerweise führte sie gleichzeitig zu einer Rekonstruktion der Gitano-Ethnizität und unterminierte sie durch die so praktizierte Musealisierung.

Tatsächlich hat jede dieser Entwicklungen, wie Washabaugh betont, ambivalente Seiten: Jede suchte auf ihre Art einen authentischen Flamenco und entkam dabei nicht den gesellschaftlichen und politischen Verwicklungen ihrer Zeit. Ebenso interessant wie diese politischen Verwicklungen erscheint mir, dass sie alle – wie bereits erwähnt – eine spezifische Form von Authentizität beanspruchten und dabei eine Art Gemeinschaft, eine Tradition (und die jeweils passenden Rituale) erfanden, die sich rund um die körperliche Praktik des Musizierens und Tanzens konstituierte. Weitere solcher „Meilensteine" bilden etwa die in den 1950er Jahren in Madrid und Andalusien entstehenden *tablaos* (Flamenco Clubs), in denen abends Flamenco-Vorführungen besucht werden können, Flamenco-Stücke in Theatern, die (in verschiedenen Ländern angebotenen) Flamenco-Kurse und -Workshops sowie diverse mediale Produkte wie Bücher, Filme, Webseiten, Fachzeitschriften oder CDs. Eine spezifische Art der Fortschreibung findet sich in den diversen wissenschaftlichen Abhandlungen, sowohl in der „flamencologischen" und damit relativ direkt als Traditionsfest- und -fortschreibung erkennbaren Form als auch in den wesentlich differenzierter argumentierenden kulturwissenschaftlichen Varianten.

So lassen sich also verschiedene historische Momente der Flamenco-Tradierung festmachen, es lässt sich aber keine klare Tradierungsgeschichte nachzeichnen. Zwar wird hier Flamenco als Tradition erfunden, seine Versionen differieren aber in beachtlichem Ausmaß sowohl in der politischen als auch in der kulturellen und der gesellschaftlichen Verortung des Phänomens. Mehr noch, mit dem Label *Flamenco* oder *cante jondo* müssen eigentlich mehrere Traditionserfindungen gefasst werden. Sie schreiben sich in unterschiedlicher und – wie Washabaugh betont – ambivalenter Form in die gesellschaftlichen und politischen Umstände ein und produzieren so ein soziales Phänomen *Flamenco*, das kaum homogene Strukturen aufweist. Vielmehr setzt es sich aus unterschiedlichen Bestandteilen zusammen und erstreckt

---

6   Ironischerweise wurde er später von den Nationalisten aufgegriffen: „Thus, despite the benefits gained through the Concurso's revitalization of ‚folk culture' as a weapon of the weak, the Concurso nurtured a concept which in Franco's hands became a weapon of oppression" (Washabaugh 1995: 146).

sich gleichzeitig über viele Länder. Die Gemeinsamkeiten der Praktik haben so eher den Charakter einer „Familienähnlichkeit" (Wittgenstein) als den einer homogenen Struktur. Trotzdem schaffen sie eine „imaginäre Gemeinschaft" (Anderson 2006) von *aficionados*, die unter dem Label *Flamenco* nicht nur eine spanische „Tradition" herstellt, sondern auch Berührungspunkte zwischen ansonsten unterschiedlichen Kulturen und Gesellschaften. Sie wird im Kern fortgeführt durch die körperlichen Praktiken des Tanzens und Musizierens, die immer neue Rituale hervorbringen und die Gemeinschaft der *aficionados* gleichzeitig konstituieren und verändern.

2 Die Flamenco-Tanzstunde

Neben vielen anderen Praktiken wie etwa Aufführungen in Flamenco-Clubs (*tablaos*) oder in Theatern wird der Flamenco als „corporeal history" heute vor allem in Tanzstunden bzw. -schulen fortgeführt. An ihnen ist die körperliche Dimension von Ritualen und Gemeinschaftsbildung besonders gut beobachtbar. Der folgende Abschnitt beruht auf empirischem Material aus dem Datenkorpus einer ethnografischen Studie über die Vermittlung von körperlichem Wissen (Schindler 2011). Der zentrale empirische Fall dieser Studie ist die Wissensvermittlung in einem Kampfkunsttraining; im Sinne einer kontrastierenden Begleitstudie habe ich zudem einige Monate lang Flamenco-Tanzstunden ethnografisch beforscht. Ich habe dafür verschiedene Flamenco-Tanzkurse und -Workshops in Deutschland, Österreich und Spanien besucht, Beobachtungsprotokolle verfasst, Gespräche geführt, verschiedene Dokumente und Artefakte des Feldes gesammelt und einige Tanzstunden mittels Videokamera technisch aufgezeichnet. Für diesen Beitrag beziehe ich mich zum einen auf Videomitschnitte und Protokollauszüge, die eine sehr kleinteilige Darstellung sozialer Ereignisse erlauben, und entwickle zum anderen eine aus dem gesamten empirischen Material gewobene, über einzelne Situationen hinausgehende Darstellung des Geschehens.

Flamenco-Stunden finden sich fast weltweit, werden aber (naheliegenderweise) in Spanien in einer besonders intensiven Form durchgeführt. Hier gibt es nicht nur Kurse und Workshops für Laien und/oder Touristinnen, sondern auch eigene Flamenco-Akademien, in denen professionelle Tänzer ausgebildet werden. Die folgenden Ausführungen beziehen sich auf Flamenco-Kurse und -Workshops für Laien in Deutschland, Österreich und Spanien, wobei der spanische und die österreichischen Workshops vom gleichen spanischen Tanzlehrer geleitet wurden. Es liegt nahe anzunehmen, dass die kulturellen Unterschiede zwischen den Ländern sich auch in den Flamenco-Stunden niederschlagen (zum Vergleich USA/Japan:

Aoyama 2007: 106ff). Zudem fügen sich Flamenco-Kurse in Spanien anders in das kulturelle Umfeld ein als in anderen Ländern, sind sie doch in das weite Netz einer Flamenco-Infrastruktur eingebettet, das kulturelle Ereignisse ebenso wie kommerzielle Angebote umfasst. Dazu zählen Kleiderläden, spezialisierte Schuhmacher und Schuster, einschlägige Musik- und Buchangebote in den Geschäften, *tablaos*, Kulturereignisse, einschlägige Tourismusangebote und Werbung usf. Zudem ist der Übergang zur übrigen andalusischen (und spanischen) Kultur fließend. Viele Bars können zwischendurch auch als *tablao* genutzt werden, und Spanischschulen bieten häufig Flamenco-Abende an. Flamenco-Stunden wirken deshalb im südspanischen Kontext wesentlich weniger exotisch als etwa in Österreich oder Deutschland, sind es aber in gewissem Maß auch dort. Zudem verfügen sie über wichtige strukturelle Ähnlichkeiten mit den Kursen in anderen Ländern. Sie teilen etwa ein zentrales Charakteristikum: Sie sind didaktische Situationen, d. h. sie importieren ein Wissen oder auch eine Praktik aus anderen Situationen und transformieren es diesem Zweck entsprechend. Situativ kommen deshalb sowohl Elemente des Flamenco-Tanzens als auch des Lernens zum Tragen, auf die ich in den folgenden beiden Abschnitten eingehen werde.

Bevor diese Elemente jedoch zum Tragen kommen können, müssen die Stunden – wie andere soziale Praktiken auch – in Gang gesetzt werden. In der viel beachteten Studie „Opening up Closings" stellen Emanuel Schegloff und Harvey Sacks (1973) dar, wie das Ende eines Telefongesprächs interaktiv und über mehrere Gesprächszüge hinweg eingeleitet wird. In ähnlicher Form weisen auch andere Praktiken ausführliche Einleitungssequenzen auf, die jedoch keineswegs nur sprachlich vollzogen werden. Das erfordert, sie von der bis dahin laufenden Praktik rituell abzusetzen. Besonders drastisch zeigt sich dieses Phänomen etwa bei Boxwettkämpfen, die – wie Christian Meyer und Ulrich von Wedelstaedt (2013: 73ff.) detailliert beschreiben – von dem modernen Alltag abgegrenzt werden, der körperliche Gewalt in dieser Form normalerweise nicht toleriert. Dabei kommen diverse Rituale zum Tragen, die man mit Goffman (1982: 118) als „rituelle Klammern" der Situation bezeichnen kann. In der Welt der Flamenco-Tanzstunden ist der Abgrenzungsbedarf aus moralischen Gründen selbstverständlich kaum ausgeprägt; die Abgrenzung zur ‚Normalität' des Alltags erfolgt vielmehr zum einen im Hinblick auf das nun startende didaktische Setting, zum anderen im Hinblick auf die „Flamenco-isierung" der Situation, die im Wesentlichen eine Exotisierungspraktik ist. Es geht also darum, interaktiv und mittels unterschiedlicher ritueller Praktiken zum einen eine Flamenco*tanzstunde* und zum anderen eine *Flamenco*tanzstunde herzustellen. Neben den üblichen rituellen Klammern wie Begrüßen oder Verabschieden finden sich deshalb in der Flamenco-Stunde weitere Elemente, die in dieser zweifachen Hinsicht die Spezifik der Situation hervorheben und produzieren. Sie bilden in gewisser Weise die Klammern der Situation, sind aber wesentlich langfristiger und durchlässiger strukturiert. Im Grunde ziehen sie sich durch die gesamte Stunde.

2.1 Exotisierungsrituale oder: Die Flamencoisierung der Situation

Wie bereits angedeutet, wird die Flamenco-Stunde als Praktik stückweise in Gang gesetzt, das „Opening" gestaltet sich fließend. Obwohl die Situation im Sinne Goffmans (1979b: 1) bereits hergestellt ist, wenn die Teilnehmer sich in kommunikativer Reichweite befinden, muss die Tanzstunde zusätzlich sukzessive ‚flamenco-isiert' und als didaktische Praxis hergestellt werden. Dieses Rahmen der Situation zeigt sich besonders deutlich an einer Art „Prä-Phase" der Tanzstunde: Lehrerin und Schüler kommen normalerweise etwas zu früh und plaudern noch ein wenig, bevor die Stunde beginnt. Ein erster Schritt der ‚Flamenco-isierung' geschieht also durch eine spezifische personelle Besetzung des Raumes. Zudem wird in dieser Phase die Kleidung gewechselt, d. h. es werden zum Tanz passende Kleider und Flamenco-Tanzschuhe angezogen, manchmal auch Frisuren verändert, kurz: Es wird an der Passung der Körper gearbeitet.[7] Während die Situation also zunächst durch das Äußere der Körper, durch Dinge, einschlägige Gespräche und die personale Zusammensetzung der Gruppe als *Flamenco*stunde in Gang gesetzt wird, geschieht die ‚Didaktisierung' der Situation normalerweise knapp danach. ‚Flamenco-isierung' und ‚Didaktisierung' werden dann – wie andere „ongoing accomplishments" (Garfinkel 1967: 1) auch – durch die Stunde hindurch fortgeführt.

Abb. 1   Eintanzen

Ein zentrales Ritual der Flamenco-Rahmung der Situation ist die flamencoeigene Aufwärmung, eine Art Eintanzen. Dabei werden einzelne Bewegungsfiguren geübt, normalerweise zunächst die flamencotypischen Handgelenksdrehungen und

---

7   Diese Phase bot, nebenbei bemerkt, auch den Ethnografinnen Gelegenheit, einen Platz für das Beobachten sowie für die Kamera zu suchen.

Armbewegungen (Abb. 1), später einfache Schritte und schließlich Steppübungen. Auch wenn dieses Eintanzen von Musik begleitet wird, so wird es doch durch die Einfachheit, die Ruhe und die Eintönigkeit der Bewegungen nicht als Tanzen im engen Sinn aufgefasst. Es handelt sich aber durchaus um das Einüben einer bestimmten Bewegungsordnung, das einer rituellen Ordnung folgt und diese gleichzeitig produziert, weil sie bestimmte Bewegungsgewohnheiten in die Körper einschreibt.

Goffman (z. B. 1986) betonte das soziale Gewicht des Taktes im Sinne eines adäquaten rituellen Verhaltens in Situationen. Gleichzeitig wies er darauf hin, dass dabei hohe Ansprüche an die interaktive Koordination entstünden, die sich nicht allein auf die verbale Kommunikation beschränkten. Vielmehr sei hier „Kommunikation zwischen Körpern" (Goffman 1971: 43), d. h. mittels Mimik, Gestik, situationsspezifischem Gebaren und passender Kleidung, nicht zu unterschätzen. Beim Tanz wird der „Takt" sowohl in diesem metaphorischen Sinn als auch im engeren Sinn des Wortes, nämlich als musikalischer Takt relevant, der Musikstücke nicht nur charakterisiert, sondern auch kategorisierbar macht. Stellen Musikerinnen ihn primär akustisch *her*, so wird er von den Tänzern visuell, nämlich durch passende Bewegungen des Körpers *dar*gestellt. Die Körper müssen sich dazu in den Takt der Musik einfühlen und ihn gleichzeitig in passende Bewegungen übersetzen. Flamenco produziert dabei in zweierlei Hinsicht besondere Herausforderungen: Zum einen ist der in vielen Flamenco-Formen typische 12/8-Takt mit den Grundbetonungen auf 12, 3, 6, 8, 10 für die meisten Teilnehmer zumindest anfangs eher fremd; zum anderen beinhaltet der typische Tanzausdruck starke mimische Aspekte, die zunächst eher ungewohnt wirken. Dadurch entsteht nicht nur eine Exotisierung der Situation für Außenstehende, sondern auch eine Einstiegshürde für die meisten Teilnehmerinnen, die in den ersten Jahren besonders hoch ist. Der Takt der Musik unterstützt zwar in gewisser Weise die Synchronisation der Körper beim Nachmachen der Bewegungen. Gleichzeitig aber stellt er die Schüler vor das Problem, ihre Körperbewegungen an den musikalischen Takt anzupassen, das visuelle Bewegungslernen also mit einem akustischen zu koppeln.[8] In diesem Sinne unterstützt die musikalische Begleitung des Bewegungslernens die interaktive Koordination und stellt sie zugleich vor Herausforderungen. In beiden Fällen aber schafft sie eine Flamenco-isierung und damit eine spezifische Exotisierung

---

8 Dieses Problem zeigt sich in Paar-Tanzstunden wie etwa im Tango besonders deutlich, wenn die Partner beim Erlernen der engen *Salonhaltung* die gemeinsamen Schritte durch die körperliche Nähe besonders gut takten müssen, ohne die eigenen Füße sehen zu können. Der Takt der Musik hilft, und stellt gleichzeitig vor die Herausforderung, die Bewegungen nicht nur aneinander, sondern auch an die Musik anzupassen.

der Situation, auch wenn das Eintanzen normalerweise nur begrenzt der Praxis des Flamenco-Tanzens gleicht.

Das Eintanzen geht in ein Einüben von Choreographie-Teilen über. Es werden dabei einzelne Ausschnitte aus dem Bewegungsfluss einer Choreographie herausgelöst und separat geübt. Später werden sie in einen größeren Ablauf eingefügt und über den Verlauf des Kurses oder des Workshops nach und nach in einen Gesamtablauf überführt. In dieser Phase ist die Situation am klarsten als *Flamenco*-Tanzstunde erkennbar, weil das Tun der Situationsteilnehmer am ehesten der Praktik des Tanzens ähnelt: Sowohl das Tun als auch das materielle Setting (Kleidung, Musik) entsprechen ihr im Großen und Ganzen. In manchen Workshops wurde an dieser Stelle die Musik aus der Konserve sogar durch Musiker ersetzt. Gleichzeitig wurde betont, dass beim Flamenco eigentlich die Musikerinnen den Tänzern folgen, nicht umgekehrt. Im professionellen Tanz wird also der Takt der Musik nicht wie in der Tanzstunde visuell *dar*gestellt, sondern (ähnlich wie beim Dirigieren) in einer komplexen Kommunikation zwischen Tänzerinnen und Musikern *her*gestellt.

Die einzuübenden Choreographien der Tanzstunde reagieren dabei auf ein Problem, das vielen Kunsttänzen eigen ist: Es gibt nicht einfach einen Grundschritt und ein paar Figuren, sondern ein ganzes Repertoire an Schritten, Figuren und Körpertechniken, die sich die Tänzerinnen aneignen müssen. Für jedes Musikstück gibt es unendlich viele passende tänzerische Lösungen und gleichzeitig noch mehr unpassende. Die Tänzer müssen deshalb ein Gefühl für die Bewegungsordnung des Flamencos entwickeln, das sie befähigt, neue, passende Lösungen zu erfinden. Der Tanz erfordert also ein relativ komplexes Bewegungsmanagement, das sowohl beim Nachmachen als auch beim Neuerfinden eine Passung zur rituellen Ordnung der Situation, zur Bewegungsordnung und zur Musik umfasst. Grade der Zugehörigkeit zur imaginierten Gemeinschaft der *aficionados* werden so am Körper und durch die Körper verhandelt und dargestellt. Dabei entstehen durch das Tanzen sukzessive ‚Flamenco-Körper', d. h. Körper, die jene Mikroelemente der Bewegungen, der Gestik und der Mimik beherrschen, die das Tanzen nach und nach als Flamenco erkennbar machen und vielleicht irgendwann authentisch erscheinen lassen. Auf dem Weg dahin führen Choreographien die Schüler schrittweise in die Bewegungsordnung ein, sie bilden *eine* Variante des Flamenco und damit (und sei es nur vorübergehend) ein Ganzes, das die Einzelteile der Bewegungen und der Schritte verbindet und in Beziehung zueinander setzt. Eine Choreographie wird normalerweise für ein bestimmtes Musikstück entwickelt und ist in der Regel nur mit Modifikationen auf andere Musikstücke übertragbar, auch wenn umgekehrt für das jeweilige Musikstück viele verschiedene Choreographien möglich sind. Die Bewegungsordnung des Tanzes lässt sich nicht durch *eine* Choreographie erlernen, sondern nur im Kontakt mit Variationen (Schindler 2009: 59). Jede weitere

Choreographie und jede Variation einer Choreographie bringen die Schülerinnen und ihre Körper dem Tanz, seiner Bewegungsordnung und seiner imaginierten Gemeinschaft ein Stück näher. Es ist diese zunehmende Passung der Körper und des Gebrauchs charakteristischer Dinge, durch die die Nähe der gesamten Situation zu ihrer imaginierten Gemeinschaft steigt. Sie wird immer deutlicher auch für Außenstehende als *Flamenco*tanzstunde erkennbar.

2.2   Didaktische Rituale

Während die ‚Flamenco-isierung‘ der Situation im Wesentlichen Exotisierung produziert, stellt die Didaktisierung eine Situation her, die auch außerhalb der Welt der Flamenco-Stunden häufig stattfindet. Charakteristisch für didaktische Situationen ist, dass man nicht durch Beteiligung an der Praxis selbst, sondern durch die Beteiligung an einer Simulation der Praxis lernt (Dinkelaker/Herrle 2010: 195). In Termini von Goffmans Rahmen-Analyse (1980: 72ff.) handelt es sich um eine Modulation des Typs „Einüben“. Sie lebt von jenen Tätigkeiten, die Differenz zu einer ‚originären‘ Praktik herstellen und so die Spezifik der Lernsituation herausstellen, wie eine spezifische Rollenverteilung (Lehrerin-Schüler) und ein Wissensgefälle. Sie muss von allen Beteiligten interaktiv aufrechterhalten werden. Ein Ritual dieser situativen Ordnung besteht darin, dass der/die Lehrende den genauen Anfang der Stunde festlegt. In der Regel geschieht das, indem er/sie sich entweder zur Musikanlage begibt und Musik einschaltet, oder indem er/sie sich vor den Spiegel stellt und wartet, bis sich die Schülerinnen – ebenfalls mit Blick in den Spiegel – dahinter gruppieren.

Ist die Flamenco*stunde* in Gang gesetzt, so werden die Körper den Prozessen des Erlernens einer spezifischen Bewegungsordnung ausgesetzt. Flamenco-Stunden produzieren deshalb nicht nur Flamenco-Körper, sondern zunächst Lehr- und Lernkörper, die mit spezifischen Kenntnissen ausgestattet sein sollten. Sie müssen nicht nur eine bestimmte situative Ordnung und eine Wissenshierarchie her- und darstellen, sondern auch beobachtbar sein, um Lehr- und Lernprozesse zu ermöglichen. So erfordern Lernprozesse die Beobachtbarkeit der lehrenden Körper, um Vorgemachtes nachmachen zu können, sowie die Beobachtbarkeit der lernenden Körper, um Korrekturprozesse auslösen zu können. Ebenso sind spezifische Beobachtungsfähigkeiten von Nöten, um nachzumachen und – auf Seiten der Lehrenden – um lernende Körper in der passenden Form zu korrigieren (Alkemeyer 2011). Die Beobachtbarkeit und das Beobachten der Körper wird in der Flamenco-Stunde, wie im letzten Abschnitt zu sehen war, im Verlauf der Stunde in drei Formen hergestellt: erstens das nahezu zeitgleiche Vor- und Nachmachen;

zweitens in der jeweiligen Tanzstunde spontan festgelegte, kurze Abläufe; drittens längere, über viele Tanzstunden hinweg geübte Abläufe, „Choreographien". Dabei spielt ein Artefakt eine wichtige Rolle, der Spiegel, der eine spezifische Form der Koordination ermöglicht:

> Ana, die Lehrerin, betritt den Raum. Die Schülerinnen stehen bereits im Raum, sie plaudern, sind aber in Richtung Spiegel orientiert. Ana geht nach vorne und stellt sich mit dem Gesicht vor den Spiegel. Sie schaut in den Spiegel und darin in die Gesichter der Schülerinnen. Diese schauen ihrerseits in den Spiegel, zu Anas Blick. Stille. Einen Moment später beginnt Ana mit Armbewegungen. Sie hebt die Arme neben dem Körper hoch über ihren Kopf, dreht die Handgelenke, führt einen Arm in einem Bogen vor ihren Körper usf. Die Schülerinnen machen die Bewegungen mit geringer Verzögerung mit. Alle stehen vor dem Spiegel, schauen hinein. Ana schaut auf die Schülerinnen, die Schülerinnen auf Ana. Die Arme aller Anwesenden bewegen sich nun (fast) synchron.
>
> Nach einer kurzen Weile verändert Ana die Bewegungen. Wieder folgen ihr die Schülerinnen, angeleitet durch den Spiegel. Dieses ‚Spiel' wiederholt sich einige Male. Ana kombiniert im weiteren Verlauf die Armbewegungen mit Schulterbewegungen, Bewegungen des Oberkörpers, später der Hüfte und mit Schritten. Schlussendlich macht sie die Eingangsbewegung einer bestimmten Flamenco-Form, der Alegría.

Wie der Protokollauszug zeigt, ermöglicht der Spiegel eine spezifische Form der Koordination, die sich als eine Art Re-Entry der Blicke beschreiben lässt: Die Schüler sehen den Körper der Lehrerin in zwei Varianten: Seine Rückseite sehen sie direkt und seine Vorderseite vermittelt durch den Spiegel. Armbewegungen etwa kann man von hinten gut verfolgen, viele andere Elemente des Tanzes sieht man nur an der Vorderseite. Umgekehrt sieht die Lehrerin durch den Spiegel, wie die Körper der Schülerinnen ihren Bewegungen folgen. Das gibt ihr besondere Korrekturmöglichkeiten: Sie kann etwa die eigenen Bewegungen beschleunigen oder verlangsamen und auf diese Weise das Tempo der Schüler korrigieren. Oder sie kann das Tempo beibehalten und so die Synchronität der Bewegungen unterstützen. Das ermöglicht ihr, in spezifischer Weise „Takt" zu halten, nämlich durch subtile Korrekturen der Bewegungen ihrer Schülerinnen, die deren Image schonen. Während verbale Korrekturen spezifische rituelle Schwierigkeiten aufweisen (Schegloff et al. 1977), können Korrekturen von Bewegungen stillschweigend erfolgen. Sie werden zu *tacit corrections*, die sich den Möglichkeiten der „Kommunikation zwischen den Körpern" (Goffman) bedienen.

Über solche *tacit corrections* hinaus bietet der didaktische Rahmen der Situation eine außergewöhnliche Toleranz für explizite Korrekturen. Wie einige andere Modulationen auch, zeichnet sich die didaktische Situation dadurch aus, dass sie von jenen Konsequenzen und Risiken befreit ist, denen die zu erlernende Praxis normalerweise ausgesetzt ist. „Man geht davon aus", wie Goffman (1980: 72) pointiert formuliert, „dass Schnitzer und Versagen ohne größeren Schaden und mit belehrender Wirkung eintreten können". Das heißt nicht, dass das Gesicht einer Person in didaktischen Settings keinesfalls beschädigt werden kann. Die Explizität einer Korrektur kann jedoch, wie die folgenden Protokollauszüge (dazu Abb. 2) zeigen, stückweise auf ein Maß gesteigert werden, das in vielen anderen Situationen mit allen Mitteln vermieden würde.

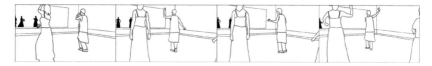

Abb. 2   Korrigieren

Ana und die Schülerinnen vollziehen (fast) synchron einen kurzen Bewegungsablauf. Er besteht aus Steppschritten und Arm- bzw. Handbewegungen. Plötzlich schüttelt Ana den Kopf, bleibt stehen und macht eine ablehnende Handbewegung. Die Schülerinnen schauen, Ana beginnt den Bewegungsablauf erneut. Statt aber die Armbewegungen mit zu vollziehen, hebt sie eine Hand mit gestrecktem Zeigefinger hoch (2. Bild in Abb. 2). Sie tanzt die Steppschritte etwas schneller und betonter als zuvor, als wollte sie die Melodie der Steppschritte betonen. Als sie fertig ist, hebt sie Schultern und Arme zu einer „That's It"-Geste (3. Bild in Abb. 2). Sie beginnt wieder zu tanzen und die Schülerinnen tanzen mit ihr, alle wieder ein wenig langsamer als Ana, als sie allein getanzt hatte.

Was passiert in dieser Szene? Ana hält den Kurs mit einer Geste an und macht im Anschluss daran den Bewegungsablauf mit besonders betonenden Bewegungen und Gesten vor. Sie nutzt also die Bewegungen ihres Körpers für eine nonverbale Demonstration, die die Bewegungen der Schüler korrigieren soll. Diese Demonstration unterstützt sie mit verschiedenen Mitteln: Sie lenkt den Blick auf die Fußarbeit, indem sie den Part der Arme auslässt. Zusätzlich betont sie durch die Tempozunahme den zu erzielenden Klang der Steppschritte, und durch die besonders markante Durchführung der Bewegungen verweist sie auf Details der Durchführung. In diesem Sinn vermittelt sie den Bewegungsablauf nicht durch Fragmentierung oder Verlangsamung (wie das etwa in Kampfkunsttrainings häufig stattfindet, aber auch in Tanzstunden stattfinden kann und zu anderen Zeitpunkten durchaus stattfindet), sondern indem sie vielmehr die Gestalt der Bewegung betont. Während in einigen Sportarten ein pragmatisches „Was funktioniert, ist gut" gilt, sind im Tanz ästhetische Kriterien ausschlaggebend: Der Takt des Rituals ist an den Takt der Musik gebunden, auch dann, wenn (fürs erste) gar keine Musik gespielt wird. Nicht nur der Takt der Situation, sondern auch der Takt der Praktik wird hier in einer (nonverbalen) Kommunikation zwischen Körpern vermittelt. Die rituellen Möglichkeiten dieses Korrigierens werden wenige Minuten später besonders deutlich:

> Ana klinkt sich aus dem gemeinsamen Tanzen mit den Schülerinnen aus und klatscht mit den Händen laut den Takt der Steppschritte. Die Schülerinnen tanzen weiter. Ana geht einige Schritte vor und dreht sich – nach wie vor klatschend – zur Gruppe. Sie verfolgt das Steppen der Gruppe einige Takte lang, dann schüttelt sie den Kopf und verzieht den Mund. Sie zieht kurz ihre eigenen Ohrläppchen auseinander und deutet so gestisch an, dass man auf den Takt der Musik achten soll. Dann beginnt sie erneut klatschend, die Steppsequenz vorzumachen. Diesmal macht sie die einzelnen Schritte der Steppabfolge betont langsam und klatscht dazu laut den Takt mit den Händen mit. Sie hält inne, zieht wieder kurz ihre Ohrläppchen auseinander, deutet auf sich selbst, wiederholt noch einmal die Ohrläppchen-Geste und macht die Bewegung ein weiteres Mal langsam und betont vor.

Die Lehrerin bedient sich hier der Mittel gestischer Kommunikation, um bestimmte Aufmerksamkeitsleistungen ihrer Schülerinnen einzufordern. Gestisch fordert sie dazu auf zuzuhören, während man zuschaut. Gleichzeitig gibt sie so dem zu erlernenden Wissen eine bestimmte Gestalt. Sie kennzeichnet es als ein Wissen, das nicht nur ein Bewegungswissen beinhaltet, sondern vor allem auch ein musikalisches Wissen. Der Takt des Rituals erfordert musikalisches Taktgefühl. Indem Ana auf verbale Kommunikation verzichtet, verlagert sie die auditive Kommunikation vollständig auf den musikalischen Kanal und verlässt sich für die weitere Kommunikation auf die visuellen Mittel ihres Körpers und seiner Bewegungen. Mit dieser außerhalb der Flamenco-Stunde eher unüblichen Form der Kommunikation fordert und schafft sie eine Situation, in der mit vielen unterschiedlichen Mitteln des Körpers kommuniziert wird, und in der lernende Körper nicht nur entstehen, sondern auch in vielen Facetten gefordert sind.

Korrekturen und die dem didaktischen Rahmen geschuldeten besonderen Freiheiten des Korrigierens dienen jedoch nicht nur einem Selbstzweck. Im Rahmen der Tanzstunde bilden sie vielmehr eines der Rituale, mithilfe derer Rollenverteilung, Wissenshierarchie und Lernsituation aufrechterhalten, dargestellt und von anderen Rahmungen abgesetzt werden. Sie triggern also nicht nur Lernprozesse, sondern tragen auch zur Aufrechterhaltung des Rahmens bei.

Blicken wir zurück auf die letzten beiden Abschnitte zur Flamenco-isierung und zur Didaktisierung der Tanzstunde, so fallen die komplexen Tätigkeiten der Rahmung der Situation ins Auge. Goffmans (1986, 2001) Ausführungen zu Ritualen stellen nicht nur deren Präsenz in alltäglichen Praktiken in den Fokus der Analyse, sondern betonen auch ihren Beitrag zum rituellen Schutz der Person. Die Analyse der Flamenco-Tanzstunde zeigt, dass darüber hinaus das situative Gewicht von Ritualen nicht nur durch ihre Funktion als Schutz der Person und ihres Images (Goffman) oder einer Gemeinschaft (Turner, Durkheim) entsteht, sondern dass Rituale zudem dazu beitragen, situative Rahmen im Sinne Goffmans (1980) herzustellen und aufrecht zu erhalten. In gewissem Sinne schützen Rituale also auch den Rahmen der Situation.

3   Schluss

Ich habe in diesem Beitrag zwei Fäden zur Frage der Körperlichkeit von Ritualen und von Vergemeinschaftung aufgegriffen, wobei mich vor allem die Dynamik dieser Phänomene interessiert hat. Wie werden Gemeinschaften und ihre Rituale im Laufe der Zeit hergestellt, variiert und so gleichzeitig als labiles und stabiles Phänomen aufrechterhalten?

Dabei traten zwei wichtige Aspekte von Vergemeinschaftung und Ritualisierung in den Fokus: Im ersten Abschnitt wurde dargestellt, wie eine Gemeinschaft über einen längeren Zeitraum aufrechterhalten wird, indem Gewohnheiten und Rituale sich zwar immer wieder ändern, dennoch aber materiell und diskursiv als Fortschreibungen und Fortsetzungen aufgefasst und erkennbar (gemacht) werden. Sie tragen dazu bei, *einen* Aspekt einer gemeinsamen Vergangenheit und damit eines Ursprungs jenseits göttlicher Ordnung zu etablieren, der gerade auch durch körperliche Praktiken fortgetragen wird. Im Falle des Flamenco lässt sich dabei eine schillernde und immer wieder ambivalente Geschichte erkennen, im Zuge derer sich nicht nur Gewohnheiten und Rituale, sondern auch zentrale Orte und die Wahrnehmung von der Authentizität der Praktik immer wieder verändern. Im zweiten Abschnitt wurden Flamenco-Tanzstunden fokussiert und damit die

Frage, wie eine Praktik und ihre Rituale erlernt werden, und wie dabei situative Rahmungen erkennbar und aufrecht erhalten werden. Die Tanzstunde muss sowohl als *Flamenco*-Tanzstunde als auch als Flamenco-*Tanzstunde* erkennbar sein, die Situation muss deshalb flamenco-isiert *und* didaktisiert werden. Beide Rahmen werden gerade auch durch verschiedene Rituale aufrechterhalten, die die jeweiligen Modulationen verdeutlichen und häufig ohne viel Sprechen durch die nonverbale Kommunikation der Körper vollzogen werden können. Gerade die oft unscheinbaren „kleinen Rituale" vermitteln so im Alltag der Flamenco-Stunde einen körperlichen Ein- und Ausdruck von Zugehörigkeit zur „imaginäre Gemeinschaft" der *aficionados*.

Literatur

Alkemeyer, Thomas (2011). Bewegen und Mitbewegen. Zeigen und Sich-Zeigen-Lassen als soziale Körperpraxis. In: Robert Schmidt, Wiebke M. Stock & Jörg Volbers. *Zeigen: Dimensionen einer Grundtätigkeit*. Weilerswist: Velbrück, 44-72.

Anderson, Benedict (2006). *Imagined Communities: Reflections on the Origin and Spread of Nationalism*. Revised Edition. London: Verso.

Aoyama, Yuko (2007). The role of consumption and globalization in a cultural industry: the case of flamenco. *Geoforum* 38(1), 103–13.

Aoyama, Yuko (2009). Artists, tourists, and the state: Cultural tourism and the flamenco industry in Andalusia, Spain. *International Journal of Urban and Regional Research* 33(1), 80–104.

Bachmann, Kirsten (2009). *Flamenco (tanz): zur Instrumentalisierung eines Mythos in der Franco-Ära*. Berlin: Logos.

Bachmann, Kirsten (2011). Flamenco–der Tanz um die Authentizität. Konstruierte Tradition als Identitätsmerkmal Andalusiens. In: Klaus Semsch, *Nation und Region: zur Aktualität intrakultureller Prozesse in der globalen Romania*, Band 1. Münster: LIT Verlag, 57-71.

Banzi, Julia Lynn (2007). *Flamenco Guitar Innovation and the Circumscription of Tradition*. ProQuest.

Beardsley, Theodore (1996). Flamenco Deep Song. by Timothy Mitchell. *The Hispanic American Historical Review* 76(2), 337.

Belliger, Andréa & Krieger, David J. (2003). Einführung. In: Andrea Belliger & David J. Krieger, *Ritualtheorien: Ein einführendes Handbuch*, Wiesbaden: VS Verlag für Sozialwissenschaften, 7-35.

Dinkelaker, Jörg, & Herrle, Matthias (2010). Einfinden in Rhythmen – Rhythmen des Einfindens Zum kursförmigen Erlernen von Bewegungsabläufen. In: Rudolf Egger & Bernd Hackl, *Sinnliche Bildung?* Wiesbaden: VS, 195–216.

Dücker, Burckhard (2007). *Rituale. Formen – Funktionen – Geschichte: Eine Einführung in die Ritualwissenschaft*. Stuttgart/Weimar: Metzler.

Dücker, Burckhard & Schwedler, Georg (2008). Vorwort. In: *Das Ursprüngliche und das Neue. Zur Dynamik ritueller Prozesse in Geschichte und Gegenwart*, Band 13. Münster: LIT Verlag Münster, 7-9.

Dücker, Burkhard (2001). Ritual. In: Nicolas Pethes & Jens Ruchatz, *Gedächtnis und Erinnerung. Ein interdisziplinäres Lexikon*. Reinbek bei Hamburg: Rowohlt Tb, 502-503.

Duttweiler, Stefanie (2012). Sakrale Orte des Körperkults? Stadionkapellen zwischen Kirchenreligion und Ersatzreligion. In: Robert Gugutzer & Moritz Böttcher, *Körper, Sport und Religion: Zur Soziologie religiöser Verkörperungen*. Wiesbaden: Springer VS, 193-218.

Foucault, Michel (1995). *Die Ordnung der Dinge: Eine Archäologie der Humanwissenschaften*. 13. Aufl. Frankfurt am Main: Suhrkamp Verlag.

Garfinkel, Harold (1967). *Studies in Ethnomethology*. Englewood Cliffs; New Jersey: Prentice-Hall.

Gephart, Werner. 2004. *Rituale der Ritualbeobachtung : von Émile Durkheims ,effervescence' über Marcel Mauss' ,fait total' zu Pierre Bourdieus ,acte d'institution'*. SFB 619: Forum Ritualdynamik 6(0).

Goffman, Erving (1971). *Verhalten in Sozialen Situationen*. Gütersloh: Bertelsmann Fachverlag.

Goffman, Erving (1979a). *Gender Advertisements*. New York: Harper&Row.

Goffman, Erving (1979b). „Gender Display". In: *Gender Advertisements*. New York: Harper&Row, 1-9.

Goffman, Erving (1980). *Rahmen-Analyse: Ein Versuch über die Organisation von Alltagserfahrungen*. 8. Aufl. Frankfurt am Main: Suhrkamp.

Goffman, Erving (1982). *Das Individuum im öffentlichen Austausch: Mikrostudien zur öffentlichen Ordnung*. 5. Aufl. Frankfurt am Main: Suhrkamp.

Goffman, Erving (1986). *Interaktionsrituale: Über Verhalten in direkter Kommunikation*. Frankfurt am Main: Suhrkamp.

Goffman, Erving (2001). Die Interaktionsordnung. In: *Interaktion und Geschlecht*. Frankfurt/ New York: Campus, 50-104.

Herrero, Germán (1991). *De Jerez a Nueva Orleans: análisis comparativo del flamenco y del jazz*. Granada: Ediciones Don Quijote.

Hobsbawm, Eric (1992). Introduction: Inventing Traditions. In: Eric Hobsbawm & Terence Ranger, *The Invention of Tradition*. Cambridge: Cambridge University Press, 1-14.

Kalthoff, Herbert (2011). Social Studies of Teaching and Education. Skizze einer soziomateriellen Bildungsforschung. In: Daniel Suber, Hilmar Schäfer & Sophia Prinz, *Pierre Bourdieu und die Kulturwissenschaften: Zur Aktualität eines undisziplinierten Denkens*. Konstanz: UVK, 107-133.

Malefyt, Timothy Dewaal (1998). Inside' and ,Outside' Spanish Flamenco: Gender Constructions in Andalusian Concepts of Flamenco Tradition. *Anthropological Quarterly* 71(2):63.

Meyer, Christian & von Wedelstaedt, Ulrich (2013). Skopische Sozialität. Sichtbarkeitsregime und visuelle Praktiken im Boxen. *Soziale Welt* 64(1-2), 69-95.

Reckwitz, Andreas (2003). Grundelemente einer Theorie sozialer Praktiken: Eine sozialtheoretische Perspektive. *Zeitschrift für Soziologie* 32(4), 282-301.

Schegloff, Emanuel & Sacks, Harvey (1973). Opening Up Closings. *Semiotica* 8(4), 289-327.

Schegloff, Emanuel, Jefferson, Gail & Sacks, Harvey (1977). The preference for self-correction in the organization of repair in conversation. *Language* 53(2), 361-82.

Schindler, Larissa (2009). Das sukzessive Beschreiben einer Bewegungsordnung mittels Variation. In: Thomas Alkemeyer, Kristina Brümmer, Rea Kodalle & Thomas Pille,

Ordnung in Bewegung: Choreographien des Sozialen. Körper in Sport, Tanz, Arbeit und Bildung. Bielefeld: transcript, 51–64.

Schindler, Larissa (2011). *Kampffertigkeit: Eine Soziologie praktischen Wissens.* Stuttgart: Lucius & Lucius.

Schwier, Jürgen & Thorsten Schauerte (2009). Die Theatralisierung des Sports. In: Herbert Willems, *Theatralisierung der Gesellschaft.* Wiesbaden: VS, 419–438.

Soeffner, Hans-Georg (2004). *Auslegung des Alltags-der Alltag der Auslegung: zur wissenssoziologischen Konzeption einer sozialwissenschaftlichen Hermeneutik.* Konstanz: Utb.

Soeffner, Hans-Georg (2000). *Gesellschaft ohne Baldachin: über die Labilität von Ordnungskonstruktionen.* Weilerswist: Velbrück Wissenschaft.

Steingress, Gerhard (2009). *Sociología del cante flamenco.* Sevilla: Signatura Ediciones, SL.

Stemmler, Susanne (2007). Sonido ciudadisimo': Black Noise Andalusian Style in Contemporary Spain. In: Sylvia Mieszkowski, Joy Smith, & Marijke de Valck. *Sonic Interventions (Thamyris/Intersecting: Place, Sex and Race).* Amsterdam/New York: Rodopi, 241–264.

Thau, Manfred (1996). Familientherapie in der Fachklinik. *systhema* (2), 34–52.

Turner, Victor W. (1995). *The ritual process: Structure and anti-structure.* New York: Aldine de Gruyter.

Vandermeersch, Patrick (1998). Psychotherapeutische Rituale. In: Andrea Belliger & David J. Krieger *Ritualtheorien: Ein einführendes Handbuch.* Opladen/Wiesbaden: Westdt. Verlag, 435–448.

Washabaugh, William (1995). Ironies in the History of Flamenco. *Theory, Culture & Society* 12(1),133–55.

Ritualisierte Berührungen als Medium für Vergemeinschaftung[1]

Matthias Riedel

Zusammenfassung

Was kann man sich ganz konkret darunter vorstellen, wenn es heisst, dass „ein Körper rituell/ritualisiert handelt" bzw. als Medium für symbolische Handlungen dient? Um diese Frage zu untersuchen, nimmt der vorliegende Beitrag Berührungen als bisher kaum beachtetes Körpermedium für Rituale in den Blick. Aufbauend auf einer allgemeinen begrifflichen Präzisierung im Hinblick auf die sozialen bzw. soziologischen Dimensionen von Berührungen wird hierfür ein „Zuordnungsraster für die einzelnen konkreten Berührungsakte" erarbeitet, und im Anschluss daran werden ausgewählte Teilergebnisse der vom Autor durchgeführten empirischen Studie zu Alltagsberührungen in Paarbeziehungen vorgestellt.

> *„Normalerweise sprechen wir auf eine viel zu hochtraben-*
> *de Art vom Ritual, indem wir es in Verbindung bringen*
> *mit Letztgültigem, Heiligkeit, Ehrfurcht, Opfer oder*
> *Ewigkeit. Folge daraus ist, dass wir uns unbewusst von*
> *unserem eigenen Körper, unserer eigenen Präsenz und*
> *unserer eigenen Alltäglichkeit distanzieren".*
> Ronald Grimes (2006: 117)

Die Beschreibungs-, Bestimmungs- und Abgrenzungsversuche im semantischen Feld von Ritus, Ritual und Ritualisierung sowie Routinisierung sind heute ohne

---

1 Dieser Artikel baut auf von mir im Jahre 2008 und 2012 veröffentliche, theoretische wie empirische Vorarbeiten für eine neu zu schaffende *Soziologie der Berührungen* auf (Riedel 2008, 2012). Um den Lesefluss nicht unnötig zu stören, verzichte ich auf Kenntlichmachung sinngemäßer oder wörtlicher Eigenzitate.

Zahl und fallen je nach Provenienz des Zugangs (Religionswissenschaft, Soziologie, Psychologie, Ethnologie etc.) sehr heterogen aus (vgl. die umfassenden Darstellungen von Birnbaum 2012: 57ff. und Dücker 2007: 14ff.). In den verschiedenen „Ritualtheorien" werden jedoch zumindest zwei gemeinsame Bestimmungsmerkmale sichtbar, auf denen die nachfolgenden Überlegungen zu ritualisierten Berührungen aufbauen können: die *Symbolhaftigkeit von Ritualen* und die Funktion des *Körpers als rituellem Medium.*

In Bezug auf das Merkmal der *Symbolhaftigkeit ritueller Handlungen* berichtet Birnbaum (vgl. 2012: 135f.), dass dieser Aspekt bei 9 der 15 von ihr eingehend analysierten Merkmalskatalogen verschiedener Ritualtheorien als wichtiger oder sogar als wichtigster Bestandteil angeführt wird.[2]

> „Charakteristisch für das Symbolische rituellen Handelns ist für den Ritualforscher Dücker, dass es Gegenwart und Vergangenheit sowie Alltag und Außergewöhnlichkeit vereint. Das heißt: während der Durchführung eines Rituals vollziehen die Beteiligten symbolisch Übergänge und kennzeichnen die Grenze zwischen aktueller und folgender Zeit. [...] Nach Dücker (2007, S.34) sind symbolische Handlungen stets ‚institutionell anerkannte Handlungen', welche dazu dienen, den Bestand der jeweiligen Institutionen (z. B. Gruppe, Familie, Paar) durch die Aufrechterhaltung bestimmter Ordnungsstrukturen zu sichern. Sie erleichtern die Abläufe im Zusammenleben von Menschen, da sie in den jeweiligen Situationen verbindliche Handlungsmuster bereitstellen und auf diese Art und Weise die Handlungsoptionen einschränken. Die am Ritual beteiligten Personen kennen die bestimmten Abläufe und können potentielle Wirkungen des Rituals einschätzen. In diesem Sinne schaffen sie ‚eine gemeinschaftsstiftende und konsensbildende Werteerfahrung' und bestätigen die ‚legitimierte Normalität'". (Birnbaum 2012: 135)

Nicht minder wichtig als Basis für die Betrachtung von ritualisierten Berührungen ist das zweitgenannte Merkmal, welches mit der Symbolhaftigkeit ritueller Handlungen verwoben ist: „Die materielle Praxis von Ritualen ist eine körperliche Praxis. (Bourdieu 1987b: 101ff). Als solche ist sie symbolisch kodiert." (Wulff 2003: 177). Es ist also der Körper, der als rituelles Medium dient, was heißt, dass Rituale bzw. Ritualisierungen nicht nur in Sprachhandlungen geschehen, sondern auch oder sogar zuvorderst verkörpert sind und werden. Dieser zentrale Aspekt der „körperlichen Praxis" von Ritualen wird bereits in Goffmans (1967/1994) oder Bourdieus (1987) Arbeiten prominent sichtbar und findet in neueren Publikationen zu Ritualtheorien

---

2   Für Soeffner (1992) dient das Merkmal der Symbolhaftigkeit zudem als zentrales Unterscheidungskriterium zwischen Ritualen und Routinen. Diese Ansicht wird auch im vorliegenden Beitrag vertreten.

seinen Ausdruck in eigenen Teilkapiteln oder längeren Themenabschnitten (vgl. u. a. Dücker 2007; Birnbaum 2012; Wulff et al. 2001)

Wie aber kann ein Körper „ganz konkret" rituell/ritualisiert handeln bzw. als Medium für derartige symbolische Handlungen dienen?

Dücker (2007: 60) zählt in „bunter", etwas unsystematischer Reihenfolge das große Möglichkeitsspektrum der „Verkörperung von Ritualen" auf: „Erfolgen kann die rituelle Organisation des Körpers z. B. durch Kleidung und Mode, Bemalung und Maskierung, Piercing und Tattoo, Stimme und Sprechform, Sprechen und Singen, durch Atemtechnik und Körpersprache, durch Musik, Rhythmus, Tanz und Ekstase, die Aufhebung von Affektkontrolle und Disziplinierung der Bewegungen. Körper können aber auch in Ruhestellung inszeniert werden, im meditativen Gestus versunken, sie können miteinander interagieren und taktile Praktiken anwenden." Ohne damit die im Zitat deutlich beschriebene „multimediale Dimension" des Körpers als „expressives Instrument" (Platvoet 2006: 179) für Rituale sowie die grundsätzliche Verschränkung der Sinne im Handeln und Wahrnehmen infrage stellen zu wollen, greift der vorliegende Beitrag *Berührungen* als Medium für Rituale heraus. Anhand eines ausgewählten und en détail diskutierten Teilergebnisses meiner empirischen Studie zu *Alltagsberührungen in Paarbeziehungen* (Riedel 2008)[3] will der Beitrag dabei aufzeigen, dass Berührungen *ein* zentrales Medium sind für den ritualisierten (wie auch intendierten oder inszenierten) Ausdruck von Gemeinschaft ebenso wie für Geschlechter- oder auch Machtverhältnisse. Da die empirische Bearbeitung eines Themas möglichst präzise gefasste und operationalisierbar gestaltete Grundbegrifflichkeiten voraussetzt, ist zuvor jedoch eine allgemeine Begriffsbestimmung des vielschichtigen *Berührungsbegriffes* angezeigt. Darauf aufbauend wird – gleichsam als weiterer Schritt Richtung Empire – ein *Zuordnungsraster für Berührungen* auf der Ebene der einzelnen Berührungsakte vorgestellt und dessen Erklärungsbeitrag und Erkenntnisgrenzen an einem Fallbeispiel aufgezeigt, bevor die Studienergebnisse präsentiert und interpretiert werden.

---

3   Repräsentativer Datensatz: N=805; standardisierte postalische Fragebogenerhebung; einfache Zufallsstichprobe aus der Grundgesamtheit der deutschen Wohnbevölkerung Freiburgs i.Br. im Alter von 20–69 Jahren mit mindestens seit 12 Monaten bestehender gegengeschlechtlicher Partnerschaft oder Ehe.

1   Allgemeine Begriffsbestimmung

Berührung und Körperkontakt werden traditionellerweise als Leistungen des (menschlichen) Tastsinnes aufgefasst, was ein weites Feld von Definitionen eröffnet, welches vom antiken philosophischen Diskurs über die Sinne bis hin zur aktuellen Medizin, Psychologie, Physiologie, Hirnforschung etc. reicht. Einen umfassenden Überblick dazu liefert der von Grunwald 2008 herausgegebene Sammelband *Human Haptic Perception – Basics and Applications*.

Der soziologischen Intention des vorliegenden Beitrages entsprechend, kann sich die begriffliche Präzisierung hier auf Merkmale konzentrieren, die den gesellschaftlichen bzw. gemeinschaftsschaffenden Gebrauch des Tastsinnes betreffen. Hierbei kann – gerade auch im Hinblick auf die spätere Operationalisierungsfähigkeit der im Forschungsprozess verwendeten Begriffe – auf Gibsons (1962: 477ff.) mittlerweile klassisch zu nennende Unterscheidung von *aktivem* und *passivem* *Tasten*[4] zurückgegriffen werden. Der Anschluss dieser einfachen Dichotomie an den aktuellen neuro- bzw. psychophysiologischen Forschungstand (vgl. die Ausführungen zum *sensomotorischen* bzw. *somatosensorischen* System von Grunwald 2001: 7ff.) wird hergestellt, indem „man die Begriffe Tasten und Wahrnehmung synonym (verwendet), so entspricht passives Tasten der taktilen Wahrnehmung, aktives manipulatorisches Tasten der haptischen Wahrnehmung" (Meyer 2001: 8). Diese Definition ermöglicht, ohne gravierende Komplexitätsreduktion, eine ‚Rückübersetzung' und zugleich Zusammenfassung der Fachtermini *haptisch* und *taktil* in den alltagsweltlich vertrauten Begriff der *Berührung*: Die haptische Wahrnehmung (das aktive Tasten) ist dabei gleichbedeutend mit *berühren* und die taktile Wahrnehmung (das passive Tasten) mit dem *berührt werden*.[5]

Mit Bezug auf Freud (1940) und Anzieu (1991) weist Wagener darauf hin, dass die analytische Unterscheidung von *aktiv berühren* und *passiv berührt werden* auf zwei Handlungs- bzw. Wahrnehmungstypen referiert, die in der Wahrnehmungspraxis des Einzelnen jedoch vielfach verschmelzen:

> „Bei aktiver Berührung ist zwar die Wahrnehmung des Ertasteten im Zentrum der Aufmerksamkeit, wohingegen bei passiver Berührung, beispielsweise bei einer Mas-

---

4   Hinweise auf das aktive und passive Moment im Berührungserleben finden sich schon deutlich früher, so beispielsweise in Palágyis Wahrnehmungslehre aus dem Jahre 1925: „Es ist dermaßen auffällig, dass wir beim Tasten zweierlei Berührungserlebnisse haben können: passive beim bloßen Berührt werden und aktive beim bewegten Greifen" (Palágyi 1925: 121).

5   Bei der Selbstberührung fallen aktive und passive Berührung in einer Person zusammen, vgl. Merleau-Ponty (1964: 176) und davor bereits Edmund Husserl (Hua XV: 302).

sage, das eigene Körperempfinden im Vordergrund steht, aber dennoch wird immer das ‚Eigene' und das ‚Andere' wahrgenommen" (Wagener 2000: 87).

Wagener spricht hier einen wichtigen Aspekt an, denn dieses Moment unterscheidet den Tastsinn in besonderer Weise von den anderen Sinnen des Menschen, was sich plastisch durch den Vergleich mit der visuellen Wahrnehmung zeigt: Wenn man etwas mit eigenen Augen wahrnimmt, nimmt man *visuell* nicht zur gleichen Zeit auch die eigenen Augen als aufnehmende Sinnesorgane wahr, es sei denn, man steht vor einem Spiegel.

Der Tastsinn hingegen beruht auf eben dieser ‚Reflexionsfunktion des eigenen Sinnesorgans', d. h., die Eigensteuerung einer tastenden Hand basiert auf der permanenten ‚Selbstwahrnehmung der Hand' (bezüglich ihrer Lage im Raum, des erfahrenen Drucks etc.) in einem rekursiven Abstimmungsprozess mit der gleichzeitig ablaufenden Fremdwahrnehmung des berührten *und* berührenden Körpers.[6] Handelt es sich beim berührenden *und* berührten Körper um den Körper eines Menschen und nicht um einen unbelebten Körper, läuft dieser rekursive Prozess *aufeinander bezogen* in zwei Personen ab. Es entsteht eine „nonverbale Interaktion" oder, wie Loenhoff (2001: 172) schreibt, es ist „die Reflexivität wechselseitig taktilen Wahrnehmens", also die Wahrnehmung der wechselseitigen Berührungen, die „ein Interaktionssystem in Gang" hält.[7] Mit Lindemann (2005: 118) ließe sich hier auch ganz allgemein von „Erwartens-Erwartungen" sprechen, die das „Interaktionssystem aufrechterhalten".

Aus diesen Ausführungen darf aber nicht kurz geschlossen werden, dass Berührungen nur dann Interaktionen bzw. Vergemeinschaftungsprozesse begründen oder beeinflussen können, wenn es sich um zwischen-menschliche Berührungen handelt. Neben den Berührungen zwischen Menschen (die notwendigerweise die Co-Präsenz mindestens zweier InteraktionspartnerInnen voraussetzen) können auch *Selbst-, Tier- und Gegenstandsberührungen* von hoher sozialer Relevanz sein[8].

So können beispielsweise Selbstberührungen[9], wie das sprichwörtliche ‚sich am Kopf kratzen' oder ‚an den Nägeln kauen', ebenso wie das Streicheln einer Katze oder das Spielen mit einem Kugelschreiber oder Smartphone unmittelbar auf ein

---

6   Zum Begriffspaar von Selbst- und Fremdwahrnehmung in Anlehnung an Karl Bühler vgl. Loenhoff (2001: 182ff.).

7   In diesem Sinne fungieren Berührungen als Medien (vielfach neben anderen Medien wie Worten, Blicken etc.) eines Interaktionssystems, sind also Mitte und Vermittler des Interaktionsprozesses.

8   Zum „Körperkontakt zwischen Mensch und Tier" findet sich eine eingehende Betrachtung bei Stupperich (2012: 237ff.).

9   Einen Einblick in die vielfältigen psychologischen und physiologischen Funktionen und Auswirkungen von Selbstberührungen liefert Grunwald (2012: 46ff.)

Interaktionsgeschehen Einfluss nehmen. Aber auch außerhalb zwischen-menschlicher Interaktionen, also auch ohne anwesende Dritte, können *Tier-, Gegenstands- und Selbstberührungen* soziale Relevanz entfalten. Sichtbar wird dieses Phänomen beispielsweise beim Streicheln von Haustieren, welchem eine Kompensationsfunktion fehlender zwischen-menschlicher Nähe zukommen kann (vgl. Otterstedt 2003: 66f.). Die soziale Relevanz (und Brisanz) von Selbstberührungen zeigt sich aber auch in anderer Form (und hier besonders markant) an der Vehemenz, mit der autoerotische Berührungen („Selbstbefriedigung") bis in die 1960er Jahre hinein als „unsittlich" dargestellt wurden. Die soziale Funktion von Gegenstandsberührungen wird deutlich, wenn man beispielsweise an das feste Umarmen eines Kuscheltieres durch Kinder beim Alleine-zu-Bett-Gehen denkt oder bei Paaren an das Berühren affektbesetzter Gegenstände, z. B. eines Bildes oder Ringes des abwesenden Partners (vgl. Kraft-Alsop 1996).

Wichtig bleibt der Hinweis, dass Tier- und Selbstberührungen wie auch Gegenstandsberührungen mehr bedeuten (können) als eine bloße Kompensation des (gerade) nicht verfügbaren menschlichen Gegenübers. Sie besitzen eine eigene haptische, affektive und soziale Qualität, die es auch für *nicht* Alleinstehende erstrebenswert machen kann, ein Haustier zu halten, oder die dafür sorgen kann, dass auch in „zufriedenen Paarbeziehungen" Masturbationen (vgl. Schmidt 1996: 21f.) oder Fetischgegenstände als eigenständige sexuelle Berührungsform beibehalten werden.

Diese weiter gefasste begriffliche Bestimmung, die notwendigerweise mit einbezieht, dass nicht nur zwischen-menschliche Berührungen, sondern auch *Selbst-, Tier- und Gegenstandsberührungen* von hoher Relevanz für soziale Interaktionen bzw. Vergemeinschaftungsprozesse sein können, ermöglicht zudem eine direkte Anschlussfähigkeit an das 2012 von Gugutzer formulierte neophänomenologisch orientierte Forschungsprogramm einer „verkörperten Soziologie":

> „Empirische Forschungsarbeiten, die im Sinne der neophänomenologischen Soziologie durchgeführt werden, haben sich daher auf die Analyse von Interaktionen zu konzentrieren, und das in dreifacher Hinsicht. Nicht nur interessieren hier Interaktionen (a) zwischen *Anwesenden,* so genannte face-to-face Interaktionen, sondern ebenso Interaktionen (b) zwischen *Abwesenden* wie auch (c) zwischen *menschlichen und nicht-menschlichen Akteuren.* Die neophänomenologische Soziologie ist mithin eine interaktionistische Theorie, die ein nicht auf Menschen beschränktes Akteurverständnis hat und danach fragt, wie Leib und Körper an den vielfältigen Interaktionsformen beteiligt sind" (Gugutzer 2012: 88f).

Angewandt auf das Projekt einer *Soziologie der Berührung* als Teilbereich einer verkörperten Soziologie (vgl. den programmatischen Entwurf hierzu in Riedel 2012) gilt es also, Berührungen zwischen erstens Anwesenden, zweitens Abwesenden und drittens zwischen menschlichen und nicht-menschlichen Akteuren als Untersuchungsgegenstände in den Blick zu nehmen.

2   Zuordnungsraster für Berührungen

Über diese allgemeine begriffliche Präzisierung im Hinblick auf die sozialen bzw. soziologischen Dimensionen von Berührungen hinaus ist noch eine Systematisierung auf der Ebene der einzelnen konkreten *Berührungsakte* notwendig. Denn die Vielzahl und Heterogenität der Berührungsakteure, -situationen oder -gegenstände lässt die Bandbreite der dem Menschen möglichen Berührungsakte nahezu unerschöpflich erscheinen: massieren, kitzeln, zwicken, umarmen, kratzen, kraulen, treten, stoßen, schlagen, küssen, aneinander lehnen, Hand halten, Pickel ausdrücken, pflegende/ helfende Berührung – im Stehen, im Liegen, im Sitzen, im Auto, im Zug, im Café, im Park, bei Musik, bei Regen, bei Kerzenschein, im Wollpullover, im T-Shirt, im Hemd etc.

Um deshalb bei einer sozialwissenschaftlichen, empirischen Betrachtung und Erforschung des Haptisch-Taktilen keine sozial relevanten Berührungen und deren Be-/Zuschreibungsaspekte unbeabsichtigt auszulassen, wurde anhand von vier Leitfragen ein allgemeines Zuordnungsraster (siehe Abbildung 1) entwickelt, in das alle Formen menschen-möglicher Berührungen idealtypisch eingeordnet werden können. Bei der Bewertung dieses Zuordnungsrasters sind von epistemologischer bzw. methodologischer Seite drei Aspekte zu berücksichtigen:

a. Das vorgestellte Raster stellt nur eine von vielen denkbaren Beschreibungen von Menschen ausgeführter Berührungen dar. So legte Heslin bereits 1974 eine „Taxonomie" von Berührungen vor. Dessen Schema differenziert jedoch nur nach dem intentionalen Gehalt von Berührungen (vgl. auch die Kritik von Wagener 2000: 21ff.) und erscheint deshalb ebenso wenig ausreichend wie die Typologie von Argyle (1975), die nur nach Art und Ort der Berührung unterscheidet.

b. Das vorgestellte Raster wurde entwickelt im Hinblick auf eine sozialwissenschaftliche Betrachtung von Berührung. Dementsprechend steht zum einen die Anschlussfähigkeit des Rasters an sozialwissenschaftliche Fragestellungen (wie z. B. die Interaktions- oder Vergemeinschaftungsdimension des Haptisch-Taktilen[10]) im Vordergrund. Zum anderen soll das Raster als Operationalisierungshilfe

---

Bereits 1908 weißt Simmel auf die „vergemeinsamende" Funktion der Sinne hin (Simmel 1908: 488).

dienen, um den mit den Methoden der empirischen Sozialforschung schwer greifbaren, ‚weichen' Themengegenstand Berührung untersuchen zu können (für eine detaillierte Beschreibung der methodologischen Problemstellungen vgl. Riedel 2008: 98ff).

c. Die genannten Leitfragen/Gegensatzpaare beanspruchen nicht den Status trennscharfer Kategorien, sondern bedingen und überlappen sich wechselseitig; deshalb ist das Schaubild als Matrix mit dem Berührungsakt als Zentrum gestaltet.

Abb. 1   Zuordnungsraster für Berührungen (vgl. Riedel 2012: 86)

Fallbeispiel für die Anwendung des Zuordnungsraters

Bundeskanzlerin Merkel begrüßt den französischen Präsidenten Hollande mit einem langen Handschlag vor dem Kanzleramt in Berlin.

Anhand dieser nur zwei Zeilen umfassenden Beschreibung eines typischen Begrüßungsrituals aus der öffentlichen Sphäre lassen sich der Erklärungsbeitrag aber auch die Erkenntnisgrenzen dieses Zuordnungsrasters beispielhaft aufzeigen:

Aus Merkels Perspektive handelt es sich dabei um eine aktive, unmittelbare, zielgerichtete, bewusste und wechselseitige, längere punktuelle (nur Hände) Fremdberührung im „Körperraum" (auf der Haut) des von ihr begrüßten Gegenübers, ausgeführt stehend im halböffentlichen Sozialraum (Kanzleramt) mit anwesenden Dritten (z. B. Presse) innerhalb Deutschlands. Zum affektiven und physiologischen Aspekt liegen keine Angaben vor, die zugeordnet werden könnten.

In einem ersten Schritt liefert das Raster also zunächst eine möglichst präzise Ein- und Zuordnungsmöglichkeit von Basisdaten des Berührungsgeschehens. Diese bilden dann die Grundlage für eine systematisierte weitergehende Interpretation. Die vier genannten Leitfragen und verschiedenen Gegensatzpaare dienen dabei als Strukturierungshilfe, um im Hinblick auf die jeweils interessierende Themenfrage keine zentralen Ansatzpunkte für Nachfragen oder Alternativszenarien außer Acht zu lassen.

Angewandt auf die Ausgangsfrage des Beitrages – die Vergemeinschaftungsleistung von ritualisierten Berührungen – lassen sich aus dem Zuordnungsraster zahllose Ansatzpunkte für Fragen und Alternativszenarien ableiten und durch Hinzuziehung von vorhandenem Kontextwissen (wie z. B. bestehender politischer Differenzen zwischen Merkel und Hollande) sowie soziologischen Schlüsselbegriffen (wie Geschlecht, Macht, soziale Normen etc.) essentiell erweitern.[11] Exemplarisch am Fallbeispiel:

Wie hätte sich eine, auf die Herkunft des Gastes kulturräumlich abgestimmte andere ritualisierte Begrüßungsform, z. B. die in Frankreich übliche doppelte

---

11 Ein anderes interessantes Fallbeispiel analysiert Wulff (2004). Am öffentlichen Ritual der Inauguration des amerikanischen Präsidenten macht er die Bedeutung der Schlüsselbegriffe Macht, Performanz und Körper sichtbar, jedoch ohne spezifischen Blick auf den Berührungsaspekt.

Wangenberührung mit angedeuteten Küssen und wechselseitiger halber Umarmung, ausgewirkt?
Wäre diese Alternativbegrüßung von Merkels Seite angebracht gewesen (i. S. der Ehrerbietung dem Gast gegenüber) und hätte dementsprechend von ihr ausgehen müssen, oder hätte auch Hollande diese Begrüßungsform ‚einleiten' können (normative Dimension und Akteursebene)?
Hätte diese Alternativbegrüßung das Gemeinschaftsempfinden der beiden Akteure gestärkt (funktionale Dimension auf Akteursebene), weil sie sowohl ein Zeichen für ein Nähe-Bemühen setzt (i. S. symbolischer Kommunikation), als auch eine auf körperlich-leiblicher Ebene unmittelbar spürbare Form von Nähe herstellt, welche sich häufig positiv auf die wechselseitige, interpersonale Bewertung auswirkt (vgl. Forgas 1999)?
Da es sich beim gewählten Beispiel (bewusst) um ein öffentlich aufgeführtes Begrüßungsritual handelt, erweitert sich das Fragenspektrum zudem auf den Bereich medial vermittelter bzw. medial (mit-)hergestellter kollektiver Vergemeinschaftung und Identitäten. Aus dem Interaktionsritual zweier in Co-Präsenz anwesender Menschen wird zugleich ein Repräsentationsritual zweier Staaten (vgl. Dücker 2007: 180). Hierdurch erhalten die Modi der körperlich-leiblich von zwei Personen ausgeführten und empfundenen Berührungen (wie Berührungsform, -dauer, Reziprozität, Affektivität etc.) die zusätzliche Bedeutungszuschreibung, das Verhältnis, die Machtverteilung etc. zweier Staaten zu repräsentieren.

Das Ziel eines – in diesem Anwendungsbeispiel nur angerissenen – Interpretationsprozesses einer Berührungssituation kann je nach Reichweite der interessierenden Fragestellung vom Versuch des Nachvollziehens, wie Vergemeinschaftung im konkreten Fall hergestellt wird oder auch misslingt, bis hin zur Ableitung von generalisierbaren Merkmalen für die gemeinschaftsstiftende Funktion von Begrüßungsritualen an sich reichen – wobei die Nicht-Begrüßung eines wahrgenommenen Gegenübers wohl die, auch interkulturell gültige, massivste Regelverletzung darstellen dürfte.

3   Rituelle Berührungen am Beispiel von Alltagsberührungen in Paarbeziehungen

Anhand eines en détail diskutierten Teilergebnisses meiner Studie zu *Alltagsberührungen in Paarbeziehungen* soll nun aufgezeigt werden, dass und inwiefern Berührungen *ein* zentrales Medium sind für den ritualisierten (wie auch intendierten oder inszenierten) Ausdruck von Gemeinschaft, ebenso wie für Geschlechter- oder Machtverhältnisse[12].

Da sich meine Studie auf alltägliche Berührungen konzentrierte, wird dementsprechend die Frage nach Funktionen und Bedeutungsdimensionen von ritualisierten Berührungen anhand von *alltäglichen Ritualen* untersucht. Im Gegensatz zu Ritualen, „welche deutlich aus dem Alltag herausgehoben stattfinden (z. B. die Hochzeit eines Paares), in der Regel Übergänge und wesentliche Veränderungen des gemeinsamen Zusammenlebens thematisieren und über einen längeren Zeitraum starken Einfluss auf die soziale Ordnung ausüben", bilden sich „Rituale in alltäglichen Kontexten [...] häufig eher beiläufig heraus, laufen weniger förmlich ab und sind den Akteuren nur bedingt bewusst. Auch sie dienen der Bestätigung und Festigung der bestehenden sozialen Ordnung – jedoch in zeitlich überschaubaren Lebenszusammenhängen (vgl. dazu Rüegg-Stürm & Gritsch, 2003; Sommer, 2011)" (Birnbaum 2012: 119).

Um die komplexe Frage nach dem vielschichtigen Funktions- und Bedeutungsspektrum von ritualisierten Berührungen im Rahmen des quantitativen Forschungsdesigns (postalische Fragebogenerhebung) meiner Studie abzubilden, wurde nachfolgende Szenariofrage entwickelt[13]. Wichtig war dabei eine *alltägliche, aber nicht tagtäglich* auftretende Situation auszuwählen, um von vornherein nicht in Abgrenzungsnöte zwischen Alltagsritualen und „bloßen Gewohnheiten" (vgl. Birnbaum 2012: 120ff.) zu geraten.

---

12 Pilotcharakter in Bezug auf den Zusammenhang von nonverbaler Kommunikation, Geschlecht und Macht kommt hierbei den Untersuchungen von Henley (1977/1988) und Mayo & Henley (1981) zu.

13 Da bei einer postalischen Erhebung im Gegensatz zu interviewergestützten Befragungen keine Hilfestellung bei etwaigen Verständnisproblemen vorhanden ist, besitzt eine möglichst präzise formulierte Fragekonstruktion hier besonderen Stellenwert für die Antwortqualität.

Wenn Sie mit Ihrem Partner/Ihrer Partnerin gemeinsam Veranstaltungen oder Feiern besuchen, wo Sie kaum jemand kennt.

Wie finden Sie es, wenn Ihr Partner/Ihre Partnerin dabei durch Körperberührungen (wie z. B. Hand auf Ihre Schulter legen) deutlich macht, daß Sie „zusammen gehören"?

		1	2	3	4	5	
Das ist mir ….	unangenehm	□	□	□	□	□	sehr angenehm
	unwichtig	□	□	□	□	□	sehr wichtig

Ausgangspunkt für die Entwicklung der Szenariofrage war eine Alltagsbeobachtung des Autors: Bei größeren Veranstaltungen oder Feiern, die es Paaren ermöglichen, sich in unterschiedlichen Räumen aufzuhalten (zu Tanz, Unterhaltung, Essen etc.), nehmen viele Paare im Verlaufe der Veranstaltung (mehr oder minder bewusst bzw. ritualisiert wirkend) nonverbal – insbesondere durch kurze Berührungen – miteinander Kontakt auf.

Die Beschränkung des Fallbeispiels auf Veranstaltungen und Feiern, bei denen kaum jemand das befragte Paar kennt, stellt dabei eine wichtige Präzisierung der Szenario-Situation dar. Hierdurch wird sichergestellt, dass es sich um eine hinreichend öffentliche Veranstaltung handelt, also unbekannte, fremde Dritte anwesend sind, die erst durch symbolisch-ritualisierte Handlungen (wie z. B. der Hand auf der Schulter des/der Partner/in) vom Bestehen der Paar-Gemeinschaft erfahren (können). In diesem öffentlichen Szenario kommt dem für Partnerschaften kennzeichnenden Merkmal, exklusive wechselseitige „Zugriffsrechte" auf den Körper des Anderen zu haben (vgl. Maier 2007) und diese auch zu zeigen, dementsprechend eine deutlich andere Bedeutung zu als beispielsweise bei einer Familienfeier (was mit anzunehmenden Implikationen für das partnerschaftliche haptisch-taktile Ausdrucksverhalten und -empfinden einhergeht).

Auf methodischer Ebene ist weiterhin ist zu beachten, dass die beim zweiten Teil-Item gebrauchte Rating-Skala „unangenehm bis sehr angenehm" hier nicht auf den *affektiven Eindruck* beim Berühren, also das unmittelbare Berührungsempfinden der Partner/innen zielt. Wie die Frageformulierung anzeigt, steht an dieser Stelle vielmehr der *soziale Eindruck* („die beiden gehören zusammen"), den der öffentliche Körperkontakt im Sinne einer symbolischen Kommunikation bei unbekannten Dritten wecken kann, im Vordergrund. Das heißt, die Befragten sollten bewerten, ob ihnen die soziale Funktion von öffentlichen (vielfach ritualisierten) Berührungen – das Bestehen persönlicher Beziehungen anzuzeigen – in der geschilderten Situation eher als angenehm oder unangenehm erscheint. Die Antwort auf diese Frage lässt jedoch darüber hinaus Rückschlüsse auf viele weitere soziale Funktionen bzw. symbolische Dimensionen von Partnerberührungen in derartigen Situationen zu.

Erste Hinweise auf weitere soziale Funktionen bzw. symbolische Dimensionen finden sich bei Hohenester (2000: 104ff.), wobei unerheblich ist, dass sich ihre Ausführungen primär auf „Eheleute"[14] und nicht auf Paarbeziehungen im Allgemeinen beziehen. Ihrer Ansicht nach besitzt die „öffentliche Dokumentation exklusiver Gemeinsamkeit"[15] ambivalenten Charakter. Einerseits birgt der öffentliche Ausdruck, dass man ein Paar ist, die Chance positiver Rückmeldungen („Die passen, aber gut zusammen!" „Dein neuer Freund ist ja toll." etc.) „Aus solcher sozialen Akzeptanz kann für die Eheleute Verhaltenssicherheit resultieren. Sie trägt zur Bestätigung der individualisierten Partnerwahl bei. Öffentlichkeit wird hier also zum integrierenden Faktor für die Ehebeziehung." Anderseits stellt das öffentliche Sichtbarmachen einer bestehenden Partnerschaft aber auch eine Grenzziehung dar. „Die vor den Augen von Dritten demonstrierte Einheit des Paares meint […] den Ausschluss aller möglichen anderen Partner, sowohl im Sinne zusätzlicher heterosexueller Beziehungen als auch als potentieller Partner für die Zukunft" (Hohenester 2000: 105).

In Bezug auf öffentliche Partnerberührungen – als einer von vielen möglichen symbolischen Ausdrucksformen[16] zur „öffentlichen Dokumentation exklusiver Gemeinsamkeit" (Hohenester 2000: 104) – lassen sich im Rückgriff auf Hohenester zwei soziale Funktionen ableiten:

a. Verhaltensbestätigende Berührungen im Sinne von: „So (eng, zärtlich, spielerisch, sinnlich etc.) wie wir uns berühren, müssen wir doch ein gutes Paar sein?!" Dieser Typus von Berührungen dient also dazu, eine latente Unsicherheit im eigenen Verhalten (hier die individuelle Partnerwahl) durch anwesende Dritte bestätigen zu lassen.

b. Grenz- bzw. besitzanzeigende Berührungen im Sinne von: „Wir gehören zusammen!", aber auch „Der/Die gehört zu mir!" bzw. „Du gehörst zu mir!" Die hier angesprochene symbolische Dimension öffentlicher Paarberührungen stellt eine wichtige Ergänzung für die Interpretation des vorliegenden Fragebogen-Items dar, weil hier die emotionale Kehrseite von Zusammengehörigkeit anzeigenden

---

14 Hohenester (2000) sieht im Gegensatz zu Lenz (2009) hinsichtlich der „öffentlichen Dokumentation exklusiver Gemeinsamkeit" deutliche Unterschiede zwischen verheirateten und unverheirateten Paaren.

15 Hohenester präzisiert dabei nicht, welche Art von Medium oder Sinneskanal für diese öffentliche Dokumentation genutzt wird: Verbale oder nonverbale Formen, dingliche Symbole wie Ehering oder Partnerlook etc.

16 Goffman (1974: 262ff.) bezeichnet derartige Ausdrucksformen, die eine wie auch immer geartete Beziehung zwischen zwei Akteuren anzeigen, als „Beziehungszeichen". Derartige Beziehungszeichen können in drei Funktionstypen vorliegen: Rituale, Markierungszeichen und Änderungssignale.

Berührungen sichtbar wird. Die Dokumentation des *Zusammengehörens* kann ebenso ein Akt der Nähe wie auch der Grenzziehung sein, wobei die Grenzziehung aus Sicht der Paarbeziehungen sowohl nach außen (d. h. an Dritte) als auch nach innen (an den Partner/die Partner) gerichtet sein kann. Im zweiten Fall lässt sich zugespitzt von einem Besitzanspruch gegenüber dem Partner/der Partnerin sprechen. Goffman (1974: 272ff.) verwendet diesbezüglich den Begriff der „Markierungen": „Als persönlicher Besitz kann aber auch eine Person fungieren, zu der ein Individuum eine enge Beziehung hat, besonders wenn diese andere Person jemand Untergeordnetes ist, und die Aufmerksamkeit dritter Parteien auf sie gerichtet ist. In einem solchen Fall nehmen Markierungen die Form von Beziehungszeichen an, oft solchen, die es dem dominanten Teilnehmer erlauben, die Bewegungen des anderen zu lenken und zu kontrollieren [...]." Durch Goffmans Ausführungen wird deutlich, dass öffentliche Partnerberührungen nicht nur Ausdruck von Nähe und Verbundenheit, sondern auch von Kontrolle und asymmetrischer Rollen- und Machtverteilung sein können.

Ohne Anspruch auf Vollständigkeit der Aufstellung sind m. E. aber zumindest noch zwei weitere wichtige soziale Funktionen von öffentlichen Paarberührungen anzufügen:

c. Rückversichernde Berührungen im Sinne von: „Zum Glück bist Du da, ich fühle mich hier unwohl!" Zur Erläuterung: Rückversichernde Berührungen besitzen gleichsam die komplementäre Funktion der unter Punkt 1 genannten Berührungen. Während verhaltensbestätigende Berührungen Ausfluss der latenten Unsicherheit in der individualisierten Partnerwahl (im Gegensatz zu gestifteten Ehen früherer Gesellschaften) und/oder dem Bedürfnis sozialer Anerkennung sind („Schaut her, was für ein(e) tolle(r) Mann bzw. Frau oder ein tolles Paar!?"), und deshalb die Bestätigung gerade bei den anwesenden Dritten gesucht wird, verhält es sich bei rückversichernden Berührungen genau umgekehrt. Hier sind es gerade die (vielen, unbekannten, unsympathischen etc.) anderen Anwesenden, die Unsicherheit auslösen, und dementsprechend wird die Bestätigung (nicht allein zu sein, richtig zu handeln etc.) bei der vertrauten Person, also der Partnerin/dem Partner gesucht.
d. Abstimmungs-/Aufforderungshandlungen im Sinne von: „Wollen wir gehen?" bzw. „Ich möchte gehen!" Hier besteht die soziale Funktion der Berührungshandlungen in der lautlosen und schnellen Binnenkommunikation des Paares. Im Gegensatz zu den anderen drei genannten Punkten, die nur schwerlich in direkter verbaler Kommunikation oder anderer nonverbaler Form auszudrücken sind, können Abstimmungs-/Aufforderungshandlungen auch sehr gut über andere nonverbale Zeichen geregelt werden. Morris (1978: 88) beschreibt dies treffend anhand der Augenkommunikation von Paaren: „Will ein Ehepaar eine

gesellschaftliche Veranstaltung verlassen, dann kann es sein Aufbrechen mit Hilfe eines kaum wahrnehmbaren Blickkontaktes synchronisieren."

Die vorgängig dargestellten theoretischen Vorüberlegungen zu verschiedenen möglichen sozialen Funktionen und symbolischen Bedeutungsdimensionen von rituellen Berührungen stecken einen breiten (wenngleich bei weitem nicht erschöpfenden) Interpretationsrahmen ab, der nun exemplarisch auf einzelne Ergebnisse der Befragung angewandt werden soll.

Zunächst sollen hierzu nun die Ergebnisse der Befragung in den nachfolgenden Abbildungen 2 und 3 graphisch dargestellt werden. Die prozentualen Häufigkeiten der fünfstufigen Rating-Skalen („unangenehm bis sehr angenehm" bzw. „unwichtig bis sehr wichtig") werden dabei in verschiedenfarbigen Balkensegmenten von links nach rechts abgetragen. Der jeweils am linken Rand des Diagramms angegebene Häufigkeitsmittelwert (wobei die Mittelwerte zwischen $x = 1$ und $x = 5$ liegen können) ermöglicht den schnellen Vergleich zwischen den Antworthäufigkeiten der beiden Teil-Items.

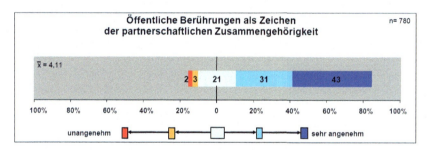

Abb. 2 Öffentliche Zusammengehörigkeitsbekundungen – Teil 1

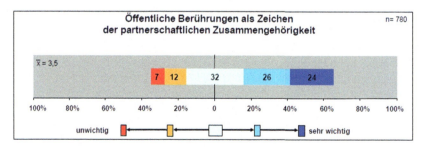

Abb. 3 Öffentliche Zusammengehörigkeitsbekundungen – Teil 2

In beiden Diagrammen veranschaulichen die (bezüglich der Nulllinie) deutlich nach rechts verschobenen Balken bereits auf den ersten Blick: Der überwiegende Teil der Befragten bewertet es als positiv, wenn der Partner/die Partnerin bei öffentlichen Veranstaltungen oder Feiern durch Berührungen sichtbar macht, dass beide ein Paar bilden.

Zu Abbildung 2

Lediglich rund 2 % bzw. 3 % aller Befragten empfinden derartige „Zusammengehörigkeitsberührungen" als „unangenehm" oder „eher unangenehm". Und auch die Mittelkategorie der Antwortskala (als Residualkategorie) für all jene, die unentschieden sind oder sich nicht festlegen wollen, wurde nur von einem Fünftel der Befragten (21 %) gewählt.

Wie lässt sich diese positive Zahlenrelation nun mit Bezug auf die soziale Funktion und symbolische Bedeutung der Berührung interpretieren? Es ist anzunehmen, dass, wenn die dritte zuvor erörterte Funktion, also die besitzanzeigende Funktion, häufiger das Movens für das Verhalten des Partners/der Partnerin wäre, die Bewertung stärker im „unangenehmen Bereich" liegen würde, da die Vermutung, durch den Anderen ‚vereinnahmt' zu werden, mit elementaren Wertvorstellungen moderner Partnerschaften wie Autonomie, Reziprozität und Gleichheit der Partner/innen kollidieren dürfte (vgl. bei Koppetsch 1998: 112ff. die Ausführungen zum Konzept von Liebe und Partnerschaft als Wesensmerkmale moderner Paarbeziehungen). Das Ergebnis legt also dagegen eher den Schluss nahe, dass die nonverbale Dokumentation des „Zusammengehörens" fast ausnahmslos als Ausdruck der partnerschaftlichen Nähe oder als legitime Grenzziehung gegenüber Dritten aufgefasst wird.

Im nächsten Auswertungsschritt wurde eine multiple lineare Regressionsanalyse[17] durchgeführt, um auf diese Art und Weise Annahmen über soziodemographische Unterschiede im Antwortverhalten untersuchen zu können:

So bestand die Vorannahme (meinerseits), dass das Antwortverhalten je nach Dauer der Partnerschaft variieren könnte, weil junge Paare sich entweder weniger trauen, ‚ihre Paarbeziehung sichtbar zu machen' (Unsicherheit bzw. Furcht vor negativer Sanktionierung), oder umgekehrt gerade junge Paare verstärkt die öffentliche Bestätigung der eigenen Partnerwahl suchen („Dein neuer Freund ist ja toll" etc.), während für langjährige Paarbeziehungen der Auftritt als Paar fragloser Alltagsbestandteil und Routine ist. Diese Vermutung bestätigte sich in der statistischen Auswertung jedoch ebenso wenig wie die Vorannahme, dass es Männern

---

17 Berichtet werden nur zentrale Zusammenhänge, die mindestens auf 1 %-Signifikanz-Niveau liegen.

tendenziell unangenehmer erscheinen könnte, öffentlich als Person ‚in Begleitung'
wahrgenommen zu werden als Frauen (kein signifikanter beta-Koeffizient).

Die weiteren in die Regressionsanalyse aufgenommenen unabhängigen Variablen
zeigten ebenfalls keinen signifikanten Einfluss auf die Beurteilung der vorliegenden Frage – mit einer unmittelbar nachvollziehbaren Ausnahme: Je größer die
Partnerschaftszufriedenheit[18], desto angenehmer werden öffentliche Zusammen-
gehörigkeitsanzeigen mittels Berührungen erlebt (beta = 0.14***).

Zu Abbildung 3

Bei der zweiten Teilfrage fällt das Votum gleichfalls überwiegend positiv aus,
wenngleich etwas weniger eindeutig. Denn immerhin 7 % bzw. 12 % der Befragten halten es für „unwichtig" bzw. „eher unwichtig", ob der Partner/die Partnerin
durch Berührungen symbolisch kundtut, dass beide ein Paar sind. Der Anteil an
„Unentschiedenen" ist mit rund einem Drittel der Befragten ebenfalls größer.

Wenig verwunderlich erscheint, dass die beiden Teil-Items der Fragestellung
deutlich miteinander korrelieren (r = 0.65***), also ein linearer Zusammenhang
von „normativer" (wichtig-unwichtig) und sozialer (angenehm-unangenehm) Bewertung festzustellen ist. Das heißt, wer es als wichtig erachtet, dass die Partnerin/
der Partner die gemeinsame Verbundenheit (auch) durch Berührungen öffentlich
anzeigt, der empfindet eine derartige Verhaltensweise tendenziell auch als sozial
angenehm und vice versa.

Auch für die zweite Teilfrage wurde eine multiple lineare Regressionsanalyse
durchgeführt, um multivariate Analysen im Hinblick auf soziodemographische
Unterschiede im Antwortverhalten untersuchen zu können. Hierbei wurden vier
weitere interessante Aspekte sichtbar:[19]

a. Hohenester regte in ihren (bereits weiter oben erwähnten) Ausführungen zur
   „öffentlichen Dokumentation exklusiver Gemeinsamkeit" die Annahme an, ehe-
   liche und nichteheliche Lebensgemeinschaften könnten sich in ihrer Einstellung
   zu „öffentlichen symbolisch-ritualisierten Zusammengehörigkeitsberührungen"
   unterscheiden, da dem Entschluss zur Eheschließung auch das Moment eines
   öffentlichen Bekenntnisses zum anderen innewohne (vgl. Hohenester 2000: 106f.).
   Diese Annahme wird durch die Ergebnisse der Regressionsanalyse nicht gestützt:

---

18 Erfasst wurde die Partnerschaftszufriedenheit mit der langjährig bewährten Relations-
    hip Assessment Scale (RAS) von Hendrick (1988) in der deutschen Übersetzung von
    Hassebrauck (1991).

19 Berichtet werden nur Zusammenhänge, die mindestens auf 1 %-Signifikanz-Niveau
    liegen.

Nichtverheiratete Paare und Verheiratete unterscheiden sich nicht signifikant in ihrer Einstellung zu „öffentlichen symbolisch-ritualisierten Zusammengehörig-keitsberührungen". Die Ergebnisse legen hingegen einen anderen Schluss nahe: Nach dem öffentlich-feierlichen Akt der Hochzeit im Alltag angekommen, scheint das Bedürfnis von Eheleuten, sich öffentlich als Paar zu zeigen, nicht größer oder kleiner zu sein als bei nichtehelichen Lebensgemeinschaften – zumindest was den Ausdruck der Zusammengehörigkeit über Berührungen angeht.

Dieses Ergebnis der vorliegenden Befragung wird im Grundsatz auch durch die Observationsstudie von Guerrero und Andersen (1991/1994) gestützt: Bei 154 gegengeschlechtlichen ‚Paaren', die in einer amerikanischen Großstadt vor Kino oder Zoo in einer Warteschlange standen, wurde zunächst für zwei Minuten deren Berührungsverhalten beobachtet. Im Anschluss wurden die ‚Paare' gebeten, die Art ihrer Beziehungen zu klassifizieren „as ‚not dating', ‚on first date or casually dating', ‚serious dating or engaged', or ‚married'" (Guerrero et al. 1999: 206). Interessanterweise berührten sich die „Serious Daters" rund doppelt so oft wie „Casual Daters" und auch wie Verheiratete. Die Häufigkeit von intendierten wie auch ritualisierten öffentlichen Beziehungszeichen scheint also weniger vom institutionellen Status der Beziehung (also z. B. nichtehelichen Lebensgemeinschaften versus Ehe) als vielmehr von der Ernsthaftigkeit des Beziehungswunsches („Serious Daters") bzw. der Dauer der Paarbeziehung abzuhängen.

b. Im Gegensatz zur ersten Teilfrage erweist sich die Partnerschaftszufrieden-heit bei der zweiten Teilfrage nicht als signifikanter Prädiktor – ein durchaus nachvollziehbares Ergebnis. Denn während die normative Bewertung, ob eine Handlung als wichtig oder unwichtig eingestuft wird, eher Grundsatzcharakter hat, also von situativen und qualitativen Aspekten (wie z. B. dem augenblicklichen Verhältnis zum Partner) stärker absieht, wird die Einordnung einer Verhaltens-weise als angenehm oder unangenehm maßgeblich von derlei situativen bzw. qualitativen Einflussgrößen geprägt.

c. Je häufiger die Partner/innen im Alltag miteinander Kontakt haben, desto wichtiger erscheint es diesen, (auch) mit Berührungen öffentlich zum Ausdruck zu bringen, dass „man ein Paar ist" (beta = 0,15**).

d. Je höher die formale Bildung der Befragten ist, desto geringer ist der Stellenwert „öffentlicher Zusammengehörigkeitsberührungen".[20] Dieses robuste, zunächst

---

20 Für die Regressionsanalyse wurden vier binäre Bildungsvariablen (im Sinne von Dummy-Variablen) erzeugt: Hauptschul-, Realschulabschluss; (Fach-)Abitur und Hoch-schulabschluss. Die drei erstgenannten wurden in die Regressionsrechnung einbezogen. Bei den Variablen und Hauptschul-, Realschulabschluss zeigen sich signifikante, positive

so nicht erwartete Wirkungsverhältnis spiegelt sich auch eindrücklich in den prozentualen Antworthäufigkeiten: So bezeichnen nur 17,7 % der Akademiker/innen, aber 40,6 % der Befragten mit Hauptschulabschluss derartige Berührungen als sehr wichtig, bei nahezu identischem Anteil an „wichtig-Nennungen" (25,9 % bzw. 25 %).

Eine Deutung dieses Ergebnisses scheint möglich, wenn man (ergänzend zum eingangs abgesteckten Interpretationsrahmen) den Zusammenhang von „Partnerschaftsideologie(n) und Milieu" (vgl. Burkart 1997: 181ff.) betrachtet. Burkart nimmt diesbezüglich an, „daß die gegenseitige Durchdringung von Partnerschafts- und Geschlechtsnormen sowie die Diskrepanz zwischen Diskurs und Normen milieu-spezifisch und historisch variabel sind. Geschlechtsnormen in Paarbeziehungen unterscheiden sich [...] vor allem zwischen großstädtischem Akademiker- und Alternativ-Milieus auf der einen, kleinstädtisch-ländlichen Milieus einfacher Angestellter sowie von Arbeitern auf der anderen Seite" (Burkart 1997: 181). Und später ergänzt Burkart: „Nur im Akademikermilieu ist der Individualisierungsprozess soweit fortgeschritten, dass man geradezu von einem individualisierten Milieu sprechen kann" (Burkart 1997: 273). In anderen, bildungsferneren oder ländlicheren Milieus hingegen seien traditionelle Partnerschafts- und Geschlechterrollen, die die Autonomie und Individualität der Partner/innen weniger betonen, nach wie vor prägend.[21] Das vorliegende Ergebnis, wonach Akademiker/innen der öffentlich sichtbaren Bekundung des „Zusammengehörens" geringeres Gewicht als Personen mit Hauptschul- oder Realschulabschluss einräumen, kann also ohne weiteres als Auswirkung dieses individualisierteren Partnerschaftskonzeptes interpretiert werden, während es in traditionelleren Konzepten nach wie vor wichtig ist zu zeigen, „zu wem man gehört". Eine Begründung des vorliegenden Ergebnisses durch – in verschiedenen Bildungsmilieus – divergierende Geschlechtsrollen von Männern und Frauen scheint demgegenüber auszuscheiden, da sich kein Einfluss der erhobenen Geschlechtsvariable auf das Antwortverhalten zeigte.[22]

---

beta-Koeffizienten (0.21** und 0.11*), d.h. diese beiden Gruppen halten öffentliche Zusammengehörigkeitsbekundungen vermittels Berührungen – im Vergleich zu Personen mit (Fach-) Hochschulabschluss – für wichtiger.

21　Diese deutlichen Unterschiede zwischen verschieden soziokulturellen Milieus führt Burkart gegen die – seiner meiner Meinung nach zu pauschal formulierte – „Individualisierungsthese" ins Feld (vgl. Burkart 1997: 273ff.).

22　Ein letztes Ergebnis der Regressionsanalyse erscheint hingegen inhaltlich nicht auf Anhieb zu erklären: Gläubige Katholiken geben im Vergleich zu gläubigen Protestanten und Nichtgläubigen signifikant häufiger an, dass es ihnen wichtig sei, (auch) durch

4   Fazit

Spätestens seit den Arbeiten von Goffman (1967/1994) oder Bourdieu (1987) scheint die grundsätzliche Bedeutung des *Körpers als rituellem Medium* unbestritten. Rituale bzw. Ritualisierungen vollziehen sich also mitnichten nur in Sprachhandlungen, sondern ebenso oder sogar zuvorderst auch in nonverbal-verkörperten Handlungen. Ein zweiter Aspekt, der heute als zentrales gemeinsames Definiens in Ritualtheorien verschiedenster Provenienz sichtbar wird, ist der *Symbolcharakter von Ritualen*. Und gerade im gemeinsamen Vollziehen von solchen symbolhaft erlebten Handlungen entsteht die besondere, gemeinschaftsstiftende Wirkung von Ritualen.

Wie aber kann ein Körper „ganz konkret" rituell/ritualisiert handeln beziehungsweise als Medium für symbolische Handlungen dienen? Um diese Frage zu untersuchen, nimmt der vorliegende Beitrag *Berührungen als bisher kaum beachtetes Körpermedium für Rituale* in den Blick und wertet dafür ausgewählte Teilergebnisse meiner empirischen Studie zu *Alltagsberührungen in Paarbeziehungen* aus. Hierbei wird deutlich, dass Berührungen quer durch alle Bevölkerungsgruppen als wichtiges und sozial adäquates „angenehmes" Medium eingestuft werden, um (ritualisiert oder auch intendiert/inszeniert) das „Zusammensein als Paar" für andere symbolisch sichtbar zu machen. Die negativ konnotierte Seite hingegen, dass mit dem Sichtbarmachen von Zusammengehörigkeit zugleich auch ein Markieren von Grenzen oder Besitzansprüchen – nach innen oder außen („Du gehörst zu mir'" bzw. „Er/Sie gehört zu mir!") – geschehen kann, scheint angesichts der vorliegenden Daten nicht von Bedeutung.

Literatur

Anzieu, Didier (1991). *Das Haut-Ich*. Frankfurt am Main: Suhrkamp.
Argyle, Michael (2002). *Körpersprache und Kommunikation*. 8. Auflage. Paderborn: Junfermann-Verlag.
Birnbaum, Anke (2012). *Rituale im Alltag von Paaren. Perspektiven für die psychologische Paarforschung*. Kröning: Asanger Verlag.
Blinkert, Baldo (2003). *Jugendstudie für den Landkreis Waldshut. Ressourcen, Habitus und Praxis von Jugendlichen: Freizeit, Gewalt und Drogen*. Freiburger Institut für angewandte Sozialwissenschaft e.V. (FIFAS).

Körperberührungen öffentlich zum Ausdruck zu bringen, dass „man zusammengehört" (beta = 0,13**).

Burkart, Günter (1997). *Lebensphasen – Liebesphasen: vom Paar zur Ehe, zum Single und zurück?* Opladen: Leske & Budrich.

Bourdieu, Pierre (1987). *Sozialer Sinn. Kritik der theoretischen Vernunft.* Frankfurt am Main: Suhrkamp.

Dücker, Burckhard (2007). *Rituale. Formen – Funktionen – Geschichte. Eine Einführung in die Ritualwissenschaft.* Stuttgart; Weimar: Verlag J.B. Metzler.

Freud, Sigmund (1940). *Das Es und das Ich.* Gesammelte Werke Band XIII. Frankfurt am Main: S. Fischer Verlag.

Forgas, Joseph P. (1999). *Soziale Interaktion und Kommunikation: Eine Einführung in die Sozialpsychologie.* Weinheim: Beltz, Psychologie-Verlags-Union

Gibson, James J. (1962). *Observations on Active Touch.* Psychological Review, Vol. 69, No. 6, 477–491.

Goffman, Erving (1974). *Das Individuum im öffentlichen Austausch. Mikrostudien zur öffentlichen Ordnung.* Frankfurt am Main: Suhrkamp. (Englische Originalausgabe 1971: Relations In Public: Microstudies Of The Public Order).

Goffman, Erving (1967/1994). *Interaktionsrituale: über Verhalten in direkter Kommunikation.* 3. Auflage. Frankfurt am Main: Suhrkamp. [Originaltitel: Interaction Ritual 1967]

Grimes, Ronald (2006). Typen ritueller Erfahrung. In: Belliger, Andrea & Krieger, David. J. (Hg.), *Ritualtheorien. Ein einführendes Handbuch.* 3. Auflage. Wiesbaden: VS Verlag, 117–133.

Grunwald, Martin (2001). Begriffsbestimmungen zwischen Psychologie und Physiologie. In: Grunwald, Martin & Beyer, Lothar (Hg.), *Der bewegte Sinn: Grundlagen und Anwendungen zur haptischen Wahrnehmung.* Basel, Boston, Berlin: Birkhäuser Verlag, 1–14.

Grunwald, Martin (2008). *Human Haptic Perception – Basics and Applications.* Basel; Boston; Berlin: Birkhäuser Verlag.

Grunwald, Martin (2012). Das Sinnessystem Haut und sein Beitrag zur Körper-Grenzerfahrung. In: Schmidt, Renate-Berenike & Schetsche, Michael (Hg.), *Körperkontakt – Interdisziplinäre Erkundungen.* Gießen: Psychosozial-Verlag, 29–54.

Guerrero, Laura K. & Andersen, Peter A. (1991). *The Waxing and Waning of Relational Intimacy: Touch as a Function of Relational Stage, Gender, and Touch Avoidance.* Journal of Persoanl and Social Relationships, 8, 147–165.

Guerrero, Laura K. & Andersen, Peter A. (1994). *Patterns of Matching and Initiation: Touch Behaviour and Touch Avoidance Across Romantic Relationship Stages.* Journal of Nonverbal Behavior, Vol. 18, No. 2, 137–153.

Guerrero, Laura K., DeVito, Joseph A. & Hecht, Michael L. (Hg.) (1999). *The Nonverbal Communication Reader. Classic and Contemporary Readings. Second Edition.* Illinois: Waveland Press.

Gugutzer, Robert (2004). *Soziologie des Körpers.* Bielefeld: transcript.

Gugutzer, Robert (2012). *Verkörperungen des Sozialen. Neophänomenologische Grundlagen und soziologische Analysen.* Bielefeld: transcript.

Hassebrauck, Manfred (1991). ZIP – Ein Instrumentarium zur Erfassung der Zufriedenheit in Paarbeziehungen. *Zeitschrift für Sozialpsychologie,* 256–259.

Hendrick, Susan S. (1988). A Generic Measure of Relationship Satisfaction. *Journal of Marriage and the Family,* 50, 392-402.

Henley, Nancy M. (1988). *Körperstrategien. Geschlecht, Macht und Nonverbale Kommunikation.* Frankfurt am Main: Fischer Taschenbuch Verlag. (Englische Originalausgabe 1977: „Body Politics").

Heslin, Richard (1974). *Steps Toward a Taxionomy of Touching. Paper presented at the Western Psychological Association,* Chicago.

Hohenester, B. (2000). *Dyadische Einheit: zur sozialen Konstitution der ehelichen Beziehung.* Konstanz: UVK, Universitäts-Verlag.

Husserl, Edmund (1973). *Zur Phänomenologie der Intersubjektivität.* Texte aus dem Nachlass. Dritter Teil: 1929–1935. Kern, Iso (Hg.): Husserliana. Band XV. Den Haag: Nijhoff.

Koppetsch, Cornelia (1998). Liebe und Partnerschaft: Gerechtigkeit in modernen Paarbeziehungen. In: Burkart, Günter & Koppetsch, Cornelia (1998), *Liebe am Ende des 20.Jahrhunderts. Studien zur Soziologie intimer Beziehungen.* Opladen: Leske & Budrich.

Kraft-Alsop, Christiane (1996). *Dinge, Orte, Paare: zur Bedeutung von Objekten, Orten und Zeremonien im Leben von Paaren.* Münster; New York; München: Waxmann.

Lindemann, Gesa (2005). Die Verkörperung des Sozialen. Theoriekonstruktion und empirische Forschungsperspektiven. In: Schroer, Markus (Hg.), *Soziologie des Körpers.* Frankfurt am Main: Suhrkamp, 114–138.

Lenz, Karl (2009). *Soziologie der Zweierbeziehung: eine Einführung.* 4. Auflage. Opladen; Wiesbaden: Westdeutscher Verlag.

Loenhoff, Jens (2001). *Die kommunikative Funktion der Sinne: theoretische Studien zum Verhältnis von Kommunikation, Wahrnehmung und Bewegung.* Konstanz: UVK.

Mayo, Clara & Henley, Nancy M. (Hg.)(1981): *Gender and Nonverbal Behavior.* New York; Heidelberg; Berlin: Springer.

Merleau-Ponty, Maurice (1964). *Das Sichtbare und das Unsichtbare.* München: Fink.

Maier, Maya S. (2007). *Paaridentitäten. Biografische Rekonstruktionen homosexueller und heterosexueller Paarbeziehungen im Vergleich.* Weinheim, München: Juventa.

Meyer, Susanne (2001). *Produkthaptik. Messung, Gestaltung und Wirkung aus verhaltenswissenschaftlicher Sicht.* Wiesbaden: Deutscher Universitäts-Verlag.

Morris, Desmond (1978). *Der Mensch mit dem wir leben. Ein Handbuch unseres Verhaltens.* München: Droemer Knaur.

Otterstedt, Carola (2003). Der heilende Prozess in der Interaktion zwischen Mensch und Tier. In: Olbrich, Erhard (Hg.), *Menschen brauchen Tiere: Grundlagen und Praxis der tiergestützten Pädagogik und Therapie.* Stuttgart: Kosmos, 58–67.

Palágyi, Menyhért (1925). *Wahrnehmungslehre. Mit einem Vorwort von Ludwig Klages.* Leipzig: C. G. Röder.

Platvoet, Jan (2006). Das Rituale in pluralistischen Gesellschaften. In: Belliger, Andrea & Krieger, David. J. (Hg.), *Ritualtheorien. Ein einführendes Handbuch.* 3. Auflage. Wiesbaden: VS Verlag, 173–190.

Riedel, Matthias (2012): Soziologie der Berührung und des Körperkontaktes. In: Schmidt, Renate-Berenike & Schetsche, Michael (Hg.), *Körperkontakt – Interdisziplinäre Erkundungen.* Gießen: Psychosozial-Verlag, 77–105.

Riedel, Matthias (2008). *Alltagsberührungen in Paarbeziehungen. Empirische Bestandsaufnahme eines sozialwissenschaftlich vernachlässigten Kommunikationsmediums.* Wiesbaden: VS Verlag.

Schmidt, Gunter (1996). *Das Verschwinden der Sexualmoral. Über sexuelle Verhältnisse.* Hamburg: Ingrid Klein Verlag.

Simmel, Georg (1908). *Soziologie. Über die Formen der Vergesellschaftung.* Berlin: Duncker & Humblot Verlag.

Soeffner, Hans-Georg (1992). *Die Ordnung der Rituale – Die Auslegung des Alltags.* Band 2. Frankfurt am Main: Suhrkamp Verlag.

Stupperich, Alexandra (2012). Körperkontakt zwischen Mensch und Tier. In: *Körperkontakt – Interdisziplinäre Erkundungen.* (Hg.) Schmidt, Renate-Berenike & Schetsche, Michael. Gießen: Psychosozial-Verlag, 237–250.

Wagener, Uta (2000). *Fühlen-Tasten-Begreifen. Berührung als Wahrnehmung und Kommunikation.* Bibliotheks-/Informationssystem der Universität Oldenburg.

Wulf, Christoph (2003). Performative Macht und praktisches Wissen im rituellen Handeln. In: Rehbein, Boike, Saalmann, Gernot & Schwengel, Hermann (Hg.), *Pierre Bourdieus Theorie des Sozialen. Probleme und Perspektiven.* Konstanz: UVK Verlag, 173–186.

Wulf, Christoph (2004). Ritual, Macht und Performanz. Die Inauguration des amerikanischen Präsidenten. In: Wulf, Christoph & Zirfas, Jörg (Hg.), *Die Kultur des Rituals: Inszenierungen, Praktiken, Symbole.* München: Wilhelm Fink Verlag.

Wulf, Christoph, Althans, Birgit, Audehm, Kathrin, Bausch, C., Göhlich, Michael, Sting, Stephan, Wagner-Willi, Monika & Zirfas, Jörg (2001) (Hg.), *Das Soziale als Ritual. Zur performativen Bildung von Gemeinschaften.* Opladen: Verlag Leske & Buderich.

Teil 2
Rhythmus als Abstimmungsmodus in Interaktionsritualen – Zur IRC-Theorie von Randall Collins

Klassengespräche
Gruppendiskussionen über Filme aus der Perspektive der Theorie der Interaktionsrituale

Jörg Rössel

Zusammenfassung

In der von Randall Collins entwickelten Theorie der Interaktionsrituale, die in diesem Beitrag vorgestellt wird, ist zentral, dass Akteure in Interaktionen zwei Ressourcen erwerben können: emotionale Energie und kulturelles Kapital. Diese prägen wiederum deren zukünftiges Verhalten. In Gruppen mit einer ungleichen Ressourcenverteilung prognostiziert Collins die Entwicklung von Machtritualen, in denen die ressourcenstärkeren Akteure dominieren, während sich in homogen zusammengesetzten Gruppen stärker solidarische Statusrituale ergeben sollten. Diese Hypothese wurde empirisch auf der Grundlage einer Analyse von Gruppendiskussionen unter Lehrlingen und Studierenden untersucht. In Machtritualen zeigt sich tatsächlich in sehr viel höherem Maße kompetitives und dominantes Verhalten der Teilnehmer. Dieses kann durch deren Ressourcenausstattung erklärt werden.

1 Einleitung

Zu den Pionieren der Wiederentdeckung von Emotionen und anderen körperlichen Phänomenen in der neueren Soziologie gehört Randall Collins (vgl. Gerhards 1988; Rössel 1999, 2006; Flam 2002). Dabei gilt sein Interesse aber nicht in erster Linie der Soziologie der Emotionen als spezieller Soziologie, sondern der Bedeutung von affektiven Phänomenen in den Grundlagen der Sozialtheorie. Daher interpretiert Collins klassische soziologische Theorien quasi gegen den Strich und arbeitet die implizit darin vorhandenen affektiven Bezüge heraus. Auf dieser Grundlage hat er eine Theorie der Interaktionsrituale entwickelt, die – anders als der Name andeutet – eine allgemeine Theorie sozialer Interaktion darstellt (umfassend Collins 2004).

In deren Zentrum steht als dynamisches Element das Konzept der „emotionalen Energie" von Akteuren, das die affektiven Grundlagen von sozialer Interaktion einerseits und von Vergesellschaftungsprozessen andererseits erfassen soll. Damit zielt Collins auf eine mikrotheoretische Ergänzung der überwiegend makrosoziologisch ausgerichteten Konflikttheorie. Diese hat in den vergangenen Jahrzehnten wesentliche Beiträge zur Entwicklung einer realitätsnahen Makrosoziologie in verschiedenen Bereichen vorgelegt, die von der Erklärung von Revolutionen (Skocpol 1979), der Dynamik sozialer Bewegungen (Jenkins 1983) und der Erklärung sozialer Differenzierung (Rüschemeyer 1986) über die Entstehung von Demokratien (Rüschemeyer et al. 1992) und die Determinanten kultureller Entwicklungen (Wuthnow 1993) bis hin zu langfristigen Analysen der Entwicklung sozialer Machtstrukturen (Mann 1986) reichen. Die Theorie der Interaktionsrituale soll aus Collins' Sicht für diese makrosoziologischen Erklärungen eine mikrotheoretische Grundlage herstellen und erklären, was Gesellschaften als Netzwerke von ungleichen und konfligierenden Gruppen, Akteuren und Organisationen einerseits zusammenhält und andererseits in Konflikte treibt (Collins 2004: 40-41).

Die Theorie der Interaktionsrituale soll im Zentrum dieses Beitrags stehen. Nach zahlreichen Vorarbeiten und wegweisenden Beiträgen, die Collins seit den frühen 1980er Jahren publiziert hat, wurde sie in seinem Werk „Interaction Ritual Chains" (Collins 2004) erstmals umfassend dargestellt. Dies hat nicht nur zu einer breiteren Rezeption geführt, sondern auch zu einer, wenn auch bisher nur zaghaften, etwas stärkeren Anwendung in der empirischen Forschung (Barone 2007; Cottingham 2012; Hausman et al. 2011; Heider und Warner 2010; Maloney 2013; Metiu und Rothbard 2013; Parker und Hackett 2012; Summers-Effler 2010; Wollschleger 2012). An dieser Stelle setzt auch der vorliegende Text an. Im Anschluss an eine Darstellung der Grundlagen und Hauptelemente der Theorie der Interaktionsrituale (2.) wird eine empirische Studie vorgestellt, die einige ihrer Schlussfolgerungen empirisch prüfen soll. Dabei soll es vor allem um die Rolle von Machtunterschieden und Ressourcenausstattungen von Akteuren für den Verlauf von Interaktionsprozessen gehen. Während interaktionistischen Theorien häufig vorgehalten wurde (Giddens 1984; Bourdieu und Wacquant 1993), dass sie Aspekte von Konflikt, Macht und Herrschaft ausblenden, hat Collins diese Elemente konsequent in seine Theorie integriert, so dass dieser Aspekt hier im Zentrum der empirischen Studie stehen soll. Es handelt sich um eine Auswertung von Gruppendiskussionen über Filme unter Studierenden und Lehrlingen, die in den Abschnitten 3 und 4 dieses Beitrags dargestellt wird. In den Resultaten zeigt sich, wie in der Collins'schen Theorie prognostiziert, die deutliche Relevanz von Macht- und Konfliktaspekten für den Verlauf und die Qualität von Interaktionsritualen.

2 Theorie der Interaktionsrituale

2.1 Theoretische Voraussetzungen

Die Theorie der Interaktionsrituale ist ohne eine Betrachtung der methodologischen und wissenschaftstheoretischen Grundhaltung von Collins kaum verständlich. Wie im Untertitel seines Buches „Conflict Sociology. Towards an Explanatory Science" (1975) deutlich wird, ist er grundsätzlich an einer Soziologie interessiert, die soziale Prozesse und Strukturen systematisch erklären kann (Collins 2012: 33-60). Diese Grundorientierung verknüpft er aber gleichzeitig mit einer großen Offenheit gegenüber theoretischen Ansätzen und methodologischen Perspektiven, die häufig eher im Gegensatz zu einer erklärenden Soziologie gesehen werden, seien dies mikrotheoretische Perspektiven wie die Ethnomethodologie und der Symbolische Interaktionismus oder qualitative Methoden der Datenerhebung und -auswertung. Die theoretische und methodologische Offenheit zeigt sich auch in der Theorie der Interaktionsrituale, die Elemente aus den genannten mikrosoziologischen Theorien mit einem dezidierten Erklärungsanspruch verbindet. Dieser wird beispielsweise dadurch ersichtlich (Collins 2012: 99-120), dass Collins seine Theorie, wie er es auch schon für die Theorien von Marx (Collins/Hannemann 1986) und Weber (Collins et al. 1995) getan hat, in eine formalisierte Computersimulation übersetzt. Dies verdeutlicht zugleich die theoretische und methodologische Breite seiner erklärenden Soziologie, die mit der Verbindung von qualitativen Methoden auf der einen Seite und formalen Modellen auf der anderen Seite keine Probleme hat.

Seinen eigenen Versuch einer Mikrofundierung der stark makrosoziologisch ausgerichteten Konflikttheorie sieht Collins dementsprechend auch als einen Beitrag zur Vergrößerung der Erklärungskraft dieser Theorie. Daneben spricht für ihn allerdings noch ein zweites Argument für die Mikrofundierung: Empirische Studien und Beobachtungen im engeren Sinne sind für Collins nur im Mikrobereich, also in raumzeitlich kleinen Einheiten möglich. Nur in diesem Bereich machen Menschen Erfahrungen und handeln: Sie sitzen an Tischen, lesen Bücher, fahren mit Autos, haben einen Ehestreit oder führen eine teilnehmende Beobachtung in einer Fabrik durch (Collins 2012: 61-97, 1988: 244). Neben dieser ethologischen Wendung auf beobachtbares Verhalten fundiert Collins seine Argumentation in der Position der Ethnomethodologie, indem er deren Konzept der ethnomethodologischen Indifferenz bzw. der Ausklammerung aufnimmt und radikalisiert. Dieses schließt aus, dass der Beobachter einer Situation das Verhalten der daran beteiligten Personen aufgrund seiner Vorannahmen über soziale Strukturen oder Normen erklärt, die über die Situation hinausgehen (Heritage 1987: 231). Collins betrachtet daher die in zahlreichen soziologischen Theorien postulierten sozialen

Normen und Regeln als makrosoziologische Präsuppositionen, mit deren Hilfe man vielleicht empirische Regelmäßigkeiten in Situationen beschreiben, aber nur sehr bedingt erklären kann (Collins 2012: 61-97). Im Sinne der ethnomethodologischen Indifferenz gültige empirische Studien und soziologische Erklärungen lassen sich daher nur auf der Basis von Begriffen formulieren, die sich auf in Interaktionssituationen beobachtbare Phänomene beziehen.

2.2   Mikro und Makro

In Collins' Theorie stehen die Begriffe Mikro und Makro nicht für entgegensetzte substantielle Bereiche des Sozialen – verdeutlicht etwa durch Gegenüberstellungen von Begriffen wie Akteur und System oder Handlung und Struktur – sondern sie stellen lediglich Ausschnitte aus dem raumzeitlichen Kontinuum des Sozialen dar (Collins 2012: 61-97). Dieses reicht von außerordentlich kleinen Gegenständen wie der nonverbalen Kommunikation durch Augenbewegungen bis hin zu sehr großen wie der langfristigen Entwicklung von Zivilisationen oder Weltsystemen. Direkte empirische Studien und Beobachtungen sind allerdings nur in mikrosoziologischen Kontexten möglich. Klassen oder Weltsysteme sind der direkten Beobachtung nicht zugänglich. Die Soziologie sollte daher versuchen, ihre Konzepte und Theorien in direkten empirischen Beobachtungen, also auf der Mikroebene der handelnden Akteure und Körper zu fundieren.

Wenn in der Soziologie lediglich die Verwendung von Begriffen zugelassen ist, die beobachtbare Eigenschaften von Situationen beschreiben, dann können makrosoziologische Aussagen prinzipiell nur noch die Verteilung der Häufigkeit von Situationen mit bestimmten Eigenschaften in Zeit und Raum betreffen. Alle anderen Begriffe oder Variablen auf der Makroebene lassen sich letztlich nur als typisierende Konzepte begreifen, die sich in relativ unscharfer Weise auf Aggregationen von Mikrosituationen beziehen. Collins hält es dennoch für notwendig, Makrosoziologie zu betreiben. Diese muss aber so weit wie möglich versuchen, ihre Ergebnisse in mikrosoziologischen Konzepten zu fundieren, das heißt, makrosoziologische Begriffe und Strukturen sollen, wenn möglich, in ihre mikrosoziologischen Bestandteile übersetzt werden (Collins 1988: 246-247). Allerdings steht für Collins fest, dass diese Mikrofundierung nicht vollständig durchgeführt werden kann, da sonst jede makrosoziologische Studie einen ungeheuren Zeitaufwand erfordern würde und sich in repetitiver Weise mit immer gleichen Mikrosituationen zu beschäftigen hätte. In der Makrosoziologie ist es daher nötig, zu typisieren und auf aggregierte Zusammenhänge zurückzugreifen (Collins 2012: 42). Zentrales Anliegen dieser Konzeption der Mikroübersetzung ist dabei nicht die Deskription der mikrosoziologischen Gegenstücke makrosoziologischer Termini, sondern die Verknüpfung makrosoziologischer Generalisierungen mit mikrosoziologischen Theorien (Collins 1988: 246).

2.3 Verwurzelung im Interaktionismus

In seinem Versuch, eine mikrotheoretische Grundlage der Konflikttheorie zu konzeptualisieren, hat Randall Collins an mindestens drei – meist interaktionistische – Theorierichtungen angeknüpft. Diese Theorien nehmen ihren Ausgang – wie der Name schon nahelegt – von der Betrachtung der Interaktion zwischen Personen und den damit einhergehenden Interpretations- und Aushandlungsprozessen und Gefühlen.

a. Er betrachtet im Anschluss an die Ethologie das menschliche im Vergleich zum tierischem Verhalten und kommt zu der These, dass gesellschaftliche Bindungen kein spezifisch menschliches Phänomen seien und daher auch nicht auf der Basis der höheren kognitiven Fähigkeiten der Menschen erklärt werden können. Dies wird auch durch zahlreiche Studien aus der Perspektive des Interaktionismus nahegelegt, welche die These vertreten, dass Personen auf der Basis von Routinen handeln und ihre kognitiven Fähigkeiten nur in seltenen Fällen wirklich in ihrem sozialen Handeln nutzen. Collins schlussfolgert daraus, dass soziale Phänomene nicht auf der Basis der kognitiven Fähigkeiten des Menschen erklärt werden können, sondern dass soziale Bindungen und Beziehungen primär auf emotionalen Grundlagen aufruhen, die wiederum körperlich verwurzelt sind. Im Zentrum seiner Theorie steht also die Vorstellung, dass auch wir als Soziologen es mit handelnden Organismen zu tun haben, deren Verhalten grundlegend von affektiven Phänomenen und nicht von kognitiven Prozessen gesteuert wird (Collins 2012: 61-97).

b. Auch von der Ethnomethodologie übernimmt Collins die Einsicht, dass Handlungsroutinen weniger kognitiv als emotional abgestützt sind. Harold Garfinkel, der Hauptexponent dieser Theorierichtung, hat in seinen Krisenexperimenten nachweisen können, dass Menschen auf die Verletzung eigentlich trivialer, aber tiefverwurzelter und selbstverständlicher Routinen mit ausgesprochener emotionaler Verunsicherung oder sogar Empörung reagieren und sich bis zuletzt darum bemühen, den Anschein der Normalität und einer konsistenten Stimmung zu bewahren (Collins 1975: 89). Selbst als Reaktion auf eigentlich harmlose Nachfragen zeigte sich die Verunsicherung der Akteure an der Veränderung ihrer Stimmen, ihrem Gesichtsausdruck und ihrer Körperhaltung (Garfinkel 1967).

c. Eine brauchbare Perspektive für die Erklärung sozialen Handelns findet Collins schließlich im Begriff des Rituals bei Émile Durkheim und Erving Goffman. Beide haben gezeigt, dass auch alltägliche Handlungen als Rituale betrachtet werden können. Zentral ist dabei die Annahme, dass Ablauf und Konsequenzen von Ritualen in hohem Maße relevant für die Gefühle und Stimmungen der beteiligten Akteure sind. Insbesondere Durkheims Analyse der religiösen Rituale der australischen indigenen Bevölkerung, die in Zuständen kollektiver Efferveszenz gipfeln und in einer Reproduktion des sozialen Zusammenhalts der Gruppen resultieren, war für Collins' Theorieentwicklung zentral (Collins 2012: 61-97). Insofern findet sich hier der entscheidende Ausgangspunkt für eine Sozialtheorie, die den menschlichen Emotionen eine zentrale Rolle zuspricht.

Von diesen Bezugspunkten aus entwickelt Collins seine Theorie der Interaktionsrituale. Sie betrachtet emotionale Prozesse als zentral für die Dynamik und Erklärung menschlichen Handelns, während sie kognitiven Phänomenen wie Normen oder rationalen Abwägungen eine untergeordnete Rolle zuspricht.

2.4 Elemente der Theorie der Interaktionsrituale

Die Dynamik von Mikrosituationen lässt sich nach Collins am besten mit Hilfe der Theorie der Interaktionsrituale erklären. Deren Ablauf ist von vier Bedingungen abhängig. Sind diese Bedingungen gegeben, dann erzeugen Interaktionsrituale bestimmte rituelle Ergebnisse, von Gruppensolidarität und gemeinsamen Symbolen bis hin zu positiven Emotionen bei den Beteiligten. In diesem Fall kann von einem gelungenen Interaktionsritual gesprochen werden.

a. Es müssen mindestens zwei Personen versammelt sein. Ihre physische Präsenz ist die zentrale Grundlage für gelingende Interaktionsrituale. Die Zahl der versammelten Menschen ist eine Determinante der Intensität ritueller Erlebnisse. In einigen empirischen Studien auf der Grundlage der Theorie der Interaktionsrituale wird allerdings in Frage gestellt, in welchem Maße tatsächlich eine physische Kopräsenz eine zwingende Voraussetzung gelingender Interaktionen darstellt (Metiu und Rothbard 2013; Maloney 2013). So zeigen Metiu und Rothbard (2013) in einer Analyse von Interaktionen in Entwicklungsabteilungen von Softwarefirmen, dass hier intensive und fokussierte Arbeitszusammenhänge auch trotz fehlender physischer Präsenz zustande kommen. In anderen Untersuchungen wird dagegen gerade die Rolle der gemeinsamen physischen Anwesenheit von Sängern in einem Chor oder von Sportfans deutlich gemacht

(Cottingham 2012; Heider/Warner 2010). Bei der Bedeutung der körperlichen Präsenz für die Herstellung von rituellen Ergebnissen handelt es sich um eine zentrale Frage für die weitere empirische Erforschung von Interaktionsritualen.

b. Es muss eine klare Abgrenzung der Situation und der versammelten Personen gegenüber der äußeren Umwelt des Interaktionsrituals geben, die zum Teil auch wiederum rituell hergestellt werden kann (Collins 2012: 99-119; siehe auch Lawrence 2004: 118).

c. Ein gemeinsamer Fokus auf eine Sache, sei es eine Zeremonie oder ein Gegenstand, muss vorhanden sein. Dabei ist weniger der Gegenstand von Bedeutung als die Tatsache, dass ein gemeinsamer Fokus existiert und die Akteure diesen gemeinsamen Fokus wahrnehmen. Wie bei Bedingung 1 kann auch diese Determinante freilich in ihrer Stärke variieren. Je höher die Gemeinsamkeit der Konzentration, desto höher wird die Ritualität der Interaktion sein. Vor allem die kulturelle Ähnlichkeit der Interaktionspartner erhöht die Wahrscheinlichkeit, dass ein gemeinsamer Fokus entsteht.

d. Eine weitere Bedingung für ein gelingendes Interaktionsritual ist erstens die Stimmung, mit der sich die Akteure in eine Situation hineinbegeben, und zweitens die Entwicklung der affektiven Stimmung während der Interaktion selbst. Je homogener die Stimmung, desto intensiver wird auch das rituelle Erlebnis.

Es ist offensichtlich, dass sich alle Interaktionen mit Hilfe dieser Variablen charakterisieren lassen. Collins illustriert dies paradigmatisch am Beispiel des Geschlechtsverkehrs: die physische Kopräsenz von mindestens zwei Personen ist eine zentrale Voraussetzung, dazu kommt ein wechselseitiger Fokus der Aufmerksamkeit, der sich auf die beiden Körper und die auf sie bezogenen Handlungen richtet, ein gemeinsamer Grad von sexueller Erregtheit und schließlich sind sexuelle Interaktionen typischerweise auch strikt gegen außen abgegrenzt (Collins 2004: 231).

Wenn diese Bedingungen gegeben sind, kann sich im Verlauf der Interaktionsrituale eine rhythmische Abstimmung zwischen den beteiligten Akteuren entwickeln. Collins geht von der anthropologischen Grundannahme aus, dass Menschen Genuss am gegenseitigen emotionalen Mitreißen in Interaktionen empfinden (Collins 2004: 227). Dieses kann sich an der Koordination der Stimmfrequenzen, einem flüssigen Wechsel der Gesprächsbeitrage ohne größere Pausen, aber auch ohne gegenseitiges Unterbrechen, der Abstimmung der körperlichen Bewegungen, bis hin zum systematischen Aufeinandereinstellen der Körper wie beim Tanz oder Sport zeigen. So kommt diese rhythmische Synchronisierung beispielsweise in sexuellen Interaktionen in der gleichzeitigen Veränderung von körperlichen Prozessen wie Herzschlag, Blutdruck und Atmung zum Ausdruck (Collins 2004: 233). Dabei ist für die charakteristische Perspektive der Theorie der Interaktionsrituale wichtig, dass sie nicht allein die auffälligen oder dramatischen Abstimmungsprozesse in den Vordergrund rückt, sondern diese rhythmische Koordination in allen gelingenden Interaktionsprozessen erwartet. Es geht also nicht primär oder ausschließlich um Phänomene wie den Tanz, den Sport oder die Sexualität, bei denen offensichtlich ist, dass hier körperliche Bewegungen synchronisiert werden. Auch die viel weniger auffällige und weniger spektakuläre Koordination der körperlichen Bewegungen beim gemeinsamen Decken des Tisches oder in einer Gesprächsrunde sind zentral für die Analyse der rhythmischen Koordination von Handlungen. Darüber hinaus berücksichtigt Collins in seinen theoretischen Ausführungen die körperliche Beteiligung an Interaktionen immer in einem umfassenden Sinne; neben physischen Bewegungen in einem engen Sinne gehören das Sprechen, die Stimme, das Anblicken und die Gesichtsausdrücke zu einer vollständigen Betrachtung der rhythmischen Synchronisation von handelnden Körpern in Interaktionsritualen.[1] Je nach Ausprägung der genannten Bedingungen und der Entwicklung von rhythmischer Koordination können Interaktionsrituale erfolgreich sein und alle Beteiligten mit emotionaler Energie versorgen und Gruppensolidarität erzeugen.

Entscheidend für die Theorie der Interaktionsrituale und ihre Verbindung zur Konflikttheorie ist nun aber Collins' Behauptung, dass Menschen in Interaktionen Ressourcen akkumulieren können: zum einen „kulturelles Kapital" und zum anderen „emotionale Energie" (Collins 2012: 61-120). Collins unterscheidet zwei Arten von kulturellem Kapital: Erstens „generalisiertes kulturelles Kapital", welches vor allem aus Symbolen der Mitgliedschaft besteht, seien es zentrale Gesprächsthemen, bestimmte Ideen, Weltanschauungen oder bestimmte soziale Manieren, und zweitens „partikulares kulturelles Kapital", das sich auf spezielle Personen bezieht. Es sind Erinnerungen an Namen, Gewohnheiten und mit einer bestimmten Person besprochene Themen. Zum kulturellen Kapital gehörige Symbole können in Interaktionsritualen mit emotionaler Energie aufgeladen und damit zu Trägern von Gruppensolidarität werden. Als Resultat von gelungenen sexuellen Interaktionen werden beispielsweise die Körper der beteiligten Personen selbst und ihre Symbolisierungen zu sakralen Objekten, die bewundert, liebkost und eifersüchtig bewacht werden (Collins 2004: 240).

Der Begriff der „emotionalen Energie" bezeichnet eine Dimension emotionaler Befindlichkeit von Personen, die von einem Zustand hohen Selbstvertrauens, Enthusiasmus' und guter Gefühle auf der einen Seite bis hin zu Depression, Motivationsverlust und negativen Gefühlen auf der anderen Seite reicht. Die Dynamik der emotionalen Energie ist grundlegend für soziale Interaktionen. Emotionen sind die

---

1   Eine wegweisende Analyse der Frage, was denn rhythmische Synchronisierung überhaupt bedeutet, stellt Michael Staack in diesem Band vor.

Antriebskraft für Interaktionen und der gemeinsame Nenner dessen, was Personen in Interaktionen suchen. Nicht die Maximierung ökonomischen Nutzens bestimmt also nach Collins die Ausrichtung von Handlungsabläufen, sondern der Versuch, die eigene emotionale Energie zu steigern (Collins 1996). Auch bei der Betrachtung des Konzepts der emotionalen Energie fokussiert Collins nicht primär auf die kurzfristigen, dramatischen Emotionen und Affekte. Es geht ihm um die langfristigen Stimmungen, die sich im Durchlaufen von wiederholten Interaktionsritualen bei Personen einpendeln und ihren weiteren Weg durch Interaktionen determinieren (Collins 2012: 121-155). Diese werden in Gefühlszuständen, Gesichtsausdrücken und körperlichen Haltungen ersichtlich.

Die von Personen in Interaktionsritualen akkumulierten Ressourcen sind zentral für ihren weiteren Weg durch zukünftige Interaktionsrituale. Sie bestimmen, welche Interaktionsrituale von einer Person gesucht werden, welche Zugangsbeschränkungen für sie bestehen, welche Position sie in einem Interaktionsritual einnimmt und vor allem, welche Situationsdefinitionen und Handlungsabläufe in zukünftigen Interaktionssituationen ausgehandelt werden können. Die in Interaktionsritualen begründete Dynamik von emotionaler Energie ist also der explanatorische Kern von Collins' Theorie. Die emotionale Energie determiniert die Wichtigkeit von bestimmten Symbolen und Klassifikationssystemen, während das kulturelle Kapital – je nach emotionaler Aufladung – den Inhalt von Handlungen, Gesprächen und sogar des Denkens von Personen bestimmt:

> "This model of emotional energy-seeking in the local market for IRs also implies a theory of individual thinking. The symbols with which conscious cognition takes place are for the most part circulated in the conversational market. Thinking is above all internalized conversation. The symbols which come most readily to mind in a given situation are those which are charged by the individual's trajectory of experiences in their personal chain of IRs. One thinks with symbols which are emblems of the group in which one has the strongest emotional resonance" (Collins 1996: 334).

Zusammenfassend kann festgehalten werden: Collins behauptet, dass Menschen in ihren Handlungen vor allem ihre emotionale Energie zu erhöhen suchen. Dies können sie – in Abhängigkeit von den oben genannten Bedingungen – in Interaktionsritualen. Zusätzlich akkumulieren sie in Interaktionsritualen auch eine weitere Ressource – kulturelles Kapital. Interaktionsrituale können also als eine Art von Minikonfliktsituation betrachtet werden, in der Personen versuchen, mit Hilfe ihres kulturellen Kapitals und der zugrundeliegenden emotionalen Energie eine Definition der Situation auszuhandeln, die ihnen den Gewinn möglichst hoher emotionaler Energie ermöglicht.

2.5   Interaktionsrituale und Stratifikation

Im nächsten Schritt ist in der Theorie der Interaktionsrituale zu erklären, warum sich innerhalb der Gesellschaft eine ungleiche Verteilung von Ressourcen – also emotionaler Energie und kulturellem Kapital – ergibt. Collins führt hier den Begriff der „Kette von Interaktionsritualen" (Collins 2004) ein. Im Verlaufe ihres Lebens durchlaufen Menschen eine Folge sukzessiver Interaktionsrituale. Es sind vor allem drei Größen, die im Verlauf dieser Ketten bestimmen, wie viele Ressourcen eine Person akkumulieren kann: Erstens die raumzeitliche Anordnung von möglichen Interaktionspartnern, zweitens deren kulturelles Kapital – diese beiden Größen subsumiert Collins unter dem Begriff der „Opportunitätsstruktur" (Collins 1998) – und drittens die Stellung der Person in einem Interaktionsritual.

a. Die Verfügbarkeit von Partnern für erfolgreiche Interaktionsrituale ist unter anderem von deren Verteilung in Raum und Zeit abhängig. Diejenigen Personen, die einem Menschen räumlich nahe sind oder zumindest mit Hilfe von Transport- und Kommunikationstechnologien leicht erreichbar sind, werden eher zu Interaktionspartnern als weit entfernte oder schlecht zu erreichende Personen.

b. Eine zweite wesentliche Einschränkung in der Opportunitätsstruktur von Personen bildet das zur Verfügung stehende kulturelle Kapital, und zwar in zwei Hinsichten. Auf der einen Seite gibt es eine Reihe von Interaktionssituationen, die durch kulturelle Zugangsbarrieren abgeschlossen sind, so z. B. professionelle Berufskarrieren, die als Eintrittsvoraussetzung den Erwerb eines akademischen Zertifikats erfordern (Collins 1979a).

Auf der anderen Seite setzt ein erfolgreiches Interaktionsritual aber auch eine gewisse Übereinstimmung im kulturellen Kapital der Teilnehmer voraus. Daher werden Personen mit ausgesprochen unterschiedlichen Neigungen – also deutlich voneinander abweichendem kulturellen Kapital – auch in Interaktionen wenig Freude aneinander haben. Beispiele dafür finden sich in Schulzes Buch über die Erlebnisgesellschaft (Schulze 1992). Er behauptet hier, dass die Menschen sich ihre Freizeitpartner danach aussuchen, ob sie mit den möglichen Partnern interessante Erlebnisse haben können. Insofern wird z. B. jemand, der eher kulturelles Kapital im Bereich von action- und spannungsorientierter Freizeitgestaltung gesammelt hat, nicht freiwillig eine Person mit ausgesprochen hochkulturellen Neigungen als Interaktionspartner auswählen. Dies würde vermutlich eher zu einer langweiligen oder peinlichen Situation führen.

c. Bisher wurde gezeigt, dass die Opportunitätsstruktur einer Person beeinflusst, an welchen Interaktionsritualen sie teilnehmen kann bzw. will, und welche Sorten von kulturellem Kapital sie erwerben kann. Darüber hinaus führt Collins noch einen weiteren Mechanismus ein, der die differentielle Erzeugung von emotionaler Energie in Interaktionsritualen erklären kann. Er behauptet, dass alle Interaktionen durch zwei soziale Grunddimensionen gekennzeichnet werden können, die er als Macht und Status bezeichnet (Collins 2012: 61-97; Collins/ Kemper 1990). Die Machtdimension meint das Ausmaß, in dem eine Person ihre Situationsdefinition einseitig durchsetzen und der anderen Person Befehle erteilen kann, während die Statusdimension sich auf die freiwillige, gegenseitige Anerkennung der Personen bezieht. In Machtinteraktionen kann also typischerweise beobachtet werden, dass eine oder bestimmte Personen den Interaktionsablauf dominieren, indem sie mehr sprechen, die anderen unterbrechen oder anstarren und Befehle erteilen. Alle Interaktionssituationen können in diesen beiden Dimensionen beschrieben werden. Collins These ist nun, dass Interaktionen, in denen der Machtaspekt stark ausgeprägt ist, vor allem der dominanten Person einen Gewinn von emotionaler Energie verschaffen, während Interaktionen mit hohem Statusaspekt dies beiden Interaktionspartnern ermöglichen. Mit Hilfe dieser beiden Prinzipien lässt sich auch die unterschiedlich starke Bindung an kulturelle Werte erklären, da gemäß der Theorie der Interaktionsrituale Personen nur zu denjenigen Symbolen eine affektive Beziehung entwickeln, mit denen der Gewinn emotionaler Energie verbunden ist. So werden Personen, die im Dienste einer Organisation Dominanz ausüben, eine Bindung an die Symbole dieser Organisation entwickeln, während dies umgekehrt für die dominierten Akteure nicht gilt.

Im Durchlaufen von Interaktionsritual-Ketten pendelt sich bei den Akteuren ein gewisses Niveau an emotionaler Energie – eine relativ stabile Hintergrundstimmung – ein. Veränderungen durch einzelne Interaktionsrituale werden als kurzfristige Gefühle deutlich. Dies bedeutet, dass Personen, die in Interaktionsritualen häufig dominieren und Anerkennung erhalten, ein hohes Niveau an emotionaler Energie akkumulieren und auch durch kurzfristige Gefühlseinbrüche nicht zurückgeworfen werden können. Sie können in kommende Interaktionen wieder mit hoher Motivation und Selbstbewusstsein eintreten, die ihnen gemeinsam mit ihrem akkumulierten kulturellen Kapital auch in diesen Interaktionsritualen höhere Dominanzchancen gibt.

Vergleicht man Collins' Theorie der Interaktionsrituale mit anderen akteurtheoretischen Perspektiven in den Sozialwissenschaften, so wird deutlich, dass die empirische Operationalisierung dieser Theorie die Soziologie in teilweise neue Richtungen führt, die von der gängigen Praxis der umfrageorientierten Sozialforschung abweichen. An die Stelle der Erhebung von Einstellungen und Handlungsintentionen tritt in der Theorie der Interaktionsrituale der Versuch, das kulturelle

Kapital und die emotionale Energie von Akteuren systematisch zu erfassen. So kann z. b. mit Hilfe der Konversationsanalyse untersucht werden, welche Arten von kulturellem Kapital Akteure in natürlichen Interaktionssituationen verwenden. Ferner kann durch die Erhebung von Gesichtsausdrücken, Stimmfrequenzen und anderen physiologischen Größen die emotionale Energie von Personen anhand von körperlichen Merkmalen analysiert werden (Collins 1983; Ekman 1989).

Allerdings steht der empirische Test für die Erklärungskraft seiner Theorie bisher weitgehend aus. Zwar finden sich in Collins' Buch „Interaction Ritual Chains" (2004) Fallstudien zur Sexualität und zum Rauchen, doch handelt es sich, wie auch bei seinem Buch über Gewalt (Collins 2011), um eher illustrative Analysen, die nicht zur empirischen Prüfung der Theorie geeignet sind. Dies gilt auch für einen großen Teil der empirischen Anwendungen seiner Theorie (Brown 2011; Cheadle und Schwadel 2012; Cottingham 2012; Grazian 2007; Heider und Warner 2010; Metiu und Rothbard 2013; Maloney 2013; Parker und Hackett 2012; Rossner 2011; Summers-Effler 2010), die das konzeptuelle Inventar der Theorie eher verwenden als prüfen (gewisse Ausnahmen stellen Barone 2007 und Wollschleger 2012 dar). Zudem wäre für eine systematische Überprüfung der Theorie auch der Vergleich zu ähnlichen Theorien mit ähnlichen Hypothesen zu berücksichtigen (auch hier haben Barone 2007 und Wollschleger 2012 erste Schritte getan). Diese Aufgabe steht allerdings gegenwärtig noch aus. Die vorliegende Studie konzentriert sich insbesondere auf messbare Indikatoren von Dominanz in Interaktionen. Dabei soll erstens betrachtet werden, ob diese in Statusritualen andere Werte annehmen als in Machtritualen. Zweitens soll betrachtet werden, ob diese Dominanz primär durch die von Collins behaupteten zwei Ressourcentypen erklärt werden kann. Damit kann keine vollständige empirische Prüfung der Theorie der Interaktionsrituale angestrebt werden, aber ein vorläufiger empirischer Test von einigen zentralen Bestandteilen.

3   Die Gruppendiskussionen

3.1   Daten und Methoden

Die vorliegende Studie versucht, bestimmte Aspekte von Collins' Theorie der Interaktionsrituale zu testen. Dazu wurden Gruppendiskussionen mit 89 Studierenden und Lehrlingen durchgeführt. Von den Teilnehmern waren 42 Lehrlinge und 47 Studierende, 51 waren weiblich und 38 männlich. Das Durchschnittsalter lag bei 22,3 Jahren, wobei die Studierenden im Durchschnitt 23,7 Jahre alt waren und die

Lehrlinge 20,7. Die Gruppendiskussionen wurden mit der Aufforderung begonnen, über Filme zu sprechen, die einem gut gefallen. Die Diskussionsleiterin hatte für eine möglichst natürliche Situation während der Diskussionen gesorgt, indem auch Softdrinks und Knabbereien zur Verfügung standen. Es ist offensichtlich, dass es sich hier um eine Interaktionssituation handelt, bei der keine dramatisch sichtbaren körperlichen Abstimmungsprozesse relevant werden, sondern eher die weniger auffälligen Phänomene des gegenseitigen Anblickens und Zuwendens sowie vor allem natürlich sprachliche Äußerungen, die zum Teil aber auch fast physische Präsenz, so z. B. während peinlicher Pausen oder massiver Unterbrechungen, erreichen können. Im Hinblick auf das Gelingen der Interaktionsrituale muss auch berücksichtigt werden, dass es sich hier in gewisser Hinsicht um künstliche Interaktionssituationen handelt. Insbesondere die Rekrutierung der Lehrlinge hat sich als schwierig erwiesen, denn diese kamen häufig nicht zu den vereinbarten Terminen, und während der Gespräche waren sehr viel mehr aktive Interventionen von Seiten der Gesprächsleiterin nötig, um die Gruppendiskussionen am Laufen zu halten. Nach der Diskussion haben die Teilnehmer einen kleinen Fragebogen mit Angaben zur Person und Informationen über Filminteressen und -aktivitäten ausgefüllt. Darüber hinaus wurde die positive Stimmung der Teilnehmer als Indikator für deren emotionale Energie mit Hilfe der Aktuellen Stimmungsskala (ASTS) von Dalbert (1992) sowohl vor als auch nach der Gruppendiskussion erfasst. Die Gruppendiskussionen selbst wurden aufgezeichnet, transkribiert und einer Inhaltsanalyse unterzogen. Damit liegen für die weitere Analyse also vor allem Informationen über die sprachlichen Äußerungen der beteiligen Personen vor.

Wie wurden nun die zentralen Variablen aus der Theorie der Interaktionsrituale mit Hilfe dieser Daten operationalisiert? Erstens wurde zwischen Status- und Machtritualen unterschieden. Um die Statusrituale zu operationalisieren, wurden homogene Gruppen von Studierenden bzw. Lehrlingen gebildet (je fünf). In diesen Gruppen kann unterstellt werden, dass nicht nur im Hinblick auf den formalen Bildungsabschluss, sondern auch in Bezug auf das filmspezifische kulturelle Kapital (Rössel/Bromberger 2009) eine relativ große Homogenität des kulturellen Kapitals existiert. Dagegen wurden zehn Gruppen mit Teilnehmern gebildet, die aus Lehrlingen und Studierenden heterogen zusammengestellt wurden. Zwischen den Teilnehmern dieser Gruppendiskussionen existierten also relativ große Unterschiede im Hinblick auf das formale kulturelle Kapital. Darüber hinaus ist auch davon auszugehen, dass die Teilnehmer dieser Gruppen im Hinblick auf das filmspezifische kulturelle Kapital größere Varianz aufweisen (Rössel/Bromberger 2009). Die unterschiedliche Zusammensetzung der Gruppen im Hinblick auf das kulturelle Kapital lässt erwarten, dass sich die typische Dynamik von Macht- und Statusritualen entfaltet: In den heterogen zusammengesetzten Gruppen ist eine

Dominanz der stärker mit kulturellem Kapital ausgestatteten Akteure, also der Studierenden, zu erwarten, während in den homogen zusammengesetzten Gruppen weniger Anzeichen für dominantes Verhalten zu erwarten ist. Dominantes Verhalten wird durch drei Indikatoren gemessen (vgl. Leaper/Ayres 2007 für Indikatoren der kommunikativen Dominanz): erstens die Redezeit der Personen (in Sekunden), zweitens die Häufigkeit von Unterbrechungen anderer Sprecher durch die Person und drittens durch die Anzahl von Belehrungen anderer Sprecher durch die Person. Weiterhin wurden die beiden relevanten Ressourcen, die von Collins in das Zentrum der Theorie gerückt werden, also kulturelles Kapital und emotionale Energie, empirisch erfasst. Das kulturelle Kapital wurde einerseits über den Bildungsstatus der Personen und andererseits über ihr filmspezifisches kulturelles Kapital erhoben (Rössel und Bromberger 2009). Letzteres ist ein Index, der Angaben über die Häufigkeit des Kinobesuchs und von Diskussionen über Filme enthält. Darüber hinaus wurde die emotionale Energie der Befragten mit der Aktuellen Stimmungsskala von Dalbert (1992) vor der Gruppendiskussion erfasst. Entsprechend der Theorie der Interaktionsrituale ist zu erwarten, dass die Ausstattung der Akteure mit den beiden Ressourcen ihre jeweiligen situativen Verhaltensweisen erklärt: Von Akteuren mit viel Ressourcen ist eine situative Dominanz zu erwarten. Darüber hinaus ist zu erwarten, dass in den Machtritualen, also den heterogenen Gruppen, sehr viel häufiger Dominanzverhalten anzutreffen ist als in den Statusritualen. Im folgenden Abschnitt soll nun betrachtet werden, ob diese Schlussfolgerungen aus der Theorie auch empirisch zutreffen.

3.2   Empirische Ergebnisse

Bei der Diskussion der empirischen Ergebnisse soll in zwei Schritten vorgegangen werden. In einem ersten Schritt soll in Form eines Gruppenvergleichs untersucht werden, ob die theoretisch abgeleitete Hypothese über Macht- und Statusrituale tatsächlich zutrifft. Im zweiten Schritt wird dann analysiert, ob die individuelle Ausstattung mit Ressourcen tatsächlich den erwarteten Einfluss auf das Dominanzverhalten in den Interaktionen hat. Um den Gruppenvergleich durchzuführen, werden die Mittelwerte für die Indikatoren des Dominanzverhaltens für Studierende und Lehrlinge dargestellt, einerseits für die homogenen Gruppen, andererseits für die gemischten. Das Ergebnis findet sich in Tabelle 1.

Tab. 1   Dominanzmuster in Macht- und Statusritualen

	Redezeit	Unterbrechungen	Belehrungen
Studenten in homogenen Gruppen	446	1,17	0,04
Lehrlinge in homogenen Gruppen	543	3,79	0,53
Studenten in heterogenen Gruppen	541	3,13	2,17
Lehrlinge in heterogenen Gruppen	397	3,70	0,35
R^2	0,078	0,035	0,172

Die R^2 Werte ergeben sich aus linearen Regressionen. Die jeweiligen Indikatoren der Dominanz bilden die abhängigen Variablen und die vier Gruppen die erklärenden Variablen.

Die Ergebnisse in Tabelle 1 verdeutlichen, dass sich sowohl das Verhalten der Studierenden als auch das der Lehrlinge je nach Gruppenkontext deutlich unterscheidet. Reden die Lehrlinge in den homogenen Gruppen im Durchschnitt etwas länger als die Studierenden in den homogenen Gruppen, so dreht sich dieses Verhältnis in den gemischten Gruppen drastisch um. Hier dominieren die Studierenden mit einem über 35 % höheren Redeanteil. Allerdings zeigt sich dieses Muster nicht bei den Unterbrechungen. Die Lehrlinge unterscheiden sich in ihrem Verhalten hier je nach Gruppenkontext nur marginal. In beiden Situationen neigen sie zu relativ häufigen Unterbrechungen. Dagegen ändern die Studierenden auch hier ihr Verhalten je nach Gruppenkontext deutlich: In den homogenen Gruppen unterbrechen sie sich gegenseitig kaum, während sie in den heterogenen Gruppen ungefähr das Niveau der Lehrlinge erreichen. Wiederum ein deutliches Bild zeigt sich für die Belehrungen: Diese liegen in den homogenen Gruppen auf einem relativ geringen Niveau. In den heterogenen Gruppen sind es aber die Studierenden, die über Belehrungen das Gespräch dominieren, während die Lehrlinge nur in geringem Maße auf diese Mittel der Dominanz zurückgreifen. Aus den Daten ergibt sich für die Machtrituale das erwartete Bild eines Wettstreits um Redeanteile, bei der beide Seiten mit Wucht und eben auch mit Unterbrechungen in die Diskussion eingreifen. Am Ende zeigen sich aber in den Machtritualen die Studierenden als die dominante Gruppe, die durch größere Redeanteile und Belehrungen den Platz beherrschen und auch auf das sonst von ihnen wenig verwendete Mittel der Unterbrechung zurückgreifen. Dies verdeutlicht, dass entsprechend der Theorie der Interaktionsrituale der Verlauf der Interaktionen in starkem Maße durch die relative Ressourcenausstattung der Akteure geprägt wird. Darüber hinaus wird hier aber auch deutlich, dass in den Machtritualen die Prozesse der rhythmischen Synchronisierung zugunsten eines Kampfs um Redeanteile und Dominanz unterbrochen werden. Dagegen verlaufen die Statusrituale eher im Sinne eines stärker solidarischen Gesprächs, in dem Belehrungen und Unterbrechungen, letzteres zumindest für die Studierenden, selten vorkommen.

Im nächsten Schritt soll nun die Bedeutung der Ressourcenausstattung der Akteure auch noch aus individueller Perspektive betrachtet werden. Dabei wird allerdings die Struktur des Rituals in gewisser Weise mitberücksichtigt. Es wird nicht einfach zwischen Studierenden und Lehrlingen unterschieden, sondern aufgrund der Ergebnisse der vorherigen Analyse werden nur Studierende in gemischten Gruppen besonders hervorgehoben. Darüber hinaus wird auch das Geschlecht berücksichtigt, das nachweislich eine zwar relativ kleine, aber konsistente Bedeutung für die Dominanz in Gesprächen hat (Anderson/Leaper 1998; Leaper/Ayres 2007). Betrachtet man nun die Ergebnisse in Tabelle 2, so zeigt sich in der Tat, dass bei allen drei Indikatoren der Gesprächsdominanz Männer stärkere Ausprägungen aufweisen als weibliche Teilnehmer. Für die drei Indikatoren der Ressourcenausstattung zeigen sich allerdings nicht so eindeutige Muster. Für die Studierenden in den heterogenen Gruppen werden eine erhöhte Redezeit und eine deutlich verstärkte Anzahl von Belehrungen deutlich. Wie aber schon in Tabelle 1 ersichtlich war, findet sich hier keine erhöhte Zahl von Unterbrechungen, was damit zu tun haben mag, dass Studierende laut unseren Ergebnissen dazu weniger neigen als Lehrlinge. Betrachtet man nun die emotionale Energie der Diskussionsteilnehmer, zeigen sich relativ einheitliche Ergebnisse. Gehen die Akteure mit einer größeren emotionalen Energie in das Gespräch, dann verfügen sie ganz im Sinne der Theorie der Interaktionsritualketten gleichsam über einen „größeren Schwung" und bringen sich in stärkerem Maße in die Gruppendiskussion ein. Die einzige Ausnahme stellen in diesem Fall die Belehrungen dar. Der positive Effekt in der bivariaten Korrelation verschwindet unter Kontrolle der anderen Variablen. Dies mag darauf zurückzuführen sein, dass die Studierenden mit einer deutlich besseren Ausstattung mit emotionaler Energie in die Gruppendiskussionen hineingegangen sind. Schließlich muss für das filmspezifische kulturelle Kapital festgehalten werden, dass hier zwar durchwegs positive Korrelationen mit den abhängigen Variablen festzustellen sind, diese sind aber sehr klein und erreichen überwiegend nicht die statistische Signifikanz. Dies mag dafür sprechen, dass das durch den Bildungsabschluss repräsentierte kulturelle Kapital in Gesprächssituationen von größerer Relevanz ist als die themenspezifischen Formen von kulturellem Kapital (vgl. auch Rössel/Bromberger 2009).

Tab. 2   Akteursressourcen und Dominanz in Interaktionen

	Redezeit		Unterbrechungen		Belehrungen	
Geschlecht (Ref. Weiblich)	0.14	0.20*	0.25**	0.25*	0.15+	0.21*
Student in heterogener Gruppe	0.17+	0.20*	0.02	0.02	0.41**	0.43**
Emotionale Energie	0.19*	0.14+	0.22*	0.21*	0.19*	0.08
Filmspezifisches Kulturelles Kapital	0.14	0.08	0.17+	0.11	0.16+	0.13+
R^2		0.11		0.13		0.24

N = 88 in allen Modellen. Angegeben sind in der ersten Spalte unter den jeweiligen abhängigen Variablen die bivariaten Korrelationen und in der zweiten Spalte die standardisierten Regressionskoeffizienten. Die Signifikanztests wurden aufgrund der gerichteten Hypothesen einseitig durchgeführt. + $p < 0.1$; * $p < 0.05$; ** $p < 0.01$.

4   Zusammenfassung und Diskussion

In diesem Aufsatz wurde die Theorie der Interaktionsrituale von Randall Collins vorgestellt, in deren Zentrum als dynamisches Element das Konzept der emotionalen Energie von Akteuren steht, das die affektiven Grundlagen von sozialer Interaktion einerseits und Vergesellschaftungsprozessen andererseits erfassen soll. Die Theorie wurde von Collins als Mikrofundierung der überwiegend makrosoziologisch ausgerichteten Konflikttheorie konzipiert. Damit steht sie im Gegensatz zu anderen interaktionistischen Theorien, denen häufig vorgehalten wurde (Giddens 1984; Bourdieu und Wacquant 1993), dass sie Aspekte von Konflikt, Macht und Herrschaft ausblenden. Daher kommt Fragen der Macht und der Ressourcenausstattung (emotionale Energie, kulturelles Kapital) in seiner Theorie auch eine zentrale Rolle für die Erklärung von Interaktionsprozessen zu. Dieser Aspekt wurde auch in das Zentrum des vorliegenden Beitrags und der hier berichteten empirischen Studie gestellt. Die empirische Untersuchung basiert auf einer Analyse von Gruppendiskussionen über Filme, an denen Studierende und Lehrlinge beteiligt waren. Die Gruppendiskussionen wurden zum Teil in homogenen Gruppen und zum Teil in heterogenen Gruppen durchgeführt, um Variationen in der relativen Ressourcenausstattung der Akteure in den Interaktionen herzustellen. Dabei wurde unterstellt, dass die Studierenden im Vergleich zu den Lehrlingen in höherem Maße mit kulturellem Kapital ausgestattet sind.

Entsprechend der Theorie der Interaktionsrituale wurde erwartet, dass die Ausstattung von Akteuren mit den beiden Ressourcen ihre jeweilige situative Dominanz in den Interaktionssituationen erklärt. Darüber hinaus wurde geschlussfolgert, dass in Machtritualen, also den in Bezug auf das kulturelle Kapital heterogenen

Gruppen, sehr viel häufiger Dominanzverhalten anzutreffen sein sollte als in den Statusritualen. Die empirischen Resultate der Studie bestätigen in eindrucksvoller Weise die aus der Theorie der Interaktionsrituale abgeleiteten Vorhersagen. Vergleicht man Macht- und Statusrituale, so kann festgehalten werden, dass die erstgenannte Form von Ritualen in sehr viel höherem Maße durch kompetitives und dominantes Verhalten der Teilnehmer geprägt ist: es gibt hier quasi einen Kampf um Redeanteile und situative Dominanz. Dies führt dann tendenziell auch zu einer Unterbrechung der rhythmischen Koordination, indem überlang gesprochen wird, die anderen Teilnehmer unterbrochen oder quasi von „oben herab" belehrt werden. Auch im Hinblick auf die individuelle Ressourcenausstattung erweist sich die Theorie der Interaktionsrituale als erfolgreich. Vor allem das generalisierte kulturelle Kapital in Form von Bildungsabschlüssen und die emotionale Energie erklären das Ausmaß der Dominanz in den Gruppendiskussionen. Eine geringere Rolle kommt dagegen der Ausstattung mit filmspezifischem kulturellem Kapital zu. Eine Erklärungslücke weist die Theorie der Interaktionsrituale hingegen für die durchgängige Relevanz des Geschlechts für alle drei Indikatoren der Gesprächsdominanz auf. Eigentlich müsste erwartet werden, dass die Geschlechtsunterschiede unter Kontrolle der aus der Theorie abgeleiteten Ressourcenausstattung verschwinden. Dies ist aber nicht der Fall. An dieser Stelle muss geprüft werden, ob die Ressourcen der Akteure noch besser im Sinne der Theorie gemessen werden können. Darüber hinaus muss freilich an dieser Stelle festgehalten werden, dass es sich hier um eine sehr kleine Studie handelt, die nur einen beschränkten empirischen Test der Theorie der Interaktionsrituale zulässt. Zudem müsste in einem nächsten Schritt geprüft werden, ob andere Interaktions- und Kommunikationstheorien abweichende Hypothesen über den Einfluss der Ressourcenausstattung der Akteure formulieren, so dass diese Theorien auch systematisch gegeneinander getestet werden können.

Literatur

Anderson, Kristin J. & Campbell, Leaper (1998). Meta-Analysis of Gender Effects on Conversational Interruption: Who, What, When, Where, and How. *Sex Roles* 39, 225-252.
Barone, Carlo (2007). A Neo-Durkheimian Analysis of a New Religious Movement: The Case of Soka Gakkai in Italy. *Theory and Society* 36, 117-140.
Bourdieu, Pierre & Wacquant, Loic (1993). *Reflexive Anthropologie*. Frankfurt: Suhrkamp.
Campbell, Leaper, & Ayres, Melanie M. (2007). A Meta-Analytic Review of Gender Variations in Adults' Language Use: Talkativeness, Affiliative Speech and Assertive Speech. *Personality and Social Psychology Review* 11, 328-363.

Collins, Randall (1968a). A Comparative Approach to Political Sociology. In: Reinhard Bendix et al. (Hg.), *State and Society*. Boston: Little and Brown.

Collins, Randall (1975). *Conflict Sociology. Towards An Explanatory Science*. New York: Academic Press.

Collins, Randall (1979a). *Credential Society. An Historical Sociology of Education and Stratification*. New York: Academic Press.

Collins, Randall (1983). Micro-Methods as a Basis for Macrosociology. *Urban Life* 12, 184-202.

Collins, Randall (1988). The Micro Contribution to Macro Sociology. *Sociological Theory* 6, 242-253.

Collins, Randall (1996). Can Rational Action Theory Unify Future Social Science? In: Jon Clark (Hg.), *James S. Coleman*. London: Falmer Press.

Collins, Randall (1998). *The Sociology of Philosophies. A Global Theory of Intellectual Change*. Cambridge: Harvard University Press.

Collins, Randall (2004). *Interaction Ritual Chains*. Princeton University Press.

Collins, Randall (2011). *Dynamik der Gewalt. Eine mikrosoziologische Theorie*. Hamburg: Hamburger Edition.

Collins, Randall (2012). *Konflikttheorie*. Ausgewählte Schriften. Wiesbaden: Springer VS.

Collins, Randall & Hanneman, Robert (1986). A Dynamic Simulation of Marx's Model of Capitalism. In: Norbert Wiley (Hg.), *The Marx/Weber Debate*. Beverly Hills: Sage.

Collins, Randall, & Kemper, Theodore (1990). The Dimensions of Microinteraction. *American Journal of Sociology* 96, 32-68.

Collins, Randall, Hanneman Robert & Mordt, Gabriele (1995). Discovering Theory Dynamics by Computer Simulation. Experiment on State Legitimacy and Imperialist Capitalism. *Sociological Methodology* 25, 1-46.

Cottingham, Marci D. (2012). Interaction Ritual Theory and Sports Fans: Emotion, Symbols and Solidarity. *Sociology of Sports Journal* 29, 168-185.

Dalbert, Claudia (1992). Subjektives Wohlbefinden junger Erwachsener. Theoretische und empirische Analysen der Struktur und Stabilität. *Zeitschrift für Differentielle und Diagnostische Psychologie* 13, 207-220.

Ekman, Paul (1989). *Weshalb Lügen kurze Beine haben: Über Täuschungen und deren Aufdeckung im privaten und öffentlichen Leben*. Berlin: de Gruyter.

Flam, Helena (2002). *Soziologie der Emotionen*. Konstanz: UVK..

Garfinkel, Harold (1967). *Studies in Ethnomethodology*. Englewood Cliffs: Prentice Hall.

Gerhards, Jürgen (1988). *Soziologie der Emotionen. Fragestellungen, Systematik und Perspektiven*. Weinheim: Juventa.

Giddens, Anthony (1984). *Interpretative Soziologie*. Frankfurt: Campus.

Hausmann, Chris, Jonason, Amy, & Summer-Effler, Erika (2011). Interaction Ritual Theory and Structural Symbolic Interactionism. *Symbolic Interaction* 34, 319-329.

Heider, Anne & Warner, R. Stephen (2010). Bodies in Sync: Interaction Ritual Theory Applied to Sacred Harp Singing. *Sociology of Religion* 71, 76-97.

Heritage, John (1987). Ethnomethodogy. In: Anthony Giddens, & Jonathan Turner (Hg.), *Social Theory Today*. Cambridge: Polity Press.

Jenkins, Craig (1983). Ressource Mobilization Theory and the Study of Social Movements. *Annual Review of Sociology* 9, 527-553.

Lawrence, Thomas B. (2004). Rituals and Resistance: Membership Dynamics in Professional Fields. *Human Relations* 57, 115-143.

Maloney, Patricia (2013). Online Networks and Emotional Energy. Information, Communication & Society 16, 105-124.

Mann, Michael (1986). The Sources of Social Power. Vol. 1: A History of Power from the Beginning to A. D. 1760. Cambridge: Cambridge University Press.

Metiu, Anca & Rothbard, Nancy P. (2013). Task Bubbles, Artifacts, Shared Emotion, and Mutual Focus of Attention: A Comparative Study of the Microprocesses of Group Engagement. Organization Science 24, 455-475.

Parker, John N. & Hackett, Edward J. (2012). Hot Spots and Hot Moments in Scientific Collaborations and Social Movements. American Sociological Review 77, 21-44.

Rössel, Jörg (1999). Konflikttheorie und Interaktionsrituale. Randall Collins' Mikrofundierung der Konflikttheorie. Zeitschrift für Soziologie 28, 23-43.

Rössel, Jörg (2006). Emotionen in der Sozialtheorie von Randall Collins. In: Rainer Schützeichel (Hg.), Emotionen und Sozialtheorie. Frankfurt: Campus.

Rössel, Jörg & Bromberger, Kathi (2009). Strukturiert kulturelles Kapital auch den Konsum von Populärkultur? Zeitschrift für Soziologie 38, 494-512.

Rossner, Meredith (2011). Emotions and Interaction Ritual. A Micro Analysis of Restorative Justice. British Journal of Criminology 51, 95-119.

Rueschemeyer, Dietrich (1986). Power and the Division of Labor. Cambridge: Polity Press.

Rueschemeyer, Dietrich, Huber Stephens, Joan & Stephens, John (1992). Capitalist development & democracy. Cambridge: Polity Press.

Schulze, Gerhard (1992). Die Erlebnisgesellschaft. Kultursoziologie der Gegenwart. Frankfurt: Campus.

Skocpol, Theda (1979). States and Social Revolutions. New York: Cambridge University Press.

Staack, Michael (2013). Synchron schwingende Körper als Basis von Sozialität? Zum Verhältnis von Rhythmus, Körper und Ritual in Randall Collins' Theorie der Interaktionsrituale. Manuskript: Universität Frankfurt.

Summers-Effler, Erika (2010). Laughing Saints and Righteous Heroes: Emotional Rhythms in Social Movement Groups. Chicago: Chicago University Press.

Wollschleger, Jason (2012). Interaction Ritual Chains and Religious Participation. Sociological Forum 27, 896-912.

Körperliche Rhythmisierung und rituelle Interaktion

Zu einer Soziologie des Rhythmus im Anschluss an Randall Collins' Theorie der „Interaction Ritual Chains"

Michael Staack

Zusammenfassung

Der Artikel analysiert Rhythmus – bzw. kollektive Rhythmisierung – als Bindeglied zwischen (Interaktions-)Ritual und Körper. Hierfür wird primär an die Theorie der „Interaction Ritual Chains" von Randall Collins angeschlossen. Diese wird mit evolutionspsychologischen und humanethologischen Studien kontrastiert, die ebenfalls die soziale Dimension von Rhythmus und kollektiver Rhythmisierung untersuchen. Daran anknüpfend wird ein Vorschlag eines soziologischen Rhythmus-Begriffs entwickelt. Der Artikel lässt sich damit sowohl als Beitrag zur Ritualsoziologie als auch zur allgemeinen Soziologie lesen, insofern er die vernachlässigte grundlagentheoretische Frage nach der Bedeutung von Rhythmus bzw. kollektiven Rhythmisierungen in Interaktionsprozessen aufwirft.

1 Einleitung

Die Thematisierung des Verhältnisses von Körper und Ritual erfolgt in der Soziologie gemeinhin aus zwei komplementären Richtungen, indem entweder die Rolle von Körpern für das Zustandekommen von Ritualen oder die Rolle von Ritualen für die soziale Konstruktion von Körpern analysiert wird. In vorliegendem Artikel wird stattdessen auf die vermittelnde Zwischenebene fokussiert, über die diese wechselseitige Konstituierung von Körper und Ritual gelingt. Aufbauend auf der These, dass diese Vermittlung primär über den Rhythmus stattfindet, werden die Zusammenhänge zwischen Ritual, Körper und Rhythmus *vom Rhythmus ausgehend* untersucht. Dies bedeutet konkret, dass, basierend auf Randall Collins' Theorie der

„Interaction Ritual Chains"[1] (2004a), die kollektiver körperlicher Rhythmisierung eine zentrale Rolle für das Gelingen von (Interaktions)-Ritualen zuweist, gefragt wird, welche Eigenschaften ein Rhythmus aufweisen muss, um zum Gelingen ritueller Interaktion beizutragen. Oder mit anderen Worten: Der Artikel fragt danach, wie ein Rhythmus beschaffen sein muss, so dass Personen von ihm körperleiblich in Rhythmisierungen eingesogen und (dadurch) in Interaktionsrituale einbezogen werden.

Für die Bearbeitung dieses Fragenkomplexes müssen disziplinäre Umwege gegangen werden, da Collins den Rhythmus zwar prominent in der IRC-Theorie verortet, seine Rhythmus-Konzeption aber inhaltlich nicht präzise bestimmt. Um auf die nötige konzeptionelle Präzision hinzuarbeiten, werden daher Deutungsangebote wissenschaftlicher Disziplinen ausgewertet, die sich auf eine Analyse des Phänomens Rhythmus spezialisiert haben, in erster Linie aus der – bezüglich dieser Frage mit der Musikwissenschaft vernetzt forschenden – Evolutionspsychologie. Auf den Ergebnissen dieser Disziplinen aufbauend, wird eine Definition für den interaktionsrituellen Rhythmus entwickelt, um Collins' Theorieansatz zu präzisieren. Der Artikel schließt mit einem Ausblick auf die theoretische Reichweite und das empirische Potential solch einer Theoriezusammenführung.

Indem der Artikel nach (Rhythmus-)Bedingungen für das Gelingen von Ritualen fragt, diskutiert er vor allem die *Bedingungen des Gelingens rituell-interaktiver Abstimmungsprozesse und des Zustandekommens kollektiver Efferveszenz.* Dadurch lässt er sich als spezifischer Beitrag zu ritualsoziologischen Diskussionen lesen. Darüber hinaus lässt er sich aber auch als grundlagentheoretischer Beitrag zur Diskussion der soziologisch vernachlässigten Frage betrachten, welche Rolle Rhythmen und kollektive Rhythmisierungen in Interaktionsprozessen haben.

2   Die primäre Untersuchungsebene der IRC-Theorie: Die interaktionsrituelle Situation

Collins entwickelt seine IRC-Theorie vor allem aus einer Verknüpfung der Ritualtheorien aus Durkheims „Die elementaren Formen des religiösen Lebens" (2007) und Goffmans „Interaktionsrituale" (1986).[2] Von Durkheim übernimmt er dessen Theorem, dass der Ursprung vorvertraglicher Solidarität in der gemeinsamen

---

1   Ich übernehme im Folgenden Collins' Abkürzung „IRC".
2   Die Rekapitulation der IRC-Theorie wird sich in diesem Artikel auf deren – für die Argumentation primär relevante – mikroperspektivische Aussagen beschränken. Für

Teilnahme an Ritualen bestehe: Teilnehmerinnen[3] eines Rituals geraten bei der Ritualausführung in einen Zustand kollektiver Erregung (welchen sie ursächlich der spirituellen Verbindung zu ihrem Totem oder einer anderen transzendenten Macht zuschreiben), die eine eigene übersubjektive Dynamik entwickelt und die Teilnehmer verzückt und übermannt (Durkheim 2007: 324). Nach Abschluss des Rituals weiterhin ergriffen vom Erlebten, gehen die Teilnehmer mit einem Gefühl verstärkter Verbundenheit und Verpflichtung sowohl gegenüber ihrem geheiligten Totem als auch gegenüber der Gesellschaft, die von diesem Totem repräsentiert wird, aus dem Ritual hervor (Durkheim 2007: 307). Mit diesem Theorem invertiert Durkheim die Kausalvorstellungen des religiösen Alltagsverständnisses: Menschen versammeln sich nicht und führen Rituale aus, weil sie glauben. Sondern sie glauben, weil sie sich versammeln und Rituale ausführen.

Durkheims Theorie profaniert den Ursprung von und die Motivation für religiöse Ritualhandlungen: Erstens lokalisiert er den Ursprung der rituellen Verzückung nicht in einer etwaigen Begegnung mit einem Geist oder einer Gottheit, zu der vermittels des Rituals eine Verbindung hergestellt würde – sondern diese Verzückung resultiert aus dem sich rhythmisch aufwiegelnden körperlichen Beisammensein verzückungsempfänglicher Menschen (Durkheim 2007: 320f). Die im Ritual evozierten Emotionen sind somit direkter Effekt des Gruppenerlebnisses. Und zweitens stellt Durkheim heraus, dass die Ritualteilnehmerinnen vermittels der Verehrung ihres Totems eigentlich vor allem ihre Gesellschaft sakralisierend überhöhen – das Totem diene lediglich dazu, diese Gesellschaft symbolisch zu objektivieren und bildlich zu repräsentieren. Ehrfurcht gegenüber einem angebeteten Totem und Hingabebereitschaft an heilige Glaubensvorschriften sind aus dieser Perspektive vor allem als Ehrfurcht und Hingabebereitschaft gegenüber der eigenen Gesellschaft zu interpretieren, und die Verdammung von Sakrilegen als die Bereitschaft, die manifesten und symbolischen Grenzen der eigenen Gesellschaft zu verteidigen (Durkheim 2007: 306ff).

Collins zeichnet diese Durkheimsche Ritualtheorie durch eine Goffmansche Linse neu. Er orientiert sich an der Ritualkonzeption Goffmans, nach der die Normen und Werte einer Gesellschaft nicht nur in großen fest- bzw. außeralltäglichen Ritualen ihre Bestätigung finden, sondern gemäß der gerade auch die alltägliche Kommunikation durchzogen ist von formelhaft-rituellen Elementen (z. B. in Form von Begrüßungen, Verabschiedungen oder Danksagungen) und somit Konstituens der gesellschaftlichen „rituellen Ordnung" (Goffman 1986: 50). Während Durkheim

---

eine makroperspektivische Einordnung vgl. u. a. den Artikel von Jörg Rössel in diesem Band.

3 Die weibliche Form impliziert die männliche und andersherum.

feststellt, dass das „Leben der australischen Gesellschaften (…) abwechselnd durch zwei verschiedene Phasen (geht)" (Durkheim 2007: 319), und dass dadurch eine Dichotomisierung des gesellschaftlichen Lebens in eine alltägliche nicht-rituelle und eine außeralltägliche rituelle Sphäre vorgenommen wird, konstatiert Goffman, dass prinzipiell in jeder alltäglichen Interaktion ein heiliges Element (re-)produziert werde, nämlich das Image, das jede Person besitzt. Dieses sakrale Element – das eigene Image und das der Interaktionspartner – gelte es, alltäglich mittels Ritualhandlungen der ‚Höflichkeit' zu schützen, selbst wenn man dafür schwindeln oder sein Gegenüber bevormunden müsse (Goffman 1986: 22f).

Indem Collins diese durch Goffman betonte Alltäglichkeit von Ritualität rückbezieht auf oben genannten Durkheimschen Erklärungsansatz zur Genese von Ritualität und Vorstellungen von Sakraliät, wird der Gegenstandsbereich der Collinsschen Ritualtheorie maximal profaniert: Collins betrachtet prinzipiell sämtliche menschliche Interaktion als rituell (Collins 2004a: 15f), und Interaktionsrituale werden gemäß seiner IRC-Theorie vor allem aus dem profanen Grund ausgeführt, dass die Beteiligten die rituellen Gruppenerlebnisse (genauer gesagt: die positiven Emotionen, die sie individuell bei erfolgreich ausgeführten Interaktionsritualen verspüren) wiedererleben möchten. Deshalb versuchen sie unter Zuhilfenahme ritualiter generierter Symboliken, Interaktionsrituale (und somit die positiven Emotionen) zu reproduzieren (Collins 2004a: 131f bzw. 146ff.).[4]

Im Zusammenhang mit der theoretischen Annahme, dass Rituale alltäglich und gerade auch in unspektakulären Formen wie Begrüßungen präsent sind, übernimmt Collins eine weitere zentrale Überlegung von Goffman für seine IRC-Theorie: Er identifiziert im Anschluss an Goffman *Situationen* als den für soziologische Analysen geeignetsten Ausgangspunkt. Die Analyseebene, auf der Goffman und ihm folgend Collins ihre soziologischen Untersuchungen ansiedeln, sind einzelne konkrete Interaktions-Situationen: „Es geht (…) nicht um Menschen und ihre Situationen, sondern eher um Situationen und ihre Menschen" (Goffman 1986: 9). Um solche Situationen zu analysieren, sind gemäß Goffman – und diese Überlegung ist nicht nur basal für Collins' Theorie der Interaktionsrituale und die darauf aufbauende Sozialtheorie (2004a; 2004b; Collins/Hannemann 1998), sondern auch für seine neueren Ausarbeitungen zu Gewaltdynamiken (Collins 2009a; 2009b; 2011; 2012; 2013) – individuelle Vorgeschichten der Situationsbeteiligten sowie die größeren gesellschaftlichen Zusammenhänge, die die Situation umgeben, zunächst sekundär. Sondern damit goffmanianisch „die syntaktischen Beziehungen zwischen den Handlungen verschiedener gleichzeitig anwesender

---

4   Für kritische Einordnungen dieser Ritualkonzeption vgl. Collins/Baehr (2005); Pettenkofer (2006: 262).

Personen" (Goffman 1986: 8) rekonstruiert werden können, und mittels dessen eine soziale Situation erkenntnisreich soziologisch analysiert werden kann, ist es gemäß Collins zunächst einmal maßgeblich, dass Menschen in einer spezifischen Situation körperlich zusammenkommen und ihre Anwesenheit wechselseitig spüren.

3   Interaktionsrituelle Rhythmen, Anti-Funktionalismus und rituell-situative Kreativität

Mit diesem Fokus auf Situationen geht in der IRC-Theorie ein Fokus auf den *interaktionsrituellen Prozess* einher. Dabei nimmt der Rhythmus in zweifacher Hinsicht eine Schlüsselstellung ein: Zum einen ist die *kollektive Rhythmisierung der Ritualteilnehmer* das zentrale prozessuale Element eines Interaktionsrituals. Zum anderen aber nutzt Collins den Rhythmus vor allem, um seine IRC-Theorie, die seine konflikttheoretischen Arbeiten fortführt, indem sie „mikrotheoretisch sowohl die Entstehung von Konflikt als auch die Entstehung von Solidarität und Zusammenhalt" erklärt (Rössel 2012: 12), dezidiert anti-funktionalistisch zu fundieren.

3.1   Anti-Funktionalismus

Collins, sich selbst „in einer von Marx und vor allem von Weber inspirierten Konflikttheorie" verortend (Rössel 2012: 7; vgl. ebenfalls Collins 1990; Rössel 1999), grenzt sich wiederholt von funktionalistischen Denk- und Argumentationsweisen ab – so auch in der Entwicklung der IRC-Theorie (Collins 2004a: 15 bzw. 37ff), die er als Antithese zur ritualtheoretischen Tradition des funktionalistischen Ritualismus („functionalist ritualism" Collins 2004a: 13) entwickelt. Dieser Tradition wirft er vor, dass sie, indem sie regelmäßig wiederkehrenden Ritualen, in denen Symbole und Gruppengrenzen reproduziert würden, gesellschaftliche (Stabilisierungs-, Harmonisierungs- oder Konfliktvermeidungs-)Funktionen zuschreibe, letztendlich eine Apologetik der bestehenden Gesellschaftsverhältnisse produziere. Daher betont er insbesondere, dass sich mit der IRC-Theorie *situativ-spontane Genesen* von Symbolen und Gruppengrenzen ritualtheoretisch begreifen ließen – also solche Prozesse der Vergesellschaftung, die keiner bestehenden Gesellschaft bedürfen.

Die Möglichkeit solcher situativ-spontanen Genesen besteht gemäß Collins Theorie primär in den *natürlichen Ritualen* („natural rituals", Collins 2004a: 49), die er den formalen Ritualen („formal rituals", Collins 2004a: 49) gegenüberstellt. Natürliche Rituale unterscheiden sich von formalen Ritualen dadurch, dass sie ohne vorherige Planung und ohne Ritualskript aus Dyaden oder Gruppensituationen heraus von selbst entstehen. Mögliche Beispiele wären Gesänge und Sprechchöre feiernder Menschen (Collins 2004a: 52ff), Gespräche (Collins 2004a: 65ff), Sex (Collins 2004a: 223ff; Collins 2010), oder Rettungs-, Flucht- oder Zerstörungshandlungen bei Aufruhr, Menschenaufläufen oder Krawallen (Collins 2004a: 50 bzw. 90ff). Natürliche Rituale referieren folglich nicht unbedingt auf bereits etablierte Symboliken, und die Grenzen der Ritualgruppe müssen auch nicht vorher feststehen. Die Differenz von Ritualteilnehmer und Nichtteilnehmer wird ebenso potentiell erst im Verlauf des Rituals kreiert wie die Art und Weise, auf die die Gruppe sich und die ihre heiligen Werte beschreibt. Rituale – und somit die durch sie hervorgebrachten Vergesellschaftungsprozesse – sind somit potentiell *situative Kreationen*.

Über die natürlichen Rituale fundiert Collins die IRC-Theorie antifunktionalistisch (und also in Weiterführung seines konflikttheoretischen Ansatzes). Denn insbesondere natürliche Rituale können nicht nur den Effekt haben, dass bestehende Gesellschaftsbeziehungen bestätigt werden. Sondern aufgrund der *rituell-situativen Kreativität* können sie ebenso neue soziale Tatsachen in Form sozialer Beziehungen und symbolischer Objektivationen ‚aus dem Nichts heraus' generieren – und somit bestehende Ordnungen in Frage stellen.

3.2   Der Rhythmus als zentrales Element interaktionsritueller Prozesse

Um dieser rituell-situativen Kreativität auch auf der Mikroebene des rituellen Prozesses ein Fundament zu geben, muss Collins ein Element im Ritualkonzept verankern, das dem Ritualverlauf die Möglichkeit zuspricht, eine eigene Dynamik zu entwickeln. Anders gesagt: Wenn, wie Collins konstatiert, (natürliche) Interaktionsrituale ‚aus dem Nichts heraus' entstehen können, sobald mehrere Menschen sich zur selben Zeit am selben Ort aufhalten, muss es einen ‚Funken' geben, der das Entstehen eines Interaktionsrituals wahrscheinlich oder zumindest möglich macht. Solch ein ‚Funken'-Element, so das im Folgenden entwickelte Argument, ist in der IRC-Theorie über den Rhythmus integriert. Um diese These, dass *rituell-situative Kreativität durch rhythmische Eigendynamik ermöglicht wird*, nachvollziehbar zu machen, wird Collins IRC-Konzept kurz skizziert.

Das Kernstück der IRC-Theorie, das *mutual-focus / emotional-entrainment model* (Collins 2004a), wird von Collins in einem übersichtlichen Schema systematisiert (vgl. Abb. 1). Das Modell enthält vier zentrale Ritual-Bestandteile (*ritual ingredients*, Collins 2004a, die für das Gelingen eines Interaktionsrituals – also das spürbare Zustandekommen von Ritual-Auswirkungen (*ritual outcomes*, s. u.) – gegeben sein müssen: erstens die körperliche Ko-Präsenz von Menschen, die diese körperliche Ko-Präsenz zumindest vorbewusst spüren (*bodily co-presence*, Collins 2004a), zweitens Gruppengrenzen, die ein Ritual-Innen und ein Ritual-Außen definieren (*barriers to outsiders*, Collins 2004a), drittens ein gemeinsamer Aufmerksamkeitsfokus in Form eines Objekts oder einer gemeinsamen Tätigkeit (*mutual focus of attention*, Collins 2004a) und viertens eine gemeinsam geteilte Stimmung der Ritualteilnehmer (*shared mood*, Collins 2004a). Diese vier Ritual-Elemente stehen in einem interdependenten Verhältnis, indem sie sich potentiell gegenseitig verstärken. Eine besondere Rolle spielen hierbei der gemeinsame Aufmerksamkeitsfokus und die gemeinsam geteilte Stimmung der Ritualteilnehmer, die sich über einen Feedbackprozess vermittels eines gemeinsamen rhythmisch-synchronisierenden Hineinsteigerns (*rhythmic entrainment*, Collins 2004a) potentiell intensivieren, so dass die kollektive Aufmerksamkeit noch fokussierter und die kollektive Stimmung noch erregter wird.

Kommen diese vier Ritual-Bestandteile zueinander und ein Interaktionsritual in Gang, resultiert dies in der Ritualhochphase in einer kollektiven Efferveszenz[5]. Dies ist die Produktionsstätte für die *Auswirkungen* des Rituals (*ritual outcomes*, Collins 2004a) in Form erstens des Erlebnisses einer Gruppensolidarität inklusive der daraus resultierenden Verbundenheitsgefühle (*group solidarity*, Collins 2004a: 48), zweitens der *emotional energy* (Collins 2004a), die die Individuen durchströmt,[6] drittens geheiligter Symbole der Ritualgruppe (*symbols of social relationship (sacred objects)*, Collins 2004a) und viertens Wertvorstellungen der Gruppe (*standards of morality*, Collins 2004a: 48).[7]

---

5   Collins übernimmt den Durkheimschen Begriff der „collective effervescence" aus der englischen Übersetzung (Collins 2004a: 48). Der Begriff der deutschen Übersetzung ist „Gärung" (Durkheim 2007: 313).

6   *Emotional energy* is „a feeling of confidence, elation, strength, enthusiasm, and initiative in taking action" (Collins 2004a: 49). *Emotional energy* ist dabei „the personal or subjective side of the Durkheimian collective effervescence" (Rössel/Collins 2001: 516).

7   Wie bereits angesprochen, will Collins Modell trotz religiöser Begriffe explizit nicht allein die ritualtheoretisch häufig fokussierten ,großen' und formalisierten (Übergangs-) Rituale beschreiben und erklären, bei denen ursächliche Veränderungen, förmliche Beschlüsse, formale und modale Handlungskriterien und Veränderungen von Identität, Rolle, Status und Kompetenz (Michaels 1999: 30ff) notwendige Ritualkomponenten sind. Sondern vor allem auch Rituale alltäglicher Interaktion wie sexuelle Handlungen oder informelle Gespräche haben das Potential, Individuen rhythmisch zu erfassen und sie emotional an eine Ritualgruppe sowie deren Symbole und Moralvorstellungen zu binden.

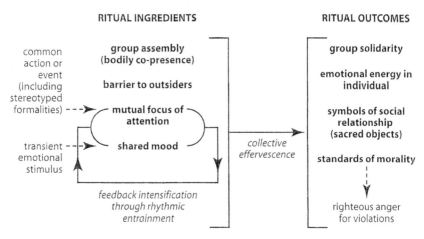

Abb. 1   Das mutual-focus / emotional-entrainment model (Collins 2004a: 48)

Indem er mit der prominenten Platzierung des Rhythmus im IRC-Modell die Prozesshaftigkeit des Rituellen betont – die „feedback intensification through rhythmic entrainment" (Collins 2004a) ist *das* prozessuale und somit potentiell eigendynamische Element eines Interaktionsrituals –, schließt Collins mit seinem Ritualmodell grundsätzlich an die Vorarbeiten Durkheims an. In dessen Ritual-beschreibungen wiederum sind bereits potentielle Eigendynamiken von rituellen Rhythmisierungsprozessen angelegt: Durkheim betrachtet die Rhythmisiertheit, in welcher Ritualteilnehmer Ritualhandlungen wie beispielsweise Singen und Tanzen ausführen, nicht als einen Handlungsmodus neben anderen, den die Ritualteilnehmer willentlich initiieren können. Sondern Durkheim weist darauf hin, dass dem Prozess des Hineinsteigerns in einen kollektiven Rhythmus ein durch die Ritualteilnehmerinnen nicht kontrolliertes Moment innewohne. Die kollektive Rhythmisierung entwickele eine eigene, übersubjektive Dynamik, deren *Ursprung innerhalb des Rituals* zu verorten sei:

> „Zweifellos kann ein Kollektivgefühl nur dann kollektiv ausgedrückt werden, wenn eine bestimmte Ordnung eingehalten wird, die den Einklang und die Gesamtbewe-gungen erlaubt; darum *neigen diese Gesten und Schreie von selbst dazu, rhythmisch und regelmäßig zu werden*: daher die Gesänge und Tänze." (Durkheim 2007: 321. Hervorhebung durch M.S.).

Collins (2004a: 67) bezieht sich nun zwar generell auf die Vorüberlegungen Durkheims zum Rhythmus im Ritual. Jedoch schließt er nicht explizit an dessen Theorem der potentiellen Eigendynamik von rituellen Rhythmisierungsprozessen an (und elaboriert in der IRC-Theorie auch keine eigenen weiterführenden Überlegungen zu Eigendynamiken kollektiver Rhythmisierungen). Implizit jedoch integriert Collins sehr wohl ein Element rhythmischer Eigendynamik in das IRC-Modell, und zwar indem er eine von Goffman vorgebrachte These in spezifischer Modifikation übernimmt.

3.3 Der Rhythmus als Gewährleister der Möglichkeit rituell-situativer Kreativität

Collins entlehnt von Goffman die Annahme, dass in jeder „social situation" (Goffman 1981: 84), in der Personen körperlich ko-präsent sind, diese sich jeweils gegenseitig wahrnehmen und zudem wahrnehmen, dass sie wahrgenommen werden (Goffman 1981: 85f). Collins konstatiert, dass diese Aufeinanderbezogenheit eine vorsprachlich körperliche sei, und dass mit ihr eine Grundverbundenheit von ko-präsenten Menschen(körpern) einhergehe, „a physical attunement: currents of feeling, a sense of wariness or interest, a palpable change in the atmosphere. The bodies are paying attention to each other" (Collins 2004a: 34.; vgl. ebenfalls Collins 1993: 208; Collins 2004a: 77f). Diese gegenseitige vorsprachlich-körperliche Aufeinanderbezogenheit trägt dadurch immer schon *die Basis für ein potentielles Entstehen* einer intersubjektiv aufeinander abgestimmten körperlich-synchronisierten Rhythmisierung in sich (Collins 2004a: 53f).

Diese These erweitert Collins um die Annahme, dass Menschen(körper) einen Lustgewinn dadurch erlangen würden, genannte körperliche Grundverbundenheit durch ein Sichfallenlassen in kollektive Rhythmisierungen zu intensivieren: „humans are hard-wired (...) for the kinds of pleasure in emotional entrainment and rhythmic synchronization that make humans pursuers of interaction rituals" (Collins 2004a: 227).[8] In Form dieser biologistisch-psychologistischen Setzung einer Lust an kollektiver Rhythmisierung verankert Collins somit zudem *ein Element potentieller rhythmischer Eigendynamik* in Interaktionsritualen: Prinzipiell unabhängig von soziokulturellen Kontexten, individuellen psychischen Dispositionen

---

8   Zu den soziologischen Implikationen der Annahme, dass Individuen ihre *emotional energy* zu maximieren und deswegen Interaktionsrituale mit hohem *pay-off* auszuführen trachten, vgl. Collins (1993). Zu dem Kritikpunkt, dass Collins mit solchen Überlegungen die Existenz akultureller Gefühle präsupponiere vgl. Pettenkofer (2006: 262).

etc. können kollektive Rhythmen (und also Interaktionsrituale) allein dadurch sich – eskalierend – entwickeln, dass die Lust an kollektiver Rhythmisierung die Beteiligten motiviert, einen Rhythmus weiter zu treiben – indem sie sich mit bzw. von ihm treiben lassen.

Kombiniert man nun die beiden Setzungen der präverbalen körperlichen Aufeinanderbezogenheit einerseits und des Lustgewinns durch kollektive Rhythmisierung andererseits, wird deutlich, dass Collins über den ,Umweg' zweier biologisch begründeter Prämissen ein Moment rhythmischer Eigendynamik in seiner IRC-Theorie verankert: Kollektive Rhythmisierungen können aufgrund körperlicher Dispositionen des Menschen erstens ,aus dem (sozialen) Nichts heraus' entstehen und zweitens ,aus sich heraus' eskalieren – was folglich bedeutet, *dass Interaktionsrituale aus dem Nichts heraus entstehen und aus sich heraus eskalieren können.*[9]

4 Visibilisierung der fehlenden Rhythmusdefinition in der IRC-Theorie

Durch die präzise Konzeption der IRC-Theorie – und des Rhythmus als theoretischem Element darin – werden nun jedoch (ritual-)theoretische Probleme sichtbar, die in weniger präzisen Ritual-Konzeptionen invisibilisiert werden konnten: Das Fehlen einer Rhythmus-Definition fällt in ritualtheoretischen Analysen nicht auf, solange ausschließlich solche kollektiven Rhythmisierungen betrachtet werden, die über die Durchführung *formaler Rituale* zustande kommen, wie sie die *ritual functionalists* primär untersuchen. Denn bei formalen Ritualen kann das kollektiv-rhythmische Einstimmen dadurch erfolgen, dass die Beteiligten vermittels ihres kulturellen Wissensbestandes *den Fortgang – und somit den rhythmischen Fortgang – des Rituals kennen*: Rhythmisch-prospektive Handlungsorientierung kann über Rückgriff auf in der Vergangenheit memorierte und inkorporierte rhythmische Skripte von beispielsweise Volkstänzen, Shantys, Hiphop-Choreographien, Eheschwüren oder dem Vater-Unser erfolgen, die immer wieder gleich ablaufen. Die Ritualanalytikerin wird hierdurch nicht mit der Aufgabe konfrontiert, zu benennen, woran genau sich die Beteiligten orientieren, wenn sie sich rhythmisch orientieren – denn es ist in situ nicht möglich herauszuarbeiten, welche Elemente

---

9 Diese theoretische Fundierung auf biologischen Prämissen steht nicht im Widerspruch dazu, dass Rhythmus (und also Rhythmuswahrnehmung) aller Wahrscheinlichkeit nach immer kulturell konstruiert/vermittelt ist (Hannon/Trehub 2005; Hannon/Trainor 2007; Hannon et al. 2011; Igaga/Versey 1977).

dieser memorierten Rhythmus-Skripte vernachlässigbar wären, ohne dass den Ritualteilnehmern die rhythmische Orientierung verunmöglicht würde. Das Problem der Rhythmusdefinition – Was unterscheidet einen Rhythmus von einem Nicht-Rhythmus? – ist zwar existent, wird aber invisibilisiert.

Indem Collins in seine Ritualtheorie natürliche Rituale mit einbezieht und seine Ritualtheorie damit auf ein dezidiert nicht-funktionalistisches Fundament stellt, wird das Fehlen einer präzisen Rhythmusdefinition sichtbar, das in Ritualtheorien, die ausschließlich formale Rituale betrachten, invisibilisiert werden konnte. Denn bei den situativ generierten kollektiven Rhythmisierungen natürlicher Rituale (wie z. B. bei den von Collins primär thematisierten Gesprächen, aber auch bei sexuellen Handlungen oder nicht geskripteten Tänzen oder Gesängen) können die Ritualteilnehmerinnen sich nicht durch Rückgriff auf Memoriertes orientieren. Da Rhythmen bei natürlichen Ritualen erst während des Ritualverlaufs performativ entstehen, kann die Rhythmus-Antizipation der Ritualteilnehmerinnen nicht aus einer prospektiv projizierten retrospektiven Konstruktion resultieren. Für den empirisch arbeitenden Ritual-Analytiker heißt das, dass er eine Rhythmus-Definition braucht, um zu wissen, wonach er sucht – das Desiderat einer Rhythmus-Definition wird augenfällig.

Ein Beispiel: Während Standardtänze formale und folglich rhythmisch geskriptete Rituale sind, bei denen prospektive Rhythmusunsicherheit verhindert werden kann, wenn die Beteiligten die Tanz-Skripte kennen, handelt es sich beim ‚freien' Antanzen in einer Diskothek eher um ein natürliches Ritual, bei dem diese prospektive Rhythmus-Unsicherheit aufgrund des fehlenden Ritualskripts nicht verhindert werden kann.[10] Trotz dieser Abwesenheit geskripteter rhythmischer Orientierungsmöglichkeiten jedoch können in diesen natürlichen Ritualen gemeinsam synchronisierte Rhythmisierungen erzeugt werden – ein gemeinsames Tanzen kann gelingen. Dies wirft die Frage auf, wie in einem solchen Fall rhythmische Orientierung möglich ist. Hierfür wiederum muss zunächst die Frage beantwortet werden, was ein Rhythmus ist.

---

10 Weitere Beispiele für diese Gegenüberstellung formaler Rituale, in denen rhythmische Skripte die prospektive Rhythmus-Unsicherheit verhindern können, gegenüber natürlichen Ritualen, bei denen Ritualskripte, die diese prospektive Rhythmus-Unsicherheit verhindern, potentiell fehlen, wären Gespräche bzw. sexuelle Handlungen mit dem langjährigen Partner versus Gesprächen bzw. sexuellen Handlungen mit Fremden.

5   Rhythmusdefinition der NPV

Um zu einer Rhythmus-Definition zu gelangen, mittels derer sich die Leerstelle im IRC-Modell bearbeiten lässt, und die es dadurch ermöglicht, das Modell empirisch zu testen bzw. heuristisch zur Anwendung zu bringen, werden folgend Ergebnisse eines in den letzten Jahren intensivierten Diskurses[11] zwischen Musikwissenschaften und naturwissenschaftlich paradigmatisierten Verhaltenswissenschaften (folgend abgekürzt mit „NPV")[12] rekapituliert. In diesem werden wie auch in der IRC-Theorie Zusammenhänge von *entrainment* bewirkenden Rhythmisierungen und der Genese sozialer Bindungen thematisiert – anders als bei Collins jedoch stets im Dialog von Theorie und Empirie. Die Theoriediskussionen der NPV weisen somit bezüglich ihrer zentralen Elemente und Denkfiguren – nämlich dem Zusammenhang von kollektiver Rhythmisierung und der Produktion von Solidarität – inhaltliche Parallelen zur IRC-Theorie auf, gehen aber in Bezug auf die Prüfung ihrer Theorien über Collins hinaus. Hierin liegt das Potential ihrer Verknüpfung miteinander.

Die Integration der NPV in die Theorie der IRC drängt sich weiterhin geradezu auf, da beide Ansätze trotz ihrer inhaltlichen Überschneidungen und der auffälligen zeitlichen Nähe ihrer Entdeckung des Themas Rhythmus sich wechselseitig nicht wahrgenommen haben. Dies ist nicht zuletzt vor dem Hintergrund bemerkenswert, dass einerseits Collins sich seiner Nähe zur Ethologie/Evolutionspsychologie bewusst ist (Collins 2009c; Rössel/Collins 2001) und andererseits in NPV-Studien Verweise auf Durkheim nicht unüblich sind (Wiltermuth/Heath 2009). Aus Platzgründen kann diese Zusammenführung von NPV und IRC hier nur andeutungsweise und unter Ausblendung theoriestruktureller Differenzen geschehen. Grenzen, Möglichkeiten und Bedarf theoretischer Nachbearbeitung der hier vorgeschlagenen Synthese werden im Fazit skizziert werden.

---

11 Ein zentrales Publikationsorgan ist die Zeitschrift *Music Perception. An Interdisciplinary Journal*. Beispiele für Sammelbände sind Müller/Aschersleben (2000); Evans/Clynes (1986); Davis (1982). Für einen ‚allgemeinverständlich' geschriebenen Einstieg/Überblick vgl. Lehmann (2010).

12 Mit der Abkürzung NPV werden hier jene Wissenschaftsdisziplinen umfasst, die, von naturwissenschaftlichen Paradigmen ausgehend, Thesen zur Erklärung menschlichen Verhaltens generieren. In vorliegendem Artikel referierte Wissenschaftlerinnen sind vor allem der Evolutionspsychologie und Humanethologie zuzurechnen, seltener der Verhaltensbiologie, Verhaltensökologie, Soziobiologie oder Psychobiologie.

5.1 Der Puls als Basis eines Rhythmus: Orientierung und Synchronisierung

In der Mehrheit der musik- und rhythmustheoretischen Literatur[13] wird der metrische *Puls* (bzw. teilweise synonym: das Metrum, der Beat) als dasjenige Element eines Rhythmus identifiziert, das ein Musikstück primär ordnet und komplexitätsreduzierend strukturiert.[14] Bekannte Pulsgeber sind das Metronom bzw. der sogenannte ‚Klick' für Schlagzeuger, die den Puls immer wieder identisch reproduzieren. Charakteristikum dieses musikalischen Grundschlages ist, dass die zeitlichen Abstände zwischen den einzelnen Pulsen immer gleich groß sind, womit sie eine Regelmäßigkeit erzeugen. Aufgrund dieses regelmäßigen, wiederkehrenden Charakters ist der Puls das Basis-Element eines Rhythmus und dasjenige rhythmische Element, das am effektivsten eine rhythmisch prospektive Orientierung gewährleisten kann (Fraisse 1982).[15]

Zusätzlich zu der eher kognitiven Fähigkeit, einen Puls ‚passiv' wahrzunehmen (ihn also z. B. auditiv zu erkennen), verfügt der Mensch über die immer auch körperleibliche Fähigkeit, sich aktiv mit einem Puls zu synchronisieren (also z. B. mitzusingen oder zu -tanzen). Diese beiden Fähigkeiten werden von den ‚Rhythmikern'[16] zum Komplex der Rhythmisierungsfähigkeit zusammengefasst, von den NPV zur Fähigkeit der *beat perception and synchronisation* (Merker 2001, Patel 2006). Mit der BPS-Fähigkeit werden die miteinander verwobenen menschlichen Fähigkeiten gekennzeichnet, erstens Pulse als Pulse wahrzunehmen, und zweitens sich mit ihnen durch eigene Lautäußerungen und/oder Bewegungen aktiv zu synchronisieren.

Die Fähigkeiten des ‚passiven' Erkennens eines Pulses und des ‚aktiven' Einstimmens in ihn bestehen dabei stets aus einem Zusammenspiel kognitiver und

---

13 Die Anzahl der wissenschaftlichen Rhythmus-Definitionen beläuft sich auf über 100 (Spitznagel 2000). Zu theoretischen Überlegungen zur Definition von Rhythmus vgl. ebenfalls Seidel (1976); Gabrielsson (1986); Radocy/Boyle (1997).

14 Damit ist noch nichts darüber ausgesagt, ob ein Puls die Basis für einen darauf aufbauenden komplexen Rhythmus ist – oder ob komplexe Rhythmen es der menschlichen Wahrnehmung ermöglichen, einen Puls in den Rhythmus ‚hineinzukonstruieren' (Bruhn 2000: 50; Fischinger 2008: 30; Peter Petersen zitiert nach Pfleiderer 2006: 134ff). Weiterführend vgl. Kopiez (2005: 129ff.).

15 Zur minimalen, maximalen wie auch optimalen Geschwindigkeit gemäß menschlichen Wahrnehmungsvermögens vgl. Block (1990); Fraisse (1978); Michon (1978); Pöppel (2004) bzw. zuerst: Stern (1897).

16 Die ‚Rhythmik', die gängige Kurzbezeichnung für ‚Rhythmisch-musikalische Erziehung', ist ein Vorgänger der heutigen Tanz-, Sport- und Bewegungspädagogik. Für einen Einstieg bzw. Überblick vgl. Röthig (1966). Für ein Beispiel aktueller Arbeit vgl. Böger/Probst (2010).

körperleiblicher Prozesse, die sich potentiell gegenseitig verstärken: Die kognitive
Wahrnehmung eines Pulses ermöglicht ein leichteres körperleibliches Einstimmen
in diesen und also Synchronisieren mit diesem – und umgekehrt erleichtert ein
körperleibliches Eingestimmtsein die kognitive Wahrnehmung eines Pulses.[17] Diese
Verflochtenheit ‚passiver‘ Wahrnehmungs- und ‚aktiver‘ Synchronisationsleistung
macht es Menschen möglich, in den pulsbasierten Rhythmus einer gemeinsamen
rhythmischen Tätigkeit einzufallen, sei es Tanzen (Hagen/Bryant 2003), militärisches
Marschieren (McNeill 1995), gemeinsames Musikmachen (Goebl/Palmer 2009;
Lucas et al. 2011), ein Rap-Contest (Lehmann 2009), eine Ruderregatta (Lippens
1997) oder handwerkliche Arbeit (Bücher 1896; Drill 1933). Zudem ermöglicht die
BPS-Fähigkeit, beispielsweise den metrischen Fortgang eines abrupt pausierten
Liedes einzuschätzen, und es dadurch weiter zu summen (Pfleiderer 2006: 35ff
bzw. 159ff), oder auch einen einstudierten Tanz ohne die Musik mit geringen
rhythmischen Abweichungen zu tanzen (Stevens et al. 2009).

5.2   Eingesogenwerden durch den Puls

Außer von den Musikwissenschaften und den Rhythmikern wird die menschliche Rhythmisierungsfähigkeit in den letzten Jahren insbesondere von den NPV
untersucht, die diesbezüglich mit den Musikwissenschaften vernetzt arbeiten.[18]
Zentrale Forschungsfragen sind hier neben solchen zu zerebralen Abläufen der
beat perception and synchronisation (Rammsayer 2000; Grahn/Brett 2007; Overy/
Molnar-Szakacs 2009) Fragen nach der Reichweite der BPS im auditiven (Parncutt
1987; McKinney/Moelants 2006; Repp/Doggett 2007; Bergeson/Trehub 2006) und
motorischen (Snyder et al. 2006; Schneider et al. 2010; Toiviainen et al. 2010) Bereich
wie auch Fragen zu ihrem stammesgeschichtlichen Ursprung (Wallin 1991; Fitch
2010; Molino 2001; Jerison 2001).

Weitgehender Konsens herrscht bezüglich der These, dass sich die BPS-Fähigkeit
in der menschlichen Stammesgeschichte als adaptiver Vorteil bewährt hat, indem
sie auf eine spezifische Art und Weise soziale Koalitionen zu verstärken vermoch-
te (Wallin et al. 2001; Lehmann et al. 2009; Wiltermuth/Heath 2009). Kollektiv
rhythmisierte Bewegungen oder Lautäußerungen wie Singen, Trommeln, Stampfen

---

17 Zur Verknüpfung von Kognition und Motorik vgl. z. B. Fraisse (1966); Loehr/Palmer
    (2009); Palmer et al. (2009). Zu körperlicher Wahrnehmung bzw. zum direkten Einfluss
    von Handlungen auf Wahrnehmungsprozesse Gibson (1982); Hommel (2006); Bockrath
    et al. (2008).
18 Vgl. z. B. Wallin et al. (2001); Patel (2006); Dean et al. (2009).

und/oder Brüllen (re-)konstruieren demnach Gefühle von Zusammengehörigkeit und sozialer Bindung, indem der Gruppenzusammenhalt für alle Anwesenden deutlich sicht- und spürbar inszeniert bzw. signalisiert wird (Freeman 2001).[19] Neben dem hinsichtlich des Zusammenhangs von BPS-Fähigkeit und sozialer Bindung vielfältig erforschten Phänomen der *motherese* (der Mutter-Kind-Dyade) mit ihrer rhythmischen Grundstruktur und ihren charakteristischen melodischen Tonhöhenschwankungen (Dissanayake 2000) ist es vor allem das rhythmische Sich-Synchronisieren adulter Gruppen, auf das sich die evolutionstheoretische These zum Ursprung der BPS-Fähigkeit stützt. Aus evolutionstheoretischer Perspektive haben synchronisierte Gruppenaktionen neben dem unmittelbaren Effekt der Zusammengehörigkeitsvergewisserung den Effekt einer Dominanzbekundung z. B. gegenüber potentiellen Geschlechtspartnern, aber auch gegenüber feindlichen Gruppen oder gefährlichen Tieren. Durch eine kollektiv rhythmisch erzeugte Geräuschkulisse könne ein „vocal signaling for mate attraction" weithin hörbar gemacht werden (Merker 2001: 318). Zudem könne sich wechselseitig Mut gemacht werden, um entschlossen Feinden entgegenzutreten, oder auch große Tiere zu jagen, und damit die Überlebenswahrscheinlichkeit der Gruppe zu erhöhen. Durch ein gemeinsames synchrones Rufen, Trommeln, Stampfen können Geräusche und Bewegungen der eigenen Gruppe wie aus einem Mund bzw. aus einer Hand erscheinen – und somit von einer großen und mächtigen Kreatur stammen. Durch diesen Vorgang könne jedes Individuum erstens spüren, dass es Bestandteil einer größeren Gruppe ist, welche es zweitens als eine starke, mächtige Gruppe wahrnimmt. Drittens schließlich vermittele die kollektive Rhythmisierung dem Individuum, dass die eigene Gruppe dasselbe will wie es selbst: *Ein* starker Wille spricht gefühlt aus *einem* starken Mund, und dieser starke Wille und starke Mund sprechen durch mich, wenn ich mit meiner Gruppe zusammen bin.[20] Gemeinsam synchronisierte Bewegungen untermauern das Gefühl des gemeinsamen Willens noch, indem sie

---

19 Hagen/Bryant (2003: 30) argumentieren, dass kollektives Musizieren und Tanzen soziale Bindungen nicht primär erzeugen, sondern vor allem erst einmal vorhandene soziale Bindungen signalisieren. In dieser Pointierung unterschlägt ihr Argument jedoch, dass es unmöglich ist, anderen Individuen den eigenen Gruppenzusammenhalt zu signalisieren, ohne ihn sich dadurch gleichzeitig auch selbst zu signalisieren – und ihn sich selbst dadurch wirksam als eine soziale Tatsache zu konstruieren.

20 Einfach illustrieren lässt sich solch ein Phänomen heute am Beispiel von Fußballfans und deren Fangesängen, deren ‚Gänsehauteffekt' nach Aussage der Beteiligten am besten in einem ‚engen' Stadion mit einer ‚guten Akustik' (also großen Hallqualitäten, die ein Gefühl von noch mehr Stimmen erzeugen) zur Geltung kommen. Auch die Faszination für Massenveranstaltungen wie das Arirang Festival oder die Beliebtheit des Hall-Effekts in Pop-Liedern lassen sich hierdurch erklären.

der Gruppe plastisch die gemeinsame Tat vor Augen führen und in die Glieder
fahren lassen, so dass die Addition eines gemeinsamen Trommelns, Klatschens,
Brüllens/Singens und Stampfens (heute z. B. prominent verwirklicht im Haka des
All Blacks Rugby Teams) wohl die ‚wirksamste' Anwendungs-Variante der BPS ist.
Die durch diesen Phänomenkomplex des *entrainments* generierten Verbundenheitsgefühle bilden die emotionale Grundlage für wechselseitiges Vertrauen und
damit wiederum für aufeinander abgestimmte Kooperationen – ein entscheidender
evolutionärer Vorteil des Menschen. Aus evolutionstheoretischer Perspektive liegt
somit der Grund dafür, dass der heutige Mensch über die Rhythmisierungsfähigkeit
verfügt, also einen Puls als solchen wahrnehmen, sich rhythmisch prospektiv an
ihm orientieren und sich schließlich aktiv mit ihm synchronisieren kann, in der
kooperationsermöglichenden Funktion, die die BPS-Fähigkeit in einer spezifischen
stammesgeschichtlichen Phase einnahm.[21]

Mit der stammesgeschichtlichen Ausbildung der BPS-Fähigkeit ist ein weiteres
Phänomen ko-evolviert, das in obiger Beschreibung bereits anklang. Menschen
erleben beim Einstimmen in pulsbasierte Rhythmen Lustgewinne. Intensive Gruppenerlebnisse mit der durch die Rhythmisierung geeinten Gruppe ermöglichen
den beteiligten Individuen eine gefühlte Grenzauflösung zwischen eigenem und
fremdem Körper und damit zwischen eigener Identität und derjenigen der mächtig
erscheinenden Gruppe – dieses Über-sich-selbst-Hinauswachsen des Individuums
führt zu einer lustvoll erlebten Selbstüberhöhung (McNeill 1995; Ehrenreich 2006.
Vgl. auch den Essay von Canetti 1978: 32ff)[22]. Der synchronisierte Rhythmus dient
in dem Fall als ein Vehikel, das die Vorstellung eines geeinten ‚Wir' eindrucksvoll
inszeniert und stützt. Bekannte Beispiele dafür, dass Menschen sich Pulsen lustvoll
körperleiblich hingeben, sind das Mitsummen, das Kopfnicken, das Wippen mit

---

21 Der in den evolutionstheoretischen Wissenschaften häufig diskutierte Aspekt der sexuellen
    Selektion, also der Effekt, dass Menschen mit Rhythmusgefühl als sexuell attraktiver
    wahrgenommen würden und sich deswegen öfter bzw. mit ‚fitteren' Geschlechtspartnern
    paaren können, kann dadurch lediglich ein Sekundäreffekt des beschriebenen Gruppen-
    bindungseffekts sein: Denn im Gegensatz zu einer Gesichtssymmetrie, die auf eine ‚fittere'
    genetische Ausstattung und also erhöhte Überlebenschancen potentieller Nachkommen
    hinweisen mag, hat die BPS-Fähigkeit bzw. ein Rhythmusgefühl erst einmal keinen
    eigenen Wert. Erst sobald sich die BPS-Fähigkeit auf die Überlebenswahrscheinlichkeit
    des Sozialverbandes positiv auswirkt, macht es evolutionstheoretisch Sinn, dass mit
    dem Rhythmusgefühl eine Ausstrahlung sexueller Attraktivität verbunden wird. Bzw.
    pointiert ausgedrückt: Rhythmusgefühl macht – evolutionstheoretisch – keinen Sinn,
    wenn niemand mit einem tanzt.

22 Für eine freudianisch-psychologische Erklärung zur Lust am Eingesogenwerden in
    Rhythmen durch die Lust an Regression und Redundanz vgl. Horn (2001) oder auf den
    Rhythmus im Wandern bezogen Deisen (2002).

dem Fuß, dem Finger oder dem ganzen Körper (über Hüfte und Beine) oder das Schunkeln oder Klatschen im Takt.

Gemäß dem evolutionstheoretischen Paradigma besteht der Grund dafür, dass dieses Fallenlassen in einen Puls mit Lustgewinn verbunden ist, im evolutionsgeschichtlichen menschlichen Erbe: Selektionsvorteilhafte Verhaltensweisen treten häufig gemeinsam mit Lustbelohnungen auf, denn diese führen dazu, dass lustbelohnte Verhaltensweisen vom Individuum häufiger bzw. mit höherer Wahrscheinlichkeit gezeigt werden (Dean et al. 2009; Hagen/Hammerstein 2009). Somit ist es für selektionsvorteilhaftes Verhalten förderlich, dass es mit einem Lustgewinn belohnt wird. Anders gesagt: Die Wahrscheinlichkeit, dass unsere Vorfahren die BPS-Fähigkeit zu gemeinsamen Rhythmisierungen genutzt – und dadurch die eigene Überlebenswahrscheinlichkeit erhöht – haben, steigt, wenn *beat perceptions and synchronisations* lustbelohnt werden. Dass wir heute das *entrainment* in pulsbasierte Rhythmen lustvoll empfinden, ist evolutionstheoretisch folglich als ein Effekt unserer (phylo-)genetischen Entwicklung zu begreifen.[23]

6   Integration der NPV in die IRC-Theorie: Rhythmus zwischen Körper und Ritual

Die NPV bearbeiten rhythmustheoretische Fragen in Auseinandersetzung mit den Musikwissenschaften und stets im Dialog von Theorie und Empirie. Dabei isolieren ihre Forschungsdesigns einzelne rhythmische Phänomene und analysieren diese losgelöst von sozialen Kontexten. Dies ermöglicht es den NPV, den Puls als rhythmisches Element zu identifizieren, das rhythmisch-prospektive Orientierung gewährleisten und *entrainment* generieren kann. Diese Erkenntnisse sollen nun für soziologische (Interaktions-)Ritual-Analysen fruchtbar gemacht werden, in denen kollektive Rhythmisierungen nicht isoliert, sondern ‚in situ', in einem sozialen Entstehungskontext, untersucht werden (können).

---

23 Dass es eine stammesgeschichtlich vererbte Lust an kollektiver Rhythmisierung (in IRCs) gibt, nimmt auch Collins an. Er ordnet diese Lust gar der sexuellen Lust über – bzw. begreift sexuelle Handlungen als eine spezifische Variante eines Interaktionsrituals und sexuelle Lust somit als eine spezifische Variante von *emotional energy*. Hiermit demarkiert er seine Theorieanlage von der Soziobiologie (und anderen NPV-Perspektiven) (Collins 2004a: 66 bzw. 225ff).

6.1   Theoriesynthese

Indem die NPV ihre Rhythmus-Definitionen in betont validitätsorientierten und auf die Erforschung spezifischer Aspekte des Phänomens Rhythmus ausgerichteten Forschungsdesigns prüfen und elaborieren,[24] um reliabel Erkenntnisse zu Rhythmus und Rhythmuswahrnehmung akkumulieren zu können, generieren sie tendenziell isolierte Einzelaussagen, die nur lose und nicht in Form systematischer Theoriebildung aufeinander verweisen. Zudem wird in ihren Untersuchungen primär auf die individuelle Dimension von Rhythmus und Rhythmuswahrnehmung fokussiert, so dass vor allem individualpsychologische Erkenntnisse zur Rhythmuswahrnehmung generiert werden. Ein systematisierender Integrationsversuch hin zu einer *Theorie der Sozialität kollektiver Rhythmisierungen und Synchronisierungen*, für die der Untersuchungsfokus auf *Interaktionsprozessen* liegen müsste, bleibt aus.

Zur Untersuchung der Interaktions-Elemente kollektiver Rhythmisierung – und dadurch deren sozialer Dimension – ist stattdessen die IRC-Theorie geeignet. Zentrale theoretische Bezugspunkte dieser sind erstens die situative Relevanz körperleiblicher Ko-Präsenz, zweitens Rhythmus und rhythmisches *entrainment* als Kernelemente sozialer Situationen und drittens das Entstehen individuellen Lustgefühls (*emotional energy*), zwischenmenschlicher Solidarität (*group solidarity*) und sozialer (Zu-)Ordnung in Interaktionsritualen. Die IRC-Theorie bedarf jedoch hinsichtlich ihrer Rhythmus-Konzeption definitorisch-konzeptioneller Präzision und empirischer Prüfung.[25] Eben dies wird möglich durch eine Integration der NPV-Überlegungen in eine IRC-Theorie-basierte Perspektive: Durch eine Synthese dieser Theorien, die im selben Forschungsfeld operieren, sich dabei jedoch paradigmatisch unterscheiden, lässt sich die IRC-Theorie einerseits prüfen und andererseits weiterentwickeln – und somit ein Ansatz entwerfen, der die *Interaktions-Elemente und also die soziale Dimension* kollektiver Rhythmisierung mit sowohl höherer analytischer Präzision zu erforschen ermöglicht.

---

24   So werden primär die verschiedenen (z. B. die Wahrnehmung erschwerenden) Bedingungen erforscht, unter denen Puls-Wahrnehmung mit den einzelnen Sinnesorganen (Auge, Ohr, Tastsinn) gelingt/misslingt, bzw. unter denen sich erleichtert/erschwert mit dem Puls synchronisiert werden kann.

25   Das generelle Desiderat einer Überprüfung von Collins' IRC-Theorie formuliert u. a. Rössel 2006.

6.2 Soziologische Reformulierung des Rhythmusbegriffs

Solch eine Anwendung der NPV-Ergebnisse für soziologische Ritualanalysen verlangt jedoch nach einer spezifisch soziologisierten Reformulierung des Rhythmusbegriffs, die Rhythmus hinsichtlich seiner sozialen Qualität untersucht und ihn dafür konsequent *als soziale Relation begreift*.[26] Hierfür ist es nicht angebracht, dem Puls den Status einer anthropologischen Universalie menschlicher Rhythmuswahrnehmung zuzuschreiben, wie die es NPV tun. Stattdessen muss erstens der Tatsache Rechnung getragen werden, dass soziokulturelle Kontexte mit beeinflussen, wie Rhythmen *entrainment* generieren. Vor allem aber ist der Puls nicht in sämtlichen Formen von Interaktionsritualen notwendige oder gar hinreichende Bedingung für die Genese von *entrainment*: Die von Collins untersuchten natürlichen Rituale wie Gespräche beispielsweise weisen keinen eindeutigen Puls auf, und es ist nicht plausibel, ihre rhythmische Struktur in pulsbasierte Rhythmen zu dekomponieren, bzw. gar sie auf Pulse als rhythmisch tragendes Element zu reduzieren (Lösener 1999).[27]

Aus diesem Grund gilt es, konzeptuelle Offenheit für rhythmische Phänomene zu bewahren, die ähnliche Eigenschaften wie der Puls aufweisen und somit ebenfalls rhythmisch-prospektive Orientierung gewährleisten und rhythmisches *entrainment* generieren können.[28] Um diese Phänomene als solche erkennen zu können, ist es aber zuerst notwendig zu bestimmen, welche spezifischen Charakteristika des Pulses es sind, die ihn als rhythmisches Phänomen dafür qualifizieren, *entrainment*

---

26 Bereits Marcel Mauss (1924: 909) stellte in seinen Überlegungen zu Beziehungen von Soziologie und Psychologie bezüglich der Analyse des Rhythmus fest: „Mais surtout, je crois que l'étude du rhythme, précisément dans ce qu'il a de contagieux, permet d'avancer plus dans son analyse que toute étude qui ne porterait que sur ce qui se passe dans un seul individu."

27 Die NPC blenden dieses wie erwähnt aus, indem sie bisher nur Forschungsdesigns entwickeln, die solche Rhythmen und Rhythmisierungen untersuchen, in denen sich ein Puls feststellen lässt.

28 Abseits vom durch die NPV zentrierten Puls ist bzgl. zahlreicher Interaktionsrituale ein anderes Rhythmuskonzept womöglich fruchtbarer: Rhythmische *Gestalten*, also spezifische körperleiblich inkorporierte rhythmische Muster, die u. a. in der Gestaltpsychologie und der Musik- und Bewegungspädagogik untersucht werden, beschreiben ebenfalls ein Rhythmus-Phänomen, das von den Ausführenden intuitiv erfasst und körperleiblich gespürt wird, und das somit ebenfalls rhythmisch-prospektive Orientierung gewährleisten und rhythmisches *entrainment* generieren kann. Rhythmische Gestalten sind einerseits ungleich komplexer als Pulse (und somit für messende psychologische Forschung ungleich schwieriger zu operationalisieren – was eine Erklärung dafür wäre, warum bisher dahingehend keine Studien existieren). Eben aufgrund dieser Komplexität aber können sie andererseits die rhythmische Struktur komplexer Interaktionsrituale womöglich adäquater abbilden.

herzustellen, Interaktionsrituale gelingen und kollektive Efferveszenz entstehen zu lassen. Mit anderen Worten: Das Phänomen ‚Puls‘, wie es die NPV beschreiben, ist hinsichtlich jener Merkmale zu sezieren, die den Puls als *eine Variante des Rhythmus* zu einem Prinzip machen, das kollektive Rhythmisierungen (und also Interaktionsrituale) gelingen lässt – und aus diesen Merkmalen ist dann eine Rhythmus-Definition für eine soziologische Perspektive zu entwickeln.

Geht man so vor, gelangt man dahin, den (interaktions-)rituellen Rhythmus zu definieren als *ein über Routinen soziokultureller Praxis in kollektive (vor allem kommunikative aber auch kulturelle[29]) wie auch individuelle (Leib-)Gedächtnisse[30] eingeschriebenes und dadurch objektiviertes soziales Koordinationsprinzip,[31] dessen direkt körperleiblicher Bezug einerseits Grundlage ist für seine unmittelbare (emotionale) Wirkmacht als Koordinationsprinzip und andererseits für potentielles (interaktionsrituelles) Entrainment, also für ein Zusammenspiel der sich wechselseitig verstärkenden Elemente rhythmischer Synchronisierung und emotionaler Hineinsteigerung, das potentiell eine Eigendynamik entwickelt und in (kollektiver) Efferveszenz resultiert.* Das Koordinationsprinzip Rhythmus stellt dabei erstens durch seine Regelmäßigkeit, zweitens durch das Wissen der Ritualteilnehmer um seine Struktur und drittens durch seine körperleibliche Eingängigkeit[32] einen Erwartbarkeit generierenden, komplexitätsreduzierten und dadurch potentiell Interaktions-Komplexität reduzierenden Modus der körperleiblichen Aufeinanderverwiesenheit und Aufeinanderbezogenheit individueller Handlungen dar – und der Puls ist eine besonders wirksame Variante dessen.

Den interaktionsrituellen Rhythmus können die Ritualteilnehmer dabei sowohl in seiner Präsenz als auch in seiner Absenz spüren – und zwar immer auch als (fehlendes) *Kernelement eines Interaktionsrituals*: Man spürt das Gelingen als

---

29 Im Sinne von Assmann (2007: 48ff.).

30 Hier gilt es, der ureigenen (z. B. bei Gedichten bemerkbaren) gedächtnisstützenden Qualität von Rhythmus Rechnung zu tragen – die in ihrer stärksten Form dazu führen kann, *unwillkürlich* und *gegen den Willen des Individuums* gedächtnisgenerierend zu wirken (wie man es z. B. vom ‚Ohrwurm‘ kennt).

31 Aus praxistheoretischer Perspektive wäre es vermutlich sowohl fruchtbar, spezifische *Rhythmen* als „Partizipanden" (Hirschauer 2004: 74) von Praktiken zu analysieren, als auch, *Rhythmus* generell als ein prozessuales Element von Praktiken zu betrachten, das sowohl „action understandings", „rules" als auch „teleological-affective structure" (Schatzki 2010: 140) bereitzustellen vermag. In diesem Falle wäre Rhythmus in das „practice memory" (Schatzki 2010: 216) eingeschrieben.

32 Rhythmuswahrnehmung geschieht nicht nur kognitiv sondern immer auch über körperleiblichen Mitvollzug. Ritualteilnehmer können durch wahrgenommene Rhythmen *nicht nicht* körperlich beeinflusst werden (Valéry 1990: 112f.).

auch das Misslingen rhythmischer Koordination nicht nur deutlich im Tanz und beim gemeinsamen Sport- oder Musikmachen – sondern eben auch in Interaktionssituationen, die auf den ersten Blick als kaum rhythmisiert erscheinen, wie einer Skatrunde, einem Gespräch oder einem Handschlag. Dabei weiß man um die immer auch soziale Tragweite rhythmischer Koordination: Man spürt und weiß bei einem Handschlag, dass in diesem Moment mehr gelingt oder misslingt als bloß eine physische Koordination. Man spürt und weiß, dass das Gelingen oder Scheitern des Rhythmus mit dem Gelingen oder Scheitern des gesamten Interaktionsrituals identisch ist, und dass also das Gelingen oder Scheitern des Rhythmus sowohl über das zukünftige Verhältnis der Beteiligten zueinander entscheidet als auch über den sozialen Status jedes einzelnen Beteiligten selbst – in Collins Termini also einerseits über die an Symbole und Wertvorstellungen der Gruppe geknüpfte bzw. durch diese repräsentierte *group solidarity* und andererseits die individuelle *emotional energy* sowie das individuelle kulturelle Kapital (zu kulturellem Kapital vgl. Collins 2004: 86).

6.3 Ausblick: (Ritual-)Soziologische Empirie

In Bezug auf empirische Forschungen stellt diese definitorische und perspektivische Erweiterung des IRC-Modells eine präzisierte Heuristik und potentiell eine zusätzliche Analyse-Dimension bereit speziell für Ritual- aber auch generell für Interaktionsanalysen. Durch Messungen interaktionsritueller *outcomes*, sowohl mittels qualitativer, z.B. interviewgestützter Forschungsdesigns, als auch mittels quantifizierender Methoden, z.B. Messungen von *group solidarity*[33] – in Kombination mit Messungen von Interaktionsrhythmen – lassen sich sowohl emotionale und soziale Wirk*macht* als auch Wirk*weisen* von Interaktionsritualen genauer bestimmen. Durch solch eine eher das Individuum zentrierende Perspektive lässt sich einerseits die IRC-Theorie überprüfen und potentiell weiter ausarbeiten. Andererseits lassen sich die Charakteristika des Rhythmus als sozialem Koordinationsprinzip weiterführend bestimmen, indem beispielsweise untersucht wird, inwiefern verschiedene Weisen, in denen Rhythmus situativ wahrgenommen wird, beeinflussen, wie dieser den Individuen als soziale Tatsache begegnet.[34] Bei solch

---

33 Z.B. mit Rapportmessungen ähnlich denen in der Sozialpsychologie (z.B. Bernieri 1988).

34 *Dass* dies der Fall ist, sei an einem Beispiel illustriert: Es besteht beim (Interaktions-)
Ritual des gemeinsamen Tanzens eine entscheidende Differenz dahingehend, ob man sich primär an der Musik orientiert oder an dem Tanzpartner, der ebenfalls Teilnehmer desselben (Interaktions-)Rituals ist. Einen NPV-Vorstoß in Richtung der Frage nach der

einer individuumszentrierenden Perspektive ist es für soziologische Analysen wichtig, Rhythmus vor allem als soziale Relation zu verstehen, anstatt ihn, wie dies häufig in den NPV geschieht, als ein zuallererst außerhalb des Sozialen existentes physikalisches Phänomen zu betrachten.[35]

Auch ethnographische Untersuchungen können von dieser Präzisierung des IRC-Modells bzw. der Definition des interaktionsrituellen Rhythmus profitieren. Theoriegeleitete Ethnographien einerseits können, indem sie z. B. auf Konstellationen und Wechselwirkungen ritueller *ingredients, processes* und *outcomes* fokussieren, die Datenerhebung strukturieren und/oder die Komplexität erhobener Daten reduzieren, indem sie das beforschte Feld durch die Perspektive der IRC-Theorie betrachten bzw. auf Interaktionsrhythmen hin untersuchen. Solch eine Begrenzung des Erkennens bringt im Idealfall spezifische Erkenntnisse erst hervor und erleichtert zudem durch seine Regelhaftigkeit ein intersubjektives Nachvollziehen des Erkenntnisprozesses. Ethnographische Ansätze andererseits, die Theoriegeleitetheit eher als Problem betrachten, da es potentiell dazu führt, dass im Feld jene Phänomene gesucht und gefunden werden, die zu einer mit Feldmaterial angereicherten Apologetik der ins Feld geführten Theorie führen, können die hier vorgestellten Überlegungen zur IRC-Theorie und zu Rhythmus nutzen, indem sie sich durch sie irritieren lassen bzw. sich in destruktiv-produktiver Absicht an ihnen abarbeiten.

Solche ethnographischen Perspektiven zentrieren eher den Interaktionsprozess und geben daher potentiell Auskunft darüber, welche Funktionen Rhythmus für das Gelingen von Interaktionen übernehmen kann, und dadurch über *Konstitutionsbedingungen gelingender Interaktion(srituale)*. Für diese Bestimmung von Konstitutionsbedingungen bieten sich Analysen der Übergänge ,von Rhythmus zu Nicht-Rhythmus' an, d. h. Analysen erstens des *Beginns rhythmischer Koordination*, zweitens der *Beendigung rhythmischer Koordination*, drittens auftretender

---

Wirkung des sozialen Kontexts auf die BPS-Fähigkeit unternehmen Kirschner und Tomasello (2008), die zeigen, dass Kinder einen vorgegebenen Rhythmus in Gemeinschaft präziser mittrommeln als alleine.

35   Ebenfalls die Reflexionen zum Verhältnis von „Rhythmus und Sinn" (Gumbrecht 1988) und, darauf aufbauend, „Rhythmus als Formungsprinzip im Sport" (Franke 2005), könnten durch eine Perspektive, die Rhythmus primär als soziale Relation versteht, neue Impulse erhalten. Denn mit solch einer Perspektive ließe sich Gumbrechts Argument, gesprochene Sprache, die einerseits semantisch und andererseits rhythmisch organisiert ist, als potentiell in sich spannungsvoll zu begreifen, anders pointiert betrachten. Zudem ließe sich mit der in vorliegendem Artikel gemachten Betonung der spezifischen Körperlichkeit des Rhythmus – und einer *Körperlichkeit von Sinn* – eine Pointierung ausarbeiten, die bei Gumbrecht nicht gemacht ist, der ein primär auf Sprachlichkeit begründetes Verständnis von Sinn hat, und die bei Franke angelegt, jedoch nicht auf die Interaktionsdimension hin ausgearbeitet ist.

*Rhythmusunsicherheit*en, viertens *misslungener rhythmischer Koordination* und fünftens der *Reparaturstrategien und -Mechanismen,* die zur Kompensation von Rhythmusunsicherheiten und misslungener rhythmischer Koordination angewendet werden. Indem auf diesem Wege detailliert Aufschluss erhalten wird über Kausalbeziehungen zwischen (Störungen) rhythmischer Koordination und (Störungen von) Interaktionsritualen in ihrer Gesamtheit, also u. a. darüber, inwiefern Störungen *rhythmischer Koordination Ursache und/oder Auswirkung von Störungen des interaktionsrituellen (Normal-)Ablaufs* sind, ermöglichen Analysen dieser Konstellationen im Weiteren sowohl Aussagen über interaktionsrituelle Normalitäten, Stabilitäten und Fragilitäten als zudem auch über die Rolle des Rhythmus in ebendiesen und für ebendiese.[36] Dabei lässt sich diese detaillierte Analyse der Konstitutionsbedingungen von Interaktion(sritualen) zusätzlich zur Analyse der bisher in den Mittelpunkt gerückten Interaktionsrituale, die sich dadurch auszeichnen, dass die Beteiligten rhythmische Synchronie und also interaktionsrituelle Harmonie anstreben, insbesondere auch dazu fruchtbar machen, um die stärker durch Differenz, Überlagerung und Konfliktivität geprägten Rhythmen in Gewaltdynamiken (Collins 2011) zu untersuchen.

Nicht zuletzt kann vorgestellte definitorische und perspektivische Erweiterung des IRC-Modells auch einen Beitrag zur Erweiterung und Präzisierung diachroner Analysen von (Re-)Konstruktionsprozessen kultureller Semantiken oder gar Strukturen leisten. Hierfür gilt es, die Ergebnisse aus Interaktionsritualuntersuchungen unter Verwendung von Collins Theorie, die ein Untersuchungsinstrument für die Verflochtenheit einzelner Interaktionsrituale in Interaktionsritualketten – und also transsituativen Sozialitäten – bietet (Collins 2004a: 141ff), makrosoziologisch rückzubinden. Solche Untersuchungen gilt es dabei jedoch, erstens stets auf der Ebene situativer Interaktion zu beginnen und zweitens in steter Auseinandersetzung mit körpersoziologischen Reflexionen zu entwickeln, da Rhythmus ohne den Körper soziologisch weder versteh- noch denkbar ist.

---

36 Selbst wenn man die *konstitutive* Rolle des Rhythmus für gelingende Interaktionen bestreiten und also Rhythmen und rhythmischen Abstimmungen lediglich den Status von Epiphänomen, die in situativen performativen Interaktionen emergieren, zugestehen würde, wäre die Analyse von Interaktionsrhythmen immer noch sehr fruchtbar. Denn auch dann ist der Rhythmus immer noch ein äußerst sensibler – und präzise messbarer – Indikator, mittels dessen sich das Gelingen oder Misslingen von Interaktionsprozessen nachvollziehbar bestimmen ließe, und woran sich wiederum eine vertiefende Analyse einzelner Interaktionskomponenten anschließen ließe.

Literatur

Assmann, Jan (2007). *Das kulturelle Gedächtnis. Schrift, Erinnerung und politische Identität in frühen Hochkulturen.* München: C.H. Beck.

Bergeson, Tonya R. & Trehub, Sandra E. (2006). Infants Perception of Rhythmic Patterns. *Music Perception. An Interdisciplinary Journal 23 (4),* 345-360.

Bernieri, Frank J. (1988). Coordinated movement and rapport in teacher student interactions. *Journal of Nonverbal Behavior 12,* 120-138.

Block, Richard A. (1990). Models of psychological time. In: Ders. (Hg.), *Cognitive models of psychological time.* Hillsdale , NJ : Lawrence Erlbaum Associates, 1-35.

Bockrath, Franz, Boschert, Bernhard & Franke, Elk (2008). *Körperliche Erkenntnis. Formen reflexiver Erfahrung.* Bielefeld: transcript.

Böger, Claudia & Probst, Andrea (2010). Rhythmus und Rhythmuslernen. In: Harald Lange & Silke Sinning (Hg.), *Handbuch Methoden im Sport. Lehren und Lernen in der Schule, im Verein und im Gesundheitssport.* Balingen: Spitta, 151-164.

Bruhn, Herbert (2000). Kognitive Aspekte der Entwicklung von Rhythmus. In: Katharina Müller & Gisa Aschersleben (Hg.), *Rhythmus. Ein interdisziplinäres Handbuch.* Bern (u. a.): Hans Huber, 227-244.

Bücher, Karl (1896). *Arbeit und Rhythmus.* Leipzig: S. Hirzel.

Canetti, Elias (1978). *Masse und Macht.* Düsseldorf: claassen.

Collins, Randall (1990). Conflict Theory and the Advance of Macro-Historical Sociology. In G. Ritzer (Hg.) *Frontiers of Social Theory. The New Syntheses.* New York: Columbia University Press, 68-87.

Collins, Randall (1993). Emotional Energy as the Common Denominator of Rational Action. *Rationality and Society 5 (2),* 203-230.

Collins, Randall (2004a). *Interaction Ritual Chains.* Princeton/New Jersey: Princeton University Press.

Collins, Randall (2004b). *Interview mit Alair Maclean und James Yocom* (http://www.ssc.wisc.edu/theoryatmadison/papers/ivwCollins.pdf (Zugriff am 14.06.13)).

Collins, Randall & (Baehr, Peter) (2005). The Sociology of Almost Everything. Four Questions to Randall Collins about Interaction Ritual Chains *Canadian Journal of Sociology Online,* 1-11. (http://www.cjsonline.ca/pdf/interactionritual.pdf Zugegriffen am 11.10.13).

Collins, Randall (2009a). The micro-sociology of violence. *The British Journal of Sociology 60 (3),* 566-576.

Collins, Randall (2009b). Micro and Macro Causes of Violence. *International Journal of Conflict and Violence 3 (1),* 9-22.

Collins, Randall (2009c). *Conflict Sociology. A Sociological Classic Updated.* Boulder/London: Paradigm Publishers.

Collins, Randall (2010). *In Conversation with the American Sociological Association President: Randall Collins on Emotions, Violence, and Interactionist Sociology.* Canadian Review of Sociology 46, 93-101.

Collins, Randall (2011). *Dynamik der Gewalt.* Hamburg: Hamburger Ed.

Collins, Randall (2012). C-Escalation and D-Escalation. A Theory of the Time-Dynamics of Conflict. *American Sociological Review 77 (1),* 1-20.

Collins, Randall (2013). Entering and leaving the tunnel of violence. Micro-sociological dynamics of emotional entrainment in violent interactions. *Current Sociology. 61 (2)*, 132-151.

Collins, Randall/Hannemann, Robert (1998). Modelling Interaction Ritual Theory of Solidarity. In: Patrick Doreian und Tom Farraro (Hg.) *The problem of solidarity. Theories and Models*. Amsterdam (u. a.): Gordon and Breach, 213-237.

Davis, Martha (1982). Interaction Rhythms. Periodicity in Communicative Behavior. New York: Human Sciences Press.

Dean, Roger T., Byron, Tim & Bailes, Freya A. (2009). The pulse of symmetry. On the possible co-evolution of rhythm in music and dance. *Musicae Scientiae 13*, 341-367

Deisen, Andrea (2002). *Dem eigenen Rhythmus auf der Spur. Zur Psychologie des Wanderns.* Marburg: Tectum.

Dissanayake, Ellen (2001). Antecedents of the temporal Arts in early Mother-Infant-Interaction. In: Wallin, Nils L., Merker, Björn & Brown, Steven (Hg.), *The Origins of Music.* Cambridge/London: MIT Press, 389-410.

Drill, Rudolf (1933). Der Hammerschlag. In: Felix Krueger/Otto Klemm (Hg.) *Neue Psychologische Studien 9 (2).* München: C. H. Beck'sche, 139-208.

Durkheim, Emile (2007): *Die elementaren Formen des religiösen Lebens.* Frankfurt/Main / Leipzig: Verlag der Weltreligionen.

Ehrenreich, Barbara (2006). *Dancing in the Streets.* New York: Metropolitan.

Evans, James/Clynes, Manfred (1986). *Rhythm in Psychological, Linguistic and Musical Processes.* Springfield, Illinois: Charles C. Thomas.

Fischinger, Timo (2008). *Zur Psychologie des Rhythmus. Präzision und Synchronisation bei Schlagzeugern.* Kassel: Kassel University Press.

Fitch, Tecumseh W. (2010). *The Evolution of Language.* Cambridge: Cambridge University Press.

Fraisse, Paul (1966). *Praktikum der experimentellen Psychologie.* Bern/Stuttgart: Hans Huber.

Fraisse, Paul (1978). Time and Rhythm Perception. In: Edward C. Carterette & Morton P. Friedmann (Hg.), *Handbook of Perception VIII. Perceptual Coding.* New York (u. a.): Academic Press, 203-254.

Fraisse, Paul (1982). Rhythm and Tempo. In: Diana Deutsch (Hg.), *The Psychology of Music.* New York: Academic Press, 149-180.

Franke, Elk (2005). Rhythmus als Formungsprinzip im Sport. In: Brüstle, Christa, Ghattas, Nadia, Risi, Clemens & Schouten, Sabine (Hg.), *Aus dem Takt. Rhythmus in Kunst, Kultur und Natur.* Bielefeld: transcript, 83-103.

Freeman, Walter (2001). A Neurobiological Role of Music in Social Bonding. In: Wallin, Nils L., Merker, Björn & Brown, Steven (Hg.), *The Origins of Music.* Cambridge/London: MIT Press, 411-424.

Gabrielsson, Alf (1986). Rhythm in Music. In: James R. Evans & Manfred Clynes (Hg.), *Rhythm in Psychological, Linguistic and Musical Processes.* Springfield, IL: Thomas, 131-167.

Gibson, James J. (1982). *Wahrnehmung und Umwelt. Der ökologische Ansatz in der visuellen Wahrnehmung.* München (u. a.): Urban & Schwarzenberg.

Goebl, Werner/Palmer, Caroline (2009). Synchronization of Timing and Motion Among Performing Musicians. *Music Perception. An Interdisciplinary Journal 26 (5),* 427-438.

Goffman, Erving (1981). *Forms of Talk.* Philadelphia: University of Pennsylvania Press.

Goffman, Erving (1986). *Interaktionsrituale. Über Verhalten in direkter Kommunikation.* Frankfurt/Main: Suhrkamp.

Grahn, Jessica A. & Brett, Matthew (2007). Rhythm and Beat Perception in Motor Areas of the Brain. *Journal of Cognitive Neuroscience 19 (5),* 893-906.

Gumbrecht, Hans U. (1988). Rhythmus und Sinn. In: Ders. & Pfeiffer, Ludwig K. (Hg.), *Materialität der Kommunikation*. Frankfurt am Main: Suhrkamp, 714-729.

Hagen, Edward H. & Bryant, Gregory A. (2003). Music and Dance as a Coalition Signaling System. *Human Nature 14 (1)*, 21-51.

Hagen, Edward H. & Hammerstein. Peter (2009). Did Neanderthals and Other Early Humans Sing? Seeking the Biological Roots of Music in the Territorial Advertisements of Primates, Lions, Hyenas and Wolves. *Musicae Scientiae 13*, 291-320.

Hannon, Erin E. & Trehub, Sandra E. (2005). Metrical Categories in Infancy and Adulthood. *Psychological Science 16 (1)*, 48-55.

Hannon, Erin E. & Trainor, Laurel J. (2007). Music Acquisition. Effects of Enculturation and Formal Training on Development. *Trends in Cognitive Sciences 11 (11)*, 466-472.

Hannon, Erin E., Soley, Gaye, & Levine, Rachel S. (2011). Constraints on infants' musical rhythm perception: Effects of interval ratio complexity and enculturation. *Developmental Science 14 (4)*, 865-872.

Hirschauer, Stefan (2004). Praktiken und ihre Körper. Über materielle Partizipanden des Tuns. In: Hörning, Karl H. & Reuter, Julia (Hg.) *Doing Culture. Neue Positionen zum Verhältnis von Kultur und sozialer Praxis*. Bielefeld: transcript, 73 – 91.

Hommel, Bernhard (2006). Wahrnehmung und Handlung. In: Funke, Joachim & Frensch, Peter A. (Hg.), *Handbuch der Allgemeinen Psychologie. Kognition*. Göttingen (u.a.): Hogrefe, 541-546.

Horn, András (2001). Das Anziehende am Rhythmus. *Colloquium Helveticum 32*, 31-46.

Igaga, J.M. & Versey, J. (1977). Cultural Differences in Rhythmic Perception. *Psychology of Music 5*, 23-27.

Jerison, Harry (2001). *Paleoneurology and the Biology of Music*. In: Wallin, Nils L., Merker, Björn & Brown, Steven (Hrsg), *The Origins of Music*. Cambridge/London: MIT Press, 177-196.

Kirschner, Sebastian & Tomasello, Michael (2008). Joint Drumming. Social Context Faciliates Synchronization in Preschool Children. *Journal of Experimental Child Psychology 102*, 299-314.

Kopiez, Reinhard (2005). Musikalischer Rhythmus und seine wahrnehmungspsychologischen Grundlagen. In Brüstle, Christa/Ghattas, Nadia/ Risi, Clemens/Schouten, Sabine (Hg.), *Aus dem Takt. Rhythmus in Kunst, Kultur und Natur*. Bielefeld: transcript, 127-148.

Lehmann, Christian (2009). *Singstreit, Ständchen und Signale. Zur Biologie und Evolution musikalischen Verhaltens*. Berlin: Verlag für Wissenschaft und Bildung.

Lehmann, Christian (2010). *Der genetische Notenschlüssel. Warum Musik zum Menschsein gehört*. München: Herbig.

Lehmann, Christian, Welker, Lorenz & Schiefenhövel, Wulf (2009). Towards an Ethology of Song. A Categorization of Musical Behaviour. *Musicae Scientiae 13 (2)*, 321-338.

Lippens, Volker (1997). „Wenn alles stimmt!" Zum Konzept des Bewegungsgefühls in motorischen Lern- und Optimierungsprozessen des Ruderns. In: Wolfgang Fritsch (Hg.), *Rudern erleben, gestalten, organisieren. Berichtsband zum 2. Konstanzer Rudersymposium 1995*. Wiesbaden: Limpert, 175-191.

Loehr, Janeen D. & Palmer, Caroline (2009). Subdividing the Beat. Auditory and Motor Contributions to Synchronization. *Music Perception. An Interdisciplinary Journal 26 (5)*, 415-438.

Lösener, Hans (1999). *Der Rhythmus in der Rede. Linguistische und literaturwissenschaftliche Aspekte des Sprachrhythmus*. Tübingen: Niemeyer.

Lucas, Glaura, Clayton, Martin & Leante, Laura (2011). Inter-Group Entrainment in Afro-Brazilian Congado Ritual. *Empirical Musicology Review 6 (2)*, 75-102.

Mauss, Marcel (1924). Rapports réels et pratiques de la Psychologie et de la Sociologie. *Journal de Psychologie Normale et Pathologique 21*, 892-922.

McKinney, Martin F. & Moelants, Dirk (2006). Ambiguity in Tempo Perception. What Draws Listeners to Different Metrical Levels? *Music Perception. An Interdisciplinary Journal 24 (2)*, 155-166.

McNeill, William H. (1995). *Keeping together in time. Dance and Drill in Human History.* Cambridge, Massachusetts: Harvard University Press, 273-315.

Merker, Björn (2001). *Synchronous Chorusing and Human Origins.* In: Wallin, Nils L., Merker, Björn & Brown, Steven (Hrsg), *The Origins of Music.* Cambridge/London: MIT Press, 315-327.

Michon, John A. (1978): The Making of the Present. A Tutorial Review. In J. Requin (Hg.). *Attention and Performance VII.* Hillsdale, NJ: Erlbaum, 89-111.

Molino, Jean (2001). *Toward an Evolutionary Theory of Music and Language.* In: Wallin, Nils L., Merker, Björn & Brown, Steven (Hrsg), *The Origins of Music.* Cambridge/London: MIT Press, 165-176.

Müller, Katharina & Aschersleben, Gisa (2000). *Rhythmus. Ein interdisziplinäres Handbuch.* Bern (u. a.): Hans Huber.

Overy, Katie & Molnar-Szakacs, Istvan (2009). Being together in Time. Musical Experience and the Mirror Neuron System. *Music Perception. An Interdisciplinary Journal 26 (5)*, 489-504.

Palmer, Caroline, Koopmans, Erik, Loehr, Janeen D. & Carter, Christine (2009). Movement-Related Feedback and Temporal Accuracy in Clarinet Performance. *Music Perception. An Interdisciplinary Journal 26 (5)*, 439-449.

Parncutt, Richard (1987). The Perception of Pulse in Musical Rhythm. In: Alf Gabrielsson (Hg.), *Action and Perception in Rhythm and Music.* Stockholm: Royal Swedish Academy of Music, 127-138.

Patel, Aniruddh D. (2006). Musical Rhythm, Linguistic Rhythm, and Human Evolution. Music Perception. An Interdisciplinary *Journal 24 (1)*, 99-104

Pettenkofer, Andreas (2006). Die Euphorie des Protests. Starke Emotionen in sozialen Bewegungen. In: Schützeichel, Rainer (Hg.), *Emotionen und Sozialtheorie.* Frankfurt am Main: Campus, 256-289.

Pfleiderer, Martin (2006). *Psychologische. theoretische und stilanalytische Aspekte populärer Musik.* Bielefeld: transcript.

Pöppel, Ernst (2004). Lost in Time. A Historical Frame, Elementary Processing Units and the 3-Second-Window. *Acta Neurobiologiae Experimentalis 64*, 295-301.

Radocy, Rudolf E & Boyle, David J.: (1997). *Psychological foundations of musical behaviour.* Springfield, IL: Charles C. Thomas Publisher.

Rammsayer, Thomas (2000). Zeitwahrnehmung und Rhythmuswahrnehmung. In: Katharina Müller & Gisa Aschersleben (Hg.), *Rhythmus. Ein interdisziplinäres Handbuch.* Bern (u. a.): Hans Huber, 83-106.

Repp, Bruno H. & Doggett, Rebecca (2007). Tapping to a Very Slow Beat. A Comparison of Musicians and Nonmusicians. *Music Perception. An Interdisciplinary Journal 24 (4)*, 367-376.

Rössel, Jörg (1999): Konflikttheorie und Interaktionsrituale. Randall Collins' Mikrofundierung der Konflikttheorie. In: *Zeitschrift für Soziologie 28 (1)*, 23-42.

Rössel, Jörg (2006). Konflikttheorie und Emotionen. Zu Randall Collins' emotionssoziologischer Fundierung der Sozialtheorie. In: Schützeichel, Rainer (Hg.), *Emotionen und Sozialtheorie. Disziplinäre Ansätze.* Frankfurt am Main: Campus, 222-239.

Rössel, Jörg (2012). Einleitung. Auf dem Weg zu einer mikrofundierten Konflikttheorie. In: Ders. (Hg.), *Randall Collins Konflikttheorie. Ausgewählte Schriften.* Wiesbaden: Springer VS, 7-32

Rössel, Jörg & Collins, Randall (2001). Conflict Theory and Interaction Rituals. The Micro-foundations of Conflict Theory. In: J. Turner (Hg.), *Handbook of Sociological Theory*. New York (u. a.): Kluwer Academic Publ./Plenum Publ, 509-531.

Röthig, Peter (1966). *Beiträge zur Theorie und Lehre vom Rhythmus*. Schorndorf bei Stuttgart: Karl Hofmann.

Schatzki, Theodore R. (2010). The Timespace of Human Activity. On Performance, Society, and History as Indeterminate Teleological Events. Lanham (u. a.): Lexington Books.

Schneider, Sabine, Münte, Thomas, Rodriguez-Fornells, Antoni, Sailer, Michael & Altenmüller, Eckart (2010). Music-Supported Training is More Efficient than Functional Motor Training for Recovery of Fine Motor Skills in Stroke Patients. *Music Perception. An Interdisciplinary Journal 27 (4)*, 271-290.

Seidel, Wilhelm (1976). *Rhythmus. Eine Begriffsbestimmung*. Darmstadt: Wissenschaftliche Buchgesellschaft.

Snyder, Joel S., Hannon, Erin E., Large, Edward W. & Christiansen, Morten H. (2006). Synchronization and Continuation Tapping to Complex Meters. *Music Perception. An Interdisciplinary Journal 24 (2)*, 135-146.

Spitznagel, Albert (2000). Zur Geschichte der psychologischen Rhythmusforschung. In: Katharina Müller & Gisa Aschersleben (Hg.), *Rhythmus. Ein interdisziplinäres Handbuch*. Bern (u. a.): Hans Huber, 1-40.

Stern, William (1897). Psychische Präsenzzeit. Zeitschrift für *Psychologie und Physiologie der Sinnesorgane 13*, 325-349.

Stevens, Catherine J., Schubert, Emery, Wang, Shuai, Kross, Christian & Halovic, Shaun (2009). Moving with and without Music. Scaling and Lapsing in Time in the Performance of Contemporary Dance. *Music Perception. An Interdisciplinary Journal 26 (5)*, 451-464.

Toiviainen, Petri, Luck, Geoff & Thompson, Marc R. (2010) Embodied Meter. Hierarchical Eigenmodes in Music-Induced Movement. *Music Perception. An Interdisciplinary Journal 28 (1)*, 59-70.

Valéry Paul (1990). *Cahiers/Hefte. Heft 4* (Hrsg. durch Köhler, Hartmut/Schmidt-Radefeld, Jürgen). Frankfurt/Main: S. Fischer.

Wallin, Nils L. (1991). Biomusicology. Neurophysiological, Neuropsychological and Evolutionary Perspectives on the Origins and Purposes of Music. Stuyvesant: Pendragon Press.

Wallin, Nils L., Merker, Björn & Brown, Steven (2001). *The Origins of Music*. Cambridge/London: MIT Press.

Wiltermuth, Scott S. & Heath, Chip (2009). Synchrony and Cooperation. Psychological Science 20 (1), 1-5.

Die Absetzung König Richards II. als mitreißende Massenveranstaltung. Oder: Der heilige Körper des Königs und der Versuch, ihn zu überwinden[1]

Ritualtheoretische Überlegungen

Ole Münch

Zusammenfassung

Am 30. September 1399 fand in der Londoner Westminster Hall eine unerhörte und aufsehenerregende Massenveranstaltung statt: Die rituelle Absetzung König Richards II. und anschließende Erhebung Heinrichs IV. Die ständische Elite des Landes und zahlreiche Schaulustige waren anwesend und bestätigten jeden Verfahrensschritt durch lauten, gemeinsamen Beifall. Im vorliegenden Aufsatz möchte ich die interaktive Dynamik und politische Bedeutung dieses rituellen Jubels erörtern. Meine Überlegungen beruhen auf der Ritualtheorie von Randall Collins und dem Charismabegriff von Edward Shils. Der gemeinsame Jubel, so die These, erweckte den Eindruck, man handele im Einklang mit einem „höheren" Willen. Dieses Gefühl entsteht in Ritualen, wenn sich die Teilnehmer, vom rhythmischen Einklang überwältigt, als kollektive Einheit wahrnehmen. Die Beteiligten erleben dies als diffuses Gefühl von Erhabenheit, bzw. „Heiligkeit", das sie unwillkürlich auf äußere Objekte projizieren und damit „heilige" Symbole erschaffen. Solche Symbole wiederum verleihen jenen, die ihnen nahestehen, „Charisma" – ehrfurchteinflößende Autorität. Die soziale Funktion des rituellen Beifalls bestand folglich darin, die Ordnung der „heiligen Objekte" umzuformen und auf diese Weise „Charisma" von einem König zum anderen zu transferieren – auch wenn es nicht gänzlich gelang.

---

1   Die Idee zum vorliegenden Aufsatz entstand bereits vor einigen Jahren während zweier Seminare, die ich zeitnah besuchte. Eins handelte von Emile Durkheims Religionssoziologie und eins von Rebellionen im spätmittelalterlichen Deutschland und England. Den jeweiligen Dozenten, Andreas Pettenkofer (Soziologe) und Frank Rexroth (Historiker), möchte ich für zahlreiche anregende Gespräche danken.

1   Einleitung

Ein wesentliches Merkmal „moderner" Staaten besteht darin, dass sie Herrschaft „rational" (Weber 1976: 124) begründen. Präsidenten und Kanzler sind Inhaber eines Amtes mit einer bestimmten Funktion für das soziale Gefüge – aus dieser Funktion leiten sich ihre Rechte und ihre Pflichten ab. Aus diesem Grund gibt es auch institutionell vorgesehene, „legale" Methoden, um ein modernes Staatsober-haupt zu stürzen: Man kann ihm vorwerfen, seiner Funktion und seinen Pflichten nicht gerecht zu werden, und zum Beispiel ein Misstrauensvotum anstrengen.

Anders war es im englischen Spätmittelalter: Die damaligen Könige galten den Zeitgenossen zwar durchaus als Inhaber eines Amtes mit Pflichten. Doch zugleich betrachtete man sie als übersinnliche Wesen, die mit diesem Amt in einer metaphy-sischen Symbiose stehen. Ein König besitze einen heiligen „zweiten Körper", hieß es, der dem von Engeln gleiche. Mit anderen Worten: Man konnte dem Herrscher durchaus vorwerfen, seine heiligen Pflichten verletzt zu haben, nur war sein könig-licher Körper ebenso heilig wie diese. Es war im Sinne der herrschenden Ideologie somit unmöglich, den König abzusetzen. Dennoch sahen sich die englischen Könige immer wieder mit Gegnern konfrontiert, die dies versuchten.

Solche Usurpatoren standen zwangsläufig unter besonderem Legitimitätsdruck. Zu ihnen zählt zum Beispiel Heinrich Bolingbroke, der im Herbst 1399 Richard II. stürzte, um sich schließlich an dessen Stelle zu setzen. Militärisch hatte er Richard bereits geschlagen – doch bedeutete dies nicht, dass man seinen Staatsstreich auch als legitim erachten würde. Ein *illegitimer* Staatsstreich wiederum hätte einen willkommenen Anlass für zukünftige Rebellen und Thronprätendenten bedeutet.

Aus dieser Unsicherheit heraus versuchten Bolingbroke und seine Parteigänger, ihr Vorhaben aus möglichst vielen unterschiedlichen Perspektiven legitim erschei-nen zu lassen. Richard habe nicht nur seinen Krönungseid verletzt, erklärten sie; er sei zudem verschlagen, habgierig, grausam, selbstherrlich und breche regelmäßig seine Versprechen (siehe Record and Process 1993 [urspr. 1399]: 172–184). In seinem Verhalten gleiche er eher einem launischen Jungen als einem verantwortungsbe-wussten und erwachsenem „Mann" (vgl. Record and Process 1993: 186; sowie die Studie von Fletcher, 2008). Schließlich behauptete man, Richard habe im Grunde ohnehin freiwillig abgedankt (Record and Process 1993 [urspr. 1399]: 170).

All diese „Argumente" konnten einen Rest an Unsicherheit allerdings nicht ausräumen. Als Heinrich Bolingbroke am 30. September 1399 in einem Ritual zum König erhoben wurde, forderte er die anwesenden Adeligen dazu auf, dem Prozedere „aus vollem Herzen" zuzustimmen (La Manere de la Renonciacione etc. 1981 [urspr. 1400]: 269). Doch, so fuhr er fort, falls einige der Anwesenden mit ihm nicht einverstanden seien, würde ihn das nicht besonders wundern. Die Versammlung brach daraufhin prompt in Jubel aus.

Der Usurpator warb also um Beifall und erhielt ihn. Ob dies aus „vollem Herzen" geschah oder aus Angst, sei einmal dahingestellt. Möglicherweise verbarg sich hinter seinen Worten („es würde mich nicht wundern, wenn ")[2] eine Drohung (Rexroth, 2004: 48). Wenn man die Szene allerdings aus einer ritualtheoretischen Perspektive betrachtet, sieht man zugleich eine weitere Dynamik am Werk – weniger offensichtlich, deswegen aber nicht weniger wesentlich: Eine Menschenmenge kann durch ihren Jubel einerseits ihre Anerkennung für einen König signalisieren (oder vortäuschen); andererseits ist es möglich, dass diese Anerkennung beim Jubeln erst entsteht. Ob sich diese spezifische Art von Beifall forcieren oder gar erzwingen lässt, ist eine der Fragen, um die es hier gehen soll. Um sie zu beantworten, muss man sich zunächst genauer mit der interaktiven Dynamik rituellen Beifalls auseinandersetzen.

Wenn Menschen gemeinsam Jubeln, so die These, fallen sie zuweilen unwillkürlich in einen gemeinsamen Rhythmus, der sie mitreißt, ‚aufpeitscht' und am Ende ihre emotionale Einstellung gegenüber dem Bejubelten verändert. Denn in der Eigendynamik eines gelungenen Rituals entsteht „kollektive Efferveszenz" (Durkheim 1994: 301)[3]: ein erhebendes Gefühl der Zusammengehörigkeit und gemeinschaftlichen Stärke. Dieses Gefühl wiederum heftet sich an ‚Dinge' (zum Beispiel den Körper des Königs) und verleiht diesen eine Aura von „Heiligkeit". Diese „Heiligkeit" färbt wiederum ab auf jene, die heiligen Objekten nahestehen, sie verfügen über ein besonderes „Charisma" (Shils 1975e: 257) und wirken auf ihre Mitmenschen ehrfurchteinflößend. So gesehen besitzen soziale Situationen, in denen Menschen gemeinsam jubeln, weinen oder singen, ein subversives Potential. Sie können die Ordnung der heiligen Dinge transformieren, indem sie das emotionale Fundament dieser Ordnung untergraben, ein Prozess, der auch die Herrschaftsstrukturen in Mitleidenschaft zieht. Mit anderen Worten: Rituale besaßen tatsächlich die Macht, den heiligen Körper des Königs zu überwinden – sofern sie gelangen.

Diese Überlegungen möchte ich auf den folgenden Seiten genauer ausführen. Im ersten Kapitel werde ich auf die theoretischen Überlegungen eingehen, die im Hintergrund meiner These stehen. Ich arbeite mit einer Synthese aus der Ritualtheorie von Randall Collins und der klassischen Elitentheorie von Edward Shils. Collins beschäftigt sich mit der Frage, wie das „Heilige" in Ritualen entsteht;

---

2   „Nepurquant mesque ascuns de vous n'assenterent mye de coer, jeo n'ay mye nule merveile." (La Manere de la Renonciacione etc. 1981 [urspr. 1400]: 269).

3   In der deutschen Ausgabe von Durkheims Religionssoziologie wird „Effervescence" mit „Gärung" übersetzt.

von Shils stammt hingegen die Vorstellung, dass heilige Werte und Symbole bestimmten Personen, die vorgeben ihnen nahezustehen (etwa Könige), Macht verleihen. Im zweiten Kapitel beginnt der geschichtliche[4] Teil meiner Ausführungen. In diesem geht es vor allem darum, einen Eindruck von der Mystik des englischen mittelalterlichen Königtums zu vermitteln. Im dritten Kapitel werde ich erörtern, mit welchen Methoden sich Bolingbroke bemühte, die Menschen für seinen Staatsstreich zu gewinnen. Im Zentrum des Kapitels steht eine detaillierte Rekonstruktion des Absetzungsrituals vom 30. September 1399. Das Fazit möchte ich nutzen, um das beschriebene Geschehen im Lichte der Theorien von Shils und Collins neu zu betrachten.

2   Die Herrschaft des Heiligen – eine durkheimianische Theorie der Macht

2.1   „Heiligkeit" und „Charisma"

In den 1950er und 1960er Jahren dominierte der Strukturfunktionalismus die Sozialwissenschaften (Joas & Knöbl 2004: 72-142). Unter diesem Einfluss gingen die meisten Soziologen davon aus, dass Gesellschaften strukturell und kulturell integrierte soziale Systeme seien. Die Gesellschaftsmitglieder, so die Vorstellung, teilen bestimmte Werte und Normen, die eine Art „sozialen Kitt" bilden. Edward Shils bezeichnete diese Werte und Normen als „Zentrum" (Shils 1975a: 3) der Gesellschaft und erklärte ausführlich, worin die integrative Kraft dieses „Zentrums" liege. Die herrschenden Werte und Normen stiften Konsens und Gemeinschaft, so seine These, weil sie den Menschen „heilig" sind (Shils 1975a: 4).

Shils Vorstellung von „Heiligkeit" geht ursprünglich auf Emile Durkheim zurück (Durkheim 1994: 61-68). Der Begriff bezeichnet vor allem eine intuitiv-gefühlsmäßige Wahrnehmung,[5] die sich nicht unbedingt auf explizit religiöse Überzeugungen be-

---

4   Einem Historiker wird beim Lesen vermutlich auffallen, dass ich bei lateinischen Quellen auf englische Übersetzungen und Editionen verweise. Dies liegt daran, dass sich der vorliegende Sammelband nicht an Mediävisten richtet. Die lateinischen Originaltexte über die englische Revolution von 1399 sind jedoch weithin bekannt und leicht zugänglich.

5   Shils betont an verschiedenen Stellen, dass vor allem die emotionale Einstellung der Menschen das „Heilige" zu dem macht, was es ist. So schreibt er: „There is fairly large amount of consensus among the elites [...].This consensus has its ultimate root in their common *feeling* [Hervorhebung: O.M.] for the transcendent order which they believe

ziehen muss. Shils meint mit dem Begriff vielmehr all jene moralischen Grundsätze, die wir für einen transzendenten „ultimate ground of being, some irreducible force" (Shils 1975b: 20) halten – und die uns deshalb Ehrfurcht einflößen. Dabei kann es sich um eines der zehn Gebote handeln oder um die Grundsätze der französischen Revolution („Freiheit, Einheit, Brüderlichkeit").[6] Dass Menschen solche Werte als „heilig" wahrnehmen, wird besonders deutlich, wenn sie jemand in Frage stellt. Auf ein solches „Sakrileg" reagiert man mit spontaner Empörung – eine quasi-religiöse emotionale Reaktion.

Shils zufolge halten diese „ultimativen Grundsätze" die gesamte Gesellschaft im Bann und damit am Leben. Sie bringen die Gesellschaft dazu, in regelmäßigen Abständen Rituale zu inszenieren, und sich dadurch ihrer selbst zu vergewissern.[7] Rituale stellen die etablierte, heilige Ordnung in stereotyper Manier zur Schau, sie machen diese Ordnung sinnlich erfahrbar und rufen den Menschen körperlich in Erinnerung, dass sie – und mit ihr die Gesellschaft selbst – tatsächlich existieren (Shils 1975d: 154). Doch das „Heilige" sorgt nicht nur für den Zusammenhalt der Gesellschaft, es verleiht ihr eine Herrschaftsstruktur: „Sacredness by its nature is authoritative" (Shils 1975d: 4). Es färbt ab auf jene, die in Kontakt mit ihm stehen, und gibt ihnen „Charisma" – definiert als „Awe-Arousing Centrality" (Shils 1975e: 257).

Mit dem Begriff „Charisma" schreibt sich Shils in eine Weberianische Denktradition ein. Charisma ist bei Weber eine Eigenschaft, die in erster Linie einzelnen, herausragenden Führerpersönlichkeiten zukommt. „Charismatische Herrschaft" (Weber 1976: 140-142) gründet darauf, dass man den Herrscher für eine einzigartige, begnadete Person hält. Die Person verkörpert zentrale Prinzipien und Grundsätze, die die Welt ordnen, und erfüllt die Menschen aus diesem Grund zugleich mit Enthusiasmus und flößt ihnen Ehrfurcht ein. Diesen Gedanken entwickelt Shils weiter und argumentiert, dass es in vielen Gesellschaften nicht nur einen „begnadeten" Anführer, sondern viele Personen gibt, die in einem mehr oder weniger

---

they embody" (Shils 1975a: 12). An anderer Stelle heißt es: „Those who share in the consensus do so with different degrees of [...] whole heartedness, and devotion" (Shils 1975a: 19). Zur Bedeutung von „moralischen Gefühlen" im Strukturfunktionalismus siehe auch Flam (2002: 101-110).

6   Es gibt eine Arbeit von Lynn Hunt, die sich explizit mit der Rolle des „Heiligen" in der französischen Revolution beschäftigt (Hunt 1988). Der Aufsatz ist anregend und ungewöhnlich, weil sich die deutsche und angloamerikanische Geschichtswissenschaft ansonsten kaum mit der Religionssoziologie des späten Durkheim auseinandergesetzt hat.

7   Shils und Young (1975c) beschreiben in ihrem berühmten Aufsatz „The Meaning of the Coronation" die englische Krönungszeremonie von 1953 als musterhaftes Beispiel für ein solches Ritual.

vermittelten Verhältnis zu den moralischen Grundsätzen und ordnenden Prinzipien der Gesellschaft stehen (Shils 1975e). Sie alle besitzen folglich ein bestimmtes Maß an „Charisma", je nachdem, in welcher „Entfernung" zum „Zentrum" sie stehen. Die Mitglieder der gesellschaftlichen Eliten beispielsweise werden für Shils erst zu dem, was sie sind, indem sie sich eine besonders enge Beziehung zum „Zentrum" zugutehalten und es bewahren und bewachen – man denke etwa an eine Richterin oder einen König (Shils 1975a: 4; bzw. zusammenfassend Joas & Knöbl 2004: 445). Dies wiederum verleiht ihnen ein besonders hohes Maß an „Charisma".

Das zentrale Problem des Theorieentwurfs von Shils, ist seine strukturfunktionalistische Art zu argumentieren. Der Autor geht von einer bereits existierenden (National-)Gesellschaft[8] aus und beschreibt soziale Phänomene durch ihre „Funktion" innerhalb dieser Gesellschaft – genauer: durch ihre Funktion für den *Fortbestand* dieser Gesellschaft. Dies lässt sich beispielhaft an Shils' Ritualverständnis zeigen. Für den Bestand der „heiligen" Werte einer Gesellschaft ist es Shils zufolge wichtig, dass sie den Gesellschaftsmitgliedern von Zeit zu Zeit in Erinnerung gerufen werden. Deshalb gebe es Rituale, die diesen Zweck erfüllen – in anderen Worten: für Shils ist die gesellschaftliche Notwendigkeit von Ritualen eine hinreichende Erklärung ihrer Existenz.

Strukturfunktionalistische Ansätze sind in den Sozialwissenschaften bereits Ende der 1970er Jahre in Kritik geraten (siehe Joas & Knöbl 2004: 139-142), da sie wenig Ansatzpunkte bieten, um gesellschaftliche Konflikte oder sozialen Wandel zu erklären. Abgesehen davon sind sie nicht geeignet, soziale Zusammenhänge jenseits des nationalgesellschaftlichen Rahmens zu erfassen, die im Zentrum vieler neuerer Studien stehen (vgl. Bachman-Medick 2009: 284-328). Ich möchte mithin nicht für die Wiederbelebung des Strukturfunktionalismus plädieren, sondern lediglich mit einem Element aus Shils' Theoriegebäude arbeiten: seinem spezifischen Charismabegriff. Er lässt sich m. E. gut in die neuere, nicht-funktionalistische Ritualtheorie von Randall Collins integrieren, auf die ich im folgenden Kapitel näher eingehen werde. Aus der Synthese beider Ansätze lässt sich eine neue Perspektive auf das Absetzungsritual von 1399 gewinnen.

---

8 Hinter der „Gesellschaft" mit ihrem heiligen „Zentrum" verbirgt sich die Ideologie der Nation mit ihrer homogenen Kultur. Dies wird im Aufsatz zur englischen Krönungszeremonie (Shils & Young 1975c) besonders augenfällig – etwa im folgenden Zitat (151f.): „The Coronation [...] provided at one time and for practically the entire society such an intensive contact with the sacred that we believe we are justified in interpreting it [...] as a great act of *national* [meine Hervorh.] communion."

2.2   Der rituelle Ursprung des „Heiligen"

Der Strukturfunktionalismus ist nicht die einzige soziologische Strömung, die sich den durkheimianischen Begriff des „Heiligen" zu Eigen gemacht hat. Randall Collins (2004) argumentiert beispielsweise, dass das Gefühl der „Heiligkeit" ursächlich in Ritualen entsteht – und zwar in ‚großen' wie einer Krönungszeremonie ebenso wie zuweilen in ‚kleinen' ritualisierten Alltagsbegegnungen, wie Goffman sie beschrieb. Dabei hat Collins eine spezifische Vorstellung davon, was ein Ritual ausmacht (Collins 2004: 65-81), nämlich vor allem Rhythmus. Für rhythmische Interaktion ist es natürlich hilfreich, wenn man sich vorab auf konzertierte Bewegungsabläufe geeinigt hat. Doch das ist nicht unbedingt notwendig. Zuweilen entsteht ritueller Rhythmus quasi „aus dem Nichts".

Die wichtigsten Voraussetzungen dafür sind erstens, dass sich mehrere Menschen gemeinsam an einem Ort befinden, und zweitens, dass sie ihr Gemeinsamsein auch wahrnehmen – egal ob bewusst oder unbewusst (Collins 2004: 23). Zu diesem Zweck ist ein „Fokus" notwendig, irgendein Objekt oder eine Tätigkeit, auf die sich alle gemeinsam konzentrieren (Collins 2004: 48). Dies kann ein Gespräch oder Gebet sein, ein öffentlicher Redner, dem die Menge gemeinsam zuhört, oder ein plötzlicher Blitzeinschlag, der sie in Panik versetzt. Entscheidend ist, dass die Anwesenden durch ihren gemeinsamen Fokus registrieren, dass sie sich in einer sozialen Situation befinden.

Sind diese Voraussetzungen gegeben, so Collins' These, besteht das Potential für einen spontan sich entwickelnden Rhythmus. Das Gefühl des Gemeinsamseins äußert sich darin, dass wir unsere körperlichen Reaktionen aufeinander abstimmen – und andersherum. Um dies zu belegen, führt Collins empirische Studien aus der Soziolinguistik und Ethnomethodologie ins Feld (Collins 2004: 65-78). Mit ihnen lässt sich beispielsweise zeigen, dass Menschen in Unterhaltungen unwillkürlich in eine Art „Gesprächs-Rhythmus" fallen. Sie tendieren dazu, die Intervalle des Sprechens und Schweigens zu vereinheitlichen – und zwar unbewusst, in Form von „Rhythmic Entrainment" (Collins 2004: 77f.).

Dieser Rhythmus setzt Collins zufolge potentiell eine Kettenreaktion in Gang (siehe Collins 2004: 48). Zunächst verstärkt er das Gemeinschaftsgefühl – er macht den Akteuren noch deutlicher, dass sie gemeinsam sind. Konsequenterweise fallen sie daraufhin in einen noch intensiveren Rhythmus, der wiederum das Gemeinschaftsgefühl verstärkt etc. Die Zutaten eines Rituals entwickeln also eine Eigendynamik, die die Teilnehmer emotional überwältigt. Sie erleben sich zunehmend als solidarisch verbundene Gruppe, und sie bestätigen und bestärken sich gegenseitig in ihren Gefühlen: „Members of a cheering croud become more enthusiastic, just as participants at a religious service become more respectful and solemn" (Collins

2004). Es ist diese emotional aufgeladene Stimmung, in der das „Heilige" entsteht (siehe etwa Collins 2004: 35-37) – abhängig von der Anzahl der Teilnehmer und Intensität des Rituals wird hier der Eindruck, es gäbe eine transzendente Realität, für die Beteiligten manifest. Die Ritualteilnehmer erleben sich unmittelbar als Teil von etwas „Größerem", nämlich als Teil einer Gruppe, die durch ihren gemeinsamen Rhythmus zu einer Einheit verschmilzt. In seinem Ursprung ist das Heilige also ein kurzlebiges Gefühl gemeinschaftlicher Größe und Erhabenheit.

Auch dieser Gedanke stammt ursprünglich von Emile Durkheim, der ihn in seiner Studie über die rituellen Ursprünge von Religionen entwickelte (Durkheim 1994, bes. Kap. 7) und das mitreißende Gemeinschaftsgefühl als „kollektive Efferveszenz" bezeichnete. Collins übernimmt den Begriff und übersetzt ihn in sein (etwas unpräzises [Rössel 1999: 30]) Konzept der „emotionalen Energie" (Collins 2004: 49). Damit hebt er hervor, dass es sich um einen Gefühlszustand mit unterschiedlicher Intensität (sozusagen mit unterschiedlichem „Energieniveau") handelt. Schließlich sind nicht alle Rituale gleichermaßen intensiv.

Außerdem enden Rituale irgendwann. Die kollektiven Gefühle und die Gemeinschaft vergehen jedoch nicht notwendigerweise, vielmehr erweisen sich viele Symbolgemeinschaften als stabil. Der Grund liegt darin, dass die Ritualteilnehmer nicht wissen, dass ihre Gefühle aus dem spontanen Erlebnis des Gemeinsamseins im Ritual stammen (Durkheim 1994: 303). Also sind sie gezwungen, „diese Eindrücke auf ein äußeres Objekt als deren Ursache [zu] projizieren" (Durkheim 1994): etwa einen mitreißenden Redner, ein als großartig erlebtes Konzert oder die Anwesenheit des „Heiligen Geistes" (vgl. Collins 2004: 81-87). In anderen Worten: Die Ritualteilnehmer übertragen ihre Gefühle auf ihren gemeinsamen „Fokus" und halten diesen Fokus für den Ursprung ihrer Gefühle.

Auf diese Weise entstehen heilige „Dinge" bzw. Symbole, die mit „emotionaler Energie" „aufgeladen" sind (siehe etwa Collins 2004: 38). Diese erinnern die Ritualteilnehmer an den intensiven Moment und die Gemeinsamkeit und erhalten etwas von ihren Gefühlen auch nach dem Ritual am Leben (Collins 2004: 81). Wie bei Shils stiften solche kollektiven Symbole auch bei Collins einerseits Solidarität, andererseits erwecken sie Ehrfurcht, weil sie von den Ritualteilnehmern mit einer transzendenten Realität in Verbindung gebracht werden.

Collins Theorie ist der von Shils in einigen zentralen Punkten überlegen. Zum einen spielt die (National-)Gesellschaft bei Collins keine zentrale Rolle – jede beliebige Menschenansammlung kann eine Symbolgemeinschaft begründen. Zum anderen ist Collins Theorie weniger teleologisch auf Stabilitätserhaltung hin ausgelegt als Shils' Modell – Collins betont, dass die solidarischen Symbolgemeinschaften, die in Ritualen entstehen, miteinander in Ressourcenkonflikte geraten und Sozialstrukturen erschaffen (Collins 2004: 41; siehe auch Rössel 1999).

Der für meine Argumentation primär relevante Unterschied beider Autoren liegt allerdings in der Ritualkonzeption.[9] Shils konzipiert Rituale so, wie man sie sich gemeinhin vorstellt, nämlich als „stereotyped, symbolically concentrated expressions of beliefs and sentiments regarding ultimate things" (Shils 1975c: 154). Es gibt also bereits heilige Überzeugungen und Symbole, die sich in Ritualen lediglich *reproduzieren*. Collins hingegen stellt diese Vorstellung gewissermaßen auf den Kopf. Rituale sind ihm zufolge nicht der Ausdruck, sondern der Ursprung des Heiligen.

Sobald man ritualisierte Situationen aus dieser Perspektive betrachtet, wird offenbar, wie bedrohlich sie für die etablierte Ordnung sein können: Wenn „das Heilige" nicht ursprünglich aus den heiligen Dingen selbst stammt, sondern in Ritualen losgelöst von ihnen existiert, kann es sich in diesen Ritualen auch an neue Dinge heften. Mit anderen Worten: Rituale können durchaus die heilige Ordnung reproduzieren, wie von Shils postuliert, besonders wenn es sich um bewusst geplante Rituale handelt. Aber sie können ebenso gut eine neue Ordnung schaffen. Die neuen heiligen Symbole wirken sich wiederum auf die Herrschaftsstrukturen aus, weil sie neues „Charisma" generieren – bzw. „Charisma" auf neue Personen verteilen, auf eine Weise, die durchaus quer zu den etablierten Strukturen liegen kann.

Mit dem Charismabegriff benutze ich freilich einen Terminus aus einer soziologischen Tradition, die ich gerade kritisiert habe, und die als überholt gilt. Doch man muss Shils nicht in jedem seiner Gedanken folgen, um mit einzelnen seiner Begriffe zu arbeiten. Der Charismabegriff lässt sich gut mit Collins' Ritualtheorie vereinbaren, weil Shils und Collins gleichermaßen in einer durkheimianischen Tradition schreiben und ähnliche Vorstellungen davon haben, was ein heiliges Objekt ausmacht, bzw. wie es sich ,anfühlt' – nur, dass „heilige" Objekte und Werte bei Collins keine statischen Entitäten darstellen, sondern in der Eigendynamik von Ritualen entstehen und vergehen.

Zusammenfassend lässt sich somit festhalten: Das Gefühl gemeinschaftlicher Größe, das im rituellen Rhythmus entsteht („kollektive Efferveszenz"), besitzt nicht nur das Potential, neue heilige Symbole zu erschaffen. Es kann außerdem Herrschaftsstrukturen untergraben, bzw. ihnen ihre gefühlte Legitimität entziehen, weil mit neuen heiligen Symbolen „Charisma" neu entsteht, bzw. sich umverteilt. Rituale können folglich subversiv wirken. Diese Einsicht möchte ich im Folgenden nutzen, um die Absetzung König Richards II. zu analysieren.

---

9   Obwohl die Autoren gegensätzliche Ritualtheorien propagieren, führen beide ihre Ideen auf die Religionssoziologie Emile Durkheims zurück (Shils & Young 1975c: 139; Collins 2004: xi, 32-40). Dies wiederum zeigt, dass man Durkheim keineswegs nur als Vordenker des Strukturfunktionalismus lesen muss, wie es lange gang und gäbe war, sondern auf viele unterschiedliche Arten rezipieren kann (Alexander & Smith 2005, bes.: 2-8). Durkheims Werk ist „readerly and not writerly" (Alexander & Smith 2005: 3).

3   Darf man einen König absetzen? –
Spätmittelalterliche Positionen

Am Morgen des 29. September 1399 begab sich eine Delegation aus adeligen Würdenträgern und Notaren in den „Tower of London". Ihr Auftrag lautete, den dort inhaftierten König von England um die Ratifizierung seiner eigenen Abdankung zu ersuchen (La Manere de la Renonciacione etc. 1981 [urspr. 1400]: 266f.; sowie Usk 1997 [urspr. 1377-1421]: 67). Sie hatten allen Grund, davon auszugehen, dass Richard II. kooperieren würde – schließlich hatte sein Gegenspieler, Heinrich Bolingbroke, lediglich zweieinhalb Monate gebraucht, um England in einem beispiellosen Feldzug unter Kontrolle zu bringen.

Tatsächlich hatte Richard in seiner Regierungszeit bereits Krisen, die ihn beinahe um die Krone gebracht hätten, erlebt und überstanden.[10] Zehn Jahre zuvor etwa, im Winter 1386/87 hatten sich fünf seiner Lords gegen ihn erhoben und ihn für drei Tage quasi abgesetzt (Saul 1997: 189) – einer seiner damaligen Gegner war der spätere Usurpator Heinrich Bolingbroke. Schließlich beschränkte man sich darauf, des Königs Höflinge und Berater hinzurichten bzw. zu verbannen (Bennett 1999: 31-33), doch die Kränkung blieb Richard im Gedächtnis.

In den folgenden zehn Jahren gewann der König seine Autorität zurück, und mehr noch, er entwickelte sich zum vielleicht mächtigsten Herrscher Westeuropas (Leland 2004: 69). Aus dieser politisch nunmehr sicheren Position heraus begann er ab 1397, an jenen Männern Rache zu nehmen, die ihn zehn Jahre zuvor gedemütigt hatten. Er ließ sie hinrichten oder verbannen – Heinrich Bolingbroke verschlug es nach Frankreich. Insgesamt schienen Richards Pläne aufzugehen, bis am 3. Februar 1399 Bolingbrokes Vater, der Herzog John of Gaunt, verstarb. In dieser Situation beging der König einen entscheidenden Fehler: Er entschied, die Ländereien des Herzogs ihrem rechtmäßigen Erben (der im Exil weilte), vorzuenthalten und sie „in Gewahrsam" zu nehmen (zu den Einzelheiten siehe z. B. Fletcher 2004: 340).

So in die Enge getrieben, entschied sich Bolingbroke im Sommer 1399, nach England zurückzukehren, und sein Erbe mit Waffengewalt einzufordern. Sein Feldzug war von durchschlagendem Erfolg, die meisten von Richards Gefolgsleuten liefen zu ihm über (Bennett 1999: 147-169). Vor diesem Hintergrund entschloss er sich, nicht nur sein Erbe zurückzufordern, sondern nach der Krone zu greifen.

---

10   Die nach wie vor umfassendste Biographie Richards II. stammt von Nigel Saul (1997). Für eine konziseren Überblick über das Leben Richards siehe das entsprechende Kapitel in einer weiteren Monographie Sauls (2005: 49-66). Wie viele ältere Studien (vgl. den Literaturüberblick Gundy 2013: 1-31) erscheint König Richard bei Saul als impulsiver, selbstherrlicher Tyrann. Dieses Bild wird in letzter Zeit allerdings revidiert (Jones 2008: 130). Siehe hierzu besonders die neueren Studien von Fletcher (2008) und Gundy (2013).

So kam es, dass Richard am 29. September 1399 im Tower einsaß und wusste, dass er sein Königreich verlieren würde (vgl. Given-Wilson 1993: 369) – er hatte seinem Gegner die Abdankung auch bereits versprochen (vgl. La Manere de la Renonciacione etc. 1981 [urspr. 1400]: 267). Umso überraschender war es deshalb, dass er der besagten Delegation entgegnete, er sei unter keinen Umständen bereit, auf seine Krone zu verzichten. Außerdem solle man ihm erklären, wie es für einen gekrönten König überhaupt möglich sei abzudanken (La Manere de la Renonciacione etc. 1981).[11]

Vor dem Hintergrund der militärischen Machtverhältnisse wirkt Richards Weigerung wie eine sinnlose Trotzreaktion. Doch der König spielte auf ein ideologisches Dilemma an, dass der Usurpator ernst nahm, und das seinen Parteigängern Kopfzerbrechen bereitete: Kann es legitim sein, einen gekrönten König zu entmachten? Und wenn ja, unter welchen Umständen? Diese Frage möchte ich im zeitgenössischen Kontext etwas genauer erörtern.

3.1   Zwei Könige in einem

Aus den 1390er Jahren sind einige auffällige Portraits Richards II. erhalten. Auf ihnen inszeniert sich der König als überirdische Erscheinung – mal ist er umgeben von Engeln, ein andermal nimmt er eine Christuspose ein (Scheifele 1999: 245f.). Aus solchen Bildnissen ist ersichtlich, dass Richard II. eine selbst für Zeitgenossen ungewöhnlich gravitätische Vorstellung vom Königtum propagierte (vgl. etwa Scheifele 1999: 271, Rexroth 2005: 242). Allerdings war dieses Selbstverständnis keine neue Erfindung des Königs, sondern stand in einer bestimmten geistesgeschichtlichen Tradition.

In der politischen Theologie des 14. Jahrhunderts kursierte die Vorstellung, ein König sei ein so genanntes „Zwillingswesen" („Gemina Persona", Kantorowicz 1990: 70). Einerseits lebe er als Mensch unter Sterblichen, andererseits würde er, in einer aufwendigen Krönungszeremonie mit heiligen Ölen gesalbt, durch Gottes Gnade erhoben. Er besitze daher einen heiligen „zweiten Körper" – einen Körper, der dem von Engeln gleiche und damit streng genommen unsterblich sei (Kantorowicz 1990: 30f.). Dass die englischen Zeitgenossen die übersinnliche Seite des Königtums nicht für eine bloße Metapher hielten, lässt sich an dem damals weit verbreiteten Glauben erkennen, der König könne durch „Handauflegen" Krankheiten heilen (vgl. Erkens 2006: 13-26).

---

11   „Dist q'il voudroit bien avisée coment il resignerait la corone et qi."

Die Vorstellung, dass der Herrscher einen unsterblichen Körper besitze, brachte einige erbrechtliche Verwirrungen mit sich (Kantorowicz 1990: 25f.). Für meine Argumentation wichtiger ist allerdings, dass es sich um die Ideologie einer „charismatischen Herrschaft" im Sinne von Max Weber (1976: 124) handelt – einer Herrschaft, die „auf der außeralltäglichen Hingabe an die Heiligkeit [ ] einer Person und der durch sie offenbarten oder geschaffenen Ordnungen" beruht. Diese Form des Gottesgnadentums war im englischen Mittelalter allerdings nicht allein bestimmend. Daneben entwickelte sich eine weitere Herrschaftsform, die eher „traditionale" Züge trug: das Lehnswesen. Es handelte sich um ein Netz gegenseitiger Eide und Verpflichtungen zwischen Fürsten und ihren Vasallen (Knefelkamp 2002: 388f.), in dessen Zentrum ebenfalls der König stand. Das Besondere an solcher „traditionaler" Herrschaft ist, dass sie sich in letzter Instanz nicht durch den Herrscher selbst legitimiert, sondern durch „die Heiligkeit von jeher geltender Tradition" (Weber 1976: 124). Diese wurde zum Beispiel in Richards Krönungseid greifbar, in dem sich der König verpflichtet hatte, die Gesetze und Gebräuche seiner Vorfahren zu achten und zu schützen (vgl. Saul 1997: 25).

Nun besitzen auch „traditionale" Herrscher ein gewisses Maß von „Charisma", wie ich oben ausgeführt habe – die Heiligkeit der Tradition färbt auf sie ab. Trotzdem bleibt ein wichtiger Unterschied zwischen beiden von Weber skizzierten Herrschaftsformen: Im ersten Fall haftet das „Heilige" unmittelbar dem König bzw. *seinem Körper* an. Im zweiten Fall ist nicht der Herrscher selbst die Quelle seines „Charisma", sondern die ihm übertragene Aufgabe, sein Amt (siehe auch Rexroth 2004: 38).

Richards Zeitgenossen kannten also unterschiedliche Arten, (königliche) Herrschaft zu begründen. Diese vertrugen sich nicht immer reibungslos, wie einigen Zeitgenossen durchaus bewusst war. Das wird beispielsweise bei der Lektüre des „Dialogus" ersichtlich, einem Werk von William Ockham aus der ersten Hälfte des 14. Jahrhunderts. Ockham verfasste seine Schrift als fiktives Gespräch zwischen einem „Lehrer" und seinem „Schüler", in dem es um den Ursprung, Sinn und Zweck des Kaisertums geht. An einer Stelle erläutert der „Lehrer", wie unterschiedlich man die Macht des Herrschers legitimieren könne. Die einen behaupteten, dass Gott „die menschlichen Rechte [...] an das Menschengeschlecht durch die Kaiser und Könige dieser Welt" verteilt (Ockham 1992, [urspr. 1330-1347]: 171f.). Damit steht der Herrscher über allen Sterblichen – niemand darf sich gegen ihn erheben. Auf der anderen Seite, so erklärt der „Lehrer", gibt es Zeitgenossen, die behaupten, dass „kaiserliche und andere Gesetze [...] nicht zugunsten eines privaten Vorteils, sondern nur zu gemeinem Nutzen erlassen werden" dürften (Ockham 1992: 170f.). Wer so argumentiert, stellt eine Art Amtsethos in den

Raum, an dem der Herrscher scheitern kann. Man ist ihm nur zum Gehorsam verpflichtet, wenn dieser seinen Pflichten nachkommt. Das mittelalterliche Weltbild war offenbar in einem Widerspruch mit sich selbst geraten. Vor diesem Hintergrund wird das Dilemma, vor dem Bolingbroke stand, überdeutlich. In gewissem Sinne musste er zwei Könige absetzen. Der eine war bloßer Amtsinhaber, der andere ein engelsgleiches, übersinnliches Wesen.

4   Die Absetzung Richards II.: Argumente und Rituale

Heinrich Bolingbroke bemühte sich, möglichst alle Bedenken gegen seinen Staatsstreich auszuräumen. Im Laufe des Septembers sandte er Boten in die Abteien und größeren Kirchen des Reiches, um aller Chroniken habhaft zu werden, die sich mit dem englischen Königtum seit der normannischen Eroberung beschäftigen (Walsingham 1993 [urspr. 1376-1422]: 124f.). Er suchte nach Argumenten und Vorbildern für eine Königsabsetzung. Außerdem rief er eine Art „Absetzungskomitee" ins Leben, bestehend aus „a number of doctors, bishops and others" (Usk 1997 [urspr. 1377-1421]: 63). Ihre Aufgabe war es, die Deposition Richards und anschließende Krönung Heinrich IV. juristisch zu erörtern.

4.1   Die „Argumente" gegen Richard

Die wichtigste Argumentationsgrundlage des Absetzungskomitees war die Papstbulle *Ad Apostolice*. Man muss sich vor Augen führen, dass die Deposition Kaiser Friedrichs II. (1245) durch Innozenz IV. zu Richards Zeiten noch aktuell und den Zeitgenossen geläufig war. Es handelte sich um eine Art Präzedenzfall für Absetzungsverfahren (siehe Rexroth 2004: 37f., sowie Tuck 1973: 220). Innozenz hatte in der besagten Bulle eine Reihe von Anklagepunkten gegen Friedrich festgehalten. Sie zielten direkt auf den Charakter des Kaisers – Innozenz unterstellte ihm Dummheit, Pflichtvergessenheit, Häresie, Sodomie und Bosheit. Diese Anklagepunkte eigneten sich auch für die Deposition Richards II. (vgl. Usk 1997 [urspr. 1377 – 1421]: 63).[12] Der englische Usurpator von 1399 berief sich also auf die Autorität des Papstes, um zu verdeutlichen, dass es durchaus Gründe

---

12 Obwohl die Absetzung Edwards II. (1327) zeitlich sehr viel näher lag, benutzten Bolingbrokes Anhänger sie offenbar nicht als Präzedenzfall. Zumindest finden sich in den Quellen keine Anspielungen auf Richards Vorgänger.

gibt, die eine Königsabsetzung rechtfertigen. Das zweite Dokument, auf das sich das „Absetzungskomitee" stützte, war Richards Krönungseid. Schließlich wurden dort die „traditionalen" Pflichten des Königsamtes unmissverständlich als solche formuliert – es war naheliegend, sie gegen Richard auszuspielen.

Vor diesem gedanklichen Hintergrund verfassten die Parteigänger Bolingbrokes zwischen dem 29. September und 1. Oktober 1399 eine Art „Absetzungsprotokoll" mit Namen *Record and Process* (1993 [urspr. 1399]). Es wurde als offizielle Version des Hergangs verbreitet und findet sich zum Beispiel in den Parlamentsprotokollen. Das Dokument gibt den Anschein, das Depositionsverfahren „wahrheitsgemäß" zu beschreiben und zu begründen, wir sollten es allerdings eher als ein Musterbeispiel für ideologische Geschichtsklitterung betrachten. Mit *Record and Process* sollten die lebenden und kommenden Generationen überzeugt werden, dass die Absetzung des Königs die einzig sinnvolle Maßnahme gewesen sei. Dies liege schon deshalb auf der Hand, weil der König selbst seine Untauglichkeit bereitwillig eingestanden und im Grunde freiwillig abgedankt habe, wie im Dokument immer wieder betont wird (siehe zum Beispiel *Record and Process* 1993: 170).

Um jeden Zweifel an der Legitimität des Verfahrens auszuräumen, erläutern die Autoren zudem ausführlich, warum dieser Schritt des Königs auch notwendig war. Zu diesem Zweck erinnern sie zunächst daran, dass sich Richard in seinem Krönungseid verpflichtet habe, die Kirche zu beschützen und die Gesetze seiner Ahnen und Untertanen zu achten (siehe *Record and Process* 1993 [urspr. 1399]: 172; für eine Zusammenfassung des Eides siehe Saul 1997: 25). Darauf folgt ein unsystematisches Sammelsurium aus 33 Anklagepunkten, den sog. „Articles of Deposition", die darlegen sollen, dass Richard diesen Verpflichtungen nicht nachgekommen sei und außerdem gravierende Charakterschwächen aufweise.

Konkret lesen wir zum Beispiel, dass der König seinen Untertanen zu hohe Steuern auferlegt (Art. 1, *Record and Process* 1993 [urspr. 1399]: 172f.) und sich an ihren Freiheiten und ihrem Eigentum vergriffen habe (Art. 27, *Record and Process* 1993: 180f.). Des Weiteren sei die Staatskasse durch seine übertriebenen und selbstverliebten Zeremonien über die Maßen belastet worden (Art. 15, *Record and Process* 1993: 177). Seinen Versprechungen könne man nicht trauen (Art. 4, *Record and Process* 1993: 173f.), im Umgang mit anderen Menschen sei er launisch und boshaft (Art. 25, *Record and Process* 1993: 180).

Neben Richards Krönungseid und der Bulle *Ad Apostolice* spielten die Autoren von *Record and Process* – wenngleich weniger explizit – auf das zeitgenössische Stereotyp des „Tyrannen" an (vgl. auch Rexroth 2004: 49). Der „Tyrann" war damals durchaus ein Begriff; wir finden solche Herrscher zum Beispiel in zeitgenössischen Romanzen (vgl. Fletcher 2004, bes.: 331-334). Auch in damals bekannten Narrativen über Englands mythische Vergangenheit tauchen „Tyrannen" auf, ein weiterer Wissensschatz, den sich Bolingbrokes Parteigänger zunutze machten. So verglich das „Absetzungskomitee" Richard II. zum Beispiel mit Arthgallus, einem mythischen König, der sich am Eigentum seiner Untertanen vergreift und schließlich zugunsten seines eigenen Bruders abgesetzt wird (Usk (1997) [urspr. 1377 – 1421]: 63).

Zusammenfassend kann man festhalten: Das „Absetzungskomitee" zeichnete den König als Inhaber eines Amtes, der an den Amtsidealen scheitert. Wichtig ist dabei, dass der heilige Körper des Königs, die metaphysische Seite seiner Herrschaft, mit keinem Wort erwähnt wird. Die Mitglieder des „Absetzungskomitees" sahen offenkundig keine Möglichkeit, die politische Mystik des Königtums gegen Richard auszuspielen.

4.2   Radikale Rituale

Bis hierhin habe ich vor allem die *Argumente* des „Absetzungskomitees" diskutiert. Man bemühte sich, die Deposition Richards in klaren Gedanken zu plausibilisieren. Neben Argumenten kannte man im Mittelalter allerdings, wie überhaupt in allen vormodernen Epochen, weitere Methoden, um Menschen von der Rechtmäßigkeit der sozialen Ordnung zu überzeugen: zum Beispiel *Rituale* (siehe hierzu einführend Stollberg-Rilinger 2004).[13] In der weitgehend illiteraten „Face-to-Face-Gesellschaft" (Stollberg-Rilinger 2004: 518) des Mittelalters war es üblich, den Menschen in ritualisierten Inszenierungen bildhaft vor Augen zu führen, was auf der politischen „Bühne" geschieht. Auch der Usurpator Bolingbroke und seine Parteigänger bedienten sich dieser Strategie und beraumten für den 30. September ein Absetzungsparlament an, dessen Zweck darin bestand, die Machtübernahme durch ein öffentliches Ritual zu sanktionieren.

Wie ausgeführt, ist die Überzeugungskraft ritueller Kommunikation subtiler und in gewisser Hinsicht radikaler als die von Argumenten in rationalen Diskussionen. Wenn Rituale gelingen, entsteht ein Rhythmus, der die Anwesenden mitreißt – unabhängig davon, ob sie sich vorher in einem „vernünftigen Gespräch" darauf geeinigt hatten oder nicht. Sie fühlen sich „eins" mit den anderen und erleben sich

---

13 In ihrem Aufsatz argumentiert Stollberg-Rilinger allerdings für einen anderen Ritualbegriff als Collins, den ich hier verwende. Sie steht in der Tradition einer linguistisch inspirierten Hermeneutik und betrachtet Rituale als symbolische Kommunikation. Collins hingegen ist Pragmatist und widmet sich der emotionalen Eigendynamik ritueller Situationen.

im Einklang mit „etwas Größerem". So können auch solche Vorgänge „heilig" und damit gerechtfertigt erscheinen, für die es eigentlich keine „guten Argumente" gibt.

4.3   Quellendiskussion zum „Absetzungsparlament"

Was genau beim „Absetzungsparlament" am 30. September 1399 geschah, ist nicht leicht zu rekonstruieren. Das bekannteste Narrativ über das Ritual stammt aus *Record and Process* und ist unglaubwürdig. Die Autoren schildern die Deposition von Anfang an so unproblematisch, dass sie komödienhafte Züge bekommt. Richard scheint während der gesamten Prozedur guter Dinge und ratifiziert gern und ohne Umschweife die Abdankung (*Record and Process* 1993 [urspr. 1399]: 170). Auch das anschließende „Absetzungsparlament" erweckt einen ausgesprochen harmonischen Eindruck: Die Anwesenden lauschen der Abdankungsrede und den „Articles of Deposition" (*Record and Process* 1993: 172, 185), man wägt die Argumente sorgsam ab und stimmt ihnen zu – zunächst die anwesenden Stände einzeln, dann alle gemeinsam im Chor. Immer wieder wird dabei betont: Dies alles sei auch in Richards Sinne – er habe ja bereits am Vortage freiwillig abgedankt. *Record and Process* beschreibt mithin eher eine einvernehmliche Abdankung als eine Absetzung.

Nun haben die meisten englischen Chronisten, die über das Absetzungsparlament berichten, von *Record and Process* abgeschrieben. Über den genauen Vorgang der Zeremonie ließe sich folglich nur spekulieren, wenn es nicht eine weitere, allerdings weniger bekannte Quelle gäbe: das auf Französisch verfasste „La Manere de la Renonciatione del Roy Richard" (1981 [urspr. 1400]). Wie Chris Given-Wilsen (1993b: 367) argumentiert, stammt der Bericht aus der Feder von Thomas Chillenden, dem Prior der bedeutenden Christchurch in Canterbury. Chillenden gehörte zur oben benannten Delegation, die Richard am 29. September um seine Abdankung ersuchte. Außerdem war er beim Absetzungsparlament (30. September) anwesend. Sein Bericht über die Ereignisse an diesen beiden entscheidenden Tagen entstand erst einige Monate später,[14] ist aber detailliert und in ungewöhnlich nüchterner Sprache gehalten.

Das Narrativ weicht zudem in zentralen Punkten von *Record and Process* ab. So lesen wir, dass Richard die Abdankung zwar bereits versprochen hatte, sich dann aber weigerte. Nach zähen Verhandlungen lenkte er schließlich ein und versuch-

---

14 Ein Adeliger wird in der Quelle als „Lord" bezeichnet, obwohl er zum Zeitpunkt der Absetzung noch ein Graf gewesen und erst einen Monat später degradiert worden war – eine Erinnerungslücke des Autors (Sayles 1981: 259f.).

te, dabei wenigstens Konzessionen auszuhandeln. Erst als Heinrich Bolingbroke persönlich im Tower erschien, erklärte sich der König bereit, die Abdankung zu ratifizieren (La Manere de la Renonciacione etc. 1981 [urspr. 1400]: 266f.). Auch das Parlament vom 30. September wirkt in dieser Quelle wie ein tatsächliches Absetzungsritual. Wir haben es mit einer aggressiven Ermächtigung und nicht mit einer einvernehmlichen Abdankung zu tun, wie gleich deutlich werden wird. Dieser Bericht ist offensichtlich kein propagandistisches Schriftstück und glaubhafter als *Record and Process* (Given-Wilson 1993b: 366). Aus diesem Grund möchte ich mich bei der nun folgenden Ritualanalyse auf ihn stützen.

4.4   Die Absetzung Richards II. als Massenveranstaltung

Die Westminster Hall war überfüllt. Fast alle Mitglieder des Parlaments waren gekommen und hatten auf ihren angestammten Sitzen platzgenommen – unter ihnen Heinrich Bolingbroke auf dem Platz seines kurz zuvor verstorbenen Vaters. Hinzu kam eine Menge anderer Menschen, die den Weg hierher gefunden hatte; sie stand bis auf den Vorplatz (La Manere de la Renonciacione etc. 1981 [urspr. 1400]: 267).

Um die Mittagsstunden begann schließlich das Prozedere. Als Auftakt diente eine Predigt des Erzbischofs von York, in der er die Hintergründe für Richards Abdankung erläuterte. Anschließend verlas ein gewisser „John Burbach" Richards Abdankungserklärung. Als er geendet hatte, erhob der Erzbischof von Canterbury die Stimme und fragte die Anwesenden, ob sie mit dem, was sie gehört hatten, einverstanden seien. Die Menge antwortete ihm im Chor mit lauter Stimme: „oy, oy, oy [ja, ja, ja]" (La Manere de la Renonciacione etc. 1981: 268). In diesen ersten Szenen erkennen wir bereits die Grundstruktur des gesamten Rituals: Ein Redner erläutert, was geschehen bzw. was zu tun ist, und die Anwesenden bestätigen ihn durch laute Akklamation.

Der nächste Redner hieß John Ferriby, seines Zeichens Notar. Er verlas eine Liste mit Gründen, die man für Richards Deposition zusammen getragen hatte (La Manere de la Renonciacione etc. 1981: 268), wahrscheinlich die oben genannten „Articles of Deposition". Im Anschluss fragte der Erzbischof von Canterbury die Anwesenden erneut, ob sie zustimmten, und erneut antwortete die Menge mit einem dreifachen „Ja". Schließlich stellte der Erzbischof eine letzte Frage in den Raum: ob man Richards Vasallen erlauben solle, ihren Lehnseid zurückzuziehen. Wieder erschallte das Dreifache „ja, ja, ja" laut durch die Halle („parmy tout la salle", La Manere de la Renonciacione etc. 1981: 269).

Hinter diesem ritualisierten Wechselspiel aus Frage und Antwort „des Volkes" stand kein demokratischer Gedanke, sondern ein religiöser. Wenn eine große Menschenmenge „wie mit einer Stimme spricht", so die damalige Vorstellung, offenbart sich der Wille des Heiligen Geistes. Man wollte zum Ausdruck bringen, dass die Absetzung gottgewollt, also von höchster Instanz legitimiert war (Rexroth 2004: 48). Auf der Grundlage der eingangs skizzierten Ritualtheorie möchte ich nun argumentieren, dass die Anwesenden tatsächlich den Eindruck hatten, Richards Deposition entspräche dem Willen des Heiligen Geistes. Der Grund ist jenes bereits beschriebene Gefühl der Erhabenheit, das Menschen empfinden, die im rhythmischen Einklang miteinander handeln. Beim gemeinsamen Jubel entsteht der Eindruck, Teil eines „Großen und Ganzen" zu sein. Eigentlich handelt es sich dabei um die anwesende, jubelnde Menge. Doch, wie Durkheim erkannt hatte, interpretieren Menschen diese Erfahrung häufig als diffuses Gefühl von „Heiligkeit" (s. u.).

Wenn ein Ritual in diesem Sinne gelingt, entwickelt es seine ganz eigene Art von „Überzeugungskraft". Der Rhythmus des Jubels reißt die Menschenmenge mit – unter Umständen auch Unentschlossene oder gar politische Gegner – und prägt ihre emotionale Einstellung nachhaltig. Sie projizieren ihre Gefühle auf ihren Fokus und laden ihn mit Emotionen auf – wie eine „Batterie" (Collins 2004: 38). In diesem Fall handelte es sich bei diesen Fokusse um Richards Abdankung, die „Articles of Deposition" und schließlich die Kündigung der Lehnseide. Diese Erklärungen, bzw. Dokumente besaßen fortan eine emotionale „Ladung", die die Absetzung „heiligte" und Richards Gegnern „Charisma" verlieh.

Auf dieser Grundlage fühlte man sich berechtigt, Dinge zu tun, die juristisch gesehen Unrecht waren. Einige der anwesenden Magnaten erhielten die Vollmacht, ihre Lehnseide aufzukündigen, und zwar „im Namen aller Stände des Reiches"[15]. Es ist bemerkenswert, dass der Autor der Quelle erst in diesem Moment den Thron für vakant erklärt (La Manere de la Renonciacione etc. 1981 [urspr. 1400]: 269)[16]. Entscheidend war für ihn offenbar nicht Richards Abdankung, sondern die Kündigung der Lehenseide. In anderen Worten: Richard wurde von seinen Untertanen abgesetzt – es handelte sich um eine Ermächtigung, nicht um eine Abdankung, wie in *Record und Process* behauptet.

4.5   Die Erhebung Heinrichs IV. von England

Was nun folgte, war ein Moment, in dem der englische Thron leer stand. Das ist bemerkenswert: Man hätte das Ritual auch so gestalten können, dass der neue König den alten unmittelbar ablöst. Stattdessen kreierte man symbolisch eine Art

---

15   „En noun de toutz les estates de la roialme" (La Manere de la Renonciacione etc.: 269).
16   „Et issint fuist la corone voide".

„Schwellenzustand", einen Moment der sozialen Unordnung, wie er aus vielen „Übergangsriten" (van Gennep 2005, bes.: 13-24) bekannt ist, auch von einigen spätmittelalterlichen Königsabsetzungen (Rexroth 2004: 45). Die inszenierte Unordnung dient unter anderem dazu, die neuen Strukturen anschließend nur umso dramatischer und deutlicher in Szene zu setzen. Vor diesem Hintergrund ist interessant, dass die Anhänger Bolingbrokes diesen „Schwellenzustand" in ihrer Propagandaschrift *Record and Process* zeitlich ausdehnten, schließlich behaupteten sie, Richard habe bereits am Vortage abgedankt.

Tatsächlich dauerte der Moment, in dem England am 30. September 1399 keinen König besaß, nur einen Augenblick. Heinrich Bolingbroke erhob und bekreuzigte sich, bevor er mit lauter Stimme seinen Anspruch auf den Thron erklärte – als rechtmäßiger Erbe des „guten Königs" Heinrichs III. (La Manere de la Renonciacione etc. 1981 [urspr. 1400]: 269). Dabei verschwieg er, dass der nächste männliche Verwandte Richards eigentlich der Graf von March war. Seinen Anspruch konnte Bolingbroke nur geltend machen, indem er die weibliche Abstammungslinie überging, wie man ihm im Vorfeld geraten hatte, und womit er durchaus im Trend der Zeit lag (Saul 1997: 420).

Nachdem sich Bolingbroke erklärt hatte, stellte man jedem einzelnen der anwesenden geistlichen und weltlichen Lords die Frage, ob sie mit ihm einverstanden seien. Jeder der Anwesenden bejahte. Bis hierhin verlief das Ritual plangemäß. Doch dann geschah etwas Bemerkenswertes: Bolingbroke richtete das Wort an die versammelten Lords und forderte sie auf, seiner Erhebung nicht nur mit dem Mund, sondern auch mit dem Herzen zuzustimmen (Saul 1997: 269).[17] Wenn sich allerdings unter den Versammelten einige finden sollten, so fuhr er fort, die ihm nicht auch mit dem Herzen zustimmten, so würde ihn das nicht besonders wundern (Saul 1997).[18] Als prompte Antwort ließen die versammelten Lords das bekannte dreifache „ja, ja, ja" erklingen.

Die Quelle lässt an dieser Stelle viele Fragen offen. Offenbar gingen der Usurpator (und seine Parteigänger) bei der Krönung des neuen Königs weniger souverän vor als bei der Absetzung des alten. Doch was genau Bolingbroke verunsicherte, geht aus dem Dokument nicht hervor. Auch ist empirisch nicht eindeutig zu klären, wie sein Ausspruch zu verstehen ist, es würde ihn „nicht wundern", wenn nicht alle Anwesenden „aus vollem Herzen" mit ihm einverstanden seien. Vielleicht wollte der Usurpator sich mit diesem Satz großzügig zeigen, Loyalitätskonflikte

---

17 „Vous ne ditez ceux paroles par bouche et nemye de coer, mes par bouche et de coer" (La Manere de la Renonciacione etc).

18 „Nepurquant mesque ascuns de vous n'assenterent mye de coer, jeo n'ay mye nule merveile." (La Manere de la Renonciacione etc).

beschwichtigen und eine politisch prekäre Situation deeskalieren. Schließlich waren die letzten Monate turbulent gewesen, viele hatten das politische Lager gewechselt.

Gegen diese Deutung mag man einwenden, dass Bolingbrokes Partei bis zu diesem Moment eine ausgesprochen aggressive und kompromisslose Rhetorik an den Tag gelegt hatte – kein Wunder: der Vorwurf des Verrats stand drohend im Raum. Diese Überlegung spricht für die These von Frank Rexroth, der hinter dem Ausspruch keine Konzession sondern eine Drohung vermutet (Rexroth 2004: 48).

Doch wie man die Szene auch deuten mag, eines ist gewiss: Der Usurpator appellierte an die anwesenden Lords, seiner Krönung „par bouche et de coer" (La Manere de la Renonciacione etc. 1981 [urspr. 1400]: 269) zuzustimmen. Er forcierte mithin bewusst den rituellen Jubel, versuchte möglicherweise gar, ihn durch eine Drohung zu erzwingen. Im Sinne von Collins muss man diese Szene als „Forced Ritual" bezeichnen: „Forced Rituals [...] occur when individuals are forced to put on a show of participating wholeheartedly in interaction rituals. [...] The mutual entrainment has an element of deliberation and self-consciousness rather than a natural flow" (Collins 2004: 53). Bolingbroke brachte die anwesenden Lords dazu, sich zu vergegenwärtigen, was es bedeutete, in den Jubel einzustimmen oder nicht. Eine gedankliche Vergegenwärtigung kostet allerdings Kraft und schafft Distanz zum Fluss der kollektiven Emotionen – selbst für jene, die auf der Seite des Usurpators standen. „Forced rituals are energy draining, not EE creating" (Collins 2004: 53).

Es liegt somit auf der Hand, dass die Symbole, die in „Forced Rituals" entstehen, vergleichsweise schwach „geladen" sind, bzw. weniger Bindungskraft und Autorität besitzen, als diejenigen, die aus einem gelungenen „Formal" oder „Natural Ritual" (Collins 2004: 49f.) hervorgehen. So betrachtet, misslang der letzte Akt des Rituals. Dennoch wurde Bolingbroke in diesem Moment König von England – zumindest formell. Die Erzbischöfe von Canterbury und York küssten ihm die Hand, woraufhin er ein Gebet sprach und sich unter dem lauten Beifall der Massen „als König" („come roy", La Manere de la Renonciacione etc.: 48) auf den Thron setzte.

---

5   Fazit

Die Absetzung Richards II. war improvisiert. Es gab zwar Vorbilder, an denen man sich orientieren konnte, aber keinen fest institutionalisierten Weg – die Absetzung eines Königs war nicht vorgesehen und im Grunde Verrat. Trotzdem bemühte man sich, die Zeitgenossen zu überzeugen, und führte zahlreiche Argumente ins Feld, in Anlehnung vor allem an Innozenz IV. und seine Bulle *Ad Apostolice*. Richard habe seine königlichen „Amtspflichten" verletzt, so behauptete man, er sei launisch und boshaft.

Allerdings gab es Zeitgenossen, die ein radikales Gottesgnadentum propagierten, und die mit solchen Argumenten nicht zu überzeugen waren. Der Körper des Königs sei mit heiligen Ölen gesalbt und besitze übersinnliche Qualitäten, keine irdische Macht dürfe sich einem gekrönten Haupt widersetzen. Vor diesem Hintergrund verwundert es nicht, dass Bolingbrokes Parteigänger weitere Mittel heranzogen, um die Menschen auf ihre Seite zu ziehen. So inszenierten sie Richards Absetzung und Heinrichs anschließende Königswahl als ritualisierte Massenveranstaltung. In der „Westminster Hall" ließ man den Machtwechsel von einer großen Menschenmenge bestätigen – und zwar Schritt für Schritt. Wiederholt fragte man die Anwesenden, ob sie mit dieser oder jener Maßnahme einverstanden seien und sie antworteten im Chor mit einem lauten, dreifachen „ja, ja, ja".

Auf diese Weise wollte man zum Ausdruck bringen, dass das Vorgehen dem Willen des Heiligen Geistes entspreche – gemäß des damaligen Predigtmottos „Vox Populi, Vox Dei" (Rexroth 2004: 48). Was bei rituellen Massenveranstaltungen wie diesen tatsächlich geschieht, lässt sich meines Erachtens am besten mit der Ritualtheorie von Collins beschreiben: Wenn sie gelingen, entstehen mitreißende kollektive Gefühle. Beim rhythmischen Rufen wird den Menschen deutlich, dass sie gemeinsam sind. Sie erleben sich als Teil eines großen Zusammenhangs und bestätigen und bestärken sich in ihren Gefühlen. Eine emotionale Kettenreaktion entsteht, in der sich die Anwesenden gegenseitig ‚aufpeitschen'. Dabei lassen sich unter Umständen auch jene mitreißen, die mit dem Geschehen ursprünglich nicht einverstanden waren. Kurzum: Die Deposition Richards II. besaß eine emotionale Dynamik, die man heute eher mit jubelnden Fußballfans oder einem Rockkonzert assoziieren würde.[19]

Das Gefühl gemeinschaftlicher Stärke, das bei solchen Ereignissen entsteht, prägt die emotional-moralische Grundhaltung der Ritualteilnehmer, weil es in Symbolen „gespeichert" wird (Collins 2004: 81-87). Den Ritualteilnehmern ist nicht bewusst (Durkheim 1994: 303, Collins 2004: 37), dass die „emotionale Energie" (Collins 2004: 38) ihnen selbst bzw. dem Erlebnis ihres Gemeinsaseins entstammt. Stattdessen halten sie den „Fokus" (Collins 2004: 48) ihres Rituals für den Ursprung ihrer Gefühle und verwandeln ihn damit in ein emotional aufgeladenes Symbol.

---

19 Diese Parallele wird auch bei der Absetzung von Richards Urgroßvater, Eduard II., deutlich, die sich 1327 in England zutrug. Beim Absetzungsritual soll ein Ritualteilnehmer „wie ein moderner Animateur [...] die Stimmung gegen Eduard geschürt [haben]: Mit ausgebreiteten Armen (also in Orantenhaltung) und mit schlotternden Knien mischte er sich in das Prozedere ein und provozierte laute Zurufe der Versammlung" (Rexroth 2005: 48).

Bei diesen Symbolen handelte es sich im September 1399 erstens um Richards „Abdankungserklärung", zweitens die „Articles of Deposition", drittens die Vollmacht zur Rücknahme der Lehnseide. Im gemeinsamen Jubel entstand die Wahrnehmung, all diese Maßnahmen, Dokumente und Sprechakte seien heilig. Im Effekt verlieh dieser Vorgang Richards Gegnern ein gewisses Maß an „Charisma", eine Autorität, die in den Emotionen der Ritualteilnehmer verwurzelt war.

Im letzten Akt des Rituals geriet die emotionale Dynamik allerdings ins Stocken. Als Bolingbroke zum König gekrönt werden sollte, appellierte er an die anwesenden Lords, seiner Krönung nicht nur mit dem Mund, sondern „aus vollem Herzen" zuzustimmen. Aber „herzlicher" Beifall lässt sich nicht forcieren – der Versuch ist sogar kontraproduktiv. Die Teilnehmer eines „Forced Ritual" (Collins 2004: 53) handeln bewusst, anstatt der emotionalen Eigendynamik des rituellen Rhythmus zu folgen. Das Ritual ist folglich weniger intensiv, die Symbole, die entstehen, sind weniger bindend und ehrfurchteinflößend. Demzufolge wurde die Person Heinrichs IV. im Ritual nicht im selben Maße mit „Emotionaler Energie" besetzt wie etwa kurz zuvor die „Articles of Deposition". Bolingbroke besaß fortan zwar ein gewisses Maß an „Charisma", weil er sich als primärer Gegenspieler Richards II. und damit als Vollstrecker eben jener emotional aufgeladenen „Articles" geben konnte. Doch das „Charisma" eines regulären Königs, dessen eigener Körper als heilig gilt, ist im Idealfall ungleich größer. Bei dem Versuch es sich rituell anzueignen scheiterte Bolingbroke – bzw. Heinrich IV.

Vielleicht ist dieses rituelle Malheur mit verantwortlich dafür, dass seine Regierung unglücklich verlief. Auch nachdem Richard Anfang 1400 gestorben war, hatte der neue König immer wieder mit Aufständen zu kämpfen – und mit dem Gerücht, sein Vorgänger sei noch am Leben (vgl. Saul 1997: 428). Die Regierungszeit Heinrichs IV. kann an dieser Stelle allerdings nicht eingehend erörtert werden.

Stattdessen möchte ich abschließend noch einmal auf die Akteure von 1399 zurückkommen. Aus sozialtheoretischer Perspektive interessant ist, dass sie sich der politischen Bedeutung ritueller Rhythmik durchaus bewusst waren – auch wenn sie (anders als durkheimische Soziologen) glaubten, der gemeinsame Rhythmus sei ein Zeichen für die Zustimmung des Heiligen Geistes. Dennoch könnte man, provokant zugespitzt, behaupten, dass die Zeitgenossen des häufig so titulierten „finsteren Mittelalters" in gewisser Hinsicht klarer sahen als wir heute. Zum modernen Selbstverständnis gehört, dass man sich als Mitglied einer rational organisierten, weitgehend „entzauberten" Gesellschaft versteht (vgl. etwa Weber 2002). Die Vorstellung, der Heilige Geist sei in politischen Ritualen anwesend oder gar in den Körper des Herrschers gefahren, ist unzeitgemäß bzw. wirkt wie ein „archaischer" Aberglaube.

Doch wenn Durkheimianer wie Shils und Collins Recht haben, verbergen sich auch hinter der Autorität moderner Institutionen und Machthaber oftmals quasi-religiöse Gefühle – nur dass diese durch unser modernes, rationalistisches Selbstverständnis verschleiert werden. Mit diesem Gedanken sei keinesfalls suggeriert, dass die Mystiker des Mittelalters mit ihren Überlegungen zur politischen Bedeutung des Heiligen Geistes richtig lagen. Aber sie besaßen eine Deutung für ein Phänomen, für das vielen Menschen heute die Worte fehlen.

Quellen

La Manere de la Renonciacione etc. (1981) [urspr. 1400]. In: G Sayles (Hg.), The Deposition of Richard II. Three Lancastrian Narratives. *Bulletin of the Institute of Historical Research* 54, 266-270.

Usk, Adam (1997) [urspr. 1377-1421]. Chronicle of Adam Usk, ed.by C. Given-Wilson. Oxford: Clarendon Press.

Ockham, William (1992) [urspr. 1330-1347]. Dialogus. Auszüge zur politischen Theorie, ed. von Jürgen Miethke. Darmstadt: Wiss. Buchgesellschaft.

The Record and Process (1993) [urspr. 1399]. Auszug in: C. Given-Wilson (Hg.), Chronicles of the Revolution, 1397-1400. Manchester – New York: Manchester University Press, 168-189.

Walsingham, Thomas (1993) [urspr. 1376-1422]. Annales Ricardi Secundi. Auszug in: C Given-Wilson (Hg.), *Chronicles of the Revolution, 1397-1400*. Manchester – New York: Manchester University Press, 115-125.

Literatur

Alexander, Jeffrey (1988). Introduction: Durkheimian Sociology and Cultural Studies today. In: Ders. (Hg.) *Durkheimian Sociology: Cultural Studies.* Cambridge: Cambridge University Press, 1-21.

Alexander, Jeffrey (1993). Kultur und politische Krise: „Watergate" und die Soziologie Durkheims. In: Ders. (Hg.), *Soziale Differenzierung und kultureller Wandel. Essays zur neofunktionalistischen Gesellschafts-theorie.* Frankfurt a. M.: Campus, 148-195.

Alexander, Jeffrey & Smith, Philip (2005). Introduction: the new Durkheim. In: Dies. (Hg.), *The Cambridge Companion to Durkheim.* Cambridge: Cambridge University Press, 1-37.

Bachman-Medick, Doris (2009). *Cultural Turns. Neuorientierungen in den Kulturwissenschaften*, 3. Aufl., Reinbek bei Hamburg: Rowohlt.

Belliger, Andréa & Krieger, David (1998). Einführung. In: Dies. (Hg.) *Ritualtheorien. Ein einführendes Handbuch.* Opladen: Westdeutscher Verlag, 7-32.

Bennett, Michael (1999). *Richard II and the Revolution of 1399.* Strout: Sutton Publishing.

Collins, Randall (1994). *Four Sociological Traditions.* Oxford: Oxford University Press.

Collins, Randall (2004). *Interaction Ritual Chains*. Princeton: Princeton University Press.
Durkheim, Emile (1994) [urspr. 1912]. *Die elementaren Formen des religiösen Lebens*, Frankfurt a. M.: Suhrkamp.
Erkens, Franz-Reiner (2006). *Herrschersakralität im Mittelalter: von den Anfängen bis zum Investiturstreit*. Stuttgart: Kohlhammer GmbH.
Flam, Helena (2002). *Soziologie der Emotionen: Eine Einführung*. Konstanz: UVK Verlagsgesellschaft.
Fletcher Cristopher (2004). Narrative and political strategies at the deposition of Richard II, in: *Journal of Medieval History* 30, 323-341.
Fletcher, Cristopher (2008). *Richard II. Manhood, Youth, and Politics, 1377-99*. Oxford: Oxford University Press.
van Gennep, Arnold (2005). *Übergangsriten (Les rites de passage)*. Frankfurt a. M.: Campus.
Given-Wilson, Chris (1993a). Introduction. In: Ders. (Hrsg), *Chronicles of the Revolution, 1397-1400: The Reign of Richard II*. Manchester – New York: Manchester University Press, 1-52.
Given-Wilson, Chris (1993b). The Manner of King Richard's Renunciation. A "Lancastrian Narrative"? In: *English Historical Review* 108, 365-370.
Gundy A. (2013). *Richard II and the Rebel Earl*, Cambridge: Cambridge University Press.
Harris, G. (2005*). Shaping the Nation. England 1360-1461*. Oxford: Oxford University Press.
Hunt, L. (1988). The Sacred and the French Revolution. In: J. Alexander (Hg.), *Durkheimian Sociology: Cultural Studies*. Cambridge: Cambridge University Press, 25-43.
Joas, Hans & Knöbl, Wolfgang (2004). *Sozialtheorie. Zwanzig einführende Vorlesungen*. Frankfurt a. M. Suhrkamp.
Jones, Terry (2008). Was Richard II a Tyrant? Richard's Use of the Books of Rules for Princes. In: Nigel Saul (Hg.), *Fourteenth Century England, Vol. V*. Woodbridge [u. a.]: The Boydell Press, 130-160.
Kantorowicz, Ernst (1990) [urspr. 1957]. *Die zwei Körper des Königs. Eine Studie zur politischen Theologie des Mittelalters*. München: Klett-Cotta.
Knefelkamp, Ulrich (2002). *Das Mittelalter*. München [u. a.]: Schöningh.
Leland, J. (2004). 1399. A Royal Revolution Reversed. In: *Essays in Medieval Studies* 21, 63-79.
Rexroth, Frank (2004). Tyrannen und Taugenichts. Beobachtungen zur Ritualität europäischer Königsabsetzungen im späten Mittelalter. In: *Historische Zeitschrift* 278, 27-53.
Rexroth, Frank (2005). Um 1399. Wie man einen König absetzte. In: Bernhard Jussen (Hg.), *Die Macht des Königs*. München: C.H. Beck.
Rössel, Jörg (1999). Konflikttheorie und Interaktionsrituale. Randall Collins' Mikrofundierung der Konflikttheorie. In: *Zeitschrift für Soziologie* 28, 23-43.
Saul, Nigel (1997). *Richard II*. New Haven/Con [u. a.]: Yale University Press.
Saul, Nigel (1999). The Kingship of Richard II. In: Anthony Goodman & James Gillespie (Hg.) *Richard II. The Art of Kingship*. Oxford: Clarendon Press, 37-57.
Saul, Nigel (2005). *The Three Richards: Richard I, Richard II and Richard III*. London [u. a.]: Hambledon and London.
Sayles, Gerald O. (1981). The Deposition of Richard II. Three Lancastrian Narratives. *Bulletin of the Institute of Historical Research* 54, 257-270.
Scheifele, Eleanor (1999). Richard II and the Visual Arts. In: Anthony Goodman & James Gillespie (Hg.), *Richard II. The Art of Kingship*. Oxford: Oxford University Press.
Shils, Edward (1975a) [urspr. 1975]. Center and Periphery. In: Ders. (Hg.) *Center and Periphery. Essays in Macrosociology*. Chicago: University of Chicago Press, 3-16.

Shils Edward (1975b) [urspr. 1961]. Society: The Idea and its Sources. In: Ders. (Hg.) *Center and Periphery. Essays in Macrosociology*. Chicago: University of Chicago Press, 17-33.

Shils, Edward & Young, Michael (1975c) [urspr. 1956]. The Meaning of the Coronation. In: Edward Shils (Hg.), *Center and Periphery. Essays in Macrosociology*. Chicago: University of Chicago Press, 135-152.

Shils, Edward (1975d) [urspr. 1968]. Ritual and Crisis. In: Ders. (Hg.), *Center and Periphery. Essays in Macrosociology*. Chicago: University of Chicago Press, 153-163.

Shils Edward (1975e) [urspr. 1965]. Charisma, Order and Status. In: Ders. (Hg.) *Center and Periphery. Essays in Macrosociology*. Chicago: University of Chicago Press, 256-275.

Stollberg-Rilinger, Barbara (2004). Symbolische Kommunikation in der Vormoderne. Begriffe – Thesen – Forschungsperspektiven. In: *Zeitschrift für Historische Forschung* 31, 489-527.

Tuck, Anthony (1973). *Richard II and the English Nobility*. London: Arnold.

Weber, Max (1976). *Wirtschaft und Gesellschaft. Grundriß der verstehenden Soziologie*, 5. rev. Aufl. Tübingen: Mohr-Siebeck.

Weber, Max (2002). Wissenschaft als Beruf. In: Dirk Kaesler (Hg.), *Max Weber, Schriften, 1894–1922*, Stuttgart: Kröner.

Bodily Interactions in Interaction Ritual Theory and Violence

Randall Collins interviewed by Michael Staack

The work of Randall Collins covers a wide array of topics which he explores from different methodological perspectives and in the light of various theoretical approaches. His area of expertise ranges from macro-historical sociology of political and economic change to micro-sociological analyses of face-to-face-interaction. Thus widely pitched, it has a considerable impact on the fields of social theory, conflict sociology and the sociology of emotions, amongst others. In his more recent works on interaction rituals (Collins 2004) and on the dynamics of violence (Collins 2008) Collins employs an explicitly ritual-theoretical approach, analysing human interaction from a micro-sociological perspective as interaction rituals. It is this point in particular which makes his work explicitly relevant and compatible in regards to several topics discussed in this book.

In the following interview conducted via email in 2014, Collins answers questions on the theoretical standpoint of IRC-theory, thereby replying to criticisms frequently brought forward. The first question addresses Collins' conception of the socio-theoretical foundation of solidarity in IRC-Theory, discussing its biological and sociological premises. The second question follows on from the first, addressing the conceptualisation of the body in IRC-Theory by aiming to distinguish different conceptualisations of the body incorporated in IRC-Theory. The third question addresses the potential ‚failing‘ of rituals as a result of the ritual participants' bodies refusing to follow the ritual script. The question addresses the paradox that occurs when in some cases the bodies need to be controlled by the participants in order to make rituals successful, while in other cases the controlling of the bodies is self-defeating. The fourth question finally addresses the body in ‚violent‘ interactions, referring to Collins' recent work on the micro-sociology of violence. It asks for an elaboration concerning the special characteristics of the body in violent interactions that follow their logic and develop their own dynamics.

MICHAEL STAACK: *In your work on interaction rituals it is assumed that human sociality (and hence human solidarity) is based on physically attuned bodies referring to and associating with one another. This action of attuning is described as basically happening in a ‚pre-cultural‛/‚pre-discursive‘ manner as „a physical attunement"* (Collins 2004: 34). *IRC-theory extends this biological premise by assuming that it is part of human nature to pursue interaction rituals: „(H)umans are hard-wired (…) for the kinds of pleasure in emotional entrainment and rhythmic synchronization (…)." (Collins 2004: 227). As such, these biological givens strongly enhance the probability that interaction rituals – and thereby feelings of solidarity among the participants – will occur.*

Now in one regard, these biological assumptions potentially lead to the argument that by obtaining these biological premises – and by not primarily referring to norms or values as a basis for interaction rituals –, IRC-theory must rather construct the individual pursuance of emotional energy as something motivated by an egoistic ‚rational choice‘: As the basic assumptions of IRC-theory do not refer to social entities such as norms or values but rather build on a human motivation to seek emotional energy, IRC-theory is based ‚a-socially‘. That, however, would make it implausible for interaction rituals to be capable of generating p r e - c o n t r a c t u a l solidarity.[1] But on the other hand: Aforementioned biological premises allow for the location of the basis of sociality (and hence solidarity) o u t s i d e   o f   t h e   s o c i a l, as rhythmic interaction between humans potentially starts ‚automatically‘[2] and subsequently results in interaction rituals. That means however that the biological premises allow the IRC-theory to assume a motivation (or, to put it more strongly: a drive) for sociality (and hence potentially solidarity), which does not necessarily depend on a pre-existing sociality/solidarity. Thus IRC-theory provides the possibility of a situational creation of sociality/solidarity (as especially elaborated in the conceptualisation of „natural rituals" (Collins 2004: 49)) – which allows IRC-Theory to avoid the trap of a (ritual) functionalism that conceptualises rituals as mere reproducers and stabilisers of existing socialities and solidarities.

How can you relate to these somewhat contradicting interpretations of your work? And how would you integrate these perspectives – or how would you differentiate one from the other – to make them fit IRC-Theory? Finally, is there a special reason for socio-theoretically founding interaction rituals and hence solidarity/emotional energy in entities that would ‚negatively‘ be described as a-social – but could ‚positively‘ be described as pre-social?

---

1   This is especially elaborated by Pettenkofer (2006).
2   That claim is also made in contemporary evolutionary psychology and human ethology. For further discussion see the article by Michael Staack in this book.

RANDALL COLLINS: Is the body pre-cultural? Durkheim (1915) argued in listing the analogies between society and the conception of God, that society is always there before we existed, it shapes us, it permeates us from the inside as well as surrounds us from outside; we speak a language we did not invent, society gives us our feelings about what is right and wrong; etc. I would elaborate on this point: People are born as bodies out of the bodies of other human beings, and persons are surrounded by other human bodies a very large portion of their time, especially when very young; in some societies (especially before the 20th century West), people live in the close presence of other human bodies almost every moment of their lives. Culture, identity, symbols and anything else we want to attribute to a spiritual or mental world comes out of this experience. So the effort to separate bodies from a cultural/symbolic realm is empirically wrong; there is no instance where actually existing, actually experienced culture is not taking place in and among human bodies.

This is true even for the old argument of Plato and other Greek mathematicians that the world of ideal forms exists independently of humans; for although it is true that our conception of a perfect circle is never realized in a physical drawing of a circle, nevertheless it is always a human being who thinks and discourses on the idea of a perfect circle. Our capacity for abstracting away from the immediate situations in which persons do their acting and thinking, makes us susceptible to the argument that such spiritual, cultural conceptions exist apart from human beings, and even that they are superior to merely time-and-space located human actions; at the extreme, this is the conception that ideas, norms and so forth control everything that people do and that the bodily world is at best raw material for them. Idealist philosophies went so far as to argue that the physical world in time and space is an illusion.

The flaw in this mode of argument is that it forgets that all acts of discourse, whether with other people, or with oneself in one's inner discourse, happen in a particular time-and-place location; it is always Plato in a particular moment, in his own body as Plato with all its bodily history, indeed usually Plato surrounded with his interlocutors, who is expressing these thoughts. As IR theory would say, Plato carrying out interaction rituals with his acquaintances, or thinking to himself with an internalized, imaginary audience in his mind. To think about bodiless thoughts is nevertheless an embodied event.

So far I have argued that culture is not really separate from bodies; it is a discourse carried along from body to body. Can we now say that IRs happen in a „precultural"/ „prediscursive" manner? Almost every IR happens in a stream of prior interactions, so there is a stock of cultural symbols (such as words and expressions of a language) that the participants have available, and can use in that interaction. We might make an exception for small babies who have not yet learned a language and other customs of interaction, but even small babies are in a social situation; they themselves do not yet have a symbolic culture but their bodily interactions with mothers and all the other humans around them (including other children) immediately start inculcating something into them. My argument so far could simply mean that we cannot separate culture and bodily interactions, since each feeds into the other from one situation to the next and in the mini-feedback loops of each situation. But I will draw out some further consequences, that give analytical emphasis to bodily interaction.

The analytical starting point is the situation of bodily interaction, not the individual abstracted from the situation. It would be wrong to construe IR theory as based on egoistic individuals pursuing their interests via rational choice. The basic element is the interaction – human bodies sending noises, gestures, and touches towards each other, and affecting each other's actions, emotions, thinking, and speaking. The interaction is the unit of analysis, and IR theory tries to summarize in a compact model what we have learned about how people affect each other in interactions. The method of drawing dynamic feedback loops (which was invented about 70 years ago and has become widely used in social science for the last 20 or 30 years) enables us to depict how complex processes affect each other in time; now we are coming closer to a clear picture of process instead of having to resort to metaphors about events being fluid, unfolding, jumping up unpredictably, etc. Most importantly for the present point, the situation itself is social – indeed, the archetype of everything social, much more so than concepts of norms, values, rules, and other noun-like things that we abstract out of the actual processes of people interacting in situations.

Life consists of processes; language comes closest to depicting this in verbs and adverbs (and in colloquial expressions and the rhythms of speech). But language also creates nouns and adjectives; these are pragmatically useful expressions in speech, but they create the illusion that processes are really static things; hence we became caught up in saying that norms usw. are what are truly social, and bodily processes are not. Hegel understood this well enough; and Marx and Engels (1940) made a humorous reductio ad absurdum of the tendency to turn real time-and-space processes into abstractions ruling from above. But Marxism, like everything else, soon crystalized into its own heavy-handed nouns. It is a constant struggle to keep the dynamic process before us.

In this perspective, the individual is an abstraction from a stream of behavior in a life-long sequence of situations. We have many noun-like concepts of the individual – some of them highly valued, like the soul and the self – but as sociologists we need to struggle to keep in mind that these are ongoing products of situations. Buddhism, especially Zen, is one of the few doctrines that has been able to formulate means to keep the illusory concepts of the noun-like self from dominating how we perceive ourselves.

The nearest we can come to a detached, individual self is the individual human body, that can walk into a social situation, and walk away from it. But that body is full of thoughts – i.e. thinking in words – that have come from previous social encounters, and that are used mainly to look forward to future encounters. The situated body is full of emotions that likewise are almost entirely residues from the past and anticipations of what situations are ahead; pride about what one did in previous encounters, anxiety about performing in an up-coming one; shame for having looked bad, perhaps anger from social frustration, happiness because of moments of successful attunement. All the most important aspects of the subjective self are carried over from past encounters and are trajectories towards future encounters. This is very visible, for instance, in research on the trajectories of persons who carry out rampage shootings in schools. Such persons tend to build up rituals in privacy, centered on weapons and fantasies of revenge for social frustration and shame, all aiming at a social encounter that will erase past shame and replace it with present, violent dominance – even when persons are alone, they tend to be filled with emotions and cognitions from their life-stream of IRs.

In formulating a processual theory of the IR, a central question is, what will each participant (each human body, with their own past chain of IRs) do in that situation? The answer does not depend on one individual alone, but on the combination of who else is present. The strong athlete matched up with a weak one acts differently than when matched up with a strong opponent; the emotions and subjective phenomenology are different. This is why sports psychology is a useful field for observing the dynamics of IRs. The success or failure of a one-sided IR determines who wins or loses the game, i.e. how one side establishes emotional dominance. Similar processes are found in the micro-sociology of violence; and in the more subtle interactions of everyday life.

My concept of emotional energy (EE) comes from elaborating Durkheim's point that the person who takes part in a ritual comes away feeling stronger – provided that the ritual successfully generates collective effervescence. Using methods from the psychology and sociology of emotions, and from neo-Freudian psychiatry (especially the Gestalt Therapy of Fritz Perls), I formulated the concept of a continuum of EE ranging from a high of enthusiasm and initiative, to a low of depression and passivity. It is an empirical observation that people are attracted to situations that raise their EE, and attempt to avoid situations that lowers their EE. One can say, then, that the individual is an EE-seeker. If one attaches this to the concept of an egotistical, pre-social individual such as imagined by Hobbes, one might arrive at the argument that there is no way for this self-seeking egotist to solve the problem of pre-contractual solidarity. But my argument deliberately avoids the concept of a free-standing, pre-social individual.

All motives are generated in the chain of interactions; persons who become highly egotistical have developed social motives that steer them in that direction. In my own field of criminological research, it is clear that most people who start out as youths in a field of crime do so in a group milieu. Furthermore, most of them fail to continue past their early adulthood, because they have not developed the social skills – the skills of criminal technique and specialized criminal network contacts; and including the skills of successful violence, which are techniques of interaction – that will enable them to receive high EE in their criminal lives. Most youthful criminals stop because they fail to build a chain of successful criminal IRs. The same kind of analysis can be made for other career patterns that are extremely egotistical and self-seeking: e.g. the careers of successful financiers and business deal-makers (Villette/Vuillermot 2009). One could develop such an analysis of athletes, distinguishing the interactional patterns that lead some of them to become team players and others to become self-obsessed star-status-seekers.

In short, EE-seeking is an intrinsically social motivation, the propensity to move towards particular kinds of social interactions. To avoid confusion, it would be better to describe it, not so much in terms of individual motivation, as the emotionally attractive and repulsive qualities of interactions for persons who have experienced different kinds of past IR chains. Situations are attractive or repulsive because of the kind of EE they generate for participants.

I would endorse the point that sociality and solidarity can be situationally created, even without a cultural schema or set of rules as to how to carry out a ritual (i.e. natural rituals). People who come from vastly different cultural experience can create new interactions if they are thrown together. I experienced this, for instance, waiting all night on a train platform in Prague (before the collapse of the USSR), playing cards with my sleepless children, and striking up a kind of acquaintance with a man from North Korea – a doubly forbidden interaction with an American. Nevertheless, the rhythm of the children's card game was enough to get us mutually focusing, and then leading to some conversation mostly in gesture-language that conveyed a little geographical information, but also some human goodwill. It is fortunate the human beings have this pre-cultural capacity for interacting, otherwise our political ideologies and cultural boundaries would make the world even worse that it is. On the whole, the IR theory of interactions is a humane and optimistic one.

MICHAEL STAACK: *The second question also partly addresses the balance between biological and sociological proportions of your approach, now more specifically focusing on the conceptualisation of the body: In IRC-Theory, the body of the ritual participant is an integral part of the interaction ritual. Bodily co-presence is necessary for rituals to succeed (Collins 2004: 53ff). However, I have the impression that there are at least three distinguishable conceptualisations of the body in IRC-Theory: First, there is the body as a ,constituting participant' of interaction rituals. Second, the body is a container for and carrier of emotional energy. Third, the body (or parts of it) can as well be a ritual focus and thus become a symbol of the social relationship of the group. (Collins 2004: 240)*

Could you elaborate on that: How are these three ,types' of the body interrelated to each other? As what do we have to imagine the body that enters an interaction ritual, and as what do we have to imagine the body that exits in an interaction ritual (this question relates to the question above, as it implies the question asking about the extent to which we have to imagine the body primarily as a physical tabula rasa and/ or as a socially constructed entity)? Furthermore: What happens to the bodies inside an interaction ritual? Do bodies become social (and hence sociologically analysable) bodies only via interaction ritual?

In this respect, what is the key difference between ritual situations in which bodies are only constituting participants' of the interaction ritual and ritual situations in which bodies are not just ,participants' of the ritual but (parts of) bodies are as well ritual foci – and thus potentially become symbols of social relationship (sacred objects)?

RANDALL COLLINS: The body is a „constituting participant" in an IR, or better to say an ensemble of bodies constitute an IR. The body is a container and carrier of EE; and here we can engage in more psychological / micro-sociological research on the physiology and subjective phenomenology of the bodies of persons at the moments before and after different kinds of IRs. Indeed sports psychology is already doing this, with instruments attached to the bodies of racing-car drivers, etc. Such techniques could be much more widely applied to people in other kinds of social situations; this would help to transform the study of interactions throughout everyday life. What IR adds is a theory of what kinds of micro- interactional processes predict what will happen at each moment in the sequence.

As discussed in the previous question, the body is never a tabula rasa, since every situation is preceded by previous situations. Even newborn babies have been absorbing the rhythms of the mother, and they vary already as they launch into the stream of social experiences of the outer world; babies already have a trajectory of emotional energy – which shows that emotional processes can precede and lead the way towards symbolic processes. We should not confine the world of social construction to symbolic discourse and internalized symbols. Social interactions happen through bodily-experienced emotions and rhythms, which is to say, inter-bodily processes. Social construction is happening on the bodily level – a point that Freud already appreciated, although with a different conceptual scheme.

Do bodies become social only via interaction ritual? The theory of interaction ritual was developed in order to bring together in one model the key processes that happen in social interaction. Perhaps the term „ritual" gives a connotation of a special kind of interaction, standing apart from ordinary interactions. I have used the term in order to show the intellectual roots in prior research by Goffman and Durkheim. Some critics have said, if everything is a ritual, then the term ritual adds nothing to our analysis. But the essential point is that the IR model is a set of variables; if the situational conditions are strong, the IR will have strong outcomes – different amounts of solidarity, attachment to cultural symbols of the group, norms of right and wrong, etc. If the situational conditions are weak, the results will be weak. Weak rituals and failed rituals are as important as successful rituals since they add up to the entire spectrum of human interactions. If we feel that the word „ritual" is misleading, we could call it „mutual focus / bodily-emotional entrainment" theory, to indicate its important causal variables. It says that such variations during the sequence of life experiences determines the shifting level of individual motivations as well as cultural commitments.

IR theory (or „mutual focus / bodily-emotional entrainment" theory) does not do away with culture, but explains it, as an ongoing flow of situated cultural process.

In the third part of this question, the body can also become an emotionalized focus of group attention and thus become a sacred object symbolizing the social relationship at the highest level of value. This is clearly seen in the history of religious objects, at least in certain phases of religious history; the earliest tribal and band religious cults focused on animal symbols, but several of the great world-proselytizing religions worship and idealize the human body in a characteristic act: Jesus on the cross; the Buddha seated in meditation. These religious icons also send a specific message about what kind of human experience is most highly valued: Christian triumph through suffering; Buddhist tranquility through the ritual of meditation. In some respect the icon hides the social; the Buddha image may be seen in sitting in splendid isolation, but in actuality Buddhist monks meditate together, using the routines of the monastery to focus their attention and enforce the meditative mood. The same tendency to raise the iconic image above the social circumstances in which its real exemplar lives can be seen in politics: the picture of the great political leader tends to hide the network of political mobilization; and the picture of the star athlete hides the bodily/emotional coordination of the team.

MICHAEL STAACK: *The next question aims at the level of ‚independent existence‘ IRC-theory assigns to the body. As sociology of the body observes, our relation to our body is a dualistic one: We both h a v e our bodies as ‚objects‘ which we control, and we simultaneously a r e our bodies – thus whatever happens to our bodies, happens to u s . This duality, however, implies the potentiality of our bodies failing us (and the plans of action we pursue), whenever we lose control of them.*

I think the relevance of this insight for IRC-theory would be at least twofold: On the one hand, it is necessary for the successful procedure of interaction rituals that participants keep control of their bodies to some extent, so that the ritual routines are not in danger of failing. In an interaction ritual involving dancing e. g., a certain amount of bodily control would be necessary for keeping up with the collective rhythm. On the other hand, giving oneself up to interaction rituals would be necessary for collective effervescence to be able to occur in the first place: if there was no ‚loss of control‘ at all, it is hard to imagine a collective feeling of ‚falling into the same ritual rhythm‘ able to materialise. As another well-known example, I‘d say the need for a loss of control would also apply to interaction rituals of shared laughter or crying, as individuals emotionally and bodily abandoning themselves to the situation are key features of laughter and crying (Plessner 1970).

To what extent does IRC-theory account for that duality of the need of bodily control, on the one hand, and the need of loss of control, on the other hand? How do these different conditions have an effect on progressions of interaction rituals? And, vice versa, do (progressions of) interaction rituals in some way influence this duality: Are there any mechanisms or elements of interaction rituals that provide stability of bodily control? And/or are there any mechanisms or elements of interaction rituals that help to address, handle, disguise these potential problems?

RANDALL COLLINS: Here the question concerns the reflexive act of controlling our bodies, while we simultaneously are our bodies in which things happen to us. Bodily control can be one of the ingredients that makes a ritual successful, as in dancing properly to keep up the rhythm with partners. In some religious rituals (especially in tribal societies) it was considered imperative to carry out the ritual precisely, otherwise it would be a failure. On the other hand, the rhythmic-entrainment aspect of rituals tends to go beyond conscious control, and the success of the ritual consists in being swept up into a shared bodily / emotional process.

Let us examine the various micro-phases of an IR. First the group comes together, focuses attention, shares a common emotion. These processes could happen spontaneously, but often there are conscious, deliberate efforts and plans. Most formal or quasi-formal rituals have conscious efforts: the hostess decides who to invite to a party, perhaps who to seat next to whom at the dinner table; the host decides when to make a speech or tell a joke. But by themselves, these planned actions do not guarantee the success of the IR. The emotional mood must become strong and pervasive enough so that participants are swept up in it; sometimes the speech falls flat, no one pays attention to the joke, the party is dull. Political rallies are generally planned, even with the tactic of provoking a fight so that violence will galvanize the crowd; but without the right micro-circumstances, this plan may not be carried out. (I have been in political rallies which grew up spontaneously, such as at Berkeley 1964 when a suddenly-formed crowd surrounded and captured a police car that tried to arrest a student.) In general, we can say that an IR may be enhanced by conscious planning and control of bodies, but that in the successful phase of the ritual – if it becomes successful – strong bodily / emotional entrainment must take over.

Can conscious control be extended further into the sequence, so that the mental awareness of the participant can notice the pattern of the rhythm and the bodily interaction, and modify it even while spontaneous bodily processes are operating? Since, as I have argued, erotic interaction, including sexual intercourse, is an IR, we might expect that persons who are better lovers than others have more of this kind of erotic technique. It is a researchable question; data on sexual satisfaction shows that new partners often have mediocre satisfaction, and that couple with longer experience with each other reach higher satisfaction (Laumann et al 1994). This implies that a high level of intensity in sexual IR is a jointly learned activity. More immediate micro-data could come from training informants to note what goes through their minds and bodily perceptions as they engage in sex; particularly interesting would be to get such interviews from both participants. Something similar already exists in the research in sports, where we can see from recorded film and other measurements how micro-moves are made that increase the coordination in a team, or destroy its coordination. The purpose of such analysis is to increase conscious control over micro-details. The successful sports team is engaging in a successful IR among themselves, giving them emotional energy superior to their opponent; and using modern methods of training increases their conscious control over the micro-details of the IR.

What mechanisms provide or increase bodily control during an IR? This is an advanced research question and much needs to be learned. A starting point is that bodily control is being introduced by meta-reflexivity; the conscious part of the self focuses on the body during interaction, observes its details, send instructions to modify them. The mechanism here is primarily internal conversation. (The best analysis on this point is Wiley 1994; see also Collins 2004, chapter 5.) Thinking creates an additional IR within one's self, talking to oneself, which involves alternating between oneself as speaker and as listener, and also oneself as bodily object of the discourse. The golfer who repeats „keep your head down, keep your elbow in," is engaging in this kind of self-controlling meta-discourse. The important question now becomes, what kind of self-discourse is successful or unsuccessful? Self-discourse might become distracting; it may feel banal or even frustrating. My suggestion is that self-discourse succeeds or fails in much the same way as any other IR; it depends on consistency of emotional tone, on fullness of concentrated attention, and on rhythm, in this case the rhythmic correspondence between the inner voice and the movements of the body. An inner voice that argues with itself or is split among contradictory voices would hurt performance rather than help it. There are no doubt many aspects here to be discovered.

MICHAEL STAACK: *I think a lot of misconception concerning your recent work on violence stems from your decision to only rudimentarily elaborate the theoretical ties between your work on interaction rituals and the dynamics of violence. I would like to clarify your theoretical position concerning this topic: You claim that for violence to happen, „situational conditions are always necessary, and sometimes they are sufficient" (Collins 2008: 20); hence neglecting background conditions such as individual biographies and stress. Your own approach regarding violent interactions is based on the dynamics of situations, strongly focussing on the bodily rhythms of the participants that stand in opposition to each other, resulting in confrontational tension (ibid.: 37). Again you base your argumentation on a biological/ethological argument, claiming that humans are evolutionarily designed to rhythmically harmonise with one another – and are therefore inhibited when it comes to initiating conflicting/discordant bodily rhythms.*

You then identify several mechanisms/strategies enabling humans to overcome this confrontational tension. For example, you claim that in addition to the effect of collective bodily rhythmisations, even the sheer „presence as a nearby mass of bodies in solidarity" (ibid.: 419) can energise lone front running individuals to actually implement violent behaviour. And furthermore: „The layers of the crowd are like a giant cone, quasi-visible in their arrangement in space, and almost literally making up a giant sound chamber that intensifies noise toward the center; these layers of human attention shape the energy that makes possible the confrontation at its focal point." (ibid.: 430).

This explanation is often seen as not genuinely sociological but sounds, in fact, like a mass-psychological or even physical explanation. To me, this explanation does not make clear, how a culturally (or symbolically) mediated communication or a comparable approach comes into play, and how this, in turn, makes it possible to differentiate human interaction from animal interaction or at least from ‚simple‘ physics. Could you elaborate on how this perspective of yours is more than just an

approach based on the physicality of rhythmised or even simply locally amassed
bodies? How exactly can we understand these dynamics of violence as sociological
phenomena? To what point exactly is human sociality different from animal sociality
when it comes to overcoming confrontational tension? And what does this mean for
the concept of confrontational tension?

RANDALL COLLINS: There is an empirical reason why my micro-interactional theory
of violence downplays the importance of background conditions. Virtually all the
theories about background conditions are very weak predictors of violence: Pover-
ty, racial discrimination, childhood abuse, etc. affect millions of people, but even
within those populations, only a small portion of them commit much violence. It is
also the case that middle-class and rich persons, white people, popular school-kids
also commit violence; we tend to miss this because we categorize some violence as
criminal or deviant, whereas other kinds of actions (vandalism, fights and rapes
at fraternity parties; shootings by the police; generals who order mass executions)
are put into a different category or ignored. If we put aside these methodological
and conceptual prejudices, we see that people of many different backgrounds can
commit violence given particular situational conditions. Again, the usual social
background variables are poor predictors.

Looking at the actual situational conditions in which violence is threatened, we
make a discovery: most of the time the violence does not happen; the conflict ends
in stalemate, in blustering and gesturing, or in incompetent fighting. I conclude
that we need to change the gestalt; instead of assuming that motives are sufficient
to produce violence, we need to examine the situational conditions which prevent
violence from happening, and then the special conditions under which the situation
is transformed so that violence does occur. My argument does not deny the existence of anger, frustration, revenge, greed and other motives; but micro-situational
evidence shows that such emotions and aims do not in themselves produce violence.
Angry confrontations end far more often in an aborted fight than a successful one.

I will not repeat here the outlines of the micro-interactional theory of violence; it
consists of four or five major pathways that the barrier to violence can be overcome.
I call this barrier confrontational tension/fear (*ct/f*). That is a description of what
we see on the faces and bodies of persons at the moments in which they attempt
to commit violence; it also fits the subjective phenomenology of persons in violent
situations. (It is very useful here that we are not just confining ourselves to criminals, who are harder to study closely; good data on subjective phenomenology of
shooting comes especially from police and combat soldiers.)

The theoretical question then arises, what causes confrontational tension/fear? I
could just treat this as an empirically observed pattern, since the major part of the

theory of violence is how ct/f is overcome, giving the causal pathways to violence. Explaining *ct/f* itself is a different theoretical discussion, but I felt that I should address it because of one of the most widespread theories of violence is evolutionary psychology, which claims that violence is a genetic predisposition for males to fight to dominate each other in order to propagate their genes. For evolutionary psychology, the causality is all in a biological universal. But this contrasts with the findings of empirical sociology: only a minority of young men are violent; women are sometimes violent, under specific situational conditions; furthermore, evolutionary psychology does not address the existence of *ct/f*. In this theoretical discussion, I make the argument that the evolutionists have produced the wrong theory about human beings; they think that humans are the same as other animals, fighting for dominance in order to spread their genes. I argue that humans have evolved, most importantly, to have an especially high sensitivity to the emotional expressions given off by other humans. (This is argued on the basis of an overview of evolutionary physiology by Turner 2000.) This heightened emotional sensitivity makes it possible for humans to carry out Interaction Rituals, with all their effects upon the ability to speak, to symbolize, to internalize discourse in thinking.

Most importantly for theorizing human violence, it explains the existence of *ct/f*. If humans' strongest propensity, when they are in a mutually focused interaction, is to become entrained with the other person, then an interaction which is simultaneously highly focused but also contentious, will generate tension. And that is literally what we find in the variety of violent situations. When persons who are trying to threaten or hurt each other are close together, their ability to fight declines to the extent that they have to look at each other's faces and into each other's eyes. Hence most successful violence is done when the opponent has fallen to the ground or turned their back. Another way to avoid *ct/f* is to commit violence from a distance; fighter and bomber pilots have much less combat stress than infantry; long distance artillery operators avoid *ct/f* because they are not engaged in face-to-face confrontation where the tension of interacting with another human being is strong. In short, the evidence of micro-sociology, as well as comparisons among different techniques of violence, shows a pattern that is congruent with IR theory of high-solidarity interactions; violence is stressful and difficult to the extent that it imposes a contradictory trajectory upon an IR.

I find it ironic that people think I am being a biological reductionist. My analysis comes from the methods of social constructionists, above all the radical empiricism of symbolic interactionists, ethnomethodologists, the micro-observers and ethnographers of everyday life. If what we discover is the importance of human bodies and their emotions as they face each other, why should we regard this as a betrayal of interactionist sociology? I ventured into the territory of the evolutionary biologists chiefly in order to counter a theory which is wrong, when applied to human beings. To counter them I needed to produce an alternative account of human evolution that fits with the facts of micro-sociology, with the help of sociological experts in this area like Jonathan Turner. (An evolutionary biologist, Stephen Pinker, appears to have recently converted to a position to similar to mine.)

As I have argued in the above questions, there is no arbitrary boundary between sociological and physical/physiological explanations. What we find in micro-sociology are the dynamics of human bodies in interaction. The bodies themselves are social. There are distinctive properties of human emotions and human signaling with faces, voices, and movements that make humans different from other animals. Humans fight differently than other animals; just as their sociality is different from other animals. But we need to be tentative about making any precise judgments on humans and other animals. Having looked in as close detail as possible at how humans fight, I have become dubious about methods that rely on plausible arguments about motivations and mechanisms but do not observe the dynamics of actual situations of violence. As far back as Aristotle, theorists have made judgments about what distinguishes humans from animals, without making careful observations of either. The field of comparative violence among different species of animals, and for that matter comparative analysis of sociability among different species, is not very advanced. On a cursory overview, I concluded that the strongest generalization is that there are many different patterns of both violence and sociability among different animal species (Collins 1983). Much future research is needed to generate theory that accounts for all of these patterns, and the distinctively human patterns among them.

Literatur

Collins, Randall (1983). *Upheavals in Biological Theory Undermine Sociobiology.* Sociological Theory 1, 306-318.

Collins, Randall (2004). *Interaction Ritual Chains.* Princeton/New Jersey: Princeton University Press.

Collins, Randall (2008). *Violence. A Micro-Sociological Theory.* Princeton/New Jersey: Princeton University Press.

Durkheim, Émile (1915). *The Elementary Forms of the Religious Life.* London: George Allen & Unwin LTD.

Laumann, Edward O./Gagnon, John H./Michael & Robert T./Michaels, Stuart (1994). *The Social Organization of Sexuality.* Chicago: University of Chicago Press.

Marx, Karl/Engels, Friedrich (1940). *The German Ideology.* London: Lawrence & Wishart.

Pettenkofer, Andreas (2006). Die Euphorie des Protests. Starke Emotionen in sozialen Bewegungen. In: Schützeichel, Rainer (Hg.), *Emotionen und Sozialtheorie*. Frankfurt am Main: Campus, 256 – 289.

Plessner, Helmuth (1970). *Laughing and Crying. A Study of the Limits of Human Behaviour*. Evanston: Northwestern University Press.

Turner, Jonathan H. (2000). *On the Origins of Human Emotions. A Sociological Inquiry into the Evolution of Human Affect*. Stanford: Stanford University Press.

Villette, Michel & Vuillermot, Catherine (2009). *From Predators to Icons. Exposing the Myth of the Business Hero*. Cornell: Cornell University Press.

Wiley, Norbert (1994). *The Semiotic Self*. Chicago: University of Chicago Press.

Teil 3
Rituelle Hervorbringung und Bewältigung spezifischer Körper

Inklusionsrituale und inklusive Communitas
Paradoxien der Behinderung in der modernen Gesellschaft

Jörg Michael Kastl

Zusammenfassung

Der Beitrag stellt – ausgehend von der Analyse eines fiktiven Aufnahmerituals aus dem Filmklassiker „Freaks" von Tod Browning – die Frage, ob es in der modernen Gesellschaft rituelle Formen der Normalisierung von mit Behinderungen verknüpften körperlichen Abweichungen gibt. Fündig wird er in Gestalt von Praktiken und Inszenierungsformen, die sich in den letzten Jahren im Zusammenhang mit der sogenannten „Inklusion" behinderter Menschen heraus gebildet haben. Die performative, ästhetische und symbolische Logik hier zu beobachtender „Inklusionsrituale" wird an ausgewählten Beispielen herausgearbeitet. Es werden deren immanente Paradoxien analysiert, die mit dem widersprüchlichen Status behinderter Menschen in der modernen Gesellschaft konstitutiv verknüpft sind. Dabei greift der Beitrag auf die ritualtheoretischen Konzepte der „Liminalität" und „Communitas" im Anschluss an die amerikanischen Ethnologen Victor Turner und Robert F. Murphy zurück.

1   Inklusion in die Gemeinschaft der Freaks – ein fiktionales Ritual

Der Film „Freaks" (1932) von Tod Browning gehört zu den wenigen Klassikern der Filmgeschichte, in denen nach heutiger Terminologie: „behinderte" Menschen Hauptrollen spielen. Er avancierte in den 1970er Jahren zu einem Kultfilm, insbesondere auch in der politischen Behindertenbewegung (Sierck 2013: 64). Etwa in der Mitte des Werks findet sich eine aus ritualtheoretischer Sicht bemerkenswerte Sequenz. Um eine festlich gedeckte Tafel sitzen die „Freaks" eines kleinen Wanderzirkus und

ihre Freunde: kleinwüchsige Männer und Frauen, die Frau ohne Arme, Koo Koo, die „Vogelfrau", sogenannte „Pinheads" (Frauen und Männer mit Mikrozephalie), der Mann ohne Unterleib (Johnny Eck), siamesische Zwillinge u.a.1 Gefeiert wird die Hochzeit zwischen dem kleinwüchsigen Hans und der schönen Penelope. Nach einem ausgelassenen „Table-dance" kommt es zu einem bemerkenswerten Aufnahmeritual. Es wird von einem kleinwüchsigen Mann initiiert, der auf seinem Stuhl steht. Er hält in der rechten Hand ein Messer, Klinge nach oben, Griff nach unten. Mit ausgebreiteten Armen spricht er mit erhobener Stimme und in rhythmisierter Betonung eine Art ingangsformel: „We accept her, one of us! A loving cup! A loving cup!". Es beginnt offenbar ein allen Beteiligten vertrautes Handlungsformat abzulaufen. Ein(e) Mann/Frau (gespielt von Josephine Joseph) nimmt den Sprechrhythmus auf: „We accept her one of us. We accept her one of us". Sie/er hält dabei ebenfalls ein Messer in der rechten Hand und klopft mit dem Griff rhythmisch auf den Tisch. Der kleinwüchsige Nebensitzer setzt nahtlos mit den Nonsens-Worten fort: „Gooble gobble. Gooble gobble." (Abb. 1). Die anderen fallen chorisch in Sprechrhythmus und Klopfen ein, zuerst gruppenweise versetzt, dann gemeinsam. Das Ganze wird gestisch unterstützt durch einen Mann ohne Unterleib (Johnny Eck), der inzwischen auf den Tisch geklettert ist, auf einer Hand steht und mit der anderen einen Dirigierstab im Takt schwingt

Abb. 1-4 Screenshots aus dem Film „Freaks" (Browning 1932)

---

1 Alle Darsteller waren im wirklichen Leben als „Freaks" des berühmten Zirkus Barnum und Bailey tätig. Das macht den Film auch zu einem einzigartigen historischen Dokument und zur Hommage an eine kulturelle Praxis und ihre Trägergruppe, die in den 1930er Jahren bereits im Niedergang begriffen waren (Bogdan 1996: 34).

(Abb. 2). Der Sprechchor, die gestischen und rhythmischen Elemente bilden aber nur den Hintergrund für die abendmahlsähnliche Zentralsequenz. Dazu hat der Ritual-Initiator nun ebenfalls den Tisch bestiegen. Er gießt Sekt in einen Glaskelch, geht dann reihum zu den um den Tisch sitzenden „Freaks" und lässt sie jeweils einen Schluck aus dem Kelch trinken (Abb. 2). Schließlich schreitet er im Rhythmus der gesprochenen und getrommelten Begleitung mit federnd-tänzerischem Schritt und einer beschwingten Armbewegung auf die Braut am anderen Ende der Tafel zu (Abb. 3). Er nimmt selbst einen Schluck und reicht ihr dann feierlich und leicht von oben herab den Kelch. Man erwartet, dass sie nun ihrerseits zum Vollzug der Aufnahme in die Gruppe einen Schluck nimmt. Dies geschieht aber nicht. Penelope, die eigentlich nur auf das Geld von Hans aus ist, lässt ihre Maske fallen und stößt die Worte hervor: „You dirty, slimy freaks! Freaks! Freaks! Get out of here!" und schleudert dem Protagonisten den Inhalt des Kelchs ins Gesicht. Das Ritual ist strukturell missglückt. Zugleich ist damit dessen Trägergruppe desavouiert und reagiert mit sichtlicher Fassungslosigkeit (Abb. 4).

Die fiktive Sequenz weist eine ganze Reihe von Merkmalen auf, die ansonsten sehr unterschiedliche Theorien als Kriterien ritueller Praxen benennen. Im Sinne von Collins (2004: 48 ff.) etwa liegt eine Situation körperlicher Kopräsenz vor, mit einem gemeinsamen thematischen Fokus und einer spezifischen sozialen Stimmung („shared mood"). Die Interaktion erfährt durch den gemeinsamen Rhythmus als elementare Form körperlicher Koordination eine „Feedback-Intensivierung" („feedback intensification through rhythmic entrainment") und dadurch eine Weckung, Formung und Steigerung „emotionaler Energie" (Collins 2004: 48). Alle Beteiligten greifen auf ein gemeinsames Repertoire an sprachlichen, gestischen, ikonischen und gegenständlichen Elementen zurück. Es liegt zudem ein klassisches Übergangsritual im Sinne von Arthur Gennep vor (1999: 20). Gestaltet wird der Übergang einer Person von einem sozialen Status in einen anderen, und damit zugleich die Veränderung einer sozialen Gruppe. Die Messer und der „penetrante" Rhythmus stehen als symbolische Kürzel für die Symbolisierung von *Trennung* (nämlich vom früheren Status der Person), das Tanzen und Herumgehen auf dem Tisch stehen für die außeralltägliche „Gehobenheit" und das besondere Gemeinschaftserlebnis eines *Schwellen*zustandes. Die Überreichung des Kelches an die Novizin und ihr das Trinken daraus schließlich hätte die Funktion des Vollzugs der *Eingliederung* und der Neukonstitution der Gruppe gehabt (vgl. Gennep 1999: 21).

Ich werde in diesem Beitrag von „Inklusionsritualen" sprechen und verstehe darunter eine auf wiederholbare Formelemente zurückgreifende Vorführung („performance") und den Vollzug der Einbeziehung in eine soziale Gruppe. Im vorliegenden Fall gehörte die schöne Penelope vorher zu der Gruppe der „Normalen". Durch ihre Heirat mit Hans wird sie nun in die Gruppe der Freaks aufgenommen und anerkannt. Bei dieser Gruppe handelt es sich um eine Gemeinschaft, in der es „normal ist, verschieden zu sein". So lautet eine vom früheren deutschen Bundespräsident Richard von Weizsäcker apostrophierte Formel, die neuerdings im Zusammenhang mit dem politischen Programm der Inklusion behinderter Menschen immer wieder bemüht wird. Allerdings ist dabei – umgekehrt wie im Film – an eine Inklusion von abweichenden („heterogenen") Minderheiten in eine Mehrheitsgruppe gedacht. Nun würden in der Tat alle Darsteller der Freaks in Tod Brownings Film heutzutage als „Behinderte" gelten können und einen sozialrechtlichen verankerten Anspruch auf Inklusion und Integration (Teilhabe) und der Unterstützung der Gesellschaft haben. Das könnte die Frage naheliegen, ob sich eigentlich im Zusammenhang mit der Inklusion behinderter Menschen in unserer Gesellschaft solche ritualisierten Statuspassagen beobachten lassen. Für Stammesgesellschaften lassen sich dafür durchaus Beispiele finden. Eines, das zugleich für die Ritualforschung und -Theorie eine herausragende Bedeutung hatte, ist etwa das „Zwillingsritual" der Ndembu (Turner 1966, 2005: 48-93). Hier geht es um die Normalisierung einer für diese Kultur grundsätzlich skandalösen körperlichen Abweichung, nämlich des Zwillingsstatus.

Für unseren eigenen Kulturkreis fallen einem zunächst wenige prägnante Fälle ein. Das kann zum einen daran liegen, dass Rituale und Ritualisierungen in der modernen Gesellschaft generell nicht mehr die zentrale Stellung haben wie in traditionellen Gesellschaften (Turner 1966: 93). Es könnte aber auch etwas mit dem eigentümlichen Status von Behinderung zu tun haben. Dieser ist, wie sehr verschiedene soziologische und ethnologische Autoren festgehalten haben, von einer grundlegenden Ambivalenz und Widersprüchlichkeit geprägt (Buchkremer 1977, Cloerkes 2014, Goffman 1975, Müller 1996, Murphy u. a. 1988, Murphy 1990, Safilios-Rothschild 1970, Wright 1960). Auf der einen Seite gehören Normen über Aussehen und Funktionen des Körpers zu den sozialisatorisch sehr früh und damit am wirkungsvollsten inkorporierten Normkomplexen. Sie gehen selbst ein in inkorporierte Wahrnehmungs- und Bewegungsschemata, die elementare Erwartungshaltungen bis auf die Ebene affektiv-emotionaler Reaktionsbereitschaften der Attraktion und Repulsion prägen und regulieren (Buchkremer 1977: 18 ff., Cloerkes 2014: 125 f.). Darin liegt eine Erklärung für den scheinbar naturalisierten „Stimuluscharakter" (Cloerkes) wahrnehmbarer Behinderungen und zugleich der Ansatzpunkt für mannigfache Formen der Etikettierung, Diskriminierung, Stigmatisierung und Ausgrenzung behinderter Menschen. Auf der anderen Seite dürfen auf der Basis der zumindest für moderne Gesellschaften konstitutiven universalistischen Werte- und Normsysteme solche Unterschiede eigentlich keine Bedeutung haben. Allein die Menschen- und Bürgerrechte fordern die unbedingte und uneingeschränkte gleichberechtigte Inklusion von Menschen unabhängig von askriptiven Merkmalen. Dieses Spannungsverhältnis führt in der Moderne zu einer grundsätzlichen Widersprüchlichkeit normativer Orientierungen in der sozialen Reaktion auf Behinderung (Cloerkes 2014), und zu jenen Paradoxien im Umgang mit behinderten Menschen, die bereits Erving Goffman anschaulich in seinem berühmten Buch „Stigma" beschrieben hat. Zugleich liegt hier eine Erklärung für den Umstand, dass förmliche Aufnahmerituale behinderter Menschen in unserer Gesellschaft schwer vorstellbar sind. Das würde voraussetzen, dass es einen legitimen und benennbaren Status quo ante gäbe. Ein solcher Status (der Nicht-Zugehörigkeit, des beschädigten Menschseins, der Unreinheit o. ä.) ist in Stammesgesellschaften durchaus denkbar. In der modernen Gesellschaft wird zwar behinderten Menschen faktisch sehr oft auf eine Weise begegnet, als gäbe es einen solchen Status. Das dokumentiert sich in alltäglichen sozialen Reaktionen der Meidung, Ambivalenz, des Ekel, Anstarrens, der Aggression (Murphy u. a.: 1988). Aber ein solcher Status ist eigentlich illegitim, er kann nicht beim Namen genannt werden, und deshalb ist auch dessen förmlich-rituelle Überführung in einen neuen Status schlecht vorstellbar. Ein solches Ritual müsste den Status quo ante als Unrecht benennen, für das die Gesellschaft die Verantwortung übernimmt.

Ich möchte in diesem Beitrag die These formulieren, dass der moderne Inklusionsdiskurs für dieses Problem eine wie immer paradoxe Lösung anbietet. In den letzten Jahren lassen sich durchaus Phänomene beobachten, die man als eine zunehmende Ritualisierung des gesellschaftlichen Umgangs mit Behinderung beschreiben könnte, ohne allerdings die Form ausdrücklicher Eingliederungsrituale anzunehmen. Bevor ich diese These expliziere, möchte ich das ritualtheoretische Konzept von Behinderung vorstellen, auf das ich hier rekurriere. Es stammt von dem amerikanischen Ethnologen Robert F. Murphy und geht auf eine der prominentesten und einflussreichsten Ritualtheorien, nämlich die des schon erwähnten Victor Turner, zurück.

2 Behinderung als liminaler Status – die Konzepte von Robert Murphy und Victor Turner

Robert Murphy (1924-1990) war ein amerikanischer Ethnologe, der vor allem durch die zusammen mit seiner Frau Yolanda Murphy durchgeführten ethnographischen Forschungen bei den Mundurúcu im Amazonasbecken und bei den Tuareg in Nordafrika bekannt geworden ist. 1974 wurde Murphy mit der Tatsache einer Tumorerkrankung konfrontiert. Es handelte sich um einen langsam im Spinalkanal wachsenden, gutartigen, aber nicht operablen Tumor, der zu einem progredienten

Verlust der Motorik führte. Bereits nach zwei Jahren waren die unteren Extremitäten betroffen, und Murphy war auf den Rollstuhl angewiesen. Robert Murphy schrieb in der Folge eines der eindrücklichsten Bücher über Behinderung mit dem Titel: „The Body Silent. The Different World of the Disabled." (Murphy 1990), in dem persönliche Erfahrung und der ethnologische „Blick aus der Ferne" (Lévi-Strauss) eine beeindruckende Synthese eingehen.

Der entscheidende Schlüssel für das Verständnis von Behinderung in der modernen Gesellschaft ist für Murphy die von Victor Turner übernommene ritualtheoretische Kategorie der „Liminalität" und die damit verknüpfte Sozialform der „Communitas". Turner seinerseits bezieht sich auf Arthur Genneps Konzept des „Schwellenrituals". In Schwellenritualen wird ein „Zwischenzustand" (Liminalität) zum Ausdruck gebracht – eine Person (oder eine Gruppe) ist nicht mehr im alten Status und noch nicht im neuen Status. Dieser Zustand des „betwixt and between" (Turner 1967: 93) geht sehr oft mit ambivalenten Haltungen gegenüber der im Schwellenstatus befindlichen Person einher. Ihr wird in dieser Phase mit Scheu, Hemmung, Angst gegenübergetreten. Der Zustand gilt tendenziell als gefährlich, für die Person selbst, aber auch für die Gesellschaft. Er ist nicht berechenbar, spielt in einer Sphäre des Zwielichts, der Ambivalenz, der Unreinheit und möglichen Verunreinigung. Die gesellschaftlichen Kategorien greifen nicht mehr, der Status der Person ist strukturell unklar: „The unclear is the unclean." (Turner 1967: 97). Ein solcher „liminaler Status" ist in der Regel zeitlich befristet. Er kann nur für eine kurze zeitliche Phase innerhalb eines rituellen Ablaufs bestehen, aber auch über Jahre hinweg eingenommen werden. In sehr vielen Stammesgesellschaften werden beispielsweise Jugendliche für lange Zeit vom Rest der Gesellschaft räumlich isoliert. Sie wohnen dann unter ihresgleichen, angeleitet und überwacht durch ihnen zugeordnete ältere Aufsichtspersonen in separaten Häusern, und werden dort in religiöse und soziale Praktiken eingewiesen und damit verbundene Formen gesellschaftlichen und rituellen Wissens „eingeweiht". Während dieser Zeit begegnen ihnen die Dorfbewohner mit erheblicher Ambivalenz, die Jugendlichen gelten als unberechenbar, tendenziell gefährlich, unrein, man meidet den Umgang mit ihnen. Die besondere Sozialform dieser „Neophyten" bzw. „Schwellenwesen" wie auch die Gemeinschaft derer, die ein Schwellenritual begehen, bezeichnet Turner mit dem lateinischen Ausdruck „Communitas". Darunter versteht Turner die emotional und affektiv besetzte Gemeinschaft von „Gleichen", in der die ansonsten für die jeweilige Gesellschaft maßgeblichen Differenzierungs- und Statuskriterien (vorübergehend) keine Anwendung finden. Sehr häufig sind die Mitglieder der Communitas einer strengen Norm heterosexueller Enthaltsamkeit und Desexualisierung unterworfen. Die homogene Gruppe von Altersgleichen ist insgesamt zwar der teilweise rigiden Aufsicht und Kontrolle durch Vertreter der Gesellschaft unterworfen, auf der anderen Seite haben sie – wie Turner schreibt, auch sehr oft wieder „unerhörte Freiheiten". Von ihnen werden Normverstöße regelrecht erwartet: „sie fallen zum Beispiel über Dörfer und Gärten her, ergreifen Frauen und beschimpfen ältere Leute." (Turner 2009: 64 f.).

Alle Formen der Communitas kultivieren einen bestimmten Modus der Sozialbeziehung, die Turner im Rückgriff auf Martin Bubers Bestimmungen einer sogenannten „Ich-Du-Beziehung" bestimmt: „das Nicht-mehr-nebeneinander, sondern Beieinandersein einer Vielheit von Personen…, ein Aufeinander-zu, ein dynamisches Gegenüber, ein Fluten von Ich und du" (zit. bei Turner 2005: 124), eine „direkte, unmittelbare und totale Konfrontation menschlicher Identitäten" (Turner 2005: 129). Hier liegt für Turner der Ansatzpunkt, dass sich alle Kulturen und Gesellschaften Erfahrungsformen der Communitas (und damit der Liminalität) für die Inszenierung intensiver und außeralltäglicher Sozialität zunutze machen. Diese sind in Teilen und zeitlich befristet immer auch als ein Gegenbild zur üblichen gesellschaftlichen Ordnung, zur jeweiligen sozialen Struktur und deren Statusdifferenzierungen entworfen (z.B. Karneval, Fasnet). Es geht dabei, so Turner, um „die Anerkennung einer essentiellen und generellen menschlichen Beziehung, ohne die es keine Gesellschaft gäbe. Der Schwellenzustand impliziert, dass es kein Oben ohne das Unten gibt, und dass der, der oben ist, erfahren muss, was es bedeutet, unten zu sein" (Turner 2005: 96 f.). In solchen Erfahrungskontexten wird die übliche Differenzierungsstruktur der Gesellschaft zeitweilig suspendiert oder sogar bewusst umgekehrt. In ihnen „feiert" sich sozusagen Sozialität als solche, bekommt etwas Herausgehobenes, manchmal geradezu Sakrales. Beispiele hierfür finden sich auch im Sport, in jugendkulturellen Gemeinschaften, überhaupt in modernen ausdifferenzierten sozialen Kontexten der „Muße", des Spiels und der „Freizeit", die Turner insgesamt als „liminoid" bezeichnet (2009: 86 ff.). In diesem Zusammenhang hat Turner für die Moderne eine Typologie von Unterformen der Communitas entworfen, die eine Art Prozesstheorie ihrer „Veralltäglichung" beinhaltet. Die *„existentielle"* oder *„spontane" Communitas* hat eine eher temporäre Struktur nach dem Modell von „Happenings", sie sind geprägt von spontanen, aber temporären Aktualisierungen des mit Buber beschriebenen „Gemeinschaftsmodus". Aus dieser kann sich eine sogenannte *„normative* Communitas" herausbilden. Darunter versteht Turner ein durch Routinisierungs- und Strukturbildungsprozesse ausgebildetes „dauerhaftes soziales System, das sich im Lauf der Zeit aufgrund der Notwendigkeit, die Ressourcen zu mobilisieren und zu organisieren sowie die Gruppenmitglieder bei der Verfolgung dieser Ziele der sozialen Kontrolle zu entwerfen, aus der existentiellen Communitas entwickelt" (2005: 129). Als „ideologische Communitas" bezeichnet Turner die in solchen Prozessen wirksam werdenden „utopischen Gesellschaftsmodelle" (Turner 2005: 129).

Robert F. Murphys Behinderungskonzept setzt zunächst an der ursprünglichen Fassung des Konzepts an. Eindrücklich ist dabei die Analyse seiner eigenen Erfahrungen von Aufenthalten in Rehabilitationseinrichtungen. Hier fiel ihm einerseits auf, wie sehr behinderte Menschen in solchen Institutionen abhängig sind von der Autorität und der sozialen Kontrolle durch die mit der „Betreuung" befassten Professionen. Andererseits kommt es auf Seiten der Rehabilitanden zu einer Aufhebung und Suspension aller sonstigen Statusmerkmale, bis hin zu ihrer Verwandlung in geschlechtslose Wesen. Soziale Differenzierungsdimensionen scheinen aufgehoben, und die Rehabilitanden leben in einer homogenen Gemeinschaft unter (Ihres-) „Gleichen". Erving Goffman hatte in seiner Analyse der Funktionsweise „totaler Institutionen" für Bewohner in Heimen oder psychiatrischen Einrichtungen in ganz ähnlicher Weise einen Rollenverlust, eine Reduktion der personalen und der sozialen Identität auf einen uniformen Insassen-Status herausgearbeitet (Goffman 1973: 25 ff.). Außerhalb des Kontextes der Einrichtungen fiel Murphy die strukturelle Ambivalenz der „sozialen Reaktionen" der Umwelt den Behinderten gegenüber auf. Eine fast rituelle „Scheu" und Meidung, Peinlichkeit, Verunsicherung sowie Verunreinigungsängste mischen sich nicht selten mit übertriebener Fürsorge, Mitleidshaltungen und Bevormundung. Murphy erklärt diese ambivalente Haltung mit dem strukturell „unklaren" Status behinderter Menschen, die sich in einem schwer definierbaren „Schwellenzustand" von „nicht krank" und „nicht gesund" bewegten. „Behinderung" ist, so Murphy, eine Kategorie des „Dazwischen" und differenziert damit eine allzu schlichte devianztheoretische Theorie von Behinderung. Murphys Theorie hat insbesondere in Frankreich einige Resonanz erfahren, möglicherweise wegen der dort von vornherein größeren Aufgeschlossenheit für kulturanthropologische Argumentationen (Stiker 2005, Gardou 2009, Blanc 2012). Eine gewisse Schwierigkeit seiner Argumentation liegt darin, dass er zwar den Status von Behinderten ritualtheoretisch rekonstruiert, zugleich aber kein einziges empirisches Ritual im Zusammenhang mit Behinderung benennen kann, schon gar kein Eingliederungsritual im Sinne Genneps.

Murphy beschreibt vielmehr einen fixierten, quasi „eingefrorenen" rituellen Status behinderter Menschen, „declassified, but (…) not yet reclassified", „died in their old status and (…) not reborn in a new one", „they are non-persons, making all interaction with them unpredictable and problematic" (Murphy u. a. 1988: 237). Der liminale Status, das Verharren auf einer Schwelle zur Zugehörigkeit, wird paradoxerweise zum Dauerzustand. Die sozialen Haltungen und Reaktionen behinderten Menschen gegenüber bleiben von Ambivalenz geprägt. Man könnte vermuten: möglicherweise genau deshalb, weil es an sozialen Praxen, Deutungsmustern und infolgedessen auch Ritualen fehlt, sie aufzulösen.

3 Inklusionsrituale in der Gegenwart

Man könnte den aktuellen sozial- und bildungspolitischen Inklusionsdiskurs als einen Versuch deuten, genau solche Praxen, Deutungsmuster und Rituale der Normalisierung von Behinderung zu initiieren. Unter „Inklusion" möchte ich im Folgenden nicht das soziologische Konzept von Inklusion verstanden wissen (dazu Kastl 2013), sondern ich beziehe mich damit auf eine gesellschaftliche Semantik. Diese geht zwar zum Teil auf das soziologische Konzept zurück, das schon 1965 durch Talcott Parsons in einem Aufsatz zur Frage der Bürgerrechte der schwarzen Bevölkerung der USA eingeführt wurde (Parsons 1965). Sie hat aber einen erheblichen Bedeutungswandel erfahren. Eine wichtige Scharnierfunktion haben dabei in Deutschland Diskurse aus der Sonder-, Heil- und Sozialpädagogik eingenommen, etwa die sogenannte „Pädagogik der Vielfalt" Annedore Prengels. Diese wiederum wurden und werden durch in schul- und sozialpädagogischen Institutionen und Diensten tätige Professionsangehörige (Lehrer, Sozialarbeiter, Sonder- und Heilpädagogen) verbreitet und popularisiert. Auch Organisationen der Angehörigen behinderter Menschen dürften dabei ebenso eine Rolle gespielt haben wie politische Gruppierungen, Parteien und öffentliche Institutionen, die mit Fragen der Sozial- und Bildungspolitik bzw. der Behindertenhilfe befasst sind. Damit kommen die sozialen Trägergruppen der hier zu analysierenden „Inklusionsrituale" in den Blick. Insbesondere Angehörige von Professionen, die in Schulen, sozialen Einrichtungen und Diensten tätig sind, Lehrer, Erzieher, Sozialarbeiter, Heil- und Sonderpädagogen sind ihre Produzenten und Hüter. Sie nehmen, wenn man so will, die Rolle der „Schamanen" und „Priester" der Inklusion ein.[2]

Als „Inklusionsrituale" bezeichne ich im Folgenden solche kommunikativ und körperlich materialisierten Praxen, die sich selbst des zentralen Symbols „Inklusion" bedienen und dabei auf eine Reihe (stereo-)typischer rhetorischer, ästhetischer und performativer Elemente zurückgreifen, die mit diesem Zentralsymbol assoziiert werden. Einige solcher Elemente werde ich im Folgenden analysieren. Inklusionsrituale haben den Anspruch, das, worum es ihnen geht, also Inklusion, in uno actu mit dem kommunikativen Anliegen einer „Performance" (Vorführung), Demonstration zu vollziehen. Sie haben also Adressaten, Publikum, Zuschauer, richten sich an ein Forum. Im Grenzfall kann dies auch die Gruppe, die das Inklusionsritual vollzieht, selbst sein, sie teilt sich dann selbst etwas mit. Sehr häufig ist aber ein Publikum situativ anwesend (die Zuhörer einer „inklusiven Musikgruppe", die Zuschauer und

---

2 Und gar nicht so sehr von den von Behinderung Betroffenen selbst. Kennzeichnend für eine hier auch zu beobachtende Reserve ist der Titel eines jüngst erschienenen Buchs von Udo Sierck: „Budenzauber Inklusion" (Sierck 2013)

Gäste eines inklusiven Festivals), oder/und es wird von vornherein auf virtuelle Zuschauer abgezielt, für die das Geschehen als Film bzw. Video festgehalten wird. So findet sich etwa auf der Internetseite von „Aktion Mensch" eine große Zahl von Inklusionsprojekten und Wettbewerbsbeiträgen, die vielfältige Beispiele für solche Inklusionsrituale enthalten.[3] Auch ein Abruf des Stichwortes „Inklusion" im Videoportal „youtube" kann einen Eindruck davon geben, wie verbreitet solche Praxen mittlerweile sind. Solche medialen Objektivierungen haben erklärtermaßen das Ziel, Modelle zur Nachahmung bereitzustellen. Als Nebeneffekt entsteht ein *abrufbarer* Korpus ikonographischer, symbolischer und performatorischer Elemente, die sich dann wiederum zur Reproduktion, Rekombination und damit Neuentwicklung und dauernden Reformierung von Inklusionsritualen anbieten. Man könnte argumentieren, diese medialen Praxen seien selbst schon rituell. Ich gehe allerdings mit Collins vom prinzipiell abgeleiteten und sekundären Charakter solcher medial dokumentierten Rituale aus und dementsprechend von der Annahme einer ritualtheoretischen Priorität der auf körperlicher Kopräsenz von Wahrnehmung und Motorik beruhenden „face-to-face" Interaktion (Collins 2005: 54 f.). Gleichwohl haben solche medialen Kommunikate die wichtige Funktion, das Material und die Formen bereitzustellen, um jene *geregelte Improvisation* zu ermöglichen, die für das Collinsche Verständnis von Ritualisierung entscheidend ist (Collins: 49 ff.), aber auch z. B. von einem Klassiker wie Victor Turner betont wird (Turner 2009: 130).

3.1   Embleme, Ikonen und Sequenzen – zur inklusiven Ikonographie und Performatorik

Eine erste Ebene dieses Kanons betrifft zunächst die Verbreitung emblemartiger und bildhafter Darstellungen des zentralen Symbols „Inklusion" in den verschiedensten Medien, auf Plakaten, in Broschüren, in Aufklebern und Buttons. Diese können als Erkennungszeichen oder Dekors in die rituelle Praxis selbst eingehen oder aber als Modelle für eine performative Umsetzung fungieren. Diese Ikonographie folgt drei sehr einfachen Prinzipien, die auch dann verständlich und eingängig sind, wenn einem ihr „ideologischer" Hintergrund im Einzelnen (noch) nicht vertraut ist:

a. es muss eine größere Zahl, eine Vielheit von Einzelelementen (n>10) gezeigt werden;

---

3   http://www.aktion-mensch.de/foerderung/projektbeispiele/2014/index.php sowie http:// www.aktion-mensch.de/inklusivkreativ/

b. diese Elemente unterscheiden sich durch prägnante Merkmale, zumeist: Farbe, wichtig ist, dass sie in der Gesamtheit den Eindruck der „Vielfalt" hervorrufen;
c. es wird durch Pfeile, Stufenmodelle o. ä. eine Prozesslogik des Von-Außen-nach-Innen-Kommens symbolisiert.

Vor allem die beiden ersten Prinzipien sind hinreichend prägnant, so dass Wiedererkennungseffekte ausgelöst werden, auch ohne dass ein klar umrissener semantischer Gehalt des zentralen Symbols „Inklusion" präsent sein muss. Sie gestatten den Rückgriff auf wechselnde Formen, Farben und Elemente und ermöglichen vielfältige und zugleich unmittelbare eingängige Umsetzungsformen. Vor allem mit Hilfe des dritten Prinzips können auch schautafelartig didaktisch ausgefeilte Veranschaulichungen der „Idee" der Inklusion konstruiert werden. Ein Beispiel hierfür sind Varianten eines bekannten „Wikipediaschemas" von Inklusion (Abb. 5).

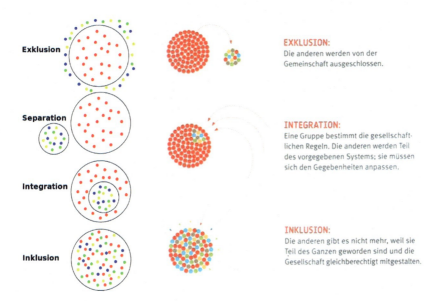

Abb. 5   Zwei Beispiele für graphische Veranschaulichungen von „Inklusion"

Quellen: http://commons.wikimedia.org/wiki/File%3AStufen_Schulischer_Integration.svg; http://www.caritas-mecklenburg.de/shared_data/forms_layout/cvovmeck/310868_inklusion. jpg Abrufdatum jeweils: 23.5.14

Am anderen Ende des Kontinuums steht ein rein emblematischer bzw. ornamentaler Einsatz vor allem der ersten beiden Prinzipien (Abb. 6).

Abb. 6

Inklusive Ornamentik

Quelle: www.alle-in-klusive.de/wp-content/uploads/2009/10/logo_in-klusion_mit_slogan_rgb.jpg Abrufdatum: 23.5.14

Es wird damit eine allenfalls vage Assoziation von Offenheit für Diversität hergestellt, die auf eine diffuse Resonanz, vergleichbar mit der Wirkung von Stilelementen von Jugendsubkulturen, abzielen mag. Dass damit etwas kommuniziert wird, zeigt sich insbesondere in der Kontrastierung zu anders gelagerten Ästhetiken. Beispielsweise greift eine im weitesten Sinne „rechts" orientierte Subkultur auf völlig andere Gestaltungsprinzipien zurück. Sehr häufig finden sich dort – Militärabzeichen ähnlich – archaisierende, runenartige Elemente. Sie evozieren soziale Schließung und Geschlossenheit durch die Suggestion, es handle sich um Geheimzeichen. Sie sind meistens monochrom, tauchen als Einzelelemente auf und bedienen sich fast immer des Formelements des Winkels, das auch in Kreisformen eingefügt wird („Keltenkreuz", „Hakenkreuz", „Wolfsangel", „Othalarune", „Hakenkreuzsonne"). Hier wird also nicht, wie in der inklusiven Ikonographie, in einen „gemeinsamen Kreis" hinein „einbezogen", „hinein geholt" oder viele Kreise lose „gruppiert", sondern es wird „herausgeschnitten", „getrennt", „abgeteilt", „markiert".

Alle drei ikonographischen Prinzipien der „inklusiven Ästhetik" eignen sich auch gut für eine performatorische Umsetzung. Es ist dazu (1) eine Mindestanzahl von Personen mit (2) körperlichen Unterschieden notwendig, die (3) eine einer Ablauflogik von „Getrenntheit – Zusammenkommen" folgende Sequenz aufführen. Solche Körpermerkmale können beispielsweise sein: wahrnehmbare Behinderungen (Spastik, Down-Syndrom, Conterganschädigung) oder (An-) Zeichen für eine Behinderung (z. B. „Rollstuhl", „Blindenstock", „Gebärdensprache") sowie – wichtig! – andere „verschiedene Verschiedenheiten" wie Alter, Körpergröße, Hautfarbe, Geschlecht, Kleidung. Diese Personen müssen in einer ersten Phase „getrennt", „separiert", „vereinzelt" in einem irgendwie gearteten „Außerhalb", „Draußen" agieren. In einem weiteren Schritt muss ein Bewegungsimpuls des „Aufeinander-Zu" dramaturgisch umgesetzt werden, und in einem dritten Schritt muss die gelungene Inklusion als ein realisiertes „Zusammengekommen-Sein", einer „Einheit in der Vielfalt" und „Vielfalt in der Einheit" inszeniert werden. Wichtig ist dabei, dass dieses Resultat der Inszenierung rückwirkend und in paradoxem Widerspruch zu der Performance selbst, modellhaft als „Normalität" vorgeführt wird. Damit sind zunächst die einfachen konstituierenden Regeln des Spiels benannt, dessen performative Grammatik. Die konkrete Umsetzung lässt sich je nach Kontext, Ressourcen, eingesetzten Medien und sonstigen ästhetischen Mitteln variieren. Dazu zwei sehr unterschiedliche Beispiele.

(1) Ein von dem Frankfurter „Netzwerk Inklusion" und der Band „Blind Foundation" produzierter, im Internet kursierender „Inklusionssong" macht sich die musikalische Differenz von Vorspiel, Strophe und Refrain zu nutze.[4] Während des instrumentalen Vorspiels werden zunächst isolierte, sequentiell hintereinander geschaltete Portraits von Menschen gezeigt. Allein durch deren Einpassung in eine Sequenz erhalten sie die kommunikative Funktion von Ikonen der Vielfalt: ein „normal" aussehendes Mädchen, ein Jugendlicher mit Down-Syndrom, ein Mann mit dunkler Hautfarbe, zwei körperbehinderte Jungen mit verschiedenen Hilfsmitteln. Dann werden zu einem eher problematisierenden (=trennenden) Text der Strophen jeweils kleine Dreiergruppen von auf sehr unterschiedliche Weise unterschiedlichen Menschen gezeigt. Sie haben Behinderungen, für die wiederum Attribute wie Blindenstöcke, Rollstühle oder auch die Verwendung von Gebärdensprache stehen. Zugleich werden auch Menschen anderer Hautfarbe bzw. mit „fernöstlichem" und „afrikanischem" Gesichtsschnitt gezeigt. Dies wird zusätzlich noch mit weiteren Diversitätsattributen verstärkt – so zeigt eine Einstellung einen Mann mit schwarzer Hautfarbe, der eine biedere Strickjacke mit einer Rastaperücke und einer Art Tirolerhut kombiniert. Im weiteren Verlauf kommt auch die „Queer-Identität", in Gestalt eines als Frau gekleideten und geschminkten Mannes, zum Einsatz.

Die Funktion der Bewegung nach innen wird durch eine musikalische Überleitungsfloskel mit Vorhalt (im Manuskript des Songs als „bridge" bezeichnet) auf die folgenden Worte vollzogen: „Doch es gibt einen Weg, den können wir gemeinsam gehen, nur müssen wir zuerst etwas ganz Simples verstehen: ". Dieser kurzen Schwel-

---

4   Laut Selbstauskunft auf ihrer Homepage besteht das „Netzwerk Inklusion Frankfurt" „aus Eltern, Lehrerinnen und Lehrern, Pädagoginnen und Pädagogen und Mitarbeiterinnen und Mitarbeitern sozialer Einrichtungen, die für Inklusion in allen Bereichen des Lebens eintreten. Der Song und sein Text können unter http://www.netzwerk-inklusion-frankfurt.de/downloads/ heruntergeladen werden. Das Video dazu findet sich unter: http://www.youtube.com/watch?v=PWF37F2fbak.

lenphase als Moment des Innehaltens folgt dann der Refrain, der die Einmündung in die inklusive Communitas gestaltet. Es wird eine Großgruppe aller Personen gezeigt. Musikalisch tritt ein Backgroundchor dazu, der ostinat und gedehnt das Wort „Inklusio[oo]n" singt. Der Text lautet: „Inklusio[oo]n: nimmt uns in unseren Stärken wahr/ nur Inklusion kommt mit den Unterschieden klar/ Inklusio[oo]n: sie nimmt uns mit, lässt keinen stehn/ Inklusio[oo]n: lass neuen Wind durch alle Länder wehn!" Inklusion rückt in diesem als Refrain in der Folge wiederholten Text in eine Subjektposition ein: sie „nimmt wahr", „kommt klar" und wird sogar zu einer Instanz, an die man Bitten und Appelle richten kann („lass neuen Wind durch alle Länder wehn"). Das erinnert entfernt an eine Gebetsformel. Inklusion wird sakralisiert. Der Film visualisiert und zelebriert dieses sakrale Subjekt zugleich als Kollektiv einer inklusiven Communitas, die in einer sich zunehmend weitenden Totale gezeigt wird, immer mehr und „verschiedenere" Einzelmenschen umfasst, zugleich aber in der Vielgestaltigkeit dieser Gemeinschaft aufhebt. Auch die zuvor gezeigten Kleingruppen verschwinden in der Masse der Verschiedenen.

(2) Ein mit sehr viel einfacheren Mitteln umgesetztes Beispiel für eine performative Abwandlung derselben Grammatik findet sich in der auf der Internetseite der Aktion Mensch veröffentlichten Dokumentation eines „inklusiven Kooperationsprojekts" zwischen dem Gymnasium und der Förderschule einer Kleinstadt. Gezeigt wird eine Szene in einer Turnhalle. Hier stehen zunächst alle Schüler (auffällig sind dabei vor allem die Alters- und Größenunterschiede) außen um eine sehr große rote Stoffbahn herum, die sie halten und durch Auf- und Ab-Bewegungen in Schwingung versetzen. Dabei agieren die Schüler wohl zunächst für sich, lernen dann aber zunehmend eine koordinierte Bewegung zu vollziehen, um die zweite Phase einzuleiten.

Abb. 7   http://www.aktion-mensch.de/inklusivkreativ/jugendliche/beitrag.php?id=201

Sie besteht darin, das Tuch im richtigen Augenblick loszulassen und zusammen darunter und damit in das „Innen" der symbolisierten Gemeinschaft zu schlüpfen. Die anfängliche „Trennung" wird hier durch die maximale Distanz der Teilnehmer symbolisiert, die dadurch entsteht, dass sie am Rande bzw. außerhalb des Tuches stehen. Am Ende befinden sie sich in einer maximalen Nähe zueinander im Zentrum des Geschehens, die Verbundenheit, der Eindruck, nun alle gemeinsam in einem „Innen" („In"-klusion!) zu sein, entsteht durch die körperliche Nähe und wird noch verstärkt durch das herabfallende Tuch, das die Teilnehmer wie unter einer Decke „vereint".

3.3 Zaubersprüche, Merksätze, Glaubensbekenntnis – zur Semantik der Inklusion

Von der Ebene der körperlich materialisierten Performanz nicht zu trennen ist deren symbolische und damit semantische und syntaktische Dimension „The symbol is the smallest unit of ritual, which still retains the specific properties of ritual behaviour; it is the ultimate unit of specific structure in a ritual context.", schreibt Turner (1967: 19, vgl. auch 2009: 29 ff.). Zum einen ist auch der stilgerechte und treffsichere Einsatz von Sprechformeln, Gebeten, Zaubersprüchen u. a. selbst eine körperlich materialisierte, sozusagen „feinmotorische" Praktik. Zum anderen verhilft der Rückgriff auf solche Symbole und Formeln wiederum den in den motorischen und ikonischen Elementen appräsentierten Bedeutungen zu größerer Prägnanz. Auch sie kursieren sowohl in den Medien wie in der face-to-face-Kommunikation. Sie rufen fast ebenso zuverlässig Erkennungs- und Aha-Effekte, Folgeassoziationen und weitere kommunikative Handlungen hervor, wie das „We accept her one of us! A loving cup! A loving cup!" des Rituals aus dem Film *Freaks*. Sie sind miteinander kombinierbar, und sehr oft können ihre Einzelbestandteile auch ausgetauscht und auf unterschiedliche Weise montiert werden. Hier einige Beispiele: *„Jeder Mensch ist verschieden." „Es ist normal, verschieden zu sein." „Gemeinsam statt einsam". „Vielfalt macht stark." „Jedes Kind ist besonders" „Alle sind behindert" „Inklusion heißt Gemeinsamkeit von Anfang an", „Inklusion ist Menschenrecht" „Inklusion gibt Geborgenheit" „Inklusion heißt dazugehören" „Inklusion heißt Willkommen-Sein!!", „Vielfalt willkommen heißen", „Behindert ist man nicht, behindert wird man."*[5]

Ein Teil dieser Formeln mag ursprünglich aus Marketingkampagnen beteiligter Organisationen und Verbände stammen. Ein Beispiel hierfür ist der zuletzt genannte Slogan, der das tragende Element einer Plakataktion der damaligen Aktion Sorgen-

---

5 http://definitiv-inklusiv.org/show.php

kind im Jahr 1997 („Aktion Grundgesetz") war. Ob aber Aktion Sorgenkind (seit 1999: Aktion Mensch) wirklich der Erfinder war, ist ungewiss. Sinngemäß ist der Slogan angelehnt an einen Satz, der sich wiederum in Manifesten der britischen Behinderungsbewegung findet: *Disabled not by our bodies, disabled by society*". Manche Sätze werden auch Politikern zugeschrieben, wie zum Beispiel: „Es ist normal verschieden zu sein". Dieser Slogan taucht in einer Rede des damaligen Bundespräsidenten Weizsäcker von 1993 auf. Durch seine Prominenz hat Weizsäcker sicher zu seiner normativen Aufladung und Charismatisierung beigetragen. Diese „Aura" behält der Satz auch dann noch, wenn er – wie dies meistens geschieht – als autorenlose Formel verwendet wird. Alle solche Sätze realisieren jeweils immer nur Teilaspekte des im Zentrum aller Rituale stehenden Symbols der Inklusion. Der häufig zitierte Slogan „Inklusion ist Menschenrecht" verweist darauf, wie sehr dieses Symbol „Inklusion" mit zentralen gesellschaftlichen Werten verknüpft wird. Hans Joas hat heraus gestellt, dass die Menschenrechte selbst als Ergebnis eines historischen Prozesses der Sakralisierung der Person angesehen werden können (Joas 2011). Zumindest bei manchen inklusiven Performances (wie dem oben analysierten Film) scheint etwas von dieser sakralen Aura auch auf die Inklusion überzugehen.

Explizit wird diese universalisierende und sakralisierende Aufladung des Zentralsymbols in dem folgenden Zitat aus den Förderrichtlinien der Aktion Mensch. „Unter Inklusion versteht die Aktion Mensch, dass jeder Mensch vollständig und gleichberechtigt an allen gesellschaftlichen Prozessen teilhaben kann – und zwar von Anfang an und unabhängig von seinen individuellen Fähigkeiten." (Aktion Mensch 2013). Das erinnert schon im Sprachgestus an die Formel eines rituellen Glaubensbekenntnis und wird denn auch sehr häufig – in einem separat gesetzten Textkasten – vor allem in Printmedien zitiert: „Inklusion" wird hier als nicht hinterfragbares „Summum bonum" ebenso universal wie unkonkret. In allen drei Sinndimensionen greift diese Definition auf „Allquantoren" zurück:

- sozial: es ist von *allen* Menschen die Rede, sowie von *allen* gesellschaftlichen Prozessen;
- zeitlich: Inklusion soll „*von Anfang an*" geschehen, also *jederzeit* gelten;
- sachlich: es geht um *vollständige* und gleichberechtigte Teilhabe unabhängig von individuellen Fähigkeiten.

Inklusion erhält in dieser dreifachen Abstraktion etwas Numinoses. Es bleibt eigentümlich ungreifbar, was mit „Anfang", mit „allen gesellschaftlichen Prozessen" oder einer „*vollständigen* Teilhabe unabhängig von individuellen Fähigkeiten" überhaupt gemeint sein kann. Die dadurch postulierte Unumstößlichkeit, Allgegenwart und Voraussetzungslosigkeit liegen sehr nahe an Geltungsansprüchen religiöser Symbole. Theologen haben denn auch bereits versucht, Inklusion zu vereinnahmen als eine Form der Gemeinschaft, die der Apostel Paulus mit der Metapher des „Leib (!) Christi" beschreibt, und die sich letztlich in dem theologischen Konzept der „Gottesebenbildlichkeit" und „Gotteskindschaft" des Menschen gründe.[6]

Zudem lässt sich beobachten, wie sich aus diesen Bestimmungen umstandslos die Möglichkeit einer Abgrenzung einer Orthodoxie der „Inklusion" von unvollkommenen, früheren, überholten „Glaubensformen" ergibt. Fester Bestandteil des Inklusionsdiskurses etwa in der Sonderpädagogik war denn von Anfang an die Abgrenzung von einer als heterodox entlarvten Idee der „Integration". Sie drückt sich in der bekannten Formel aus, Inklusion sei „mehr als bloße Integration". Während Inklusion eben die „selbstverständliche", „ganz normale", „umfassende" Einbeziehung von „vornherein" meine, bezeichne „Integration" eine nur defizitäre Einbeziehung im Nachhinein, sie verletze das Diversitätsprinzip als Gleichheit in der Vielfalt, weil sie Unterschiede mache.

Freilich führen bei genauer Betrachtung alle Bestimmungen der Aktion Mensch zu Paradoxien: Dass alle Menschen an *allen verschiedenen* sozialen Prozessen teilnehmen können sollen, hebt soziale Differenzierung, aufgrund derer es überhaupt gesellschaftliche Vielfalt gibt, auf. Wenn Inklusion „von Anfang an" bestünde, müsste sie nicht mehr angestrebt werden. Wenn sie aber angestrebt wird, ist sie per definitionem nicht von Anfang an, sondern nach dem ureigensten Verständnis ihrer Anhänger eben: bloße Integration. In sachlicher Hinsicht schließlich ergibt sich das Paradox einer Teilhabe ohne spezifischen Inhalt, wie etwa in dem im Frühjahr 2014 öffentlich diskutierten sogenannten „Fall Henri". Dieser geistig behinderte Junge sollte nach dem Willen seiner Mutter in ein Gymnasium eingeschult werden soll, ohne dort eingestandenermaßen auch nur im Ansatz dem Unterricht folgen zu können. Das wäre etwa so, wie wenn man in einem Fußballspiel mitspielen wollte, ohne eine der möglichen Spieler-Positionen einnehmen zu können oder zu wollen.

3.4 Semantische und performative Paradoxien

Das zentrale Symbol „Inklusion" ist in sich paradox verfasst. Gleichwohl finden Inklusionsrituale statt. Wie werden diese Paradoxien also aufgelöst? *Müssen* sie überhaupt aufgelöst werden? Sie werden nicht selten von reflektierten Ritualprotagonisten selbst bemerkt und gelegentlich in Gestalt einer Art „Credo quia absurdum est" thematisiert. So formuliert beispielsweise einer der an dem bereits erwähnten Kooperationsprojekt beteiligten Gymnasiasten, in der Dokumentation Yannick

---

6   vgl. Schweiker 2012: 4 ff.; vgl. dazu in Bezug auf die Menschenrechte Joas 2012: 209

genannt, ebenso kryptisch wie mit Sinn für die inneren Antinomien des Konzepts: „Ja, Inklusion is ja eigentlich ( ) der Zustand, wenn es Inklusion selbst nicht
mehr gibt, also wenn alle Teil des Ganzen sind und jeder dazu gehört."[7] Yannick
bilanziert zugleich die gemeinsamen Aktivitäten mit den Sonderschülern mit der
Bemerkung: „Wenn man das so miterlebt – es war ein ganz normaler Umgang!".
Und: „Ich finde der erste Schritt, das ist gar nicht, dass man darüber reden muss,
dass Inklusion stattfinden muss, sondern man muss es einfach machen, weil man
muss nicht großartig darüber nachdenken. Wenn man mit denen zusammen arbeitet und spielt, dann ergibt sich das von ganz alleine."

Diese Bemerkung verweist auf eine Sinnlogik, die sich in auch in anderen
ähnlichen Dokumenten in auffälliger Weise findet, und legt die Vermutung nahe,
hier handle es sich um ein wichtiges strukturelles Moment des Inklusionsrituals
selbst. So wird zum Beispiel im Rahmen einer anderen Projektdokumentation
der Aktion-Mensch-Webseite („Inklusion – ganz normal") berichtet, Max, ein
nicht-behinderter Junge, habe zu Peter, einem geistig behinderten Jungen, bei einem zufälligen Zusammentreffen auf einer Schlittenbahn gesagt: „He, du kannst
nicht einfach querfahren!". Dieser an sich belanglosen Ermahnung wird nun von
den Lehrerinnen und Lehrern die ausdrückliche Bedeutung eines Zeugnisses von
einem „natürlichen Umgang der Kinder bei dem zufälligen Zusammentreffen"
(sic!) zugeschrieben.[8] In derselben Dokumentation findet sich ein Bericht von
einem gemeinsam vorbereiteten Sportfest von Grundschülern und behinderten
Förderschülern. In dessen Mittelpunkt steht eine durch Fotografien und einen
Begleittext ausführlich dokumentierte Episode. Der Text lautet wie folgt:

> „Ein Mädchen im Rollstuhl bleibt alleine bei der Lehrkraft. Eine Schülerin der
> Grundschule kommt und fragt nach dem Namen. Die Lehrkraft antwortet für die
> nichtsprechende Schülerin und fragt beide, ob sie auch losziehen möchten. Anna
> strahlt. Sie antwortet durch Blickkontakt auf ihre am Rollstuhl befestigten Kom-
> munikationskarten mit JA. Die Grundschülerin schiebt begeistert mit Anna auf
> der Aschebahn davon. Die Lehrkräfte beobachten, wie sich immer mehr Kinder um
> Anna scharen. Immer wieder bleiben sie stehen, um Fragen zu stellen, die mit den
> JA-NEIN-Karten von Anna beantwortet werden".[9]

---

7   http://www.aktion-mensch.de/inklusivkreativ/jugendliche/beitrag.php?id=201 , Abruf-
    datum: 23.4.2014

8   http://www.aktion-mensch.de/inklusivkreativ/kinder/beitrag.php?id=100 , Abrufdatum:
    23.4.2014, Seite 3

9   http://www.aktion-mensch.de/inklusivkreativ/kinder/beitrag.php?id=100 , Abrufdatum
    23.4.2014, Seite 9 ff.

Selbst wenn wir unterstellen, dass nicht die ganze Szene von vornherein für Aktion Mensch inszeniert wurde, ist sehr wahrscheinlich, dass die Interaktion bereits im Entstehungskontext und im Bewusstsein der Beteiligten den Charakter eines Interaktionsrituals (Collins) hatte. Mit Goffman wäre dann von einer „Modulation" auszugehen: „Darunter verstehe ich ein System von Konventionen, wodurch eine bestimmte Tätigkeit, die bereits im Rahmen eines primären Rahmens sinnvoll ist, in etwas transformiert wird, dass dieser Tätigkeit nachgebildet ist, von den Beteiligten aber als etwas ganz anderes gesehen wird." (Goffman 1980: 55) Aus einer Handlung in einem primären Rahmen, hier dem Austausch von Ja / Nein – Antworten, wird eine rituelle Handlung dadurch, dass sie, auf das zentrale Symbol „Inklusion" bezogen, ihre Primärbedeutung durch die Sekundärbedeutung eines Zeugnisses „bedeutsamer Normalität" überlagert wird. In derselben Logik können beliebige, im Schulalltag unentwegt vorkommende Aktivitäten wie Sport, Tischgruppen, Hausaufgaben, Ballspielen, die gemeinsame Adventsfeier im Rahmen eines Inklusionsprojekts und ihrer anschließenden Darstellung und Zur-Schau-Stellung einen rituellen Charakter erhalten. Sie dienen als Beleg für die Formel, Inklusion sei auf gewisse Weise „von Anfang an" gegeben, es sei „normal, verschieden zu sein" usf… Sie erhalten eine neue Bedeutungsschicht als Zeugnisse der Normativität und Normalität der Inklusion. Dies bleibt im Kern ein paradoxer Vorgang. Denn man könnte zu Recht einwenden, wenn dies alles „normal" wäre, müsste es ja nicht eigens vorgeführt, inszeniert und beteuert werden. Nicht selten kann man zudem bei solchen Vorführungen beobachten, dass gerade die behinderten Teilnehmer an solchen Sequenzen durch die entsprechenden Rahmungssignale, hier handle es sich um ein inklusives Projekt, regelrecht beschämt werden, und dass durch die mitkommunizierte Auskunft, dies sei alles normal, nur mehr auf ihre (möglichen) Beeinträchtigungen aufmerksam gemacht wird.

Durch die bloße Form und den Kontext der Inklusionsrituale als solche werden die faktische „Nicht-Normalität" mitkommuniziert, um dann die performatorische Botschaft, dass es eben doch „normal sei", rituell inszenieren zu können. Jeder weiß: Veranstaltungen, die als Veranstaltungen „für Menschen mit und ohne Behinderungen" angekündigt werden, sind Veranstaltungen, in denen Behinderung eine große Rolle spielt. Solche Paradoxien sind verbreiteter, als es vielleicht auf den ersten Blick erscheinen mag. Sie treten bei allen Formen der Modulation primärer Rahmen („So tun als ob", „Theaterspiel", „Probe", „Training", „Spiel", „Zitat") auf. Diese beruhen immer, wie Gregory Bateson und Erving Goffman dargelegt haben, auf einem Kurzschluss logischer Typen und sind strukturell paradox verfasst (Bateson 1985: 244; Goffman 1980: 30). Bateson nennt in diesem Zusammenhang ausdrücklich auch Rituale (Bateson 1985: 247). Man könnte also sagen: Die Paradoxa des Inklusionskonzepts werden entschärft, indem sie in performatorische Paradoxa transformiert, dadurch aber gleichsam prozessierbar werden. Semantische Paradoxien führen auch hier – wie so oft in sozialen Systemen – zu einer Autokatalyse kommunikativer Handlungen (vgl. Luhmann 1987: 169 f.; 207 f.).

3.5   Die Konstitution der inklusiven Communitas

Von da aus lässt sich nun unser Ausgangsproblem wieder aufgreifen, nämlich die Frage, ob es eigentlich in der modernen Gesellschaft Inklusionsrituale nach dem Muster des Aufnahmerituals in dem Film „Freaks" geben könne, nur „in umgekehrter Richtung". Was unterscheidet die analysierten faktisch vorkommenden Inklusionsrituale von dem klassischen Aufnahmeritual der Freaks im Film? Zum einen wäre zu sagen, dass die paradoxe Verfassung der Inklusionsrituale und die damit verknüpfte Rhetorik der Buntheit das eigentliche soziale Skandalon der spezifischen „Differenz" Behinderung invisibilisieren oder zumindest abmildern. Behinderung kann dadurch als ein Anwendungsfall einer „Teilhabeproblematik" unter anderen dargestellt werden. Ausgeklammert wird die zwar nicht zwingend gegeben, aber immer mögliche spezifische Problematik von Behindertsein: dass es um *solche* sozialen Teilhabevoraussetzungen gehen kann, die eng an körperliche Funktionen und damit individuellen Fähigkeiten gebunden sind, und denen eben nicht oder nur mit großem Aufwand durch eine Veränderung sozialer Struktur oder Infrastruktur begegnet werden kann. In einem Fußballspiel hat das Heterogenitätskriterium einer Tetraplegie etwa einen völlig anderen Stellenwert als die in den Inklusionsritualen immer wieder gerne eingesetzte schwarze Hautfarbe oder selbst ein Down-Syndrom. Es wird also mit einem von vornherein entschärften „harmonisierten" Teilhabe- und Behinderungsverständnis operiert. Unterschiede zwischen Unterschieden dürfen nicht in den Blick kommen. Inklusion „heißt Vielfalt willkommen heißen". Aber auf eine gewisse Weise hebt sie die Vielfalt auch wieder in einer uniformen Gemeinsamkeit auf. Inklusion sei, so unsere gymnasialen Exegeten, „wenn einfach keine Unterschiede mehr gemacht werden, einfach jeder akzeptiert wird, wie er ist und jeder mit seinen Möglichkeiten sozial teilnimmt, ohne dass er schief angeguckt wird", „dass einfach alle gleich behandelt werden, dass überhaupt nicht differenziert wird und auch auf der Straße – dass man einfach jeden gleich behandelt und mit den gleichen Augen sieht."[10]

Das Problem, dass dies in der sozialen Realität offensichtlich nicht (immer) der Fall ist und sein kann, wird zwar zugestanden. Dem daraus resultierenden Widerspruch, dass dann Inklusion doch wiederum nicht von Anfang an gelte, eben nicht

---

10   http://www.aktion-mensch.de/inklusivkreativ/jugendliche/beitrag.php?id=201

selbstverständlich sei, (körperliche) Abweichung einer Normalisierung bedarf und insofern wiederum Gegenstand einer sozialen Bemühung werden muss, die aber zugleich als „bloße" Integration denunziert wird – diesem Widerspruch nun wird eben performatorisch begegnet. Der Realität der gesellschaftlichen Praxis wird performatorisch in der rituellen Praxis eine (wie immer imaginäre) inklusive Communitas gegenübergestellt, in der die Normalität von Unterschiedlichkeit angeblich „von vornherein" Gültigkeit habe. In ihr präsentieren sich die Ritualbeteiligten als Vorbilder, als Modelle. So äußern die Gymnasiasten die Hoffnung, dass ihr Projekt ausstrahlen möge, andere „bekehren" und sie dazu veranlassen könnte, sich ebenfalls der „inklusiven Communitas" anzuschließen, dadurch, dass es ähnliche Projekte geben möge, die dann ihrerseits die absolute „Normalität" ihres Umgangs mit den behinderten Kindern performatorisch einlösen und zelebrieren.[11]

Was da vorgemacht wird, ist freilich, wie Murphy und Turner betonen, eine entdifferenzierte Gemeinschaft, an der teilzuhaben, nichts gemeinsam hat mit der Teilhabe in der wirklichen statusdifferenzierten Gesellschaft. Denn dort hieße „Inklusion", Zugang zu haben zu einem Gefüge von Rollen und Positionen, einem System ausdifferenzierter Status, in der Anerkennung immer auch geknüpft ist an die Wahrnehmung und Erfüllung von Handlungs- und Verhaltensanforderungen. Was Yannick und seine Freunde entwerfen, ist dagegen die neue Form einer Communitas, die eine Parallelwelt neben der wirklichen Gesellschaft bildet. Sie hat sich zwar gegenüber dem Bild der Communitas der Behinderten, das Robert Murphy entwirft, verändert. Es handelt sich jetzt um eine Communitas, in der die auch die nicht-behinderten Freunde der Behinderten dazu bereit sind, eine Gemeinschaft mit den behinderten Freunden um ihrer selbst willen einzugehen. Allerdings besteht ein wesentlicher Unterschied. Während die nicht-behinderten Kommunarden jederzeit wieder ihren Platz in der wirklichen, statusdifferenzierten Struktur der wirklichen Gesellschaft einnehmen können, für sie die inklusive Communitas immer eine temporäre Veranstaltung ist, besteht diese Möglichkeit für viele ihrer behinderten Mitglieder nicht ohne weiteres.[12] Das Gesellschafts-

---

11 vgl. die Äußerungen am Ende von http://www.aktion-mensch.de/inklusivkreativ/
     jugendliche/beitrag.php?id=201

12 Zudem ist nicht zu übersehen, dass gerade die Gymnasiasten faktisch die Rolle der
     Betreuer, Anleiter, Kümmerer und Organisatoren einnehmen und insofern faktisch
     durchaus nicht den gleichen Status einnehmen wie die „Inklutanden". Auch das ist bis
     zu einem gewissen Grad gespielt, allein schon aufgrund des Status- und Altersunter-
     schiedes. Generell lässt sich außerdem festhalten, dass es vergleichbare Strategien auch
     im professionellen Feld gibt. So werden nicht selten faktische Asymmetrien zwischen
     Professionellen und ihren Klienten über Terminologien wie „Assistenz", „Lernbeglei-
     tung", Dienstleister-Kunden-Terminologien u. a. verschleiert.

bild der inklusionistischen Bewegung insgesamt ist so gesehen geprägt von einer imaginären Aufhebung gesellschaftlicher Differenzierung und damit verbundener Statusdifferenzen. Das entspricht dem, was Victor Turner unter einer (ideologischen) Communitas versteht. Alle Menschen und alle Formen gesellschaftlicher Interaktion sind gleich, Sozialität wird funktionslos, Selbstzweck, wird zur unentwegten Feier einer „Gemeinschaft", die ihr Telos in sich selbst trägt. Die Frage „Teilhabe an was eigentlich?" erübrigt sich. Es geht um die immer gleiche „Anerkennung", den „Respekt" der anderen an sich. Das ist zwar nicht nichts, aber zugleich werden so die wirklichen Teilhabeprobleme wirklicher behinderter Menschen auch wiederum entschärft. Sie werden mit der symbolischen Teilhabe an einer Gemeinschaft abgespeist, die alles in allem eher fiktive Züge hat, eben eine rituelle Modulation gesellschaftlicher Wirklichkeit ist und bleibt.

5 Schluss

Mit Turner könnte man den modernen Inklusionsritualen zugestehen, dass sie eine universelle Funktion von Ritualen durchaus realisieren: nämlich zentrale Werte und Wertekonflikte der Gesellschaft immer wieder zu inszenieren, zu aktualisieren und ihnen Ausdruck zu verschaffen. Und es wäre sicher auch nicht auszuschließen, dass die Inklusionsrituale „besondere Phasen in sozialen Prozessen markieren, in denen Gruppen sich inneren Veränderungen ( ) und ihrer äußeren Umwelt anpassen. Aus dieser Perspektive wird das rituelle Symbol zu einem Faktor im sozialen Handeln, zu einer positiven Kraft in einem Handlungsfeld." (Turner 2009: 30). Die herausgearbeitete paradoxe Verfassung ihrer semantischen und performatorischen Struktur und der Umstand, dass die Inklusionsrituale zum Teil die „brute facts" von Schädigung und Behinderung zudecken, tun dem prinzipiell keinen Abbruch. Denn auch in Turners ethnologischen Analysen finden sich viele ähnliche Funktionsweisen von Ritualen. Das Ritualistische ist ja gerade selbst eine Antwort auf diese Paradoxien. Es prozessiert sie, mildert sie, invisibilisiert sie zum Teil, bleibt aber immer auch selbst mit Paradoxien behaftet. Victor Turner hat auf diese innere Beziehung von Paradox und Ritual hingewiesen (Turner 2005: 49 ff.) und im Zusammenhang des Zwillingsrituals der Ndembu formuliert: „Das Paradox, dass, was (in der Theorie) gut, (in der Praxis) schlecht ist, wird zum Ausgangspunkt eines Rituals, das die alle Widersprüche überwindende Einheit der Gruppe betont." (Turner 2005: 52). Das in der Tat ist sicher auch eine Leistung der Inklusionsrituale, wie immer trügerisch diese „Einheit" der Communitas ist, die da betont wird.

Allerdings sollte man die Bedeutung eines weiteren, ebenfalls von Turner geltend gemachten Argumentes nicht unterschätzen. „Eine Zeremonie ist indikativisch, ein Ritual transformativ." (Turner 2009: 128). Das entscheidende Kriterium für die Beurteilung des Gelingens eines wirklichen Rituals wäre unter diesem Gesichtspunkt die Frage, ob die Inklusionsrituale eine wirkliche Statuspassage begründen, und zwar eine Statuspassage in der wirklichen differenzierten Gesellschaft und nicht nur in der liminalen (oder liminoiden) Communitas. Die Übergangsrituale der Stammesgesellschaften, so sehr auch sie von einer rituellen Communitas getragen sein können, bewirken dies durchaus: Der Zwilling (und seine Eltern) haben nach dem Ritual wieder einen gesicherten Platz im gesellschaftlichen Positionsgefüge, aus Jungen sind *wirklich* Männer und aus Mädchen Frauen geworden, aus dem Kranken, der von den Geistern zerstückelt und wieder zusammen gesetzt wurde, ist *wirklich* ein Schamane geworden, der über Kräfte verfügt, die alle anerkennen (Müller 1996: 266). Ob die Inklusionsrituale der Gegenwartsgesellschaften dies zu leisten vermögen, darf man durchaus in Frage stellen. Aus der Sicht von Victor Turner und Robert F. Murphy hätten wir es dann mit Scheinritualen, leeren Ritualen, einer bloßen Zeremonie, letztlich Ideologie zu tun.[13]

Man kann nicht völlig ausschließen, dass auch derartige Zelebrationen langfristig Effekte für Einstellungen gegenüber behinderten Menschen haben, einen gesellschaftlichen Druck in Richtung Normalisierung erzeugen. Ob das aber gelingt, ist natürlich keine Frage inklusiver Rhetorik, sondern der Bildung ebenso mühsamer wie phantasievoller Kompromisse der Barrierefreiheit, der Austarierung von „Abilities", „Disabilities" und sozialen Anforderungen und sicher auch der Veränderung sozialer Struktur und Infrastruktur. Damit sind im Einzelnen schwierige Wertentscheidungen aller Beteiligten verbunden, und es ist gewiss nicht damit getan, Menschen mit Downsyndrom in ein Gymnasium zu schicken, das es eigentlich gar nicht gibt.

Bezogen auf unsere Ausgangsfrage „wie sind Angliederungsrituale für behinderte Menschen in der modernen Gesellschaft möglich?" bleibt das Fazit also zwiespältig. Bis jetzt scheint die moderne Gesellschaft noch keinen Kniff gefunden zu haben, den Status quo behinderter Menschen ohne jene strukturelle Unaufrichtigkeit zu benennen, die Cloerkes und andere Autoren ihr bescheinigt haben – und eben dennoch auf eine Weise, die mit ihren universalistischen Normen verträglich ist und ihre Würde nicht verletzt. Dass es in Zukunft gelingt, dafür Ausdrucksformen

---

13 „Es stimmt, dass Rituale zu bestimmten historischen Zeitpunkten zu leeren Schalen oder Hüllen werden können, aber dieser Tatbestand hat etwas mit der Alterung oder der Pathologie des rituellen Prozesses, nicht jedoch mit seiner ‚normalen Funktionsweise' zu tun." (Turner 2009: 129)

zu finden und möglicherweise wirksame Formen der Gestaltung, auch der rituellen Gestaltung von Statusübergängen, muss man als Soziologe nicht ausschließen. Dennoch oder gerade deswegen empfiehlt sich bis dahin eine Haltung freischwebender aber kritischer Aufmerksamkeit. Denn eines ist auch klar: Rituale lassen sich politisch missbrauchen. Das gilt schon in den Stammesgesellschaften, deren Modelle uns die Ethnologie tradiert hat, und noch viel mehr in der ausdifferenzierten komplexen Gesellschaft, in der wir leben. Rituale, sagt Murray Edelman, seien „die wirksamste Form politischer Überredung" (Edelman 2005: 15).

Literatur

Aktion Mensch (2013). *Förderprogramm Inklusion.* Stand 22.2.2013. Internetressource: http://www.aktion-mensch.de/foerderung/foerderprogramme/inklusion/foerderprogramm.php – abgerufen Januar 2014.

Bateson, Gregory (1985). Eine Theorie des Spiels und der Phantasie. In: Ders., *Ökologie des Geistes. Anthropologische, psychologische, biologische und epistemologische Perspektiven.* Frankfurt am Main: Suhrkamp.

Bogdan, Robert (1996). The Social Construction of Freaks. In: Rosemarie Garland-Thomson (Hg.), *Freakery. Cultural Spectacles of the Extraordinary Body.* New York, London: NY University Press, 23-37.

Blanc, Alain (2012). *Sociologie du Handicap.* Paris: Colin.

Collins, Randall (2004*). Interaction Ritual Chains.* Princeton, Oxford: Princeton University Press.

Buchkremer, Hansjosef (1977). *Verständnis für Außenseiter.* Stuttgart: Kohlhammer.

Cloerkes, Günter (1980). *Einstellung und Verhalten gegenüber Körperbehinderten* (2. Aufl.). Berlin: Marhold.

Cloerkes, Günther (2014). Die Problematik widersprüchlicher Normen in der sozialen Reaktion auf Behinderte. In: Jörg M. Kastl, Kai Felkendorff (Hg.), *Behinderung, Soziologie und gesellschaftliche Erfahrung.* Wiesbaden: VS-Verlag, 121-140.

Collins, Randall (2005). *Interaction Ritual Chains.* Princeton, New Jersey: Princeton University Press.

Edelman, Murray (2009). *Politik als Ritual. Die symbolische Funktion staatlicher Institutionen und politischen Handelns.* Frankfurt/New York: Campus-Verlag.

Gardou, Charles (2009). *Fragments sur le handicap et la vulnérabilité. Pour une révolution de la pensée et de l'action.* Toulouse: érès.

Gennep, Arthur (1999). *Übergangsriten (Les rites de passage).* Frankfurt a. M., New York: Campus.

Goffman, Erving (1973). *Asyle. Über die soziale Situation psychiatrischer Patienten und anderer Insassen.* Frankfurt a. M.: Suhrkamp.

Goffman, Erving (1975). *Stigma. Über Techniken der Bewältigung beschädigter Identität.* Frankfurt a. M.: Suhrkamp.

Goffman, Erving (1980). *Rahmenanalyse. Ein Versuch über die Organisation von Alltagser-fahrung.* Frankfurt a. M.: Suhrkamp.
Joas, Hans (2012). *Die Sakralität der Person. Eine neue Genealogie der Menschenrechte.* Frankfurt a. M.: Suhrkamp.
Kastl, Jörg Michael (2013). Inklusion und Integration. In: Markus Dederich, Heinrich Greving, Christian Mürner & Peter Rödler (Hg.), *Behinderung und Gerechtigkeit. Heilpädagogik als Kulturpolitik.* Gießen: Psychosozial-Verlag, 133-152.
Müller, Klaus E. (1996). *Der Krüppel. Ethnologia passionis humanae.* München: Beck.
Luhmann, Niklas (1987). *Soziale Systeme. Grundriß einer allgemeinen Theorie.* Frankfurt a. M.: Suhrkamp.
Murphy, Robert F., Scheer, Jessica, Murphy, Yolanda & Mack, Richard (1988). Physical Disability and Social Liminality: A Study in the Rituals of Adversity. In: *Social Science and Medicine* Vol. 26: 235-242.
Murphy, Robert F. (1990). *The Body Silent.* New York / London: Norton.
Parsons, Talcott (1965). Full Citizenship for the Negro American? A Sociological Problem. Daedalus Vol. 94, No. 4, *The Negro American* (Fall, 1965): 1009-1054.
Safilios-Rothschild, Constantina (1970). *The Sociology and Social Psychology of Disability and Rehabilitation.* New York: Random.
Schweiker, Wolfhardt (2012). *Theologie und die aktuelle Inklusionsdebatte in Bildungsein-richtungen und Gesellschaft.* Stuttgart. Vortragsmanuskript. Internetressource: http://www.beb-ev.de/files/pdf/2012/dokus/lehrer/Theologie_und_Inklusionsdebatte_Vor-trag_Schweiker.pdf, (Zugegriffen am: 20.5.2014).
Sierck, Udo (2013). *Budenzauber Inklusion.* Neu-Ulm: AG SPAK.
Stiker, Henri-Jacques (2005). *Corps informes et sociétés. Essais d'anthropologie historique.* Paris: Dunod.
Turner, Victor (1967). *The Forest of Symbols. Aspects of Ndembu Ritual.* Ithaca. London: Cornell University Press.
Turner, Victor (2005). *Das Ritual. Struktur und Anti-Struktur.* Frankfurt a. M.: Campus.
Turner, Victor (2009). *Vom Ritual zum Theater. Der Ernst des menschlichen Spiels.* Frankfurt a. M. / New York: Campus.
Wright, Beatrice A. (1960). *Physical Disability – a psychological approach.* New York, Evanston (Harper & Row); 2. Auflage 1983 unter dem veränderten Titel: Physical Disability – a psychosocial approach.

Film

Browning, Tod (1932). *Freaks.* USA (Metro-Goldwyn-Mayer).

Rituelle Dimensionen kommerzieller Sexualität

Sabine Grenz

Zusammenfassung

In dem Artikel werden Prostitutionsbesuche als Rituale betrachtet. Dies bietet sich an, da Prostitution mit Tabus behaftet ist und daher soziale Grenzen überschritten werden müssen. Auf der Grundlage einer eigenen Studie über heterosexuelle männliche Freier kann geschlussfolgert werden, dass Männer Sex-Arbeiterinnen aufsuchen, wenn sie in Krisen stecken oder Vertragsabschlüsse feiern; auch erleben manche Männer ihr erstes Mal Sex mit Sex-Arbeiterinnen. All diese Momente können als Rituale interpretiert werden, die die Reproduktion normativer heterosexueller Männlichkeit – sowohl als sexuelles Kapital wie als homosoziale Verbünde – beinhalten. Schließlich lässt sich auch eine Ritualstruktur auf Prostitutionsbesuche übertragen, insofern eine Vorbereitungs-, liminale und Angliederungsphase deutlich erkennbar sind. Die Ritualstruktur zeigt, wie der Prostitutionsbesuch einerseits in den Alltag integriert ist, andererseits aber auch etwas Besonderes und Herausgehobenes markiert. In beiderlei Hinsicht geht es um die Reproduktion normativer Männlichkeit.

1   Einleitung

Kommerzielle Heterosexualität bzw. Prostitution ist ein Bereich, dem von Seiten der Gesellschaft mit Ambivalenz begegnet wird. Einerseits gibt es die bürgerlichen Geschlechtercodierungen des Mannes als triebhaft und der Frau als entweder trieblos oder ganz Trieb, die immer wieder zur Legitimation der männlichen Nachfrage nach sexuellen Dienstleistungen herangezogen werden. Andererseits aber wurde dieses gesellschaftlich etablierte Freiertum in Geheimnisse gehüllt und tabuisiert. Die Prostitution bzw. die Sex-Industrie als Ganzes ist damit zugleich Teil der

Gesellschaft und ausgegrenzt, was sich in der treffenden Bezeichnung „Halbwelt" widerspiegelt. Die kommerzielle Sexualität findet daher in sozial abgegrenzten Räumen statt. Diese zu betreten und zu verlassen, schließt die Überschreitung sozialer Grenzen und Schwellen ein. Daher lädt das Thema dazu ein, darüber nachzudenken, inwiefern der Prostitutionsbesuch allgemein ein Ritual ist.

Zu den Geschlechtercodierungen der Sexualität gesellen sich zudem die kulturellen und geschlechtlich codierten Bedeutungen des Geldes, die sich in Bezug zur Sexualität ebenfalls als ambivalent erweisen. Einerseits, so Marx (1970 [1844]) in seinen Frühwerken, ermöglicht es das Geld, sich das zu kaufen, was man nicht besitzt. Andererseits beinhaltet der Umstand, dass jemand für einen sexuellen Kontakt und die Inanspruchnahme einer Dienstleistung bezahlen muss, auch eine Demütigung: Ist das Geld damit doch ein Ersatz für die ‚natürliche' Anziehungskraft eines Menschen. Des Weiteren ist die Prostitution einerseits nach Simmel (2001) deswegen so attraktiv, weil in ihr mit der Bezahlung alles abgegolten ist. Andererseits aber ist Geld nicht nur mit dieser Art Trennung zwischen Verbindlichkeit und Unverbindlichkeit assoziiert, sondern auch mit Fürsorge. Gerade intime Gemeinschaften zeichnen sich auch durch gegenseitige finanzielle Fürsorge aus (Simmel 2005).

Schließlich verweisen beide Seiten der Tauschhandlung in der Prostitution, das Geld wie die Sexualität, auf miteinander verbundene Kulturgeschichten (Braun 2013; Mathes 2008). In dieser Kulturgeschichte wird Männlichkeit mit dem Geistigen, der Kultur und damit auch mit dem Geld verbundenen, Weiblichkeit mit Natur und Sexualität. Es geht in der heterosexuellen Prostitution daher um mehr als nur einen rein physiologischen Akt: Es geht um den Austausch des männlich codierten Geldes mit einer weiblich codierten Natur. Es geht um eine symbolisch aufgeladene und vergeschlechtlichte ritualisierte und rituelle Begegnung, in der Freier – trotz besseren Wissens – nach einer authentischen, „natürlichen" Begegnung suchen. Diese Bedeutung spitzt sich in der Behauptung zu, die zeitgenössische Prostitution stünde mit den als „Heilige" bzw. Tempelprostitution" bezeichneten Ritualen in Beziehung.[1] Obwohl dieser Verweis ebenso falsch ist, wie die Rede vom ‚ältesten Gewerbe' (Schmitter 2004: 16), ist er einer der Legitimations- und Aufwertungsdiskurse zeitgenössischer Prostitution, die auch von Sex-Arbeiterinnen selbst vorgebracht werden (Grenz 2007).

---

1   Hierbei handelt es sich beispielsweise um die legendäre Tempelprostitution in Babylon, die beinhaltet haben soll, dass jedes Mädchen oder jede junge Frau vor der Hochzeit einmal im Leben im Tempel Sex mit einem Fremden haben musste, um so der Fruchtbarkeitsgöttin Mylitta zu dienen. Ein anderes Beispiel ist die so genannte Heilige Hochzeit, bei der sich der König und die Hohe Priesterin zu Ehren der Göttin Ishtar zusammengefunden haben sollen (vgl. Braun 2012: 387).

Die Möglichkeit, sexuelle Dienstleistungen in Anspruch nehmen zu können, ist nach wie vor ein überwiegend männliches Privileg. In diesem Artikel soll es nun darum gehen, die rituellen Dimensionen der von heterosexuellen Männern in Anspruch genommenen kommerziellen Sexualität zu durchdenken. Dies geschieht auf der Grundlage einer qualitativ-empirischen Studie über Freier (Grenz 2007). Daher werde ich zunächst kurz auf die Methodik der Interviewführung und Auswahl eingehen, um den weiteren Gedankengang zu kontextualisieren. Die Studie hat gezeigt, dass der Besuch bei einer Sex-Arbeiterin der Reproduktion, der Wiederherstellung und Performanz heteronormativer Männlichkeitskonstruktionen dient, also einem durchaus konservativem Anliegen folgt (Grenz 2007). Dies zeigt sich beispielsweise an den zwei speziellen Ritualen, auf die ich bei dieser Gelegenheit eingehen möchte: erste sexuelle Erlebnisse von heterosexuellen Männern und die Gestaltung von Männerabenden. An diesen wird ersichtlich, wie die Prostitution einerseits dazu dient, eine Statuspassage zu überschreiten und andererseits zur Stärkung homosozialer Verbünde beiträgt. Rituale in diesem Sinne sind besondere, aus dem Alltag herausgehobene Ereignisse. Darüber hinaus werden mithilfe der Prostitution persönliche Krisen von beziehungs- bis zu sexuellen Problemen entweder zu überwinden oder zumindest zu verdrängen versucht, um so den eigenen Männlichkeitsvorstellungen wieder zu entsprechen – wenn auch nur vorübergehend. Hier wird sich an eine diskrete wie anonyme Instanz, die Sex-Arbeiterin, gewandt. Wie ich zeigen werde, kann die Prostitution in diesem Sinne als eines jener Rituale betrachtet werden, durch die Krisen bewältigt, Feste gefeiert und Passagen vom sexuell unerfahrenen zum erfahrenen Mann durchschritten werden. Es dient also zwei Zwecken, die jedoch aufeinander bezogen sind: Es hat eine alltägliche Funktion der Reproduktion von Männlichkeitskonstruktionen, die sich auch in außeralltäglichen Praktiken wie Festen oder Statuspassagen wieder findet, dort aber herausgehoben praktiziert wird. Abschließend werde ich angelehnt an Viktor Turner (1989) zeigen, wie sich verschiedene Ritualphasen in den Erzählungen aus den Interviews nachvollziehen lassen.

2 Zur Methodik

Grundlage dieser Studie sind narrative Interviews mit 19 Freiern, die 2001 überwiegend in Berlin auf eine Zeitungsannonce antworteten oder über das Schneeballsystem Kontakt mit mir aufnahmen. Die Interviews dauerten zwischen 20 und 75 Minuten (Grenz 2007: 37 ff.). Das Sample setzt sich aus verschiedenen Alters- und Berufsgruppen zusammen; etwa ein Drittel der Befragten lebte zur Zeit des Interviews in einer festen Partnerschaft, während etwa zwei Drittel alleinstehend waren. Der jüngste Befragte war 27, der älteste 74 Jahre alt. Wie in der Studie von Kleiber und Velten (1994) häuften sich die Befragten in der Altersgruppe der 30- bis 50-Jährigen. Es waren verschiedene Berufsgruppen beteiligt. Männern mit Hochschulabschluss bzw. Männer, die diesen gerade anstrebten, waren besonders häufig vertreten. Auch dies ist eine Übereinstimmung zur Studie von Kleiber und Velten (1994) und zu Velten (1994), die die hohe Antwortbereitschaft von überdurchschnittlich gebildeten Freiern damit erklären, dass Zeitungsannoncen grundsätzlich lesende Freier ansprechen, also tendenziell auf ein höheres Bildungsniveau treffen, und dass diesen Männern mehr Geld zur Verfügung steht, und es damit wahrscheinlicher ist, dass sie regelmäßig Kunden von Sexarbeiterinnen werden/sind (Velten 1994: 55). Eine weitere Erklärung könnte meinen Erfahrungen zufolge sein, dass akademisch gebildete Männer weniger Berührungsängste mit universitärer Forschung haben.

Eine Studie mit 19 Befragten kann keinen Anspruch auf Repräsentativität erheben. Meine inhaltlichen Ergebnisse weisen aber deutliche Parallelen zu anderen Studien auf, wie jenen von Kleiber und Velten (1994), Velten (1994), Hydra (1991), Rothe (1997) sowie Gerheim (2011). Gegenwärtig sind repräsentative Querschnittsuntersuchungen über Freier nicht möglich, da man nicht weiß, wie sich die Klientel zusammensetzt. Daher konzentriert sich meine qualitative Analyse auf die kulturellen und sozialen Bezüge, die in den Interviews zur Sprache kommen. Diese verweisen ständig auf die dominante traditionelle Geschlechterordnung und orientieren sich an hegemonialen bzw. heteronormativen Vorstellungen von Männlichkeit und männlicher Sexualität.

3   Der Prostitutionsbesuch als besonderes Ereignis

In dem Interviewmaterial konnten Hinweise auf den Prostitutionsbesuch als „besonderes" Ereignis gefunden werden. So diente die Prostitution einigen Männern dazu, erste sexuelle Erlebnisse zu sammeln. Des Weiteren wurde erzählt, wie Männerabende im Bordell begangen oder Vertragsabschlüsse dort gefeiert werden. Dies sind Rituale, die entweder dazu dienen, sich sexuelles Kapital anzueignen (Gerheim 2012) oder die homosoziale Verbundenheit zu erhöhen – bei gleichzeitigem Ausschluss von Homosexualität. Bei beiden Motiven und Arten des Prostitutionsbesuchs geht es also darum, Aspekte einer normativen heterosexuellen Männlichkeit zu reproduzieren.

3.1 Die „Entjungferung"

Außerhalb des Interviewmaterials habe ich im Laufe der Arbeit an dieser Studie einige Geschichten darüber gehört, dass ältere Verwandte oder Freunde das vermeintliche ‚erste Mal' für einen jungen Mann organisieren wollten. Im Interviewmaterial gab es ebenfalls einen solchen Fall:

> Paul: Es ist sogar in [Region] üblich, in gewissen ländlichen Kreisen, dass wenn der Junge 18 ist, zum Beispiel bei Bauern oder so, dass Papi dann mit dem nach [Stadt] (...) fährt, einen Hunderter hinlegt, und dass der Junge auch die sexuelle Volljährigkeit spürt, ist durchaus nichts Ungewöhnliches.
> S.G.: Aber bei Ihnen waren es Freunde?
> Paul: Die haben mir das aus Jux ausgegeben. Ja, richtig, weil die meinen Geschmack kennen und haben mich damit hochgezogen, weil ich davor ... ‚Komm mal mit, da ist eine besser wie die andere.' Sage ich: ‚Kann ich mir gar nicht vorstellen.' ‚Doch, sehen alle aus wie Schwedenmädchen.' Ist man neugierig. Ja, dann war das ein schönes Erlebnis. Und seitdem geht das durch die Reihe weg durch, aber nicht nur Vollprofessionelle, ich war auch mit Halbprofessionellen zusammen.

Bei *Paul* ist nicht eindeutig, ob dies auch seine ‚Entjungferung' gewesen ist oder nicht. Es bleibt offen, was er vor der Pause sagen wollte, wie er den Satz „weil ich davor" beendet hätte. Hat er davor eine Enttäuschung erlebt oder noch keinen sexuellen Kontakt zu einer Frau gehabt? Oder wollten Sie ihm einen Sexualkontakt ermöglichen, der seinen Wünschen nach dem Äußeren einer Frau entspricht? So oder so bleibt es ein Ritus mit demselben Gestus, da er den Bordellbesuch von seinen Freunden zum 18. Geburtstag geschenkt bekam, und gerade dieser Geburtstag entscheidende Auswirkungen auf den Personenstand hat.

Für mindestens vier Probanden war das erste Mal mit einer Prostituierten auch das erste Mal Sex mit einer Frau. Sie organisierten es sich allerdings alle selbst. Zwei (*Sven* und *Michael*) sprachen davon, dass sie es einfach einmal ausprobieren wollten. Die beiden anderen (*Ingo* und *Thorsten*) setzen sich ausdrücklich zu ihren Peers in Beziehung:

> Thorsten: Das erste Mal ist schon sehr lange her. Da war ich so 15, also Jugendlicher (...) Ja, ich war damals Schüler noch auf der Oberschule, ich glaube, da war ich auf dem Gymnasium. Und das war damals in der [Straße] noch. Das eh da war ja noch so der Straßenstrich hier in [Stadt] (...) Und ich

weiß auch nicht, ich wollte einfach erst mal vor meinen Kumpels angeben und so, ne, weil die waren doch alle noch so unbedarft und … Ja ich fand das irgendwie spannend einfach so. Und ich hatte vorher auch noch keinen Sex irgendwie mit Frauen. Und, na ja, das … hab mich dann die ganze Zeit da in der Gegend rumgetrieben und wurde auch ständig angequatscht und so. Bin dann eben mit so einer Frau mitgegangen.

Das Ritual dient in diesem Fall also zwei Zwecken, dem eigenen Erleben und der Statuserhöhung in der Jungengruppe. Es ist also auch ein Ritual, das die Beziehung zu seinen „Kumpels" verändern (stärken?) wird.

3.2   „Männerabende"

Der Wunsch, vor den „Kumpels" angeben zu wollen, weist daraufhin, dass sexuelle Erfahrung unter Männern als Mittel der Konkurrenz, als sexuelles Kapital (Gerheim 2012) eingesetzt werden kann, um hierarchische Beziehungen unter Männern aufzubauen beziehungsweise neu auszuhandeln (Carrigan/Connell/Lee 2002). Von der „Prahlerei" nach (vermeintlichen) Prostitutionsbesuchen wurde in den Interviews meiner Studie häufig berichtet. Ebenso häufig maßen sich die Interviewees über ihre sexuellen Erfahrungen, die Größe ihres Penis und ihr sexuelles „Durchhaltevermögen" mit anderen Freiern, so dass die Studie insgesamt bestätigte, dass Konkurrenzverhalten ein zentrales Organisationsmuster ist, durch welches hegemoniale Männlichkeit etabliert wird (Grenz 2007). Das Prahlen mit sexuellen Erfahrungen trägt aber nicht nur zur Konkurrenz unter Männern bei, sondern ist zugleich ein Mittel der Vermeidung von Intimität. Wie Messner (2001) anhand einer Studie über Boxer in den USA zeigte, wird gerade dadurch, dass von Männern – in (post)modernen westlich geprägten Gesellschaften – um Hierarchien gerungen und körperlich-emotionale Nähe vermieden wird, soziale Nähe hergestellt. Die soziale Nähe wird dadurch unterstützt, dass alle sexuellen Emotionen aus der Beziehung zwischen Männern ausgeblendet und auf Frauen übertragen werden.

Eben dies geschieht ganz besonders bei so genannten Männerabenden, bei denen Männer gemeinsam in ein Bordell gehen. Dies kann privat geschehen oder, wie im folgenden Beispiel, als das Feiern von Vertragsabschlüssen:

Stephan: Also der offizielle Deckmantel läuft, dass man sagt, man trifft sich zu einer festgelegten Projektierung, dass man sagt: ‚Das und das steht an.' Dann geht es zu einer Besprechung. Man guckt, welche Sachen können im Rahmen von Ausschreibungsmodalitäten oder wie auch immer sein. In dem

Moment, wo es dann darum geht, dass die Aufträge auch weitergegeben werden, eh werden also die Verantwortlichen hier noch einmal eingeladen. Man muss sozusagen vor Ort Nägel mit Köpfen machen und gucken ob das läuft, und dabei geht es natürlich auch darum, dass man miteinander, sich näher kommt. Man trifft sich zum Essen und das findet nicht mittags um 12 statt, sondern man trifft sich meistens in den Abendstunden. Und dann gibt es zwei Qualitäten: die eine ist, man kann mit der Ehefrau dran teilnehmen und dann passiert diese Sache überhaupt nicht, oder aber man macht es wirklich als reines Geschäftstreffen. Und dann ist immer die Frage, wer eh eh wie dann die weitere Gestaltung des Abends ... vonstatten geht (...). Manchmal ist das ein normaler Barbetrieb, wo das eine nur nebenbei läuft. Also es ist nie offensichtlich. So habe ich es nie erlebt, dass man direkt sagt: ‚Wir gehen jetzt ins Bordell.‘ So nicht, also immer verdeckt, so: ‚Sollen wir noch was trinken gehen?‘ Und dann ist da aber meistens ein bordellartiger Betrieb angeschlossen (...) und man hat einen netten Geschäftsabend verbracht. Am nächsten Tag fliegt man dann mittags irgendwann wieder nach Hause, und alles hat seine Ordnung gehabt.

Dieses Beispiel verdeutlicht, dass der Barbesuch als Ritual Bestandteil von Vertragsabschlüssen sein kann, und die Möglichkeit sexueller Dienstleistungen für Geschäftsabschlüsse genutzt wird. Die Beteiligten sind eindeutig Männer, da nur sie Ehefrauen haben. Der Barbesuch versorgt die Männer daher mit der Gesellschaft von Frauen, so dass sexuelle Gefühle in der ‚richtigen‘ Weise ausgelebt werden können, nämlich auf das ‚richtige‘ Geschlecht gerichtet. Denn nur so können normative heterosexuelle Männlichkeitskonstruktionen reproduziert werden. Dafür gab es auch in anderen Interviews Beispiele. So erzählte ein Interviewee von gemeinsamen Feiern von Bauabschlüssen:

Paul: Zum Beispiel jetzt, wenn wir Abschlüsse getätigt haben. In der Baubranche ist das so üblich, wenn da irgendwelche Summen fließen, dass der Bauträger dann gesagt hat: ‚So und jetzt fahren wir dahin, wo es schön ist.‘ Ja, dann haben wir mal eben mit fünf Mann 10 Mille [€ 5000] vervögelt, die ganze Nacht, also mit Verzehr und Verkehr, Saufen, alles was dabei gehört. War eine Superstimmung.

An anderer Stelle beschreibt derselbe Interviewee etwas detaillierter, wie der gemeinsame Bordellbesuch geregelt wird:

Paul: Wenn jetzt der Vertrag durch ist, beim Notar, der kann ja dann nicht mehr widerrufen werden, kommt sofort ein Rotstift von 10 – 15 %. Das sind in der Regel 15.000 Mark [€ 7500] aufwärts. So, und dann ist das egal ob der Abend 2.000 [€ 1000] oder 3.000 [€ 1500] oder 4.000 [€ 2000] Mark kostet. Und dann sind wir in die [Straße] gegangen (…). Ja, und dann wird sich da in die Ecke gesetzt. Dann wird was zu trinken bestellt. Und dann werden die Frauen aufgeteilt. Der eine steht auf schwarz, der andere auf dunkel, auf blond. Bis jeder die Torte auf dem Knie sitzen hat, die er gut findet. Zum Beispiel im Hotel [Name], (…). Ja und dann geht der mal aufs Zimmer, dann der, dann der, dann geht der mal in den Pool relaxen, dann kommt der Andere wieder, das zieht sich dann bis morgens um fünf Uhr, bis wir nicht mehr stehen oder sprechen können oder sonst was oder rausfliegen.

Es ist offensichtlich, dass keine der in Frage kommenden Angestellten oder Firmeneigentümer eine Frau ist. Die Feiern dienen daher der Intensivierung der homosozialen Verbundenheit von Männern untereinander. Diese wird auch dadurch bestärkt, dass nach dem Abend ein gemeinsames Geheimnis existiert:

Stephan: Kollegen, die dabei waren, die sagen dann von vornherein: (flüstert) ,Ach, bleibt doch unter uns, erzählen wir nicht weiter.'

3.3   Prostitution und die Bearbeitung persönlicher Krisen

Einige der Interviewpartner vertrauten sich Sex-Arbeiterinnen auch in persönlichen Krisen an. Häufig wurden hier Krisen benannt, die im Zusammenhang mit ihrer Sexualität standen. Beispielsweise suchten die Interviewees Sex-Arbeiterinnen auf, wenn sich ein Konflikt mit der Ehefrau/Lebenspartnerin zugespitzt hatte, oder sie sich einsam fühlten:

Hans: Eh irgendwann kommt dann so ein richtiger Anfall von der absoluten Einsamkeit. Man wäre bereit, wirklich alles, alles zu geben, dafür, dass irgendjemand die Nacht neben einem im Bett liegt. Da ging es nicht mal irgendwie um Sex, sondern einfach darum, dass jemand da ist. Und irgendwann habe ich mich halt dran gewöhnt und gesagt irgendwie: ,Erstens gibt es das nicht, zum einen, und zum andern würdest du das nicht bezahlen können, bei einem Tausender die Nacht.' Also ich sage mal, das war es mir auch nicht wert.

Mit seiner Erzählung, die beinhaltet, dass er für Sex bezahlte, obwohl es ihm eigentlich um Nähe ging und nicht um sexuelles Begehren, greift *Hans* ein Thema auf, dass Zilbergeld (2000) als Mythos über männliche Sexualität anführt. Zilbergeld beobachtete in seiner Praxis als Sexualtherapeut, dass Männer immer wieder, wenn sie eigentlich Nähe suchen, auf Sex zurückgreifen. Dabei folgen sie bewusst oder unbewusst den Mythen, dass Berührungen letztlich immer sexuell sind, und dass Männer immer Sex haben wollen und können. In diesem Mythos wird die synekdotische Beziehung zwischen einem Mann und seinem Penis angesprochen:

> In Western culture, there exists a synecdochal relationship between the men and his penis (....) The penis stands in and up for the man: it is popularly depicted as a miniature male person (...), a homunculus parasitically attached to the man's body, possessing a mind of its own and its own peculiar 'carnal' intelligence. This penis-brain is generally portrayed as operating in contrast to the rational conscious control of the man's cerebral brain/mind; it follows its own primal agenda, resulting in a frequent 'battle of wills' between the men and his sexual penis-self (Potts 2000: 85).

Daraus könnte auch geschlossen werden, dass ein Sich-Kümmern um den Penis einem Sich-Kümmern um den ganzen Mann gleichkommt. Neben der Einsamkeit können aber auch noch ganz andere Mangelerscheinungen vorliegen, wie das nächste Beispiel zeigt:

> Ingo: Teilweise war auch Langeweile dabei. Ach, man hatte keine Freundin, eh hatte auch durch den Schichtdienst eh eh dann dazu auch keine Zeit mehr. Dann wurde angerufen, dann kam irgendein Mädel her.

Darüber hinaus werden Sex-Arbeiterinnen besucht, um Erektionsstörungen zu überwinden oder sich selbst sexuell umzuerziehen:

> Hermann: Na, mit Prostituierten kam das dann so, dass ich dann irgendwo dachte: ‚Wenn ich das da kann, dann kann ich das halt‘. So, und eh das wurde dann immer so fixer, die Idee halt. Na ja, dann bin ich das erste Mal hingefahren mit einem Freund. Na ja, war die totale Katastrophe. Also ich hab mit ihr da irgendwo gesessen. Ich hab schon irgendwie immer so einen Ausschlag, wenn ich angefasst werde, wenn ich das nicht möchte, so ein bisschen, also (...), Das ging dann unten schon los, wo sie mich umarmen wollte und an den Knien lang ging, da hab ich dann bezahlt, wir sind dann gleich hoch in dieses Zimmer gegangen, und da meinte sie, ich soll duschen gehen. Da hatte ich schon total das Problem, mich da erst mal auszuziehen und da irgendwie zu duschen. Da meinte ich: ‚Ich will nicht duschen‘. Da meinte sie,

sie würde duschen. Da sagte ich: ‚Ja gut'. Dann hat sie da geduscht und kam dann wieder raus, und ich war natürlich angezogen und dann wollte ich, wollte irgendwie mit ihr reden, ja? Und sie sprach auch, weiß nicht, deutsch, englisch fließend. Und da haben wir halt so über die Sprache erst mal so, was wir für einen Beruf, also was sie halt früher für einen Beruf gelernt hat und was ich so beruflich irgendwie mache. Und da war das irgendwo vom Erzählen her ziemlich nett halt. Und dann habe ich auch so darauf geachtet, aber es hat sich überhaupt nichts bewegt da so. Hab ich da so ein paar mal gedacht, sie hat mich dann irgendwie so berührt. Ich war mehr so erschrocken von diesen Berührungen halt so, das hat mir irgendwie so eigentlich nicht gefallen. Dann war wohl die Zeit rum, das Telefon klingelte dann. Dann musste sie wohl wieder runter. Mein Freund kam dann halt und fragte: ‚Wie war es?' Ich sag: ‚Ja, war schön' (lacht). Na ja und dann sind wir halt losgefahren (…) Also ich hab mich irgendwie als extrem unmännlich erlebt, das einfach nicht zu können, also, nicht. So, man sieht eine Frau, optisch hat sie mir gefallen, aber es ist überhaupt nichts passiert. Dann habe ich das irgendwie (…) vier Mal oder so in dem Fall wie beim ersten Mal praktiziert und es hat wieder nicht geklappt. Und dann war es dann, war es auch so, dass ich irgendwie dachte, ehm, weil in diesen Bordellen, sind ja manchmal auch so dieselben Frauen, dass es sich so rumspricht halt und verschiedene, fünf mal hat es überhaupt nicht geklappt. Und einmal bin ich dann dazu gekommen, dass ich mich irgendwie auch ausgezogen habe, geduscht habe und dann nackig im Bett lag. Und dann hat die sich ungefähr so sieben bis acht Minuten an mir abgemüht, dass mit mir irgendwas passiert, es passierte aber nichts, halt, und das war so für mich eben total, ja weiß ich auch nicht, eine tiefe narzisstische Kränkung so, dass ich es überhaupt nicht kann. Da hab ich mir gedacht, also das bringt halt nichts, du lässt es halt irgendwie sein … Na ja, wenn eine Situation kam mit Freunden, also ich hab das noch nie so richtig fertig gebracht zu sagen, dass ich das nicht kann, dass es halt nicht funktioniert, bin ich noch ein paar mal halt so mitgefahren, aber bin halt nicht mehr hoch aufs Zimmer gegangen, sondern hab unten da gesessen und irgendwie so gequatscht und mir das angeguckt und, eh eh ja so ist das gekommen, dass ich das erste Mal dahin gegangen, oder mehrmals gegangen bin.

Hermann beginnt seine Geschichte bereits mit der Einführung in seine Unlust. Der Besuch des Clubs war ein Versuch der Selbsterziehung zu einem heteronormativen Begehren. Eigentlich möchte er von der Sex-Arbeiterin gar nicht angefasst werden, er hält aber dennoch an der Idee fest, mit ihr den Geschlechtsverkehr üben zu wollen. Er glaubt, dazu bereit sein zu müssen, auch wenn er sich unwohl fühlt.

Der Sexualtherapeut Zilbergeld (2000: 50 f.) beschreibt genau dies als einen gängigen Mythos, der ihm in seiner Praxis immer wieder begegnet, und auch Beier et al. (2001: 200) ist die Sorge um die eigene Appetenz aus der sexualmedizinischen Praxis bekannt. Sie war in dem Interviewmaterial ebenso präsent wie die Vorstellung eines starken männlichen Sexualtriebs. Insgesamt zeigt sich daher auch an den Versuchen, mithilfe der Prostitution persönliche Krisen zu überwinden, dass der Besuch bei einer Sex-Arbeiterin ein Ritual zur Reproduktion normativer heterosexueller Männlichkeit ist. Im Folgenden möchte ich untersuchen, wie sich der Ablauf dieses Rituals konkret gestalten kann.

4 Die Ritualstruktur des Prostitutionsbesuchs

Der Ethnologe Turner (1989) bezeichnet Rituale als soziale Dramen, als Inszenierungen mit großer Symbolkraft. Turner zufolge (der sich dabei auf Gennep 1909/1986 bezieht), besteht die Struktur fast aller Rituale aus drei Phasen, die Rituale gleichzeitig als Übergänge markieren: „Trennung, Schwelle bzw. Umwandlung und Angliederung" (Turner 1989: 34). Alle drei sind in dem Interviewmaterial zu finden, wodurch auch der Prostitutionsbesuch im Sinne eines sozialen Dramas interpretiert werden kann, dem eine große Symbolkraft innewohnt. Diese Symbolkraft bezieht sich – wie bereits dargestellt – vor allem auf die verschiedenen Aspekte der dominanten zeitgenössischen Geschlechterkonstruktion, der Konstruktion heterosexueller männlicher und weiblicher Normativität.

4.1 Die Trennungsphase

Bei der Trennungsphase geht es Turner (1989) zufolge um klare Abgrenzungen zwischen dem Profanen und dem Sakralen. Diese Trennungen sind räumlich wie zeitlich zu verstehen. Es werden besondere Räume betreten, und in ihnen herrschen andere Qualitäten von Zeit. Dies ist bei den oben genannten Ritualen der Fall und trifft auch auf die zeitgenössische Prostitution zu, bei der ebenfalls besondere Räume aufgesucht werden, und die Zeit, in der die Begegnung stattfindet, eine große Rolle spielt. Die Trennungsphase kann im Falle zeitgenössischer Prostitution einen größeren Zeitraum umfassen:

Michael: Es gibt ja immer verschiedene Angebote, und ich hab mir häufig auch welche rausgesucht. (...) Also ich hab halt immer [in Zeitschrift] gekuckt und mir da die Anzeigen rausgesucht. So habe ich das fast praktisch, muss mal überlegen, eigentlich immer angebahnt. (...) Bei einer war es so, dass ich erst mal angerufen habe und dann eine zeitlang eben nicht, kam durchaus vor, ja ... man hat angerufen und ist dann aber nicht hingefahren, sondern, was weiß ich, kann auch was anderes dazwischen gekommen sein oder sonst wie. (...) eh man hat dann später noch mal angerufen. (...) Also diese Sache, ob man sich entschließt. Dann kuckt man halt so in die Anzeigen rein. Man muss ja auch ein bisschen wegen dem Geld eh kucken, und muss halt, das spielt halt auch immer eine Rolle, ob man gerade jetzt so ein bisschen Taschengeld zur Verfügung hat, um um um sich das zu gönnen. Müssen mehrere Sachen zusammen kommen: Einerseits muss die Lust jetzt groß sein, groß genug sein, eh dass man halt nicht nur die Bettdecke haben will, sondern eben dass man wirklich Kontakt haben möchte, andererseits muss natürlich auch das Geld denn stimmen. Man muss denn wirklich eben sehen, kommt man jetzt damit so hin, klappt das jetzt so, dass dass man sich da jetzt nicht in Schwierigkeiten bringt (...) Und dann muss man eben ein bisschen telefonieren und kucken. Man schaut auf eine Formulierung von einer Anzeige, wie die sich so beschreiben.

Michael liest immer wieder Zeitungsannoncen, ruft auch schon einmal an, geht aber erst los, wenn er sich sicher ist, dass seine „Lust groß genug" ist, um es in der vorgegebenen Zeit auch zu schaffen. Zudem muss er genügend Geld zur Verfügung haben. Diese Vorbereitung dient der Steigerung der Lust und markiert die Besonderheit des Ereignisses. Männer, die wenig Geld zur Verfügung haben, müssen unter Umständen lange sparen, bis sie genügend Geld haben, um zu einer Sex-Arbeiterin zu gehen. Das entspricht auch den Erfahrungen von Sex-Arbeiterinnen und zumindest einem Bordellbesitzer (Klee 2003; Maiworm 2003). Es geht bei der Vorbereitung aber nicht nur um Geld und Lust. Besonders vor dem ersten Besuch müssen innere moralische Hürden überwunden werden (Gerheim 2012):

Peter: Das war schon ein bisschen eh komisch, und ich sag mal, der Gedanke der spukte schon eine Zeitlang dann im Kopf: ‚Menschenskinder könnte man mal.‘ Und den Abend war es dann mehr oder weniger so eine spontane Sache: ‚Mensch jetzt hast ein bisschen Zeit, jetzt guckst du einfach mal‘. Na ja und dann hat man auch Überlegungen: ‚Gehst du jetzt rein oder lässt du es sein, oder fährst du wieder los und mhm mhm.‘ Ja, also so das Abchecken für sich selber, ja okay, ehm wie man so landläufig sagt: ‚Betrügst du jetzt Deine Frau damit oder Freundin oder? Ehm ... Ja, das erst mal für sich selber abzuchecken, das es halt, ich sag mal, in dem Sinne für einen selber kein Betrügen ist, für den Partner, ich sag mal, der erstmal nicht da ist, von dem ich sag mal Bedürfnisse nicht befriedigt werden, ich sag das mal so.

Aus dieser Passage geht eindeutig hervor, dass *Peter* Grenzen überschreiten muss. Er begibt sich in einen anderen, ihm ungewohnten gesellschaftlichen Raum. Durch diese innere Auseinandersetzung ist der Besuch bei einer Sex-Arbeiterin dann quasi errungen. Es müssen sich aber nicht nur verheiratete Männer über moralische Ansprüche hinwegsetzen. Auch unverheiratete Freier können Zweifel befallen, wie das folgende Zitat veranschaulicht:[2]

> Christian: Als ich mich dann von meiner Freundin getrennt habe, da habe ich dann auch gesagt: ‚Mensch eigentlich bist du nicht so ein Typ, der hingeht und sich eine Frau kauft.' Aber wie gesagt, irgendwann wurde dieser bewusste Sexualtrieb dann doch so stark, da habe ich mir gedacht: ‚Na ja, wenn du so keine Frau kennen lernst, versuchst halt einfach mal.' Dann gehst du natürlich auch mit gemischten Gefühlen hin, weil du realisierst natürlich in dem Augenblick, oder so ging mir das zumindest, dass ich gesagt habe: ‚Eigentlich ist es ja ein Schweinejob, was die Frau da macht, die verkauft sich ja selbst sozusagen bzw. auch einen Teil von ihrer Seele, wenn sie sich da prostituiert.' Bloß dann habe ich mir wieder gesagt: ‚Schön, eh ein Stück weit macht sie das vielleicht auch freiwillig.'

Beide Passagen zeigen die langwierigen innerlichen Auseinandersetzungen und Rechtfertigungen, die von manchen Freiern durchgangen werden müssen. Sie wägen ab, ob sie damit ihre Frau betrügen oder unmoralisch handeln, weil sie Gebrauch von einer Prostituierten machen. Diese Auseinandersetzungen finden aber in einem grundsätzlich/gesellschaftlich akzeptierten Raum statt. Freiern werden keine realen Steine in den Weg gelegt. Es gibt zwar moralische Ansprüche, diese sind aber keinesfalls zwingend. Die Freier würden niemals für irgendetwas belangt werden. In diesem Zusammenhang können diese Auseinandersetzungen daher als Spannungssteigerung innerhalb der Trennungsphase interpretiert werden. Durch die längere Dauer erhöht sich die Vorfreude.

Wenn der Entschluss erst einmal gefasst ist, bereiten sich manche Männer vor, indem sie sich duschen oder sich frisch machen:

---

2 Vgl. die Studie von Gerheim (2012), der sich insbesondere dem Einstieg in die Prostitution zuwendet.

Christian: Also du machst dich natürlich erst mal frisch. Also du machst dich
sauber und legst ein bisschen Deodorant oder Eau de Toilette auf, damit du
einen entsprechend guten Eindruck auch machst. Weil ich denke mal, darauf
legen die Damen auch großen Wert, also dass die Chemie stimmt sozusagen.
Man muss sich ja auch riechen können, sage ich mal so. Und dann kribbelt
es natürlich schon wieder innen drin. Weil dann freust du dich natürlich
auch, ja, dann sagst du dir: ‚Jetzt such ich mir mal wieder was Schnuckeliges
raus.' Und dann geht es los sozusagen.

Das sich Frisch-Machen ist keine simple Reinigung, sondern dient auch der inneren Vorbereitung. Eventuell kann diese Reinigung sogar als rituelle Waschung
interpretiert werden. Er verhält sich, als ginge er zu einem Rendezvous, bei dem es
darauf ankommt, welchen Eindruck er macht. Er sieht sich weniger als zahlender
Kunde, der Ansprüche stellen kann, und für den es egal ist, was die Dienstleisterin
über ihn denkt. Auch *Ingo*, der sich vorzugsweise Frauen nach Hause bestellte, zieht
Analogien zu einer freien (nicht-kommerziellen) Beziehung:

S.G.: Gab es irgendwie eine Art von Vorbereitung, bevor die Frau gekommen
ist oder bevor du irgendwo hingegangen bist?
Ingo: Ja, bevor die Frau gekommen ist, sicher, also alles bereit gelegt, Kaffee
gekocht und und und also, wenn (lacht) wie ich so bin, soll der Mensch das
ja auch irgendwie doch denn so ein bisschen ... Handtuch hingelegt, wie
man das so macht also.
S.G.: Ich weiß nicht, wie man das so macht.
Ingo: ... Nee?
S.G.: ... Nee, nee
Ingo: Aber beschäftigst dich damit?
S.G.: Ja, aber, deswegen wollte ich dich ja fragen.
Ingo: ... Ja, also eben Dinge hingelegt, man braucht ja Handtücher, man
braucht ja Papier, und Bügel hingehängt, so diese Kleinigkeiten, die eigentlich
so dazu gehören, bei normalen Menschen, egal, ob das jetzt ne, auch wenn,
so so was macht man ja auch, wenn man eine nicht geschäftliche Beziehung
hat, denke ich mir, sag ich mal so, was eigentlich normal ist.

Diese Vorbereitungen, die Vorfreude, und dass man es so macht, wie „wenn man
eine nichtgeschäftliche Beziehung hat", lädt die Geschäftsbeziehung zur Sex-Arbeiterin emotional auf. Maiworm (2003), der selber Besitzer eines Clubs gewesen
ist, interpretiert Clubbesuche als Rituale der Verliebtheit. Meiner Interpretation
zufolge ist die Verliebtheit nicht unbedingt der zentrale Punkt. Sie ist jedoch eines

der vielen Symbole, die den heterosexuellen Kontext markieren und damit zur Reproduktion von Maskulinität beitragen.

Die emotionale Aufgeladenheit, die die Besonderheit der Situation markiert, wird auch durch Beschreibungen des Hingehens und der Ankunft in einem Bordell sichtbar. Dazu zwei Beispiele:

> Peter: Puh, ja ich überlegt:' Na Menschenskinder, machst du oder machst du nicht?' Oder: ‚Was erwartet dich da?' Ne. Bist du erst mal aufgeregt. Ehm ja, erst mal geguckt und mhm: ‚Machst du es nun? Gehst du mal rein und guckst du mal? Na ja, kannst ja mal gucken gehen.' So ein bisschen komisches Gefühl war es schon, dahin zu gehen und eh ja, sich da umzugucken oder so, ne, okay: ‚Mit der gehst du dann.' So nach dem Motto. Ist ja doch ein bisschen anders, als wenn man im normalen Leben sich so bewegt.

Peter hat alle moralischen Zweifel besiegt. Jetzt geht es darum, sich auf die Situation einzulassen. Der Mut, der dafür aufgebracht werden muss, scheint enorm. Er weiß noch nicht wirklich, was ihn erwartet, er kennt Bordelle bisher nur aus Erzählungen von einem Freund. Es war eine völlig ungewohnte Situation, sich umzusehen, und innerlich bereits eine Frau auszusuchen. Inzwischen ist er aber routinierter und kann die Situation reflektieren: „ist ja doch ein bisschen anders, als wenn man im normalen Leben sich so bewegt". Unter anderem diese Andersheit, die den Clubbesuch aus dem Alltag heraushebt, markiert ihn als Ritual (Bukow 1984: 39). Dies ist in seinem Fall besonders deutlich. Rituale werden eingesetzt, um Schwierigkeiten zu handhaben. Sie bringen die Welt wieder in Ordnung, da sie eindeutige Deutungen ermöglichen (Bukow 1984: 39). *Peter* gab als Anlass für seinen ersten Bordellbesuch Schwierigkeiten in seiner Partnerschaft an. Wie ich zuvor dargestellt habe, ist der Prostitutionsbesuch für viele Freier durch Mangelgefühle verschiedenster Art begründet. All diese Mangelgefühle können als Schwierigkeiten gedeutet werden, die mittels eines Rituals überwunden werden sollen, was beinhaltet, dass der Vorgang der Wiederholung bedarf. Dies zeigt sich auch darin, dass die Nervosität nicht nur beim ersten Mal empfunden wird:

> Michael: Ein bisschen Nervosität, würde ich sagen. So ähnlich wie zu diesem Termin heute, wenn man irgendwo hinkommt, wo man noch nicht weiß, was passiert. Kann ja auch ein Bewerbungsgespräch theoretisch sein. So dieses dieses Feeling, so ein bisschen, wie wie beim Theater. Lampenfieber, ja, das würde ja in dem Fall so ein bisschen natürlich kombiniert mit dem, dass dass man sich wieder damit beschäftigt, womit man sich ja gerne beschäftigt. So würde ich sagen, insofern Vorfreude.

4.2   Die Liminale Phase

Beim Betreten des Bordells oder Clubs bzw. der Ankunft der Frau wechselt die
Phase des Rituals. Nach der von Turner (1989) vorgestellten Einteilung folgt nach
der *Trennung* die *Schwelle* oder *Umwandlung* (liminale Phase). In dieser Phase
„durchläuft das rituelle Subjekt eine Zeit oder einen Bereich der Ambiguität, eine
Art sozialen Zwischenstadiums, das wenige Merkmale (wenn auch manchmal
außerordentlich bedeutsame) der vorangegangenen oder der folgenden profanen
sozialen Position oder kulturellen Daseinsform aufweist" (Turner 1989: 35). Hier
sind die bisher erarbeiteten symbolischen Bedeutungen anzusiedeln: die Differenz
der Geschlechter, das Aussuchen der Frauen, die Schönheit der Frauen, das Bezahlen, das Sich-Waschen, die Erlösungsmacht der Frauen von dem Mangelempfinden,
dem Begehren und den Fantasien, mit denen die Männer kommen, sowie der
Sexualakt. Aus der klaren Herausgehobenheit aus dem Alltag und der zeitlichen
wie räumlichen Begrenztheit des Rituals ergeben sich zudem Freiräume. In diesem
Freiraum ist es Männern möglich, aus Routinen auszubrechen, vielleicht endlich
mal passiv zu sein und von einer Frau bedient zu werden, oder aber eine Frau mal
abfällig zu behandeln. In dieser „Antistruktur" (Turner 1989: 40) ordnet sich die
gesamte Bandbreite männlichen Verhaltens bei Sex-Arbeiter_innen ein.

Beide Phasen, Trennungs- und Schwellenphase, überlappen sich. Das Aussuchen der Frau und das Bezahlen sind letzte Trennungszeichen. Denn noch ist
eine Umkehr ohne Verlust möglich. Gleichzeitig gehören sie schon zur liminalen
Phase, da sie bereits die gesamte Symbolkraft in sich tragen. Dies mag eine weitere
Erklärung dafür sein, dass es den Männern schwer fällt, ‚nein' zu sagen, wenn sie
mit der Situation nicht vollständig einverstanden sind. Sie befinden sich bereits
im Sog des Übergangs.

Aufregung, Nervosität, Vorfreude sind auch Kennzeichen von Verliebtsein.
Daher scheint sich diese Umschreibung besonders anzubieten. Kleiber und Velten
(1994: 53) fanden bei ihrer Freieruntersuchung heraus, dass der Prostitutionsbesuch
zumindest für ledige Freier ein „Beziehungssurrogat" sein kann. Denn Freier zeigen
„ein enorme[s] Bedürfnis (…) nach Zärtlichkeit und Nähe", artikulieren es aber
nicht unbedingt (Hydra 1991: 96). Die Suche nach einem Beziehungssurrogat ist
jedoch nicht unbedingt mit der Suche nach einer Beziehung zu verwechseln, wie
das folgende Beispiel zeigt:

> Felix: Es war wie beim ersten Mal. Es hat sehr lange gedauert, bis überhaupt
> was passiert ist, … Ich hab mich an dem Abend, etwas übertrieben, in sie
> verliebt, aber ich wusste, dass es dabei bleiben wird (…). Zu einer Beziehung
> war ich sowieso nicht fähig in der Zeit. Ich hatte das Bedürfnis zu reden. Sie

musste es sich anhören ... Na ja, ich hab sie auch an dem Abend wirklich behandelt wie meine Frau ... Also nicht irgendwie abfällig oder etwa: ‚Jetzt bezahl ich Sie dafür ... Sie müssen mir zu Diensten sein.' Der Gedanke ist mir nie gekommen.

Bei Ritualen handelt es sich um Inszenierungen sozialer Ereignisse. Verliebt sich ein Freier (ernsthaft), verwechselt er die Inszenierung mit der Realität. Die Suche nach einem Surrogat anstatt einer Beziehung bleibt aber im Rahmen der Inszenierung. Ein Surrogat ist eben eine inszenierte Beziehung. Das heißt, die Fähigkeit, die ein Freier erlernen muss, ist, sich auf die Inszenierung einzulassen und gleichzeitig die Distanz zu bewahren, also die Inszenierung als Inszenierung wahrzunehmen und nicht mit der Realität zu verwechseln. Das gelingt auch Freiern, die in fester Partnerschaft leben, nicht immer, wie das folgende Beispiel zeigt:

Rolf: Auf der Fahrt hin und auf der Fahrt zurück, ja, wenn wir dann abends zusammen gesessen haben, da hatte ich ein bisschen dummes Gefühl dabei, muss ich zugeben. Ja das ist, weiß ich nicht, irgendwie, ... ja, als wenn ich sie doch irgendwie doch betrüge und hintergehe. Das das ist da eben doch das, na ja, wie soll ich es sagen, das mhm, weiß ich nicht, wie man das ausdrückt, weil so ein komisches Gefühl eben da war, ich, dass ich eben doch was falsch mache und entweder die Verbindung aufgeben oder die Verbindung aufgeben sollte... Ah, aber ... da ich feige war, habe ich es nicht übers Herz gebracht, eine von den beiden aufzugeben.

Rolf ging längere Zeit immer zu derselben Prostituierten und hat gleichzeitig in fester Partnerschaft gelebt. Im gesamten Interview erzählt er von der Sex-Arbeiterin immer wieder auf eine Weise, die auf eine über das Geschäftliche hinausgehende Beziehung schließen lässt. Sein schlechtes Gewissen bezieht sich daher nicht nur darauf, dass er neben seiner Freundin noch zu einer Sex-Arbeiterin geht. Er hat gleichzeitig auch der Sex-Arbeiterin gegenüber ein schlechtes Gewissen, dass er seine Freundin nicht aufgibt. Ansonsten ließe sich nicht erklären, warum er von Feigheit spricht. Die Prostituierte wäre sicher nicht zu ihm gekommen, wenn er sich entschlossen hätte, nicht mehr zu ihr zu gehen. Die Verwechslung von Realität und Inszenierung hängt aber nicht nur mit Verliebtsein zusammen:

Sven: Nicht dieses eiskalte, ne also klar, dass ich jetzt nicht ehm etwas erwarten kann, was irgendwie Liebe annähernd ist oder jetzt totale Herzlichkeit oder so was, das kann man bestimmt nicht erwarten und, aber ich meine, klar, es gibt ja auch Prostituierte, die das bieten ne, aber bin schon ein relativ sensibler Mensch und relativ intuitiv auch, von daher würde ich das auch schnell durchschauen, ob es wirklich nur, ja so eine Maske ist, und das würde ich dann auch ablehnen, also ich habe mir Sympathie bzw. Freundlichkeit dann gewünscht.

Sven resümiert hier verschiedene Erlebnisse mit Prostituierten, bei denen er enttäuscht worden ist. Während der Anbahnung waren sie freundlich und werbend. Nachdem er jedoch bezahlt hatte, empfand er sie als kalt und mechanisch, was verdeutlicht, dass das Bezahlen tatsächlich die letzte Phase der Trennungsphase ausmacht. Er suchte aber nicht nur nach mechanischem Sex, sondern richtete auch emotionale Bedürfnisse an die Sex-Arbeiterin, die er an anderer Stelle als ‚Energieaufnahme‘ beschreibt, die er in diesem Rahmen nicht erleben konnte. Das Ritual hat dann offensichtlich nicht funktioniert, zumindest nicht den Vorstellungen *Svens* entsprechend. Auch das nächste Zitat aus einem anderen Interview zeigt, dass Sex als ‚pur‘ oder mechanisch erfahrener Sex als nicht befriedigend empfunden wird:

Klaus: Ich habe da ein bisschen ambivalentes Verhältnis, weil letztendlich eh mit Sex allein kommt man ja auch nicht klar, das ist nicht unbedingt, manchmal braucht man ja einfach ein nettes Lächeln oder so, weißt du?

4.3   Die Angliederungsphase

Ist das „Geschäft" erledigt, müssen Freier wieder in ihren Alltag zurückkehren. In der Phase der Angliederung geht es daher darum, nach dem Ritual wieder an den profanen Bereich anzukoppeln.

Stephan: Ich fühlte mich zuerst, also in der Situation selber ging es mir sehr, sehr gut. Hinterher nicht, hinterher war ich wie verkatert, also ein seelisches Verkatert-Sein, möchte ich mal sagen, war irgendwo ja … Weiß ich nicht, waren es Schuldgefühle, oder… Es war eine Sache, wo ich wusste, es ist ein Hintergehen, gar keine Frage. Und dann bleibt auch ein schlechtes Gewissen. Ich hab es meiner, also meine Frau weiß es bis heute nicht, zumindest nicht von mir. (…) Mit der Zeit, mit der Zeit wurde der Kater kleiner. Ist wahrscheinlich wie bei einem Alkoholkranken. (…) Das Verkatern lässt langsam nach. (…) Anfangs braucht man den Alkohol, um was wegzuspülen, nachher braucht man den Alkohol, um ein gewisses Grundempfinden wieder herzustellen.

Der kleiner werdende Kater taucht auch in anderen Interviews auf. Die Rück-
koppelung an den Alltag scheint Übung zu verlangen. Es sind weitere Auseinandersetzungen damit nötig, ob es sich bei diesem inszenierten Verhalten um
einen Seitensprung handelt oder nicht, ob es generell unmoralisch ist, Prostituierte
in Anspruch zu nehmen oder nicht.

Andere Männer sprechen aber darüber, dass sie sich durch den Prostitutionsbesuch erhoben fühlen:

> Paul: Und das gibt eine ungeheuere Kraft, weil der Mann für die Frau, oder
> ich würde für eine hübsche Frau alles tun, außer schwul werden, und merke,
> dass ich mich danach federleicht fühle. Ich hab manchmal Probleme mit dem
> Rücken oder dass mir Stress auf den Magen haut oder dass ich kaum gerade
> gehen kann vor Schmerzen. Danach fühle ich mich, ach könnte ich Bäume
> ausreißen, fühle ich mich pudelwohl und die grinst auch über beide Ohren.
> Ist doch für beide super.

Überwiegend finden diese Rituale heimlich statt. Nur ganz wenige Probanden
stehen vor anderen dazu, und selbst von ihnen wird es teilweise noch verborgen,
wenn sie dann gehen. Das heißt, das Ereignis des Bordellbesuchs ist so in den Alltag
integriert, dass es gar nicht auffallen kann. Es ist, wie *Hans* sagte:

> Hans: Wenn ich jetzt, sag ich mal, in einen Laden gehe und ein Stück Butter
> kaufe. Es ist ja nicht zu merken, es ist ja nicht so, dass irgendwas verloren
> geht oder dass mir das irgendjemand ansieht. Bloß die meisten sind damit
> so verschämt und so peinlich und blah.

Stephan hat diese Integration noch ausführlicher beschrieben:

> S.G.: Sie haben schon gesagt, Sie haben in die Zeitung gekuckt, unter den
> Annoncen, und wie sonst haben Sie sich denn vorbereitet, also ich meine
> innerlich oder äußerlich? Was ist da noch passiert zwischen Ihren Gedanken
> und dem tatsächlichen Hingehen?
> Stephan: Ich habe gekuckt, dass es nicht auffällt, dass es also in meinem
> Alltagsleben nicht jetzt zur Disharmonie kommt, wenn man sagt: ‚Wo warst
> du denn?'(…) Könnte dieses oder jenes gewesen sein. Ich hab es in meinen
> Alltag so integriert, dass es nicht auffiel. Also praktisch die Version Richtung
> Doppelleben.
> S.G.: … Also so, wie Sie jetzt hier sind, wahrscheinlich zwischen der Arbeit
> oder–?

Stephan: Ich bin jetzt sogar am Arbeiten, offiziell, also ganz unproblematisch. Weil ich viel freie Zeit habe, habe ich es da genau so gehandhabt (…) Wenn ich außer Haus Termin habe, dann bin ich außer Haus unterwegs. Ich bin ja niemanden in der Form rechenschaftspflichtig. Wichtig ist, dass ich meine Arbeit geschafft habe. Zu welchen Zeiten ich die gemacht habe, interessiert gar keinen. Und zu Hause war es natürlich entsprechend, nicht wahr: ‚Wie war es bei der Arbeit?' Dann konnte ich dazu ganz normal was erzählen.

Auch bei Dieter ist der Besuch im Massagesalon in seinen Alltag integriert, da dieser auf seiner üblichen Tour als LKW-Fahrer liegt. Bei anderen Gelegenheiten ist der Bordellbesuch in das Geschäftsessen, in die Geschäftsreise, in das Ausgehen nur unter Männern integriert, ohne dass die jeweilige Partnerin oder andere Unbeteiligte etwas davon mitbekommen könnten.

5   Fazit

Rituale halten Ordnungen aufrecht. Sie haben daher bewahrenden, konservierenden Charakter. Meine Studie hat gezeigt, dass das Bezahlen für sexuelle Dienstleistungen kein neutraler Austausch von Geld gegen eine sexuelle Handlung ist. Dem steht bereits entgegen, dass sowohl das Geld als auch die Sexualität mit kulturellen Bedeutungen angereichert sind. Diese sind auch in der kommerziellen Sexualität präsent. Darüber hinaus zeigt die Betrachtung der kommerziellen Sexualität als Ritual, dass sie zusätzlich dazu genutzt werden kann, hegemoniale Aspekte von Männlichkeit zu reproduzieren. Dies geschieht – wie ich gezeigt habe – in mehrfacher Hinsicht.

Erstens ist die Prostitution ein Ort, in dem junge Männer erste sexuelle Erfahrungen sammeln und sich somit sexuelles Kapital im Sinne Bourdieus aneignen können. Damit werten sie sich zum einen gegenüber gleichaltrigen Männern auf, gewinnen also einen Vorsprung im Sinne der Konkurrenz unter Männern, die ein wesentlicher Bestandteil hegemonialer Männlichkeit ist. Denn mithilfe der Konkurrenz oder des Wissensvorsprungs wird unter Männern hierarchisiert. Zum anderen nehmen sie gleichaltrigen Frauen gegenüber ein Privileg in Anspruch, da diesen ein solcher Art „geschützter" Raum für erste sexuelle Erlebnisse nicht ohne weiteres zur Verfügung steht. Männliche Prostituierte, die für Frauen arbeiten, sind rar gesät und zudem teuer. Mädchen und Frauen müssen sich daher für erste sexuelle Erlebnisse entweder selber als Anbieterinnen auf den Markt begeben oder ihre Bedürfnisse im nicht-kommerziellen Bereich aushandeln.

Zweitens habe ich dargestellt, wie durch „Männerabende" homosoziale Verbünde bestärkt werden. Dies geschieht gerade durch die Deflektion erotischer Emotionen auf Frauen. Die Anwesenheit anonymer, ansonsten unbedeutender Frauen trägt daher dazu bei, dass männliche Netzwerke und damit auch Privilegien und Machtverhältnisse erhalten werden können. Hier zeigt sich ganz besonders, dass Rituale dazu dienen, bestehende Verhältnisse zu reproduzieren. Drittens werden Sex-Arbeiter_innen als eine Instanz genutzt, an die *man* sich mit seinen persönlichen Bedürfnissen wenden kann. Sei es, um sich sexuell zu befriedigen oder aber Konflikte zu bearbeiten.

Diese Beobachtungen haben gezeigt, dass die Betrachtung des Prostitutionsbesuchs als Ritual den Blick auf die Reproduktion normativer heterosexueller Männlichkeit schärft. Die anschließend unterlegte Ritualstruktur nach Turner macht zudem die Übergänge sichtbar, die zwischen Trennungs-, liminaler und Angliederungsphase durchgangen werden müssen. Die Trennungsphase führt zunächst in einen quasi außerhalb des Alltags liegenden Gesellschaftsbereich. In diesem Bereich wird mit der liminalen Phase ebenfalls ein Übergang des Subjekts in seinem Selbstverhältnis zu sich als Mann durchschritten. Durch die Interpretation kommerzieller Sexualität als Ritual wird die Begegnung selbst als Antistruktur erkennbar. In ihr kann aus Alltagsroutinen ausgebrochen und können Rollen vertauscht werden. Es geht aber immer um die Bedürfnisse der Männer. Werden die Bedürfnisse nicht erfüllt, sind die Männer enttäuscht. Ob mit der Antistruktur u. U. ansatzweise erklärbar wird, warum sich manche Männer das häufig beschriebene schlechte und teilweise gewalttätige Benehmen gegenüber Sex-Arbeiter_innen erlauben (Breton 2011), bedarf der weiteren Untersuchung. Die Rückkehr in den Alltag wird durch die Angliederungsphase beschrieben, die erneut Schwellen beinhaltet, die gemeistert werden müssen. Insgesamt entsteht so das Bild eines Männlichkeitsrituals.

Literatur

Braun, Christina von (2012). *Der Preis des Geldes*, Berlin: Aufbau.

Breton, Maritza Le (2011). *Sexarbeit als transnationale Zone der Prekarität. Migrierende Sexarbeiterinnen im Spannungsfeld von Gewalterfahrung und Handlungsoptionen*, Wiesbaden: VS.

Bukow, Wolf-Dietrich (1984). *Ritual und Fetisch in fortgeschrittenen Industriegesellschaften*, Frankfurt/Main: dipa.

Carrigan, Tim, Connell, Bob & Lee, John (2002) (1987). „Toward a New Sociology of Masculinity", Adams, R. und Savran, D. (Hg.), *The Masculinity Studies Reader*, Oxford: Blackwell, 99-118.

Gerheim, Udo (2012). *Die Produktion des Freiers. Macht im Feld der Prostitution. Eine soziologische Studie*, Bielefeld: transcript.

Grenz, Sabine (2007). *(Un)heimliche Lust. Über den Konsum sexueller Dienstleistungen*, Wiesbaden: VS.

Hydra (1991). *Freier. Das heimliche Treiben der Männer*, Hamburg: Galgenberg.

Mathes, Bettina (2006). *Under Cover. Das Geschlecht in den Medien*, Bielefeld: transcript.

Marx, Karl (1970). [1844] „Ökonomisch-philosophische Manuskripte, Fragmente, Geld", *Marx-Engels Historisch Kritische Gesamtausgabe*, 1. Abt. Bd. 3, herausgegeben von D. Rjazanov, unveränderter Neudruck der Ausgabe Berlin 1932, Glashütten/Taunus: Auvermann, 145-49.

Potts, Annie (2000). "'The Essence of the Hard On'. Hegemonic Masculinity and the Cultural Construction of 'Erectile Dysfunction'", *Men and Masculinities*, 3 (1), 85-103.

Simmel, Georg, (2001). (1920), *Philosophie des Geldes*, Köln: Parkland Verlag.

Turner, Victor (1989). *Vom Ritual zum Theater. Der Ernst des menschlichen Spiels*, Frankfurt/Main: Campus.

Velten, Doris (1994). *Aspekte der sexuellen Sozialisation. Eine Analyse qualitativer Daten zu biographischen Entwicklungsmustern von Prostitutionskunden*, Inauguraldissertation, Freie Universität Berlin.

Viviana A. Zelizer (2005). *The Purchase of Intimacy*, Princeton.

Wimbauer, Christine (2003). *Geld und Liebe. Zur symbolischen Bedeutung von Geld in Paarbeziehungen*, Frankfurt am Main/New York.

Zilbergeld, Bernie (2000). (1994), *Die neue Sexualität der Männer*, Tübingen: Deutsche Gesellschaft für Verhaltenstherapie.

Fabrikation körperlicher Zugehörigkeit: Das Ritual des Balletttrainings

Dieser Beitrag zeigt am Beispiel des Balletttrainings, wie über den Erwerb prakti-scher Vermögen körperliche Zugehörigkeit zu einer Praxisgemeinschaft fabriziert wird. Erstens wird dazu das Balletttraining als ritueller sozialer Anlass in den Blick genommen. Zweitens rückt die ‚Übung' als besonderer Rahmen in den Blick: Eine Übung stellt einen besonderen Ritus dar, der durch hohe Verbindlichkeit seine vereinheitlichende Wirkung an Körpern entfaltet. Drittens richtet sich das Interesse auf die Ballettausbildung als Initiationsritual, das vom ‚kein Fremdling mehr sein' über das ‚im Werden sein' zum ‚Balletttänzer sein' führt. Doch wenngleich Ballett-tänzer die Praktik kollektiv verkörpern und im Training (wie auf der Bühne) ihre Zugehörigkeit performieren, bleibt diese doch permanent liminal, da sie an Können geknüpft ist. Die praktikspezifischen Fertigkeiten müssen im täglichen Training konstant aufrechterhalten werden. Das Balletttraining ist somit auch der Ort, an dem man sich körperlich seiner Identität versichert.

1 Einleitung

Rituale, so weiß man, integrieren die Teilnehmenden sozial und bringen Gemein-schaft hervor. Wie aber geschieht dies? Wie geht ‚doing collective identity', oder anders gefragt, was ist hier der *modus operandi*? Am Balletttraining lässt sich zeigen, wie über den Erwerb *praktischer Vermögen* (Schmidt 2012: 48) körperliche Zugehörigkeit zu einer Praxisgemeinschaft fabriziert wird.[1]

---

1 Mit diesem Vorhaben lässt sich dieser Artikel dem Verfahren der Praxeologisierung zu ordnen: Dabei wird von praktischen Vermögen als dem zentralen Modus der „fortlau-

Wer einmal Ballettunterricht beobachtet hat, dem werden die strenge Raumord-
nung, die klare, traditionelle Übungsabfolge, die ernst und bedeutsam ausgeführten,
synchronen Bewegungen zu Klaviermusik vor Augen sein. Schon auf den ersten
Blick lässt sich hier ganz holzschnittartig der Charakter ritueller Praktiken erkennen, nämlich als „formal weitgehend regulierte Folge von Handlungen [ ] welche
die Teilnehmenden durch ihre Vorhersehbarkeit und Verlässlichkeit psychisch
entlasten" (Förster 2002: 457):

> „Ballet classes were a dream world, one that was marvelously orderly and disciplined
> and far from the uncertainties of the rest of life. I thrived on the real difficulties of
> the steps and loved learning the rules that dictated how each movement should be
> performed. I liked knowing what was expected of me, and although I couldn't always
> do what I was told, it was exciting just trying." (Ashley 1984: 4)

Das Training ist neben den Proben angesiedelt und die Körperschmiede, auf
welche die Praktik des Balletts als Kunstform angewiesen ist: Sie braucht Körper
mit spezifischen, möglichst identischen hoch komplexen Fertigkeiten – Körper
in einem Zustand konstanter Bereitschaft, dem Tänzer als ‚Instrument' und dem
Choreographen als ‚Material' zu dienen. Die Vielfalt der Bühnen-Performance
basiert auf einer Performanz von Kollektivität im Ballettsaal. Hier werden Körper
gemeinsam durch gezielte Selbstinstrumentierung in die Praktik integriert und in
ihr gehalten. Dies erfolgt in einer hoch rituellen Ordnung körperlicher Bewegungen.
Das Training vergemeinschaftet, indem die Körper von der Praktik angeeignet und
so die Tänzer in ihrer Identität ihr angehörig werden.

Um exemplarisch zu untersuchen, worin genau diese rituelle Vergemeinschaf-
tungsarbeit besteht, ist nach der Wirkkraft von Struktureigenschaften ritueller Praxis
zu fragen, wie hohem Formalisierungsgrad, Wiederholung, Gleichförmigkeit oder
Abhebung vom Alltag. Hier rückt der komplexitätsreduzierende und grenzziehende
Charakter von Ritualen in den Fokus wie auch ihre selbstsichernde Kraft: Um in
der Praktik des Balletts konstant mitspielen und somit sein Tänzer-Sein erhalten zu
können, muss der Körper durch rituelle Bewegung in einer bestimmten Bereitschaft
gehalten werden. Das Ritual entfaltet allerdings nur für denjenigen seine Wirkkraft
als Ritual, der es zu vollziehen gelernt hat, sprich, der in ihm körperlich zu Hause
ist. Wie kommt ein Körper dahin?

---

fenden symbolischen, performativen und praktischen Hervorbringung" des Sozialen
aus gegangen und dem entsprechend zum zentralen Untersuchungsgegenstand gemacht
(Schmidt 2012: 48).

## 2	Das Ritual des Balletttrainings

Der tägliche Ballettunterricht ist im Feld des professionellen Bühnentanzes von zentraler Bedeutung. Nicht nur Tanz-Auszubildende, sondern auch professionelle Tänzer in Ballett- und auch anderen Kompanien verbringen oft mindestens neunzig Minuten ihres Tages im Training. Dies findet im Normalfall nie für eine einzelne Person, sondern immer in der Gruppe statt. Dort wird nicht ein bestimmtes Stück eingeübt, das auf der Bühne gezeigt werden soll, sondern eine festgelegte Abfolge von Übungen durchgeführt. Diese sind auf bestimmten gleich bleibenden Regeln aufgebaut, auch wenn sie je nach Trainingsniveau im Schwierigkeitsgrad variieren. In ihnen wird in systematischen Wiederholungen von Bewegungskombinationen das fest stehende, grundlegende Vokabular des Balletts exerziert.

Die Bewegungen wie auch die zugrunde liegende Grundhaltung des Körpers sind hochgradig definiert, nach einer funktional-ästhetischen Logik der Praxis.[2] Das Spektrum der Mehrdeutigkeiten ist entsprechend relativ schmal, denn die korrekte Ausführung und die Positionierung jedes Körperteils ist bis ins Kleinste festgelegt — zum Beispiel dahingehend, welche Muskeln man bei einer Bewegung benutzen soll, oder, in welcher Relation Blick und Hand dabei sind.

Worum es hier geht, setzt sich sowohl vom Alltag außerhalb des Ballettfeldes ab wie auch vom Berufsalltag auf der Bühne bzw. in Proben. Das grundlegende ‚wie‘ der eigenen Bewegungs*weise* steht im Fokus der Aufmerksamkeit: Es geht darum zu üben, sich auf eine bestimmte Weise zu bewegen, indem der Körper so geformt wird, dass dies eben sein *way of doing things* ist. Dem Tun im Training liegt somit das praktische Paradox des Übens zugrunde: Achte darauf, wie man es machen soll, und wie du es machst, wenn du es machst, und verbessere dich, so dass du es schließlich ‚einfach so machst‘, ohne darauf zu achten.

Das Training ist in zwei Hauptphasen unterteilt: Die ‚Stange‘ ist eine Abfolge von Übungen, welche gemacht werden, während man sich an Ballettstangen festhält, die an der Wand oder auf Ständern angebracht sind. Die ‚Mitte‘ findet zumeist nach der ‚Stange‘ statt. Dabei werden Übungen im freien Raum gemacht, mit Ausrichtung zum Spiegel. Sequenzialisiert wird das Training hauptsächlich durch die Demonstration oder Ansage einer Übung durch den Lehrer und die darauf folgende Ausführung der Übung durch alle Schüler gleichzeitig: immer mit einer Wiederholung der Übung in gespiegelter Version, stets begleitet von Musik.

2	Guest (1984: 3) spricht hier aus tanzanalytischer Perspektive von einer „‚kinetic logic‘, which involves its own ‚parts of speech‘, its own organization of ‚nouns‘, ‚verbs‘, ‚adverbs‘ etc. into ‚words‘, ‚phrases‘, ‚sentences‘ and ‚paragraphs‘.“

Abb. 1 Gleichzeitige Ausführung einer fest stehenden Übung an der Stange zu Musik
im Balletttraining[3]

Während der Ausbildung ist das Training zumeist Teil eines achtjährigen, festge-
schriebenen Syllabus, in dessen Verlauf sich die Variationen der Bewegungskombinationen in den Übungen im Anspruch steigern und stets neue Schritte hinzu
kommen, die auf den vorher gelernten aufbauen. Diese werden entweder in die
schon bekannten Übungen eingebunden oder als neue Übung hinzu genommen,
während schon bekannte Schritte nicht mehr als einzeln geübt werden, sondern
in Übungskombinationen oder implizit in aufbauenden Schritten integriert sind.

Die Grundbewegungen werden jedoch in jedem Training durchgeführt. Bis
zum Ende seines Tänzerdaseins wird ein Tänzer täglich dieselben Übungen mit
den gleichen Grundbewegungen machen, wenn er sich an die Stange stellt. Auch
wenn die Ausbildung offiziell schon längst abgeschlossen ist, wird eine Tänzerin
täglich im Ritual des Trainings ihre *pliés* machen, ihre *battement tendus, rond de
jambes* und *fondus*. Und wo auch immer auf der Welt sie in eine Kompagnie engagiert wird und in einen Ballettsaal kommt, um zu trainieren, wird sie grundsätzlich
mitmachen können und ,zu Hause' sein. Sie kann sich darauf verlassen, dass ein
Balletttraining, wie variiert auch immer, überall eben ein *Balletttraining* ist. Und
weil sie mitmachen kann, gehört sie dazu. Sie ist Balletttänzerin.

---

3   Diese Abbildung, wie auch die beiden folgenden, entstammen meines ethnographischen
    Promotionsprojekts zum Üben im Ballettunterricht.

3   Der Ritus der Übung

Das Dazugehören, welches an die gekonnte Ausführung der Übungen im Training geknüpft ist, ist hoch voraussetzungsvoll. Die Bezeichnung ‚Übung' lässt annehmen, dass es sich hierbei um ein Verfahren handelt, durch welches ein ‚Ernstfall' vorbereitet werden soll, mit all den von Goffman aufgezeigten Implikationen: Das Üben ist nach Goffman (1977) eine Modulation, ein „zweckorientiertes So-Tun-als-ob" (Goffman 1977: 72), das sich vom „Ernstfall" (Goffman 1977: 72) unterscheidet. Hier dürfen Fehler gemacht werden, hier kann das Geschehen abgebrochen, korrigiert und gegebenenfalls noch einmal begonnen werden. Bei der Übung im Balletttraining handelt es sich in zweierlei Hinsicht dennoch um eine ganz ernste Sache mit Konsequenzen:

Die Übung im Balletttraining ist – wie auch beispielsweise eine Fingerübung am Klavier – besonders gelagert. Die Übungen werden nie irgendwann vor Publikum gezeigt. Es handelt sich hier also nicht um das Proben der Schrittfolge eines Bühnenstücks, auch nicht um einen Versuch oder eine Planung, wie Goffman (1977) weitere Spielarten des Übens bezeichnet. Zwar muss auch jede Übung zunächst einstudiert werden wie eine choreographische Bewegungsfolge, doch ihr Zweck als Übung verschwindet mit ihrer gekonnten Ausführung nicht, im Gegenteil: Die Aufführung der Übung *ermöglicht* erst ein Üben der für die Praktik des Balletttanzens notwendigen Bewegungsweise und -form. Dieser Aspekt macht die Übung zu einem Ernstfall, und darin liegt ein weiteres Paradox des Übens: Um üben zu können, darf man die Übung nicht mehr üben müssen.

Die Übung entfaltet nur dann wirklich ihre rituelle Wirkkraft – nämlich die Aneignung durch die Praktik und damit die Vergemeinschaftung – wenn sie als Ernstfall, also in ihrem Ablauf schon *gekonnt* und *ernsthaft* wiederholt dargestellt wird. Vergleichbar zeigt sich im Ritual des katholischen Gottesdienstes die praxisgebundene Intelligibilität – hier das spirituelle Erlebnis – eben erst dann, wenn man nicht mehr primär damit beschäftigt ist zu lernen, wann und wie man nun aufzustehen, zu knien, lateinische Sätze zu murmeln, die Augen zu schließen oder dem Priester für die Oblate die Zunge herauszustrecken hat. Für die Übung gelten somit jene Regeln, die ein Ritual ermöglichen: Sie besteht in einer festgelegten, gleich bleibenden, für alle geltenden Handlungsfolge, welche nur in Ausnahmefällen abgebrochen oder unterbrochen werden darf.

Die Komplexitätsreduktion durch den Übungsritus (welcher das Üben des ‚wie' ermöglicht) wird deutlich, betrachtet man zunächst die Aktivitäten der Trainingsteilnehmer zwischen den Übungen:

Ich löse meine Schlusspose auf, ziehe meine Stulpen aus. Die anderen hinter
mir haben auch aufgelöst, stehen locker da. Daria fragt mich, ob sie was von
meinem Wasser nehmen kann. Ich nicke und sie tappt ihre Füße in die Pfüt-
ze. Wir reden kurz darüber, wie rutschig es ist, und dass man dann immer
abgelenkt ist und gar keine gute Haltung hinkriegt.

Ich drehe mich wieder um und bereite mich auf die nächste Übung vor.
Rond de jambe ist das Nächste. Dazu ist die *préparation* im *plié*. *Hm, das
muss ich kurz einmal üben, damit ich schon mal das Gefühl dafür habe. Ich
sollte eine Probe machen, ob alles intuitiv noch stimmt.* Ich mache ein *soutenu
à la seconde* auf links und schaue im Spiegel, ob mein Gefühl noch richtig
ist. *Ja, das sieht gut aus.* Die Lehrerin zeigt das *rond de jambe*, bzw. zeigt
erst voll, und dann markiert sie und sagt, und dasselbe *dedans*. Ich dehne
währenddessen und schaue zu.[4]

Das „Auflösen" markiert den Beginn einer Sequenz, in der offenbar eine für das
Ballett notwenige Körperspannung nicht gebraucht wird: man kann „locker da
stehen". Die Aktivitäten, die nun im situativen Möglichkeitsbereich liegen, sind von
der Durchführung der Übungen gerahmt und kontextuell auf sie bezogen, aber nicht
festgelegt: Wem von den Übungen zu warm geworden ist, der legt Kleidungsstücke
ab. Wer auf dem Boden rutscht, erhöht mit Wasser den Widerstand der Schuhe.
Wer sich in einer gleich geforderten Ballettpose unsicher ist, probt diese. Wer
Spannungen empfindet, dehnt. Des Weiteren ergeben sich fokussierte Interaktionen
zwischen den Teilnehmerinnen wie kurze Unterhaltungen oder Blickaustausch.

Die Körper, wie in Abbildung 2 zu sehen, sind dem entsprechend heterogen engagiert: Von links nach rechts sehen wir hier zunächst drei Körper im
Selbst-Engagement (Goffman 1971): einen Körper, der im Üben einer Pose ganz
in die Ballettpraktik eingespannt ist; einen weiteren, der sich in einer im Ballett
geforderten Position eines Körperteils (dem Schulterblatt) durch Tasten prüft; dann
einen partiell, nämlich nur mit Beinen und Rumpf ‚Ballett machenden' Körper,
der seine Position mit Blick in den Spiegel kontrolliert. Daneben sehen wir einen
sich entspannt aufstützenden Körper, dessen Blick im Away (Goffman 1971) aus

---

4   Diese und die folgenden Narrative entstammen meines ethnographischen Promotions-
     projekts zum Balletttraining. Hierbei handelt es sich um Konstruktionen aus Video-
     aufnahmen, Notizen und Erinnerungsprotokollen, da diese sich, wie Hirschauer (2001)
     bemerkt, in ihren unterschiedlichen Perspektiven ergänzen und in ihrer Verschränkung
     die Darstellung verdichten. Zu meiner Methodologie findet sich eine Passage im folgenden
     Kapitel dieses Aufsatzes.

dem Fenster schweift; einen zur Lehrerin (nicht im Bild; vorn rechts im Raum) gewendeten Körper mit erwartungsvollem, aufmerksamem Blick und rechts zwei einander zugewendete, interaktiv auf einander bezogene Körper, wie die vorherigen zwei in Alltagshaltung.

Abb. 2   Unterschiedliche Engagements zwischen den Übungen

Da der Übungsritus nicht unterbrochen werden darf, muss er sorgfältig vorbereitet und abgesichert werden. Im Vorfeld wird somit dem Bedarf entsprechend geprobt, angekündigt, eingewiesen:

> Dann beginnt die Lehrerin, die *tendus* zu markieren. Ich höre mit dem Probieren auf und schaue zu. *Ach ja, das waren ja diese komplizierten, o Gott, stimmt mit chassé und so* Ich versuche, gut aufzupassen. Einiges erkenne ich wieder. Die Lehrerin markiert und zählt es noch einmal ganz durch, ich markiere mit. Ich merke, dass das hier für mich wirklich nötig ist, das habe ich noch gar nicht drin. Beim Mitmarkieren geht es. Dann stellt sich die Frage, wie man auf die andere Seite dreht. Ich erinnere mich, dass wir das direkt ins *tendu* gemacht haben, über hinten schließen. Die Lehrerin spricht es noch mal ganz langsam mit uns durch, ich mache mit. *Mist, jetzt habe ich doch falsch geschlossen. Oder?* Ich wechsle schnell den Fuß. Ich schaue zur Lehrerin, mache mit. Lena fragt noch mal wegen des Schließens nach, ob hinten oder vorne. [ ] Die Lehrerin erklärt es: Man soll am Ende vorne sein. *Wie? Doch vorne? Das kann doch gar nicht sein.* Ich probiere es aus. Nun geht die Lehrerin zur Musikanlage. *Endlich, jetzt beginnt gleich die Übung.* Aber

dann sagt sie: Also, nehmen wir Fünfte und probieren eine halbe Drehung *tendu*, irgendeine Fünfte. Ich stelle mich in die fünfte Position.

Lehrerin, während wir ihren Ansagen folgen: Und – eine halbe Drehung, dann *tendu*. -- Nochmal zurück, dann die andere fünfte -- [ ] Die anderen noch mal die halbe Drehung, *tendu*, und… halbe Drehung *tendu* -- zu *écarté devant*, Daria. Weiter! -- Ja. Okay.

Wir bleiben stehen, ich schaue zur Lehrerin. *Was jetzt?*

Lehrerin: Achtet darauf, beim t*endu tournant*, dass ihr nicht gleich öffnet, ihr habt: Zu! Und dann öffnen. Das Bein, das ihr öffnen werdet, ist nicht Standbein dabei. Nicht. Ihr werdet also das linke Bein öffnen. Gewicht auf das rechte Bein verlagern und dann: *tendu*. Dreh, *tendu*.

Sie macht es vor, ich schaue genau zu. *Hä? Ich dachte, genau das Gegenteil?* Das wusste ich gar nicht. Ich probiere es aus. Es ist eine ganz andere Bewegung. *Gut, muss ich mir für gleich merken.* Ich schaue in den Spiegel. Ich probiere es noch einmal, um genau die Dynamik zu begreifen. Die Lehrerin erklärt es noch mal und macht es vor. *Okay, jetzt macht es doch irgendwie Sinn auf diese Weise.* Wir probieren es noch einmal. Ich hole mir noch einmal Wasser unter die Füße. *Können wir jetzt anfangen?* Die Lehrerin schaltet die Musik ein und geht zu ihrem Stuhlstapel, den sie als Stange benutzt. Ich mache mich bereit, indem ich mich in die fünfte Position *croisé* stelle, Haltung einnehme.

Lehrerin: Großes *chassé*!

Die Musik beginnt, die Übung geht los.

Das Engagement wird hier in Ausrichtung auf die Übung zusammengezogen, die Übung wird geprobt. Kritische, als schwierig ausgewiesene Passagen werden besprochen. Hier können Fragen gestellt und Erklärungen von der Lehrerin verlangt werden. Das Markieren, das Andeuten von Bewegungen, ersetzt dabei die volle Ausführung, um Zeit und Energie zu sparen:[5] Das ‚wie', welches Gegenstand der Übung ist, spielt im Proben der Übung keine Rolle, der Ablauf muss „drin" sein. Daneben wird mithilfe der Technik der Verlangsamung auf Details hingewiesen. Die Übung wird zerlegt, Sequenzen werden herausgegriffen und gesondert wiederholt. Eine weitere Sonderaufführung (Goffman 1977: 79), die Demonstration durch die Lehrerin, wechselt sich mit den ausprobierenden Ausführungen der Teilnehmer ab.

---

5   Dies ist eine Technik, die auch in choreographischen Proben von Bühnenstücken angewandt wird, wie Robert Mitchell (2010) untersucht hat. In dieser Parallelität spiegelt sich, dass im Training die Übungen den Status einer Aufführung annehmen.

Das Einschleifen der Übungsabfolge entsteht durch verdichtete, variierte Wiederholung: Nachdem die Lehrerin die Übung gezeigt hat, wird diese immer wieder „noch einmal" angegangen. Insgesamt vierzehn Vorbereitungsschleifen lassen sich in der obigen Sequenz festmachen. Verbale Hinweise, Demonstration, gemeinsames Markieren und individuelles Probieren wechseln sich als Wiederholungsformen ab – es dreht sich jedoch stets um dasselbe. Diese Ethnomethode der präventiven Erinnerungsfabrikation und Verinnerlichung des Ablaufs sichert die Übung gegen Einbrüche ab und gewährleistet ihre möglichst reibungslose Aufführung.

Der Grad des Engagements bleibt hier immer noch relativ variabel (zwischendurch können zum Beispiel die Schuhe mit Wasser vorbereitet werden). Die Übung verlangt allerdings ein homogenes Engagement der Körper: Eine einheitliche Durchführung und eine einheitliche Ausrichtung der Aufmerksamkeit auf diese Durchführung, ein kollektives Selbst-Engagement:

> Die Lehrerin hat mittlerweile schon die *tendus* gezeigt, ich habe es nicht ganz verstanden, aber gesehen, dass es eine Kombination mit den *jetés* ist, mit *plié* dazwischen. *Den Rhythmus werde ich dann ja in der Übung schnell mitkriegen.* Keine Zeit mehr, zu überlegen, die Musik beginnt. Ich rutsche schnell in 5. Position. Mache die *préparation* mit dem Arm. Es geht los. Es ist ein *tendu* in 4, dann eines in 2, dann zwei in 1, und dann das Gleiche als *jeté*. *Eigentlich doch ganz einfach.* Ich bin beschäftigt mit meinem Oberkörper, dass die Spannungen richtig bleiben. Ich verpasse, dass in diesem Kurs ja die Wendung nach *ecarté derrière* erst am Ende von *en croix* kommt, und mache aus Versehen zuerst *derrière* statt *devant*. Macht nichts, ich drehe schnell zurück. Die Lehrerin hat es aber bemerkt, wir grinsen uns kurz an.
>
> Ich achte auf mein Becken und schaue ab und zu in den Spiegel. *Kurz gucken, ob es so stimmt.* Aber zumeist versuche ich, den Fokus gut zu halten. Dann ist die Musik zu Ende. Die anderen gehen sofort wie gewohnt ins Plié, drehen halb, auf die andere Seite, und gehen in die Schlusspose, die die Lehrerin angekündigt hat [ ]. Ich drehe noch einmal seitlich zum Spiegel und bleibe kurz im *jeté à la seconde*. Abschließender kontrollierender Blick. Dann gehe auch ich in die Schlusspose.

Einen zentralen Marker der ‚Außeralltäglichkeit' der Übung stellt im Balletttraining die Musik dar. Sie zeigt den Beginn des Ritus an, bildet die Referenz für seinen Ablauf und seine zeitliche Strukturierung und legt zumeist auch das Ende fest. Beginnt die Musik, so hat man bereit zu sein: Die Körper der Teilnehmer streben aus ihrer Heterogenität in eine Gleichförmigkeit, nämlich in die Form, Haltung und Spannung, die der Ballettpraktik eigen ist. Ist man zu spät, „rutscht" man schnell hinein: Die temporale Hoheit des Übungsritus wird von der ihm zugehörigen Musik angezeigt.

Die Musik ist die hörbare Abbildung der Unabbrechbarkeit der Übung: Solange sie läuft, macht man weiter. Einmal am Laufen, wird der Ritus nicht abgebrochen, auch wenn einzelne Teilnehmerinnen dem Ritus ,verloren gehen', weil sie Fehler machen. Nur in grundlegenden Krisen – wenn beispielsweise niemand die Übung korrekt beginnt – kann es zu einem Abbruch der Übung durch den Lehrer (in der Autorität des ,Meisters' des Ritus) kommen. Ebenfalls steigen einzelne Teilnehmer in der Regel nicht aus einer laufenden Übung aus. Selbst wenn man Fehler macht, macht man weiter und steigt nach Möglichkeit wieder in den korrekten Ablauf ein. Ein Markieren von eigenen Fehlern durch ein Abbrechen des Bewegungsablaufs, Mimik, Gesten oder Verbalisierung sind vornehmlich der Lehrerin vorbehalten, wenn sie eine Übung mitvollzieht und Anhaltspunkte für die Orientierung der Teilnehmerinnen bietet. Den Teilnehmern obliegt es, idealerweise auch bei Fehlern weiter ein glattes Durchführen der Übung zu behaupten – oft jedoch wird die Lehrerin mit einem mimischen „Ups-das-war-falsch" darüber informiert, dass man sich (zumindest) des Fehlers bewusst ist und keinen externen Hinweis dazu benötigt.

Mit Ende der Musik zerfällt die Synchronisierung der Körper wieder; unterschiedliches Timing und Engagement ist hier legitim. Die Schlusspose beendet den Ritus – danach wird „aufgelöst" und die Körper kehren in ihre Alltagshaltung zurück. An diesem Übergang wird die grenzziehende Wirkung der Übungen deutlich: Sie stellen innerhalb des Trainingssettings die Zeiträume dar, in denen ausschließlich die Vermögen relevant sind, die ein Körper in Hinblick auf die Ballettpraktik hat. Während an den Sequenzen zwischen den Übungen auch Praxisfremde teilnehmen könnten – als Gesprächsteilnehmer etwa oder Zuschauender einer Demonstration – braucht es hier zum ,Mitspielen' Rekrutiertheit durch die Praxis. Je komplexer und voraussetzungsvoller die Übung, desto mehr.

Die Übung ist dem entsprechend zugleich auch – und darin liegt der zweite Aspekt ihrer Ernsthaftigkeit – eine *Prüfung*, bei welcher die Teilnehmerinnen Mitglieder ihrer eigenen Jury sind: Hier wird nicht nur von der Lehrerin geprüft, wer mitmachen kann und in welchem Maße es ihm gelingt. Gemeinsam schauen die Übenden sich selbst kritisch zu, evaluierend, ermahnend, eingreifend – weshalb auch der Spiegel eines ihrer wichtigsten Arbeitswerkzeuge ist. Ein solches evaluierendes Selbst-Engagement ist jedoch auf Gelingenskriterien, auf Vorbilder und auf Feedbackschleifen angewiesen. Dazu braucht es die Einbettung der Selbstbeobachtung in die Beobachtung anderer und in das Beobachtetwerden durch andere. Permanent werden von den Teilnehmerinnen die beobachteten Darstellungen der Ballettpraktik durch verschiedene Körper auf einer Skala der Zugehörigkeit geordnet, um Orientierungspunkte für das eigene Handeln zu organisieren:

Im Spiegel kann ich Laura vor mir sehen. Während wir, vor dem Spiegel in Diagonalen stehend, *tendus* machen, fällt mir ihr Fuß auf. *So ein schöner Spann. Das sieht viel richtiger aus als bei mir.* Unwillkürlich bemühe ich mich nun bei jedem *tendu*, meinen Fuß wirklich fest in den Boden zu pressen und dann das Gelenk maximal zu strecken. Bei Nadja sehe ich den typischen Anfängerfehler: Sie kippt einfach das Becken zum Standbein, ihr Fuß hängt nur da. *Uah, meine Wade! Kein Wunder, dass mein Fuß so passiv aussieht, wenn ich ihn nie benutze viel anstrengender so.* Aber jetzt zeigt sich auch bei mir der Spann ein bisschen. *Ich gehöre auf jeden Fall eher zu Laura als zu Nadja, das ist beruhigend.* Jetzt ist Nadja ganz raus gekommen und steht kurz verwirrt da, schaut umher und versucht, einen Anschluss zu finden.

Ellenbogen hoch! ruft die Lehrerin. Ich schaue zu ihr. Sie schaut mich an. Im Spiegel suche ich meine Ellenbogen, während ich die Oberarme noch mehr einwärts drehe. *Ich vergesse immer meine Arme, wenn ich auf etwas anderes achte...* bei Anna sind die Arme starke, geschwungene Linien, es sieht kraftvoll und weich aus. *Richtige Tänzerarme, so wie man sich es vorstellt.* Sie wirkt ganz selbstverständlich. *Man sieht einfach gleich, dass sie Balletttänzerin ist. Der Weg scheint mir plötzlich endlos weit, auch dahin zu kommen – wenn überhaupt.*

Das Balletttraining ist eine panoptizistische Situation und damit der Probe ähnlich (vgl. Mitchell 2010), jedoch ist der Blick anders gelagert: Die kritische (Selbst-)Beobachtung bezieht sich nicht allein auf die genaue Umsetzung einer bestimmten Bewegungsfolge, sondern auf die Gewandtheit, das Zuhausesein in einem bestimmten *way of moving*. Die bewertenden Blicke richten sich daher auf das Können der anderen in einer Weise, die eher dem hörenden Einordnen einer Person in eine Sprachgemeinschaft gleich kommt: Wie gut und wie selbstverständlich bewegt er sich dieser Sprache? Zeigen ein Akzent oder grammatische Fehler, dass sie stärker in einer anderen Sprache zuhause ist?

Abb. 3   Multiple Beobachtung ermöglichende Aufstellung in Diagonalen vor dem
Spiegel

Die Teilnahme an einer Übung ist dabei nur die basale Voraussetzung, kein
Fremdling zu sein (wie beispielsweise der Ethnograph auf dem Stuhl in der Ecke).
Je mehr jemand problemlos an den verschiedenen Übungen und Herausforderungen
teilnehmen kann, je mehr sein Körper sich spontan den Anforderungen der Praxis
entsprechend verhält, desto größer ist die durch seine Beobachter zugeschriebene
Zugehörigkeit zur Praxisgemeinschaft. Die Lehrerin, die Übende selbst und andere
Teilnehmer schätzen fortlaufend nicht nur das beobachtete Tun von Körpern ein,
sondern schreiben damit gleichzeitig Personen einen Status zu, nämlich, wie stark
jemand zu denen gehört, die ‚Ballett können‘.

In einer Übung tun die teilnehmenden Körper dementsprechend, wie wir in
Abbildung 3 sehen, trotz des gemeinsamen Engagements unterschiedliche Dinge:

Abb. 4   Homogenes Engagement verschiedener Körper in einer Übung: offenes
Training mit Auszubildenden und freizeitlich Tanzenden unterschiedlicher
Fortgeschrittenheit der körperlichen Rekrutierung durch die Praktik

Erkennbar ist eine grundsätzliche Familienähnlichkeit der Körperpositionierungen. Es ist anzunehmen, dass alle Teilnehmer trotz der sichtbaren Unterschiede von der Übung engagiert sind. Sie führen kollektiv ihre Zugehörigkeit auf. Dennoch handelt es sich um *Variationen* einer Bewegung, die den verschiedenen Voraussetzungen der performierenden Körper geschuldet sind. Die *attitude effacé derrière*, die hier zu sehen ist, kennzeichnet gemäß der idealtypischen Beschreibungen im Feld (z. B. in Lehrbüchern) die waagerechte Ausrichtung des leicht gebeugten Spielbeins hinter dem Körper bei senkrechtem Brustbein und einer gerundeten Armhaltung über dem Kopf, die in harmonischem Zusammenhang mit den Linien von Beinen und Rumpf steht (Ward-Warren 1989). Dies erfordert eine bestimmte Kraft und Dehnbarkeit, aber auch beispielsweise propriozeptorisches Gespür für die Lage der Gliedmaßen und Gleichgewichtssinn. Von den Trainingsteilnehmern an der Stange kommt beispielsweise die dritte Person von links dem beschriebenen Bewegungsideal am Nächsten, die siebte von links ist am Weitesten von ihm entfernt.

Wie die Durchführung gelingt, ist bedingt durch den Grad der körperlichen Integriertheit in die Praktik. Dieser bestimmt sich, so scheint es, durch ein Zusammenspiel aus grundlegenden (z. B. physiologischen) Dispositionen, Dauer der Involviertheit in die Praktik und Intensität dieser Involviertheit. Je mehr von diesen drei Aspekten zusammen kommen, desto mehr Möglichkeiten hat ein Körper, die Praktik darzustellen und damit zur Praxisgemeinschaft, zur Gemeinschaft der ‚Könnenden‘ zu gehören. Wie aber wird nun im Training diese Zugehörigkeit fabriziert?

4   Balletttraining als ‚rite de passage‘

Fragen wir uns nach der Fabrikation der körperlichen Zugehörigkeit, so ist es hilfreich, das Balletttraining im Sinne eines Übergangsritus (van Gennep 2005) zu betrachten. Ein Körper, der als Neuling in die Praxis herein kommt, gehört nicht automatisch dazu. Vielmehr wird an seinen ungelenken Beteiligungsversuchen seine Fremdheit deutlich und Zurechtweisung durch die Praktik herausgefordert.

Um dem nachzugehen, habe ich mich in meiner ethnographischen Studie zum Balletttraining selbst diesem Prozess ausgesetzt. Die methodische Strategie liegt hier im Garfinkelschen Stil des ‚becoming the phenomenon‘ (Garfinkel 1967, 1986): Ich bin in das Feld als Soziologin und Ballett-Novizin eingetreten. Ein solches Vorgehen ist die methodische Konsequenz aus dem Verfahren der Praxeologisierung: Wenn das praktische Vermögen *modus operandi* ist und aber die Teilnehmerinnen darüber „nur im Handeln verfügen“, ihnen „sich ihr Verhältnis zu ihrer Praxis deshalb also keineswegs leichter [erschließt] als dem wissenschaftlichen Beobachter“ (Schmidt

2012: 48), dann kann vor allem die teilnehmende Beobachtung des Vollzugs der Praktiken Aufschluss geben. Ich gehe hier noch einen Schritt weiter und verlege den primären Beobachtungspunkt auf den eigenen Körper im Vollzug der Praktik. Meinen ballettfremden Körper dieser Praktik auszusetzen, deren Anforderungen er erst einmal gar nicht gewachsen ist, ist in diesem Fall ein „forschungsstrategischer Trick" zur „Verfremdung und Fragilisierung der Selbstbeobachtung" (Hirschauer 2011: 101). Die Widerständigkeit meines Körpers lässt nicht nur die praktischen Erforderlichkeiten und notwendigen Kompetenzen des Balletts sichtbar werden, sondern ruft auch die praxisspezifischen Ethnomethoden zur Rekrutierung auf den Plan, die eben für Neulinge reserviert sind.

Diese hybride Existenz als gleichzeitig geschulter Beobachter und Tanz-Auszubildende birgt so die Chance, in aufmerksamer Selbstbeobachtung anhand der eigenen körperlichen Erfahrungen die subtilen, privaten und tiefen Schichten des Trainings zu entdecken. Am eigenen Leib[6] die Integration durch das rituelle Üben zu erleben, schafft Zugang zu Ebenen der Fabrikation von Zugehörigkeit, die sich nicht allein in den „Artikulationsanstrengungen eines [Ballett]lehrers für den Bewohner eines anderen Körpers" (Hirschauer 2011: 95) zeigen. Didaktische Vollzüge und Akte der so genannten ,Wissensvermittlung' stellen nur einen Bruchteil dieses Prozesses dar. Das Paradox des Übens (darauf achten, um nicht darauf achten zu müssen) und die seltsamen Techniken der Selbstinstrumentierung zum Beispiel brauchen andere Optiken und Beobachtungsstrategien. Die Wirkweise des Rituals lässt sich des Weiteren vor allem dort entdecken, wo sie am Werke ist, nämlich im Ausführen des gekonnten körperlichen Vollzugs. Erst, als ich begann, die Bewegungen so um setzen zu können, wie sie im Kontext dieser Praktik praktisch *gemeint* sind, begannen sie, meinen Körper gemäß der Ballettpraktik zu formen und damit weitere Dimensionen ihres praxisspezifischen Sinns zu offenbaren.

Das Ganze mündet allerdings wiederum in eine Artikulationsanstrengung, in der hier nun die rituelle Wirkweise des Trainings für wiederum andere (lesende) Körper zwar nicht nach*mach*bar, aber doch nach*vollzieh*bar werden soll. Es muss also etwas „*zur Sprache gebracht* [werden], das vorher nicht Sprache war" (Hirschauer

---

6   Die Chancen eines solchen „epistemologischen Korporalismus" (Gugutzer 2006: 36) sieht Gugutzer darin, dass durch eine solche methodisch kontrollierte leibliche Nähe zum Forschungsgegenstand andere, neue Erkenntnisse gewonnen werden können. Er weist allerdings auch darauf hin, dass dem entsprechend Bedarf an einem „methodologischen Korporalismus" sowie an „Ausarbeitung und […] Erlernen leib- und körpernaher methodischer Forschungsinstrumentarien" (Gugutzer 2006: 40) besteht. Meine empirische Arbeit stellt ein Ausprobieren und Entwickeln von möglichen Ansätzen diesbezüglich dar.

2001: 430).[7] Um mit Rückgriff auf die „komplexe soziologische Kulturtechnik" (Hirschauer 2001: 430) des Beschreibens im Folgenden zugänglich zu machen, wie körperliche Zugehörigkeit im Training fabriziert wird, greife ich eine einzelne Bewegung heraus. An der Betrachtung des *battement tendu à la seconde* lässt sich die Wirkkraft ritueller Verkörperung entfalten. Sie gehört zu den grundlegenden Bewegungen des Balletts und ist stets expliziter Gegenstand mindestens einer Übung an der Stange.

Wie durch das Üben des *battement tendu* ein Körper von der Praktik rekrutiert wird, lässt sich als drei Phasen der Integration beschreiben, die den Phasen von Übergangsriten nach van Gennep (2005) ähneln. Van Gennep unterscheidet dabei Trennungsriten, Schwellenriten und Angliederungsriten. Durch Trennungsriten wird der Initiant aus seinem früheren, klar definierten Status losgelöst. Während der Schwellenphase befindet er sich in einem unbestimmten Zwischenzustand, einem „Betwixt and Between", wie Victor Turner (1964) es beschreibt. Mit Angliederung meint van Gennep schließlich die Phase, in der der Initiant wieder eine eindeutig bestimmbare soziale Position einnimmt.

4.1   Kein Fremdling mehr sein

Als ich dem *battement tendu* im Balletttraining erstmalig begegnete, es sah oder versuchte, das Gesehene zu replizieren, charakterisierte ich es folgendermaßen:

▶ Bewegung des Spielbeins zur Seite, die Zehen bleiben dabei am Boden.[8]

Dies sah ich, und dies versuchte ich zu tun. Irgendwie hatte ich zwar das Gefühl, dass es nicht das Gleiche war wie das, was Tänzer taten: Es sah nicht gleich aus, wenn ich mich selbst mit den anderen im Spiegel verglich – obwohl ich auch das Spielbein zur Seite streckte. Aber ich hätte nicht sagen können, was genau der Unterschied war. Alles, was ich sagen konnte, war, dass es bei ihnen geübter, harmonischer, stabiler, ‚natürlicher' aussah: mehr nach Ballett.[9] So wollte ich es auch

---

7   Die „sprachliche, beschreibende Artikulation" (Schmidt 2012: 49) kann als das Kerngeschäft der praxeologischen Methodik bezeichnet werden. Die Praxeographie und damit die praxeologische Forschung ruht auf analytischen Beschreibungstechniken, die das Beobachtete beziehungsweise Erlebte wissenschaftlich aufbrechen.

8   Diese wie auch die folgenden Bewegungsbeschreibungen stammen aus den Datenkorpus meiner ethnographischen Arbeit zum Balletttraining.

9   Hier zeigt sich, was Larissa Schindler als Problem der vis-ability beschrieben hat: Die Sichtbarkeit von praxisrelevanten Zusammenhängen ist abhängig von der Sehfertigkeit

können. Und ich begann, meine *tendus* zu machen, ungelenk und unwissend, aber in einem Aspekt der teleoaffektiven Struktur (Schatzki 2002) der Ballettpraxis zugehörig: Ich war von nun an eine von denen, die nach der Beherrschung des *battement tendus* streben.

An dieser Stelle war mein erster Schritt in Richtung der Tänzergemeinschaft allerdings schon getan: Ich befand mich im Ballettunterricht, um *tendus* zu lernen. Allein meine Präsenz dort als Auszubildende zeigte, dass ich mit den anderen Anwesenden wie auch mit der Ersten Solistin des New York City Ballet etwas teilte: Es gab für mich anscheinend einen Anlass, mich dem Ballett zu widmen – und dabei Tag für Tag die Übungen im Training zu vollziehen, ihrem impliziten Versprechen folgend, mir (auf eine mir noch nicht erschließbare Weise) etwas beizubringen. Wie Dinkelaker und Herrle (2010: 197) bemerken, handelt es sich bei der Anwesenheit in einem solchen Trainingssetting um „einen sichtbar gemachten Akt der Entscheidung, sich in ein Arrangement zu begeben, das eigens dazu eingerichtet wurde, Bewegungsmuster des Körpers zu prägen. Man wird nicht in Kurse hineingeboren, sondern man meldet sich zu ihnen an".

Mit der Zeit kam ich dann in Kontakt mit verschiedenen Informationen über das *battement tendu*. Hauptsächlich geschah dies durch „verbale Marker" (Schindler 2011: 154), die die Lehrerin in Demonstrationen, Erklärungen und Korrekturen setzte. Zusätzlich wurde ich über Berührung von ihr in meiner Bewegung korrigiert. Immer wieder schob sie meine Körperteile, zum Beispiel das Becken, in die geforderte Position. Langsam verstand ich, worin der Unterschied meines Tuns zu einem tänzerischen *tendu* bestand: in einer Menge Details, *wie genau* diese einfache Bewegung ausgeführt werden musste, die ich in ihrem gestalthaften Ablauf mittlerweile genau kannte. Und damit wurde ein *tendu* plötzlich unglaublich komplex, wie der Versuch einer Beschreibung deutlich macht:

Das Gewicht auf das Standbein verlagern, dabei gleichzeitig den Fuß des Spielbeins hinaus zur Seite schieben, nicht das Becken anheben, den Fuß strecken, indem ich erst das Fußgelenk und dann die Zehen strecke, nicht die Zehen krallen, die Ausdrehung in der Hüfte halten, das Spielbein hinten halten, die Ferse vor, die Muskeln auf der Rückseite des Standbeins aktiv halten, damit das Becken aufrecht bleibt, die tiefe Bauchmuskulatur dazu ebenfalls aktiv halten, die Schulterblätter flach und breit verankern, nicht den Brustkorb vordrücken, Kopf hoch, Fokus in die Ferne, Ellenbogen hoch, gegen den Boden arbeiten, Ferse hoch aber Becken nicht seitlich anheben, es

---

des Schauenden, welche erst im Prozess der Praxisteilnahme hergestellt wird (Schindler 2011: 60 ff. und 119 ff.).

mit den Adduktoren nach unten ziehen aber nicht in die Hüfte des Standbeins hängen, Zehen des Spielbeins entspannen, beide Knie müssen gestreckt bleiben, kein Gewicht auf das Spielbein, [ ] und die Bewegung mit den Schlägen der Musik koordinieren, sodass der Fuß mit acht wieder drinnen ist.

Mit jeder Wiederholung der Übung versuchte ich, mehr Aspekte dieser riesigen, ewig weiter wachsenden Menge von *good places to be in* (Sudnow 2001) kontrollieren zu können. Das, so schien es, würde ein ,gutes' *tendu* ergeben – wenn ich denn mal alle Details hinbekommen würde. Diese *good places* fühlten sich für meinen Körper an wie eine unzusammenhängende Konglomeration von mir fremden Aktivitäten, auf die ich mich – da es nicht automatisch gelang – konzentrieren musste, um sie eines Tages zu können.

Der Körper als Ganzes, wie er im Alltag bisher immer gehandelt hat, funktioniert hier nicht. Er passt nicht auf die Anforderungen der Praktik. Indem er sich ihr aber immer wieder in gleich bleibender Form aussetzt, mit dem Streben, von der Praktik angeeignet zu werden, vollzieht er eine Abtrennung von der alten Bewegungsweise und dem Status als Ballettfremdling: In dieser speziellen Form der Integration, infolge der Kulturgeschichte der Praktik, wird der Körper zerlegt und dekonstruiert, indem er mit den Anforderungen an seine einzelnen Bestandteile konfrontiert wird – um auf eine neue Weise wieder zusammengefügt zu werden. Mit anderen Worten, er wird gemäß der Praktik gestimmt: Saite für Saite.

4.2 Im Werden sein

Während ich wieder und wieder, Tag für Tag im Training *tendus* machte, stellte ich Veränderungen fest. Manchmal ertappte ich mich plötzlich dabei, dass ich einen bestimmten Aspekt der Bewegung umsetzte, ohne dass ich darauf geachtet hatte. Etwas, das lange mein Projekt gewesen war – zum Beispiel, die Rückseite meines Standbeins aktiv zu halten – war dann auf einmal kein Problem mehr: Meine Muskeln arbeiteten jetzt einfach auf diese Weise, wenn sie mit der Herausforderung eines *tendus* konfrontiert wurden. Mein Körper veränderte sich in der Verteilung der Muskelarbeit und damit in seiner Bewegungs*weise*.

Dadurch gab es eine allmähliche Verschiebung in meiner Wahrnehmung. Ich entwickelte einen ziemlich konkreten Sinn dafür, wie es sich anfühlte, wenn ich in vielen *good places* gleichzeitig war. Diese *good places* begannen, miteinander zu *einem good place to be in* zu verschmelzen. Ich begann körperlich zu begreifen, worum es eigentlich bei der Bewegung ging, ohne dass ich dies besonders gut hätte beschreiben können. Und damit fing eine ganz andere Arbeit an: Wenn ich dieses

Gefühl reproduzierte, mich körperlich in diesen einen *good place* begab, dann *mussten* meine Muskeln in der Bewegung des *tendus* jetzt in dieser neuen Art zusammen arbeiten: Damit wurde ausführend ihre Fertigkeit gesteigert, sich so zu bewegen, während ich sie vorher stets dazu bewegen musste, auf diese und keine andere Art das *tendu* auszuführen. Das *tendu* wurde für mich zu einer Bewegung mit einer bestimmten Qualität und Funktionsweise:

> Den Spielbein-Fuß strecken und dadurch das Spielbein zur Seite gleiten lassen und runter und weg vom Standbein ziehen, bis ein Kräftegleichgewicht erreicht ist, indem durch die Bewegung das Gewicht über den Vorderfuß des Standbeins geschoben wird.

Mein Körper konnte nun von den Übungen in der geforderten Bewegungsweise trainiert werden. Jetzt wurde mir der praktische Sinn der Übungen erfahrbar. Um ein Ritual wirklich vollziehen zu können, muss man eben ‚bei der Stange bleiben‘, im Ballett im wahrsten Sinne des Wortes: man muss es wieder und wieder machen. Erst in der Wiederholung stellt sich die Erfahrung von Erwartbarkeit ein, erst dann kann ein Körper durch die rituelle Praxis geformt, ihr zu Eigen gemacht werden.

Mein Körper war also ‚gestimmt‘, aber ‚ausgebildet‘ war er noch nicht: Hier ist der Körper in einer liminalen Phase des *no longer/not yet*, in der er weder auf die alten Muster zurückgreifen kann, noch vollständig in der neuen Praktik angekommen ist. Zwar ist der Körper schon etwas weiter in die Praktik integriert, sodass er eine Fertigkeit erlangt hat, Bewegungen nach einer impliziten Logik zu erkennen und zu produzieren, welche zumeist nur gespürt und schwer verbalisiert werden kann. Allerdings wurden die fragmentierten Körperteile gerade erst in dieser neuen, praxisspezifischen Weise zusammengebracht und sind es noch nicht gewohnt, auf diese Weise zusammenzuarbeiten. Sie müssen in diesem Zusammenspiel gekräftigt, ‚trainiert‘ werden. Ein permanentes *Übertreiben* jeder Wiederholung ist dafür notwendig, denn der Körper ist noch im Übergang begriffen, ein Ballettkörper – ein Körper des Balletts – zu werden.

4.3   Balletttänzer sein

Wenn sich ein klares Gespür für die Bewegung entwickelt hat – oder vielmehr, ein Gespür für die Weise, wie man sich in dieser Praktik bewegt – wird dieser *good place to be in* unweigerlich zum *way of doing things*. Durch mein immer klareres Gespür für das *tendu* und die entsprechende Entwicklung körperlicher Fertigkeiten veränderte sich, was ich tat, wenn ich mit choreographischen Abschnitten aus dem

Bereich des Balletts konfrontiert wurde. Während ich mich vorher immer hatte darauf konzentrieren müssen, eine *tendu*-artige Bewegung richtig zu machen, um nicht die Balance zu verlieren, erlebte ich jetzt das *tendu* einfach als eine nützliche Bewegung, um von hier nach dort zu kommen – während ich eigentlich mit etwas ganz anderem beschäftigt war: zu tun, was die Musik, die Bewegungskombination, die Stimmung oder die Ideen des Choreographen in mir erweckten. Ich ‚spielte‘ meinen Körper, wie man ein Musikinstrument spielt.

Das *tendu* wird in diesem Moment wieder ganz ‚einfach‘ – aufgrund eines körperlichen „gloss“, wie man es mit Garfinkel und Sacks (1986: 164) bezeichnen könnte. Die simple Definition ist jetzt allerdings nicht das oberflächliche Schema, sondern die implizite Logik, der *way of doing things*:

▶ Das Spielbein zur Seite öffnen.

Hier hat der Körper eine neue Form des Zusammenspiels gefunden und ist als Ganzes handlungsfähig in der neuen Praktik, da er nun zum Körper dieser Praktik geworden ist. Das ‚wie‘ der Bewegung tritt wieder in den Hintergrund, der Körper bewegt sich mit einer neuen Selbstverständlichkeit und Alltäglichkeit und tritt so in Kontakt mit der Welt. Mit dieser Reaggregation des Körpers geht eine soziale Reaggregation einher: Ich gehörte nun zu denen, die ich damals bewundernd und verständnislos bei ihren *tendus* beobachtet hatte. Mein Körper war noch nicht so routiniert wie ihre, aber er war prinzipiell auf dieselbe Weise geformt. Wir taten jetzt dasselbe, wenn wir ein *tendu* machten.

Mein Körper zeigte im Können, dass er zur Praxisgemeinschaft gehörte. Und selbst wenn ich nicht im Ballettsaal war, war ich mit neuen Zurechnungen konfrontiert: Man erkannte mich als ‚Tänzerin‘, wenn ich an der Universität durch den Flur lief oder in der Stadt einkaufen ging. Mein Körper war durch das Ballett geformt, bestimmte Muskeln kräftig und definiert und durch ihre Spannung eine bestimmte Körperhaltung hervorrufend. Meine Art zu gehen, war eine andere – denn ich benutzte dazu nun, was ich täglich im rituellen Durchlauf des Balletttrainings brauchte und gebrauchte. Mein Körper zeigte auch hier als „Display“ (Goffman 1979) unwillkürlich meine Zugehörigkeit an.

Des Weiteren spiegelt sich diese Angliederung strukturell in der Legitimation zum Eintritt ins Berufsfeld des Balletts. Nur wenn dieser Integrationsprozess genügend (und in einem für die Berufswelt legitimen Alter) vollzogen ist, steht es einem offen, in einer Kompagnie tätig zu sein: Dazugehören darf nur, wer schon genug dazugehört. Man muss *gut genug* sein, muss es *können*, um tatsächlich Teil der Gemeinschaft der Berufstänzer zu sein. Ein weiteres Ritual, das ‚Vortanzen‘ als Eignungsprüfung, reguliert hier den Zugang. In der Kompagnie verschmelzen die zugelassenen, hoch integrierten, daher maximal an die Anforderungen der Praxis angepassten und so einander gleichenden Körper dann zum *corps de ballet* — zu *einem* überindividuellen Körper der Praktik des Balletts auf der Bühne.

Hier zeigt sich, dass das von einer Abstufung von Zugehörigkeit ausgegangen werden muss. Nicht jeder, der fortlaufend am rituellen Geschehen von Balletttrainings teilnimmt, durchläuft notwendigerweise bestimmte Prozesse, die ihn nach und nach rekrutieren, ihn zugehörig machen. Zwei Punkte sind an dieser Stelle kurz zu erwähnen:

Zum einen kann ein Tänzer mehr oder weniger dazu gehören, da sich die Zugehörigkeit über die Darstellung der Praktik bestimmt. Die fortlaufende Zunahme an Mitmachmöglichkeiten versandet dort, wo es für jemanden keine Übegelegenheiten gibt. Aspekte des Körpers treten dem Aspiranten dann als unveränderbar gegenüber, entweder weil sie sich als recht bearbeitsungsresistent erweisen (wie Körpergröße oder Alter) oder keine wirksamen Korrekturen angeboten werden (und damit behindernde Fehler unentdeckt oder unbearbeitbar bleiben). Wie lange ein auf diese Weise limitierter Aspirant dann auch dabei bleibt, wird er doch an seiner Art des Beteiligungsversuchs von anderen als ein Mismatch erkannt und aus bestimmten Bereichen ausgeschlossen: Aus der Übung mit der Dreifachdrehung, bei der er umkippt, aus dem Ballettinternat, das ihn hinauswirft oder aus und aus bestimmten Rollen am Theater, die ihm nicht angeboten werden, und damit den oberen Rängen der Ballettkarriere.

Zum Zweiten gibt es nicht nur eine Verlaufslinie vom Neuling zur Primaballerina, die als ,Verkörperung von Ballett' erkannt und als Vorbild der Praxis anerkannt wird. Vielmehr stellt diese nur die Zugehörigkeit in Hinblick auf die legitime Praxis dar, die vornehmlich in der Berufswelt des Balletts stattfindet. In einer solchen Bourdieuschen Perspektivierung (Bourdieu 1982) sind allerdings auch Subkulturen und Unterschichten in den Blick zu nehmen: So zeigt sich beispielsweise, dass eine Tänzerin, die nicht als Mitglied der beruflichen Ballettwelt anerkannt oder als vorbildhafter Vertreter der Praktik erkannt wird, in Hobby-Ballettschulen einen hohen Zugehörigkeitsstatus anderer Art bekommen kann: etwa in einer Gemeinschaft der ,Gescheiterten und Ungeeigneten', die ihre Variante der Praktik teilen, oder in einem gemeinsamen Spiel des Balletts, bei dem in einem elaborierten „So-Tun-als-ob" (Goffman 1977: 61) Zugehörigkeit zur Spielgemeinschaft an symbolischen Requisiten (beispielsweise dem Besitz eines rosafarbenen Tutus) oder referenziell angedeuteten Ballett-Bewegungsschemata erkannt wird.

5   Permanente Liminalität

Doch selbst ein hohes Level an praktischem Vermögen erreicht zu haben, verhindert nicht, dass der Ballettkörper weiterhin ‚gestimmt' und ‚trainiert' werden muss. Als Materie verändert sich der menschliche Körper gemäß seiner Beanspruchung in der Praxis, und diese Veränderungen geschehen zum Teil sehr schnell. Um Körper einer bestimmten Praktik zu bleiben, muss er in konstanter Arbeit integriert werden, und dieser Prozess ist nie abgeschlossen. Diese Unabgeschlossenheit des *telos* ist im Ballett aufgrund der komplexen Körpertechnik besonders hoch: Man ist nie wirklich angekommen, sondern immer und stets ‚im Werden'. Somit ist Zugehörigkeit ständig latent gefährdet, da sie auf körperlichen Fertigkeiten beruht: Sofern diese nicht immer wieder er-arbeitet wird, heißt das: Man gehört nicht mehr dazu. Insofern kann man hier, einen Begriff von Szakolczai (2000) borgend, von einer „permanent liminality" (Szakolczai 2000: 219) sprechen.

Die permanente Liminalität bedingt, dass das Ritual, welches Zugehörigkeit herstellt, wieder und wieder durchgeführt werden muss: So besuchen Kompagnie-Mitglieder jeden Morgen die *company class*. Über die Ritualhaftigkeit des Trainings kann die Zugehörigkeit mit minimalem Aufwand erhalten werden: Man kennt es schon, nichts ist neu, man muss das gewohnte Ritual nur vollziehen und schon hat man sich wieder weiter auf die Praktik eingestimmt und so seine Zugehörigkeit ein Stück weit gesichert.

Dies leistet das Balletttraining, weil es in seiner rituellen Struktur genau darauf ausgerichtet ist: In Choreographien kommen nur manche Bewegungen vor, andere nicht, und gerade im zeitgenössischen Ballett entfernt sich die choreographierte Bewegung oft sehr weit vom systematisierten Bewegungsvokabular des Balletts. Im Training sind die Übungen der Logik der Praxis gemäß so konstruiert, dass sie alle ballettrelevanten Körpertätigkeiten fordern und damit fabrizieren. Alle Grundanforderungen an den Ballettkörper werden hier isoliert geübt. In Gleichförmigkeit und Wiederholung bildet sich bestimmte Muskulatur aus, werden bestimmte Nervenbahnen eingeschliffen und Gefühlszustände eingewöhnt. Mit dem Durchlauf eines Balletttrainings kann man also sicher sein, dass man hierdurch Tänzer wird. Die Kontingenz der Zukunft wird gebannt.

Die Notwendigkeit der kontinuierlichen Feinjustierung ist dabei Teil der teleoaffektiven Struktur der Praktik (Schatzki 2002): Wer als Tänzer länger keine *tendus* macht, weiß, dass der Körper sich verändert: Es stellen sich Ängste ein, dass man ‚die Verbindung verliert'. Andere körperliche Aktivitäten wie Radfahren oder Reiten werden zudem als gefährdend wahrgenommen, weil sie andere Muskeln ausbilden: Wenn man nicht genau *dies* tut und es genau *so* und immer *gleich* macht, entfernt man sich von der genauen Gestimmtheit auf die Praktik des Balletts und damit von der größtmöglichen Zugehörigkeit. Die geforderte Praxismonogamie schließt eben, bewusst oder unbewusst, andere *involvements* aus – weshalb der gläubige Katholik auch vermutlich nicht religionssoziologisches Denken, Empfinden und Wahrnehmen trainieren wird.

Das Trainingsritual setzt die Unsicherheit, Desorientierung und Überforderung von Liminalität in einen bewältigbaren, komplexitätsreduzierten Rahmen mit klaren Erwartungen. Damit macht es als Ritual die permanente Liminalität handhabbar. Durch die Bekanntheit der Strukturen und die Gleichförmigkeit von Aufbau und Bewegungen wird ein handlungsentlasteter Raum geschaffen, in dem sich die Aufmerksamkeit ganz auf den Vollzug und das Handeln des Körpers dabei richten kann. Auf der Bühne muss man *Können*, Fertigkeit im Sinne von fertig-sein, behaupten. Im Training kann man sich dem hingeben, an seinem Körper zu arbeiten, ihn von alten Gewohnheiten zu lösen, zu fragmentieren, zu rekonstruieren. Man kann ungestört nur werdender *Körper* sein, während man im Alltag und auf der Bühne fertige *Person* sein muss. In den Übungen im Training *darf* man nicht nur (anders als im ‚Ernstfall‘ auf der Bühne) in das ‚wie‘ der Ausführung der Bewegungen versunken sein, vielmehr ist es genau das, was das Training als modulierter Rahmen (Goffman 1977) ermöglicht und worum es dabei geht. Hier gibt es die Konditionen für den ‚Instrumentenbau‘, das ‚body building‘: Gerade durch ihre Gewohnheit können die gewohnten Bewegungen immer wieder neu durchlebt und zum Stimmen des Körpers genutzt werden – wie das Vater Unser im Ritual des katholischen Gottesdienstes immer wieder neu als rückversicherndes Gebet durchlebt wird.

Dabei wirkt das tägliche Balletttraining selbst-sichernd, indem es eine Performanz der kollektiven Identität als ‚Körper der Ballett-Praxis‘ ist. In der gemeinsamen, hochgradig synchronisierten Ausführung und Einübung der körperlichen Grundfesten des Balletts werden diese Eckpfeiler der Praktik performiert und als geteilte Grundlage der jeweils individuellen körperlichen Existenz erfahren. Hier gibt es die Möglichkeit zu erleben, dass man mit anderen Körpern gleich gestimmt ist, und auch zu erleben, dass man problemlos teilnehmen kann, im Tun zu Hause ist und mitspielen darf. Können oder Nicht-Können bildet darüber hinaus eine symbolische Grenze zwischen ‚wir‘ und ‚die Anderen‘, die unter anderem auch in Selbstbeschreibungen zutage tritt: ‚Wir Tänzer‘ kennen den eigenen Körper (im Gegensatz zum schreibtischtätigen Alltagsmenschen oder wettkampforientierten Fußballer) und können mit ihm umgehen. ‚Wir‘ können über diese komplexe Bewegungssprache kommunizieren, andere verstehen nichts. Kollektive Identität lässt sich somit auch in dieser Hinsicht über körperliches praktisches Vermögen begreifen.

6   Praktiken und ihre Körper

Das Balletttraining steht, wie wir gesehen haben, im Kontext permanenter Liminalität, die bleibt, auch wenn ein Teilnehmer die ‚rite de passage' vollzogen hat. Der Körper und damit auch die Identität sind kontinuierlich in einem liminalen Zustand, nämlich in andauernder Transformation. Das Training ist dabei ein Ritual des body-building und self-making, situiert in der liminalen Suspension des ‚im Werden begriffen'-Seins. Es ist ein Ritual der Selbsttechnologie, der disziplinarischen Formung des gelehrigen Körpers – und damit ein Ritual der Moderne: Zugehörigkeit wird hier immer weniger darüber definiert, dass man in etwas hineingeboren wird (in einen Stand etwa), sondern man muss sich erst zugehörig *machen* und andauernde Zugehörigkeitsarbeit im Sinne einer Technologie des Selbst (Foucault 1993) leisten. Permanente Liminalität ist in diesem Sinne Kern moderner Sozialität (Szakolczai 2000: 219 ff.). Rituale wie das Balletttraining sind dabei zentral, machen sie doch in der permanenten Liminalität handlungsfähig: Sie stellen ihr einen konstanten und verlässlichen Rahmen entgegen und bieten in diesem die Möglichkeit, selbstinstrumentierend an einer zumindest im Moment der Praxis konstanten Zugehörigkeit und damit Selbst-Sicherheit zu arbeiten.

Verkörperung und Vergemeinschaftung können in diesem Sinne als zwei Perspektiven auf denselben fortlaufenden Prozess verstanden werden, wie am Fall des Balletttrainings dargestellt wurde. Ver-körpert wird dabei die Praktik: sie wird von Körpern dargestellt, die in ihren Fertigkeiten von ihr angeeignet sind. Eben durch die Rekrutierung durch die Praktik und die damit verbundene Entwicklung von spezifischen Kompetenzen werden die Körper wiederum ver-gemeinschaftet: sie werden zu Körpern derselben Praktik, so dass ihnen ihre *abilities* und der *sens pratique* gemein sind. Die Praktik rekrutiert ‚ihre' Körper[10] – und das bedeutet für die Körper Zugehörigkeit.

---

10 Wenn das Soziale in Praktiken verortet wird, so müssen auch Begriffe wie Gemeinschaft, Kollektiv oder Identität über das Involviertsein von Partizipanden in Praktiken verstanden werden. Weniger interessiert hier Gemeinschaftsangehörigkeit als ‚Einzelschicksal' eines Subjekts, sondern vielmehr eine Praktik als situationsgebundene und dennoch transsituative Herstellung und Aufführung körperlicher Zugehörigkeit. Es geht eben um Praktiken und ‚ihre' Körper, wie Stefan Hirschauer (2004: 75) deutlich gemacht hat.

Literatur

Ashley, Merrill (1984). *Dancing for Balanchine*. New York: E.P.Dutton Inc.
Bourdieu, Pierre (1982). *Die feinen Unterschiede* (1. Aufl. ed.). Frankfurt am Main: Suhrkamp.
Bourdieu, Pierre (1987). *Sozialer Sinn*. Frankfurt am Main: Suhrkamp.
Herrle, Matthias, & Dinkelaker, Jörg (2010). Einfinden in Rhythmen – Rhythmen des Ein-findens. In Rudolf Egger & Bernd Hackl (Hg.), *Sinnliche Bildung? Pädagogische Prozesse zwischen vorprädikativer Situierung und reflexivem Anspruch*: VS-Verlag.
Förster, Till (2002). Ritual. In Günter Endruweit & Gisela Trommsdorff (Hg.), *Wörterbuch der Soziologie*. Stuttgart: Lucius & Lucius, 457-458.
Foucault, Michel (1993). Technologien des Selbst. In L. H. Martin (Hg.), *Technologien des Selbst*. Frankfurt a. M.: Fischer, 24-61.
Garfinkel, Harold, & Sacks, Harvey (1986). On formal structures of practical actions. In Harold Garfinkel (Hg.), *Ethnomethodological studies of work*. New York: Routledge & Kegan Paul, 160-193.
Garfinkel, Harold (1967). *Studies in Ethnomethodology*. Englewood Cliffs: Prentice Hall.
Garfinkel, Harold (1986). *Ethnomethodological studies of work*. London: Routledge & Kegan Paul.
Goffman, Erving (1971). *Verhalten in sozialen Situationen*. Gütersloh: Bertelsmann.
Goffman, Erving (1977). *Rahmen-Analyse*. Frankfurt am Main: Suhrkamp.
Goffman, Erving (1979). Gender Display. In: Ders. (Hg.), *Gender Advertisements*. London and Basingstroke: Macmillan Publishers LTD, pp. 1-8.
Guest, Ann Hutchinson (1984). *Dance Notation: The Process of Recording Movement on Paper*. New York: Dance Horizons.
Gugutzer, Robert (2006). Der body turn in der Soziologie. Eine programmatische Einführung. In: Ders. (Hg.), *body turn. Perspektiven der Soziologie und des Sports*. Bielefeld: transcript, 9-56.
Hirschauer, Stefan (2001). Ethnographisches Schreiben und die Schweigsamkeit des Sozialen. Zu einer Methodologie der Beschreibung. *Zeitschrift für Soziologie*, 30(6), 429-451.
Hirschauer, Stefan (2004). Praktiken und ihre Körper. Über materielle Partizipanden des Tuns. In K. H. Hörning & J. Reuter (Hrsg.), *Doing Culture. Neue Positionen zum Verhältnis von Kultur und sozialer Praxis* (S. 73-91). Bielefeld: transcript.
Hirschauer, Stefan (2011). Sei ein Mann! Implizites Zeigen und praktisches Wissen. In T. Alkemeyer, W.-M. Stock & J. Volbers (Hrsg.), *Zeigen. Dimensionen einer Grundtätigkeit* (S. 89-104). Weilerswist: Velbrück Wissenschaft.
Mitchell, Robert. (2010). *Im Panopticon der Bewegung. Eine ethnographische Betrachtung von Ballettproben*. (M. A.), Johannes Gutenberg Universität, Mainz.
Schatzki, Theodore R. (2002). *The Site of the Social. A Philosophical Account of the Constitution of Social Life and Change*. University Park, PA: The Pennsylvania State University Press.
Schindler, Larissa (2011). *Kampffertigkeit. Eine Soziologie praktischen Wissens*. Stuttgart: Lucius & Lucius.
Schmidt, Robert (2012). *Soziologie der Praktiken*. Frankfurt a. M.: Suhrkamp.
Sudnow, David (2001). *Ways of the Hand*. London/Cambridge: MIT Press.
Szakolczai, Arpad (2000). *Reflexive historical sociology*. London: Routledge.
Turner, Victor (2000). *Das Ritual: Struktur und Anti-Struktur*. Frankfurt a.M.: Campus.
Ward-Warren, Gretchen (1989). *Classical Ballet Technique*. Tampa: University of South Florida Press.

Todesrituale
Zur sozialen Dramaturgie am Ende des Lebens

Thorsten Benkel

Zusammenfassung

Die soziale Magie von Ritualen besteht nicht zuletzt darin, dass aufgrund spezifischer Handlungsformen eine symbolische Qualität ausgestrahlt wird, die gemeinschafts-stiftend und -stabilisierend wirkt. Ein Beispiel für einen stark körperorientierten Ritualkontext stellt die westliche Bestattungskultur dar. Sie verbindet zeremoni-elles Trauerhandeln mit ordnungsgenerierenden „Verwaltungsabläufen", während vordergründig der Abschied einer Person aus der Gesellschaft dargestellt wird. Der Übergang vom Subjektstatus in die (sukzessive unsichtbar gemachte) „Körperding-lichkeit" wird nicht schlichtweg vollzogen, sondern bewusst inszeniert. Elemente dieser Dramaturgie werden indes zunehmend in die Friedhofs- und Grabgestaltungen integriert und verbinden auf diese Weise Körperlichkeit, Individualität, Erinnerung, Normativität und Trauer.

> *„Die Idee, dass es die Existenzberechtigung von Tischlern*
> *und Bäumen ist, Ordnung in das Unglück zu bringen,*
> *ließ einen resignierten Mann sagen: ‚Meine Frau ist jetzt*
> *zwischen vier Brettern.'"*
> (Magritte 1985: 267)

Auf das Ende eines Lebens folgen in allen Kulturen Rituale und symbolische Einrahmungen, die die verschiedenen Dimensionen des Verlustes bzw. des Status-übergangs als kollektiv zu bewältigende Begleiterscheinungen eines vermeintlich ‚natürlichen' oder zumindest ‚zwangsläufigen' Körperschicksals deklarieren. Die Abschiedsgesten im deutschsprachigen Raum binden die rituelle Inszenierung besonders stark an die Materialität des Körpers. Performances der Todesbewälti-

gung erhalten dadurch einen Ankerpunkt, dessen Verhältnis zur sozialen Magie
der Rituale – der vorder-, wie auch der hintergründigen – untersucht werden soll.

1   Sterbepraxis

Sterben ist aus soziologischer Sicht ein unspektakulärer Vorgang. Wenn ein Mensch
stirbt, beugt sich sein Körper mal recht spontan, mal aber auch ‚in letzter Konsequenz' inneren oder äußeren Anforderungen, die sich dem Fortgang des physischen
Lebendigseins blockieren. Der Abschied aus der sozialen Welt steht dann unmittelbar
bevor, und die moderne Gesellschaft kann mit dieser persönlichen Katastrophe
gut umgehen. Sie weiß, dass soziale Positionen neu besetzt werden können. Komplexe Gesellschaften sind, befindet Niklas Luhmann (1984: 554), „gerade durch
ihre Dekomponierbarkeit stabil; sie gewinnen ihre Permanenz dadurch, daß ihre
Zusammensetzung geändert werden kann. Sie überdauern den Tod Einzelner."
Das kennzeichnet aber nur eine Seite der Medaille, nämlich die – für Luhmann
fraglos prävalente – Makroperspektive. Im Binnenraum des Gemeinschaftslebens
hingegen, wo soziale Funktionsrollen und singuläre Biografie bruchlos zusammen
fallen, sind Sterbeprozesse Einzelner keineswegs so leicht zu verkraften.[1] Verlus-
terfahrungen im Zeichen des Todes sind das Ergebnis und zugleich der Beweis
unvermeidlicher Vergänglichkeit; die Einsicht in diese Unvermeidlichkeit relativiert aber offenkundig nicht die Bestürzung des sozialen Umfeldes, wenn jemand
stirbt. Auf der gesellschaftlichen Mikroebene entstehen durch einen Todesfall
für gewöhnlich emotionale Erschütterungen, denen die ‚Betroffenen' trotz aller
rationalen Verinnerlicherung des ‚naturlogischen' Sterbezwanges ausgesetzt sind.
    Anders als bei psychischen Belastungssituationen, die gar nicht erst bekun-
det oder nur wenigen Personen offenbart werden, ist ein Todesfall im eigenen
Lebensumfeld selten eine rein individuelle Bewältigungssituation. Der Tod einer
nahestehenden Person ist ein zu ‚veröffentlichendes' Ereignis, unter anderem mit

---

1   Es lässt sich allerdings diskutieren, ob hier nicht ebenfalls Surrogate vorhandene soziale
     Positionen besetzen können. Das gelingt bei Lebenspartnern recht gut, ist auch bei
     Freunden machbar, setzt bei Kindern schon bestimmte Umstände voraus, bei Eltern sind
     die Hürden für eine personelle ‚Neubesetzung' bereits sehr groß, und bei (erwachsenen)
     Geschwistern stehen kaum überwindbare Hindernisse im Raum. Dies alles gilt ganz
     abgesehen von dem Umstand, dass die Semantik des sozialen Ersetzens von Verstorbe-
     nen gemeinhin als makaber gilt und so sehr gegen fest verwurzelte Konventionen des
     Zusammenlebens verstößt, dass sie im Gemeinschaftskontext beinahe unaussprechlich
     ist.

dem Zweck, den Gemütszustand der Trauernden zu erklären, aber auch mit der Funktion, die fundamentale Veränderung ihrer Lebensorganisation zu deklarieren. In der Phase der Trauer verlieren die Routinen der Alltagswelt ihre Orientierungsfähigkeit – sie werden nebensächlich angesichts der Totalität des Todes, auf die theoretische Unterweisungen wohl eher schlecht als recht vorbereiten. Es gibt allerdings Gegenmaßnahmen: Aus der Bekanntgabe des Verlustes können sich temporäre Schübe einer intensivierten Vergemeinschaftung ergeben, welche die Hinterbliebenen und das weitere Umfeld (Nachbarschaft, Arbeitskollegen usw.) solidarisch zusammenrücken lässt – üblicherweise zumindest so lange, bis die zentralen Todesrituale durchgespielt worden sind. Dazu gehören neben Gesten des Mitgefühls und Trostes, die den Einbruch radikal negativistischer Sichtweisen zu unterbinden helfen, so gut es eben geht, auch materielle Unterstützung (Geldgeschenke), die Symbolik und Pragmatik verbinden: Man gibt etwas „von Wert" an diejenigen, die etwas „von Wert" verloren haben – und trägt zur Begleichung der Beerdigungskosten bei. Die Rituale des Bestattungskontextes wiederum, welche die Verabschiedung der Person aus der sozialen Welt zum Inhalt haben und diesen Fortgang durch den Ausschluss des toten Körpers zum Ausdruck bringen, sind in ihrem typischen Aufbau auf die solidarische Mitwirkung der Trauergemeinde hin angelegt. Im Todesritual finden diejenigen Lebenden, die zu Zeugen eines Lebensendes geworden sind, ebenso viele Motive zur Feier ihres eigenen Weiterlebens wie zur Zelebrierung eines nun mehr geschlossenen ‚Lebenskreises'. Je stärker sich Todesrituale von ihren (mehrheitlich religiösen) Wurzeln entfernen und als ritueller Selbstzweck inszeniert werden, desto flexibler sind sie hinsichtlich der Aneignungsinteressen von Ritualbeteiligten formbar, die durch einen individuellen Umgang mit dem Sterbefall beispielsweise ihren Verlustschmerz verarbeiten. Solche (quasi-)subjektiven Strategien fügen sich in den sozialen Rahmen der Todesrituale nichtsdestotrotz gut ein, denn gerade die Vereinbarkeit von individueller Perspektive und kollektiver Anerkennung kennzeichnet den Vorteil, den eine weniger dogmatische, weniger ‚ideologische' Auslegung einer Ritualstruktur mit sich bringt. Jene Trauernden, die sich innerlich (und mitunter durch sichtbares abweichendes Handeln) von den Usancen der Bestattungsprozeduren entfernen, nehmen den Sinn von Ritualität gerade dadurch ernst, dass sie den eingegrenzten Verhaltensspielraum der Rituale ausdehnen und die etablierten Muster variieren. Sie stehen dem „echten Konformismus" der Rituale damit immer noch näher als ein „leerer Konformismus", bei dem die „‚Äußerlichkeit' der symbolischen Gesten" keine Beziehung mehr zu einer „innere[n] Verbindlichkeit" hat (Douglas 1986: 14). Doch dazu später mehr.

Zunächst noch einmal zurück zu dem, was dem Tod unmittelbar vorausgeht – zurück zum allerletzten ‚Erlebnisabschnitt', zurück zum *Sterben*. Der Sterbeprozess kündigt, so er als solcher überhaupt evident ist (d. h., sofern er von den einzigen berufenen Experten, von Medizinern, evident gemacht wird), eine trotz aller Vorbereitungszeit kaum abzufedernde Krise an, die sich in zwei Stränge aufteilt. Sie betrifft den Lebenszeitverlust der sterbenden Person, was gemeinhin als individuelles Schicksal verhandelt wird – und sie betrifft die Hinterbliebenen, die mit der ‚Sekundärerfahrung' eines sich abzeichnenden, nur bedingt ‚fremden' Todes weiterleben müssen. Was tot zu sein bedeutet, ist für die Angehörigen abstrakt; aber sie beobachten ein Sterben. Anders formuliert: „Wie erfahren keinen Tod, wohl aber erfahren wir die Toten." (Macho 1987: 195)[2]

Die in der westlichen Welt weit verbreitete Wunschkonzeption eines Todes, welcher möglichst rasch und überraschend, jedenfalls am besten ohne Schmerzbegleitung und ohne zeitliche Ausdehnung vonstattengehen soll, ist ein Symptom der bald bewussten, bald unbewussten Unterscheidung zwischen der *körperlichen* und der *sozialen* Betroffenheit von der Wirklichkeit des Sterbens. Denn weil es einem selbst auf jeden Fall passieren wird, soll das eigene Sterben möglichst unter den (von außen betrachtet) günstigsten Rahmenbedingungen ablaufen (vgl. Hoffmann 2011).[3] Das Bezeugen des *Sterbens der anderen* ist, so gesehen, allemal ein *lehrreiches* Geschehen, das die Abstraktivität der Sterbegewissheit mit einem erbarmungslosen Realismus kontrastiert und den vorausschauenden Analogieschluss zum eigenen Sterben ermöglicht, ja geradezu erzwingt. Eben dafür steht das aus Trauer- und Friedhofskontexten bekannte Motto *Memento mori*. Welche Modalitäten Sterbenden in den Zeiten der Multioptionalität (vgl. Groß/Tag/Schweikhardt 2011) zur Verfügung stehen, darüber konnte dieser mittelalterliche Sinnspruch indes noch nicht informieren. Schneisen in die immer stärker anwachsende Industrie der Sterbe- und Todesdienstleistungen (vgl. Akyel 2013) müssen Menschen nach wie vor selbstständig schlagen – wenn sie das Problem nicht an ihre Angehörigen abtreten möchten. Die Tendenz, sich über das Mögliche (und das Bezahlbare) zu Lebzeiten selbst zu informieren, nimmt zwar zu (vgl. Thomas et al. 2010), nicht zuletzt, weil entsprechende Vorsorgemaßnahmen von der Bestattungsindustrie forciert werden. Mehrheitlich fällt die Auswahl aus dem Ozean der Optionen aber noch immer den *significant others* zu, weil der „Verstorbene", der „den ‚Hinterbliebenen' entrissen wurde" als Opfer des plötzlichen Sterbegeschehens zum „Gegenstand [ ] der Toten-

---

2   Bezüglich dieser Erfahrung im Modus der Beobachtung hat schon Immanuel Kant konstatiert: „Das Sterben kann kein Mensch an sich selbst erfahren (denn eine Erfahrung zu machen, dazu gehört Leben), sondern nur an anderen wahrnehmen." (Kant 1977: 465)

3   Im Übrigen ist dies ein Argument, das auch im Kontext des Suizids als Selbstbestimmungsaspekt artikuliert worden ist; vgl. Guillon/le Bonniec (1982).

feier, des Begräbnisses, des Gräberkultes" wird (Heidegger 1993: 238) – und folglich nicht länger die Rolle des Entscheidungsträgers spielen kann.

Nun ist aber nicht nur das Leben sprichwörtlich kein Wunschkonzert, sondern auch der Tod nicht. Die im *Davor* geäußerten Ansichten zum eigenen Sterben, so selten es sie ohnehin gibt, kranken an der fehlenden Korrespondenz von Theorie und Praxis, weil die Bandbreite möglicher Sterbearten sich in der Vorausschau nur bedingt auf realistische Wahrscheinlichkeiten herunterbrechen lässt. Ein *Danach* wiederum ist in der Kalkulation über die eigenen Sterbebedingungen längst nicht mehr automatisch berücksichtigt. An dieser letzten transzendentalen Grenze (Schütz/Luckmann 2003: 627) tut sich ein Möglichkeitsspektrum auf, das mit der Vielfalt der Sterbearten zweifelsohne konkurrieren kann. Mit diesem Danach ist nicht allein der bunte Strauß ritueller Vorgänge gemeint, der traditionell immer schon als „Nachleben" der Toten verstanden werden konnte (vgl. Schneider 2011: 167). Darunter fallen auch Vorstellungen über die Jenseitsexistenz der Verstorbenen. Da es sich bei den Bereichen des ‚Spi-Rituellen', aus Gründen methodologischer Unzulänglichkeit stets mehr um Glaubens- denn um Gewissheitsmaterial handelt, kann die Soziologie wenig mehr leisten, als zu konstatieren: Die einen sagen so, die anderen sagen so, der Rest ist Schweigen.[4] Letztlich gibt es beim Sterben immer ein *Danach* – und zwar die Nachwelt der Überlebenden, die den Tod einer nahe stehenden Person zu bewältigen haben.[5]

Norbert Elias hat die soziologische Kernproblematik des Sterbens in einem Büchlein auf den Punkt gebracht, das zu seinen letzten Veröffentlichungen gehört: „Der Tod ist ein Problem der Lebenden." (1990: 10) Der Titel seiner Abhandlung rückt die Aufmerksamkeit auf jene, die dieses Problem zeitnah hinter sich haben werden, denn es geht Elias um die *Einsamkeit der Sterbenden in unseren Tagen*. Sie ist die Konsequenz eines modernen Todesbewusstseins, das in der Gegenwartsgesellschaft zur *Rationalisierung* des Todes herausfordert. Sterben wird zunehmend zur „Körpertechnik" (Mauss 1975), die in dafür vorgesehene Räume ausgelagert wird. Die Sterbepraxen als solche sollen sich „entfalten" dürfen, aber nicht unter

---

4   Ganz nebenbei bemerkt, liegt bei der Frage nach den metaphysischen Folgen des Lebens eine bereits bei Arthur Schopenhauer registrierte, merkwürdige „Asymmetrie zwischen unseren Einstellungen gegenüber posthumer und pränataler Nichtexistenz" vor (Nagel 2001: 21).

5   Die soziale Nachwirkung des Todesfalls entfällt (und reduziert das Sterbegeschehen tatsächlich auf ein individuelles Schicksal), wenn niemand gefunden wird, der Anteil nehmen kann oder will. Die zunehmende Zahl der Sozialbestattungen (vgl. Spranger 2011) dürfte mit entsprechenden Entwicklungslinien korrelieren, die von der allmählichen Exklusion bis hin zum so genannten „sozialen Tod" verlaufen (vgl. Feldmann 2010: 126ff.).

den Augen der Öffentlichkeit, sondern in abgesperrten Arealen, in ‚Transiträumen'. Der Sterbende muss vor allem mit sich selbst ausmachen, dass und wie er stirbt; flankiert wird er dabei allenfalls von Mitgliedern des sozialen Umfeldes, sofern sie diesen steinigen Weg gemeinsam gehen wollen. Anders als in mittelalterlichen Zeiten, als der Tod oft in jungen Jahren und üblicherweise unvorhergesehen zuschlug (in dieser Zeit entstand das *memento mori*), ist die Sterbegewissheit in der Neuzeit kultiviert worden und drängt sich den immer älter werdenden Menschen erst in einer bestimmten Lebensphase auf. Oft macht das abstrakte Wissen über die allgemeine Mortalität erst dann dem nüchternen oder auch ängstlich anerkannten Bewusstsein Platz, dass *man selbst* mit jedem neuen Lebenstag höhere Chance hat, keinen weiteren mehr zu erleben. Dies hat den französischen Historiker Philippe Ariès (2002: 42) zu der Bemerkung geführt, dass der Tod früher „gezähmt" war, weil er eben nicht nur abstrakt, sondern konkret möglich war, weil er sich ständig ereignete und weil er somit zwangsläufig zur Alltagsstruktur dazu gehörte. Heute hingegen sei er „wild", weil er befürchtet und hinweggewünscht wird. Seine Ungezähmtheit zeigt sich wohl dann am stärksten, wenn er scheinbar „verfrüht" in Erscheinung tritt und Personen betrifft, die noch nicht ‚an der Zeit' gewesen sind.

Es gibt Anlass zu der Vermutung, dass sich Wildheit und Besänftigung zu einer dritten Qualität verbinden, wenn es um die Sterblichkeit im hohen Alter geht. Die Alten der Gesellschaft sind angehalten, ihren Frieden mit dem Umstand zu machen, dass sich ihr Leben zur Einbahnstraße zuspitzt. Anstelle der Entscheidungsvielfalt des gesunden, aktiven Lebens steht die Verengung von Handlungsfreiheiten aufgrund medizinischer, sozialer, psychologischer und auch ökonomischer Faktoren – und der Tod steht als Zielpunkt dieser schleichenden Rücknahme der Möglichkeiten fest. Für Hochbetagte ist er als biografisches Ereignis zwar nicht unerwartet, er wird innerhalb der prinzipiell *todes-aversen* Gesellschaften der westlichen Welt aber auch nicht pauschal als Augenblick der ‚Lebenserfüllung' akzeptiert (obwohl manche Rituale diesen Eindruck recht plakativ vermitteln). Der aktuelle Diskurs um die *Sterbehilfe* legt nahe, dass angesichts der Gefahr und Not des Sterbenmüssens der Mittelweg nicht gleich der Tod ist, sondern ein Kompromissmodell, das ihn erträglich macht. Solange der Fortgang aus sozialen Sphären nämlich der autonomen Steuerung unterliegt und Kontrollverlust ausgeschlossen ist, positionieren sich viele Menschen in ihrer individuellen Beschäftigung mit dem Tod ganz anders, als wenn er um jeden Preis (inklusiver apparativer Hilfe) ‚auf Abstand' gehalten wird.[6]

---

6   Siehe z. B. für Großbritannien *The Independent* vom 31. Juli 2013 („Case for assisted dying is overwhelming") mit einer Zustimmungsrate für selbstbestimmte Sterbemodalitäten von über 80 %. Laut einer Umfrage des Instituts für Demoskopie Allensbach lag die Zustimmungsrate in Deutschland (differenziert nach konfessioneller Zugehörigkeit) im

Elias' Position hallt immer noch nach. Einsam wird der Tod auch heute erlebt, unter anderem deshalb, weil die Innovationen der Medizin ein immer längeres Leben, damit aber auch ein immer längeres Sterben ermöglichen. Im hohen Alter sterben einem nahestehende Personen der gleichen Alterskohorte zunehmend weg, und die nachfolgenden Familiengenerationen stecken nicht selten in der „Mobilitätsfalle", anderswo leben und arbeiten zu müssen. Die Betreuung (und vor allem: der emotionale Beistand) Sterbender erfordert jedoch soziales Engagement von allen Beteiligten, und zwar in einem Maß, welches über das normale Spektrum im intersubjektiven Miteinander weit hinaus reicht. Diesen Mangel gleichen Pflegeinstitutionen, das Krankenhaus und bisweilen auch das Hospiz nur bedingt aus, denn sie können, um kurz und bündig mit der Unterscheidung von Ferdinand Tönnies (2010) zu sprechen, als *gesellschaftliche* Einrichtung (kooperativ, mechanisch) die sozialen Energien schwerlich kompensieren, die im *gemeinschaftlichen* Umgang von Akteuren miteinander (solidarisch, organisch) fließt. Einsam sind die Sterbenden aber auch deshalb, weil manche der ihnen nahe stehenden Personen es nicht fertig bringen, die Chronik eines anstehenden Todes mit eigenen Augen zu begutachten. Gerade bei Schmerzpatienten verdichtet sich die erwähnte ‚Todeswahrnehmung' des sozialen Umfeldes nicht selten in dem moralisch ambivalenten Wunsch, dass die geliebte Person nicht länger ‚leiden möge', wenngleich in der Dogmatik der Medizin dieses Weiterleiden als *prinzipiell* wünschenswerte „Lebenseinstellung" gilt – und zwar jenseits von Einzelfallabwägungen, ganz so, als sei eine affirmative Todeseinstellung grundsätzlich undenkbar. Tatsächlich gibt es selbstverständlich Sterbende – sowohl einsame wie auch solche, die ‚jemanden haben' –, welche ihren Tod selbst herbeiführen bzw. beschleunigen wollen. Die Literatur über Alterssuizid, Sterbehilfe bei unheilbar Kranken, Patientenverfügungen usw. füllt, interdisziplinär aufgestellt, mittlerweile ganze Bibliotheken. Die dahinter stehenden Kontroversen und Klärungsbedürfnisse können als Indikatoren für das Gewicht genommen werden, das dieser Thematik trotz oder gerade wegen früherer Tabuisierungsversuche mittlerweile beigemessen wird (zur Kontroverse über Geschwätzigkeit und Tabuisierung des Todes vgl. Nassehi/Weber 1989). Die offene Auseinandersetzung mit dem Sterben arbeitet der *Beherrschung* des je individuellen Abschiedszeitpunkts zu. Neben das selbstbestimmte Leben tritt somit zunehmend der Wunsch nach einem selbstbestimmten Tod.

August 2008 bei 50-65 %. Gemäß der *Süddeutschen Zeitung* vom 2. Oktober 2013 hat sich diese Quote mittlerweile auf 74 % erhöht, die „ganz und gar" oder zumindest „eher einverstanden" sind mit der gesetzlichen Erlaubnis der Sterbehilfe. Vgl. ferner Winkel (2005); Brandes (2011); Flaßpöhler (2013).

Wieder sind es die Angehörigen, die in solchen schwierigen Situationen das größte Maß an Reparaturleistungen zu vollbringen haben. Es macht fraglos einen Unterschied, ob jemand freiwillig aus dem Leben scheidet, unerwartet vom Tod getroffen wird oder – wie zum Beispiel Komapatienten – in einem schwer definierbaren Zwischenstadium verharrt. Doch in jedem Fall gewinnt das Sterben dadurch an sozialer Kontur, dass diejenigen es in ihre Lebenswelt zu integrieren haben, die davon ‚nur‘ mittelbar betroffen sind – diejenigen also, die selbst eben nicht sterben, denen aber eine wichtige Person wegstirbt. Die Hinterbliebenen brauchen Sinnangebote, um in ihre Lebenswelt die ‚Objektivität‘ der Tragödie, wie auch die Subjektivität ihres individuellen Umgangs damit unterzubringen. Das klassische Sinnreservoire zur Erklärung der Funktion des Todes, und auf diesem Wege auch zur Akzeptanz der von ihm verursachten „Kommunikationsunterbrechung", stellt die Religion zur Verfügung (Luhmann 1977). Aus religiösen Quellen speisen sich folglich auch die meisten Rituale, die zwischen Lebensende und Todessphäre vermitteln. Es gibt aber auch säkulare Konzepte, die das Todesproblem aufgreifen und versuchen, sein drückendes Gewicht auf den subjektiven Verarbeitungshaushalt zu vermindern – und auch sie können rituell geprägt sein. Ob nun religiös, säkular, oder im ‚privatkonfessionellen‘ bzw. spirituellen Zuschnitt (dazu Knoblauch 2009): Die *Sinnformen*, die durch Rituale im Kontext des Todes entstehen, treiben als außeralltägliche Inszenierungen die Rückversöhnung trauernder Angehöriger mit jener Alltagswelt an, die für die Usancen der Todesbewältigung ansonsten wenig Raum reserviert. Die strikte Abtrennung der Todesrituale von anderen Alltagsritualen (die z. B. bei Ausnahmefestivitäten wie dem *Karneval* weniger stark vorliegt, weil hier die Ritualität von Alltagshandlungen aufgegriffen, verstärkt und verformt wird) lässt, wie aus dem Erfahrungsfundus des Alltags bekannt ist, nur selten Querverweise zu. Leichenwagen, Sarg, Aufbahrung, Bestattung, Grab, Aushebung usw. eignen sich – anders als der Tod als ‚Abstraktum‘ – selbst für die Metaphernsprache nur hin und wieder einmal. Bei diesen Ritualelementen liegen Bausteine einer Dramaturgie vor, die für die Trauernden und Hinterbliebenen errichtet wird, und die mit der jeweils einzigartigen Aufführung selbst ‚stirbt‘.

Es ist bezeichnend, dass die rituellen Weltabschiedsgesten im Bestattungskontext, um die es hier vorrangig gehen soll, üblicherweise nicht foto- oder videografisch dokumentiert werden. Sie zählen, wiewohl sie mitunter soziale Großereignisse sind, auch nicht zu jenen Geschehnissen im Gruppengedächtnis einer Familie oder Dorfgemeinschaft, auf die unverhohlen im Sinne einer kollektiven Gemeinschaftsgeschichte zurückgeschaut wird. Sie werden als kalendarische Ereignisse und historische Marken durchaus verzeichnet (und können als wertvolle geschichtliche Informationsträger dienen), aber mehr als diese chronologisierende Qualität wird ihnen selten zugestanden.[7] Die Rituale, die das Ende des Lebens umgeben, existieren für den Moment. Sie werden zu einem vereinbarten Zeitpunkt von den Lebenden und für die Lebenden errichtet, derweil die Toten nur mehr eine symbolische Rolle einnehmen. Das Bühnenstück der Todesrituale ist zeitlich klar eingegrenzt und räumlich auf eine lokale Arena beschränkt;[8] wenn es startet, ist das Schauspiel des Sterbens schon vorbei, und im rituellen Nachspiel, das mit dem Todeszeitpunkt beginnt, rücken nun die Überlebenden in den Fokus. Sie tun dies dadurch, dass sie sich wechselseitig in ritualisierter Manier beweisen, dass und wie man einen sozialen Dienst symbolisch vollzieht. Dadurch sind diejenigen, die Todesrituale aufführen, zugleich deren Adressaten.

2 Körpergeschehen

Kurz noch einmal zurück zum Sterben. Seine sozialen Begleiterscheinungen deuten bereits an, dass sich das Lebensende nicht lediglich als *Körpergeschehen* abspielt. Für die Hinterbliebenen ist der Körper der Sterbenden ein Körper im Kampf mit einem sich abzeichnenden Schicksal, und nicht den Körperverlust befürchten und betrauern sie, sondern das Ende einer wertvollen Sozialbeziehung. Abseits solcher persönlichen Verbindungen ist das Sterben eingerahmt in ein spezifisches System der Todesfeststellung, das den Körper als Ausdrucksfläche materieller Zeichen begreift und ihm die Codes und Indizes des Tot- oder eben des Noch-Lebendigseins (sowie *zwischengeschalteter* Stadien) entnimmt. Im Gegensatz zu denjenigen Akteuren, die sich als Angehörige von Sterbenden und Verstorbenen verstehen, steht das medizinische Fachpersonal in Hospitälern, das den sterbenden und schließlich toten Körper dechiffriert und an ihm sowohl Zustände und Prozessstufen *abliest*, wie auch diese

---

7   Die mancherorts lebendige Tradition, wonach das Läuten der Totenglocke ein Lebensende öffentlich bekundet, mag sich „wie eine Erzählung aus der guten alten Zeit" anhören (Waltermann 1990: 77); aber auch hinter diesem Image einer kollektiven Betroffenheit verbirgt sich letztlich keine automatisch „bewusstere" oder gar langfristigere Beschäftigung mit der Sterbeproblematik.

8   Eine bemerkenswerte Ausnahme stellen Prominentenbestattungen dar. Abhängig vom Grad der zugesprochenen Bedeutung kommt es in solchen Todesfällen zur öffentlichen Wahrnehmung, mitunter sogar zu stadtweiten Trauermärschen, bei denen mitunter eine mediale Übertragung Anteilnahme über die Distanz, aber zeitgleich zum ‚offiziellen' Gedenkzeitpunkt erlaubt. Insbesondere die ikonografische Darstellung von Bildern prominenter Persönlichkeiten im Rahmen der Unsichtbarwerdung ihres Körpers scheint sichtbar zu betonen, dass nicht das Ritual im Vordergrund steht, sondern die ‚zentrale Person', die es nicht mehr miterlebt (vgl. Benkel 2013: 140f.).

Zustände und Prozessstufen *zuschreibt*, diesem Körper in zwischenmenschlicher Hinsicht üblicherweise fern. Es generiert *Körperwissen*, ohne sich dabei auf eine „leibhaftige Vergangenheit" (Lorenz 2000) mit jenem Leben berufen zu müssen, das im Sterbevorgang sein Ende findet.[9] Die Professionalisierung der Todesverwaltung (vgl. Meitzler 2012) fußt schließlich nicht auf persönlichen Erfahrungen, sondern auf einer überpersönlichen Tatsachenfeststellung, deren zentraler Gegenstand *brute facts* sind, die sich im Sterbekontext entfalten. Aber sie enthüllen sich nur vermeintlich: Was ‚toter Körper' genannt wird, ist tatsächlich das Produkt einer Interpretation bzw. das Ergebnis der Anwendung kulturspezifischer Kommunikationsformen, welche das Lebendige vom Toten zu unterscheiden helfen. Sie sind weder universell gütig, noch stehen sie pauschal außer Frage (vgl. Birnbacher 2012). Eine kulturhistorische Spurensuche nach der Genese der Todesfeststellung (vgl. Schlich/Wiesemann 2001) belegt den Wandel der ‚Richtigkeiten' und ‚Angemessenheiten' recht nachdrücklich. Die vermeintliche Naturlogik stellt sich bei näherem Hinsehen als ‚Formsache' im strengen Sinne des Wortes dar: als etwas, dem durch menschliches Handeln Geltungsstabilität verliehen wird. „Es ist auch eine Form festzulegen, wessen Leben als Leben gekennzeichnet werden kann und wessen Tod als Tod zählen wird", schreibt Judith Butler (2005: 16). Im vorliegenden Fall besteht die Formsache in naiver Betrachtung darin, dass der steuernde Eingriff der ‚Definitionsmacht' von Zeit zu Zeit neue Faktizitäten erschafft, die dann stets aufs Neue ‚unumstößlich wahr' sind.

Die Rituale des Todes, genauer gesagt: jene Rituale, die den Tod gleichermaßen *verdeutlichen* und aus der Gemeinschaft *verbannen*, wirken sich auf den Skeptizismus, der die ‚Eindeutigkeit' und 'Kausallogik' des Lebensabschieds in Frage stellt, jedoch in mancherlei Hinsicht relativierend aus. Sie setzen ihm dadurch ein gewisses Maß an ‚Tatsächlichkeit' entgegen, dass sie die Unumstößlichkeit eines individuellen Todesfalles ‚umkreisen' und zwangsläufig das reale physische Ende eines Menschenlebens zum Auslöser nehmen. Als Abschluss der irdisch-weltlichen Befassung mit dem verstorbenen Menschen/Körper duldet das Todesritual scheinbar keine Hinterfragung. Aber auch hier tun sich mittlerweile Freiräume und alternative Sinnbesetzungen auf. Grenzfälle sind Bestattungen ohne Leiche (etwa von vermissten Soldaten, die für tot erklärt werden), Beisetzungen des leeren Sarges (weil keine ‚menschlichen Überreste' mehr vorliegen, etwa bei einem

---

9   Natürlich kommt es in solchen Einrichtungen immer wieder zu Konstellationen, bei denen die professionelle Distanz durchbrochen und die Beziehung Patient/Betreuungsperson enger wird, als die Handlungsanleitungen vorsehen; mit den Todesfeststellungsprozeduren ist das daran beteiligte Personal für gewöhnlich aber nicht betreut. Auf dem Tisch des Pathologen ist der tote Körper für diesen üblicherweise erst recht ein *Fremdkörper*, um dessen vergangene ‚Mitmenschlichkeit' er weiß, ohne sie bezeugt zu haben.

Flugzeugabsturz über dem Meer; siehe Abb. 1), oder auch Alternativformen (bei denen der Körperrest zu einem gewissen Anteil beispielsweise in Diamantform gepresst wird), und andere mehr.

Abb. 1

Zwar ist, wer stirbt, noch immer ein lebendiger Mensch, aber die entscheidenden Veränderungen, die diese Ausgangslage auf nachgerade naturalistische, dennoch aber dramatische und mitunter traumatische Weise umkehren, zeichnen sich bereits ab. Eine Schwierigkeit, die die Todesfeststellung gegenüber der *Sterbensfeststellung* nicht hat, besteht in der Festlegung entsprechender Befunde. So unzuverlässig Todesfeststellungen auch sein mögen, sie bauen zumindest auf einer Art Diskursfundament auf, dessen Historie kritisch rekonstruierbar ist und den Transfer hin zu gegenwärtigen Fragestellungen, Problemen und Aporien gestattet. Sterbensfeststellung hingegen ist als Metier wesentlich unzuverlässiger. Von einem existenzialphilosophischen Standpunkt aus spricht Martin Heidegger (1993) bekanntlich davon, dass das Leben per se ein „Sein zum Tode" impliziert – das Sterben startet folglich mit dem ersten Atemzug des Neugeborenen. Die tatsächlichen Schwierigkeiten der Sterbenszurechnung treten im Alltag indes üblicherweise ohne die Einbeziehung ontologischer Gedankenspiele auf. Beispielsweise können Ärzte tödliche Krankheitsverläufe feststellen, von denen die Betroffenen nichts spüren können, und die sie auch nach der Diagnose als körperliches Symptom vermutlich nicht wahrnehmen, wiewohl ihr *Wissen* ihnen sagt (ihnen aber andererseits auch nicht über jeden Zweifel hinweg *versichert*), dass der Tod nahe ist. Am anderen Ende des Spektrums stehen Menschen, die die subjektive Gewissheit haben, dass sie selbst (oder, seltener, andere) sich bereits im konkreten Sterbestadium befinden, auch wenn es keine medizinische Diagnose gibt, die diesen Verdacht bestätigt.[10] Dann wiederum gibt es Menschen, die in kontroverse Zustände wie dem *Wachkoma* eingesperrt sind. Erwägungen bezüglich ihrer konkreten ‚Todesnähe' gestalten sich schwierig, weil die Körpersignale und Handlungs(un)fähigkeiten, die dafür sprechen, von *Sterbenden* auszugehen, alles andere als eindeutig sind. Diese Patienten mögen auf viele *beinahe wie Tote* wirken, während sie zugleich fraglose Anzeichen des Lebens aufweisen (vgl. Hitzler 2012). Die genannten Grenzfälle provozieren Wortmeldungen von *Wissensarbeitern* sehr unterschiedlicher Richtungen – natürlich auch von Moralunternehmern.

Zu recht lässt sich folglich von einem konstruktivistischen Aspekt des Sterbezustandes sprechen. Bei ‚eindeutig tot' und ‚eindeutig lebendig' handelt es sich nicht um klar abgrenzbare Zustände, und verschiedene Zuweisungsfelder können sich manchmal überlappen, manchmal wieder voneinander abstoßen, manchmal deckungsgleich sein und manchmal wie unabhängig voneinander koexistieren, als gäbe es zwischen ihnen keine thematische Brücke. Die schwierigen epistemologischen Fragen, die sich im Kontext von Tod und Sterben auftun, sind von solcher Art, dass es in sozialer Hinsicht nicht ausreicht, das Phänomen der Sterblichkeit als Entweder/oder-Option unter Ausschluss weiterer Dimensionen zu begreifen. Und so unpräzise und wenig trennscharf das Sterbestadium zwischen Leben und Tod changiert, so ungenau und fluide tritt auch der soziale Status der Verstorbenen nach ihrem Tod in Erscheinung. In beiden ‚Situationen' treffen Wissensbestände und Expertenauskünfte, aber auch emotionale Bezüge und Sinnbestimmungen jenseits des Tatsachenwissens aufeinander, und in beiden Beispielkontexten spielt der Körper eine zentrale, zugleich aber nur *relative* Rolle.

In den Todesritualen, die der auf christlicher Tradition beruhenden Bestattungskultur im deutschsprachigen Raum gegenwärtig mit dominierendem Übergewicht zu eigen sind, ist der Körper zunächst durchaus zentral positioniert. Zu den be-

---

10   Extremformen solcher Gedankengänge diskutiert Schmid (2012).

kanntesten dieser Rituale zählen die Aufbahrung der Leiche, die Beerdigungsfeier, der Bestattungsvorgang, das Schmücken des Grabes, die Usance der (öffentlichen) Trauerdarstellung und viele mehr. Clifford Geertz nennt solche rituellen Handlungen Zeremonien, die eine „Seinsordnung" ausdrücken (nach Bell 2006: 44). Gerade Todesrituale üben eine leitbildartige Funktion aus: Sie lassen sich als kulturell etablierte Strategien verstehen, welche die durch den Übergang vom lebenden in den toten Zustand aufgeworfenen Unsicherheiten und Inkompetenzen zu verwalten bzw. zu verarzten versuchen. Sie arbeiten einer Integration des konkreten Todesproblems in individuelle Lebenswelten zu – und halten zugleich den Tod als Schicksalsschlag und Schreckensgeschehen auf Abstand. Sie dienen durch die Vermischung symbolischer und pragmatischer Motive der Verlustorganisation, sie forcieren die gemeinschaftliche Bündelung von Trauerempfindungen, um sie *danach* in den Binnenraum der subjektiven Emotionsarbeit zu entlassen, und sie vollbringen weitere, vorwiegend soziale Leistungen, um inmitten von Erlebniszusammenhängen, die zunächst aus Übergängen und Brüchen bestehen, eine neuerlich gültige *Ordnung des Weltverlustes* zu etablieren.

Ein bereits angedeutetes Charakteristikum ritueller Handlungsweisen ist die Gleichzeitigkeit der handgreiflichen und der symbolischen Dimension. Der Ritualvorgang wird in Körpertechniken ausagiert, die als ‚Handgriffe' des Rituals verstanden werden können. Zu diesem körperlich-materiellen Fundament verhält sich die Symbolkraft des Rituals nur vermeintlich wie ein unsichtbares Gegengewicht. Gewiss, die Vorgänge von Körpern (des *passiven* Körpers, um den sich die Rituale drehen, und der *aktiven* Körper, die sie vornehmen) stehen auf den ersten Blick im Vordergrund. Auf den zweiten Blick kommen dann aber die symbolischen Elemente *inmitten* der physischen Ritualelemente zum Vorschein, denn Ritualhandeln zeichnet sich gegenüber pragmatischen Verhaltensweisen dadurch aus, dass die handgreifliche Komponente nicht lediglich Mittel zum Zweck ist. Rituelles Handeln fungiert vielmehr als Medium einer *außerkörperlichen* Sinnsetzung, die gleichwohl durch die Verschaltung von Körperlichkeit und Symbolkraft eine originäre Darstellungsebene erhält. Das Symbolische des Rituals ist also nicht unsichtbar, sondern inmitten der Sichtbarkeit der Körperaktion(en) als jener nicht immer deutlich wahrnehmbare Mehrwert fassbar, der das rituelle Körperhandeln von ritualfreien Handlungsformen unterscheidet.

Rituale werden gemäß mehr oder weniger verbindlicher Regeln aufgeführt. Diejenigen, die an der Inszenierung teilhaben, kennen diese Regeln für gewöhnlich oder lassen sich zumindest aufgrund des sozialen Rahmens, aufgrund einer subjektiven Verpflichtungsempfindung oder aufgrund eines Vertrauensvorschusses gegenüber anderen Beteiligten darauf ein. Der performative Aspekt des Rituals ist üblicherweise gekennzeichnet durch Körperaktivitäten, die gemäß dieser Regeln als spezifische Ritualhandlungen anerkannt sind oder sich in den Kanon der bereits etablierten Darstellungsstrategien einfügen lassen. Handgreiflich ist daran der beobachtbare Einsatz des Körpers als Medium des Rituals. Er erdet dessen symbolische Facette, indem er sie mit der ‚Bodenständigkeit' der Leibausstattung untrennbar verknüpft. Indem der Körper im Ritualgeschehen auf eine Weise aktiv ist, die dem Beobachterblick mitteilt, dass dieser Körper just in diesem Moment als *Ritualkörper* agiert (und eben nicht zufällig oder unabsichtlich so handelt, wie er handelt), ist der Gesamtvorgang nicht mehr – wie etwa bei der theoretischen Beschäftigung mit Ritualen – als ‚Äußerung von außen' wahrnehmbar. Er stellt sich vielmehr als leibhaftig gewordener Effekt jener „sozialen Magie" (Bourdieu 1990: 85ff.) heraus, die das Ritual forciert und lebendig hält, und ist als solcher auf so unmittelbare Weise, wie Körperdarstellungen unmittelbar sein können, sichtbar, spürbar und berührbar. Entscheidend an dieser sozialen Magie ist, dass sie für den individuellen Körper einen Bezug zu der Gemeinschaft herstellt und verbürgt, zu der er gehört (oder gehören will bzw. gehören soll)..

Der Sinn, der hinter rituellen Praktiken und insbesondere hinter dem spezifischen Einsatz des Körpers steckt, braucht nicht ausgesprochen werden; er kann sogar vollständig aus den Akten des Rituals entfernt werden. Ein hinter die Kulissen blickendes Ritualwissen ist nicht notwendig, damit der rituelle Ablauf (nach-) vollzogen werden kann, und es gibt sogar Anlass zu der Vermutung, dass eine zu nachdrückliche Entzauberung des Ritualgeschehens, die symbolisches Handeln und pragmatische Absicht überdeutlich ineinander schiebt, eher schadet als nutzt. Denn Symbolik steht ja gerade für die Abkehr von einem an der Beobachtungsoberfläche sich abspielenden, ohne Umwege Tun und Zielsetzung verknüpfenden Handlungskalkül. Symbole versinnbildlichen Bedeutungen, aber sie referieren sie nicht. Ritualisierung und symbolische Verzauberung generieren Anschlussfähigkeit durch die Einladung zum praktischen Konformismus gegenüber Regeln, die auch ohne Hintergrundwissen aufgegriffen und adaptiert werden können. Insbesondere Todesrituale machen deutlich, dass eine Ritualstruktur (anders als etwa bei geschlossenen Bündnissen; vgl. Hasselmann 2009) durchaus nur temporär „offenstehen" kann und in dieser Zeit einen weiten Adressatenkreis jenseits der polarisierenden Unterscheidung von Eingeweihten bzw. Anwärtern auf der einen, und den Ahnungslosen auf der Seite anspricht. Dadurch, dass die Gesten und Haltungen im Ritual hintergründige Sinn- und Bedeutungsmotive ‚verallgemeinern', stärken sie in Zeiten der Trauer und des Abschieds die soziale Kohäsion und dadurch schlussendlich die Solidarität (vgl. Durkheim 1981). Die relative Voraussetzungslosigkeit für die Partizipation an Todesritualen – die schließlich zuvorderst eine Teilnahme an und Verinnerlichung von Körperpraktiken ist – stärkt die sich im Ritualablauf realisierende Vergemeinschaftungsidee zusätzlich. Eine Kopplung der Ritualhandlungskompetenz an das je spezifische Hintergrundwissen eines Rituals wäre in der sozialen Wirklichkeit in den meisten Fällen eher komplexitätssteigernd als komplexitätsreduzierend (man denke nur an Begrüßungsformeln, an Konversationsusancen, an Emotionsbekenntnisse, an Zustimmungs- bzw. Ablehnungsgesten, usw.). Wohl auch in diesem Sinne sieht Luhmann als Aufgabe von Ritualen eine „Kommunikationsvermeidungskommunikation" (1997: 235) an: Durch das Einlassen auf das Unausgesprochene, das sich rationalen Nachfragen nicht zu stellen braucht, schieben sich die performativen Facetten des Rituals mit fragloser Beweiskraft und sicht- sowie spürbarer Anerkennung nach vorne. Das Ritual zeigt, was es ist – nicht mehr als das.

Man kann Ritualen, und zumal Todesritualen, also einen „Sinnüberschuss" unterstellen (Bourdieu 1993: 127). Dass der verborgene ‚Ursprung' nicht von vordergründiger Bedeutung ist, beweist noch ein weiteres Beispiel. Beobachter mit einem alternativen kulturellen Hintergrund, die, wenn überhaupt, von anderen Trauerformen und Bestattungsregeln ausgehen (vgl. Stephenson 1980; Barloewen 2000), können mit den Ritualformen einer zentraleuropäischen Beerdigung vermutlich recht wenig anfangen. Sie werden die Andeutungen auf die Trias Körperhandlung/ Symbolik/Sinnhintergrund dennoch erkennen, ohne zu sehen (oder überhaupt sehen *zu müssen*), was konkret dahinter steckt. Es wird ihnen nicht schwerfallen, zu registrieren, dass das Ritual auf soziale Spielregeln zurückgeht und sich von den profanen Anforderungen der Alltagswelt abschottet. Denn nicht unmittelbare Handlungserfolge, sondern die Reproduktion kultureller und sozialer Muster sind durch die ‚Distanzschaffungen' des Rituals angestrebt: „Dieser Raum der Verzögerung, des Aufschubs und der Mimesis ist […] zugleich der kulturproduzierende Raum symbolischen Handelns" (so Brunotte 2007: 231 mit Verweis auf die britische Pionierin der Religionswissenschaft, Jane E. Harrison).

3   Friedhofsszenarien

Am Beispiel des typischen Ablaufs einer Beerdigungsfeier im deutschsprachigen Raum lässt sich zeigen, wie stark Körperlichkeit und Symbolkraft in Todesrituale eingeflochten werden. Der Körperbezug ist ein mehrfacher. Ein toter Körper (nennen wir ihn den *ersten Körper*; vgl. Benkel/Meitzler 2013: 62ff.) wird im Zuge der Beerdigung in einem Behältnis und einem Aufbewahrungsort ‚versorgt' und damit auch ‚entsorgt', denn beide dienen seiner Unsichtbarmachung. Eingeschlossen in den Sarg, oder kremiert und in Überresten in eine Aschekapsel eingesperrt, ist der erste Körper aus der sozialen Welt schon so gut wie exkludiert – er spielt keine soziale

Rolle mehr, außer der, dass sich das Handeln der (Körper der) Anteilnehmenden im Ritual *mittelbar* auf ihn bezieht.

Diese ,Außenkörper' der Beerdigungsgäste füllen durch ihr Tun das Beerdigungsritual buchstäblich mit Leben. Bezug nehmen sie auf die verstorbene Person allerdings nicht so sehr im Rekurs auf die Leiche, deren Verabschiedung im Zeichen einer unterschwelligen ,Todesfortschiebung' schließlich ohne Ansichtnahme erfolgt. Dadurch, dass der tote Körper spätestens nach der Aufbahrung (die kein obligatorischer Ritualbestandteil ist, sondern lediglich eine Option) kein ,Gesicht' mehr hat, muss weder die Körperlichkeit der verstorbenen Person geleugnet noch ihrem Lebensverlust (und den anschließenden physischen Veränderungsvorgängen) ,ins Auge geschaut' werden. Die Hinterbliebenen rekurrieren auf diesen Körper ,blind', insofern sie nicht mehr als *zu wissen glauben*, dass Sarg oder Urne die Überreste beherbergen;[11] und sie rekurrieren auf ihn symbolisch, insofern sie ihn in ihre Reflexionen als Körper bzw. als Person eines bestimmten ,Lebensweltbesitzers' einflechten. Denn als lebendiger Körper war er/repräsentierte er eine wichtige Person des sozialen Umfeldes, deren Verlust nun bedauert und betrauert wird. Das ist wahr in dem Sinne, in dem Helmuth Plessner davon spricht, dass man einen Körper *hat* und ein Leib *ist* (Plessner 1975, *passim*; vgl. Gugutzer 2010). Der ,Personenverlust' wird schließlich gerade anhand des Umstandes evident, dass sein Körper eben nicht verloren gegangen, sondern noch immer präsent ist. Aber er ,ist' nicht mehr, *wer* er war, sondern besteht nur mehr aus dem, *was* er nun ist. Die Leiche steht als Paradox zwischen allen Stühlen; ist sie Ex-Mensch, Dingperson, bloße Sache oder gar „dysfunktionale organismische Konstruktion" (Gutmann 2010: 55; vgl. Macho 1987: 409)? Wie auch immer man sie definieren möchte: ihre Rolle in Todesritualen nimmt die Leiche an einer Schnittstellenposition zwischen Repräsentations*objekt* und Repräsentations*subjekt* ein. ,Objektiv' ist sie involviert, weil sie den materiellsten, den ,körpernächsten' Ansatzpunkt darstellt, der mit der

---

11 Aus dem Zusammenhang mit Grabstätten von Kriegsopfern, von denen keine Leichen gefunden wurden, ist bekannt, dass es auch Bestattungen gibt, die ohne toten Körper funktionieren. Wissen und Vertrauen auf das materielle Vorhandensein des Körpers spielen hier keine Rolle, gleichwohl kann das Ritual genau so durchgeführt werden, als sei der tote Körper präsent und somit aus ritualkonformistischer Sicht ,unter Kontrolle'. Allerdings kann nicht übersehen werden, dass der dabei vorliegende Mangel gerade von den Angehörigen als schmerzliche Lücke verstanden wird; das Ritual mag zwar funktionieren, aber es ist für sie nicht ,vollständig'. In den Todesritualen selbst ist die Herausstellung dieses Makels nicht vorgesehen, sie kann aber eingearbeitet werden; bisweilen wird der Wissensbestand des fehlenden Körpers, den niemand überprüfen kann, sogar öffentlich dargestellt. Bekenntnisse über das Leersein des Sarges begegnen Friedhofsbesuchern als Inschriften auf Grabsteinen immer wieder einmal (siehe Abb. 2).

verstorbenen Person überhaupt noch verbindet. ‚Subjektiv' kommt sie daher, weil
sie symbolhaft als Erinnerungsanker für Reflexionen über die verlorene „Wir-Beziehung" (Schütz/Luckmann 2003: 102) zu der/dem Toten fungiert.

Abb. 2

Erinnert man sich an eine verstorbene Person, so manifestieren sich im visuellen
Gedächtnis Bilder, die wohl in den allermeisten Fällen deren Körperanblick zeigen.
Dies gilt für gewöhnlich natürlich auch dann, wenn einer Person gedacht wird, die
schlicht weg im Moment gerade nicht präsent ist. Der Unterschied besteht darin,
dass die Toten keine Gelegenheit mehr geben, das verinnerlichte Bild aufgrund
von leibhaftigen vis-à-vis-Interaktionen in der Zukunft zu verändern.[12] Ihre Rolle
als fraglos wirkliche, d. h. wirklichkeitsverändernde Akteure können und werden
sie nicht mehr spielen. Insofern ist die Erinnerung losgelöst von der fehlenden
Körperpräsenz der Toten und verweist nur mehr auf die eigenen, erinnerungsge-
filterten Wissensbestände. Die andere, tote Person wird zu einem Bild, das sich

---

12 Gewiss: Eindrücke und Erinnerungen können sich nachträglich noch ändern, zum Beispiel
    wenn neue Erkenntnisse oder Ansichten gewonnen werden, die auf die Lebzeiten der
    verstorbenen Person verweisen, oder aber – und dies stellt den entscheidenden Punkt
    für das ‚soziale Weiterleben' der Toten dar –, wenn sich die Erinnernden durch neue
    Lebenserfahrungen selbst verändern und sich aufgrund dieser Veränderung auch ihre
    Erinnerungen wandeln.

aus verschiedenen Einzelbestandteilen zusammensetzt, über die sie selbst nie hat verfügen können, weil es Ansichten eines/einer anderen sind. Der Körper, an den sich Trauernde oder schlichtweg Reflektierende erinnern, soll der *zweite Körper* heißen. Ihn zeichnet aus, dass er nicht mehr altert (denn man erinnert sich an die Fortgegangenen so, wie man sie selbst erlebt, selbst sinnlich wahrgenommen hat[13]), wohl aber in verschiedenen Zeitspannen erinnert werden kann (als kindlicher, als heranwachsender, als erwachsener Körper usw.). Die Todesrituale umringen zwar den *ersten Körper* und gehen von ihm aus; aber sie verweisen tatsächlich auf die verlorene Präsenz einer Person, die nun nur noch als *zweiter Körper* vorstellbar ist. Dieser zweite ist mit dem ersten Körper nicht identisch, und auch eine Aufsummierung beider Körperformen zu einer lebendigen Einheit wäre nicht zutreffend, denn der erste Körper und der zweite trennen sich erst dann und alleine dann voneinander, *wenn jemand stirbt.*

Im Todesritual nehmen beide Körper unterschiedliche Rollen und Funktionen ein. Das gilt nicht weniger für die Körper der noch Lebenden, also: der Trauernden und derer, die aus beruflichen oder anderen Gründen an einem solchen Ritual teilnehmen. Sie erleben die Ritualisierung des Lebensabschieds *von anderen* als ,integrale Akteure', für die das Körperschicksal nach dem Tod zwangsläufig ein Abstraktum darstellt. Sie gestalten die Rituale und sie rezipieren sie. Elias' zutreffende Bemerkung „Der Tod ist ein Problem der Lebenden" buchstabiert überdeutlich aus, dass die Einbindung toter Körper in ein zeremonielles Setting, welches diese Körper unsichtbar werden lässt und ihnen mehr Symbolkraft zuschreibt als sie zu Lebzeiten je inne hatten, kaum etwas mit dem Jenseits des Lebens zu tun hat. Rituale des Todes sind folglich, so paradox dies auf den ersten Blick klingen mag, Rituale des Lebens – Lebende errichten sie für die Lebenden.

Stünden in Todesritualen alleine die Erinnerung und das kollektive Andenken im Vordergrund, so wären spezifische Trauerorte, die die Option des Gedenkens in ,Körpernähe' zum objektiv-subjektiven Überrest über den Ritualzeitpunkt hinaus offen halten, überflüssig. Dann wäre es richtig, festzuhalten, dass „der individualisierte Tote keine öffentliche Knochenresidenz mehr [braucht]; Erinnerung ist ohnehin an keine Friedhofs- oder Grabadresse gebunden." (Macho/Marek 2007: 15) Die Beerdigungsfeier mag im konkreten Fall als einmaliges Geschehnis ablaufen (und selbst dies ist mittlerweile keine in Stein gemeißelte Gewissheit mehr), ihre

---

13 Eine Ausnahme stellt wohl allenfalls der Tod von Kindern dar, an die ihre Eltern sich erinnern. Hier wird nicht selten das Gedankenspiel einer imaginären Alterung in die Referenzen auf die kindliche Lebenswelt eingeflochten, freilich ohne dass dies mehr als eine Entwicklungsspekulation sein kann, die sich an typischen Mustern und/oder an Wunschvorstellungen orientiert.

‚Inanspruchnahme' des *ersten Körpers* führt jedoch nicht zu dessen Negation, sondern lediglich zu seiner Unsichtbarmachung. Die Leiche macht im Sarg einen biochemischen Wandlungsprozess durch, der mit den körperlichen Wachstums- und Wandlungsprozessen zu Lebzeiten nichts zu tun hat und die Hinterbliebenen üblicherweise nicht weiter interessiert (das gilt *mutatis mutandis* auch für die Asche, die in Deutschland laut Feuerbestattungsgesetz von 1934 ebenfalls bestattet werden muss). Die Liegefristen, die sich an die Beerdigungsriten anschließen, sind nicht mehr ritualverziert, sondern folgen pragmatischen Gesichtspunkten (entscheidend sind hier die Bodenverhältnisse und die durchschnittliche Verwesungsdauer der Leichen; vgl. Roland 2006: 91f.). Es ist schwer zu leugnen, dass dieser Pragmatismus und die ihn begleitenden ökonomischen Anforderungen ohne symbolische Verkleidung auskommen müssen und sich somit vom (kognitiven) Umgang mit dem *zweiten Körper* abkoppeln lassen. Wenn die Erinnerung die zentrale Verbindung zur vergangenen Wir-Beziehung und damit zur Lebenswelt einer Person schlägt, die nun, bildhaft gesprochen, in einer *Todeswelt* lebt, dann scheinen Raumanordnungen wie der Friedhof überflüssig zu sein. Wohl auch wegen des radikalen Bruchs von ritueller Abschiednahme und nüchterner Verwahrung entscheiden sich immer mehr Menschen für alternative Bestattungsvarianten, an denen es nicht mangelt (vgl. Benkel/Meitzler 2013: 215ff.).

In diesem Zusammenhang haben Experten, die sich der überdisziplinären Thanato-Forschung verschrieben haben, bereits eine Tendenz zur „Entritualisierung" festgestellt, worunter „das Nachlassen aller gemeinschaftsbezogenen Riten anlässlich des Todes" zu verstehen sei (Fischer 2001: 100; ders. 2003: 232; vgl. Groß 2011). Die Veränderungen, die sich in der zeitgenössischen Bestattungskultur gegenwärtig vollziehen, geben zumindest im deutschsprachigen Raum (vgl. Benkel 2012a) allerdings Anlass, die These von der Entritualisierung mit Hinweisen auf eine *Neoritualisierung* zu kontrastieren. Diese räumt traditionell peripheren Ritualaspekten wie der individuellen Identität der Performer mehr Platz ein und handhabt das kollektivverbindliche Element großzügiger. Belege dafür finden sich am deutlichsten ‚vor Ort' – bei den Bestattungsfeiern und angesichts der Grabgestaltungen auf den Friedhöfen. Empirisch mithilfe der visueller Wissenssoziologie gesammeltes Material von über 700 Friedhöfen sowie Interviews mit Friedhofsverwaltern, Pfarrern, Bestattern und Ritualdesignern, Steinmetzen, Seelsorgern, Landschaftsgärtnern und anderen Berufsexperten, nicht zuletzt auch mit Trauernden, legen nahe, dass Todesrituale sich heute keineswegs zugunsten einer diffusen Passepartout'-Trauereinstellung auflösen, die keine symbolische Substanz mehr aufweist. Vielmehr nimmt die subjektive Formgebung der Rituale als Konsequenz einer zunehmend auch den Bestattungskontext ergreifenden Individualisierungswelle zu (vgl. Benkel 2012b; Benkel/Meitzler 2014). Von einer „Konstanz der Riten

[ ] trotz des zunehmenden Bedürfnisses [ ], Trauerfeiern und Abschiede immer persönlicher und individueller zu gestalten" (Uden 2006: 65), ist auch bei anderen Autoren die Rede (vgl. Benkel/Meitzler 2013: 275ff.). Individualisierung im Sinne eines auf gesellschaftlicher Ebene als ‚Leistungsbeleg' angetriebenen, deshalb auch im Lebensabschied verstärkten Herausstellens der persönlichen Identität nivelliert schließlich nicht diejenigen Rahmenbedingungen, die diese Entfaltung ‚vor aller Augen' überhaupt erst ermöglichen. Insofern fügen sich diese Strategien durchaus in die etablierten Kontexte und mehr noch, sie bereichern sie, indem sie eine Evolution des rituellen Potenzials bewerkstelligen.

Abb. 3

Gegenwärtige Abschiedsgesten und rituelle Szenarien im Bestattungszusammenhang sind vielschichtige Sinnbilder. Sie entschlüsseln sich längst nicht mehr für jedermann und jederzeit, und damit führen sie jene impliziten Codierungen kreativ fort, die Todesrituale immer schon auf Abstand zu unzweifelhaften Bedeutungen gebracht haben. An dieser Stelle sollen zwei Beispiele genügen. Erstens lässt sich immer häufiger feststellen, dass Fotos, Gravuren, Zeichnungen, sogar Statuen auf Gräbern bzw. an frischen Grabanlagen, die ansonsten lediglich ein Holzkreuz ziert, den ersten Körper der Toten abbilden (siehe Abb. 3). Sie buchstabieren jene lebensweltliche Körperlichkeit bildhaft aus, die an genau dieser Stelle vergraben und in das Erinnerungsvermögen der Hinterbliebenen ausgelagert ist. Als rituelle Verzierung sind solche Bebilderungen in anderen, vor allem in südeuropäischen Ländern seit vielen Jahrzehnten verbreitet. Im deutschsprachigen Raum ist dieser Trend lange Zeit als kulturspezifische Besonderheit inspiziert worden (Lebeck 1980), obwohl es Porträts am Grab, so genannte Porzellanbilder, auch hier in der Anfangszeit der Fotografie zahlreich gegeben hat (vgl. Benkel/Meitzler 2013: 97ff.).[14] Die Einbeziehung der Bilder von Verstorbenen in einen rituellen Gestaltungsrahmen liefert eine besonders eigenwillige Varianten der Verbindung von Symbolik und Handgreiflichkeit, indem das Körperabbild als Referent sowohl für die unsichtbare Leiche (erster Körper) verstanden werden kann wie auch als buchstäblicher Rückblick auf die lebensweltliche Vergangenheit (zweiter Körper).

Als zweites Beispiel, das die Idee der Entritualisierung relativiert bzw. die einige Überlegungen, die in diesem Zusammenhang gehegt werden, zumindest ergänzt, soll die Einbeziehung von „biografischen Artikulationen" (Schütz/Luckmann 2003: 165) in Form von Gebrauchsgegenständen fungieren, die die Verstorbenen zu Lebzeiten verwendet haben. Es ist mittlerweile nicht mehr untypisch, anlässlich einer Trauerfeier anstelle Bach'scher Orgelchoräle oder volkstümlicher Abschiedslieder in Geigentranskription solche Stücke zu vernehmen, die die Verstorbenen als Unterhaltungsmusik wertschätzten. So kommt es vor, dass der Lebensabschied musikalisch als „Highway to Hell" inszeniert wird. In eine ähnliche Richtung geht der Trend, bei der Aufbahrung die Trauernden um das Rauchen jener Zigarren zu bitten, die der Verstorbene besonders genoss; ein Sarg wird von einer speziell dafür eingerichteten Harley Davidson auf den Friedhof transportiert, weil der Tote das Motorradfahren liebte; anlässlich des Ablebens von Fußballfans wird die Bestattungsfeier wie ein Stadionevent (mit Kunstrasen, Markierungslinien usw.) drapiert. Deutlicher und nachhaltiger fallen solche Bezüge aus, wenn sie in die Grabgestaltung eingebunden werden. Sie bleiben für gewöhnlich über die Liegefrist hinweg unveränderte Dokumente privater Vorlieben der Toten – und beweisen das Interesse der Hinterbliebenen, dem Totenacker einen Persönlichkeitsindex zu verleihen (dazu ausführlich Benkel 2012a). Die Palette der tatsächlichen Realisierungen ist mittlerweile beeindruckend groß: Vom (benutzbaren) Aschenbecher, der in die Grabplatte eingelassen ist, über Sportgeräte, Spielzeug, Hygieneartikel, Militaria, Kleidung, Bücher, Tonaufnahmen, Nahrungsmitteln bis hin zu Elektrogeräten und Fahrzeugteilen reicht die Bandbreite (siehe Abb. 4). Fraglos ist auch die damit

---

14 ‚Ewigkeitsgräber', wie sie etwa auf dem Wiener Zentralfriedhof zu finden sind, liefern den Beweis.

verbundene Hommage von einem rituellen Gedanken beseelt, nämlich einer symbolischen Wiederkehr eines lebendigen Handelns, das für die verstorbene Person typisch war oder sie besonders auszeichnete. Mitunter sind diese Grabbeigaben sogar schon zu Lebzeiten in einem rituellen Gebrauch gewesen (wie etwa Artefakte aus dem Hochzeits- oder Geburtstagskontext nahe legen), bevor sie zu Referenzobjekten *post mortem* wurden. Bereits die Geste des Ablegens dieser Gegenstände (sie sind manchmal schon in der Trauer- bzw. Bestattungsfeier im Spiel) tangiert traditionelle todesrituelle Vorgänge: das Ablegen von Grabschmuck und das Entzünden des ewigen Lichtes machen zunehmend dem Ablegen von Alltagsdingen und der Platzierung von Genussmitteln Platz, mit deren Hilfe die symbolische Beziehung zu den Verstorbenen persönlicher und vermutlich auch intensiver dargestellt werden kann. Nicht zuletzt erhält das Ritual des Grabbesuchs durch die Option, das Ensemble neu zu sortieren und zu erweitern, eine zusätzliche, die klassische Passivität des Trauerortes durchbrechende Sinnaufladung.

Abb. 4

Totenerinnerung, schreibt Jan Assmann, wird nicht „tradiert"; sie sei vielmehr der Effekt „affektiver Bindungen, kultureller Formung und bewusste[r], den Bruch überwindende[r] Vergangsbez[üge]" (1999: 34). Die Toten treten in der Erinnerung üblicherweise als lebendige Akteure in Erscheinung, folglich überrascht es nicht, auf neorituelle Inszenierungen zu treffen, die diese Lebendigkeit versinnbildlichen. Von einer radikalen Subjektivierung der Todesrituale ist allerdings nicht auszugehen.

Die Zeichen der Zeit stehen eher auf Versöhnung – auf Vereinbarung traditioneller Bestattungsinteressen, die es natürlich nach wie vor und vielerorts noch in der Mehrzahl gibt, mit Individualisierungsanliegen, die immer stärker zunehmen. Affektive Bindungen und kulturelle Formungen, von denen Assmann spricht, verändern sich, sie verlieren dadurch aber nicht automatisch ihre normativen Facetten (vgl. Benkel 2008). Sie werden eingegossen in die bereits vorher zur Verfügung stehenden Dramaturgien und Inszenierungsfragmente der Todesrituale. Es ist schwierig, eine generelle Aussage darüber zu treffen, ob das subjektive Pflichtempfinden, bei aller Innovation doch wesentlich an den etablierten Ritualen festhalten zu wollen, auf Konformitätsdruck oder auf der Überzeugung basiert, dass damit am ehesten ein adäquater, versöhnlicher und die Solidarität der Gemeinschaft generierender Weg beschritten wird. Emile Durkheim hat die gemeinschaftsstiftende Kraft der Rituale, zumal im religiösen Rahmen, stets betont, ohne dabei außer Acht zu lassen, dass eine Emotion wie *Trauer* nicht allein ein Produkt subjektiver Gefühlsregungen ist. Außer Frage steht jedenfalls, dass sich in Todesritualen eine Gemeinschaft als *Trauergemeinde* konstituiert, die – trotz schwerlich verallgemeinerbarer Kriterien bezüglich Größe, Dauer, Handlungsgemeinsamkeiten usw. – sich wechselseitig das Durchspielen ritueller Elemente und Aktionen vorführt. „Erst durch diese Mimesis kollektiver kultureller Traditionen kommt es zu einer *Selbstvergewisserung* des Miteinanders, der Gemeinschaft und der Kommunität", befindet Christoph Wulf (1997: 1031), der darin auch ein Versprechen an die Zukunft erkennt: „Von dieser […] *Kohäsionswirkung* wird erwartet, daß sie auch künftig die Kommunität zusammenhält." (Wulf 1997:1031) So sehr sich also das Antlitz der Friedhöfe verändert – dass dies der Fall ist, kann ernsthaft nicht bestritten werden –, so sehr sind rituelle Einkleidungen weiterhin in die Abschiedsprozeduren eingeschrieben. Eine Alternative ist kaum vorstellbar, denn dieselben Mechanismen, die die soziale Kohäsion festigen, sind es, die anlässlich der Selbstvergewisserung der Gemeinschaft Einblicke in die Lebenswelten ihrer Mitglieder ermöglichen.

Literatur

Akyel, Dominic (2013). *Die Ökonomisierung der Pietät*. Frankfurt am Main/New York: Campus
Ariès, Philippe (2002). *Geschichte des Todes*. München: dtv.
Assmann, Jan (1999). *Das kulturelle Gedächtnis. Schrift, Erinnerung und politische Identität in frühen Hochkulturen*. München: Beck.
Barloewen, Constantin von (Hg.) (2000). *Der Tod in den Weltkulturen und Weltreligionen*. Frankfurt am Main/Leipzig: Insel.

Bell, Catherine (2006). Ritualkonstruktion, in: Belliger, Andréa & Krieger, David J. (Hg.). *Ritualtheorien*. Wiesbaden: Springer VS, 37-47.

Benkel, Thorsten (2008). Der subjektive und der objektive Tod. Ein Beitrag zur Thanatosoziologie. In: *Psychologie und Gesellschaftskritik 32*, Heft 2/3, 131-153.

Benkel, Thorsten (2012a). *Die Verwaltung des Todes*. Berlin: Logos.

Benkel, Thorsten (2012b). Im Zeichen der Individualisierung. In: *Zeitschrift für Bestattungskultur 64*, Heft 1, 24-26.

Benkel, Thorsten (2013). Bilder der Erinnerung. Vom Gedächtniswissen zur Festschreibung durch Fotografie. In: Lehmann, René, Öchsner, Florian & Sebald, Gerd (Hg.), *Formen und Funktionen sozialen Erinnerns*. Wiesbaden: Springer VS, 131-151.

Benkel, Thorsten & Meitzler, Matthias (2013). *Sinnbilder und Abschiedsgesten. Soziale Elemente der Bestattungskultur*. Hamburg: Kovač.

Benkel, Thorsten & Meitzler, Matthias (2014). *Gestatten Sie, dass ich liege bleibe. Ungewöhnliche Grabsteine*. Köln: Kiepenheuer & Witsch.

Birnbacher, Dieter (2012). Das Hirntodkriterium in der Krise – welche Todesdefinition ist angemessen? In: Gehring, Petra, Kersting, Daniel & Schäfer, Christoph G. W. (Hg.), *Welchen Tod stirbt der Mensch?* Frankfurt am Main/New York: Campus, 19-40.

Bourdieu, Pierre (1990). *Was heißt Sprechen? Die Ökonomie des sprachlichen Tausches*. Wien: Braumüller.

Bourdieu, Pierre (1993). *Sozialer Sinn. Kritik der theoretischen Vernunft*. Frankfurt am Main: Suhrkamp.

Brandes, Marina (2011). *Wie wir sterben. Chancen und Grenzen einer Versöhnung mit dem Tode*. Wiesbaden: Springer VS.

Brunotte, Ulrike (2007). ‚Große Mutter', Gräber und Suffrage. Die Feminisierung der Religion(swissenschaft) bei J. J. Bachofen und Jane E. Harrison. In: dies. & Herrn, Rainer (Hg.), *Männlichkeiten und Moderne. Geschlecht in den Wissenskulturen um 1900*. Bielefeld: transcript, 219-240.

Butler, Judith (2005). *Gefährdetes Leben. Politische Essays*. Frankfurt am Main: Suhrkamp.

Douglas, Mary (1986). *Ritual, Tabu und Körpersymbolik. Sozialanthropologische Studien in Industriegesellschaft und Stammeskultur*. Frankfurt am Main: Fischer.

Durkheim, Émile (1981). *Die elementaren Formen des religiösen Lebens*. Frankfurt am Main: Suhrkamp.

Elias, Norbert (1990). *Über die Einsamkeit der Sterbenden in unseren Tagen*. Frankfurt am Main: Suhrkamp.

Feldmann, Klaus (2010). *Tod und Gesellschaft. Sozialwissenschaftliche Thanatologie im Überblick*. Wiesbaden: Springer VS.

Fischer, Norbert (2001). *Geschichte des Todes in der Neuzeit*. Erfurt: Sutton.

Fischer, Norbert (2003). Auf dem Weg zu einer neuen Bestattungs- und Friedhofskultur. In: Arbeitsgemeinschaft Friedhof und Denkmal (Hg.), *Raum für Tote. Die Geschichte der Friedhöfe von den Gräberstraßen der Römerzeit bis zur anonymen Bestattung*. Braunschweig: Thalacker, 225-238.

Flaßpöhler, Svenja (2013). *Mein Tod gehört mir. Über selbstbestimmtes Sterben*. München: Pantheon.

Groß, Dominik (2011). Zum Wandel im Umgang mit der menschlichen Leiche. Hinweise und Erklärungsversuche. In: *Aus Politik und Zeitgeschichte*, Heft 20/21, 40-46.

Gugutzer, Robert (2010). *Soziologie des Körpers*. Bielefeld: transcript.

Guillon, Claude & le Bonniec, Yves (1982). *Gebrauchsanleitung zum Selbstmord. Eine Streit-schrift für das Recht auf einen frei bestimmten Tod*. Frankfurt am Main: Edition Freitag.

Gutmann, Mathias (2010). Leiche und Leichnam. Bemerkungen zur Differenz praktischer und theoretischer Verhältnisse. In: Knoblauch, Hubert, Esser, Andrea, Groß, Dominik & Tag, Brigitte (Hg.), *Der Tod, der tote Körper und die klinische Sektion*. Berlin: Duncker & Humblot, 43-56.

Hasselmann, Kristiane (2009). *Die Rituale der Freimaurer. Zur Konstitution eines bürgerlichen Habitus im England des 18. Jahrhunderts*. Bielefeld: transcript.

Heidegger, Martin (1993). *Sein und Zeit*. Tübingen: Niemeyer.

Hitzler, Roland (2012). Hirnstammwesen? Das Schweigen des Körpers und der Sprung in den Glauben an eine mittlere Transzendenz. In: Gugutzer, Robert & Böttcher, Moritz (Hg.), *Körper, Sport und Religion. Zur Soziologie religiöser Verkörperungen*. Wiesbaden: Springer VS, 125-139.

Hoffmann, Matthias (2011). *„Sterben? Am liebsten plötzlich und unerwartet". Die Angst vor dem ‚sozialen Sterben‘*. Wiesbaden: Springer VS.

Kant, Immanuel (1977). Anthropologie in pragmatischer Hinsicht. In: Ders., *Werkausgabe*, Bd. 12. Frankfurt am Main: Suhrkamp, 395-690.

Knoblauch, Hubert (2009). *Populäre Religion. Auf dem Weg in eine sprituelle Gesellschaft*. Frankfurt am Main/New York: Campus.

Lebeck, Robert (1980). *In Memoriam. Fotografien auf Gräbern*. Dortmund: Harenberg.

Lorenz, Maren (2000). *Leibhaftige Vergangenheit. Einführung in die Körpergeschichte*. Tübingen: Edition Diskord.

Luhmann, Niklas (1977). *Funktion der Religion*. Frankfurt am Main: Suhrkamp.

Luhmann, Niklas (1984). *Soziale Systeme*. Frankfurt am Main: Suhrkamp.

Luhmann, Niklas (1997). *Die Gesellschaft der Gesellschaft*. Frankfurt am Main: Suhrkamp.

Macho, Thomas (1987). *Todesmetaphern. Zur Logik der Grenzerfahrung*. Frankfurt am Main: Suhrkamp.

Macho, Thomas & Marek, Kristin (2007). Die neue Sichtbarkeit des Todes. In: Dies. (Hg.): *Die neue Sichtbarkeit des Todes*. Paderborn/München: Fink, 9-24.

Magritte, René (1985). Gegen Mitternacht. In: Ders., *Sämtliche Schriften*. Frankfurt am Main/Berlin/Wien: Ullstein, 267-268.

Mauss, Marcel (1975). Die Techniken des Körpers. In: Ders., *Soziologie und Anthropologie*, Bd. 2. München/Wien: Hanser, 197-220.

Meitzler, Matthias (2012). Wenn einer stirbt. Die Professionalität der Todesverwaltung. In: Thorsten Benkel: *Die Verwaltung des Todes*. Berlin: Logos, 12-35.

Nagel, Thomas (2001). Der Tod. In: Ders., *Letzte Fragen*. Berlin/Wien: Philo, 17-28.

Nassehi, Armin & Weber, Georg (1989). *Tod, Modernität und Gesellschaft. Entwurf einer Theorie der Todesverdrängung*. Opladen: Westdeutscher Verlag.

Plessner, Helmuth (1975). *Die Stufen des Organischen und der Mensch*. Berlin/New York: de Gruyter.

Roland, Oliver (Hg.) (2006). *Friedhof – ade? Die Bestattungskultur des 21. Jahrhunderts*. Mannheim: Azur.

Schlich, Thomas & Wiesemann, Claudia (Hg.) (2001). *Hirntod. Zur Kulturgeschichte der Todesfeststellung*. Frankfurt am Main: Suhrkamp.

Schmid, Gary Bruno (2012). *Tod durch Vorstellungskraft*. Wien/New York: Springer.

Schneider, Werner (2011). Das andere Leben im ‚toten‘ Körper. Symbolische Grenzprobleme und Paradoxien von Leben und Tod am Beispiel „hirntoter" Schwangerer. In: Villa, Paula-Irene, Moebius, Stephan & Thiessen, Barbara (Hg.), *Soziologie der Geburt. Diskurse, Praktiken und Perspektiven.* Frankfurt am Main/New York: Campus, 155-182.

Schütz, Alfred & Luckmann, Thomas (2003). *Strukturen der Lebenswelt.* Konstanz: UVK.

Simmel, Georg (1999). *Soziologie. Untersuchungen über die Formen der Vergesellschaftung.* Frankfurt am Main: Suhrkamp.

Spranger, Tade Matthias (2011). *Ordnungsamtsbestattungen.* Berlin: Lit.

Stephenson, Gunther (Hg.) (1980). *Leben und Tod in den Religionen. Symbol und Wirklichkeit.* Darmstadt: Wissenschaftliche Buchgesellschaft.

Thomas, Paul, Hahne, Patrick, Lohmeier, Jens & Rass, Christoph (2010). Die Ökonomie des toten Körpers. In: Groß, Dominik & Grande, Jasmin (Hg.), *Objekt Leiche. Technisierung, Ökonomisierung und Inszenierung toter Körper.* Frankfurt am Main/New York: Campus, 387-425.

Tönnies, Ferdinand (2010). *Gemeinschaft und Gesellschaft. Grundbegriffe der reinen Soziologie.* Darmstadt: Wissenschaftliche Buchgesellschaft.

Uden, Roland (2006). Totenwürde zwischen Discountbegräbnis und Erinnerungskultur. In: Roland, Oliver (Hg.), *Friedhof – ade? Die Bestattungskultur des 21. Jahrhunderts.* Mannheim: Azur, 61-78.

Waltermann, Reinhold (1990). Wenn einer stirbt. Der Tod gehört zum Leben einer Gemeinde. In: Richter, Klemens (Hg.), *Der Umgang mit den Toten. Tod und Bestattungen in der christlichen Gemeinde.* Freiburg/Basel/Wien: Herder, 77-80.

Winkel, Heidemarie (2005). Selbstbestimmtes Sterben. Patient(inn)enorientierung und ganzheitliche Schmerztherapie als Kommunikationskoordinaten in der Hospizarbeit – eine systemtheoretische Perspektive. In: Knoblauch, Hubert & Zingerle, Arnold (Hg.), *Thanatosoziologie. Tod, Hospiz und die Institutionalisierung des Sterbens.* Berlin: Duncker & Humblot, 169-188.

Wulf, Christoph (1997). Ritual. In: Ders. (Hg.), *Vom Menschen. Handbuch Historische Anthropologie.* Weinheim/Basel: Beltz, 1029-1037.

Verletzte Körper und gestörte Rituale in schwankhaften Erzählungen des späten Mittelalters

Mareike von Müller

Zusammenfassung

Der Beitrag beschäftigt sich mit der Frage, welche Auswirkungen gestörte Rituale in narrativen Texten auf die strukturelle und inhaltliche Sinnproduktion derselben haben. Gegenstand der Analyse sind ausgewählte schwankhafte Kurztexte aus dem Spätmittelalter, die auf unterschiedliche Weise den Konnex zwischen körperlicher Versehrung und defizitären Ritualhandlungen thematisieren. Dabei scheinen die Versuche, das Körperliche durch rituelle Sanktionierungen zu bannen, immer wieder an einer Unterschätzung der Kategorie des Leiblichen zu scheitern. Auf der Textebene konkretisiert sich dieser Mangel in der Konsequenz, dass sich das Leibliche allen Regulierungsmechanismen zum Trotz verselbstständigt und so der primären Funktion der jeweiligen Ritualhandlung, Ordnung und Sinn zu stiften, entgegenläuft.

1 Einführung: Ritual und Narration

Rites de passage können helfen, Grenzüberschreitungen erfolgreich, d. h. ohne größere Abweichungen vom vorgegebenen, stereotypischen Verlaufsmuster zu vollziehen (van Gennep 2005). Dies schließt eine gewisse Dynamik oder auch Veränderbarkeit von rituellen Abläufen nicht aus, wie Gerd Althoff (2001) am Beispiel mittelalterlicher Rituale[1] herausgearbeitet hat. Dennoch wird ihre sinnstiftende Funktion durch

---

1 Zu nennen ist neben den einschlägigen Studien von Gerd Althoff zum mittelalterlichen Ritual auch der Sammelband von Bierende, Bretfeld, Oschema (2008), in dem das Thema in verschiedenen Sektionen (Liturgie, Recht, Politik) und interdisziplinär beleuchtet wird. Speziell dem Zusammenhang von Ritual und Literatur widmet sich das von Haubrichs (2006) herausgegebene Heft 144 der Zeitschrift für Literaturwissenschaft

bestimmte strukturelle Vorgaben gewährleistet, die sich durch die Wiederholbarkeit eines Verlaufsschemas auszeichnen. Übergangsrituale beinhalten als konstitutives Merkmal eine Grenzüberschreitung, welche wesentlich auch die Grundstruktur narrativer Texte bestimmt (Lotman 1993: 329-347).[2] Sowohl strukturell als auch funktional weisen das Ritual und der narrative Text große Übereinstimmungen auf, zeichnen sich notwendigerweise jedoch auch durch Abweichungen voneinander aus. Dieser Beitrag orientiert sich an dem etwas weiter gefassten Ritualbegriff Jan-Dirk Müllers, der „Rituale als konventionalisierte Formen des Handelns auf[fasst], die von bloßen Routinen durch Symbolgebrauch, den höheren Grad an Inszeniertheit und durch den Anspruch auf Vermittlung eines über den Akt hinausgehenden ‚Sinns‘ unterschieden sind." (2010: 115) Während sich der Sinn einer rituellen Handlung als symbolische Handlung durch Unmittelbarkeit auszeichnet, zielt der literarische Sinn auf die Notwendigkeit und gleichzeitige Möglichkeit der Interpretation seiner Zeichen.[3] Das Ritual und der literarische Text implizieren demnach

---

und Linguistik (LiLi), aus dem insbesondere der Artikel von Sassenhausen (2006: 55-79) hervorzuheben ist. Sassenhausen untersucht das manipulierte Ritual als eine bestimmte Form des sinnentleerten Rituals. Sie spricht dabei von Sinnentleerung, wenn „die Rituale während der Performance [...] nur noch als Schein ihrer selbst real sind, nur noch als Hülle für ein verborgenes Vakuum, weil solche Rituale eine sinntragende Substanz lediglich vortäuschen". (Sassenhausen 2006: 61) Siehe außerdem die umfangreichen Überlegungen zu Literatur, Ritual und Mythos von Jan-Dirk Müller (2010: 111-202).

2 So speist sich die narrative Dynamik aus dem Überschreiten einer Grenze innerhalb der Diegese, welche für die Figuren des Textes normalerweise unüberwindbar ist. Der jeweilige Protagonist der Erzählung zeichnet sich als solcher durch seine Fähigkeit aus, diese Grenze zu überwinden, und wird durch die Überschreitung selbst verändert. Wie das rituelle Subjekt nach einem Übergangsritual ist er nach der Grenzüberschreitung ein Anderer, als er vorher war.

3 ‚Symbol‘ und ‚Zeichen‘ sollen hier nicht als synonyme Begriffe verstanden werden. Das Zeichen ist grundsätzlich arbiträr und daher der Interpretation bedürftig, wohingegen das Symbol seine Bedeutung unmittelbar offenlegt, obschon letzteres nicht unabhängig ist von seinem kulturellen und historischen Kontext. Die Grenze zwischen Symbol und Zeichen ist durchlässig: Ein Zeichen kann durch Konventionalisierung Symbolcharakter erlangen und ein Symbol kann seine Unmittelbarkeit in der Repräsentation von Bedeutung verlieren, zeichenhaft und somit interpretationsbedürftig werden. Vgl. hierzu Hartmut Bleumer (2007: 192, Anm. 4), der die grundlegend von Ernst Cassirer (1994) beschriebene Dialektik wie folgt zusammenfasst: „Wenn Symbole fragwürdig erscheinen, wird das Differenzkriterium spürbar, und sie werden zu Zeichen, wenn der arbiträre Charakter von Zeichen dagegen vergessen wird, fungieren sie als Symbole." Vgl. ferner Hans-Georg Soeffner (2004: 150), der ebenfalls die Unmittelbarkeit von Symbolen im Gegensatz zur Arbitrarität von Zeichen hervorhebt und das Verhältnis von Symbol und Bedeutung folgendermaßen präzisiert: „Symbole bedeuten [...] nicht die von ihnen bezeichneten Gegenstände, sondern sie affizieren, erhalten und bewahren die Vorstellung – von der

zwei unterschiedliche Sinnbegriffe, doch die Wege ihrer jeweiligen Sinnerzeugung ähneln einander. Wenn Werner Hahl „das Sinnerlebnis im gemeinschaftlichen, ästhetisierten Vollzug" (2003: 305) als Wesenskern des Rituals beschreibt, so lässt sich das insbesondere auf literarische Texte des Mittelalters übertragen, die in der Regel nicht in Individuallektüre, sondern als Erlebnis der Sinne gemeinschaftlich rezipiert wurden. Sinnlich und sinnstiftend wirken Ritual und Literatur nach Wolfgang Braungart gleichermaßen:

> In Hinblick darauf, was Literatur orientierend, sinngebend, Ordnung stiftend und beglaubigend in unserem Leben leistet, wie sie als bestimmte, ästhetisch ausgezeichnete und geregelte Handlung soziale Situationen definiert, läßt sie sich als rituelles, vorsichtiger: als dem Ritual ähnliches Geschehen beschreiben. (1996: 17)

Der Begriff ‚Literatur' ist hier zwar etwas zu pauschal mit der Funktion der Sinnstiftung kurzgeschlossen und lässt jene literarischen, v. a. auch nicht-narrativen Formen unberücksichtigt, die sich einer solchen Funktionalisierung entziehen. Sobald ein Text jedoch durch eine narrative Struktur *vorgibt*, eine Geschichte zu erzählen, ist damit auch die Erwartung eines Sinns verknüpft, welcher dem Auswahlprozess der Geschehensmomente, die schließlich in ihrer spezifischen Verknüpfung die Geschichte bilden, zugrunde liegt (Stierle 1975: 49-55)[4]. Der Sinn, der sowohl durch die Struktur als auch durch die konkrete Ausgestaltung der Geschichte auf der Diskursebene hermeneutischen Verfahren zugänglich gemacht wird, ist in seiner Zeichenhaftigkeit stets anfällig für Irritationen. Zwar sind Geschichten grundsätzlich darauf ausgerichtet, das Abweichende und damit Ereignishafte zu erzählen,[5] doch kann ein Zuviel an Abweichung den sinnvollen Zusammenhang des Ganzen stören und damit die Frage nach dem narrativen Status desselben aufwerfen.

Im Folgenden soll untersucht werden, welche Auswirkungen rituelle Störungen auf der Handlungsebene literarischer Texte für deren narrative Sinnkonstitution haben. Wie genau werden die Irritationen von Ritualen in Szene gesetzt, welche

---

appräsentierenden Erscheinung ebenso wie vom Appräsentierten und von der eigenen *Reaktion* auf die ‚symbolische Appräsentation'." (Soeffner 2004: 160 [Hervorhebung im Original]) Das Ritual wiederum bezeichnet Soeffner als *„Aktionsform* des Symbols" (Soeffner 2004: 165 [Hervorhebung im Original]).

4 Vgl. zu den Termini ‚Geschehen' und ‚Geschichte' neben dem Ansatz von Karlheinz Stierle (1975: 49-55) das Modell der narrativen Ebenen von Wolf Schmid (2008: 261-262).

5 Was in einer Geschichte als Abweichung oder Ereignis interpretiert werden kann, hängt neben der Inszenierung des jeweiligen Geschehnisses im Text (vgl. die Merkmale narrativer Ereignishaftigkeit bei Schmid 2008: 11-26), wesentlich auch von kontextuellen Bedingungen wie dem jeweiligen Erzähl- oder Gattungsschema ab, dem der Text zugeordnet werden kann (Schmid 2008: 21).

Mareike von Müller

Funktionen übernehmen sie, und was kann daraus in Bezug auf zeitgenössische Einstellungen gegenüber dem Ritual als Instrument der sozialen Sinnerzeugung und Sinnsicherung abgeleitet werden? Das Bild vom Körper, das die Texte konstruieren, spielt bei dieser Form der Irritation offenbar eine entscheidende Rolle. Der Körper ist nicht nur Projektionsfläche für die Markierung der drei Phasen im rituellen Ablauf – Separation, Liminalität und (Re-)Integration (van Gennep 2005: 21), er ist auch essentiell an der Sinnsicherung des Rituals beteiligt. Diese ist allerdings nur dann gewährleistet, wenn das rituelle Subjekt sich vom Ritual vollständig erfassen lässt und sich ihm mit Leib und Körper[6] unterordnet. Genau hier liegt aber die latente Gefahr für alles Rituelle, denn der Körper birgt nicht zuletzt durch seine vegetativen Funktionen, die sich dem rationalen Zugriff und damit der gänzlichen Kontrolle entziehen, erhebliches Störpotential[7]. So beschreibt Markus Dederich die historisch offenbar relativ konstante

---

6 Der Begriff des Körpers ist seit der Antike Gegenstand von philosophischen Diskussionen, über die Borsche (1980: 174-176) einen Überblick gibt. In der germanistischen Mediävistik arbeitet Annette Gerok-Reiter (2007: 429) das Verhältnis von *lip* und *sêle* am Beispiel des klassischen Artusromans heraus und konstatiert: „Körperkonzeption heißt [...] in erster Linie Konzeption des *lîbes*, des beseelten Körpers, des Körpers, der immer schon in Bezug steht zu einer nicht-körperlichen, seelischen, inneren Qualität. Die dichotomische Spannung von Außen und Innen, *sêle* und *lip* ist somit für die Körperinszenierung zumindest der Protagonisten konstitutiv." Die Unterscheidung von ‚Leib‘ und ‚Körper‘ wurde jüngst von Hartmut Bleumer (2012: 51-92) aufgegriffen. Im Anschluss an Gerok-Reiters und Bleumers Überlegungen verstehe ich den Leib als jene Dimension des Körperlichen, welche die Identität einer Figur umfasst und unmittelbare, symbolische Bedeutung speichern kann. Der Körper ist hingegen das Äußere, auf das konkret zugegriffen werden kann. Im Gegensatz zum Leib bleibt der Körper zeichenhaft und damit interpretationsbedürftig.

7 Einen knappen Überblick über die bisherigen Auseinandersetzungen mit gestörten und gescheiterten Ritualen ist zu finden bei Ute Hüsken (2013: 129-134); vgl. außerdem den ebenfalls von Hüsken (2007) zum Thema herausgegebenen Sammelband, dessen verschiedene Beiträge nicht nur anhand empirischer Beispiele Fehler im Ablauf des Ritualprozesses als Ursache von Ritualstörungen hervorheben, sondern auch präventive Maßnahmen zur Eindämmung des Störpotentials analysieren. Für die mediävistische Forschung ist die Studie von Peter von Moos (2001, bes.: 65-96) interessant, die sich mit Fehltritten verschiedenster Art, u. a. rituellen Fauxpas, auseinandersetzt, sowie der im selben Sammelband befindliche Beitrag von Werner Röcke (2001: 343-362), welcher die Dynamik von ritualisierten Fehltritten durch Provokation in der arthurischen Literatur untersucht. Vgl. außerdem Corinna Dörrich (2002: 25-27) sowie Rüdiger Brandt (1990) und ausführlich Karina Kellermann (1999: 29-46), von denen Letztere speziell die Verbindung von gescheiterten Ritualen und Komik untersucht. Allerdings werden in den erwähnten Studien vornehmlich solche Ritualstörungen analysiert, denen entweder Manipulation oder Unwissenheit zugrunde liegen. In den hier untersuchten Beispieltex-

Erfahrung, dass sich der Körper der vollständigen Kontrolle entzieht: Er ist Sitz aufwallenden Begehrens, er wird von Bedürfnissen und Affekten beherrscht, er ist verletzbar und zerbrechlich, fällt Krankheiten und der Gebrechlichkeit anheim, und am Ende wird er sterben, so intensiv und konzentriert sich auch eine ganze Kultur um das Verdrängen dieser Tatsache herum organisiert hat. (2007: 65)

Obschon die mit rituellen Handlungen verknüpften Normen ebenso wie die gesellschaftlich geformten Bilder vom Leib und vom Körper sozialhistorisch wandelbar sind, nehmen die im Folgenden untersuchten Texte die oben beschriebene Erfahrung als Ausgangspunkt ihrer narrativen Dynamik. Das Kontingente des sozialen Miteinanders, das der Mensch im Zuge alltäglicher Komplexitätsreduktion (Luhmann 1973) zu bannen oder zumindest zu verdrängen versucht, wird auf der Ebene des ästhetischen Genusses von Literatur verfügbar. Insbesondere in schwankhaften Kurzerzählungen des Spätmittelalters wird das Fehlerhafte und Unberechenbare zum beliebten Gegenstand der Erzählung.

2   Störfälle des Rituals

Um die Dynamik zu beschreiben, welche die Störung eines rituellen Ablaufs entfalten kann, soll ein Beispiel herangezogen werden, welches zugleich das Potential für eine besondere Form von Komik aufzeigt. Dil Ulenspiegel stirbt nach einem erfüllten Leben voller derber Scherze am Ende des gleichnamigen Textes. Die Totenfeier ist von chaotischen Turbulenzen geprägt, welche die Normierungen unterlaufen, denen die Zeremonie unterliegt. Der Zwischenstatus der Liminalität zeichnet sich durch Indifferenz, Ambivalenz und Identitätslosigkeit bzw. Anonymität aus (Turner 1998: 251f., 257 u. ö.). Doch in diesem Beispiel scheint das rituelle Subjekt seine Identität in der liminalen Phase des Übergangs nicht aufzugeben, obschon sein Körper die Grenze des Todes überschritten hat. Die Störungen sind ganz in Ulenspiegels Sinne, auch wenn er nur passiv daran beteiligt ist. „Der tote Körper ist primär der entseelte Körper, ist bloßes Fleisch, [ ] ein Außen ohne Inneres" (Gerok-Reiter 2007: 422) und trotzdem scheint es hier so, als handle Ulenspiegels Körper ebenso wie der lebendige es getan hat – allerdings nicht ohne Schützenhilfe: Eine Sau stürmt mit ihren Ferkeln das Spital und juckt sich an der Totenbahre, so

---

ten soll das Kontingente, das sich im Zufall, im sexuellen Begehren und in der Gewalt konkretisieren kann, als Störfaktor noch näher in den Blick genommen werden. Vgl. zu diesen Motoren der Sinnirritation in mittelalterlichen Kurzerzählungen grundlegend Walter Haug (1993).

dass der Sarg mit Ulenspiegels Leichnam herunterfällt. Keiner der Anwesenden ist in der Lage, die Tiere zu bändigen und die Störung des rituellen Ablaufs zu tilgen, stattdessen entsteht ein chaotisches Durcheinander:

> *Und die Suw und die jungen Ferlin lieffen zustrawet in dem Spital, so das sie sprungen und lieffen, so uber die Pfaffen, uber die Beginen, uber die Krancken, uber die Starcken, uber die Leich, da Ulenspiegel in lag, so daz ein Geruff und ein Geschrei ward von den alten Beginen, das die Pfaffen liessen die Vigilt ston und lieffen zu der Thür uß.* (*Ulenspiegel*: 265)

[Und die Sau und die jungen Ferkel flohen und zerstreuten sich in dem Spital, so dass sie über die Pfaffen, über die Beginen, über die Kranken, über die Gesunden, über den Sarg, in dem Ulenspiegel lag, sprangen und weiterliefen, so dass Gezeter und Geschrei von den alten Beginen laut wurde, und die Pfaffen die Totenfeier abbrachen und zur Tür hinausliefen.][8]

Die unvorhergesehene Störung führt also dazu, dass die Anwesenden nicht die rituell erforderlichen Vigilien lesen können. Hüsken betont, dass im Ritual „improvisational but competent acting often is precondition for success." (2007: 348) Diese Form der Kompetenz beinhaltet auch die Fähigkeit, Fehler im rituellen Ablauf zu retuschieren (Hüsken 2007: 356), doch sie fehlt den Akteuren gänzlich, wenn sie wesentliche Teile der Totenfeier einfach auslassen. Durch den ungestümen Auftritt der Tiere lassen sie sich so gründlich aus dem Konzept bringen, dass sie den Sarg verkehrt herum auf den Friedhof tragen. Dies stellt sich dennoch als passender Zufall heraus, da die Pfarrer darauf hinweisen, dass Ulenspiegel aufgrund seines lasterhaften Lebenswandels nicht wie ein gemeiner Christenmensch begraben werden könne. Als die Trauergäste nun die sowieso bereits verkehrte Lage des Sargs bemerken, reagieren sie auf den Normverstoß mit *lachen und sagten: ‚Er zeigt selber, das er verkert wil ligen, dem wöllen wir also thün.'* (*Ulenspiegel*: 265) [‚Er zeigt selbst, dass er verkehrtherum liegen möchte, dem wollen wir auf diese Weise entsprechen.'] Dann reißt bei der Niederlassung des Sarges noch ein Seil und der Tote wird schließlich stehend begraben. Die Analogie zwischen Leben und Tod Ulenspiegels, welche sich durch die merkwürdige Zufälligkeit der Störung ergeben hat, wird von den Anwesenden amüsiert zur Kenntnis genommen (*Ulenspiegel*: 266).

In seinem Leben hat der Protagonist immer wieder gegen soziale Konventionen verstoßen und ganz zum Schluss, kurz vor seinem Tod, stellt er sich auch bei der rituell vorgesehenen Beichte quer mit seinen Scherzen. Auf die gleiche Weise sträubt

---

8   Zum besseren Verständnis füge ich den frühneuhochdeutschen und mittelhochdeutschen Zitaten aus Primärtexten jeweils eine Übersetzung bei. Alle Übersetzungen stammen von mir.

sich nun sein toter Körper gegen den normierten Ablauf des Rituals. Damit ist die verstorbene Hülle des Körpers paradoxerweise als Leib wirksam, der weiterhin Unordnung stiftet und sich damit dem Tod widersetzt. Ulenspiegels Tod kann rituell nicht bewältigt werden, was ihn auf der Ebene der Darstellung scheinbar ungeschehen macht. Die Überschreitung der Grenze, welche das Leben vom Tod trennt, kann nur mit großer Mühe und letztlich mangelhaft vollzogen werden: Da der Protagonist ebenso verkehrt begraben wird, wie er gelebt hat, scheint das defizitäre Ritual ihn nicht als *Ganzes* in den vorgesehenen neuen Zustand überführt zu haben. Das Sterben sowie das Begräbnis Ulenspiegels offenbaren einen interessanten Dreischritt: Zunächst verliert der Körper im Hinscheiden seine leibliche Dimension, in der Liminalität des Übergangs gerät er dann außer Kontrolle und wird zur Spielfigur des Zufalls. In einem dritten Schritt werden die sterblichen Überreste zu einem künstlichen Leib zusammengeschlossen, der die Identität des Protagonisten weiterhin verkörpert. Dieser künstliche Leib oszilliert zwischen Leben und Tod und wird damit zum Ausdruck einer andauernden Liminalität.

Das gestörte Ritual der Totenfeier Ulenspiegels zeigt, dass die Verfügbarkeit der rituellen Handlung über Leib *und* Körper des rituellen Subjekts im Medium der Narration in Frage gestellt wird, was bestimmte, an weiteren Beispielen noch näher zu untersuchende ästhetische Effekte nach sich zieht. Aus der Analyse dieser kurzen Szene lässt sich die These ableiten, dass eine rituelle Handlung, die sich nur auf den Körper bezieht, ohne sich in den Leib des rituellen Subjekts einzuschreiben, vulnerabel wird und ihr eigenes Scheitern provoziert.

In spätmittelalterlicher Schwankliteratur lässt sich eine Tendenz erkennen, die den Körper als Objekt der Versehrung in den Vordergrund rückt (Grubmüller 2005: 122). Sowohl die Verletzlichkeit als auch die Widerspenstigkeit des Körpers geraten in zahlreichen Kurzerzählungen des Spätmittelalters in den Mittelpunkt der Narration. Die „Fragmentierung des Ritters" (Grubmüller 2002: 193-207) oder anderer Figuren reicht in einigen Texten so weit, dass ein Körper zerteilt werden kann, und sich in diesen Teilen eine künstliche Leiblichkeit neu formiert, die es vermag, weiterhin Chaos zu stiften. Dabei wird, so Walter Haug, „das Nur-Leibliche und insbesondere das Geschlechtliche […] pointiert herausgestellt" (2004: 86), was anhand der unten zu diskutierenden Textbeispiele noch deutlicher gemacht werden soll.

Obschon die Texte in der bewussten Ausstellung ihres fiktionalen und ästhetischen Charakters ernst genommen werden sollten, werden in ihnen dennoch Strukturen wirksam, welche auch die außerliterarische Realität bestimmen. Literatur kann als Reflexionsmedium dieser Strukturen dienen, „weil sie eine symbolische Bedeutungsordnung ist und weil sich in ihr unser Leben symbolisch darstellt und deutet" (Braungart 1996: 13). Dies gilt insbesondere für rituelle Handlungen, die

– wie Neudeck u. a. am Beispiel des *Nibelungenliedes* zeigt – „in volkssprachlicher
Dichtung dargestellt, modifiziert und dabei (auch) ironisiert werden." (2001: 291)
Auf der Ebene der Geschichte wird womöglich ein fiktiver oder in seiner grotesken
Verzerrung sogar ein *unmöglicher* Fall geschildert, was jedoch nicht ausschließt,
dass sich auf der strukturellen Ebene Bezüge zur sozialen Wirklichkeit abzeichnen.
Indem Literatur diese Strukturen aufnimmt, macht sie einen Effekt beobachtbar
und sinnlich erfahrbar, welcher mit der Formulierung Hartmut Bleumers als eine
„Doppelbewegung von Fiktionalisierung und Ästhetisierung" (2012: 56) beschrieben werden könnte. Auch wenn sich die Störungen, die in den folgenden Texten
erzählt werden, in extremer Weise von den Gesetzen der Wahrscheinlichkeit oder
empirischen Möglichkeit entfernen, haben sie das Potential, „als Ordnungskrise [...]
unterschiedliche Systemfolgen" aufzuzeigen, vom Zusammenbruch der Ordnung
bis hin zu ihrer „Restabilisierung durch Transformation oder durch Verfestigung"
(von Moos 2001: XIII). Um der Ausgangsfrage nach der Sinnkonstitution und
Sinnirritation von rituellen Handlungen in literarischen Texten näher zu kommen, ist es entscheidend zu prüfen, wofür sich die einzelnen Texte mit welchen
Konsequenzen entscheiden.

In diesem Beitrag werden exemplarisch ausgewählte Kurzerzählungen näher in
den Blick genommen, die das Spannungsverhältnis zwischen ritueller Handlung,
Ordnungsstörung, Ordnungswiederherstellung und Körper narrativieren. Dabei
ist die Rolle des Körpers sowohl für den Normverstoß als auch für die (versuchte)
Restitution von Ordnung genauer zu betrachten. Interessanterweise verfehlen die
ritualisierten Handlungen häufig ihr Ziel, und am Ende steht das fragile Gerüst
einer Scheinordnung, die ihren defizitären Charakter mehr offenbart als kaschiert.
Der „Macht der Rituale" (Althoff 2003) wird auf spielerische Weise die Anarchie des
Leiblich-Körperlichen gegenübergestellt. Der Körper gewinnt in einigen Texten ein
groteskes Maß an Autonomie, das ihn im extremen Fall dazu befähigt (wie oben),
sogar als Leiche oder (wie weiter unten) als isoliertes Körperteil Unordnung zu
stiften, und alle Versuche eines rituellen Reglements der Lächerlichkeit preiszugeben.

Eine These des Beitrags lautet nun, dass gewisse Formen der Störungen oder
das Scheitern der Rituale einen ästhetischen Effekt erzeugen, der mit der Irritation von Sinn eine spezielle Form von Komik erzeugt. Die Analyse soll Aufschluss
darüber geben, wodurch die Störungen verursacht werden, und wie durch sie ein
Potential für sinnirritierende bzw. Schwarze Komik[9] freigelegt wird. Nicht zufällig
wird die Irritation des rituellen Ablaufs, wie im Beispiel oben, durch ein Lachen

---

9   Ich verstehe Schwarze Komik als einen ästhetischen Effekt, der sich aus Elementen des
    Komischen und des Lächerlichen zusammensetzt und sein Potential im Wesentlichen
    aus textuell erzeugter Sinnirritation zieht. Vgl. hierzu ausführlicher von Müller (2013).

auf der Figurenebene beantwortet, das als soziales Phänomen (Bergson 1948: 9) wahrscheinlich auch auf eine entsprechende Reaktion auf der Rezipientenebene abzielt. Im Folgenden wird daher in erster Linie nach bestimmten Techniken in den Texten gesucht, welche die rituellen Verstöße auf der Handlungsebene auf der Ebene der Darstellung flankieren und damit zur Sinnirritation beitragen.

Die Texte scheinen sich nicht mit der reinen Verkehrung von Normen – seien es literarische oder soziale – zu begnügen, wie sie insbesondere die in vielen Fastnachtspielen des Spätmittelalters inszenierten ‚Anti-Zeremonielle' auszeichnet (Bockmann 1995: 212). Die Auswahl der Texte erfolgte auf der Grundlage der in ihnen eingebundenen rituellen Handlungen, namentlich das Begräbnis, die Bestrafung und das Turnier. Sie stellen alle Versuche dar, einen Ordnungsverstoß im Bereich des Körperlich-Sexuellen zu tilgen und betreffen drei Bereiche des sozialen Lebens, welche trotz ihrer historischen und kulturellen Wandelbarkeit relativ konstante Normen implizieren. Es wird zu untersuchen sein, wo nun genau die Störfaktoren ritueller Handlungen liegen, und welchen Aussagewert ihre literarische Bearbeitung für das soziale Verständnis vom Körperlichen hat. Schon an dieser Stelle lässt sich mit Blick auf das oben beschriebene Textbeispiel eine Oberflächlichkeit des Rituellen feststellen, die womöglich auch in der narrativen Struktur der Texte verankert und für die Sinnirritation mitverantwortlich ist.

3   Die verzögerte Grenzüberschreitung

Dass auch der tote Körper unbedingt der rituellen Bändigung bedarf, zeigt in Ansätzen schon das Beispiel aus dem *Dil Ulenspiegel*. In der Kurzerzählung *Der fünfmal getötete Pfarrer* stiftet ebenfalls eine Leiche Unordnung und wird zuletzt sogar unschuldig schuldig, indem sie eine alte Frau erschlägt. Der Text stammt von Hans Rosenplüt und ist im Codex Weimar Q 565 überliefert.[10] Sein Inhalt ist schnell umrissen:

Ein Pfarrer muss einem Kranken die Sterbesakramente überbringen. Schon auf seinem Pferd sitzend bemerkt er *ein weite schrunten* (V. 10) [einen großen Riss] in seinem Stiefel, den er sich auf den Rat seiner Haushälterin hin direkt am Fuß vernähen lassen will, denn er hat es eilig und es ist *kotig drauß und naß* (V. 12) [matschig draußen und nass]. Der Pfarrer vergisst derweil die Hostie (V. 25) daheim. Der Schuster sticht ihm

---

10 Über die Geschichte der Handschrift ist nichts bekannt, außer dass sie wohl in der zweiten Hälfte des 15. Jahrhunderts entstanden ist, in Nürnberg geschrieben wurde, und ihr letzter Eintrag von 1629 stammt (Kully 1982: 18).

aus Versehen eine Ader auf, so dass der Pfarrer auf der Stelle verblutet. Verzweifelt ruft der Schuster seine Frau herbei, die ihm zurät. So wird, um jeden Verdacht von sich zu lenken, der Pfarrer auf ein Pferd gesetzt und auf den Acker des Nachbarn getrieben, so dass es aussieht, *[a]ls ob der pfaff durch pöß geuer / Daſelbſt darein geritenn wer.* (V. 58 f.) [als ob der Pfaffe mit böser Absicht von selbst dort hinein geritten wäre]. Eine Kettenreaktion setzt sich in Gang: Auch der Nachbar macht sich versehentlich des ,Mordes' schuldig, als er nach missglückten Kommunikationsversuchen den Pfarrer mit einem Stein bewirft, der daraufhin genauso tot wie vorher vom Pferd fällt. Auch er ruft seine Ehefrau zu Hilfe. Nachts lehnen die Beiden den Toten an das Gatter ihres Nachbarn. Dieser muss wie der vorige Bauer am nächsten Morgen erfahren, dass mit dem Pfarrer nicht zu reden ist. Da der Pfarrer ihm stumm den Weg versperrt, stößt er das Gatter schließlich mit Gewalt auf und ,tötet' ihn vermeintlich das dritte Mal. Die nächste Station ist das Haus der Küster, wo allerdings nicht mehr versucht wird, den Tod des Pfarrers zu verschleiern: Dem Pfarrer wird roher Teig in den Mund gestopft, so dass es aussieht, als habe er sich daran totgefressen. Zuletzt wird der Pfarrer von dem Küster-Ehepaar wieder in die Kirche gebracht, wo er am nächsten Morgen eine alte Frau erschlägt, die beim Beten sein Gewand küssen will. Ratlos begräbt die Gemeinde beide Toten.

Der Text weist ein verhindertes und ein verzögertes Ritual auf, die nun näher untersucht werden sollen. In beiden Fällen soll der Tod durch ein adäquates Übergangsritual bewältigt werden. Zunächst soll der Pfarrer einem Sterbenden die Sterbesakramente überbringen und durch die rituelle Begleitung das Seelenheil des Todkranken sichern. Doch dazu kommt es nicht, da der Pfarrer sich zuerst um seinen Stiefel kümmert, die für das Ritual wesentliche Hostie zu Hause vergisst und dann auch noch selbst zu Tode kommt, was wiederum die zweite Ritualverletzung begründet: die (mehrfache) Verhinderung des Begräbnisses, welche eine Verzögerung der Grenzüberschreitung des toten Pfarrers nach sich zieht.

Der Stoff der Kurzerzählung, das Motiv der mehrfach getöteten Leiche, ist weit verbreitet und kursiert bis heute als Urbane Legende in verschiedenen europäischen Sprachen (Brednich 1990: 141-142). Die schriftlichen Überlieferungen der verwandten französischen Kurzerzählungen des Mittelalters weisen einige interessante Unterschiede zur Version Rosenplüts auf (Frosch-Freiburg 1971: 211f.). So weichen sie v. a. im Anfang voneinander ab. Im Gegensatz zu den französischen Versionen wählt Rosenplüt keine pikant-erotische Ausgangslage: Der Tod des Pfarrers wird innertextlich nicht dadurch plausibilisiert, dass er als Nebenbuhler das Opfer einer Racheaktion des betrogenen Ehemanns wird. Sein Tod ist – selbst an den Maßstäben der fiktiven Diegese gemessen – empirisch unmöglich und allem voran auch noch zufälliger Natur. Der Schuster geht zwar *leppisch* (V. 36) [ungeschickt] zu Werke, aber ohne böse Absicht. Auch wenn die eigentliche Geschichte durch dieses Versehen erst in Gang gesetzt wird, geht diesem bereits der Verstoß gegen eine rituelle Handlung voraus: Anstatt dem im Sterben Liegenden die nötigen Sakramente zu bringen, damit diesem der Grenzübertritt ins Jenseits ohne den drohenden Verlust seines Seelenheils gelingt, sorgt der Pfarrer sich um seinen undichten Stiefel. Selbst wenn er nicht durch den Nadelstich gestorben wäre, hätte er den Sterbenden nicht regelkonform betreuen können, da der Geistliche, wie berichtet wird, *[v]nnſernn herren ließ* [...] *dohaymen* (V. 26) [die Hostie daheim vergaß], was auch in der Forschung kritisch bemerkt wurde (u. a. Keller 1999: 98). Die hier erkennbare satirische Tendenz, welche die Selbstbezogenheit und Inkompetenz bestimmter Vertreter des Klerus angreift, wird indes nicht voll ausgespielt, wie im Folgenden zu sehen sein wird. Der Körper des Pfarrers jedenfalls erweist sich in dem Moment der Ritualverletzung selbst als hyperverletzlich.

Der Tod des Pfarrers hat eine wesentliche strukturelle Funktion, indem er eine Kettenreaktion in Gang setzt, die aber trotz ihres pikanten Gegenstandes von merkwürdiger Ereignisarmut geprägt ist. Die Reaktionen der anderen Figuren auf den Tod entsprechen allesamt – gewollt und ungewollt – nicht der Norm des respektvollen Umgangs mit einer Leiche und sind dabei höchst redundant. Ebenso wenig wie dem Sterbenden zu Anfang wird nun dem Pfarrer die rituell korrekte Grenzüberschreitung in den Tod ermöglicht. Die mit der Grenzüberschreitung zusammenhängende rituelle Transformation wird in zweierlei Hinsicht (temporär) verhindert: Zum einen wird der Pfarrer gar nicht als die liminale Figur zwischen Leben und Tod erkannt. Zum anderen, und das folgt aus dem ersten Umstand, wird er nicht in den rituellen Prozess der Totenweihe und des Begräbnisses eingebunden, sondern als Störfaktor begriffen, der die alltägliche Ordnung des sozialen Miteinanders unterwandert. Er wird des Diebstahls bezichtigt, der sinnlosen Provokation und der Völlerei und wird deswegen jeweils verbal und schließlich körperlich hart angegriffen. Doch logischerweise kann seinen Leichnam nur die körperliche Attacke der einzelnen Bauern treffen, sodass er vom Pferd stürzt oder vom Gatter umgestoßen wird und das Missverständnis reproduziert. Aus Angst vor sozialen Sanktionen verhindern die einzelnen Bauern die Grenzüberschreitung des Pfarrers und ermöglichen schließlich rein kausallogisch erstens die mehrfache Wiederholung des Problems und zweitens, dass am Ende noch eine am vorherigen Geschehen unbeteiligte Figur vom Pfarrer erschlagen werden kann.

Ironischerweise richtet der geistlose Körper des Pfarrers also an seinem eigentlichen Wirkungsort, den er zuletzt erreicht, den größten Schaden an. In der Kirche als dem Ort des rituellen Handelns schlechthin bricht die Serie mit dem Tod der alten Frau ab, die diesen wiederum einer ritualisierten Frömmigkeitsgeste (*nach peuriſchem ſit*, V. 284 [nach bäurischem Brauch]), dem Greifen und Küssen des Predigergewandes, verdankt. Der narrative Teil des Textes endet mit dem Begräbnis des Pfarrers und der Frau: *Do weſten ſie peſſers nit zu ſchaffenn, / Sie namen die frauen vnd den pfaffen / Vnd beſtatten ſie zu der erdenn droth* (V.

299-301) [Als ihnen nichts Besseres zu tun einfiel, nahmen sie die Frau und den
Pfarrer und bestatteten sie eilig in der Erde.] Erst jetzt, durch das eigentlich schon
am Anfang des Textes erforderliche Ritual, gelingt es, die fatale Serie zu stoppen,
die allerdings vor ihrer Arretierung noch ein sinnloses Todesopfer[11] fordert.

Der Pfarrer ist als einzige Figur von Anfang bis Ende am Geschehen beteiligt,
was ihn – neben der expliziten Nennung im Titel der Erzählung – für die Pro-
tagonistenrolle prädestiniert. Er überschreitet auch mehrfach die Grenze vom
Lebendigen zum Toten, vom Opfer zum Totschläger und wieder zurück, doch ‚tut‘
er all dies nur in den Illusionen derjenigen Figuren, die sich mit ihm herumplagen
zu müssen. Tatsächlich verändert sich an seinem Zustand nach seiner einstmaligen
Loslösung aus der Gemeinschaft der Lebenden bis zum Begräbnis nichts. Sein Körper
ist noch nicht einmal Mittel zum Zweck, sondern Medium für eine *per se* sinnin-
differente Kontingenz. Dass er überhaupt gestorben ist, scheint nicht Gegenstand
der Geschichte, sondern ihre Voraussetzung zu sein. Die Geschichte selbst dreht
sich um etwas Anderes: Die wiederholte Konfrontation mit einem kontingenten
Ereignis, das aber aus der Perspektive des Lesers seine Ereignishaftigkeit durch die
iterative Struktur einbüßt und so den Sinn der Erzählung insgesamt desavouiert.
Kontingenz wird hier durch den wiederholten Verstoß gegen rituelle Abläufe und
die mit ihnen verknüpften Normen entfesselt und kann so ihr tödliches Potential
entfalten. Der überraschende letzte Todesfall verdeutlicht in eindringlicher Weise,
wie wenig die menschliche Ratio – im Gegensatz zum Ritual – in der Lage ist, diese
Form der Kontingenz zu bewältigen. Denn schließlich sind es erst die rationalen
Überlegungen der einzelnen Ehefrauen, die den Pfarrer so weit bringen, dass er
schlussendlich noch eine alte Frau erschlagen kann, während das Begräbnis als
rituelle Handlung der fatalen Kettenreaktion ein Ende setzt.

Diese Erzählung illustriert auf anschauliche Weise, dass – ähnlich wie im *Ulenspiegel* – selbst der tote Körper erst dann gebannt und von seiner Leiblichkeit
getrennt ist, wenn er die liminale Grenze auch wirklich überschritten hat, und
sein neuer Zustand rituell bestätigt wird. Wird der letzte Schritt, in diesem Fall

---

11 Anders Rüdiger Schnell (2004: 376), der das Sinndefizit dieses Ereignisses mit dem Verweis
auf mittelalterliche Diskurse zu füllen versucht. Nach Schnell würde damit entweder
ein als überzogen interpretiertes Frömmigkeitsverhalten sanktioniert oder die alte
Frau stellvertretend für die vorher intellektuell überlegenen, weil Rat gebenden, Frauen
bestraft werden. Beide Vorschläge lösen jedoch nicht das Problem, dass die Figur nicht
narrativ in das Geschehen eingebunden ist und am Ende nur auftaucht, um sogleich zu
sterben. Darüber hinaus kann aus der reinen Existenz zeitgenössischer Diskurse noch
nicht abgeleitet werden, dass diese auch sinnstiftend in den Text eingebunden werden,
der als Erzähltext insbesondere narrativen Vorgaben gehorchen muss, um Sinn zu
produzieren.

das Begräbnis, verhindert oder hinausgezögert, dauert die liminale Phase an. Obschon bzw. weil der Körper bereits tot ist, kann sich die Dynamik dieser Phase seiner bemächtigen und ihn wie eine Spielfigur durch das narrative Geschehen schieben. Und wie im *Ulenspiegel* zeigen sich das Körperliche und das Leibliche in der Figur des toten Pfaffen seltsam verschränkt, nicht zuletzt, indem er sich unfreiwillig leiblicher Vergehen wie der Völlerei ‚schuldig‘ macht. Die Indifferenz und Ambiguität der liminalen Figur wird an ihrem Zwischenstatus zwischen Leben und Tod, Opfer und Täter, Objekt und Person überdeutlich. Erst als der Pfaffe selbst zum Totschläger wird, kann der liminale Zustand auch von den anderen Figuren der Diegese erkannt werden, die ihn zuvor in falscher Exklusivität *entweder* dem Bereich des Lebens *oder* dem des Todes zugeordnet haben. Doch der Totschlag am Ende stellt sich wiederum in seiner Kontingenz als problematisch für die Vollendung der narrativen Struktur heraus, da er nicht sinnvoll in das vorherige Geschehen eingebunden ist. Als überraschendes Ereignis fungiert der Tod der alten Frau am Schluss des Textes als Antipointe[12], die zwar auch Komik erzeugt, aber im Gegensatz zur Pointe das Geschehen nicht sinnvoll bündelt und dem, was vorher war, keinen tieferen Sinn verleiht.

4 Das verklagte Körperteil

In diesem Abschnitt soll die literarische Inszenierung der Strafe als einer Form des rituellen Handelns näher beleuchtet werden. Das Motiv der Kastration erfreut sich in der literarischen Ausgestaltung offenbar einer gewissen Beliebtheit (Grubmüller 1996: 1275-1276), obschon sie historisch nicht als besonders häufig praktizierte Leibesstrafe belegt ist (Tuchel 1998: 73-89; 73, Anm. 44; 91). In dem anonym überlieferten Text *Der verklagte Zwetzler* wird, worauf der Titel bereits verweist, kein Körper im Ganzen verklagt, sondern nur noch das einzelne Körperglied. Der Text ist wie *Der fünfmal getötete Pfarrer* im Weimarer Codex 565 überliefert, allerdings als Fragment. Eine vollständige Version befindet sich im Karlsruher Codex 408 und trägt dort allerdings den weniger prägnanten Titel *Von dem zweczler ein gut mer*.

---

12 Vgl. zum Begriff der Antipointe Peter Köhler (1989: 18), der damit eine grundlegende Technik zur Erzeugung nonsensikaler Komik beschreibt. Da die Antipointe, welche in narrativen, komischen Texten durch ihre strukturelle Position durchaus mit dem Ende einer Geschichte zusammenfallen kann, im Gegensatz zur Pointe (Köhler & Müller 2003: 115) das zuvor Erzählte aber nicht sinnvoll interpretiert und abschließt, stellt sie immer eine Gefährdung der narrativen Struktur dar.

Ein Jüngling möchte mit einem Mädchen schlafen, welches ihm jedoch den Wunsch verweigert. Dennoch lässt es ihn, als sie eines Tages allein zu Hause ist, hinein. Sie bemerkt an ihm eine Erektion und fragt ihn, was es damit auf sich habe. Der Jüngling erklärt ihr, dass es sein *zweczler* (V. 64) [,Zwetzler'] sei, welcher demjenigen Glück bringe, der sich damit *streigen* (V. 68) [streicheln, striegeln] lasse. Das Mädchen lässt das Entsprechende geschehen, findet Gefallen daran und lobt den *zweczler* ob seiner *tugentlichen sit* (V. 83) [rechtschaffende Art]. Als der Vater und die Mutter des Mädchens davon erfahren, wird der Junge angeklagt und die Todesstrafe verlangt. Der Richter befragt das Mädchen, das ihm erklärt, was ein *zweczler* ist (*[e]s was als de gens kragen*, V. 158; [es sah aus wie der Hals einer Gans]) und versteht, dass es sich dabei um den Penis des Angeklagten handelt. Daraufhin wird entschieden, dass das Mädchen denselben eigenhändig kastrieren soll. Als die Genital nun aber entblößt auf einem Block vor ihr liegt, bekommt der Junge abermals eine Erektion, was das Mädchen als freundlichen Gruß eines alten Freundes wertet und sich daraufhin weigert, die Strafe zu vollstrecken.

Die Motive der erotischen Naivität und Unersättlichkeit hängen oft miteinander zusammen und treten in den Kurzerzählungen des Mittelalters häufiger auf. Wichtiger für die hier interessierende Fragestellung ist allerdings die abstruse Gerichtssituation am Ende. Es wird angeklagt und ein Urteil gefällt, doch die Strafe wird nicht vollzogen. Gemäß den Erfordernissen einer gerichtlichen Einigung werden vom männlichen Vormund zunächst Verwandte und Freunde als für eine legitime Regelung notwendige Öffentlichkeit (van Eickels 2009: 47; Schild 2010: 39-43 u. ö.) herbeigerufen und hören sich die Anklage an:

Sein freund er zu samen bat	Er rief seine Freunde zusammen
Vnd ließ sie wissen die missetat.	und berichtete ihnen von der Schande.
Do die freund zu samen komen,	Nachdem die Freunde zusammengekom-
Rot sie von den eltzsten namen,	men waren, nahmen sie den Rat der Ältesten
Ob sie den knecht vingen	entgegen, nach welchem der Knabe, wenn er
Vnd in dar vmb hingen.	gefangen würde, deswegen gehenkt werden
Do der rot was ergangen,	sollte. Als der Rat erteilt wurde, wurde auch
Der knecht wart gevangen.	der Knabe bald gefangen. Sie verfluchten
Sie schrien in vmb das leben an.	ihn und wünschten ihm den Tod. Morgens,
Des morgens, da der tack kam,	als es zu tagen begann, ging der Vater zum
Der vater zu dem richter ging.	Richter.
(V. 121-131)	

Der Vorfall wird gemäß den dafür vorgesehenen sozialen Regulierungsmechanismen behandelt, so verübt der Vater, obgleich er *grossen has* (V. 121) [großen Zorn] verspürt, nicht etwa Selbstjustiz, sondern lässt sich verschiedentlich beraten. Schließlich beurteilt ein Richter den Vorfall und legt das Strafmaß fest. Dem Ordnungsverstoß wird also ganz mit den Mitteln ritualisierter Handlungen begegnet. Dennoch führen diese nicht zum Ziel, denn der Jüngling wird am Ende nicht bestraft. Was ihn rettet, ist nun nicht etwa rhetorisch geschickte Verteidigung. Er selbst kommt in der Szene überhaupt nicht zu Wort und scheint auch als ganze Person weniger von Interesse zu sein. Ihn rettet sein Körperteil, dass ihn durch sein eigenständiges Agieren in die prekäre Situation hineingeführt hat, und das ihn nun auch wieder herausführt. Das körperliche Begehren kann scheinbar ohne Beteiligung der Person in der Erektion konkretisiert und von dem Mädchen in grotesker Überzeichnung als unabhängige Handlung des einzelnen Dings interpretiert werden. Dass sie dieses Ding noch nicht einmal als Körper*teil* wahrnimmt, an dem immerhin noch der Knabe befestigt ist, wird im Text explizit gemacht, indem sie zu einem früheren Zeitpunkt den Jungen anweist, den Penis ja nicht zu vergessen, wenn er demnächst wiederkäme (V. 93-95).

Des Weiteren zeichnen den Penis in ihrer Perspektive stark anthropomorphisierende Züge aus, wenn ihm nicht nur ein Eigenleben, sondern auch noch moralisch vorbildliches Verhalten attestiert wird: *,her zweczler, / Nu verzaht nit mer, / Wann ir habt tugentlichen sit, / Die euch volgen mit. / Het ich dich herkant, / Jch het dich gemant, / Daß du werst worden Bruder in disem Orden, / Wann du bist ein rechter helt.'* (V. 81-89) [Herr ,Zwetzler', nun seid nicht mehr scheu, denn edle Vorzüge zeichnen Euch aus. Hätte ich Dich früher kennen gelernt, ich hätte dich aufgefordert, als Bruder diesem Orden beizutreten, denn Du bist ein wahrhafter Held]. Das Mädchen spricht ihn zunächst wie einen Adligen mit der höfischen Anrede *herre* an und wechselt dann unversehens zum unverbindlichen ,Du', als es seine Vorzüge preist. Die Dissoziation von Figur und Geschlechtsteil hält das Mädchen bis zum Ende aufrecht. So beteuert sie noch vor Gericht: *Der Knecht det mir ny leyt. / Es det mir* syn *zweczler, / Der macht mich freuden ber, / Er dhet mir nit dann wol, / Ich weiß <nit> , was ich clagen sol.* (V. 151-154) [Der Knabe hat mir nichts zuleide getan. Es tat mir sein ,Zwetzler', der mir viel Freude gemacht hat, er hat mir nur Gutes getan, ich weiß nicht, worüber ich klagen soll]. Ungeachtet dessen wird das Urteil gefällt, welches zwar nicht, wie vom Vater und seinen Freunden gefordert, die Todesstrafe vorsieht, doch aber eine harte, peinliche Strafe, die von der vermeintlich Geschädigten selbst vollzogen werden soll. Michel Foucault betont, dass peinliche Strafen weder „regellos und ungeordnet" seien noch etwas „mit einer gesetzlosen Raserei zu tun" hätten, sondern – im Gegenteil – einer eigenen, rituellen Logik folgen, die er wie folgt zusammenfasst:

> Die Marter ist zudem Teil eines Rituals. Sie ist ein Element in einer Strafliturgie, in der sie zwei Anforderungen zu entsprechen hat. Auf seiten des Opfers muß sie brandmarkend sein: durch die Narbe, die sie am Körper hinterläßt, oder durch das Aufsehen, das sie erregt, muß sie ihr Opfer der Schande ausliefern; auch wenn sie das Verbrechen ,tilgen' soll, so versöhnt sie doch nicht, sie gräbt um den Körper, oder

besser noch: am Körper des Verurteilten Zeichen ein, die nicht verlöschen dürfen. Das Gedächtnis der Menschen wird in jedem Fall die Erinnerung an die Zurschaustellung, den Pranger, die ordnungsgemäß festgestellten Qualen und Schmerzen bewahren. Und auf seiten der Justiz muß die Marter aufsehenerregend sein, sie muß von allen zur Kenntnis genommen werden". (1994: 47)

Obwohl Foucault hier noch von ‚Körper' und ‚Zeichen' spricht, verdeutlichen seine Formulierungen vom *Eingraben* in den Körper sowie vom *Gedächtnis*, der *memoria*-Funktion der Strafe, dass das Ritual eine tiefere als die körperlich-zeichenhafte Dimension erreichen muss. Die Narben sollen einen symbolischen Sinn zum Ausdruck bringen, sich nicht nur auf der Oberfläche des Körpers zeigen, sondern sich auf den Leib des Bestraften erstrecken. Auffällig in dem konkreten Textbeispiel ist nun die ausführliche und detailreiche Beschreibung der Vorbereitung der Kastrationsstrafe: Es wird berichtet, wie der Block hineingetragen wird, auf dem der Penis exekutiert werden soll, und wie man das Mädchen mit einem *hack messer* (V. 167) [Hackmesser] ausstattet, wodurch die Szene eine dramatische Komik entfaltet. Doch anstatt dass die Triebhaftigkeit durch die rituelle Strafe gebannt würde, setzt sie sich noch einmal provozierend zur Wehr: *So sie <in> dar belt, / Der czweczler gein ir auff snelt.* (169-170) [Da sie ihn damit provozierten, schnellte der ‚Zwetzler' zu ihr hinauf.][13] Das Mädchen ist daraufhin entzückt: *Hin warff sie das messer recht. / ,Kennstu mich noch, du viel lieber knecht?'* (V. 171-172) [Das Messer warf sie weit von sich. ,Kennst Du mich noch, du überaus reizender Knabe?'] Sie weigert sich schließlich, dem Penis etwas anzutun und verschont damit auch den Jüngling. Es kommt nicht zum Vollzug des juristischen Urteils, und der Text endet einfach kurz nach dem Plädoyer des Mädchens. Damit wird am Ende weder die gestörte Ordnung wieder hergestellt noch das Geschehen in eine *neue* Ordnung überführt.

Genaugenommen wird das Geschehen noch nicht einmal abgeschlossen, es läuft einfach aus bzw. bricht ab. Als ein Grund für das Scheitern der Bestrafung kristallisiert sich ein Verkennen der Notwendigkeit heraus, durch die rituelle Handlung nicht nur den Körper zu markieren und ihn zum *Zeichen* derselben machen, sondern ebenso den Leib mit seiner unmittelbaren *symbolischen* Bedeutung mit einzubeziehen. Obschon es sich bei der Kastrationsstrafe nicht um ein klassisches Übergangsritual handelt, muss doch eine Grenze überschritten werden, indem der Schuldige zum Verurteilten wird. Am Ende bleibt jedoch die Liminalität, in welcher das leibliche Teil dissoziiert vom Rest des Körpers die Wirksamkeit rituellen

---

13 Das aggressive Heraufschnellen des Penis überzeichnet einerseits den Erektionsprozess, auf der anderen Seite wird damit eine in den Kurzerzählungen beliebte Bildlichkeit vom Penis als Waffe bedient.

Handelns außer Kraft setzen kann, bestehen; ein Mechanismus, der im folgenden Text, dem *Nonnenturnier*, auf seine grotesk-komische Spitze getrieben wird.

5 Das verselbstständigte Körperteil

Das *turney von dem czers*[14] erzählt die abenteuerliche Reise eines anthropomorphen Geschlechtsteils, das mehrere Grenzen überwindet und sich schließlich, eine Schneise der Verwüstung hinterlassend, im Nirgendwo verliert. Im Fokus der folgenden Überlegungen steht das Turnier, das als eine hochreglementierte und ritualisierte Form des höfischen Kampfspiels im Text *ad absurdum* geführt wird. Die Handlung lässt sich folgendermaßen zusammenfassen:

> Ein Ritter, der aufgrund seiner Leistungen im Turnier und in den Schlafgemächern adliger Frauen allgemein geschätzt wird, lässt sich eines Tages mit einer Dame ein. Bevor es allerdings zum Beischlaf kommt, stellt er noch die Bedingung, am nächsten Morgen fort reiten zu können. Kaum ist dieser angebrochen, beklagt die Frau die baldige Trennung und droht ihm mit der Verunglimpfung seines Namens. Als das nichts nützt, redet sie ihm ein, sein Penis sei allen Frauen in Wahrheit verhasst und er würde viel mehr von ihnen für sich gewinnen, wenn er sich von seinem Geschlecht trennen würde. Sie gibt ihm eine Zaubersalbe, welche die Wunde schnell heilen soll. Der Ritter führt anderntags ein Streitgespräch mit seinem Penis. Schließlich befolgt er den Rat der Dame und kastriert sich selbst. Der Penis wird zur Strafe unter die Treppe eines Nonnenklosters gesetzt. Der Ritter wird von der Dame und ca. hundert weiteren Frauen aus der Stadt geprügelt und stirbt nach 34 Jahren einsam und traurig als Eremit im Wald. Der *zagel* [Schwanz] hält es nach einem Jahr des Ausharrens nicht mehr aus, will sich lieber töten lassen und stellt sich den Nonnen. Diese veranstalten kurzerhand ein Turnier, dessen Siegerin den *zagel* für sich behalten dürfe. Allerdings verschwindet dieser auf ungeklärte Weise, während sich die Nonnen die Köpfe einschlagen. Als der Verlust des *zagels* bemerkt wird, brechen die Nonnen das Turnier ab und beschließen, über den Vorfall Stillschweigen zu wahren.

Der Text wurde in der Forschung in Hinblick auf eine satirische Schlagrichtung interpretiert: Er handle vom „Geschlechterkonflikt [ ], der sich um das wichtige Problem adlig-männlicher Selbstbeherrschung dreht" (Schlechtweg-Jahn 1999: 99) und verdeutliche „die katastrophalen Folgen, die auch der kleinste Haarriß

---

14 Der Text ist nur einmal überliefert. Die folgenden Zitate beziehen sich auf die von Ursula Schmid (1974: 162-177) besorgte Ausgabe. In der Forschung hat sich der weniger pikante Titel *Nonnenturnier* durchgesetzt, der hier aus Gründen der Konvention und der leichteren Zuordnung ebenfalls verwendet wird.

im Panzer männlicher Selbstzwänge nach sich zöge." (Strohschneider 1987: 171)
Die sinnirritierenden Elemente des Textes wurden zwar wahrgenommen, aber
nicht ihr ästhetisches Potential.[15] Stattdessen wurde das Groteske als literarischer
Ausdruck real existierender sozialer Ängste interpretiert, die das Spätmittelalter
prägen würden (Dicke 2002: 263). Eine solche, am Ansatz von Sigmund Freud
(2009) orientierte Bewertung läuft jedoch Gefahr, den Gegenstand mitsamt seiner
Produzenten und Rezipienten zu pathologisieren, da die Verwendung bestimmter
Erzählthematiken, -motive und -techniken als „Syndrom" interpretiert wird (Dicke
2002: 271 und 280):

> Die hier [im *Nonnenturnier*, M.v.M.] zur Ausziselierung grotesker Phantasmen aufge-
> wendete erzählerische Energie ist offenbar aus Aggressionen abgeleitet, die aufgrund
> der Zunahme derartiger Darstellungselemente im 15. und 16. Jahrhundert eher ein
> kollektives denn ein individuelles psychisches Syndrom vermuten lassen. Seine
> Ursachen dürften letztlich in der Verschärfung des kulturellen Konflikts zwischen
> Triebäußerung und Triebunterdrückung zu suchen sein (Dicke 2002: 280).

Die Annahme einer zwingenden Analogie zwischen grotesken Elementen in literarischen Texten und faktualen Trieben, Aggressionen und Ängsten der Produzenten
und Rezipienten auf textexterner Ebene zielt an den Gestaltungsmöglichkeiten des
Textes vorbei. Es soll daher gezeigt werden, dass das Aussagepotential, welches in
den literarisch inszenierten Sinnbrüchen verborgen ist, in eine ganz andere Richtung
drängt, wenn diese Irritationsmomente nicht als Defizit oder Mangel des Textes,
sondern ästhetisch aufgefasst werden.

Im *Nonnenturnier* verstoßen die einzelnen Figuren wiederholt und auf verschiedene Weise gegen soziale und literarische Konventionen. Da das Hauptaugenmerk
auf dem Turnier als ritueller Handlung liegen soll, konzentriert sich die Analyse auf
die zweite Hälfte des Textes, obschon die erste für die Fragestellung nicht minder
interessant wäre, hier aber aus Platzgründen vernachlässigt werden muss. In dem
Zwiegespräch wirft der Ritter seinem Geschlechtsteil ganz konkret seinen Eigensinn
vor, denn immer, wenn der Ritter sich an den Busen einer Frau schmiegte, *hastu
dich getrucket / Vnd helst dich nyrgent recht, / Vnd die mynneclich er schrickt* (V.
166-168) [hast du dich dazwischen gedrückt und hältst dich nirgendwo recht und
erschreckst die Liebliche] und sobald er sich zur Geliebten hinunterbeugen wollte,

---

15 Als eine Ausnahme ist hier Jutta Eming (2012: 389) zu nennen, die in Anlehnung an
    die Terminologie von Michail Bachtin insbesondere das Turniergeschehen von einer
    „Ästhetik des grotesken Körpers" geprägt sieht. Allerdings wird das Sinnirritierende
    des Textes durch ihren Begriff des Grotesken, den sie ferner mit einer genderspezifi-
    schen Fragestellung verknüpft, nahezu vollständig getilgt und nicht als eigenständiges
    ästhetisches Element untersucht.

hastu dich nyeder gelegt (V. 173) [hast du dich niedergelegt] und damit die Dame ebenfalls erschreckt. Demgemäß wird der Penis nicht erst im Laufe des Geschehens verlebendigt, er führt schon vor der Trennung ein relativ autonomes Eigenleben und entscheidet unabhängig vom Ritter, wann er aktiv werden möchte und wann nicht. Doch die Kastrationsstrafe führt überraschenderweise nicht dazu, den Penis seiner Handlungsfähigkeit zu berauben, sondern gibt ihm schließlich vollständige Autonomie über das folgende Geschehen. Während auf den elenden Verbleib des entmannten Ritters im Wald kaum mehr als 10 Verse verwendet werden, dominiert der Penis das Geschehen der zweiten Texthälfte komplett, doch wie es scheint – ähnlich der Leiche des getöteten Pfarrers – vollkommen passiv. Eine Ausnahme bildet sein Entschluss, sich den Nonnen im Kreuzgang zu zeigen, den er aktiv trifft und entsprechend in Handlung umsetzt. Ansonsten wallt das Chaos um ihn herum ohne sein Zutun auf und tut es doch nur seinetwegen.

Das Chaos ist eine Form, in der sich Kontingenz konkretisieren kann. Das Chaotische im letzten Drittel des Textes speist sich aus den beiden Unsicherheitsmotoren Gewalt und sexuellem Begehren, die sich als übermächtig gegen die Versuche der rituellen Reglementierung erweisen. Die Nonnen sind mit der plötzlichen Konfrontation des *zagels* überfordert. Ihre Reaktion auf den überraschend auftauchenden Penis wird durch den Übergang vom einen Extrem (Gewalt) ins andere (Begehren) gekennzeichnet. Auffällig ist dabei der Bezug auf den Bereich des Rechts und v. a. den der Strafen. Spontan fordert eine von ihnen, ‚*man sal jn verprennen / Oder lebentig begraben.*‘ (V. 318-319) [man soll ihn verbrennen / oder lebendig begraben]. Es wird mehrmals versucht, ein Urteil zu sprechen (V. 321, 399), das festlegt, wie mit dem Penis weiter zu verfahren sei. Bald wird deutlich, dass die verbalen und körperlichen Züchtigungen nur ein Vorwand sind, um den Penis in die eigene Zelle zu treiben. So ruft eine Nonne *auß zornigem syet: / ‚Fliehet ab dem wege vil snelle!‘ / Vnd zeugt ym hyn geyn ir zelle* (V. 334-336) [in wütender Weise: ‚Flieht schnell hinfort von hier!‘ und zeigt ihm den Weg zu ihrer Zelle]. Auch der Erzähler macht deutlich, dass die Gewalt von schmerzhaften Schlägen zu mäßig getarnten Streicheleinheiten übergeht, wenn er beschreibt, dass eine Nonne *sluge jn mit eynem federwysche, / Doch daʒ er sein vil wol genaß; / Sehet wie veynt die jm waʒ.* (V. 350-352) [ihn mit einem Federwisch schlug, doch davon erholte er sich sehr schnell; seht, wie feindlich sie ihm gesonnen war.] Der Schritt hin zum offenen Begehren des *zagels* ist bald getan und die Idee, den Normverstoß seiner Existenz im Nonnenkloster durch Verurteilung und Bestrafung zu tilgen, ist offenbar *ad acta* gelegt. Um den Streit darüber, wer den Penis behalten dürfe, zu beenden, entscheidet die Äbtissin, dass heimlich ein Turnier ausgetragen werden solle und die Siegerin den Penis behalten dürfe.

Mittelalterliche Turniere sind repräsentative Veranstaltungen (Bumke 1990: 348 u. ö.)[16], der Ausschluss der Öffentlichkeit und natürlich die weiblichen Teilnehmer deuten schon auf die Andersartigkeit des Unterfangens hin und lassen vermuten, dass das Turnier – wenn es nicht den Vorgaben folgt – auch nicht seinen eigentlichen Sinn und Zweck wird erfüllen können. Im Gegensatz zur Fehde, so beschreibt es Josef Fleckenstein (1985: 234), „setzt das Turnier grundsätzlich Frieden voraus; es gehört als Kampfspiel in die Sphäre der Freundschaft, die nur den begrenzten Kampf erlaubt." Dementsprechend ist das Turnier auch nicht auf „den Schaden des Gegners, sondern allein auf den Sieg und durch ihn die Vermehrung des eigenen Ruhms" (Fleckenstein 1985: 234) ausgerichtet. Bereits in der Literatur des Hochmittelalters wird empfindlich auf Verstöße in Form von übermäßiger Brutalität reagiert.[17]

Ironischerweise bricht sich im *Nonnenturnier* gerade bei dem Versuch, den Streit in geregelte Bahnen zu leiten und zu einer gerechten Lösung zu kommen, die regellose Gewalt und damit das Chaos Bahn. Während für Strohschneider das vorangegangene Geschehen noch gut im „epischen Balanceakt zwischen Kastrationsängsten und Wunschphantasien" aufzugehen scheint, bildet das Turnier in seiner überzeichneten Brutalität „ein[en] unbewältigte[n] Rest" (1987: 160). Der Penis thront als Siegestrophäe und eigentlicher Sieger der Zwistigkeiten am Anfang noch auf einem *seydenyn kussen so waich* (V. 417) [ganz weichen Seidenkissen], derweil sich die Nonnen ohne Rücksicht auf Verluste und bis aufs Blut bekriegen: Es *wart mange geslagen, / Daʒ man* sie *vor tot her dan must tragen.* (V. 449-450) [wurde manche so heftig geschlagen, dass man sie tot davon tragen musste.] Die Kampfschilderung wird von Vers zu Vers hyperbolischer und verleiht dem Geschehen

---

16 Bumke (1990: 342-347) weist darauf hin, dass die Quellenlage insbesondere in Bezug auf die Anfänge des Turnierwesens im deutschen Sprachraum sehr dürftig sei. Daher bedient er sich in seinen Beschreibungen zahlreicher Hinweise aus der höfischen Literatur, z. B. Ulrichs von Liechtenstein *Frauendienst* oder Hartmanns von Aue *Erec*. Trotz deutlich fiktionaler Elemente der literarischen Quellentexte lassen sich jedoch aus den deskriptiven, d. h. nicht-narrativen Passagen etwa eines Turnierablaufs, einige begründete Hypothesen über die historische Praxis ableiten.

17 Vgl. die 31. *âventiure* des *Nibelungenliedes*, in der Volker im Kontext eines ritterlichen Buhurtes mutwillig einen Höfling ersticht, was beinahe einen ernsten Kampf zwischen den Burgunden und den Verwandten des Getöteten entfesselt, bis *der herre* [Etzel, M.v.M.] *ez scheiden began.* (1894,4) [bis der Landesherr es zu schlichten begann.] Etzel tut dies, indem er behauptet, *daz ez âne sîne* [Volkers, M.v.M.] *schulde von einem strûche geschach* (1896,4) [dass es ohne seine Schuld durch einen unglücklichen Zufall geschah] und gebiet seinen Leuten, den Burgunden gegenüber Frieden zu halten. Auch wenn an dieser Stelle eine Eskalation der Gewalt verhindert werden kann, ist die Störung und Provokation ein klares Signal für die Fragilität der Ordnung, die wenig später im Text vollständig zusammenbricht.

groteske Züge: Die Nonnen ziehen sich so sehr an den Haaren, *[d]aʒ sich beulen auß jn bogen* (V. 464) [dass sich Beulen aus ihnen herauswölbten], *Manger wart ir nack zur zerte / Vnd bey den oren gar en teckt, / Daʒ ir di swart wol halb pleckt.* (V. 518-520) [Mancher wurde ihr Hinterkopf zertrümmert und bei den Ohren aufgerissen, so dass ihr gut die halbe Kopfhaut entblößt wurde.]

Die Art des Kampfes ist von Anfang an wenig ritterlich und steigert sich ins Animalische, wenn der Erzähler beschreibt, dass die Nonnen nicht nur *kraczen vnd* [...] *beißen* (V. 512) [kratzen und beißen], das Objekt ihrer Begierde wie Hunde *an zannen* (V. 436)[18] [anfletschen], sondern auch noch *kurren als die seuwe* (V. 513) [grunzen wie die Säue] und *gryenen vast alʒ die sweyn / Vnd mocht auch anders nit gesein.* (V. 515-516) [und konnten nicht anders, als laut zu wüten wie die Schweine.] Mit der Animalisierung der Nonnen treten deren Leiblichkeit und damit ihr eigentliches Wesen dominant in den Vordergrund, das sich durch die anfängliche Empörung beim ersten Anblick des *zagels* schon schlecht kaschieren ließ. Die Nonnenleiber ringen miteinander mit dem Ziel, sich den Penis im sexuellen Akt einverleiben zu können. Am Ende sind die Nonnen *iemerlich blutig* (V. 574), *Manig clagt ire hare, / Daʒ eʒ ir wer auß geczeret gar.* (V. 584-585) [jämmerlich blutig], [Manche beklagte ihre Haare, / die ihr ganz und gar ausgerissen worden waren] Doch auch der *zagel* wird zuletzt nicht geschont: Er wird von verschiedenen Nonnen gepackt und in dem wilden Raufen hin und hergerissen bis er schließlich *wart vnder geslagen / Vnd dyeplich auß dem turney getragen.* (V. 561-562) [versteckt und diebisch aus dem Turnier getragen wurde] Ähnlich wie Dicke betont auch Strohschneider (1987: 162): „Das ist nicht die Etablierung einer verkehrten Ordnung, sondern völlige Schrankenlosigkeit." An dem Einsatz der zahlreichen hyperbolischen Elemente wird deutlich, dass die Turnierhandlung über eine Narrativierung des Topos von der verkehrten Welt weit hinausgeht, und sich jenseits einer satirischen Schelte gegen Ordnungsverstöße abspielt. Vielmehr wird die burleske Gewalt zum Selbstzweck der Beschreibung, was ihre Funktionalisierung für die Sinnproduktion des Textes jedoch im gleichen Zuge verhindert.

Die ausgebreitete Schilderung des chaotischen Turniers, die 150 Verse umfasst, weist in der Tendenz eine Steigerung in seinen hyperbolisch-grotesken Elementen auf. Sie steht im komischen Kontrast zum kontingenten und abrupten Ausgang des Turniers. Der Erzähler erwähnt voller Ironie, dass es gut sei, dass der Penis

---

18 Schmid (1974: 173) übersetzt das Verb in einer dem Vers entsprechenden Anmerkung mit ‚anfletschen', was im Kontext der zunehmenden Animalisierung der Nonnen eine treffende Übersetzung zu sein scheint. Zumindest handelt es sich um ein grotesk überzogenes Grinsen, das seine Ambivalenz und seine Tendenz ins Tierische nicht verheimlicht.

verschwunden ist, denn anderenfalls wäre es noch *zu eynem streit* (V. 566) [zu einem Kampf] gekommen. Das Chaos versiegt so schnell, wie es aufgebraust ist. Für den zukünftigen Frieden braucht es offenbar nicht mehr, als den Schwur, über das Vorgefallene stillzuschweigen. Und so schließt der Erzähler ohne Epimythion, aber mit der Versicherung: *Keyn krieg wart nymmer mer* (V. 600) [es kam nie wieder zu Handgreiflichkeiten] und den besten Wünschen an den Dichter der Erzählung.

Das *Nonnenturnier* inszeniert über den gesamten Text hinweg Widersprüchliches und Unmögliches, was gleichermaßen Sinnverdunkelung wie Komik evoziert. Auch dieser Text positioniert am Ende keine Pointe, die das zuvor erzählte Geschehen in einem anderen Licht erscheinen lassen würde. Durch die Postierung des *zagels* auf dem Seidenkissen entsteht noch einmal ein komischer Kontrast zwischen quasireligiöser Anbetung und dem geradezu hyperbolisch profanen Turnierpreis, dem diese Vergötterung zuteilwird. Dieser Kontrast und das Turnier, das *per definitionem* auf ein Ziel und damit auch auf eine Auflösung hinausläuft, provozieren strukturell bereits die Erwartung einer Pointe. Doch dann ist der Penis auf einmal einfach verschwunden, womit das große Turnier plötzlich mit all seinen Verstößen und Verlusten so umsonst wie sinnlos erscheint und abgebrochen werden muss. Der Erzähler fasst noch einmal zusammen: *Da der zagel waʒ verlorn, / Den nvnnen wart allen zorn.* [...] / *Da saßen sie nyeder jn daʒ graß.* (V. 567-572) [Als der Schwanz verschwunden war, / wurden alle Nonnen zornig. (...) / Daraufhin setzten sie sich nieder in das Gras.]

Der *zagel* verschwindet jedoch nicht einfach, er wird *dyeplich* (V. 562) [diebisch] aus dem Turniergeschehen entwendet, was bedeutet, dass ihn eine der Nonnen noch besitzen muss. Demnach ist er am Ende nicht aus der Gemeinschaft ausgeschlossen, sondern bleibt als leiblicher Rest ein heimlicher Teil derselben, was den prekären Status des Friedens verdeutlicht, zu dem sich die Nonnen resigniert entschließen. Zwar gibt es nach dem gemeinsamen Schwur *Zu dem turney stille zu swaigen* (V. 597) [über das Turnier Stillschweigen zu bewahren] nie wieder eine solch brutale Auseinandersetzung, doch das, was geschehen ist, hat offenbar zu keiner Veränderung, z. B. im Sinne einer Läuterung der Nonnen, geführt. Das Turnier um den *zagel* wird damit seinem Status als Ereignis beraubt und zu einem schlichten Vorkommnis degradiert, das weder seinen Zweck erfüllt hat noch irgendwelche Folgen nach sich zieht.[19] Dieser Kontrast irritiert aber nicht allein den Sinn des

---

19   Anders Hans Jürgen Scheuer (2009: 762), der die Stabilität der Klosterordnung am Ende wiederhergestellt sieht. Er argumentiert, dass „der *zagel* sich im Verschwinden noch einmal aus den Elementen des klösterlichen Systems unwiederbringlich ausgeschlossen *zeigt*", was – zusammen mit dem Schweigegelübde – die Wiederherstellung desselben, „größer und dauerhafter als zuvor" ermögliche. (Hervorhebung im Original)

Erzählten. Durch den Einsatz des anti-pointenhaften Textschlusses wird auch das Ende der anvisierten Geschichte sabotiert. Das Geschehen kann sich am Schluss nicht zu einem narrativ vollwertigen Ende bündeln, das aufgrund der komischen Exposition wiederum die Funktion einer Pointe einnehmen würde. Das unspektakuläre Auslaufen des Geschehens hat etwas Lakonisches und Beliebiges, und stellt so am Schluss des Textes die Kontingenz des Geschehens noch einmal auf besonders prägnante Weise aus.

Die strukturell erzeugte Dunkelheit wird durch das abstruse Geschehen auf der Handlungsebene ergänzt. Der Text inszeniert eine paradoxe Umkehrung der Körper-Leib-Logik: Mit der Kastration macht sich der leibliche Teil des Ritters selbstständig, denn all das, was seine Identität vorher bestimmt hat, das Turnierreiten und der sexuelle Erfolg bei den Damen, trennt er mit seinem Geschlechtsteil ab. Seine körperliche Hülle muss im Wald vor sich hin vegetieren, während der Penis die leibliche Dimension weiter repräsentiert. Der Ritter erfährt durch den Verzicht auf die eigene Sexualität keine „axiologische Erhöhung" (Bleumer 2012: 71), sondern schlicht die Verstümmelung seiner selbst. Was bleibt, ist die liminale Figur des *zagels*, die ganz leidlich ohne den Rest des Mannes auskommt und im Gegensatz zu diesem nach der Trennung keineswegs versehrt, sondern um autonome Handlungsfähigkeit bereichert ist.

6   Fazit

Die oben diskutierten Kurzerzählungen beschreiben eine durch unterschiedliche Ritualverletzungen sichtbar gemachte Autarkie des Leiblichen, die einen komischen Effekt nach sich zieht. Diese spezifische Form des Komischen wird durch strukturelle Gegebenheiten begünstigt, die sich narratologisch mit einem defizitären Ende in Form der Antipointe und ritualtheoretisch mit einer verzögerten oder verhinderten Grenzüberschreitung beschreiben lassen. Der Körper wird in den verschiedenen Texten zum Gegenstand und zugleich zum Störenfried ritueller Handlungen, die seine leibliche Dimension ignorieren und damit das eigentlich zu Bändigende verkennen. Die Texte behaupten somit die potentielle Freiheit des Leibes, welche bis hin zur grotesken Verselbstständigung ausgereizt wird und das Bestreben, durch rituelle Handlungen vollständige Verfügungsgewalt über den Körper zu erlangen, ins Lächerliche zieht. Damit stellen sie Anspruch und Fähigkeit von Ritualen, den Körper zu normieren und Ordnung zu restituieren, grundlegend in Frage.

Durch die Ausdehnung der liminalen Phase gewinnt der Körper an Autonomie, die von seiner Verselbstständigung nach Eintritt des Todes bis hin zur Anthropomorphisierung einzelner Körperteile reicht. Er wird verklagt und kann selbst Einspruch erheben wie im *Zweczler*, oder er macht sich schließlich komplett selbständig wie im *Fünfmal getöteten Pfarrer* und – zu Teilen – im *Nonnenturnier*. Wenn „Tod und Sexualität [ ] noch immer als die beiden fundamentalen Schwächen des Körpers [gelten]" (Kamper 2002: 427), zeigen die Texte auf der Handlungsebene, wie diese vermeintlichen Defizite auf komische Weise zur eigentlichen Befreiung des Leib-Körperlichen werden, das sich notfalls in Einzelteilen durchzuschlagen vermag. Dies führt zu einer weiteren Paradoxie: Obschon die Teilbarkeit und Veränderlichkeit des Körperlichen die Grundlage seiner Vergänglichkeit bilden (Borsche 1980, Sp. 174), widersetzt sich in den Kurzerzählungen gerade der versehrte und zerteilte, sogar der tote Körper hartnäckig dem Vergehen – wenn auch nicht immer auf Dauer.

Als irritierend erweisen sich auch die jeweiligen Reaktionen der Figuren auf die Ritualstörungen. Sie bleiben in den diskutierten Texten seltsam folgenlos. Auf keine der Irritationen finden die jeweiligen Figuren eine Antwort, sie lassen sich vielmehr von der Dynamik derselben mitreißen. Wo kleinere Störungen ein Ritual zuletzt durchaus bestätigen können, insbesondere wenn die Akteure einen souveränen Umgang mit ihnen zeigen, scheinen die hier inszenierten Defizite überhaupt keine langfristigen Auswirkungen auf Figuren und Diegese zu haben. Sie erzeugen somit keinen axiologischen Mehrwert, der sich etwa in Affirmation oder Kritik der durch die Rituale erzeugten Strukturen äußern könnte. Der Mangel an Konsekutivität bedeutet aber keineswegs, dass die Störungen dem Ritual und seiner ordnungsstiftenden Funktion nichts anzuhaben vermögen; im Gegenteil: Sie sind für einige Figuren sogar tödlich oder führen zum kompletten Abbruch der Ritualhandlung. Mit dieser paradoxen Verbindung von Ordnungsstörung und Folgenlosigkeit korrespondiert eine strukturell durch die Antipointe erzeugte Sinnirritation. Resultat ist ein aus narratologischer Sicht defizitäres Ende, dem der Abschluss des Geschehens zu einer sinnvollen Geschichte nicht gelingt.

Die Störungen der sinnstiftenden narrativen Strukturen sowie der rituellen Handlungen auf der jeweiligen Handlungsebene geben jedoch Aufschluss über deren Funktionsweise. Die „[s]innfällige Abgrenzung gegen das Gewöhnliche und Zufällige" (Hahl 2003: 305), die das Ritual zu leisten hat, wird in den Texten auf verschiedene Weise unterlaufen. Die Störanfälligkeit von rituellen Handlungen lässt sich auch auf die außerliterarische Wirklichkeit übertragen. Sie erinnert daran, dass Rituale, wenn sie ihre Funktion der Sinnstiftung zuverlässig erfüllen wollen, einerseits auf die Ganzheit des rituellen Subjekts zielen müssen, und dass sie sich andererseits stetig mit dem Lebendigen resp. Chaotischen neu auseinanderzusetzen haben. Diese Spannung zwischen rituellem Reglement und dem Lebendigen, das es zu bändigen sucht, kann nicht aufgelöst, wohl aber ästhetisiert und reflektiert werden. Hierfür bietet die Literatur einen besonderen Ort. So wie die einzelnen

Eingriffe am Körper narrativiert werden, nämlich als Elemente Schwarzer Komik, zeugen sie nicht von einer spätmittelalterlichen Angst vor Kastration, Chaos usw., sondern behaupten einen ästhetischen Eigenwert.

Durch die Verwendung bestimmter Komiktechniken wie der Serialität, der Hyperbolik und der Antipointe entfernen sich die Texte von einem eindeutigen, hermeneutisch zu erschließenden Sinn. Das jeweils erzählte Geschehen ist in seiner nahezu phantastischen Verkettung von vermeintlichen Zufällen als Transporteur von Handlungsanweisungen für eine alltägliche Lebenspraxis unbrauchbar. Die frappierende Unwahrscheinlichkeit der einzelnen Vorkommnisse spricht demnach gegen die Vermutung, die Lektüre solcher Texte ermögliche eine Form von „Weltbewältigung" (Schnell 2004: 402f.), denn schon eine *Text*bewältigung scheint weder strukturell noch inhaltlich vorgesehen zu sein. Dagegen tritt die Lust am Spiel mit narrativen Strukturen und nicht zuletzt auch mit sozialen Normen, die neben dem vermittelten Inhalt den Sinn von Geschichten sicherstellen, in den Vordergrund. Diese raffiniert konstruierten Texte provozieren Irritation und machen damit die Grenzen der narrativen und kulturellen Sinnproduktion nicht nur sichtbar, sondern im Lachen in ihrer sinnlichen wie sozialen Dimension erfahrbar.

Literatur

Primärtexte

Anonym (1974). Von dem zwetzler ein gut mer. In: U. Schmid (Bearb.), *Codex Karlsruhe 408*. Bern, München: Francke, 447-452.

Anonym (1974). Der turney von dem czers. In U. Schmid (Bearb.), *Codex Karlsruhe 408*. Bern, München: Francke, 162-177.

Anonym (1978). *Ein kurtzweilig Lesen von Dil Ulenspiegel*. Wolfgang Lindow (Hg.), nach dem Druck von 1515 mit 87 Holzschnitten, durchgesehene, bibliographisch ergänzte Ausgabe. Stuttgart: Reclam.

Anonym (1988). *Das Nibelungenlied* (22. Aufl.). Helmut de Boor (Hg.), nach der Ausgabe von Karl Bartsch, revidierte und von Roswitha Wisniewski ergänzte Aufl. Mannheim: Brockhaus.

Rosenplüt, Hans (1982). Vonn Einem pfarrer. In E. Kully (Bearb.), *Codex Weimar Q 565* (S. 56-64). Bern, München: Francke.

Forschungsliteratur

Althoff, Gerd (2003). *Die Macht der Rituale. Symbolik und Herrschaft im Mittelalter.* Darmstadt: Primus.

Althoff, Gerd (2001). Die Veränderbarkeit von Ritualen im Mittelalter. In: Ders., *Formen und Funktionen öffentlicher Kommunikation im Mittelalter.* Stuttgart: Thorbecke, 157-176.

Bergson, Henri (1948). *Das Lachen* (2. Aufl.). Meisenheim am Glan: Hain.

Bierende, Edgar & Bretfeld, Sven & Oschema, Klaus (2008). *Riten, Gesten, Zeremonie. Gesellschaftliche Symbolik in Mittelalter und Früher Neuzeit.* Berlin, New York: de Gruyter.

Bleumer, Hartmut (2007). Schemaspiele – ‚Biterolf' und ‚Dietleib' zwischen Roman und Epos. In: Jan-Dirk Müller (Hg.), *Text und Kontext.* München: Oldenbourg, 191-217.

Bleumer, Hartmut (2012). Ritual, Fiktion und ästhetische Erfahrung. Wandlungen des höfischen Diskurses zwischen Roman und Minnesang. In: R. Florack & R. Singer (Hg.), *Die Kunst der Galanterie. Facetten eines Verhaltensmodells in der Literatur der Frühen Neuzeit.* Berlin: de Gruyter, 51-92.

Bockmann, Jörn (1995). Zeremoniell, Anti-Zeremoniell und Pseudo-Zeremoniell in der Neidhart-Tradition oder Nochmals der Veilchenschwank. In: J. J. Berns & T. Rahn (Hg.), *Zeremoniell als höfische Ästhetik in Spätmittelalter und Früher Neuzeit.* Tübingen: Niemeyer, 209-249.

Borsche, Tilman & Kaulbach, Friedrich (1980). Art. ‚Leib, Körper'. *Historisches Wörterbuch der Philosophie 5,* 173-185.

Brandt, Rüdiger (1990). ‚Daß ain groß gelächter ward'. Wenn Repräsentation scheitert. Mit einem Exkurs zum Stellenwert literarischer Repräsentation: In: H. Ragotzky & H. Wenzel (Hg.), *Höfische Repräsentation. Das Zeremoniell und die Zeichen.* Tübingen: Niemeyer, 303-331.

Braungart, Wolfgang (1996). *Ritual und Literatur.* Tübingen: Niemeyer.

Brednich, Rolf Wilhelm (1990). *Die Spinne in der Yucca-Palme: sagenhafte Geschichten von heute.* München: Beck.

Bumke, Joachim (1990). Turniere. In: Ders., *Höfische Kultur. Literatur und Gesellschaft im hohen Mittelalter,* Bd. 1 (5. Aufl.). München: Dt. Taschenbuchverlag, 342-379.

Cassirer, Ernst (2010). *Philosophie der symbolischen Formen.* Bd. 1: Die Sprache. Text und Anm. bearb. von C. Rosenkranz.

Dederich, Markus (2007). *Körper, Kultur und Behinderung. Eine Einführung in die Disability Studies.* Bielefeld: transcript.

Dicke, Gerd (2002). Mären-Priapeia: Deutungsgehalte des Obszönen im *turney* und seinen europäischen Motivverwandten. *PBB 124,* 261-301.

Dörrich, Corinna (2002). *Poetik des Rituals. Konstruktion und Funktion politischen Handelns in mittelalterlicher Literatur.* Darmstadt: Wissenschaftliche Buchgesellschaft.

Eming, Jutta (2012). Der Kampf um den Phallus: Körperfragmentierung, Textbegehren und groteske Ästhetik im Nonnenturnier. *The German Quarterly 85,* 380-400.

Fleckenstein, Josef (1986). Das Turnier als höfisches Fest im hochmittelalterlichen Deutschland. In: Ders. (Hg.), *Das ritterliche Turnier im Mittelalter. Beiträge zu einer vergleichenden Formen- und Verhaltensgeschichte des Rittertums.* Göttingen: Vandenhoeck & Ruprecht, 229-256.

Foucault, Michel (1994). Die Körper der Verurteilten; Das Fest der Martern. In: Ders., *Überwachen und Strafen. Die Geburt des Gefängnisses.* Frankfurt/Main: Suhrkamp, 9-43, 44-90.

Freud, Sigmund (2009). *Der Witz und seine Beziehung zum Unbewußten. Der Humor.* Einleitung von Peter Gay (9., unveränderte Aufl.). Frankfurt/Main: Fischer-Taschenbuch-Verlag.

Frosch-Freiburg, Frauke (1971). *Schwankmären und Fabliaux: ein Stoff- und Motivvergleich.* Göppingen: Kümmerle.

Gerok-Reiter, Annette (2007). Körper – Zeichen. Narrative Steuermodi körperlicher Präsenz am Beispiel von Hartmanns *Erec.* In: Friedrich Wolfzettel (Hg.), *Körperkonzepte im arthurischen Roman.* Tübingen: Niemeyer, 405-430.

Grubmüller, Klaus (1996). Kommentar zu Heinrich Kaufringer: Die Rache des Ehemannes. In: Ders. (Hg.), *Novellistik des Mittelalters: Märendichtung,* übersetzt und kommentiert von Dems. Frankfurt/M.: Dt. Klassiker, 1274-1279.

Grubmüller, Klaus (2002). *Wolgetan an leibes kraft.* Zur Fragmentierung des Ritters im Märe. In: M. Meyer & H.-J. Schiewer (Hg.), *Literarische Leben: Rollenentwürfe in der Literatur des Hoch- und Spätmittelalters.* Festschrift Volker Mertens. Tübingen: Niemeyer, 193-207.

Grubmüller, Klaus (2005). Wer lacht im Märe – und wozu? In: W. Röcke & H. R. Velten (Hg.), *Lachgemeinschaften. Kulturelle Inszenierungen und soziale Wirkungen von Gelächter im Mittelalter und in der Frühen Neuzeit.* Berlin: de Gruyter, 111-124.

Hahl, Werner (2003). Art. ‚Ritual'. *Reallexikon der deutschen Literaturwissenschaft 3,* 305-308.

Haug, Walter (2004). Die niederländischen erotischen Tragzeichen und das Problem des Obszönen im Mittelalter. In: J. H. Winkelmann, G. Wolf (Hg.), *Erotik, aus dem Dreck gezogen.* Amsterdam: Rodopi, 67-90.

Haug, Walter (1993). Entwurf zu einer Theorie der mittelalterlichen Kurzerzählungen. In: Ders. & B. Wachinger (Hg.), *Kleinere Erzählformen des 15. und 16. Jahrhunderts.* Tübingen: Niemeyer, 1-36.

Hüsken, Ute (2007). Ritual Dynamics and ritual failure. In: Dies. (Hg.), *When Rituals Go Wrong: Mistakes, Failure, and the Dynamics of Ritual.* Leiden, Boston: Brill, 337-366.

Hüsken, Ute (2013). Ritualfehler. In: C. Brosius et al. (Hg.), *Ritual und Ritualdynamik. Schlüsselbegriffe, Theorien, Diskussionen.* Göttingen: Vandenhoeck & Ruprecht, 129-134.

Kamper, Dietmar (2002). Art. ‚Körper'. *Ästhetische Grundbegriffe (ÄGB): historisches Wörterbuch in sieben Bänden 4,* 426-449.

Keller, Johannes (1999): Norm – Lachen – Gewalt. Komik des mehrfachen Todes in einer Erzählung Hans Rosenplüts. In: Thomas Hunkeler (Hg.), *Grenzen und Übergänge.* Bern u. a.: Lang, 93-108.

Kellermann, Karina (1999). Verkehrte Rituale. Subversion, Irritation und Lachen im höfischen Kontext. In: W. Röcke & H. Neumann (Hg.), *Komische Gegenwelten. Lachen und Literatur in Mittelalter und Früher Neuzeit.* Paderborn u.a.: Schöningh, 29-46.

Köhler, Peter (1989). *Nonsens. Theorie und Geschichte der literarischen Gattung.* Heidelberg: Winter.

Lotman, Jurij (1993). Das Problem des Sujets. In: Ders., *Die Struktur literarischer Texte* (4. Aufl.). München: Fink, 329-347.

Luhmann, Niklas (1973). *Vertrauen. Ein Mechanismus der Reduktion sozialer Komplexität* (2. erw. Aufl.). Stuttgart: Enke.

Müller, Jan-Dirk (2010): Literatur – Ritual – Mythos. In: Ders., *Mediävistische Kulturwissenschaft. Ausgewählte Studien.* Berlin, New York: de Gruyter, 111-202.

Neudeck, Otto (2001). Das Spiel mit den Spielregeln. Zur literarischen Emanzipation von Formen körperhaft-ritualisierter Kommunikation im Mittelalter. *Euphorion 95,* 287-303.

Sassenhausen, Ruth (2006). Das Ritual als Täuschung. Zu manipulierten Ritualen im *Pfaffen Amis. Zeitschrift für Literaturwissenschaft und Linguistik 36,* H. 144, 55-79.

Scheuer, Hans Jürgen (2009). Schwankende Formen. Zur Beobachtung religiöser Kommunikation in mittelalterlichen Schwänken. In: P. Strohschneider (Hg.), *Literarische und religiöse Kommunikation in Mittelalter und Früher Neuzeit* (733-770). Berlin: de Gruyter.

Schild, Wolfgang (2010). *Folter, Pranger, Scheiterhaufen. Rechtsprechung im Mittelalter*. München: Bassermann.

Schlechtweg-Jahn, Ralf (1999). Geschlechteridentität und höfische Kultur. Zur Diskussion von Geschlechtermodellen in den sog. priapeiischen Mären. *ZfdPh (Beihefte) 9*, 85-109.

Schmid, Wolf (2008). *Elemente der Narratologie* (2. verbesserte Aufl.). Berlin, New York: de Gruyter.

Schnell, Rüdiger (2002): Erzählstrategie, Intertextualität und ‚Erfahrungswissen'. Zu Sinn und Sinnlosigkeit spätmittelalterlicher Mären. In: *Wolfram-Studien 18*, 367-404.

Soeffner, Hans-Georg (2004). Überlegungen zur Soziologie des Symbols und des Rituals. In: C. Wulf & J. Zirfas (Hg.), *Die Kultur des Rituals. Inszenierungen. Praktiken. Symbole*. München: Fink, 149-176.

Stierle, Karlheinz (1975). Geschehen, Geschichte, Text der Geschichte. In: Ders., *Text als Handlung. Perspektiven einer systematischen Literaturwissenschaft*. München: Fink, 49-55.

Strohschneider, Peter (1987). Der tuorney von dem czers. Versuch über ein priapeiisches Märe. In: J. Ashcroft et al. (Hg.), *Liebe in der deutschen Literatur des Mittelalters: St. Andrews-Colloqium*. Tübingen: Niemeyer, 149-173.

Tuchel, Susan (1998). *Kastration im Mittelalter*. Düsseldorf: Droste.

Turner, Victor (1998). Liminalität und Communitas. In: A. Bellinger & D. J. Krieger (Hg.), *Ritualtheorien. Ein einführendes Handbuch*. Opladen, Wiesbaden: Westdeutscher Verlag, 251-262.

van Eickels, Klaus (2009). Gewalt und Intimität im Mittelalter: An den Grenzen des Erlaubten oder Grundlage sozialer Kohäsion? In: A. Hesse et al. (Hg.), *Tabu. Über den gesellschaftlichen Umgang mit Ekel und Scham*. Berlin: Kulturverlag Kadmos, 33-56.

van Gennep, Arnold (2005). *Übergangsriten* (3., erweiterte Aufl.). Frankfurt/Main, New York: Campus-Verlag.

von Moos, Peter (2001). Vorwort; Einleitung: Fehltritt, Fauxpas und andere Transgressionen im Mittelalter. In: Ders. (Hg.), *Der Fehltritt. Vergehen und Versehen in der Vormoderne*. Köln u. a.: Böhlau, XI-XXIV, 1-96.

von Müller, Mareike (2013). Schwarze Komik in Heinrich Kaufringers ‚Drei listige Frauen B'. In: *Zeitschrift für deutsches Altertum und deutsche Literatur 142*, 194-216.

Die Selbstquantifizierung als Ritual virtualisierter Körperlichkeit

Andréa Belliger und David Krieger

Zusammenfassung

Die digitale Revolution verändert die Gesellschaft. Die virtuelle Realität ist mit der physischen Realität derart verwoben, dass von einer „Mixed Reality" als einer Lebenswelt gesprochen werden kann, in der digitale Information und Kommunikation zu einer wesentlichen Dimension persönlicher und sozialer Existenz geworden sind. Diese Erweiterung und Transformation persönlicher und sozialer Identität in die virtuelle Informations- und Kommunikationswelt hinein sucht nach Ritualen, die die herkömmlichen Grenzen der Identität auflösen und exemplarisch sowie performativ neue Formen der Selbstwahrnehmung und der Vergesellschaftung realisieren. Die Technologien, Praktiken und sozialen Handlungsfelder der Selbstquantifizierung können aus kulturwissenschaftlicher Sicht als Zeichen einer tiefgreifenden Transformation des Welt- und Selbstverständnisses des Menschen im Kontext der digitalen Revolution verstanden werden. Der Mensch zeigt sich so auf exemplarische Art und Weise auch in seiner physischen Existenz als Teil der „Mixed Reality" der Netzwerkgesellschaft.

1   Netzwerkgesellschaft und Netzwerknormen

Die digitale Kommunikationsrevolution hat eine neue Form der Gesellschaft hervorgerufen. Wir leben in einer vernetzten Welt, einer „Netzwerkgesellschaft", einer Welt, die online und offline von Netzwerken geprägt ist (Castells 2001, Latour 2007, White 2008). In der Soziologie und Kulturwissenschaft sind Netzwerke vor allem dann interessant, wenn sie als Kommunikationsnetzwerke verstanden werden, das heißt, soziale Assoziationen irgendwelcher Art vermitteln. Die Netzwerkstruktur bedingt die Art und Weise sowie die Inhalte sozialer Kommunikation. Diese

Veränderung der Informations- und Kommunikationsgewohnheiten, durch den Begriff „Netzwerkgesellschaft" bezeichnet, ist eng mit der Entwicklung des Internets verbunden. Das Web hat sich von einem Medium der Informationspublikation hin zu einer Kommunikationsplattform entwickelt. Diese Entwicklung wird seit etwa 2005 als Web 2.0 bezeichnet (O'Reilly 2013). Facebook, YouTube, Xing, LinkedIn, Pinterest, Twitter und Hunderte von anderen, zumeist kostenlosen Applikationen sind Teil dieses Internets der zweiten Generation. Das Interessante und Neue an dieser Entwicklung kommt in den Begriffen „Social Software" und „Soziale Netzwerke" zum Ausdruck. Treiber der Entwicklung ist – wie der Name sagt – nicht allein eine technologische Innovation, sondern eine tiefgreifende Veränderung des Kommunikationsverhaltens in allen Bereichen der Gesellschaft. Im Zentrum steht die Vision einer offenen, dezentralisierten, verteilten und interaktiven Kommunikation, die das Teilen, Mitteilen, Partizipieren und Kollaborieren vor politische, kommerzielle oder sonstige private Interessen stellt (Castells 2001). Web 2.0-Anwendungen basieren auf dem Willen, gemeinsam mit anderen Inhalten herzustellen oder zu teilen, egal ob es sich dabei um Wissen, Kurioses, Videos, Musik oder Gesundheitsinformationen handelt. Das Web 2.0 ermöglicht es, einen besonderen Sozialraum, einen Mix aus physischer und virtueller Realität zwischen dem Privaten und dem Öffentlichen, zu schaffen, in dem neue Formen der persönlichen und sozialen Identität realisiert werden können. Physische und virtuelle Realität fließen ineinander über und bilden eine Kontinuität, die als „Mixed Reality" (Schnabel und Wang 2009) bezeichnet werden kann. Diese „Mixed Reality"-Netzwerke sind flexible, nichthierarchische, soziotechnische – also aus menschlichen und nichtmenschlichen Akteuren bestehende – komplexe Gebilde von „Assoziationen" mit offenen Grenzen und eigenen Bedingungen der Konstruktion, Transformation und Erhaltung (Latour 2007).

Wie die vorangegangene Industriegesellschaft, so hat auch die gegenwärtige Netzwerkgesellschaft ihre eigenen Strukturen und ihre eigene Dynamik, ihre Normen und Prinzipien. Tapscott (2008) hat auf Basis einer empirischen Langzeitstudie neue „Normen" oder „distinctive attitudinal and behavioral characteristics" (74) der so genannten „Net-Generation" identifiziert. Auf Basis der Arbeit von Tapscott und anderen Theoretikern der Netzwerkgesellschaft lassen sich folgende konstitutive „Prinzipien" und „Normen" der Netzwerkgesellschaft feststellen: Konnektivität und Flow, Kommunikation, Transparenz, Partizipation, Authentizität und Flexibilität. Es handelt sich hierbei nicht um eine vollständige Auflistung aller wesentlichen Eigenschaften und Strukturprinzipien von Netzwerken als solchen, sondern um Prinzipien, welche einerseits Kommunikations- und Handlungsstrukturen formen und leiten und andererseits als normative Richtlinien für die Teilnahme an sozialen Prozessen und Prozessen der Identitätsbildung dienen.

Konnektivität bezeichnet den Grad der Quantität und der Qualität der Verbindungen und Knoten in einem Netzwerk. Konnektivität steht, so könnte man sagen, im umgekehrten Verhältnis zu Zeit und Raum, die ein Netzwerk in Anspruch nehmen muss. Ein Beispiel: Steht ein verkabeltes Festnetztelefon auf dem Bürotisch, ist man zwar verbunden, aber es braucht, je nachdem, wo man sich gerade im Gebäude aufhält, eine gewisse Zeit und einen gewissen Raum, um die Verbindung mittels Telefon aufzunehmen. Ist man hingegen im Besitz eines neuen Smartphones, so ist man prinzipiell immer und überall verbunden, das heißt, die Zeit- und Raumanforderungen des Netzwerks zur Verbindungsherstellung tendieren gegen Null. Natürlich genügt es nicht, ein Smartphone einfach zu besitzen, man muss es auch bedienen können und wollen. Man muss wissen, was es alles tun kann, wozu diese Funktionalität nützlich ist, und man muss sich darüber hinaus für dieses Gerät interessieren. Dies bedeutet, dass Konnektivität als Netzwerkprinzip nicht ein rein technischer Begriff oder die Bezeichnung für die technische Infrastruktur eines Telekommunikationsnetzwerkes ist. Es geht bei der Konnektivität nicht bloß um Fiberoptikkabel und Wireless-Protokolle, sondern um soziale Kompetenzen, individuelles Wissen und Motivationen, Organisationen usw. Aus dieser Sicht ist Konnektivität – wie letztlich alle Netzwerknormen, die der folgenden Beschreibung der Netzwerkgesellschaft zugrunde gelegt werden – ein *sozio-technischer Begriff*, der sich gleichzeitig auf technische, menschliche, soziale und institutionelle Faktoren bezieht.

Konnektivität bezieht sich nicht nur auf die Quantität der Verbindungen in einem Netzwerk, sondern ebenso auf deren Qualität. Mit einem alten, verkabelten Festnetztelefon kann Information via Stimme übermittelt werden. Mit einem Smartphone verfügt man gleichzeitig über Stimme, Bilder, Videos, Hyperlinks, Kalendereinträge, Texte und vieles mehr. Die Konnektivität ist somit auch qualitativ dichter, komplexer und multidimensional. Dies gilt natürlich nicht nur für Telekommunikationsnetzwerke, sondern für jede Art von Netzwerk. Dass in Nordeuropa im Januar frische Erdbeeren serviert werden können, spricht für die Konnektivität globaler Transportationsnetzwerke.

Hat ein Netzwerk eine gewisse Dichte an Konnektivität erreicht, lösen sich die Ströme *(Flow)* innerhalb des Netzwerkes allmählich von den Bedingungen von Zeit und Raum. Es entsteht ein zeitloser „Raum der Ströme" (Castells 2001, 479ff.), der tief greifende strukturelle Änderungen in der Gesellschaft hervorruft. Aus der Sicht sozialer Kommunikation bedeutet Konnektivität so viel wie „Vernetztsein", über das Internet mit anderen Menschen und mit diversen Informationsressourcen verbunden zu sein, Zugang zum World Wide Web über verschiedene Kanäle und mittels verschiedener Geräte zu haben, und Tätigkeiten durch digitale Kommunikation auszuführen. *Flow* (Flüsse, Ströme) bezeichnet die Bewegung von Inhalten durch das Netzwerk entlang der vielfältigen Verbindungen. Flow heißt, dass alles in Bewegung ist, Güter, Dienstleistungen, Menschen, Informationen, Geld usw. Konnektivität ist derart komplex, flexibel und offen, dass Ströme in der Regel nicht vollständig voraussehbar und kontrollierbar sind. Man muss sich darauf einlassen, dass in komplexen nicht-linearen Netzwerken Transaktionen, Interaktionen und Kräfte zur Wirkung kommen, die sich nicht nach den geschlossenen, zentral steuerbaren Organisationsmustern der Hierarchie richten.

Die Strukturprinzipien von Konnektivität und Flow setzen neue Formen der *Kommunikation* in allen Bereichen der Gesellschaft, in Wirtschaft, Politik, Wissenschaft und Kultur voraus. Unter Kommunikation im Sinne einer Netzwerknorm ist die Summe der Praktiken, Einflüsse, Handlungen und Vermittlungen zu verstehen, welche dazu beitragen, dass Knoten in ein Netzwerk eingebunden werden, und Verbindungen zwischen den Knoten entstehen. In diesem Zusammenhang spricht Bruno Latour von „Übersetzung" (2008) und Harrison White von „Transaktionen" (1995), „Switches" und „Stories" (2008). Kommunikation in diesem umfassenden Sinn konstruiert, erweitert, erhält und transformiert Netzwerke. In einem engeren Sinn (Castells 2001) bezieht sich der Kommunikationsbegriff auf die Nutzung der informationstechnologischen Infrastruktur des Internets. Von zentraler Bedeutung und stellvertretend für Internetkommunikation als solche sind die sozialen Netzwerke, die zum ersten Mal in der Menschheitsgeschichte nicht nur eine Many-to-many-Kommunikation ermöglichen (Shirky 2008), sondern Offenheit und Transparenz, eine so genannte „naked conversation" (Scoble/ Israel 2006), fordern. Da es grundlegend um die Konstruktion persönlicher wie auch sozialer Identität geht, verlangen Netzwerke in ihrer Struktur und Dynamik eine offene, selbstkritische, respektvolle und ehrliche Art der Kommunikation. Dies führt zur Netzwerknorm der *Transparenz*. Die Konnektivität komplexer Netzwerke und die Unberechenbarkeit von Informationsflüssen machen es zunehmend schwierig, Information zu kontrollieren oder zu filtern (Weinberger 2012). Privilegien in Bezug auf die Herstellung und Steuerung von Information verlieren ihre Wirksamkeit. Geheimnisse können nicht mehr geheim gehalten werden. Wer als Firma, Organisation, Regierung, Partei, aber auch als Person nicht transparent kommuniziert, muss damit rechnen, in irgendeiner Form bloßgestellt zu werden. Wikileaks ist in diesem Zusammenhang nur ein Beispiel unter vielen. Wer nicht transparent ist, das heißt, nicht offen über seine Intentionen, Kompetenzen, sein Wissen und seine Interessen kommuniziert, ist suspekt. Wir erleben einen soziokulturellen Wandel in Richtung Aufhebung der Leitdifferenz zwischen öffentlich und privat. Diese Entwicklung, von der später noch vertieft die Rede sein wird, spielt eine gewichtige Rolle bei der Konstruktion von Identität und im Umgang mit der physischen, verkörperten Identität des Menschen.

Komplexe Konnektivität, unkontrollierbare Flüsse, offene Kommunikation und Transparenz rufen ganz selbstverständlich nach Normen wie *Partizipation* und *Authentizität*. Die Struktur von Netzwerken macht es zunehmend schwieriger oder gar unmöglich, die Erstellung, das Publizieren und Verteilen von Medienerzeugnissen zentral zu kontrollieren oder zu steuern. Jeder, der Zugang zum Internet hat, kann von jedem beliebigen Ort aus und mit wenig Aufwand Medieninhalte veröffentlichen. Das Internet ist so etwas wie ein dezentrales, interaktives Massenmedium. Dies fördert nicht nur eine „partizipative Kultur" (Jenkins et al. 2009), sondern ändert grundsätzlich die Bedeutung von Privatheit und Öffentlichkeit und die Beziehung zwischen Individuum und Gesellschaft. Blogger enthüllen private, manchmal sogar intime Details aus ihrem Leben, auf YouTube lassen sich die Videomitschnitte der letzten Party abrufen, und „Citizen Journalists" (Allen und Thorsen 2009), normale Bürger, die sich zufällig am Ort eines Geschehens befinden, drehen Videos, tweeten wichtige Ereignisse und stellen diese Informationen ins Internet – lange bevor die professionellen Newsteams von CNN oder Al-Jazeera eintreffen. Google Earth beleuchtet jede Ecke der Welt in Nahaufnahme und ermöglicht es den Nutzenden, eigene Aufnahmen und Kommentare hinzuzufügen. Während vor 30 Jahren die Angst vor dem Überwachungsstaat oder sogar die Volkszählung vieldiskutierte Themen waren, und jeder darauf bestand, seine Daten *nicht* preiszugeben, weil ansonsten der Staat viel zu viele Informationen über die Bürger hätte, werden heute bereitwillig persönliche Informationen und Begebenheiten, Vorlieben und Leidenschaften ins Web gestellt.

Die beiden Begriffe „privat" und „öffentlich", die sich auf den Wertekanon der bürgerlichen Gesellschaft des 19. Jahrhunderts beziehen, werden im Rahmen dieser partizipativen Kultur überlagert durch so etwas wie eine „Sozialsphäre". Diese „Publicy" (Boyd 2009), deren konstitutive Prinzipien die neuen Netzwerknormen sind, ist eine Art Gegenentwurf zur Privacy und kann weder dem Bereich des Privaten noch des Öffentlichen zugeordnet werden. Das erklärt, weshalb Partizipation als Netzwerknorm von Bedeutung ist. Das Credo der Netzwerkgesellschaft lautet: Nicht Wissen und Information zu horten, sondern Wissen und Informationen zu teilen, führt zu neuem Wissen. Teilen ist eine soziale Handlung: Sie verbindet grundlegende Strukturen in allen Bereichen der Gesellschaft, stellt Beziehungen her, bildet Vertrauen, ermöglicht kooperatives Handeln. Fremde werden zu Freunden. Dies verlangt, dass das Teilen von Information und digitalisierten Inhalten aller Art zur Norm wird. Wer an der Produktion von Information und der Dynamik der Flüsse nicht teilhat, wird in der Netzwerkgesellschaft marginalisiert. Es ist nicht, wie oft behauptet wird, der Zugang zur technischen Infrastruktur, der den entscheidenden Inklusions-Exklusions-Mechanismus der Netzwerkgesellschaft ausmacht, sondern die Bereitschaft und natürlich die dazu gehörende Kompetenz, zu kommunizieren und zu partizipieren (Jenkins et al. 2006).

Partizipation wird im Sinne von „Networking" aber erst dann wirksam, wenn sie mit der Norm der *Authentizität* gekoppelt ist. Authentizität hat mit Transparenz zu tun. Eine Studie der Psychologischen Fakultät der Universität von Texas hat 2011 gezeigt, dass soziale Netzwerke keine Fluchtorte vor der Realität sind, sondern viel eher eine Ausweitung des bestehenden sozialen Kosmos und eine Erweiterung des Offline-Verhaltens, wobei sich die Offline- mit den Online-Charakteristika einer Person weitgehend decken (Gosling et al. 2011). Studien über die Selbstdarstellung im frühen Internet (Web 1.0) hingegen berichteten von einem unter dem Schutz der Anonymität freien Experimentieren mit Identität (Turkle 1995), also gerade dem Gegenteil von Authentizität. Mit dem Web 2.0 hat sich diese Tendenz verändert. Im Gegensatz zu den ersten Versuchen, Identität im Internet als Simulation, Verfälschung und unverbindliches Spiel zu inszenieren, zeigt sich das Selbst in den sozialen Netzwerken offenbar authentisch und unverfälscht. Die viel zitierte Anonymität virtueller Kommunikation, die im Web 1.0 zu Willkür und postmoderner Beliebigkeit in der Selbstrepräsentation führte, lässt sich im Web 2.0 nicht mehr realisieren. Nichts wird vergessen. Jeder Kommentar im Blog, jeder Tweet, jeder Onlinekauf oder Facebook-Eintrag bleibt im Netz hängen und konstituiert sich zu einem Selbstbild, das zwar Widersprüche, Spannungen und Variabilität toleriert, aber doch eine Einheit und einen Charakter repräsentieren muss. Netzwerke sind Räume, in denen Identität etabliert und sozial zur Geltung gebracht wird. Knoten in einem sozialen Netzwerk sind nicht vorgegebene Individuen, die nur darauf warten, dem Netzwerk hinzugefügt oder subtrahiert zu werden. Sie sind Konstrukte der kommunikativen Handlungen, aus denen das Netzwerk besteht. Mit anderen Worte: Der Mensch konstruiert seine Identität persönlich wie auch sozial im Rahmen einer netzwerkbedingten „Mixed Reality", deren konstitutive Prinzipien und Normen weder umgangen noch missachtet werden dürfen. Dass virtuelle Kommunikation weitgehend ‚entkörpert' und der üblichen Parameter von Zeit und Raum entbunden ist, bleibt jedoch ein Problem für die Netzwerkgesellschaft. Castells (2001, 466 ff.) verweist auf den grundlegenden Widerspruch zwischen verkörperter, materieller und lokaler Bedingtheit des Menschen und dessen virtuell-realer Existenz im „Raum der Ströme" der Netzwerkgesellschaft. Dieser Zustand der „strukturellen Schizophrenie" (Castells 2001: 484), den Castells auch als „bipolaren Gegensatz zwischen dem Netz und dem Ich" (Castells 2001: 3) bezeichnet, führt dazu, dass die Suche nach Identität in der Netzwerkgesellschaft „zur grundlegenden Quelle gesellschaftlicher Sinnstiftung" (Castells 2001: 3) wird. Wie unten diskutiert wird, könnte eine Lösung dieses Problems darin liegen, ritualisierte Formen der Virtualisierung und Vernetzung des Körpers zu (er)finden.

Schließlich weisen Netzwerke noch eine andere Eigenschaft aus, die sie von traditionellen Formen sozialer Ordnung unterscheidet: *Flexibilität.* Netzwerke sind flexibel und fordern Heterogenität und Variabilität. Im Gegensatz zum Streben nach Komplexitätsreduktion durch Ausschließung heterogener Elemente, die Errichtung klarer Grenzen und vertikaler Kommunikationswege, die als Bedingung sozialer Ordnung in der Industriegesellschaft galten, gilt für Netzwerke: Mach ein Netzwerk so komplex und heterogen wie möglich! Eröffne Möglichkeitsräume! Erlaube offene Grenzen! Fördere Innovation und Wandel! Netzwerke sind intelligent und innovativ, wenn sie heterogen und offen sind (Surowiecki, 2004). Im Gegensatz zu traditionellen, hierarchischen Formen sozialer Organisation mit ihren vertikalen Kommunikationswegen, streng funktionaler Arbeitsteilung und fix umschriebenen Rollen sind Netzwerke skalierbar. Neue Knoten schließen sich dem Netzwerk problemlos an, und alte hängen sich ab. Netzwerke sind von der Struktur her flexibel. Sie können sich schneller und in nicht voraussehbare Richtungen erweitern oder verkleinern. Sie erlauben relativ autonome Knoten und horizontale, selbstorganisierende Flüsse von Ressourcen, Informationen und Entscheidungen. Kooperatives Handeln auf Basis dezentraler, aber koordinierter Kommunikation und Entscheidungen ist in der überkomplexen, globalen und vernetzen Gesellschaft effizienter und ‚viabler‘. Neue Ideen und neue Handlungsmöglichkeiten entstehen dezentral, verteilt und unabhängig voneinander. Je mehr Variabilität in den Verhaltensmöglichkeiten, der Konnektivität und Kommunikation, desto mehr können Netzwerke sich unterschiedlichen und schnell ändernden Umweltbedingungen anpassen, ihre Ausrichtung und Funktion ändern, Innovation fördern und wirksam Probleme lösen. Dies gilt für persönliche wie auch soziale Netzwerke auf allen Ebenen und in allen Bereichen.

2   Selbstquantifizierung

Es ist davon auszugehen, dass die Verwirklichung von persönlicher und sozialer Identität und die Strukturierung des sozialen Raums in der Netzwerkgesellschaft über die oben genannten Netzwerkprinzipien und Netzwerknormen erfolgt. An diesen neuen Prinzipien und Normen der Netzwerkgesellschaft werden Personen, Organisationen, Dienstleistungen, Produkte und Beziehungen in Wirtschaft, Politik, Bildung, Recht, Kunst, Wissenschaft und Gesundheit gemessen. Dabei spielt die Verschmelzung von physischer und virtueller Realität, die Konstruktion einer „Mixed Reality", eine Schlüsselrolle. Wie Castells jedoch schon bemerkte und ins Zentrum seiner Analyse der strukturellen Spannungen der Netzwerkgesellschaft stellte, scheint das Netz das materiell und körperlich bedingte Selbst auszuschließen bzw. zu marginalisieren. Es scheint fast, als ob das von der Netzwerkgesellschaft geforderte Kontinuum physischer und virtueller Realitäten an der scheinbar unüberwindbaren Verankerung von Subjektivität, Personalität und sozialer Wirksamkeit im biologischen Körper des Menschen zu scheitern drohe. Die digitale Revolution ermöglicht nun aber – neben neuen Formen der Kommunikation – auch neue Möglichkeiten des Selbstbezuges des Menschen als verkörpertes Wesen. Welche Rolle spielen dabei neue Verhaltensmuster, die sich etwa in der Quantfied-Self-Bewegung (Selbstquantifizierung) zeigen? Wie tragen digitale Praktiken, die vorrangig auf den Körper und das physische, naturbedingte und biologische Menschsein bezogen sind, dazu bei, die oben genannten Netzwerknormen zur Geltung zu bringen?

Selbstquantifizierung basiert auf kostengünstigen, einfach zu bedienenden, mobilen Technologien. Eine Fülle an kleinen, intuitiv benutzbaren Geräten und Diensten, vor allem solche, die als Apps auf jedem Smartphone laufen, ermöglichen es, den Körper zu quantifizieren und in Form von „Daten" objektiv zu erfassen. Zum ersten Mal ist es einer breiten Bevölkerungsgruppe möglich, ein ‚objektives', auf Zahlen und Messungen basiertes Bild des Selbst zu erzeugen und in sozialer Kommunikation zu präsentieren. Selbstwahrnehmung und die Konstruktion von Identität gewinnen dabei eine Dimension, die vorher allein dem Außenblick der Wissenschaft bzw. der Medizin vorenthalten war. Die dazu nötigen Technologien sind vielfältig: Beschleunigungssensoren, Sensoren zur Temperaturmessung, Leitungswiderstand zur Messung des Kalorienverbrauchs, Pulsoxymeter, WLan-Waagen, Blutzucker- und Blutdruck-Messgeräte mit Bluetooth, GPS-Ortungstechnologien oder Sensoren zur Messung von Hirnströmen etwa für die Erfassung des Schlafrhythmus. Das Smartphone, ein kleines, leichtes, portables und zudem kostengünstiges Gerät, misst nicht nur Puls, Schritte, Höhendifferenzen und Kalorienverbrauch, sondern auch den Schlafrhythmus, und fasst das Ganze in einer Art ureigener Langzeitstudie zusammen. „Ich messe mich, also bin ich", ist die Devise des neuen Umgangs mit der Digitalisierung des Körpers.

Das Subjekt wird in einer den Normen der Netzwerkgesellschaft entsprechenden Art und Weise zum Objekt für sich und für andere. Die Leitdifferenz zwischen Subjekt und Objekt, die für das moderne Selbstverständnis maßgebend war, verliert an Bedeutung. An die Stelle der scharfen Trennung zwischen Subjekt und Objekt tritt ein mehrfach dimensioniertes Kontinuum zwischen dem privaten, innerlichen, gefühlsgebundenen und rein subjektiven Erleben des Körpers und dem digitalen, objektiven, aus Zahlen und Messungen bestehenden Selbst. Es handelt sich um ein Kontinuum zwischen physisch-realer, biologischer und digital erfasster, virtueller Körperlichkeit. Der ‚Ontological Divide' wird aufgehoben. Natur und Kultur, Körper und Geist stehen einander nicht mehr als entgegengesetzte Seinsbereiche gegenüber, vielmehr konstituiert sich ein Netzwerk, ein Kontinuum, das aus biologischen Prozessen, Menschen, Sensoren, Prozessoren, Telekommunikationsverbindungen, Protokollen, Algorithmen, medizinischen Praktiken, Gesundheitssystemen, Sport- und Fitnesskulturen, Diagnostik und Therapien etc. besteht. Ein Kontinuum zwischen privaten Informationsräumen (die geschlossenen Türen des medizinischen Labors, die Schweigepflicht des Arztes) einerseits und dem öffentlichen Raum sozialer Netzwerke, der der ‚Sozialsphäre' andererseits. Dieses komplexe Kontinuum bildet ein „Akteur-Netzwerk" (Belliger/Krieger 2006), das die Trennung von Biologie einerseits und psychologischer Intentionalität, subjektiver Gefühls- und Deutungswelt andererseits sowie die Trennung zwischen physischer und virtueller Realität überwindet. Durch die Praktiken der Selbstquantifizierung konstruiert sich das Selbst auf exemplarische Art und Weise im Rahmen einer „Mixed Reality" als hybrides, sozio-technisches Akteur-Netzwerk. Der Mensch wird selbst zum Netzwerk und verkörpert Netzwerknormen und Netzwerkeigenschaften.

Fragt man nach einer tieferliegenden Erklärung und der gesellschaftlichen Funktion dieser Praktiken, die keineswegs alleine auf rein medizinische Interessen zurückgeführt werden können, findet man wenig in der wissenschaftlichen Literatur. Untersuchungen über Internet- und Mediennutzungsverhalten werden eher empirisch angegangen mit der Absicht, auf Grund von demografischen Faktoren herauszufinden, wie weit verbreitet welches Nutzungsverhalten unter welchen Bevölkerungstypen ist (vgl. z.B. JIM Studie 2012). Die Frage nach dem Warum oder nach kulturwissenschaftlichen Theorien, die ein Phänomen wie die Selbstquantifizierung im Rahmen von Grundlagentheorien sozialer Kommunikation erörtern könnten, gibt es wenige Anhaltspunkte im Rahmen traditioneller Soziologie. Wichtige Impulse für die Begründung sozialer Identitätskonstruktion über den Körper liefern allerdings neue Entwicklungen in der Körpersoziologie (Gugutzer 2004, Schroer 2005) Diese Ansätze teilen mit den neuen Netzwerktheorien wie z.B. der Akteur-Netzwerk-Theorie (Latour 2007, 2008) die Ablehnung der typisch modernen Trennung von Gesellschaft und Natur. Soziale Identität ist demnach notwendigerweise körperlich bzw. mit dem „Leib" verbunden. Je mehr Netzwerkstrukturen sich als wesentliche Eigenschaft des Sozialen durchsetzen, desto mehr steigt der Druck, den Körper dieser sozialen Realität anzupassen und entsprechende Formen körperlichen Vernetztseins zu konstruieren. Es könnte von Interesse sein, das Phänomen der Selbstquantifizierung aus der Sicht einer Theorie der Funktion von Ritualen bzw. ritualisierten Handlungen in sozialer Kommunikation zu betrachten.

3   Rituale und soziale Kommunikation

Die Ritualforschung hat seit dem Durchbruch der „Ritual Studies" als allgemeines
multidisziplinäres Forschungsprogramm das Thema „Ritual" in fast allen Bereichen
der Gesellschaft aufgespürt (Belliger/Krieger 2013). Rituale gibt es nicht nur im
Bereich der Religion, sondern auch in Politik, Sport, Wirtschaft, Kunst, Erziehung
usw. Das Thema ist aktuell und von allgemeiner Bedeutung. Rituale können als
„kulturelle Universalien" (Dücker 2012) betrachtet werden. So sehr ein Konsens
über die Aktualität und die Bedeutung von Ritualen in der heutigen Gesellschaft
besteht, so sehr gehen die verschiedenen Interpretationen dessen, was ein Ritual
konstituiert, auseinander. Die Forschung fokussiert vielleicht gerade deswegen eine
eher pragmatische und phänomenologische Definition des Ritualbegriffs, die aus
einer Auflistung typischer Eigenschaften rituellen Handelns besteht. Es werden
Eigenschaften wie Intentionalität, Symbolizität, Rahmen, narrative Struktur, Repe-
titivität, Inszenierung, Performanz, Sequenzialität und Förmlichkeit aufgelistet
(Platvoet 2013, Dücker 2012). Will man jedoch das Thema auf der Basis einer Grund-
lagentheorie sozialen Handelns angehen, sind mindestens die folgenden Fragen
zu beantworten: Wie ist der Ritualbegriff zu definieren, dass er im Rahmen einer
umfassenden Theorie der sozialen Kommunikation und Organisation verstanden
werden kann? Welche Formen sozialer Kommunikation können legitimerweise
als Rituale verstanden werden und welche nicht? Unter welchen Bedingungen?
Auf welchen Definitionen von Kommunikation, Sinn, Akteuren, Identitäten und
Rollen ist der Ritualbegriff begründet? Eine Ritualtheorie, die einen Beitrag zum
Verständnis neuer Formen sozialer Kommunikation leisten will, müsste sozialwissenschaftliche Grundbegriffe wie Kommunikation, Sinn, Ordnung und Identität
zur Hand nehmen und Anschluss an die maßgebenden Grundlagentheorien der
Sozialwissenschaften suchen.

Die Betonung des Performance-Aspektes rituellen Handelns ist ein wichtiger
Schritt in Richtung einer fundierten Ritualtheorie. Der Begriff „Performance" wird
oft als Bezeichnung eines verallgemeinerten Begriffes des „ritualisierten Handelns"
verwendet, wobei es nicht um die typischen Rituale wie religiöse Handlungen geht,
sondern um die Art und Weise, wie jede soziale Handlung „ritualisiert" werden
kann. Dahinter steht die Idee einer besonderen praxisorientierten Dimension der
kommunikativen Sinn- und Identitätskonstruktion. Mit Begriffen wie Performance
und Ritualisierung sollte also die Aufmerksamkeit auf die sinnkonstitutiven Aspekte
des kommunikativen Handelns als solches gelenkt werden.

Richard Schechner hat in diesem Sinne eine Theorie der Performance entwickelt, die „die Ontogenese des Individuums, die soziale Aktion des Rituals und die
symbolischen oder sogar fiktiven Handlungen der Kunst einbezieht" (Schechner

1990, 218). Schechner spricht von einem „Rekodieren" von Verhalten. Dabei soll die Grundstruktur von Ritual, Theater, Spiel und sozialer Interaktion auf die Ausgrenzung von bestimmten Orten, Zeiten und Handlungen zurückgeführt werden, zu denen sich Menschen versammeln, um Gemeinsamkeit zu erleben. Hier greift Schechner auf die Theorie des rituellen Prozesses von Victor Turner zurück. Nach Turner (1990), der seinerseits an die Arbeit von A. van Gennep zu „Übergangsriten" anknüpft, durchlaufen identitäts- und gemeinschaftsstiftende Handlungen einen Prozess von Bruch, Krise, Lösung und Reintegration – Turner spricht von Struktur, Anti-Struktur und Struktur –, wobei das entscheidende Moment die Liminalität oder Anti-Struktur ist. Denn es ist in der Phase der Auflösung von Konventionen, Verhaltensmustern und sozialen Differenzen, in denen Menschen gemäß Turner die so genannte „Communitas" – einen Zustand der Unbestimmtheit und Potentialität – erleben. Auf Basis der Erfahrung von Communitas ist Transformation, die Aneignung neuer Formen der persönlichen und sozialen Existenz, möglich.

Die Darstellung der performativen Rede in der Sprechakttheorie (Austin 1962, Searle 1969) überträgt diese Einsichten auf die Konstruktion von Sinn im Allgemeinen. Für Roy A. Rappaport (2013) sind performative Sprechhandlungen ähnlich wie Rituale, indem sie stilisiert, repetitiv und stereotyp sind. Kulturelle Konventionen legen fest, wer z. B. wen wie wann wo grüßt. Wenn eine Begrüßung außerhalb der jeweils geltenden Konventionen stattfindet, entsteht Verwirrung, Ablehnung, Unsicherheit und Fehlkommunikation. Dies gilt natürlich auch für Rituale. Rituale – wie auch performative Aussagen – sind kommunikative Handlungen, die etwas durch ihre Ausführung bewirken. Rituelle Handlungen haben eine Wirkkraft. Wenn der Priester sagt „Ich taufe dich im Namen des Vaters, des Sohnes und des Heiligen Geistes", dann ist die Person – vorausgesetzt, es handelt sich um einen wirklichen Priester und glaubenden Täufling – getauft. Durch die rituelle Handlung hat sich die existentielle Situation für alle Beteiligten verändert. Die Identität des Individuums wie der Gruppe wird transformiert. Der Unterschied zwischen Ritual und performativer Rede aber liegt nach Rappaport darin, dass Rituale nicht auf geltende Konventionen zurückgreifen müssen. Der Akt der Ausführung selbst konstruiert die Konventionen, die Regeln, die Bedingungen, unter denen performative Aussagen gelten können. Ritualisierte Handlungen sind demnach nicht bloß performative Sprechhandlungen, sondern „meta-performative" Handlungen (Rappaport 2013, 197). Wir können z. B. nicht versprechen, die Konvention des Versprechens zu akzeptieren. Das Versprechen setzt die gemeinsame Akzeptanz der Konvention und ihre Geltung schon voraus. Da performative Rede die Konventionen, auf denen sie begründet ist, voraussetzen muss, braucht es besondere kommunikative Handlungen, welche diese Konventionen überhaupt zur Geltung und Akzeptanz bringen. Dies sind Rituale. Es ist die Funktion des Rituals bzw.

des ‚ritualisierten' Versprechens in sozialer Kommunikation, die Konvention des Versprechens zu konstruieren und zur Geltung zu bringen. Und jedes Mal, wenn ein Versprechen gehalten wird, hat dieses Verhalten einen rituellen Aspekt, indem es die Konvention rituell darstellt, bestätigt und reproduziert.

Im rituellen Handeln fügen sich die Teilnehmenden etwas ‚Höherem' zu, oder sie werden von etwas Höherem in Anspruch genommen. Dadurch entstehen nicht nur die Bedingungen des Sinns performativer Sprechakte, sondern Erwartungsstrukturen und eine soziale Ordnung gegenüber der willkürlichen Subjektivität und der Beliebigkeit individueller Akteure. Rituale sind also meta-performative kommunikative Handlungen, die einen besonderen Bezug zur performativen Rede haben, indem sie die Konventionen, auf denen performative Rede begründet ist, durch eine ihnen spezifische generative Pragmatik festlegen. Wird das Konzept der performativen Rede auf den Aspekt sozialer Interaktion und Kommunikation ausgeweitet, die die Situationsdefinition, die gegenseitigen Erwartungen und somit die jeweils geltenden sozialen Regeln konstruiert, so lässt sich sagen, dass Rituale eine wesentliche Funktion in der Konstruktion von Sinn, persönlicher und sozialer Identität sowie der Strukturierung sozialer Ordnung spielen. Dies bedeutet, dass ritualisierte Handlungen nicht in einer Einstellung der „hypothetischen Distanz" (Habermas 1981, 48) vollzogen werden, sondern vielmehr konstruieren ritualisierte Handlungen die sozialen Akteure und ihre Welt – eine Welt, die sonst dem Chaos der Beliebigkeit und der Unberechenbarkeit überlassen wäre. Ritualisierte Handlungen bewirken Redundanz, Wiederholbarkeit und begründen somit Erwartungen, die ihrerseits die Grundlage sozialer Ordnung bilden. Auf einer bestimmten Ebene kommunikativen Handels wird die Welt rituell ‚gestaltet'. Akteure werden mit der Ausführung des Rituals erst als Akteure in einem bestimmten sozialen Raum bzw. in einer bestimmten Welt konstruiert.

4   Selbstquantifizierung als Ritual virtualisierter Körperlichkeit

Die verschiedenen Praktiken der Selbstquantifizierung erzeugen sozio-technische Akteur-Netzwerke. Der Körper wird zu einem digital fassbaren, messbaren und objektivierten Selbst. Es entsteht somit die Möglichkeit, die Netzwerknormen, die maßgebend sind für die Sozialisation in die Netzwerkgesellschaft, im wortwörtlichen Sinne zu ‚verkörpern' und damit die von Castells ins Zentrum der Strukturanalyse der Netzwerkgesellschaft gestellte Spannung zwischen Netz und Identität sowie zwischen physischem und virtuellem Selbst zu überwinden. Es gibt weder eine strukturelle Notwendigkeit, Identität als rein virtuelles und fantasiertes Avatar zu konstruieren, noch das Selbst wegen seiner physischen Bedingtheit aus dem Raum der Ströme auszuschließen. Die physische Körperlichkeit fügt sich mittels digitaler Erfassung in die „Mixed Reality" der vernetzen Welt ein. Die verschiedenen Praktiken der Selbstquantifizierung haben aus der Sicht der Ritualtheorie die Funktion, ein neues Selbstverständnis des Menschen im Rahmen der „Mixed Reality" der Netzwerkgesellschaft zu realisieren. Das vernetzte Selbst ist ein Konstrukt verschiedener Technologien und Praktiken, deren Bedeutung und Funktion in sozialer Kommunikation davon abhängen, dass die Digitalisierung menschlicher Existenz als Voraussetzung und Ziel kommunikativen Handelns verstanden wird. Kann sich die menschliche Existenz nicht als „Mixed Reality" verwirklichen, befindet sich der Mensch in einem strukturellen Widerspruch zu einer Gesellschaft, deren Prinzipien und Normen Netzwerkeigenschaften sind. Aus diesem Grund kann die Selbstquantifizierung in all ihren verschiedenen Formen als ritualisierte Konstruktion eines digitalen, vernetzen Körpers verstanden werden, als die Aufhebung der Grenzen rein physischer Körperlichkeit – obwohl und gerade weil es um die Digitalisierung des Körpers geht – und die Integration des Körpers in die „Mixed Reality" der Netzwerkgesellschaft.

Diese pauschale Behauptung lässt sich auf die einzelnen Netzwerknormen konkretisieren. Konnektivität wird durch die Selbstquantifizierung dadurch gewährleistet, dass der Körper mit verschiedensten Messgeräten und Netzwerken verbunden wird. Durch Interaktion und Kommunikation mit diesen Geräten und mit anderen im Netzwerk repräsentiert sich der Körper als Flow von Daten, deren Bedeutung und Glaubwürdigkeit durch die Objektivität wissenschaftlicher Messverfahren gewährleistet ist. Dies garantiert die Transparenz in der Selbstdarstellung. Die typischen Merkmale des postmodernen Selbst wie etwa Willkürlichkeit, Subjektivismus, Manipulierbarkeit und Missrepräsentation, die oft als Indikatoren des Zerfalls der Industriegesellschaft zitiert wurden, werden durch die Praktiken der Selbstquantifizierung ausgeschaltet. Das Selbst tritt in eine partizipative Kommunikation ein, die durch die Gleichstellung auf der Ebene von Zahlen eine anti-strukturelle Liminalität und Solidarität erzeugt. Die digitalen Daten sind zwar für jedes Individuum anders, aber als Digitalwerte sind alle gleich und vergleichbar. Die durch Selbstquantifizierung erzeugten Daten bewirken eine Partizipation in Netzwerken authentischer, nicht mehr verstellbarer oder manipulierbarer Selbstdarstellung. Im Gegensatz zur Marginalisierung und Verschiebung des Selbst in Identitäten des Widerstandes oder der Unterdrückung fügen diese Daten das Selbst in Netzwerke der Bildung, der Forschung und des Wirtschaftens ein. Sie bilden Beiträge zu Forschungsprogrammen, Produktentwicklungen, Dienstleistungen und Präventionsmaßnahmen im Gesundheitsbereich. Zudem dienen sie zur Optimierung persönlicher und kollektiver Leistungen, seien diese in Sport, Bildung, Freizeit oder Arbeit, die wiederum wichtige Identitätsmerkmale von Wissensarbeitenden in der „New Economy" der Netzwerkgesellschaft sind. Schließlich sind die Werte des quantifizierten Selbst grundsätzlich variabel und dienen dazu, das Selbst als flexibles, offenes, sozio-technisches Akteur-Netzwerk zu konstruieren. Identität wird vergleichbar, optimierbar, veränderbar und flexibel. Die Werte, die heute registriert werden, können und sollen morgen schon verändert werden. Das Selbst zeigt sich als grundsätzlich transformierbar und bezeugt so die Variabilität von Netzwerken.

Als Fazit lässt sich festhalten: Die digitale Revolution verändert Kommunikation, Gesellschaft und Selbstverständnis des Menschen. Die virtuelle ist derart mit der physischen Realität verwoben, dass von einer „Mixed Reality" gesprochen werden kann, in der digitale Information und Kommunikation zu einer wesentlichen Dimension persönlicher und sozialer Existenz geworden sind. Die Erweiterung und Transformation von persönlicher und sozialer Identität in die virtuelle Informations- und Kommunikationswelt hinein sucht Rituale, die die herkömmlichen Grenzen der Identität auflösen und neue Formen der Selbstwahrnehmung und der Vergesellschaftung exemplarisch und performativ realisieren. Die Technologien und dazu gehörenden Praktiken sowie die sozialen Handlungsfelder der Selbstquantifizierung können aus kulturwissenschaftlicher Sicht als ritualisierte Handlungen betrachtet werden, die eine tief greifende Transformation des Welt- und Selbstverständnisses des Menschen im Rahmen der digitalen Revolution vermitteln. Die Netzwerkgesellschaft braucht eigene Rituale. Aus der Perspektive der Ritualtheorie können die verschiedenen Formen der Selbstquantifizierung als Formen ritualisierten Netzwerkbildens und als kommunikative Handlungen betrachtet werden, die auf besonders körperbezogene Art und Weise die konstitutiven Normen der Netzwerkgesellschaft zur Geltung bringen.

Literatur

Allen, Stuart & Thorsen, Einar (2009). *Citizen Journalism. Global Perspectives*. New York: Peter Lang.

Austin, John L., (1962*). How to Do Things with Words*. Cambridge (Mass.); dt., Zur Theorie der Sprechakte. Stuttgart 1972.

Barabási, Albert-Laszlo (2004). Linked: *How Everything is Connected to Everything Else*. Plume.

Belliger, Andréa, Krieger, David J. (Hg.) (2006). ANthology: Ein einführendes Handbuch in die Akteur-Netzwerk-Theorie. transcript: Bielefeld.

Belliger, Andréa & Krieger, David, J. (Hrsg) (2013). *Ritualtheorien. Ein einführendes Handbuch*. 5. Auflage. Wiesbaden: Springer VS.

Boyd, Stow (2009). *Secrecy, Pivacy, Publicy*. Blog post http://stoweboyd.com/post/765122581/secrecy-privacy-publicy. Zugegriffen: 1. April 2013.

Castells, Manuel. (2001). *Das Informationszeitalter*. 3 Bände. Band 1: Der Aufstieg der Netzwerkgesellschaft [1996], Leske + Budrich Verlag, Opladen 2001; Band 2: Die Macht der Identität [1997], Leske & Budrich Verlag, Opladen 2002; Band 3: Jahrtausendwende [1998]. Opladen: Campus Verlag 2003.

Dücker, Burckhard (2012). *Rituale*, in: *Erwägen – Wissen – Ethik*, (Hg.) Benseler, F. et al. Jg. 23/2012 Heft 2, 165-173.

Gauntlett, David (2011). *Making is Connecting*. Cambridge UK: Polity Press.

Cyberpsychol Behav Soc Netw. 2011 Sep;14(9):483-8. doi: 10.1089/cyber.2010.0087. Epub 2011 Jan 23.

Gosling, Samuel, Augustine Ada, Vazire, Simine, Holtzman, Nicolas & Gaddis, Sam (2011). Manifestations of personality in Online Social Networks: self-reported Facebook-related behaviors and observable profile information. In: Cyberpsychology, Behavior, and Social Networking, v. 16, Sep;14(9), 483-8.

Gugutzer, Robert (2004). *Soziologie des Körpers*, Bielefeld: transcript, (3., unveränderte Auflage 2010).

Habermas, Jürgen (1981). Theorie des kommunikativen Handelns Bd. I. Frankfurt a. M. Jenkins, Henry, et al. (2009). *Confronting the Challenges of Participatory Culture*. Boston: MIT.

JIM Studie 2012, Jugend, Information, (Multi-) Media. Basisstudie zum Medienumgang 12- bis 19-Jähriger in Deutschland. (Hg.), Medienpädagogischer Forschungsverbund Südwest.

Latour, Bruno (2007). *Eine neue Soziologie für eine neue Gesellschaft*. Frankfurt a. M.

Latour, Bruno (2008). *Wir sind nie modern gewesen*. Frankfurt a. M.

Manovich, Lev (2001). *The Language of New Media*. Cambridge MA: MIT.

Newman, Mark E. J. (2010). *Networks An Introduction*. Oxford: Oxford University Press.

O'Reilly http://oreilly.com/web2/archive/what-is-web-20.html. Zugegriffen: 1. April 2013.

Platvoet, Jan (2013). Das Ritual in pluralistischen Gesellschaften. In: A. Belliger & D. Krieger (Hg.), *Ritualtheorien. Ein einführendes Handbuch*. Wiesbaden: Springer VS, 171-188.

Quantified Self Movement: http://quantifiedself.com . Zugegriffen: 1. April 2013.

Rappaport, Roy A. (2013). The Obvious Aspects of Ritual, in: Ecology, Meaning, and Religion. Berkeley, CA: North Atlantic Books 1997; dt. *Ritual und performative Sprache*. In: Belliger & Krieger 2013.

Scoble, Robert & Israel. Shel (2006). *Naked Conversations. How Blogs are Changing the Way Business Talk with Customers*. Wiley.

Schechner, Richard (1990). *Theater-Anthropologie. Spiel und Ritual im Kulturvergleich*. Reinbeck.

Shirky, Clay (2008). *Here Comes Everybody: The Power of Organizing Without Organizations*. Penguin.

Schnabel, Marc A. & Wang, Xiangyu (Hg.) (2009). *Mixed Realities in Architecture, Design and Construction*. Springer.

Schroer, Markus (Hg.) (2005). *Soziologie des Körpers*, Frankfurt am Main: Suhrkamp,

Searle, John R. (1969). *Speech Acts*. Cambridge; dt., Sprechakte. Frankfurt 1983.

Surowiecki, James (2004). *The Wisdom of the Crowds*. Garden City: Doubleday.

Tapscott, Don (2008). *Grown Up Digital: How the Net Generation is Changing Your World*. McGraw-Hill Professional.

Turner, Victor (1989). *Das Ritual. Struktur und Anti-Struktur.* Campus. Frankfurt/New York.

Turkle, Sherry (1995). *Life on the Screen: Identity in the Age of the Internet,* dt. *Leben im Netz: Identität in Zeiten des Internet.* Reinbek bei Hamburg: Rowohlt, 1998.

Weinberger, David (2012). *Too Big to Know: Rethinking Knowledge Now that the Facts aren't the Facts, Experts are Everywhere, and the Smartest Person in the Room is the Room.* Basic Books.

White, Harrison. C. (1995). *Network Switchings and Bayesian Forks: Reconstructing the Social and Behavioral Sciences.* Social Research 62, 1035-1063.

White, Harrison. C. (2008). *Identity and Control – How Social Formations Emerge 2nd.* Ed. Princeton: Princeton University Press.

Autorinnen- und Autorenverzeichnis

Belliger, Andréa, Prof. Dr.

Prorektorin der PH Luzern, Leiterin des Instituts für Kommunikation & Führung

Arbeitsschwerpunkte: Kommunikationswissenschaft; Digital Society; Wissensmanagement; Network Management; eGovernment; Social Media

Email: andrea.belliger@ikf.ch

Benkel, Thorsten, Dr.

Universität Passau, Akademischer Rat

Arbeitsschwerpunkte: Mikrosoziologie; Wissenssoziologie; empirische Sozialforschung; Soziologie des Körpers und des Rechts

Email: Thorsten.Benkel@uni-passau.de

Collins, Randall, Prof. Dr.

University of Pennsylvania, Dorothy Swaine Thomas Professor of Sociology, former President of the American Sociological Association

Arbeitsschwerpunkte: The Sociology of Violence; Social Theory; The Sociology of Philosophies; The Micro-Sociology of Charisma

Email: collinsr@sas.upenn.edu

Grenz, Sabine, PD Dr.

Georg-August-Universität Göttingen, wissenschaftliche Mitarbeiterin im Studienfach Geschlechterforschung

Arbeitsschwerpunkte: Prostitution; feministische Epistemologie und Methodologie; NS-Erinnerungskultur

Email: sgrenz@uni-goettingen.de

Gugutzer, Robert, Prof. Dr.

Goethe-Universität Frankfurt a. M., Institut für Sportwissenschaften, Leiter der Abt. Sozialwissenschaften des Sports

Arbeitsschwerpunkte: Körper- und Leibsoziologie; Sportsoziologie; Filmsoziologie; Neue Phänomenologie

Email: gugutzer@sport.uni-frankfurt.de

Kastl, Jörg Michael, Prof. Dr.

Pädagogische Hochschule Ludwigsburg, Professor für Soziologie der Behinderung und sozialer Benachteiligung

Arbeitsschwerpunkte: Soziologie des Körpers, der Behinderung, des Gedächtnisses; Inklusion und Integration von Menschen mit Behinderung und psychischer Erkrankung; Biographieforschung

Email: kastl@ph-ludwigsburg.de

Krieger, David J., Prof. Dr.

PH Luzern, Leiter des Instituts für Kommunikation & Führung

Arbeitsschwerpunkte: Kommunikationswissenschaft; Digital Society & New Media; Intercultural Communication; Systems Theory; Actor-Network Theory

Email: david.krieger@ikf.ch

Meyer, Christian, Prof. Dr.

Universität Duisburg-Essen, Professor für Kommunikationswissenschaft

Arbeitsschwerpunkte: Interaktion und Kultur; Soziologie und Anthropologie der Kommunikation; Qualitative Methoden der Sozial- und Kommunikationsforschung

Email: christian.meyer@uni-due.de

Müller, Sophie Merit, M.A.

Johannes Gutenberg Universität Mainz, Institut für Soziologie, Wissenschaftliche Mitarbeiterin

Arbeitsschwerpunkte: Soziologie des Körpers; Mikrosoziologie; Praxistheorien; Wissenssoziologie; Soziologie des Tanzes

Email: sophie.mueller@uni-mainz.de

Müller, Mareike v., M.A.

Georg-August-Universität Göttingen, Seminar für Deutsche Philologie / Abteilung Germanistische Mediävistik, wissenschaftliche Mitarbeiterin

Arbeitsschwerpunkte: Historische Narratologie; mittelalterliche Novellistik; narrative und nichtnarrative Komikformen im Spätmittelalter

Email: mmuelle9@gwdg.de

Münch, Ole, M.A.

Universität Konstanz, Wissenschaftlicher Mitarbeiter am Exzellenzcluster „Kulturelle Grundlagen von Integration" sowie Doktorand am Doktorandenkolleg „Europa in der globalisierten Welt"

Arbeitsschwerpunkte: Kulturtheorien; Migration; Geschichte der Armut und Unterschichten; Stadtgeschichte des viktorianischen London

Email: ole.muench@uni-konstanz.de

Niekrenz, Yvonne, Dr.

Universität Rostock, Institut für Soziologie und Demographie, wissenschaftliche Mitarbeiterin

Arbeitsschwerpunkte: Soziologie des Körpers; Kultursoziologie; Gegenwartsdiagnosen sozialer Beziehungen; Soziologie des Jugendalters

Email: yvonne.niekrenz@uni-rostock.de

Riedel, Matthias, Prof. Dr.

Berner Fachhochschule, Professur im Departement Wirtschaft, Gesundheit, Soziale Arbeit

Arbeitsschwerpunkte: Alter und Generationenbeziehungen; Soziologie des Körpers und der Berührung; Methoden der empirischen Sozialforschung

Email: matthias.riedel@bfh.ch

Rössel, Jörg, Prof. Dr.

Universität Zürich, Soziologisches Institut, Professor für Soziologie

Arbeitsschwerpunkte: Wirtschaftssoziologie; Konsumsoziologie; Soziologische Theorie

Email: roessel@soziologie.uzh.ch

Schindler, Larissa, Dr.

Johannes Gutenberg-Universität Mainz, Institut für Soziologie, wissenschaftliche Mitarbeiterin

Arbeitsschwerpunkte: Mobilität; Bewegung; Körper und Sport

Email: larissa.schindler@uni-mainz.de

Staack, Michael, M.A.

Goethe-Universität Frankfurt am Main, Institut für Sportwissenschaften, Abteilung Sozialwissenschaften des Sports, wissenschaftlicher Mitarbeiter

Arbeitsschwerpunkte: Soziologie des Körpers; Soziologie des Rhythmus; Mixed Martial Arts; Ethnographie

Email: staack@sport.uni-frankfurt.de

Steets, Silke, PD Dr.

TU Darmstadt, Vertretung der W3-Professur für Soziologie mit Schwerpunkt Stadt- und Raumsoziologie

Arbeitsschwerpunkte: Wissenssoziologische Architekturtheorie; Fragen aus den Themengebieten Stadt, Raum, Religion, Popkultur und zeitgenössische Kunst

Email: steets@ifs.tu-darmstadt.de

Wedelstaedt, Ulrich v., M.A.

Universität Bielefeld, Wissenschaftlicher Mitarbeiter im DFG-Projekt „Kommunikation unter Druck" und Mitglied der Bielefeld Graduate School in History and Sociology (BGHS)

Arbeitsschwerpunkte: Detaillierte Rekonstruktionen von Kommunikation in extremen Drucksituationen, zum Beispiel in der operativen Intensivmedizin, im Spitzensport oder in Kriegshandlungen; Interaktionstheorien; Interaktion in technologisierten Arbeitsbereichen; Körpersoziologie

Email: ulrich.wedelstaedt@uni-bielefeld.de

Wulf, Christoph, Prof. Dr.

Freie Universität Berlin, Professur für Anthropologie und Erziehungswissenschaft, Mitglied des Interdisziplinären Zentrums für Historische Anthropologie, des Exzellenzclusters „Languages of Emotion" und des Graduiertenkollegs „InterArts"

Arbeitsschwerpunkte: Historische Anthropologie; Pädagogische Anthropologie; Mimesis; Emotions- und Imaginationsforschung; Performativitäts- und Ritualforschung; ästhetische und interkulturelle Bildung

Email: christoph.wulf@fu-berlin.de

Printed by Printforce, the Netherlands